W0253752

Informatik – Fachberichte

Band 163: H. Müller, Realistische Computergraphik. VII, 146 Seiten. 1988.

Band 164: M. Eulenstein, Generierung portabler Compiler. X, 235 Seiten. 1988.

Band 165: H.-U. Heiß, Überlast in Rechensystemen. IX, 176 Seiten. 1988.

Band 166: K. Hörmann, Kollisionsfreie Bahnen für Industrieroboter. XII, 157 Seiten. 1988.

Band 167: R. Lauber (Hrsg.), Prozeßrechensysteme '88. Stuttgart, März 1988. Proceedings. XIV, 799 Seiten. 1988.

Band 168: U. Kastens, F. J. Rammig (Hrsg.), Architektur und Betrieb von Rechensystemen. 10. GI/ITG-Fachtagung, Paderborn, März 1988. Proceedings. IX, 405 Seiten. 1988.

Band 169: G. Heyer, J. Krems, G. Görz (Hrsg.), Wissensarten und ihre Darstellung. VIII, 292 Seiten. 1988.

Band 170: A. Jaeschke, B. Page (Hrsg.), Informatikanwendungen im Umweltbereich. 2. Symposium, Karlsruhe, 1987. Proceedings. X, 201 Seiten. 1988.

Band 171: H. Lutterbach (Hrsg.), Non-Standard Datenbanken für Anwendungen der Graphischen Datenverarbeitung. GI-Fachgespräch, Dortmund, März 1988, Proceedings. VII, 183 Seiten. 1988.

Band 172: G. Rahmstorf (Hrsg.), Wissensrepräsentation in Expertensystemen. Workshop, Herrenberg, März 1987. Proceedings. VII, 189 Seiten. 1988.

Band 173: M. H. Schulz, Testmustergenerierung und Fehlersimulation in digitalen Schaltungen mit hoher Komplexität. IX, 165 Seiten. 1988.

Band 174: A. Endrös, Rechtsprechung und Computer in den neunziger Jahren. XIX, 129 Seiten. 1988.

Band 175: J. Hülsemann, Funktioneller Test der Auflösung von Zugriffskonflikten in Mehrrechnersystemen. X, 179 Seiten. 1988.

Band 176: H. Trost (Hrsg.), 4. Österreichische Artificial-Intelligence-Tagung. Wien, August 1988. Proceedings. VIII, 207 Seiten. 1988.

Band 177: L. Voelkel, J. Pliquett, Signaturanalyse. 223 Seiten. 1989.

Band 178: H. Göttler, Graphgrammatiken in der Softwaretechnik. VIII, 244 Seiten. 1988.

Band 179: W. Ameling (Hrsg.), Simulationstechnik. 5. Symposium. Aachen, September 1988. Proceedings. XIV, 538 Seiten. 1988.

Band 180: H. Bunke, O. Kübler, P. Stucki (Hrsg.), Mustererkennung 1988. 10. DAGM-Symposium, Zürich, September 1988. Proceedings. XV, 361 Seiten. 1988.

Band 181: W. Hoeppner (Hrsg.), Künstliche Intelligenz. GWAI-88, 12. Jahrestagung. Eringerfeld, September 1988. Proceedings. XII, 333 Seiten. 1988.

Band 182: W. Barth (Hrsg.), Visualisierungstechniken und Algorithmen. Fachgespräch, Wien, September 1988. Proceedings. VIII, 247 Seiten. 1988.

Band 183: A. Clauer, W. Purgathofer (Hrsg.), AUSTROGRAPHICS '88. Fachtagung, Wien, September 1988. Proceedings. VIII, 267 Seiten. 1988.

Band 184: B. Gollan, W. Paul, A. Schmitt (Hrsg.), Innovative Informations-Infrastrukturen. I. I. I. – Forum, Saarbrücken, Oktober 1988. Proceedings. VIII, 291 Seiten. 1988.

Band 185: B. Mitschang, Ein Molekül-Atom-Datenmodell für Non-Standard-Anwendungen. XI, 230 Seiten. 1988.

Band 186: E. Rahm, Synchronisation in Mehrrechner-Datenbanksystemen. IX, 272 Seiten. 1988.

Band 187: R. Valk (Hrsg.), GI – 18. Jahrestagung I. Vernetzte und komplexe Informatik-Systeme. Hamburg, Oktober 1988. Proceedings. XVI, 776 Seiten.

Band 188: R. Valk (Hrsg.), GI – 18. Jahrestagung II. Vernetzte und komplexe Informatik-Systeme. Hamburg, Oktober 1988. Proceedings. XVI, 704 Seiten.

Band 189: B. Wolfinger (Hrsg.), Vernetzte und komplexe Informatik-Systeme. Industrieprogramm zur 18. Jahrestagung der GI, Hamburg, Oktober 1988. Proceedings. X, 229 Seiten. 1988.

Band 190: D. Maurer, Relevanzanalyse. VIII, 239 Seiten. 1988.

Band 191: P. Levi, Planen für autonome Montageroboter. XIII, 259 Seiten. 1988.

Band 192: K. Kansy, P. Wißkirchen (Hrsg.), Graphik im Bürobereich. Proceedings, 1988. VIII, 187 Seiten. 1988.

Band 193: W. Gotthard, Datenbanksysteme für Software-Produktionsumgebungen. X, 193 Seiten. 1988.

Band 194: C. Lewerentz, Interaktives Entwerfen großer Programmsysteme. VII, 179 Seiten. 1988.

Band 195: I. S. Bátori, U. Hahn, M. Pinkal, W. Wahlster (Hrsg.), Computerlinguistik und ihre theoretischen Grundlagen. Proceedings. IX, 218 Seiten. 1988.

Band 197: M. Leszak, H. Eggert, Petri-Netz-Methoden und -Werkzeuge. XII, 254 Seiten. 1989.

Band 198: U. Reimer, FRM: Ein Frame-Repräsentationsmodell und seine formale Semantik. VIII, 161 Seiten. 1988.

Band 199: C. Beckstein, Zur Logik der Logik-Programmierung. IX, 246 Seiten. 1988.

Band 200: A. Reinefeld, Spielbaum-Suchverfahren. IX, 191 Seiten. 1989.

Band 201: A. M. Kotz, Triggermechanismen in Datenbanksystemen. VIII, 187 Seiten. 1989.

Band 202: Th. Christaller (Hrsg.), Künstliche Intelligenz. 5. Frühjahrsschule, KIFS-87, Günne, März/April 1987. Proceedings. VII, 403 Seiten. 1989.

1989.

Band 203: K. v. Luck (Hrsg.), Künstliche Intelligenz. 7. Frühjahrsschule, KIFS-89, Günne, März 1989. Proceedings. VII, 302 Seiten. 1989.

Band 204: T. Härder (Hrsg.), Datenbanksysteme in Büro, Technik und Wissenschaft. GI/SI-Fachtagung, Zürich, März 1989. Proceedings. XII, 427 Seiten. 1989.

Band 205: P. J. Kühn (Hrsg.), Kommunikation in verteilten Systemen. ITG/GI-Fachtagung, Stuttgart, Februar 1989. Proceedings. XII, 907 Seiten. 1989.

Band 206: P. Horster, H. Isselhorst, Approximative Public-Key-Kryptosysteme. VII, 174 Seiten. 1989.

Band 207: J. Knop (Hrsg.), Organisation der Datenverarbeitung an der Schwelle der 90er Jahre. 8. GI-Fachgespräch, Düsseldorf, März 1989. Proceedings. IX, 276 Seiten. 1989.

Band 208: J. Retti, K. Leidlmair (Hrsg.), 5. Österreichische Artificial-Intelligence-Tagung, Igls/Tirol, März 1989. Proceedings. XI, 452 Seiten. 1989.

Band 209: U. W. Lipeck, Dynamische Integrität von Datenbanken. VIII, 140 Seiten. 1989.

Band 210: K. Drosten, Termersetzungssysteme. IX, 152 Seiten. 1989.

Band 211: H. W. Meuer (Hrsg.), SUPERCOMPUTER '89. Mannheim, Juni 1989. Proceedings, 1989. VIII, 171 Seiten. 1989.

Band 212: W.-M. Lippe (Hrsg.), Software-Entwicklung. Fachtagung, Marburg, Juni 1989. Proceedings. IX, 290 Seiten. 1989.

Band 213: I. Walter, Datenbankgestützte Repräsentation und Extraktion von Episodenbeschreibungen aus Bildfolgen. VIII, 243 Seiten. 1989.

Informatik-Fachberichte 245

Herausgeber: W. Brauer
im Auftrag der Gesellschaft für Informatik (GI)

Subreihe Künstliche Intelligenz

Mitherausgeber: C. Freksa
in Zusammenarbeit mit dem Fachbereich 1
„Künstliche Intelligenz" der GI

C. Freksa C. Habel (Hrsg.)

Repräsentation und Verarbeitung räumlichen Wissens

Springer-Verlag Berlin Heidelberg GmbH

Herausgeber

Christian Freksa
Institut für Informatik, Technische Universität München
Arcisstr. 21, W-8000 München 2

Christopher Habel
Fachbereich Informatik, Universität Hamburg
Bodenstedtstr. 16, W-2000 Hamburg 50

CR Subject Classification (1987): I.2, insbesondere I.2.4, I.2.7, I.2.10

ISBN 978-3-540-52758-9 ISBN 978-3-642-84235-1 (eBook)
DOI 10.1007/978-3-642-84235-1

CIP-Titelaufnahme der Deutschen Bibliothek.
Repräsentation und Verarbeitung räumlichen Wissens / C. Freksa; C. Habel (Hrsg.) – Berlin; Heidelberg; New York; London; Paris; Tokyo; Hong Kong; Barcelona: Springer, 1990
(Informatik-Fachberichte; 245: Subreihe künstliche Intelligenz)

NE: Freksa, Christian [Hrsg.]; GT

Softcover reprint of the hardcover 1st edition 1990

2145/3140-543210 – Gedruckt auf säurefreiem Papier

Vorwort

Die Fachgruppe *Kognition* des Fachausschusses *Künstliche Intelligenz und Mustererkennung* (jetzt Fachbereich KI) der *Gesellschaft für Informatik* führte vom 28.– 30. November 1988 in München ihren fünften interdisziplinären Workshop durch, zu dem rund 40 Forscherinnen und Forscher – vorwiegend aus dem deutschsprachigen Raum – eingeladen waren. Mit dem Thema *Repräsentation und Verarbeitung räumlichen Wissens* schloß sich der Workshop inhaltlich an das Thema der Arbeitsgruppe *Raumkonzepte in Verstehensprozessen* an, die im März 1988 im Rahmen der Jahrestagung der Deutschen Gesellschaft für Sprachwissenschaft (DGfS) in Wuppertal tagte. In Ergänzung zu der Wuppertaler Tagung, bei der sprachliche Aspekte im Vordergrund standen, wurden in München Repräsentations- und Verarbeitungskonzepte thematisiert. Dabei sollten insbesondere Erkenntnisse über biologische Systeme mit Konzepten für künstliche Systeme kontrastiert und theoretische Überlegungen mit empirischen Ergebnissen aus Sprach- und Verhaltensforschung verglichen werden.

Hauptziel bei diesem Brainstorming war eine Sondierung des Wissensstandes im Bereich *räumliches Schließen* und ein Austausch über verschiedene Sichtweisen, Anforderungen und Lösungen im Bereich des räumlichen Problemlösens. Daß dieser Workshop interessante Diskussionen ausgelöst hat, zeigt sich u.a. daran, daß im Oktober 1990 eine Fortsetzungsveranstaltung - wieder durch mehrere Fachgruppen des Fachbereichs KI organisiert - stattfinden wird.

Ziel des vorliegenden Buches ist es, die Bestandsaufnahme sowie zusätzliche durch die Interaktionen seit dem Workshop hinzugewonnene einschlägige Erkenntnisse zu dokumentieren. In dieser Hinsicht ist der vorliegende Band nicht nur eine Dokumentation des Workshops; vielmehr haben wir darüber hinaus weitere am Thema arbeitende Wissenschaftler zur Mitarbeit gewinnen können. Die Zeit zwischen dem Workshop und dem Erscheinen des Buches wurde für die zum Teil intensive Überarbeitung und Ergänzung der Beiträge genutzt.

Eine besondere Schwierigkeit bei interdisziplinären Projekten ist es, einen gemeinsamen Nenner für die Einordnung der Beiträge aus den verschiedenen Disziplinen zu finden. Da die Teilnehmer des Workshops jedoch den Eindruck gewannen, daß den unterschiedlichen Forschungsansätzen ein gemeinsames Thema zugrunde liegt, und ferner klar war, daß wir dieses Thema nicht umfassend abhandeln können, haben wir uns entschlossen, gemeinsam ein Literaturverzeichnis zu erstellen, das zusammen mit den Forschungsbeiträgen eine Orientierung im gemeinsam bearbeiteten Gebiet ermöglichen soll. Das Vorhaben, ein 'Gesamtverzeichnis' zu einem nahezu unbegrenzten Thema anzufertigen, wäre von vornherein zum Scheitern verurteilt gewesen. Daher haben wir nach Möglichkeiten gesucht, das Gebiet in sinnvoller Weise einzuschränken und dennoch die Verbindung zu relevanten peripheren Bereichen offenzuhalten. Das Ergebnis wird im einführenden Beitrag vorgestellt.

Repräsentation und Verarbeitung räumlichen Wissens ist nicht zuletzt deswegen wieder hochaktuell geworden, weil es neuerdings Rechnertechnologien gibt, die wichtige Eigenschaften räumlicher Strukturen dem Benutzer direkt zugänglich machen. Es gibt computergestützte Werkzeuge, die es erlauben, Wissen wahlweise über sprachliche Konzepte oder über räumliche Strukturen zugänglich zu machen und zu manipulieren. Es zeigt sich, daß je nach den Voraussetzungen die eine oder die andere Methode schneller oder besser zum Ziel führt. Um diese 'kognitive Erkenntnis' gleich in die aktuelle Arbeitsweise einfließen zu lassen, haben wir die Erscheinungsform des Buches mit einem Experiment verbunden: Die Literaturliste wurde mit Unterstützung einer Analogie zwischen konzeptueller Nachbarschaft verschiedener Arbeitsgebiete und räumlicher Nachbarschaftskonzepte erfaßt und wird den Lesern auch mit Hilfe dieser Analogie dargeboten. Der volle Nutzen dieser Analogie, nämlich bildorientierter Zugriff auf thematisch benachbarte Literatur, läßt sich freilich in der statischen Buchform nicht voll ausschöpfen.

Abschließend möchten wir der Carl Friedrich von Siemens Stiftung (München) für ihre Unterstützung danken; über eine großzügige finanzielle Zuwendung hinaus hat die angenehme Tagungsatmosphäre in den Räumen der Stiftung wesentlich zum Gelingen der Veranstaltung beigetragen. Außerdem danken wir besonders Petra Bräunling und Kai Zimmermann (TU München), die die mühevollen Arbeiten an der Bibliographie auf sich genommen haben.

März 1990

Christian Freksa
Christopher Habel

Inhaltsverzeichnis

Christian Freksa, Christopher Habel
Warum interessiert sich die Kognitionsforschung für die
Darstellung räumlichen Wissens? 1

Horst Mittelstaedt
Einführung in die Kybernetik des Verhaltens
am Beispiel der Orientierung im Raum 16

Werner Kriechbaum
Raumvorstellungen und biologische Intelligenz:
Anmerkungen aus der Sicht eines Neurobiologen 25

Anton Hartl
Kognitive Karten und kognitives Kartieren 34

Klaus Rehkämper
Mentale Bilder - Analoge Repräsentationen 47

Jörg Schirra
Einige Überlegungen zu Bildvorstellungen in kognitiven Systemen 68

Siegfried Stiehl
Issues of Spatial Representation in Computational Vision 83

Mohammed Khenkhar
Eine objektorientierte Darstellung von Depiktionen
auf der Grundlage von Zellmatrizen 99

Yong Cao
Untersuchung zu depiktionalen Darstellungen der Himmelsrichtungen 113

Christoph Schlieder
Anordnung - Eine Fallstudie zur Semantik bildhafter Repräsentation 129

Michael Mohnhaupt
Eine hybride Repräsentation von Objektbewegungen:
Von analogen zu propositionalen Beschreibungen 143

Simone Pribbenow
Interaktion von propositionalen und bildhaften Repräsentationen 156

Bernd Tischer
Das Erkennen richtungsräumlicher Objektrelationen
auf der Grundlage verbaler und bildlicher Informationen 175

Ellen Hays
On Defining Motion Verbs and Spatial Prepositions 192

Gerd Herzog, Thomas Rist, Elisabeth André
Sprache und Raum: Natürlichsprachlicher Zugang zu visuellen Daten 207

Wolfgang Hoeppner, Martin Carstensen, Ulrike Rhein
Wegauskünfte: Die Interdependenz von Such- und Beschreibungsprozessen 221

Peter Ruhrberg, Heike Rutz
Räumliches Wissen und Semantik im Kontext der Generierung
von Wegbeschreibungen 235

Reinhard Koy-Oberthür
Ein Modell kognitiver Prozesse in biologischen Systemen 250

Gesamtliteraturverzeichnis
Repräsentation und Verarbeitung räumlichen Wissens 267

Warum interessiert sich die Kognitionsforschung für die Darstellung räumlichen Wissens?

Christian Freksa
TU München

Christopher Habel
Universität Hamburg

1 Raum und räumliches Schließen

Sind die drei Raumachsen beliebige Dimensionen aus dem vielfältigen Merkmalsraum menschlicher Wahrnehmung und Vorstellung, oder nehmen sie eine Sonderstellung ein? Wir möchten in diesem Beitrag argumentieren, daß physikalischer Raum erstens als Domäne des Physischen und zweitens als Bezugswelt für die Interpretation von (nicht-physischen) Konzepten eine zentrale Rolle spielt. Raum, seine Darstellung und die Verarbeitung räumlichen Wissens sind daher für die Kognitionsforschung von besonderem Interesse. Der erste Teil dieser Einführung behandelt einige klassische Domänen, in denen der Raum-Begriff verwendet wird; anschließend skizzieren wir eine Einordnung von raumbezogenen Fragestellungen in die Landschaft der Kognitionsforschung; der dritte Teil geht auf einige Aspekte der Darstellung räumlichen Wissens etwas näher ein; abschließend erfolgt eine Übersicht der Beiträge dieses Bandes.

1.1 Raum

Der Begriff *Raum* im allgemeinen Sinne bezeichnet aus beliebigen Elementen aufgebaute Strukturen. Er wird in verschiedenen Teilgebieten der Mathematik, der Naturwissenschaften, der Geisteswissenschaften und im Alltagsleben mit unterschiedlichen spezifischen Bedeutungen verwendet. In den folgenden Abschnitten werden wir von den abstrakten mathematischen Räumen speziell den *geometrischen* Raum, von den konkreten naturwissenschaftlichen Räumen den *physikalischen* Raum und von den geisteswissenschaftlichen und sprachrelevanten Räumen den *psychologischen* und den *metaphorischen* Raum erwähnen. Dadurch soll der Rahmen für diejenigen Aspekte von Raum abgesteckt werden, die für die Kognitionsforschung von besonderem Interesse sind.

1.1.1 Geometrischer Raum

Ähnlich wie eine Gruppe oder ein Verband ist abstrakter Raum – als Punktmenge – eine Struktur, die durch eine Menge von Axiomen, denen die Punkte des Raumes genügen müssen, spezifiziert ist. Eine Cantorsche Menge ist ein (geometrischer) Raum, wenn sie gewisse Eigenschaften erfüllt, die uns von der Wahrnehmung der realen Welt anschaulich vertraut sind. Allerdings kommt es für die Gestaltung der mathematischen Theorie nicht auf den Bezug zur Anschauung über die reale Welt an, sondern nur auf die Axiome der Struktur und die Folgerungen, die sich aus ihnen ziehen lassen[1].

Die Geometrie ist eine ursprünglich durch den Bedarf an Landvermessungsmethoden motivierte mathematische Disziplin, die bereits im 3. Jh. v. Chr. von Euklid axiomatisiert wurde. Schon in der euklidischen Axiomatisierung der Geometrie kommen Begriffe wie *Punkt, Gerade* und *ebene Fläche* vor; die Dreidimensionalität des Raumes wird durch die Definition I im Buch XI "Ein Körper ist, was Länge, Breite und Tiefe hat." postuliert[2]. Weitere relevante, zu explizierende Konzepte einer Geometrie findet man in den Wendungen wie *der Punkt P liegt auf der Geraden g, der Punkt P liegt zwischen den Punkten Q und R* und *die Gerade g ist orthogonal zu der Geraden s.* In der euklidischen (oder kartesischen) Geometrie werden auf den genannten Grundkonzepten Begriffe wie *Abstand, Fläche, Volumen* und *Winkel* aufgebaut und damit die Voraussetzungen für eine Metrik geschaffen. Abstraktere strukturelle Eigenschaften des Raumes werden in der Topologie behandelt[3].

1.1.2 Physikalischer Raum

Konkreter physikalischer Raum wird gewöhnlich als von drei positiven orthogonalen reellwertigen Achsen aufgespannt betrachtet. Eine dieser Achsen wird üblicherweise mit der Achse identifiziert, entlang derer die Gravitation wirksam ist (die Vertikale). Das aus dieser Auszeichnung der Vertikalen resultierende Raum-Modell ist ein lokales; denn global betrachtet, ändert sich die Orientierung der Gravitationsachse mit der Änderung der Lage im Raum.

Physikalischer Raum hat nur positive Ausdehnung. Er wird als Kontinuum hinsichtlich der linearen Ausdehnung entlang der drei orthogonalen Achsen, hinsichtlich der Richtungen, die sich durch Komposition beliebiger Anteile dieser Raumachsen beschreiben lassen und hinsichtlich der Ausdehnung entlang dieser Richtungen betrachtet. In der physikalischen Realität ist es möglich, sich in jeder Raumrichtung zu bewegen[4].

Physikalischer Raum und seine Elemente stehen in vielfältigen Beziehungen zu anderen physikalischen Größen. Beispielsweise besteht über die Bewegungsgesetze ein direkter Zusammenhang zwischen Zeit und räumlicher Distanz; über die Gesetze der Molekülstrukturen ein Zusammenhang zwischen Masse und räumlicher Ausdehnung; über das Gravitationsgesetz ein Zusammenhang zwischen Gewicht und Masse und somit

---

1 vgl. KANT, Kritik der Urteilskraft, S. 193.

2 Zur Problematik der Dreidimensionalität vgl. JAMMER [1980] und JANICH [1989].

3 Topologische Aspekte als abstrakter anzusehen als geometrische Aspekte, entspringt der durch Felix Klein begründeten Betrachtungsweise, Ebenen geometrisch-topologischer Strukturen über Transformationsinvarianz zu charakterisieren. Vgl. auch KLEIN [1872]: "Vergleichende Betrachtungen über neuere geometrische Forschungen". Erlangen.

4 In dieser Eigenschaft unterscheiden sich in unserem Erfahrungsraum die "echten Raumdimensionen" von der Zeitdimension des vier-dimensionalen Raum-Zeit-Kontinuums.

ein Zusammenhang zwischen Gewicht und räumlicher Ausdehnung; über die Gesetze der Elektrostatik besteht ein Zusammenhang zwischen elektrischer Ladung und Raumfläche; über die Gesetze der Akustik ein Zusammenhang zwischen räumlicher Dichte eines Mediums und Schallausbreitung; über die Gesetze der Mechanik ein Zusammenhang zwischen physikalischen Kräften, räumlicher Distanz und räumlicher Orientierung. Zusammenhänge dieser Art sind für metaphorische Raumkonzepte von besonderer Bedeutung (siehe Abschnitt 1.1.4).

1.1.3 Psychologischer Raum

Die nachweisbare Wahrnehmung in biologischen Systemen beschränkt sich auf räumliche Phänomene und auf solche Phänomene, die unmittelbar mit räumlichen Phänomenen gekoppelt sind. Raumwahrnehmung kommt durch das Zusammenwirken einer Vielzahl von physiologischen und psychologischen Bedingungen mit den physikalischen Eigenschaften der Gegenstände zustande. Von entscheidender Bedeutung sind die Gestaltgesetze, die u.a. die räumlichen Bedingungen enthalten, unter denen materielle Konfigurationen überhaupt als Gegenstände wahrgenommen werden. Die in der Gestaltpsychologie (siehe u.a. KOFFKA [1935] und KÖHLER [1947]) formulierten Prinzipien betreffen z.B. die Gruppierung von Subregionen zu Figuren oder die Abgrenzung von Figuren zum Hintergrund. Einige hierbei besonders relevante Faktoren sind: Nähe, Ähnlichkeit, Fortsetzung, Abschluß.

Bei der Beschreibung der Welt nehmen räumliche Phänomene daher eine Sonderstellung ein: Sie können in besonderer Weise dadurch 'dingfest' gemacht werden, daß sie unserer Perzeption direkt zugänglich sind. Aufgrund ihrer physikalischen Zusammenhänge (siehe Abschnitt 1.1.2) sind sie sogar über vielfältige Kanäle zugänglich, die sich ergänzen aber auch ersetzen können. Wir können räumliche Ausdehnung visuell und akustisch wahrnehmen; wir können sie ertasten oder messen; wir können sie in besonderer Weise mit anderen Größen assoziieren: mit Zeit, mit Masse, mit Gewicht; wir können sie in besonderer Weise transformieren und dadurch unseren Sinnen in veränderter Form zugänglich machen. Durch die vielfältigen Kanäle, die sich gegenseitig bestätigen und absichern, sind räumliche Phänomene für uns in besonderer Weise real; wir können uns ihren Eindrücken praktisch nicht entziehen.

Am speziellen Fall der visuellen Perzeption wollen wir auf einen für das Nebeneinander verschiedener Raumkonzeptionen besonders wichtigen Aspekt aufmerksam machen. Bezeichnet man den "Raum, der uns visuell erscheint" als *visuellen Raum*, so stellt sich die Frage nach den geometrischen Eigenschaften dieses Raumes. Zahlreiche Experimente, die in ihrer Tradition bis auf die für die Perzeptionsforschung grundlegenden Arbeiten von VON HELMHOLTZ [1867] zurückgehen, weisen darauf hin, daß die Geometrie des visuellen Raumes nicht-euklidisch ist (vgl. SUPPES [1977])[5]. Dies be-

---

5 vgl. ROBERTS & SUPPES [1967] und HABEL [1989].

deutet insbesondere, daß Transformationen zwischen verschiedenen Raumkonzeptionen einen wesentlichen Forschungsgegenstand der Kognitionsforschung ausmachen werden.

Voraussetzung für Assoziation und Transformation unterschiedlicher Dimensionen der Wahrnehmung sind geeignete Repräsentationen mit entsprechenden kognitiven Verarbeitungsmechanismen. Die Sonderrolle, die räumliche Phänomene infolge ihrer direkten Wahrnehmbarkeit über Sinnesorgane spielen, ermöglicht räumlichen Konzepten eine 'Interfacefunktion' zur Vermittlung zwischen Gegenständlichem und Nicht-Gegenständlichem.

1.1.4 Metaphorischer Raum

Die Eigenschaft räumlicher Konzepte, einerseits mit dem kognitiven Repräsentations- und Verarbeitungsapparat, andererseits über Perzeptoren und Effektoren mit der gegenständlichen physikalischen Welt assoziiert zu sein, erlaubt eine Koppelung nicht-räumlicher Konzepte mit der physikalischen Welt über die kognitive Repräsentation. Das bedeutet, daß zum Beispiel nicht-räumliche Konzepte wie Qualität, Reichtum, Emotion, etc. mit räumlichen Konzepten in Verbindung gebracht werden können und daß Aussagen über solche Konzepte metaphorisch mit Hilfe der konkreten räumlichen Konzepte interpretiert werden können. Diese Betrachtungsweise sollte nicht in der Weise mißverstanden werden, als ob räumliche Metaphern nur dazu dienten, Sprache "blumenhaft auszuschmücken". Vielmehr wird den Metaphern ein essentieller Anteil an der Vermittlung von Bedeutung nicht-räumlicher Konzepte zugesprochen, wenn nämlich das Erfahrungswissen über physikalischen Raum herangezogen wird, um nicht-räumliche Konzepte zu 'begreifen' und hierdurch in einer anderen Art und Weise verarbeiten zu können.

LAKOFF & JOHNSON [1980] stellen die Hypothese auf, das menschliche konzeptuelle System sei weitgehend ein metaphorisches. Ausgehend von der Annahme, menschliche Kommunikation basiere auf dem gleichen konzeptuellen System wie Denken und Handeln, belegen sie ihre Vermutung anhand sprachlicher Beispiele. Im folgenden geben wir einige Beispiele für die Beschreibung nicht-räumlicher Konzepte mit räumlichen Begriffen aus dem Deutschen:

Zeit als Weg: Vorschau – Rückblick; in die Zukunft schauen; wir können nicht zurück; zu fortgeschrittener Stunde. Physikalische Erklärung für diese Metaphern ist die oben bereits angesprochene Beziehung zwischen Zeit und Weg.

Stimmung als Höhe: Hochgefühl, sie hat starken Auftrieb erhalten; Hochstimmung, seine Stimmung ist gestiegen; sie hat ein Tief, er fiel in eine tiefe Depression; hochjauchzende Freude; sie ist in Trauer versunken. Eine Erklärung für die Verwendung dieser Metaphern könnte die mit der Stimmung verbundene Körperhaltung sein.

Wert als Höhe: Aktien steigen – fallen; hochwertig; hohes – niedriges Einkommen.

Vitalität, Erfolg, Rang als Höhe: Höhepunkt des Lebens; Tiefpunkt der Karriere; Spitzenposition – untergeordnete Stellung; Aufsteiger – Absteiger; die Oberen 10.000.

Stärke als Höhe: etwas unter Kontrolle haben; überlegen sein.

Alter als Höhe: hohes Alter; Dreikäsehoch.

Temperatur als Höhe: hohe – tiefe Temperaturen.

Spannung, Energie als Höhe: Hochspannung – Niedrigspannung; Hochenergiephysik.

Tonfrequenz als Höhe: hohe – tiefe Töne.

Abstraktionsgrad als Höhe: hohe Abstraktion.

Vertrautheit als Distanz: naher – entfernter Verwandter; eng vertraut; das ist weit hergeholt.

Gedankliche Einstellung als Orientierung: das geht in eine andere Richtung; geistige Umorientierung; woanders hinwenden; einer Argumentation folgen.

Reife als Volumen: volljährig.

Feigheit als räumliche Tiefe: Frontalangriff; hinterhältig.

Die Beispiele sollen zeigen, wie vielfältige konzeptuelle Dimensionen, die unserer Wahrnehmung direkt nicht zugänglich sind, in Begriffen ausgedrückt werden, die unseren Sinnen durch räumliche Erfahrung zugänglich sind.

1.2 Räumliches Schließen

Die verschiedenen Räume, die in Abschnitt 1.1 angesprochen wurden, bieten unterschiedliche Möglichkeiten, aus gegebenen Beziehungen unbekannte Beziehungen abzuleiten. In den abstrakten Räumen geschieht dies mit Hilfe der formalen Regeln, nach denen diese Räume auf einem Axiomensystem aufgebaut sind. In der Geometrie unterscheidet man zwischen analytischer und konstruktiver Geometrie. In der analytischen Geometrie werden geometrische Gegebenheiten durch Übergang zu Koordinaten in Zahlen übersetzt und algebraisch weiterverarbeitet. In der konstruktiven Geometrie werden geometrische Operationen direkt verwendet (insbesondere Vektoroperationen). Dabei dient die Ebene im konkreten physikalischen Raum zum räumlichen Schließen oder zumindest zur Unterstützung des räumlichen Schließens.

Die beiden hier skizzierten Arten der Geometrie *konstruktiv* bzw. *analytisch* können als Vertreter der bildhaften bzw. der sprachartigen Repräsentationen räumlicher Gegebenheiten angesehen werden (vgl. Abschnitt 3). Somit kann die Entwicklung der analytischen Geometrie, eingeleitet durch Descartes, als der erste gelungene Versuch aufgefaßt werden, räumliche, nämlich geometrische, Probleme über einem symbolischen System, dem der Algebra, zu lösen. Darüberhinaus ist bei Descartes die Intention vorhanden, symbolische Probleme der Algebra auf geometrische Fragestellungen zurückzuführen, und hierbei Problemlösungsverfahren des anschaulichen Raumes nutzbar zu machen[6].

Konstruktive Geometrie stellt die seltene Ausnahme einer Methode dar, die sich nicht im rein Abstrakten abspielt und trotzdem als rigoros akzeptiert ist. Dies hängt offenbar damit zusammen, daß die Zusammenhänge, die durch räumliche Situationen hergestellt werden, in unvergleichlicher Weise verbindlich sind.

Im physikalischen Raum sind die durchführbaren Operationen nicht axiomatisch, sondern durch physikalische Gesetze festgelegt. Diese schränken das im Abstrakten Denkbare drastisch ein. Bei der Betrachtung kognitiver Systeme sind wir zusätzlich insbesondere an den Randbedingungen interessiert, die durch physiologische, wahrnehmungs-psychologische und kognitive Strukturen hervorgerufen werden. So ist beispielsweise das räumliche Auflösungsvermögen biologischer Systeme beschränkt, so daß eine Modellierung von Entfernungen und Orientierungen durch dicht (in einem formalen Sinne) angeordnete reelle Zahlenwerte inadäquat wird. Während der euklidische Raum nicht beschränkt ist, sind unsere Wahrnehmungsräume, so z.B. der oben erwähnte *visuelle Raum*, beschränkt. Das gleiche gilt für *mentale Bilder*; KOSSLYN [1980] weist darauf hin, daß *mental images* sowohl im Hinblick auf die Auflösung als auch auf die Größe einschränkenden Bedingungen unterliegen.

Diese Situation wirft die Frage auf, ob der reellwertige physikalische Raum diskretisiert werden kann und auf welche Weise man zu einer adäquaten Darstellung hierfür gelangen kann. Der wesentliche Problempunkt dabei ist, daß an den Diskretisierungsgrenzen wieder eine beliebig hohe Auflösung benötigt wird. Solche Probleme führen zu Anforderungen, die von Repräsentationsformaten für räumliches Wissen (vgl. Abschnitt 4) berücksichtigt werden müssen. Diese Anforderungen können als Adäquatheitskriterien verwendet werden, wenn die Frage nach geeigneten Schlußverfahren für räumliches Wissen untersucht wird.

---

6 Vgl. hierzu Chapter XVII von Carl B. BOYER [1968]: A History of Mathematics. Princeton University Press.Princeton, NJ.

2 Raum in der Kognitionsforschung

Zum Kern der Kognitionsforschung zählt man Teilbereiche der Künstlichen Intelligenz, der Psychologie, der Linguistik, der Philosophie, der Anthropologie und der Neurowissenschaften. Die letzten Jahrzehnte haben gezeigt, daß viele Phänomene der Kognition erst in einer gemeinsamen Analyse durch mehrere dieser Disziplinen adäquat untersucht werden können. In diesem Abschnitt wollen wir skizzieren, wie wir den Bereich *Repräsentation und Verarbeitung räumlichen Wissens* in diese Disziplinen einordnen. Hiermit verbunden ist eine Strukturierung der interdisziplinären Forschungen in bezug auf den vorliegenden Phänomenbereich. Wir verwenden hierzu eine räumliche Darstellung von Nachbarschaftsbeziehungen zwischen einigen Forschungsbereichen und ihren zugehörigen Disziplinen; wir ziehen also eine räumliche Metapher heran, um konzeptuelle Zusammenhänge zu veranschaulichen. Die Darstellung ist notwendigerweise stark vereinfachend, kann aber gerade dadurch zu einer schnellen Groborientierung beitragen[7].

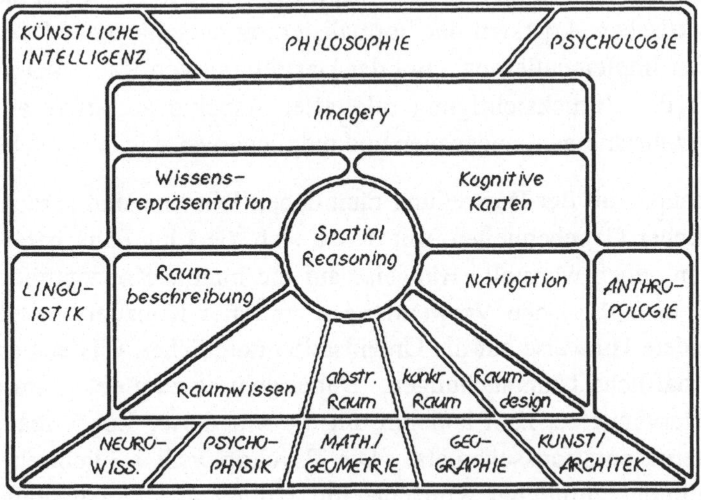

Das Diagramm ist folgendermaßen aufgebaut: Die Mitte (kurz: *'spatial reasoning'*) entspricht dem Kernthema 'Repräsentation und Verarbeitung räumlichen Wissens'. Im inneren Ring um den Kern sind die Forschungsthemen angeordnet, die einen direkten Beitrag zu diesem Kernthema leisten und zwar derart, daß benachbarte Felder einen möglichst starken Zusammenhang zwischen den zugeordneten Forschungsthemen suggerieren. An der Peripherie sind die Basisdisziplinen notiert, innerhalb derer die einzelnen Themen bearbeitet werden und zwar derart, daß die für die jeweilige Disziplin typischen Themen benachbart im mittleren Ring angeordnet sind.

---

7 Diese Orientierungsfunktion des Diagramms wird insbesondere in der Bibliographie für diesen Band verwendet: Die Indexierung der Literatur wird durch Piktogramme, die aus dem vorliegenden Diagramm abgeleitet sind, veranschaulicht.

So befindet sich beispielsweise unten in der Mitte die Geometrie, die sich mit abstraktem Raum befaßt; rechts daneben die Geographie, die in ihrer Auseinandersetzung mit konkretem Raum die Geometrie motiviert hat. Neben der Geographie sind Kunst und Architektur angeordnet: Kunst und Architektur gestalten konkreten Raum. Dazu verwenden sie Erkenntnisse über menschliche Orientierung und Navigation für den Entwurf übersichtlicher Strukturen und anderer besonderer Effekte, wie sie in der Anthropologie und in der Psychologie erforscht werden. Die (kognitive) Anthropologie untersucht unter anderem, wie sich Menschen aus verschiedenen Kulturkreisen in verschiedenen konkreten räumlichen Gegebenheiten zurechtfinden und navigieren.

Neben der Anthropologie findet sich die (kognitive) Psychologie, die unter dem Schlagwort 'kognitive Karten' Prozeßmodelle für menschliche Orientierung und Navigation entwickelt. Dabei treten prinzipielle Fragen zur Darstellbarkeit von Wissen zutage, wie sie in der 'imagery debate' von Psychologen, Philosophen, KI-Forschern und Linguisten diskutiert wurden; es geht dabei um wechselseitige Beziehungen zwischen Wissen, Symbolen, Bildern und Verstehensprozessen. Die KI befaßt sich mit theoretischen und praktischen Aspekten der Formalisierung verschiedener Darstellungsformen sowie mit deren Implementierung. Bei der Darstellung von Raum kommt es dabei insbesondere auf die Berücksichtigung bildhafter Aspekte an sowie auf die adäquate Darstellung unvollständigen, ungenauen und möglicherweise widersprüchlichen Wissens.

Eng verknüpft mit der Darstellung räumlichen Wissens sind sprachliche Beschreibungen räumlicher Gegebenheiten, mit denen sich die Linguistik befaßt. Sprachliche Beschreibungen geben wertvolle Hinweise auf die interne Konzeptbildung über Raum sowie auf die metaphorische Verwendung räumlicher Konzepte in nicht-räumlichen Domänen. Andere Hinweise auf die Organisation räumlichen Wissens erhält man durch neurowissenschaftliche Untersuchungen: Dabei geht es zum einen um die Schaltlogik biologischer Nervennetze, zum anderen um die mit dieser Logik realisierbaren bzw. realisierten Repräsentationsschemata. Die Psychophysik schließlich untersucht die interne Darstellung räumlicher Konzepte mit Hilfe von Untersuchungen über nichtsprachliches Verhalten. Über die hierfür entwickelten mathematischen Modelle schließt sich der Kreis zum abstrakten Raum.

3 Darstellung von Raum

Im ersten Teil dieses Beitrags haben wir verschiedenartige Räume auf die Aspekte hin betrachtet, die für die Untersuchung kognitiver Prozesse von Bedeutung sein können. Im folgenden möchten wir anhand unterschiedlicher Darstellungsmöglichkeiten weitere Aspekte betrachten, die für Verarbeitung von Wissen über Raum und damit für räumliche Konzeptbildung entscheidend sind. Speziell werden wir auf die Unterscheidung von *bildhafter* und *sprachartiger* Darstellung eingehen.

3.1 Bildhafte Darstellungen

Bei der Darstellung von Raum (oder anderen Domänen) werden gewisse Merkmale der darzustellenden Domäne in Merkmale der darstellenden Domäne übertragen (vgl. PALMER 1978). Mit dem Begriff *bildhafte Darstellung* bezeichnen wir eine (im Sinne der Topologie) strukturerhaltende Wiedergabe von Merkmalen der darzustellenden Domäne. Das bedeutet unter anderem, daß 'benachbarte' Merkmale des Urbildes in benachbarte Merkmale des Abbildes übertragen werden. Bei den Merkmalen kann es sich um räumliche oder um beliebige andere Aspekte handeln. Im Falle nicht-räumlicher Merkmale wird das Nachbarschaftskonzept sinngemäß auf den zugrundegelegten Merkmalsraum angewendet. Man hat eine monotone Abbildung von dem Merkmalsraum des Urbildes in den Merkmalsraum des Abbildes.

Ein Beispiel für eine bildhafte Darstellungen ist eine Photographie, bei der räumlich benachbarte Punkte des 3-dimensionalen physikalischen Raumes abgebildet werden in räumlich benachbarte Punkte der 2-dimensionalen Abbildung; der Grad der Reflektion von Licht an Gegenständen des 3-dimensionalen Urbildraumes wird ebenfalls bildhaft dargestellt, und zwar durch die Helligkeit der entsprechenden Regionen auf der Photographie. Ein anderes Beispiel sind Landkarten, bei denen – je nach der gewählten Projektion – gewisse Aspekte, wie Winkel, Entfernungen oder Flächen, bildhaft wiedergegeben werden. Bei der zylindrischen Projektion einer Kugelsphäre auf die Ebene wird die Fläche zwar lokal bildhaft dargestellt (d.h. in einer gewissen Umgebung eines Punktes wird eine größere Fläche auf der Sphäre durch eine größere Fläche auf der Karte wiedergegeben), global ist diese Eigenschaft jedoch nicht sichergestellt. Andere Aspekte der dargestellten Domäne, die aus Landkarten ablesbar sind, sind nicht direkt bildhaft dargestellt, beispielsweise die Art der Landschaft und der Wege. Hierfür werden normalerweise Kodierungskonventionen für eine graphische Darstellungsweise herangezogen. (Dazu ist anzumerken, daß die hierbei angesprochenen Aspekte nicht zu den primitiven gehören, die unserer Wahrnehmung direkt zugänglich wären.) Weitere relevante Information wird durch Beschriftungen vermittelt.

An dieser Stelle wollen wir als weiteres – allen vertrautes – Beispiel die Darstellung der geographischen Gegebenheiten der Erde durch einen Globus anführen. Dieses Beispiel möge auch dazu dienen, einen ersten Eindruck – durch Introspektion – von den Phänomenen der Bildung mentaler Bilder zu vermitteln. Die folgenden Aufgaben sollten schrittweise (dies kann leicht durch Abdecken der Zeilen unterstützt werden) und insbesondere intuitiv, d.h. ohne "längere Berechnungen" und "Deduktionen", bearbeitet werden:

Zuerst stelle man sich einen Globus mit dem Durchmesser von 1 m vor.
Als nächstes stelle man sich ein Flugzeug auf dem Weg von London nach Sidney vor.
Wie hoch fliegt das imaginierte Flugzeug über der Oberfläche des Globus?

Die Größenordnung in der die imaginierte Flughöhe einzuordnen ist, beträgt weniger als einen Millimeter. Dieses Beispiel macht auch deutlich, warum auch in einer drei-dimensionalen Repräsentation der drei-dimensionalen Erde, die vertikale Ausdehnung nicht allein durch eine topologisch-geometrische Analogie dargestellt werden kann. Die höchsten Gebirge und die tiefsten Ozeane würden – beim oben eingeführten Beispielglobus – jeweils weniger als 1 mm von der Standardoberfläche abweichen. Ein derartiger räumlich analoger Globus wäre unbrauchbar, um Höhenunterschiede hervorzuheben.

Die Verwendung von konventionalisierten Farbkodierungen stellt eine Abbildung einer kontinuierlichen Dimension auf eine andere kontinuierliche Dimension dar; dieser Fall ist ein Beispiel dafür, daß sich bildhafte (auch *analogische* oder *direkte*) Darstellungen insbesondere zur Wiedergabe von kontinuierlichen Dimensionen anbieten; sie sind aber nicht auf diese beschränkt (vgl. SLOMAN 1971).

3.2 Sprachartige Darstellungen

Als *sprachartige Darstellungen* bezeichnen wir solche, die nicht den strukturellen Anforderungen an bildhafte Darstellungen genügen. Ein wesentliches Merkmal von Sprache ist die Verwendung von Zeichen. Zeichen stehen für etwas anderes, sind also gewissermaßen Abkürzungen für Objekte, Merkmale und/oder deren Struktur. Sprachartige Darstellungen sind somit indirekte Darstellungen in dem Sinne, daß die Abbildung von Merkmalen aus der darzustellenden Domäne mehr als eine strukturerhaltende Korrespondenz zwischen den Merkmalen in Urbild und Abbild erfordern, und zwar ein Zeichensystem bestehend aus Zeichen, einer Syntax, die die Beziehung von Zeichen untereinander regelt und einer Semantik, die die Beziehung der Zeichenstrukturen zu ihren Bedeutungen regelt.

Im Gegensatz zu Bildern zeichnet sich Sprache dadurch aus, daß sie eine von dem Dargestellten weitgehend unabhängige Struktur aufweist. Dadurch ergeben sich Möglichkeiten, die über die Darstellung von Gegenständlichem weit hinausgehen, beispielsweise die Darstellung abstrakter oder inkonsistenter Ideen. (Ob Abbildungen sogenannter *impossible objects* als bildhafte Darstellung inkonsistenter Ideen anzusehen sind, ist ein noch nicht abschließend geklärtes Problem.)

Die Oberflächenstruktur des Darstellungsmittels weist im allgemeinen keine Ähnlichkeit mehr mit einem dargestellten Merkmal auf. Insbesondere ist in sprachlichen Ausdrücken normalerweise[8] eine lineare Anordnung vorzufinden; für die Textproduktion – z.B. bei der Beschreibung von Räumen – stellt die Linearisierung mehr-

[8] Diese Einschränkung soll darauf hinweisen, daß auch höher-dimensionale Sprachen existieren können. Man denke hierbei etwa an Freges logische Notation in FREGE [1879]: Begriffsschrift. Louis Nebert: Halle.

dimensionaler Konstellationen für eine lineare Äußerung der natürlichen Sprache eines der wesentlichen Probleme des *How to say.* dar[9].

3.3 Gemischte Darstellungen

Bildhaftigkeit und Sprachartigkeit von Darstellungen beziehen sich zunächst auf einzelne darzustellende Aspekte, nicht auf die Gesamtdarstellung. Dadurch ist es möglich, daß einige Aspekte bildhaft, andere sprachartig dargestellt werden, wie wir am Beispiel der Landkarte bereits gesehen haben. Im folgenden finden sich weitere Beispiele, in denen die beiden Darstellungsmöglichkeiten für unterschiedliche Aspekte kombiniert verwendet werden:

– **Bildhafte Darstellung mit sprachartigen Elementen:**

von einem Maler gemaltes Bild: Hier hängt es davon ab, wie 'realistisch' das Bild gemalt ist, d.h., wieviel Struktur von dem Gemalten und wieviel aus der gewählten Darstellungsmethode übernommen wird. Gezielte Abweichungen von den wahrgenommenen Strukturen haben oft symbolischen Charakter.

Landkarte: Einige Aspekte werden bildhaft, andere sprachartig dargestellt.

– **Sprachartige Darstellung mit bildhaften Elementen:**

geschriebene Sprache: Die Bezeichnung *Schriftbild* macht deutlich, daß in der Gestaltung von Texten trotz ihrer eigentlich strikt linearen Form bildhafte Elemente eine wesentliche Rolle spielen können. Gedanklicher Zusammenhang wird etwa durch Nachbarschaft, Distanz durch Abstand vermittelt: Hieraus ergibt sich das Prinzip des Absatzes. Ähnliche bildhafte Elemente lassen sich in der Auflistung durch Spiegelstriche oder in der Darstellung von Gegenpolen mit Hilfe von Indikatoren wie " : " oder " - " erkennen.

geschriebenes Gedicht: Die Anordnung des Textes in Zeilen, bei denen nicht die Zeilenbreite des Papieres den Zeilenumbruch bestimmt, stellt ein bildhaftes Mittel für die Darstellung des Klangbildes und zur Unterstützung eventuell vorhandener Reimeigenschaften dar.

3.3.1 Darstellungsformen zum Aufgabenlösen

Wie die oben angeführten Beispiele zeigen, können die unterschiedlichen Darstellungsformen simultan unterschiedliche Mitteilungen übertragen. Ferner eignen sich abhängig von der Aufgabe, die erfüllt werden soll, manche Darstellungsformen

9 vgl. EHRICH [1985], LEVELT [1981].

besser als andere. Dies kann gezielt ausgenutzt werden, um geeignete Darstellungsformen für gegebene Aufgabenstellungen zu konstruieren. Beispielsweise eignet sich das bildhafte Format eines Stadtplanes besonders gut, um Wegfindungsaufgaben zu lösen, die im Vorhinein nicht bekannt waren; hingegen eignen sich sprachliche Wegbeschreibungen besonders gut zum Lösen bekannter Wegfindungsaufgaben.

Die Information in dem Stadtplan ist in gewisser Hinsicht weniger verarbeitet als in der sprachlichen Beschreibung: Bestimmte Aspekte der realen Welt sind in dem Plan direkt wiedergegeben, insbesondere topologische und geometrische Aspekte. Es stellt sich somit die Frage, in welcher Weise und zu welchem Grad räumliches Wissen aufbereitet werden soll, um für gegebene Aufgeben in möglichst geeigneter Form zur Verfügung zu stehen.

Um Aufgaben zu lösen, ist es nicht immer notwendig, daß jeder Aspekt der Aufgabe analysiert und verstanden wurde; es genügt für manche Aspekte, wenn sie in der Darstellung 'erfüllt' sind. Dieser Gedanke ist in FREKSA [1988] weiter ausgeführt.

3.3.2 Marrs primal sketch

Ohne auf die Details der MARRschen [1982] Theorie hier im einzelnen eingehen zu können, wollen wir die Darstellungsebene des *primal sketch* unter dem Blickwinkel der gemischten Darstellungen betrachten. Der Raw Primal Sketch ist das Resultat der ∇^2G-Filterung bzgl. verschiedener Bandbreiten. Hierbei werden die Nulldurchgänge der Filterungen zu einer gemeinsamen Darstellung, dem Raw Primal Sketch zusammengefaßt. Die Zwitterstellung der Primal Sketches kann man vielleicht am besten aus Marrs eigenen Ausführungen erkennen:

> "Zero-crossings provide a natural way of moving from an analogue or continuous representation ...to a discrete and symbolic representation." [MARR 1982; p.67]
> "The raw primal sketch is a very rich description of an image, since it contains virtually all the information in the zero-crossings from several channels (...). Its importance is that it is the first representation derived from an image whose primitives have a high probability of reflecting physical reality directly."
> [MARR 1982; p.71]

Die hier erwähnten Primitive, nämlich *bars*, *blobs* und *edges*, sind aus den Nulldurchgängen bzgl. verschiedener Filterungen berechenbar; ihre Repräsentation kann diskretisiert bildhaft, aber auch propositional erfolgen. In dieser Hinsicht ist eine eindeutige Zuordnung der Raw Primal Sketchs zu einer der Klassen bildhaft oder sprachartig nicht adäquat.

3.3.3 Die imagery debate

Innerhalb der Philosophie und der kognitiven Psychologie ist im letzten Jahrzehnt das Interesse am Phänomenbereich der *mentalen Bilder* wieder erwacht. Die unter der

Bezeichnung *imagery debate* geführte Diskussion[10] betrifft die Frage, ob mentale Bilder - auch als *bildhafte Vorstellungen* bezeichnet - existieren, d.h. kognitiv real sind, oder ob es sich bei ihnen um "Epiphänomene" handelt. Für den Bereich der Künstlichen Intelligenz und Kognitionspsychologie stellt sich diese Frage in leicht veränderter Form (vgl. HABEL 1988): "Sind mentale Bilder eine geeignete Form zur Repräsentation räumlichen Wissens?". Für die Bedeutungsrepräsentation natürlich-sprachlicher Texte ergibt sich z.B. die Frage, ob ausschließlich propositionale, d.h. sprachliche, Repräsentationen anzunehmen sind, oder ob (in gewissen Fällen) die Textbedeutung (bzw. Teile der Textbedeutung) auch durch bildhafte Repräsentationen darzustellen ist.

Die beiden kontroversen Richtungen innerhalb der imagery debate können etwa in folgender Weise skizziert werden: Die *Deskriptionalisten* gehen von der Existenz eines einzigen, propositionalen Repräsentationsformats aus; im Gegensatz hierzu wird von den *Depiktionalisten* die Existenz mehrerer Repräsentationsformate, und zwar propositionaler und bildhafter angenommen.[11] Trotz der Gegensätzlichkeit der kontroversen Haltungen, ist im Hinblick auf viele Problembereiche des Gebietes *Repräsentation und Verarbeitung räumlichen Wissens* eine gemeinsame Forschung möglich und notwendig; beide Ausrichtungen gehen von propositionalen Repräsentationen aus, die unterschiedlichen Einstellungen betreffen im wesentlichen die Frage, ob und in welchen Fällen zusätzlich auch nicht-propositionale Repräsentationen verwendet werden.

3.3.4 Symbolische und subsymbolische Darstellung

Eine weitere Debatte über die Darstellung von Wissen betrifft die Frage nach der geeigneten Darstellungsebene. Dies wird besonders deutlich an der Diskussion über symbolische und subsymbolische Darstellung von Wissen, die im Zusammenhang mit Konnektionismus geführt wird. Die bisherigen Aktivitäten in der KI-Forschung waren dominiert von der 'Symbolverarbeitungshypothese', die besagt, daß intelligentes Verhalten durch die Verarbeitung symbolisch repräsentierten Wissens zustande kommt. Diese Hypothese wird neuerdings in Frage gestellt durch Ansätze, bei denen Wissen jenseits der Ebene, die als symbolisch bedeutungsvoll gilt, dargestellt und verarbeitet wird.

4 Ein Überblick über die Beiträge

Abschließend wollen wir einen kurzen Überblick über die Beiträge dieses Bandes geben, und hierbei auch die Einordnung in die interdisziplinäre Forschungslandschaft zum Thema Repräsentation und Verarbeitung räumlichen Wissens vornehmen.

---

[10] vgl. hierzu insbesondere den Sammelband "Imagery" herausgegeben von BLOCK [1981]. Dieser Band enthält auch wichtige Arbeiten der beiden Hauptkontrahenten in dieser Debatte: PYLYSHYN vs. KOSSLYN.

[11] Dementsprechend wird eine Ausprägung des Depiktionalismus als *dual coding theory* bezeichnet. Paivio [1983].

Der Aufsatz von H. MITTELSTAEDT ist ein Wiederabdruck eines Artikels aus einem Standardwerk über Biophysik aus dem Jahr 1981. Er behandelt Orientierungsleistungen verschiedener Tierspezies aus der Sichtweise der Kybernetik. Dieser Beitrag zeigt, daß die Themenstellung des vorliegenden Kolloquiums auf eine durchaus weiter zurückreichende Tradition verfügt, die jedoch leider in der neueren Kognitionswissenschaft zum Teil nicht hinreichend zur Kenntnis genommen wird.

Aus der Sicht eines (Neuro-) Biologen diskutiert W. KRIECHBAUM Orientierungsleistungen beim Menschen und bei einigen Fliegenarten. Insbesondere wird hier eine Gegenüberstellung der biologischen Sichtweise und der der Künstlichen Intelligenz vorgenommen.

A. HARTL präsentiert einen Überblick über die Behandlung von *kognitiven Karten* in der Psychologie. Dabei wird insbesondere deutlich, wie sich menschliche Orientierungsleistungen von denjenigen unterscheiden, die uns bisher in Form von Computerimplementationen zur Verfügung stehen.

Die Arbeiten von K. Rehkämper und J. Schirra behandeln den Status und die Eigenschaften von mentalen Bildern in Repräsentationssystemen. K. REHKÄMPER bemüht sich um eine grundsätzliche, insbesondere auch philosophische Klärung, von analogen Repräsentationen. J. SCHIRRA untersucht die Stellung von Bildvorstellungen innerhalb einer allgemeinen Architektur eines kognitiven Systems.

Unter den Anforderungen an räumliche Repräsentationssysteme nehmen diejenigen der visuellen Perzeption eine herausragende Rolle ein. Der Aufsatz von S. STIEHL gibt einen Überblick über diesen Problemkreis.

M. KHENKHAR stellt mit der Konzeption von Zellmatrizen eine Realisierungsmöglichkeit für die quasi-analoge Repräsentation und Verarbeitung von räumlichem Wissen vor. C. YONG beschreibt eine auf dieser Konzeption basierende Standard-Operationalisierung von Himmelsrichtungskonzepten. Während diese beiden Ansätze von Rastern ausgehen, wird von C. SCHLIEDER eine von derartigen Realisierungsconstraints unabhängige, geometrisch-topologische Untersuchung von Wissen über Anordnungen vorgenommen.

Die Beiträge von M. Mohnhaupt und S. Pribbenow betreffen die Interaktion von propositionalem und analogem Wissen innerhalb eines hybriden Systems. M. MOHNHAUPT erläutert eine 4-dimensionale Repräsentation zur Beschreibung von Objektbewegungen, die auch für das Lernen von Bewegungskonzepten verwendet werden kann. Die Darstellungen von S. PRIBBENOW betreffen die Interaktion der beiden Repräsentationsformate innerhalb eines textverstehenden Systems.

B. TISCHER präsentiert in seinem Beitrag empirische Ergebnisse zum Verstehen präpositionaler Ausdrücke. Hierbei wird insbesondere auch das Zusammenwirken von verbaler und bildhafter Information untersucht. E. HAYS legt eine auf dem Konzept der Trajektorie basierende Analyse von Bewegungsverben und lokalen Präpositionen vor.

Im Aufsatz von G. HERZOG, T. RIST & E. ANDRÉ wird die "spontane" Generierung von Texten, unter anderem am Beispiel von Fußballreportagen, behandelt. Hierbei steht im Vordergrund der Untersuchungen, daß gleichzeitig zum Ablauf einer Szenen die Beschreibung dieser Szen erfolgen soll. Die Problemstellung der Wegbeschreibung ist das Thema der Beiträge von Hoeppner et al. sowie von Ruhrberg & Rutz; während für W. HOEPPNER, M. CARSTENSEN & U. RHEIN das Zusammenwirken von sprachlichen Beschreibungsprozessen mit denen der Problemlösungskomponente im Vordergrund der Untersuchungen steht, werden von P. RUHRBERG & H. RUTZ Interaktionen innnerhalb der sprachlichen Komponente behandelt.

Der Aufsatz von R. KOY-OBERTHÜR geht über die theoretischen und praktischen Resultate der anderen Beiträge insofern hinaus, als hier im Zusammenhang der Entwicklung von technischen Hilfsmitteln zur Orientierung für blinde Benutzer eine Perspektive dahingehend aufgezeigt wird, daß die theoretischen Arbeiten der Kognitionsforschung auf dem der Repräsentation und Verarbeitung räumlichen Wissens durchaus in nicht allzu ferner Zukunft zu gesellschaftlich relevanten Anwendungen führen können.

Einführung in die Kybernetik des Verhaltens am Beispiel der Orientierung im Raum*

Horst Mittelstaedt

Max-Planck-Institut für Verhaltensphysiologie Seewiesen

16.2.1 Gegenstand und Ziel

Das Ziel einer Kybernetik des Verhaltens könnte sein, die Wirkungsweise des Nervensystems und der mit ihm zusammenhängenden Sinnes- und Erfolgsorgane aus den beteiligten physikalischen Gesetzen zu verstehen. Danach scheint es möglich, die Aufgabe dieses Wissenschaftszweiges dadurch zu lösen, daß man die in diesen Organen ablaufenden physiko-chemischen Prozesse aufklärte. Aus einem hinreichend vollständigen Katalog dieser Prozesse müßte sich das ganze System synthetisieren und damit sein Verhalten ableiten lassen. Hier sollen nun nicht die zu erwartenden praktischen Schwierigkeiten eines solchen Vorgehens diskutiert werden — etwa die womöglich prohibitiv große Rechnerkapazität, die am Ende aufgewandt werden müßte, um die im ZNS einer Biene oder einer Maus ablaufenden physikalischen Prozesse soweit zu simulieren, daß sich das Verhalten des Tieres als Zeitverlauf der Ausgangsgrößen der Simulation ergäbe. Vielmehr soll gezeigt — oder wieder daran erinnert — werden, daß dieser Weg strenggenommen nicht gangbar und das auf ihm anvisierte Ergebnis auch nicht das Ziel der kybernetischen Verhaltensanalyse sein kann: Aus der Analyse der im Organismus ablaufenden physikalischen Prozesse *allein* — ohne Vorwissen über ihren strukturellen oder funktionellen Zusammenhang — ergibt sich nämlich nicht, welche von ihnen am Verhalten des Ganzen beteiligt, geschweige denn welche für den Ablauf welcher Verhaltensweise notwendig und/oder hinreichend sind. Aber selbst wenn alle während des Verhaltens ablaufenden physikalischen Prozesse beschrieben wären, hätte man das Ziel nicht erreicht: Eine solche Systemdarstellung wäre nicht nur ebenso kompliziert, sondern auch ebenso unverstanden wie der Organismus selbst.

Was hier fehlt, macht man sich am einfachsten bei dem Versuch klar, die Wirkungsweise eines technischen Apparates zu verstehen. Auch hier könnte man einen Katalog aller am und im Apparat ablaufenden physikalischen Prozesse aufstellen. Indessen, welche von ihnen für das Verhalten des Ganzen wesentlich sind, ergibt sich erst aus dem *Zweck*, dem es dienen soll oder — von einem anderen Standpunkt gesehen — aus der *Leistung*, die es erbringt. Für den Konstrukteur sind alle Teilprozesse in der Kausalkette sogar austauschbar, solange derselbe Zweck erfüllt, dieselbe Leistung erreicht wird. Erst aus diesem Gesichtswinkel läßt sich entscheiden, welche Wirkungen erwünscht, welche störend, welche vernachlässigbar sind; erst so lassen sich aus der Vielzahl der am und im Apparat ablaufenden Prozesse diejenigen herausfinden, die als Elemente einer wissenschaftlichen Erklärung seiner Wirkungsweise notwendig und hinreichend sind.

Der „Konstrukteur" der Lebewesen ist der Evolutionsprozeß: Auf allen Veränderungen des Nervensystems und der mit ihm zusammenhängenden Organe muß ein Selektionsdruck gelegen haben derart, daß das resultierende Verhalten das Überleben der neuentstandenen Form begünstigte. Ein überlebenswirksames Verhalten, es sei „Verhaltensleistung" genannt, sucht schädliche Einflüsse zu vermeiden oder günstige auszunützen. Dazu müssen diese Einflüsse von Ereignissen gefolgt, begleitet oder besser noch angekündigt werden, die so auf den Organismus wirken, daß das jeweils überlebenswirksame Verhalten in Gang gesetzt wird. Von diesen Ereignissen und ihren Wirkungen im Organismus läßt sich sagen, sie enthielten *Information*, und zwar genau deshalb weil, und insoweit wie, sie die Verhaltensleistung ermöglichen: Erst durch den Rekurs auf den potentiellen Nutzen läßt sich entscheiden, welche Ereignisse als Nachricht (als „Signal"), welche als Störung (als „Rauschen") wirken. Da die Quantität der so identifizierten Information von der Wahrscheinlichkeit des Auftretens der leistungsrelevanten Ereignisse abhängen wird, leuchtet ein, warum die in Kapitel 16.1 behandelten Theorien von Shannon und Marko ihr so genau angemessen sind.

* Nachdruck (verkleinertes Format) aus:
W. Hoppe, W. Lohmann, H. Markl,
H. Ziegler (Hrsg.): *Biophysik.*
Springer-Verlag, 2. Aufl. 1982, S. 822-830

Als Ergebnis des Gedankenganges können wir jetzt genauer formulieren: Die Gegenstände einer Kybernetik des Verhaltens sind Verhaltensleistungen. Das Ziel der kybernetischen Verhaltensanalyse ist die Aufklärung der Information verarbeitenden Prozesse, die eine Verhaltensleistung hervorbringen.

Man beginnt die Analyse im typischen Fall mit der Auswahl der Verhaltensleistung und ermittelt dann die Informationsquellen einerseits, die Bewegungsweisen der Erfolgsorgane und ihre Wirkungen andererseits. Sie werden damit als Eingangs- bzw. Ausgangsgrößen des die Verhaltensleistung bewirkenden Systems genauer erfaßt. Die Analyse soll das Netz der zwischen ihnen bestehenden Kausalbeziehungen, das Wirkungsgefüge der „interkausalen Größen", vollständig beschreiben.

Der Fortschritt der neurobiologischen Forschung liefert zunehmend genauere Messungen der Beziehungen zwischen neuralen Variablen, die möglicherweise, oder mit Sicherheit, interkausale Größen einer bestimmten bekannten Verhaltensleistung sind. Es ist indessen wesentlich für die Methode der kybernetischen Analyse, 1) daß sie nicht notwendig auf neurophysiologisches Vorwissen angewiesen ist, 2) daß ihre Ergebnisse zwar eine neurophysiologische Interpretation erlauben sollen, aber nicht notwendig mit neurophysiologischen Begriffen dargestellt werden müssen und 3) daß es heuristisch meistens auch nicht sinnvoll ist, von der Analyse der Beziehungen zwischen neurophysiologischen Meßgrößen auszugehen. Das ergibt sich daraus, daß es hier ja auf die Gewinnung und Verarbeitung von *Information* ankommt. Information wird repräsentiert durch die Zahl, den zeitlichen Verlauf, die räumliche Ordnung, die Verknüpfung und die durch die Verknüpfung bewirkte Änderung von Zahl und raumzeitlicher Ordnung der interkausalen Größen. Der nachrichten- und regelungstechnischen Forschung verdanken wir Darstellungsweisen, die genau diesem Aspekt der zu untersuchenden Systeme angemessen sind, nämlich Graphen und die dazugehörigen mathematischen Formalismen. Im folgenden werden die bekannten Blockdiagramme verwandt, bei denen die Beziehungen zwischen den Größen durch Rechtecke („Blöcke"), die Größen selbst durch Linien, die Wirkungsrichtung durch Pfeile und die Verknüpfungen durch leicht verständliche Sonderzeichen dargestellt werden. Der Vorteil dieser Beschreibungsweise ist zweifach: Man kann das ganze System oder auch einen beliebigen Teil von ihm in einem Block zusammenfassen und — aufgrund einer Messung oder einer theoretischen Vermutung — das „Verhalten des Blockes" summarisch, aber mit der jeweils nötigen Genauigkeit beschreiben, ohne über die innere Struktur der so zusammengefaßten Prozesse etwas wissen oder voraussetzen zu müssen. Man kann, wenn das System schließlich mehr bis ins einzelne bekannt ist, seine Teile blockweise so zusammenfassen, daß diejenigen Teilfunktionen und Verknüpfungen „mit einem Blick" zu übersehen sind, die das Wesentliche, das „Prinzip", der Nachrichtenverarbeitung ausmachen, aufgrund dessen die untersuchte Leistung zustandekommt. Das soll an Beispielen von Verhaltensleistungen der Orientierung im Raum gezeigt werden.

16.2.2 Regelung und Steuerung

Für die meisten Organismen ist es lebenswichtig, eine bestimmte Lage ihres Körpers im Raum aufrechtzuerhalten. Man weist diese Verhaltensleistung nach, in dem man das Tier aus dieser Lage herausdreht und seine Reaktion beobachtet. Hier interessieren natürlich nur die *aktiven* Bewegungen, durch die es in seine alte Lage zurückkehrt. Durch geeignete Ausschaltungsexperimente ermittelt man als Informationsquelle das oder die Bezugssysteme, nach denen das Tier sich ausrichtet, z.B. die Erdoberfläche, die Sonne, das Lot, den Ort eines Objektes, und definiert als Eingangsgröße zweckmäßigerweise jeweils die Abweichung einer der Hauptachsen des Tieres von einer Koordinate des Bezugssystems.

Indessen, auch nach Ausschluß aller Informationsquellen und richtenden physikalischen Kräfte aus der Umwelt können manche Tiere in einer selbstgewählten Richtung über längere Zeit geradeaus laufen und nach einer experimentell erzwungenen Abweichung wieder in die alte Richtung einschwenken, oder sogar, unter diesen Bedingungen, von willkürlich ausgewählten Orten, zu denen man sie auf Umwegen gelockt hat, *geradewegs* heimkehren (Literaturübersicht s. Görner, 1973). In diesen Fällen kann die Information nur aus Meldungen über die abgelaufene *eigene* Bewegung stammen (daher die Bezeichnung „idiothetische" Orientierung, im Gegensatz zur „allothetischen" nach äußeren Bezugssystemen). Aus diesen Meldungen wird durch einen internen Verarbeitungsprozeß die Abweichung von einer Anfangsrichtung ermittelt und gespeichert. Allo- und idiothetische Information leisten nicht dasselbe: die erste ermöglicht, im Prinzip, eine mittlere Raumlage beliebig lange einzuhalten, während die letzte wegen des unvermeidlichen „Rauschens" nicht verhindern kann, daß das Tier aus seiner Anfangslage oder seinem Kurs unkorrigierbar wegdriftet.

In jedem Fall muß die Lageinformation liefernde Eingangsgröße so mit der motorischen Reaktion verknüpft sein, daß Abweichungen von der Normallage wieder rückgängig gemacht werden. Wie geschieht das?

Ein besonders instruktives experimentelles Verfahren besteht darin, den Erfolg der motorischen Reaktion zu verhindern, sie aber trotzdem so ablaufen zu lassen, daß sie möglichst ungestört gemessen werden kann. Abbildung 16.9 zeigt das am Beispiel der „optomotorischen Reaktion". Die Fliege ist am Rumpf befestigt (linkes Bild) und sitzt auf einem frei drehbaren Scheibchen, dessen Position registriert werden kann. Man kann jetzt der Eingangsgröße einen quantitativ vorherbestimmten Zeitverlauf geben — im Beispiel also die Streifentrommel nach einem vorbestimmten Programm drehen — und die Abhängigkeit der Ausgangsgröße (hier sinnvollerweise der Winkelgeschwindigkeit y des Scheibchens relativ zum Tier) von der

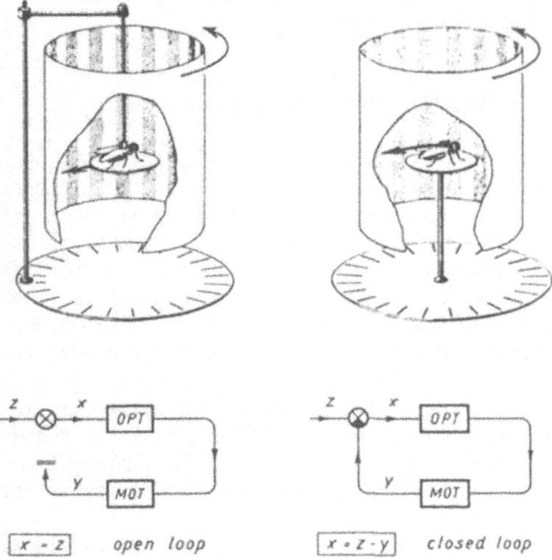

Abb. 16.9. Untersuchung der optomotorischen Regelung. *Links:* die Fliege ist am Thorax befestigt (an dem auch der Kopf mit den Augen durch ein Wachströpfchen festgelegt ist) und dreht ein Scheibchen, dessen Winkelgeschwindigkeit y gemessen werden kann. Der Regelkreis ist „geöffnet", weil die Bewegung des Tieres die Eingangsgröße, die Winkelgeschwindigkeitsdifferenz x zwischen Streifentrommel und Fliege, nicht beeinflussen kann. *Rechts:* Im Normalfall, bei freier Fliege, wirkt der Ausgang auf den Eingang nach $x=z-y$ zurück: die Kausalkette wird zum geschlossenen (Regel-)Kreis. (Nach Mittelstaedt, 1964)

Eingangsgröße (hier der Winkelgeschwindigkeit x der Trommel relativ zur Fliege) quantitativ bestimmen. Das Tier beantwortet eine konstante Winkelgeschwindigkeit der Trommel, nach einer anfänglichen Beschleunigungsphase, ebenfalls mit einer konstanten Winkelgeschwindigkeit im selben Drehsinn. Das muß im Normalfall, wenn das Tier auf dem Boden sitzt und die Trommel mit der Winkelgeschwindigkeit z relativ zum Boden gedreht wird, dazu führen, daß sich die Winkelgeschwindigkeitsdifferenz $x=z-y$ zwischen Trommel und Tier bis auf einen errechenbaren Wert verringert. Denn wenn im Experiment mit fixierter Fliege im Gleichgewicht $y=Vx$ ist, dann wird im Experiment mit freilaufender Fliege wegen $x=z-y$ jetzt $x=z-Vx=z/(1+V)$. Wie man sieht, wird die Differenzgeschwindigkeit x um so kleiner, je größer V, die innere Verstärkung des Regelkreises, im Gleichgewicht ist. Man findet nun, daß V nicht konstant ist, sondern um so größer wird, je *kleiner* die Winkelgeschwindigkeit der Trommel ist. Im Versuch mit fixiertem Tier wurde an der Gottesanbeterin *(Mantis)* bei einer Relativgeschwindigkeit der Trommel von 0,00065 deg/s (das ist eine Umdrehung in 6 Tagen) $V \approx 1000$ gemessen. Im Normalfall des freien Tieres wird also die Differenzgeschwindigkeit zwischen Tier und Trommel gegen Null gehen, wenn die Geschwindigkeit der Trommel gegen Null geht. Und dieses Verhalten ist ja der Ausgangspunkt der Analyse! Der Leistung liegt also eine stetige (nicht-lineare) Regelung zugrunde. Das gilt auch für das kontinuierliche Verfolgen einzelner Objekte. Dabei wird im allgemeinen die Eingangsgröße, die *Winkelabweichung* des Ziels vom Auge, in eine ihr proportionale *Winkelgeschwindigkeit* des Augenträgers am Ausgang transformiert (s. dazu Kapitel 16.7).

Bei den optomotorischen Verhaltensleistungen werden neben stetigen auch unstetige Regelungsprozesse gefunden. Man kann sie beobachten, wenn man um eine Gottesanbeterin etwa in Reichweite ihrer Fangbeine eine Beutefliege bewegt. Häufig — regelmäßig beim ersten Auftauchen der Beute — sieht man eine ruckartige Kopfbewegung (Sakkade) in Richtung der Beute, der, wenn das Ziel am Ende nicht erreicht ist, eine zweite folgt. Bei der Sakkade löst die Meldung über den *Abstand* des Ziels von der Fixierstelle ein Bewegungsprogramm aus, das nach Ablauf aller Übergangsphasen eine *abstands*proportionale Stellungsänderung der Augen bewirkt. Das gleiche gilt für das Wirkungsgefüge aller Zielbewegungen, die in kürzerer Zeit durchgeführt werden, als eine Nachricht über ihren Fehler benötigte, den Weg vom Eingang zum Ausgang zu durchlaufen, wie z. B. der Fangschlag der Mantis oder ein Hammerschlag auf einen Nagel. Ebenso gilt das, wenn die Information über die Zielabweichung am Eingang für eine kürzere Zeit zur Verfügung steht als diese „Totzeit", z. B. im Fall eines Lichtblitzes. Der Überlebensvorteil solcher offenen Steuerungsprozesse liegt darin, daß sie schneller sein können als stetige Regelprozesse, denen dynamische Instabilität droht, wenn sie bei gegebener Totzeit schneller und/oder genauer werden sollen. Andererseits ist die Treffsicherheit der nur gesteuerten Bewegung von der richtigen „Eichung" und der Konstanz aller Systemkoeffizienten abhängig.

Im offenen Wirkungsgefüge werden auch alle „prädiktiven" Zielbewegungen gesteuert, deren Programm den künftigen Verlauf der Zielabweichung aufgrund seiner Vergangenheit vorwegzunehmen versucht. Das gelingt natürlich um so besser, je geringer die Unsicherheit über den künftigen Verlauf der Zielabweichung, also je geringer ihr Informationsgehalt ist. Beim Verfolgen rein periodisch bewegter Ziele oder beim Umkreisen ruhender Objekte kann die Zielabweichung dadurch in der Tat zu Null werden.

16.2.3 Sinusförmige Lagemeldungen und ihre Konsequenzen

Die Probleme der stetigen Regelung seien an Leistungen der Orientierung zur Schwerkraftrichtung weiterverfolgt.

Fische, die mechanisch im indifferenten Gleichgewicht sind, drehen sich, wenn man sie aus ihrer Normallage zum Schwerelot herausdreht, durch Flossenbewegungen wieder zurück. Die Reaktion hängt nicht vom *Winkel* der Abweichung von der Normallage ab, sondern von dessen *Sinus*. E. von Holst hat das mit einer Methode nachgewiesen, die sich vielfach bewährt hat: Er verwendete das von ihm entdeckte „Lichtrückenverhalten" der Fische, nämlich ihre Tendenz, die Hochachse (z-Achse) auf den „Schwerpunkt der Helligkeitsverteilung" zu richten. Fische im freien Wasser haben wegen der Totalreflexion am Tage eine Lichtkalotte von etwa 97° Öffnung über sich, deren Mittelpunkt etwa im Zenit liegt. Wenn man den Helligkeitsschwerpunkt aus dem Lot rückt, nimmt der Fisch eine Kompromißlage zwischen Licht und Lot ein. Das Gleichgewicht zwischen den beiden konkurrierenden „Drehtendenzen" (d) kann man durch Erhöhen der Lichtintensität zum Licht hin, durch Zentrifugieren des Fisches zum Lot hin verschieben. Das Ergebnis läßt sich bei großer Lichtfläche in erster Näherung mit

$$d_{(0)}=F\sin\alpha_{(x,y)}+L\sin\beta_{(x,y)}=0 \qquad (16.19)$$

beschreiben, wobei α bzw. β der Winkel zwischen dem Lot bzw. dem Mittelpunkt der Lichtfläche und der Fischhochachse ist, L ein Faktor, der im photopischen Bereich logarithmisch von der Lichtintensität, und F ein Faktor, der linear vom Betrag der Linearbeschleunigung abhängt. Beide Faktoren hängen außerdem vom Motivationszustand des Tiers ab. Sein Einfluß muß durch eine geschickte Versuchsdurchführung beherrscht oder eliminiert werden. Die Gesetzmäßigkeit gilt für Winkel um die Nick(y-) wie um die Roll-(x-)achse. Den vermuteten Kausalzusammenhang stellt das Blockdiagramm von Abb. 16.10 dar. Im motorischen System bewirkt die Summe der Drehtendenzen d ein Drehmoment und damit eine Bewegung, die sich durch eine Differentialgleichung 2. Ordnung beschreiben läßt, in der der „Reibungskoeffizient" K_1 so groß ist, daß der Fisch überkritisch gedämpft

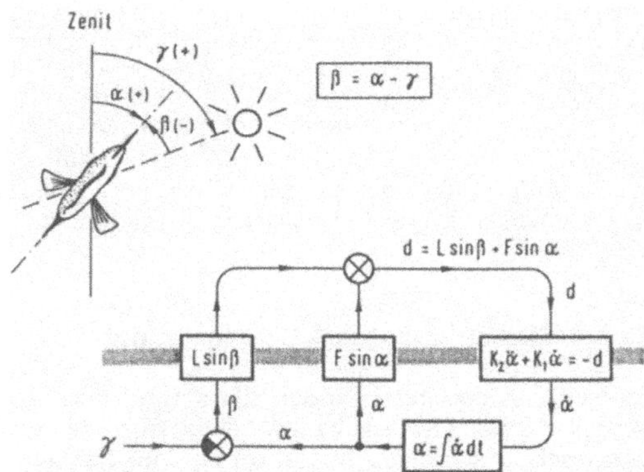

Abb. 16.10. Regelung der Lage zum Lot und zum Licht. *Oben:* Definition der Größen: α Abweichung der Hoch(z) achse des Fisches um seine Längs(x)achse (senkrecht zur Papierebene, in Blickrichtung des Lesers) vom Lot; β dasselbe vom Licht. γ Abweichung des Lichtes vom Lot. *Unten:* Blockdiagramm einer aus den Versuchen von v. Holst abgeleiteten Hypothese über die zugrundeliegende Kausalstruktur. Unter der Wirkung der Drehtendenz $d=F\sin\alpha+L\sin\beta$ wird der Fisch überkritisch gedämpft in eine durch den Divergenzwinkel γ und die Gewichtsfaktoren L, F bestimmte Gleichgewichtslage gedreht. *Graues Band:* Übergang der Information von der Umwelt (unterhalb des Bandes) zum Organismus (oberhalb) und umgekehrt

zurückgedreht wird. Der für die kybernetische Analyse entscheidende Punkt ist nun aber, daß die Methode erlaubt, von den im einzelnen sehr komplizierten und — wegen der Anpassung an wechselnde Lineargeschwindigkeiten — variablen Eigenschaften der Motorik abzusehen: die quasi-sinusförmige Abhängigkeit jedes der beiden Einflüsse muß hier, so zeigt das Ergebnis, bereits *vor* dem Eingang zur Motorik bestehen.

Bei allen bisher daraufhin untersuchten Orientierungssystemen sind mehr oder weniger sinusförmige Drehtendenzen gefunden worden. Die kybernetischen Vorteile der Sinusform sind: 1) die Lage wird stetig und am genauesten in der normalen gemessen; 2) das Tier wird aus allen Lagen in die normale gedreht; 3) Drehung um 180° ist durch bloße Vorzeichenumkehr möglich. Andererseits wirft sie besondere kybernetische Probleme auf: Eine universelle Orientierungsleistung besteht darin, die Raumlage nach selbstgewähltem Programm zu verändern und dann diese, von der normalen abweichende, Lage gegen Störungen aufrecht zu erhalten. Das geschieht in manchen Fällen nach dem Prinzip der additiven Sollwerteinstellung; in unserem Beispiel durch Addition einer „Führungsgröße" f zur Größe d in Abb. 16.10:

$$d_{(f)}=f+F\sin\alpha+L\sin\beta. \qquad (16.20)$$

Man sieht sofort, daß das Verfahren nur für kleine Sollwinkel praktikabel ist. Bei wachsender Führungsgröße f würde das Gleichgewicht in immer flachere Bereiche der sinusförmigen Kennlinie verschoben und schließlich bei

$$f^2>F^2+L^2+2FL\cos(\alpha-\beta) \qquad (16.20a)$$

nicht mehr möglich sein: das Tier würde dauernd rotieren. Da aber, bei Fischen vor allem um die Nickachse (y-Achse), Abweichungen bis einschließlich 90° stabil auch dann eingehalten werden können, wenn andere Orientierungssysteme nicht im Spiel sind[1], müssen alternative Lösungen gesucht werden. Man findet den Grund des Dilemmas in der Überlegung, daß die Information, die in einer sinusförmigen Lagemeldung steckt, für die Einstellung beliebiger Lagen nicht ausreicht. Also: Entweder greift die sollwertverstellende Größe φ in das System ein, *bevor* die Sinusform entsteht, z. B. nach

$$d_{(\varphi)}=F\sin(\alpha-\varphi)+L\sin(\beta-\varphi) \qquad (16.21)$$

oder die fehlende Information wird auf andere Weise beschafft, z. B. nach dem Bikomponenten-Prinzip

$$d_{(\varphi)}=(F_s\sin\alpha+L_s\sin\beta)\cos\varphi-(F_c\cos\alpha+L_c\cos\beta)\sin\varphi \qquad (16.22)$$

Hier werden zusätzlich *cosinus*förmige Lagemeldungen verlangt, die ja die fehlende Information enthalten. Jetzt benötigt man offensichtlich Kenntnisse über die

[1] Im Gleichgewicht zwischen zwei unter stumpfem Divergenzwinkel $\gamma=\alpha-\beta$ (Abb. 16.10) stehenden Bezugssystemen können natürlich schon nach Gl. (16.19) stumpfe Winkel auftreten.

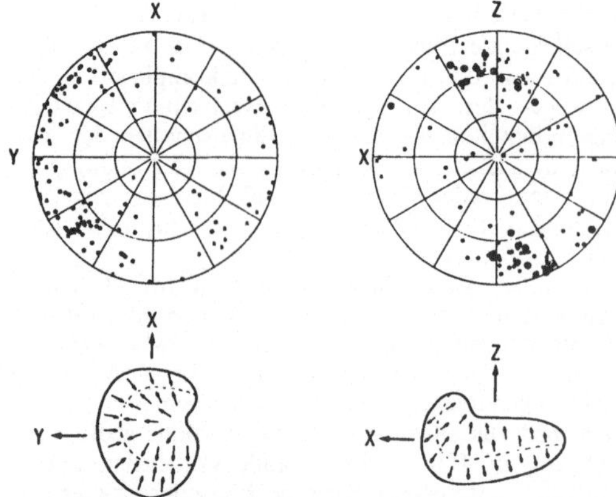

Abb. 16.11. Maximalerregungsrichtungen und Basalfußrichtungen des Utriculus *(links)* und des Sacculus *(rechts)* des Totenkopfäffchens *(Saimiri sciureus)* nach Fernandez u. Goldberg (1976), bzw. Lindeman (1969). x, y-Ebene = Ebene der horizontalen Bogengänge. Achsen nach der Konvention dieses Textes geändert: x = Längsachse, nasenwärts positiv; y = Querachse, zum linken Ohr positiv; z = Hochachse, zum Schädeldach positiv. *Oben:* Maximalerregungsrichtungen von afferenten Nervenfasern als Einheitsvektoren in Polarkoordinaten. Konzentrische Kreise und Radien in je 30° Winkel-Abstand. Punkte und Kreise: Vektoren zeigen zum Leser, Kreuze: vom Leser weg. *Unten:* Anordnung der Basalfußrichtungen nach Lindeman (1969). Die Maculae sind so rotiert, daß sich dieselben Achsenlagen des Utriculus und des Sacculus wie oben ergeben

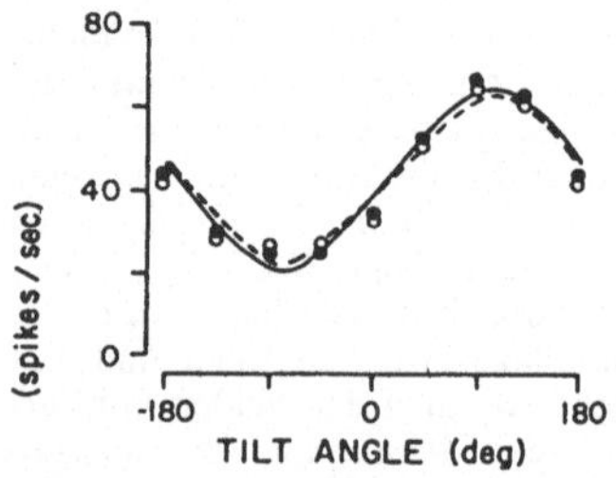

Abb. 16.12. Impulsrate (spikes/sec) einer Utriculusafferenz mit fast genau 45° nach vorn — seitwärts gerichteter Maximalerregungsrichtung bei schrittweiser Drehung (tilt angle $\alpha_{x,y}$) um die Längs(x)achse *(Punkte)* und um die Quer(y)achse *(Kreise)*. (Aus Fernandez u. Goldberg, 1976.) Positive Neigungswinkel $\alpha_{y,x}$: ipsilaterales Ohr bzw. Nase nach unten. Ausgezogene und gestrichelte Kurven: Erwartung bei linearer Abhängigkeit der Impulsrate von der Scherung (rein sinusförmige Modulation). Die gemessene Modulation erscheint gegenüber der Erwartung auf der Seite der Hemmung (um $\alpha = -90°$) verflacht, auf der Seite der Erregung (um $\alpha = +90°$) überhöht! [s. 16.2.4 und Gl. (16.23)]

Arbeitsweise der beteiligten Sinnesorgane. Aber Stand und Methode der Analyse machen es möglich, *gezielte* Fragen zu stellen.

Das Schweresinnesorgan der Wirbeltiere besteht aus einer relativ zum wäßrigen Medium dichteren Masse (Statolith), die bei Linearbeschleunigung Scherkräfte in einer Sinnesfläche erzeugt und dadurch die Impulsraten der in dieser „Macula" liegenden 10000 bis 40000 Sinneszellen moduliert. Bei Fischen liegen je zwei Statolithen-Flächen annähernd in den 3 orthogonalen Hauptebenen des Tieres. Wenn der in der Normallage horizontal (in der x, y-Ebene des Fisches) liegende Utriculus-Statolith beidseitig operativ entfernt ist, wird F in Gl. (16.19) und Abb. 16.10 zu Null; nach *einseitiger* Entfernung wird — neben von der Art der Operation abhängenden Effekten, auf die hier nicht eingegangen werden kann — F gerade halb so groß gemessen wie vorher. Hingegen: Ausschaltung der übrigen Statolithen bei intakten Utriculi hat unter den Bedingungen der Messungen von v. Holst keinen erkennbaren Effekt. Für eine Utriculus-Sinneszelle gilt nun, daß sich eine in der x, y-Ebene des Utriculus liegende Achse finden läßt, derart, daß maximale Modulation der Impulsfrequenz auftritt, wenn das Tier durch 360° um sie rotiert wird. Die Impulsfrequenz hängt dann in der Tat in erster Näherung vom Sinus der Abweichung der Hochachse vom Lot ab. Am Punkt der maximalen Erregung dieser Zelle steht der Utriculus hochkant und der Basalfuß ihres Kinociliums, vermutlich der Ort der Mechanorezeption (s. Kapitel 15.2.2.1), zeigt abwärts. Die Basalfußrichtung läßt sich rasterelektronenoptisch ermitteln. Die Untersuchungen ergaben, daß die Basalfüße der Zellen eines Utriculus in nahezu alle Richtungen der x, y-Ebene zeigen, wenn auch mit unterschiedlicher Zelldichte pro Raumwinkel. Die Abb. 16.11 u. 16.12 zeigen an einem Beispiel, bei dem sowohl der morphologische wie der elektrophysiologische Befund vorliegen, wie gut beide übereinstimmen.

Aus der Informations-Verarbeitung im Utriculus ergibt sich: Nur über die Lage der Rotationsachse in der x, y-Ebene könnte der Utriculus *winkel*abhängige Information liefern; die Information über den *Betrag* der Abweichung ist bereits am Eingang sinusförmig. Das verweist auf ein Erklärungsprinzip von der Art der Bikomponenten-Hypothese. Mit ihr verträglich sind, aber im Widerspruch zu Gl. (16.20) stehen Ergebnisse an schrägstehenden Fischen und Plattfischen, ferner Ausschaltungs- und Zentrifugierexperimente. Kandidaten für den geforderten Cosinusgeber sind vorhanden: Sacculi bzw. Lagenae sind orthogonal zum Utriculus angeordnet, ihre Maximal-Erregungsrichtungen liegen überwiegend, und zwar besonders beim Sacculus, parallel zur z-Achse (vgl. Abb. 16.11, rechte Seite), so daß die Modulation der Impulsfrequenz der meisten Zellen vom Cosinus des Winkels zwischen Lot und Hochachse abhängt. Man versteht jetzt auch, warum nach Ausschaltung der Sacculi und Lagenae kein Ausfall der Lagereflexe beobachtet wird: das könnte man erst sehen, wenn das Tier aus seiner Normallage abweichen „wollte"; von dieser „Willensanstrengung" erfährt der Experimentator aber gerade deshalb nichts, weil die Cosinusgeber ausgefallen sind!

16.2.4 Bildung orthogonaler Komponenten

Es bleibt zu erklären, wie die Information über die *Richtung* einer Abweichung gewonnen wird, die das motorische System braucht, um auf störende Drehmomente um beliebige Achsen zu reagieren. Daß Fische das können, sieht man, wenn man ihnen, bei variiertem Winkel zwischen Licht und Lot, alle Rotationsfreiheitsgrade gibt. Nun können die beiden Utriculi, wie wir gesehen haben (Abb. 16.11), eine sehr große Zahl von Richtungsmeldungen liefern, denn die Impulsrate einer afferenten Nervenfaser hängt, außer vom Sinus des Winkels zwischen Hoch-(z-)Achse und Lot, vom Cosinus des Winkels zwischen ihrer Maximal-Erregungsrichtung und der Richtung des Schwerevektors in der Utriculus-(x, y)Ebene ab (nämlich vom Produkt dieser beiden Größen). Diese in der x, y-Ebene nahezu gleichverteilten „utriculotopen" Signale müssen ein System von Flossen ansteuern, das die entsprechenden Drehmomente einerseits durch die Verschiebung des tonischen Gleichgewichts zwischen antagonistischen Muskelgruppen und andererseits durch Variation von Frequenz und Amplitude von periodischen Kontraktionen erzeugt. Wie wird die durch Winkel und Betrag gegebene Information am Eingang in ein Muster von skalaren Größen am Ausgang transformiert? Dieses Problem muß nicht nur für die x, y-Ebene des Utriculus gelöst werden, sondern auch für das Auge, hier sogar, außer für die Richtung des Helligkeitsschwerpunktes in der x, y-Ebene, für seine Abweichung von der z-Achse, die ja, anders als beim Utriculus, ebenfalls „retinotop" gegeben ist. Die Hypothese, die hier behandelt werden soll, nimmt an, daß aus der maculo- bzw. retinotopen Information 3 orthogonale Komponenten gebildet werden, die dann vom motorischen System in die entsprechenden Drehmomente transformiert werden.

Zwei Wege für die Bildung von skalaren Größen aus der utriculotopen Information sollen diskutiert werden:

1. Alle Utriculussignale werden *zweifach* ausgewertet: Zum einen werden alle diejenigen, deren Impulsrate sich bei Linearbeschleunigung in Richtung der Quer-(y-)Achse vergrößert, mit positivem, alle entgegengesetzt antwortenden mit negativem Vorzeichen aufsummiert. Eine Abweichung vom Gleichgewicht der beiden Teilsummen führt zu einer Rotation um die Längs-(x-)Achse, die es wiederherstellt („Rollkomponente"). Zum anderen werden alle Utriculussignale nach Maßgabe ihres Verhaltens bei Linearbeschleunigung in Richtung der Längs-(x-)Achse zur „Nickkomponente" aufsummiert. Die dritte orthogonale Komponente wird von denjenigen Signalen gebildet, die auf Linearbeschleunigung in der Hoch (z-)Achse ansprechen, also wohl fast ausschließlich von denen des Sacculus und der Lagena. Die Sollwerteinstellung kann jetzt durch dreifache Kreuzmultiplikation mit den entsprechenden „Kommandos" (nach Abb. 16.13), also durch ein System von reziproker Hemmung und Förderung des relativen Einflusses der drei Komponenten auf die Motorik, erreicht werden.

2. Der zweite Weg besteht darin, daß die afferenten Signale vor der Summierung *gewichtet* werden, und zwar mit einem Faktor, der für die Rollkomponente vom Sinus, für die Nickkomponente vom Cosinus des Winkels zwischen der Maximal-Erregungsrichtung und der x-Achse abhängt.

Dafür, daß einer dieser beiden Bildungsmechanismen realisiert ist, sprechen folgende Tatsachen: Die Rezeptoren der Statolithen sind nicht nur linear, sondern auch vom Quadrat der Scherkraft abhängig (vgl. auch Abb. 16.12). Ihre Impulsrate e läßt sich also bei Neigung in der Maximal-Erregungsrichtung um den Winkel α annähernd mit

$$e = l_0 + F_{s1} \sin\alpha + F_{c2} \sin^2\alpha \quad \text{mit} \quad \frac{F_{c2}}{F_{s1}} = 0{,}27 \pm 0{,}17 \tag{16.23}$$

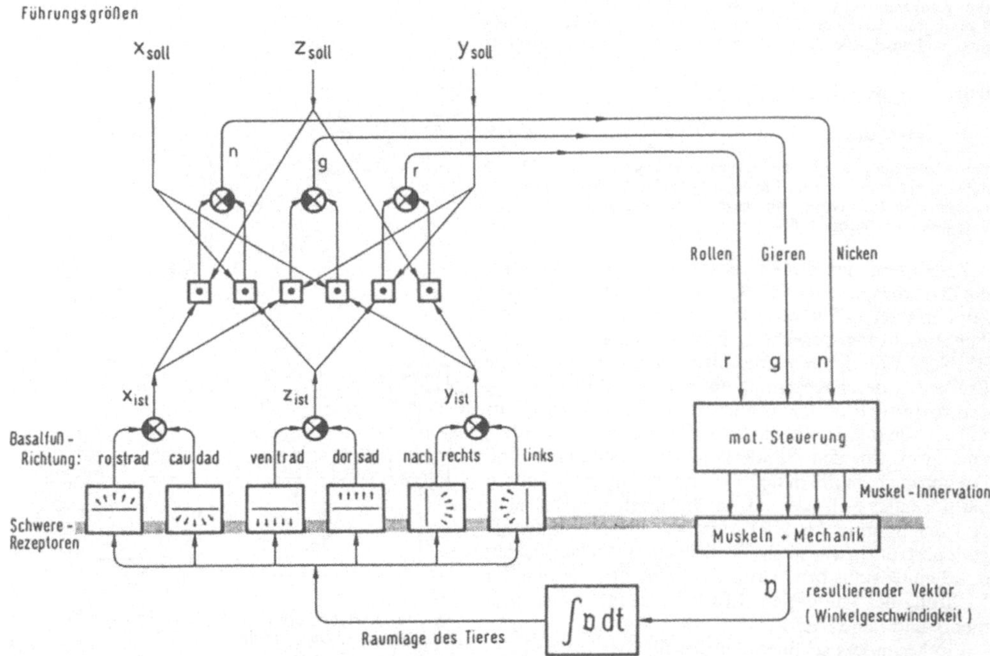

Abb. 16.13. Hypothese über die Kausalstruktur der Lageregelung mit beliebiger Einstellbarkeit des Sollwerts. Die afferenten Meldungen der statischen Organe werden entsprechend der Lage der Maximalerregungsrichtungen der an ihnen beteiligten Sinneszellen zu den drei orthogonalen Hauptachsen aufsummiert, also mindestens die des Utriculus zweifach. Die zentralen Führungsgrößen x_{soll}, y_{soll}, z_{soll} modulieren dann den relativen Einfluß der drei Komponenten x_{ist}, y_{ist}, z_{ist} auf drei ebenfalls orthogonale Nick-, Roll- und Gierbefehle n, r, g der Motorik durch dreifache Kreuzmultiplikation. (Nach Mittelstaedt, 1975.) *Graues Band:* Übergang der Information von der Umwelt *(unterhalb des Bandes)* zum Organismus *(oberhalb)* und umgekehrt

beschreiben (Fernandez u. Goldberg, 1976). Außerdem ist bei Neigung orthogonal zu dieser Richtung die Impulsrate gewöhnlich nicht konstant ($e \neq I_0$) sondern nimmt zu, und zwar nach beiden Richtungen. Diese beiden Einflüsse verschwinden ebenso wie der der mittleren Rate I_0 unter der Wirkung der beiden diskutierten Bildungsmechanismen vollständig, wenn die Maximal-Erregungsrichtungen gleicher Rezeptoren gleichverteilt sind. Das erklärt also, warum solche Abweichungen von der Sinusform im normalen Verhalten nicht gefunden werden. Wenn aber, wie häufig, auf einem der Utriculi mehr Zellen mit lateraler Maximal-Erregungsrichtung vorkommen als solche mit medialer, müssen diese Einflüsse in den gemessenen Drehtendenzen sichtbar werden, wenn ein Statolith operativ ausgeschaltet ist. Genau das wird in solchen Fällen oft gefunden.

Beide Verfahren sind auch zur Bildung orthogonaler Komponenten aus den Meldungen der *Photo*rezeptoren geeignet, besonders das zweite: Denn es eliminiert bei Gleichverteilung der optischen Achsen gleichartiger Photorezeptoren sogar alle höheren räumlichen Harmonischen aus der Fourier-Entwicklung i_i der mit der Helligkeitsverteilung der Umwelt gefalteten Winkel-Empfindlichkeitsfunktion der Photorezeptoren. Das soll hier für den Sonderfall von Photorezeptoren gezeigt werden, die in der y,z-Ebene liegen und von einer Lichtquelle beleuchtet werden, die ebenfalls in dieser Ebene liegt. Wenn diese Lichtquelle, die eine sonst gleichmäßig reflektierende Umwelt beleuchtet, von der z-Achse des Tieres in der y,z-Ebene um den Winkel β abweicht, die optische Achse des i-ten von k Photorezeptoren von der z-Achse um den Winkel ψ_i, dann sei am Ausgang dieses Rezeptors das Signal

$$\begin{aligned} i_i &= L_0 + L_1 \cos(\beta-\psi_i) + L_2 \cos 2(\beta-\psi_i) + \ldots + L_n \cos n(\beta-\psi_i) \\ &= \sum_{n=0}^{\max} L_n \cos n(\beta-\psi_i). \end{aligned} \quad (16.24)$$

Die Rollkomponente $BSIN_{roll}$ ist dann, nach Gewichtung des Signals jedes Rezeptors i mit dem Sinus seiner Achsenrichtung $\sin\psi_i$ und anschließender Summierung aller k Signale in der Tat:

$$\begin{aligned} BSIN_{roll} &= \sum_{i=1}^{k} \sin\psi_i \sum_{n=0}^{\max} L_n \cos_n(\beta-\psi_i) \\ &= \tfrac{1}{2} k L_1 \sin\beta. \end{aligned} \quad (16.25)$$

Bei Abweichungen von der Gleichverteilung treten jedoch die höheren Harmonischen im Endergebnis auf und verursachen charakteristische Phänomene, die wegen ihrer diagnostischen Bedeutung diskutiert werden sollen.

Im allgemeinen dreidimensionalen Fall werden, für die Rollkomponente $BSIN_{roll}$, die optischen Afferenzen i_i mit der y-Komponente des Einheitsvektors ihrer Achsenrichtung gewichtet, für die Nickkomponente $BSIN_{nick}$ mit der x-Komponente und für die dritte BCOS mit der z-Komponente. Von der Aufschaltung der so gebildeten Komponenten auf die Muskulatur soll hier ebenfalls nur das Prinzip angedeutet werden, und zwar für den Sonderfall von Drehungen und Drehmomenten um in der $x-y$-Ebene liegende Achsen bei normaler Soll-Lage: Jeder beteiligte Muskel wird von der Summe der Nick- und der Rollkomponente gesteuert, und zwar nach Gewichtung jeder der beiden mit dem Cosinus bzw. Sinus des Winkels zwischen der Richtung des von diesem Muskel erzeugten Drehmoments und der x-Achse.

Ein besonders schönes Beispiel für die Anwendbarkeit des Prinzips liefert das menschliche Auge:

Die 6 Augenmuskeln sind so angeordnet und efferent, so gekoppelt, daß die Bildung orthogonaler Komponenten aus der visuellen Information hinreichend oder sogar notwendig ist, um den Blick dergestalt zu steuern, daß Listing's Gesetz erfüllt ist.

16.2.5 Leistungsmöglichkeiten und Leistungsgrenzen

Was leistet die Verarbeitung von Rauminformation durch orthogonale Komponenten? Sie ermöglicht:

a) beliebige Soll-Lagen oder Soll-Kurse (Fische, Spinnen);

b) Mehrfachregelung durch additive Superposition der gleichnamigen Komponenten aller beteiligten Lage-Informationen [wie in Gl. (16.22)];

c) „Winkeltransponieren", eine Leistung, die bei Insekten nachgewiesen worden ist. [Wenn $F_s : F_c = L_s : L_c$ stellt sich in Gl. (16.22) bei gleichem Wert der Führungsgröße φ derselbe Sollwinkel ein, wenn jeweils nur das Licht oder nur die Schwerkraft wirkt!]

d) den „Sonnenkompaß" (Vögel, Bienen), die Kompensation der Azimutwanderung der Sonne durch Multiplikation von nur 3 zusätzlichen trigonometrischen Komponentenpaaren (vgl. Mittelstaedt, 1962);

e) die Koordinatentransformation von auf die Augen oder auf den Kopf bezogener Lageinformation für die am Rumpf sitzende Motorik (Mensch, Taube);

f) das Heimfinden von beliebigen Orten durch Integration der orthogonalen Komponenten des optischen oder auch des idiothetischen Azimuts über den Hinweg (Invertebraten, Vögel, Säuger).

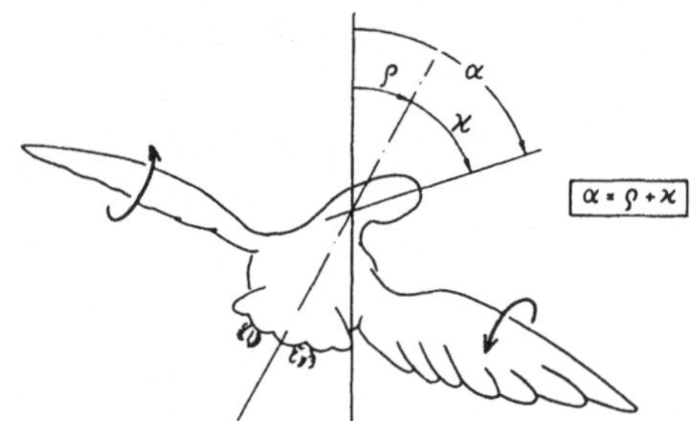

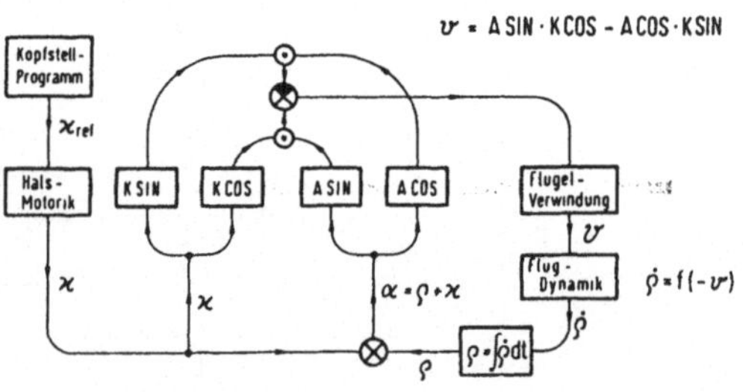

Abb. 16.14. Hypothese über die Kausalstruktur der Koordinatentransformation. *Oben:* Definition der Variablen: α Abweichung der Hochachse des Kopfes um die Längsachse vom Lot; ϱ Abweichung des Rumpfes vom Lot; κ Abweichung des Kopfes vom Rumpf; υ Flügelverwindung, die eine rückdrehende Rollung um die Längsachse $\dot{\varrho}$ (Winkelgeschwindigkeit) bewirkt (Mittelstaedt, 1964). Dreidimensionale Verallgemeinerung der Theorie führt auf eine dreifache Kreuzmultiplikation, also auf eine der Struktur von Abb. 16.13 entsprechende Erweiterung. Erläuterung der Randbedingungen im Text. *Graues Band:* s. Abb. 16.10 u. 16.13

Alle diese Leistungen verringern sich im allgemeinen und werden schließlich unmöglich, wenn die beteiligten Komponenten nicht mehr orthogonal sind, d. h. wenn in der Fourier-Entwicklung der zwei bzw. drei Funktionen außer dem Sinus bzw. Cosinus noch höhere Harmonische auftreten. Aber die Leistungen a–f) stellen unterschiedliche Anforderungen an Form und Amplitude der Komponenten:

a) Bei der Sollwerteinstellung wird der Verlauf der Kennlinie, also auch die Genauigkeit der Regelung, mit wachsenden Amplituden der höheren Harmonischen von dem Sollwinkel abhängig. Aber das Wesentliche, die Möglichkeit zur Einstellung beliebiger Sollwinkel, bleibt auch bei erheblichen Verzerrungen erhalten.

b) Bei normaler Soll-Lage [Gl. (16.19)] kann die Mehrfach- (wie die Einfach-)regelung durch höhere Harmonische sogar verbessert werden. Es entstehen erst dann, allerdings dramatische, Verhaltensstörungen, wenn die Hauptachsen der beiden Bezugssysteme um große Winkel divergieren.

c) Beim Winkeltransponieren sind charakteristische „Mißweisungen" zu erwarten, wie sie bei Bienen und Ameisen gefunden worden sind.

d) Der Sonnenkompaß wird zunehmend ungenauer, wenn die zeitabhängigen Komponenten ihre Phase ändern.

e) Die Koordinatentransformation soll hier etwas genauer betrachtet werden. Angenommen, bei der Taube von Abb. 16.14 werde die Flügelverwindung v durch die Differenz zwischen dem Kreuzprodukt der Sinuskomponente des Ultriculus ASIN mit der Cosinuskomponente der Halsstellungsrezeptoren KCOS und der Cosinuskomponente des Sacculus ACOS mit der Sinuskomponente der Halsrezeptoren KSIN gesteuert, also:

$$v = \mathrm{ASIN} \cdot \mathrm{KCOS} - \mathrm{ACOS} \cdot \mathrm{KSIN}. \tag{16.26}$$

Dann ist die Flügelverwindung v bei beliebigen Halsstellungen κ und Kopflagen α allein von der Rumpflage $\varrho = \alpha - \kappa$ abhängig, wenn

$$\mathrm{ASIN} = F_{s1} \sin\alpha; \quad \mathrm{ACOS} = F_{c1} \cos\alpha;$$
$$\mathrm{KSIN} = K_{s1} \sin\kappa; \quad \mathrm{KCOS} = K_{c1} \cos\kappa \tag{16.27}$$

und

$$\frac{F_{s1}}{F_{c1}} = \frac{K_{s1}}{K_{c1}}. \tag{16.27a}$$

Wenn diese Idealbedingung nicht erreicht wird, aber — was wegen des bilateralsymmetrischen Baues der Taube plausibel ist — die entsprechende Symmetrie aller Funktionen erhalten bleibt, also

$$\mathrm{ASIN} = \sum_{n=1}^{\max} F_{sn} \sin n\alpha; \quad \mathrm{ACOS} = \sum_{n=1}^{\max} F_{cn} \cos n\alpha;$$
$$\mathrm{KSIN} = \sum_{n=1}^{\max} K_{sn} \sin n\kappa; \quad \mathrm{KCOS} = \sum_{n=1}^{\max} K_{cn} \cos n\kappa \tag{16.28}$$

kann die Taube unter bestimmten Bedingungen immer noch ihre Rumpflage ϱ bei wechselnder Halsstellung durch den Effekt der Flügelverwindung auf Null einregeln. Wenn

$$\frac{F_{sn}}{F_{cn}} = \frac{K_{sn}}{K_{cn}} \tag{16.29}$$

kann sie bei aufrechter Rumpflage ($\varrho = 0$) beliebige Kopfstellungen einnehmen, ohne daß Lagereflexe auftreten[2]. Aber bei $\varrho \neq 0$ ist unter diesen Bedingungen die Verwindereaktion v auch von der Halsstellung κ abhängig: Es treten „Halsreflexe" auf. Außer den koordinaten-transformierten Lagemeldungen aus dem Labyrinth bekommt die Taube übrigens auch noch Lagemeldungen von Sinnesorganen im Rumpf. Die ersten scheinen beim Fliegen, die zweiten beim Sitzen die Hauptrolle zu spielen.

f) Beim Heimfinden indessen ginge die wesentliche, experimentell nachgewiesene Leistung, nämlich ihre Unabhängigkeit vom geometrischen Verlauf des Hinwegs, bei Abweichungen von der genauen Sinusform verloren.

16.2.6 Raum oder Raumfrequenz

Man sieht: Die mathematische Formulierung der Hypothesen zusammen mit ihrer kausalen Interpretation liefert gerade durch die Voraussagbarkeit der Folgen solcher quantitativer Abweichungen den methodischen Hebel zum Öffnen der "black box", die das System am Anfang der Analyse noch darstellt.

Dafür ein Beispiel: Bei einer Analyse des „Schwänzeltanzes" der Bienen auf hochkant gestellter Wabe unter variiertem Winkel zwischen einer die Sonne ersetzenden Lichtquelle und dem Lot fand W. Edrich die folgende Beziehung:

$$d_{(\varphi)} = F_{s1} \sin(\alpha - \varphi) + F_{s2} \sin 2(\alpha - \varphi)$$
$$+ L_{s1} \sin(\beta - \varphi) + L_{s2} \sin 2(\beta - \varphi) = 0. \tag{16.30}$$

Dabei ist α bzw. β der Tanzwinkel zum Lot, bzw. zum Licht; φ ist der „Sollwinkel", also der Winkel zwischen dem Sonnenazimut und der Richtung, die die Biene beim Flug vom Stock zum Futterplatz bei der (dem Versuch vorausgehenden) Dressur eingehalten hat. Dieses Ergebnis kann, wie man sieht, durch Kreuzmultiplikation von nur zwei orthogonalen Komponenten nicht zustandekommen. Man muß also entweder mindestens zwei weitere, von der 2. räumlichen Harmonischen abhängige Komponenten hinzuziehen oder nach einem alternativen Erklärungsprinzip suchen. Da die Information über den Winkel φ zwischen Sonne und Biene beim Dressurflug als Helligkeitsverteilung im Auge, also durch den Betrag einer Vielzahl von räumlich geordneten Signalen gegeben ist, könnte die Sollwerteinstellung — wie am Anfang diskutiert — auch bereits bei dieser, *winkel*abhängigen, Ordnung der Information ansetzen. Eine der hier möglichen Hypothesen nimmt an, daß die bei der Dressur bestehende Helligkeitsverteilung *zweidimensional retinotop* gespeichert wird, also die mittlere Intensität der von den Photorezeptoren abgegebenen Signale über einer *räumlichen* Repräsentanz ihrer Achsenrichtung. Beim Test auf der senkrechten Wabe werden die gespeicherten Werte „Punkt für Punkt" mit der ebenfalls zweidimensional abgebildeten aktuellen Schwereinformation verglichen (also mit der aktuellen Intensität der Gravizeptoren über einer entsprechend justierten *räumlichen* Repräsentanz ihrer Maximal-Erregungsrichtung). Der Vergleich könnte durch einen Algorithmus nach Art der Kreuzkorrelation durchgeführt werden und dadurch eine mehr oder weniger sinusförmige „Drehtendenz" für die Steuerung der Motorik liefern. Zur Prüfung hat H. Scharstein Ameisen auf *zwei* unter einem azimutalen Divergenzwinkel δ gebotene, möglichst punktförmige Lichtquellen dressiert und beim Test mit nur *einer* Lichtquelle *zwei*gipflige Verteilung der vom selben Tier eingeschlagenen Richtungen erhalten. Das ist nach einer solchen Korrelationshypothese immer dann zu erwarten, wenn die Halbwertsbreite der Repräsentanz eines Lichtes klein relativ zu δ ist. Bei Annahme orthogonaler Komponenten hingegen wäre das nur möglich, wenn der individuellen Ameise zwei verschiedene Sollwerte andressiert worden sind (die Tiere pendeln bei der Dressur meist zwischen den beiden Lichtrichtungen hin und her!). Das kann jetzt, ebenso wie die voraussagbaren Konsequenzen von höheren Harmonischen in den Komponenten, in gezielten Verhaltensversuchen getestet werden.

Die Probleme der Verarbeitung von retinotop abgebildeter visueller Rauminformation sind — durch die neurophysiologischen Befunde über die visuellen Hirnzentren von Insekten und Wirbeltieren — von so großer Bedeutung, daß die Betrachtung noch einen Schritt weiter geführt werden soll. Aus dem Beispiel, das hier abschließend diskutiert sei, läßt sich ein Prinzip gewinnen, das allgemein angewendet werden kann.

---

[2] Gleichung (16.29) gibt hierfür eine hinreichende, aber nicht die mindestens notwendige Bedingung an, die schwächer als die von Gl. (16.29), aber erheblich komplizierter ist.

Eine Trichterspinne kann nach Exkursion zu beliebigen Orten auf ihrem Netz geradewegs heimlaufen. Die kybernetische Analyse der umfangreichen Versuchsdaten, auf die hier nicht im einzelnen eingegangen werden kann, ergab, daß die Leistung durch *Integration* des Sinus und des Cosinus der Abweichung des Tieres von seiner Anfangsrichtung *über den vom Tier zurückgelegten Weg* zustande kommt. Die beiden Komponenten müssen, da die Leistung von der Geometrie des Hinwegs unabhängig ist, rein orthogonal sein, aber aus visuellen und idiothetischen Eingangsfunktionen errechnet werden, die nachgewiesenermaßen höhere Harmonische mit erheblichen Amplituden enthalten. Die eben diskutierte Kreuzkorrelation ist dafür nicht hinreichend, weil die Heimkehrleistung von der Amplitude der Helligkeitsverteilung vollkommen unabhängig ist, solange deren Form konstant bleibt. Im Grenzfall kann die Helligkeit während eines Umweges vorübergehend zu Null werden, ohne daß die Spinne ihr Ziel verfehlt. Um einen wahrhaft schlagenden Nachweis richtig zu würdigen, muß man wissen, daß die Spinne zwar aufgrund der idiothetischen Information von Exkursionen im Dunkeln zur Warte zurückfindet, aber, unter den Versuchsbedingungen, in beliebiger Richtung läuft, wenn man sie bei einer Exkursion im Dunkeln kurz, aber mit allen acht Beinen aus dem Netz hebt. Beim Hochheben wird also die idiothetische Azimutal-Information gelöscht. Der Versuch: Die Spinne wird aus ihrer „Warte" zunächst im Licht eines entfernten Projektors zur rechten Netzseite, dann *im Dunkeln* quer über das Netz zur linken Seite gelockt, dort hochgehoben und, samt einer Beutefliege, in der Netzmitte abgesetzt. Zugleich wird dieselbe Lichtquelle wieder angeschaltet. Die Spinne läuft jetzt in diejenige Richtung, die sie geradewegs zur Warte zurückgeführt hätte, wenn man sie an derjenigen Stelle abgesetzt hätte, wo man sie hochgehoben hat! Es ist gelungen, einen mathematischen Formalismus zu finden, mit dem dieses und alle anderen Ergebnisse errechnet werden können, wenn man die jeweiligen Versuchsbedingungen in das System von Gleichungen einsetzt. Der Formalismus kann kausal so interpretiert werden, daß die zunächst „retinotop" gegebene visuelle Information durch $2n$-fache Gewichtung in $2n$ Fourier-Komponenten zerlegt, also vom Winkelbereich in den Raumfrequenzbereich transformiert wird. Aus diesen (und den entsprechenden idiothetischen Komponenten) wird dann das Paar der 1. Harmonischen durch einen internen Regelkreis herausgefiltert und dabei zugleich normiert (s. Mittelstaedt, 1978). Eine solche Hypothese ist nicht nur zur Erklärung der Heimfindeleistung der Trichterspinne hinreichend, sondern gilt vermutlich auch für solche Leistungen anderer Tiere, z.B. die Navigation bei Vögeln.

Das Prinzip des Herausfilterns der 1. Harmonischen aus einer Fourier-transformierten retinalen Repräsentation könnte darüberhinaus auf die Koordinatentransformation der retinalen Information für Kopf- und Rumpf-bezogene Leistungen und Wahrnehmungen beim Menschen angewendet werden. In den beiden Hypothesen, die versuchen, die Richtungskonstanz des Sehraums zu erklären, interagiert ein Korrelat der Okulomotorik („Efferenzkopie" oder „corollary discharge") mit der retinalen Information („Reafferenz"), und zwar entweder durch Superposition (v. Holst u. Mittelstaedt, 1950) oder durch einen Bewertungsprozeß, der variable Genauigkeitskriterien für die Übereinstimmung der beiden Partner zuläßt (MacKay, 1965). In jedem Fall trifft ein relativ einfaches motorisches Muster auf die hochkomplexe visuelle Information. Um beide miteinander zu vergleichen, muß der „retinale Raum" in derselben Weise repräsentiert werden wie die okulomotorische Kommandostruktur, und die besteht wahrscheinlich, wie wir oben gesehen haben, aus (maximal 3) orthogonalen Komponenten!

Aber entscheidend ist wohl nicht so sehr, ob diese und die anderen hier diskutierten Hypothesen künftige experimentelle Prüfungen überstehen werden, als daß mit der kybernetischen Verhaltensanalyse ein Weg vorliegt, auf dem — im Kreislauf von biologischer Fragestellung, Präzisierung der Leistung, Suche nach Prinzip-Lösungen, mathematischer Formulierung, kausaler Interpretation, Deduktion der Konsequenzen und experimenteller Prüfung — Probleme der Wirkungsweise des Nervensystems gelöst werden können, die man ohne sie oft sogar nicht erkennen, geschweige denn klar formulieren könnte. Der so erzielte Gewinn an Einsicht in das noch nicht Sichtbare ermöglicht, neue und gezielte Fragen an die neurobiologische Forschung zu stellen. Und deren Beantwortung wird dann, so läßt sich hoffen, die kybernetische Analyse weiter in die Tiefe führen.

Literaturauswahl

Edrich, W.: Interaction of light and gravity in the orientation of the waggle dance of honey bees. Anim. Behav. **25**, 342–363 (1977)

Fernandez, C., Goldberg, J.M.: Physiology of peripheral neurons innervating otolith organs of the squirrel monkey. J. Neurophysiol. **39**, 970–1008 (1976)

Görner, P.: Beispiele einer Orientierung ohne richtende Außenreize. Fortschr. Zool. **21**, 20–45 (1973)

Holst, E. von, Mittelstaedt, H.: Das Reafferenzprinzip. Naturwiss. **37**, 464–476 (1950)

Mittelstaedt, H.: Reafferenzprinzip — Apologie und Kritik. In: Keidel u. Plattig (Hrsg.), Vortr. Erlanger Physiol. Tgg. 1970, 161–171. Heidelberg: Springer 1971

Mittelstaedt, H.: On the processing of postural information. In: Schöne, H. (ed.), Mechanisms of spatial orientation, 128–141. Stuttgart: Fischer 1975

Mittelstaedt, H.: Kybernetische Analyse von Orientierungsleistungen. In: Hauske u. Butenandt (Hrsg.), Kybernetik 1977, 144–195. München: Oldenbourg 1978

Scharstein, H.: Der Mechanismus der Sollwertverstellung bei der Kursreglung der roten Waldameise. Diss. I.M.U. München 1975

Raumvorstellungen und biologische Intelligenz: Anmerkungen aus der Sicht eines Neurobiologen

Werner Kriechbaum
Neurologische Universitätsklinik
Hoppe–Seyler–Straße 3
D–7400 Tübingen

> Der eigene Leib ist in der Welt wie das Herz im Organismus: er ist es, der alles sichtbare Schauspiel unaufhörlich am Leben erhält, es innerlich ernährt und beseelt, mit ihm ein einziges System bildend. Die mannigfaltigen Aspekte, unter denen ich meine Wohnung sehe, wenn ich in ihr auf und ab gehe, können mir nur daher als Anblicke ein und desselben Dinges erscheinen daß ich zum voraus schon weiß, daß ein jeder dieser Aspekte die Wohnung von hier gesehen oder von da gesehen darstellt, und meiner eigenen Bewegung sowie meines Leibes als eines durch die Phasen dieser Bewegung hindurch Identischen mir bewußt bin.
>
> MERLEAU–PONTY, Phänomenologie der Wahrnehmung

1 Einleitung

Um zu untersuchen, wie Orientierungsleistungen zustande kommen, wie räumliches Wissen erworben, verarbeitet und angewendet wird, kann man zwei unterschiedliche — im Extremfall zueinander komplementäre — Ansätze verfolgen: Zum einen kann man versuchen, eine Maschine zu bauen 'die geht', d.h. ein künstliches System zu entwickeln, das ein Problem vollkommen unabhängig davon löst, wie es in natürlichen Systemen gelöst wird. Der andere mögliche Ansatz ist, an einem natürlichen System zu untersuchen, 'wie etwas gemacht wird', d.h. menschliches und tierisches Verhalten zu untersuchen und die Funktionsweise von Gehirnen zu analysieren. Im folgenden werde ich einige von Neurobiologen mit diesem analytischen Ansatz gewonnene Ergebnisse vorstellen und versuchen, aus ihnen Konsequenzen für die Synthese sich orientierender Systeme abzuleiten. Zuerst werde ich drei Patienten vorstellen, die als Folge eines Schlaganfalls Störungen in ihrer Raumvorstellung erlitten haben. Im zweiten Teil werde ich an Tierbeispielen zeigen, daß in biologischen Systemen die Gestaltung der Sensoren und das Bewegungsmuster nicht unabhängig von dem zu bewältigenden Orientierungsproblem ist und das Modell einer nicht topographisch organisierten Karte am Beispiel von Bienen vorstellen. Da für Menschen, wie die meisten anderen Primaten, Sehen der wichtigste Fernsinn ist, steht bei allen vorgestellten Überlegungen die aus der Analyse visueller Information abgeleitete Raumvorstellung im Vordergrund.

2 Drei Patienten

Die Untersuchung von Funktionsstörungen bietet neben der Analyse des räumlichen Verhaltens von gesunden Probanden einen weiteren Zugang zum Verständnis von biologischen Orientierungsleistungen. Bei den im folgenden vorgestellten drei Schlaganfallpatienten kommt es mir nur auf die zu beobachtenden Phänomene an, nicht auf den Ort des Insults und die daraus ableitbare Lokalisation von cognitiven Leistungen im Cortex.

> Fall A:
> Das erste, was beim Gespräch mit diesem Patienten auffällt ist, daß er sich nicht für krank hält (Anosognosie) und sofort aus dem Krankenhaus entlassen werden möchte, weil mit ihm jetzt wieder alles in Ordnung ist. Dieser Selbsteinschätzung — die typisch für einen Insult in einem bestimmten Gehirnareal ist — steht der objektive Befund entgegen, daß der Patient in seiner linken Gesichtsfeldhälfte nichts mehr sieht. Doch nicht nur die Perzeption ist gestört, auch die zentrale Repräsentation des linken Halbraums ist nicht mehr vorhanden (Hemineglect). Dieser Ausfall ist streng auf Körperkoordinaten und nicht auf Weltkoordinaten bezogen. BISIACH und LUZZATTI (1978) berichten von einer Patientin, die die ihr gut bekannte Piazza di Duomo in Mailand aus zwei Positionen (einmal vom Dom weg und einmal auf den Dom zu blickend) aus dem Gedächtnis beschreiben soll. In beiden Beschreibungen vernachlässigt sie die in Körperkoordinaten links liegende Seite, das heißt in Weltkoordinaten einmal die linke und einmal die rechte Seite. Doch nicht nur die Repräsentation der äußeren Welt ist bei diesen Patienten gestört, sie beschreiben auch ihre linke Hand und ihren linken Fuß als "fremd" und nicht zu ihnen sondern zu einer anderen Person gehörend.

Dieser Fall zeigt, daß unsere mentalen Karten ein egozentrisches Koordinatensystem benutzen: Die Karten sind nicht unabhängig von der Position im Außenraum, auf die wir uns stellen und der Blickrichtung, die wir annehmen, wenn wir in ihnen lesen. Außerdem geht in vielen Fällen eine Störung der Repräsentation der Außenwelt mit einer Störung der Körperrepräsentation einher. (Weiterführende Literatur zu diesem Krankheitsbild: JEWESBURY 1969, HEILMAN ET AL 1985, BISIACH/VALLAR 1988.)

> Fall B:
> Dieser Patient ist von vier neuropsychologischen Ausfällen betroffen, deren Zusammentreffen als GERSTMANN-Syndrom bezeichnet wird:
>
> - er kann nicht mehr schreiben (Agraphie),
> - er kann nicht mehr rechnen (Acalculie),
> - er kann weder seine eigenen Finger richtig benennen (bezeichnet z.B. den Zeigefinger als Ringfinger), noch verwendet er auf die Aufforderung einen bestimmten Finger zu heben oder mit ihm auf ein Objekt zu zeigen den richtigen Finger (Fingeragnosie)
> - er verwechselt Rechts und Links

Wie man sieht, sind Ausfälle nicht nur topographisch organisiert (Fingeragnosie, Rechts-Links-Verwechslungen), sie können auch funktionelle Einheiten wie z.B. Rechnen betreffen.[1]

[1]Weiterführende Literatur: JEWESBURY 1969; BUB, D. / CHERTKOW, H., Agraphia, in: BOLLER, F. / GRAFMAN, J. (eds.), Handbook of Neuropsychology, Vol 1, Amsterdam 1988: Elsevier, 393–414; GRAFMAN, J., Acalculia, in: BOLLER, F. / GRAFMAN, J. (eds.), Handbook of Neuropsychology, Vol 1, Amsterdam 1988: Elsevier, 415–431.

Abbildung 1: Die Zeichnung von Pyramide, Palme und Kamel durch Patient C

Fall C:
Neben einer bei ihm bestehenden Acalculie kann dieser Patient nicht lesen; seine Fähigkeit zu schreiben ist aber voll erhalten. Diktiert man ihm einen kurzen Text, schreibt er ihn flüssig und fehlerfrei, ist aber anschließend nicht in der Lage, den eben geschriebenen Text vorzulesen. Zusätzlich leidet er noch an einer Benennungsstörung: Fordert man ihn auf, ein Palme, eine Pyramide und ein Kamel zu zeichnen, produziert er die in Abb. 1 gezeigten Zeichnungen. Zeigt man ihm nach einiger Zeit die von ihm als Dreieck gezeichnete Pyramide und fragt ihn, was das ist, antwortet er: "Ich weiß genau, was das ist, aber ich kann's nicht sagen. Es ist ganz einfach, ich weiß das genau, es ist komisch, ich kann's nicht sagen ...". Und zum Bild der Palme: "kann man was runter holen". Zu allen drei Bildern sagt er: "Das ist im Süden", kann aber die drei von ihm gezeichneten Gegenstände nicht benennen. Das Unvermögen Gegenstände zu benennen ist nicht auf Zeichnungen beschränkt, sondern erstreckt sich bei ihm auch auf im Raum vorhandene reale Gegenstände.

Bei diesem Patienten wird besonders deutlich, daß anscheinend zueinander inverse cognitive Operationen wie Lesen und Schreiben, genannte Dinge zeichnen und gezeichnete Gegenstände benennen, voneinander unabhängig gestört sein können.[2]

[2]Weiterführende Literatur: KREMIN, H., Naming and its disorders, in: BOLLER, F. / GRAFMAN, J. (eds.), Handbook of Neuropsychology, Vol 1, Amsterdam 1988: Elsevier, 307–328; FRIEDMAN, R.B., Acquired alexia, in: BOLLER, F. / GRAFMAN, J. (eds.), Handbook of Neuropsychology, Vol 1, Amsterdam 1988: Elsevier, 377–391.

Obwohl diese Beispiele einen Aufbau des Gehirns aus diskreten Modulen suggerieren, von denen jedes eine spezifische Funktion erfüllt, ist bei ihrer Interpretation aus mehreren Gründen Vorsicht geboten: Ist ein Gehirngebiet zerstört, weiß man nur, daß es für die ausgefallene Leistung notwendig war, aber nicht, daß es für das Erbringen dieser Leistung auch hinreichend ist. Außerdem ist das, was als cognitives Defizit bemerkt werden kann, nicht nur von der Organisation des Gehirns, sondern auch vom Beobachter und von kulturellen und soziologischen Faktoren abhängig. Zum einen können nur die cognitiven Ausfälle festgestellt werden, die auch getestet werden. Diese Aussage ist nicht so trivial wie sie im ersten Augenblick klingt: wenn z.B. das Fehlen einer Funktion durch das Verwenden einer anderen cognitiven Strategie kompensiert werden kann, die etwas mehr Zeit braucht, als die bei Gesunden verwendete, aber das gleiche leistet, kann dieser Ausfall nur durch eine quantitative Untersuchung der Bearbeitungszeit gefunden werden, die bei vielen Tests unberücksichtigt bleibt. Zum anderen kann man z.B. in einer illiteraten Gesellschaft weder Agraphie noch Alexie finden.

Für eine automatisierte Bild- oder Wegbeschreibung ist die sprachliche Ausgabe räumlicher Information ein zentrales Problem und beeinflußt, wie mehrere Tagungsbeiträge gezeigt haben, die Gestaltung der Wissensbasis. Sprachliche Information ist aber beim gesunden Menschen nie die primäre Quelle für räumliche Vorstellungen; räumliche Beziehungen außerhalb unseres Greifraumes müssen im allgemeinen aus der durch die Fernsinne Sehen und Hören gelieferten Information gewonnen werden. Störungen in der Umsetzung von einer Repräsentation in die andere, wie sie Patient C zeigt, sind ein Hinweis darauf, daß geometrische Information in einer eigenen Datenbasis gespeichert und erst bei Bedarf in Sprache übersetzt wird. Dabei werden zwei gravierende Unterschiede zwischen diesen beiden Repräsentationen wichtig:

1. eine visuelle Szene mit mehreren Elementen kann parallel erkannt und verarbeitet werden. Für ihre sprachliche Beschreibung muß eine sequentielle Form gefunden werden.

2. eine räumliche Beziehung, die mit einem sprachlichen Ausdruck beschrieben wird, kann durch ganz unterschiedliche sensorische Filter aus der Umgebung extrahiert werden, also auch in unterschiedlichen Karten repräsentiert sein und zudem mit unterschiedlichen Algorithmen weiterverarbeitet werden. Als Beispiel dafür soll die Relation 'hinter' dienen: Information über die Tiefenstaffelung von Objekten in der Umwelt kann man durch

   - Stereopsis
   - Größenbeziehung
   - Überdeckung oder
   - Bewegungsparallaxe

   gewinnen. Diese vier Algorithmen arbeiten in verschiedenen, sich nur zum Teil überlappenden Entfernungsbereichen, mit unterschiedlicher Genauigkeit und bedienen sich verschiedener Verarbeitungswege. Neurophysiologische Untersuchungen sprechen dafür, daß sie auch in verschiedenen Karten abgelegt werden [3]; trotzdem werden sie alle mit dem gleichen sprachlichen Ausdruck bezeichnet.

[3] JULESZ, B., Foundations of Cyclopean Perception, Chicago 1971: University of Chicago Press; ALLMAN, J.M. / BAKER, J.F. / NEWSOME, W.T. / PETERSEN, S.E., Visual Topography and Function — Cortical Visual Areas in the Owl Monkey, in: WOOLSEY, C.N. (ed.), Cortical Sensory Organization, Vol. 2, Clifton 1981: Humana Press, 171–185.

3 Drei biologische Beispiele

Karten auf der Basis von bildhafter Repräsentation räumlichen Wissens erlauben nicht nur andere Operationen auf den gespeicherten Daten (siehe z.B. SCHLIEDER 1988) und ermöglichen ein nicht-sprachliches Auslesen der Information, sie müssen auch mit anderen Methoden erstellt werden. Welche Form bildhafter Repräsentation verwendet werden kann, ist nicht nur von den Eigenschaften des Nervennetzes abhängig, das die Information verarbeitet, sondern wird in großem Ausmaß bereits von der Sensorik bestimmt. So kann zum Beispiel Stereopsis zur Tiefenbestimmung nur verwendet werden, wenn mindestens zwei Augen überlappende Sehfelder haben.

3.1 Spezialisierte Sensoren

Im Gegensatz zu heute üblichen technischen bildaufnehmenden Systemen ist bei biologischen Sensoren das Auflösungvermögen nicht überall im visuellen Feld gleich gut. Abbildung 2 zeigt die Ganglienzelldichte verschiedener Wirbeltierarten. Die Ganglien-

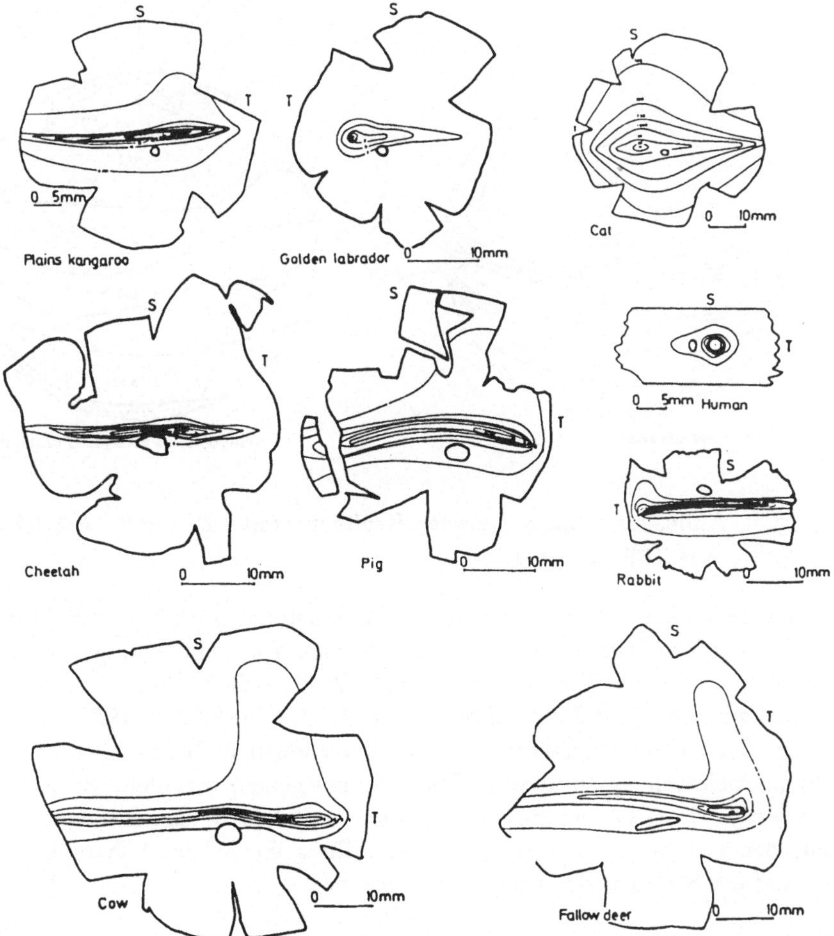

Abbildung 2: Ganglienzelldichte verschiedener Wirbeltiere. Aus HUGHES 1977.

zellen sind die letzte Verarbeitungsstation in der Netzhaut; ihre Dichteverteilung liefert daher eine obere Abschätzung für die räumliche Information, die pro Flächeneinheit an die nachgeschalteten Verarbeitungsstationen im visuellen Cortex übertragen werden kann. Schon auf den ersten Blick fällt die bei allen Arten unterschiedliche Form und Ausdehnung des maximal auflösenden Gebietes auf. Extremtypen sind das konzentrische Auflösungsmaximum beim Menschen ('Fovea') und eine lange, dem Horizont parallele Zone höchsten Auflösungsvermögens ('visual streak') beim Kaninchen. Diese unterschiedlichen Zonen höchster Auflösung werden als Anpassungen an unterschiedlich strukturierte Lebensräume betrachtet: ein 'visual streak' findet sich vor allem bei Arten, die auf einer offenen Fläche leben (HUGHES 1977). Horizontale Zonen höchster vertikaler Auflösung finden sich nicht nur bei Wirbeltieren: eine starke Korrelation zwischen Lebensweise und Augenbau zeigen auch Krabben (ZEIL ET AL 1986). Arten die in einer 'flachen Welt' an Sandstränden leben, besitzen im Gegensatz zu Arten deren Lebensraum eine felsige Küste ist einen 'visual streak' (Abb. 3), und ihre Augen sitzen

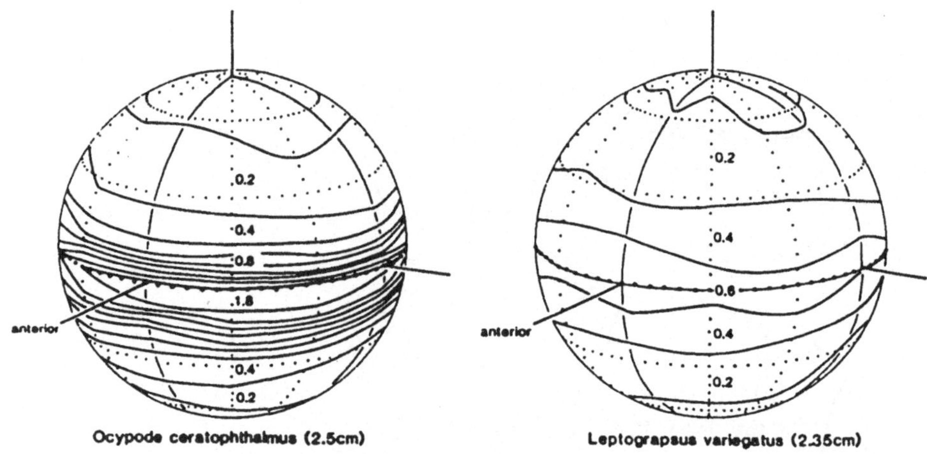

Abbildung 3: Auflösungvermögen zweier Krabbenarten. Die linke Art lebt in einer 'flachen Welt'. Aus ZEIL ET AL 1986

auf relativ nahe zusammenstehenden, langen Augenstielen hoch über dem Boden. Diese Spezialisierungen erlauben es ihnen, in einer flachen Welt Entfernung und Größe eines Objektes allein aus seiner Position bzw. seiner Größe auf der Retina zu bestimmen.

Beispiele wie die 'typische Abbiegetrajektorie' (MOHNHAUPT 1988) legen auch in technischen Systemen die Entwicklung von funktionellen Zonen höchster Auflösung nahe, die über einfache quadratische Fenster hinausgehen; vor allem, da technische Systeme im Vergleich zu biologischen noch einen zusätzlichen Vorteil haben: Sie können nicht nur den Ort, sondern auch die Gestalt ihrer 'Fovea' in Abhängigkeit von der Aufgabe *und* der Struktur der Umgebung ändern.

3.2 Tiere als autonome Systeme, Orientierung ist ein aktiver Prozeß

Im Gegensatz zu technischen Systemen, die oft von einem festen Punkt im Raum aus operieren (Videokamera über einer Kreuzung, fest plazierte Kamera beim Übertragen eines Fußballspiels) sind Tiere autonome Systeme. Sie erschließen sich die Struktur ihrer dreidimensionalen Umwelt auch dadurch, daß sie sich in dieser Umwelt bewegen. Jede Bewegung, die Translationsanteile enthält, führt zu Bewegungsparallaxe — Objekte im Gesichtsfeld bewegen sich abhängig von ihrer Entfernung mit unterschiedlicher Winkelgeschwindigkeit durch das Gesichtsfeld — und ermöglicht dadurch eine Abstandsbestimmung (HELMHOLTZ 1867). Im Gegensatz dazu liefert eine reine Rotationsbewegung keine Tiefeninformation, da sich bei ihr alle Objekte mit der gleichen Winkelgeschwindigkeit durchs Gesichtsfeld bewegen. Bei Bewegungen, die sowohl einen Translations- als auch einen Rotationsanteil enthalten, ist eine Tiefenbestimmung durch Abtrennen des Translationsanteils von der Gesamtbewegung im Prinzip möglich (LONGUET-HIGGINS/PRAZDNY 1980), aber mit erheblichem Berechnungsaufwand verbunden. Außerdem führen die dabei notwendigen Differentialoperationen, unabhängig von ihrer Implementation, zu einer beträchtlichen Verstärkung des Rauschens. Dieses Problem kann ein Auswertesystem umgehen, indem es Approximationen verwendet oder, statt die beiden Komponenten zu trennen, nur einen Teil der im optischen Flußfeld enthaltenen Information auswertet (KOENDERINK 1986, KOENDERINK/VAN DOORN 1987). Ein einfacher Ausweg für autonome Systeme besteht darin, ihr Bewegungsmuster so zu organisieren, daß Translations- und Rotationsanteile der Bewegung zeitlich getrennt ausgeführt werden. Abbildungen 4 und 5 zeigen zwei Beispiele für Bewegungsmuster, die Translation und Rotation trennen: In Abbildung 4 ist die dreidimensionale Rekonstruktion des Territorialfluges einer männlichen Hausfliege dargestellt (ZEIL 1986). Die Flugbahn dieser Tiere ist 'quadratisch': Sie fliegen über längere Strecken geradeaus, um dann mit einer einzigen Drehung von ungefähr 90 Grad die

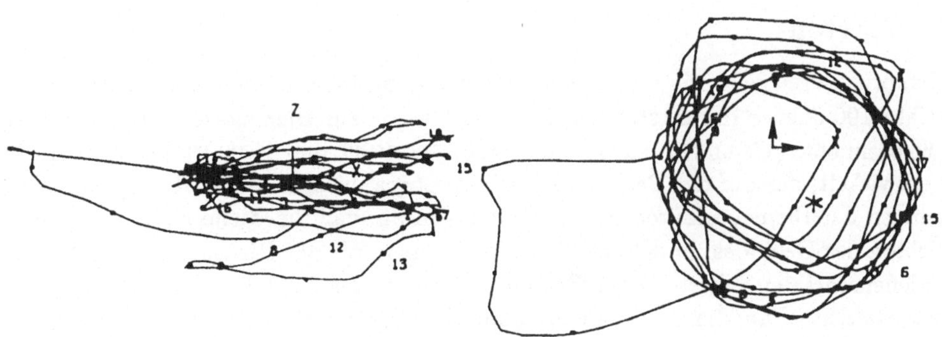

Abbildung 4: Flugmuster einer männlichen Hausfliege in Seitenansicht und Draufsicht (aus ZEIL 1986)

Abbildung 5: Laufspuren zweier Verfolgungssequenzen bei *Xyphosia miliaria*. Die Ziffern bezeichnen die Positionen der beiden Tiere zu korrespondierenden Zeitpunkten

Richtung zu wechseln und wieder geradeaus zu fliegen. Abbildung 5 zeigt die Laufspuren zweier Verfolgungssequenzen einer anderen Fliegenart. Ein charakteristisches Merkmal dieser Verfolgungssequenzen ist, daß die verfolgende Fliege (Kopf ausgefüllter Kreis) Translations- und Rotationskomponenten ihrer Bewegung trennt, nicht aber die verfolgte Fliege (Kopf schwarzer Ring).[4]

Tiere wählen ihre Bewegungsmuster, und damit die durch Bewegung gewonnene Information über die Tiefenstaffelung der Umwelt, abhängig vom Verhaltenskontext und der zu lösenden Orientierungsleistung.

3.3 Karten

Bienen orientieren sich, wie viele andere Tierarten, an Landmarken. Auf Grund der seit ungefähr 100 Jahren durchgeführten Untersuchungen zur Bienenorientierung und eigener Experimente (COLLETT 1987) haben CARTWRIGHT und COLLETT (1987) ein Modell entwickelt, das auf der Basis einer nicht–topographischen Karte die Orientierungsleistungen der Bienen erklären kann. Sie nehmen an, daß die Biene zwei–dimensionale Ansichten des Geländes, in dem sie fliegt, zusammen mit der Richtung und Entfernung des Bienenstocks speichert. Diese 'Schnapp–Schüsse' des Geländes berücksichtigen nur weiter entfernte Landmarken, nahe Landmarken führen zu einer großen Bewegungsparallaxe und können dadurch leicht ausgefiltert werden. Eine neue Geländeansicht wird dann eingespeichert, wenn die Abweichung zwischen dem aktuellen und dem gespeicherten retinalen Bild zu groß wird. Die so entstandene 'Karte' erlaubt es einer

[4] KRIECHBAUM, W., Orientierungsstrategien im Territorialverhalten der Bohrfliege *Xyphosia miliaria*, Dissertation Universität Tübingen 1987.

Biene, wenn sie an einen beliebigen Punkt des ihr bekannten Geländes verfrachtet wird, wieder zum Stock zurückzukehren. Sie sucht die gespeicherte Geländeansicht, die am besten mit der neuen Geländeansicht übereinstimmt. Damit erhält sie auch die Richtung und Entfernung zum Bienenstock. Nimmt man zusätzlich noch an, daß Bienen zu einer der Vektoraddition äquivalenten Operation in der Lage sind (daß diese Annahme nicht unrealistisch ist, zeigt z.B. MITTELSTAEDT 1988), können sie mit einer Karte aus Geländeansichten auch zwischen beliebigen Punkten navigieren.

4 Biologische Intelligenz und künstliche Intelligenz

Die vorgestellten Ergebnisse zeigen nur einen kleinen Ausschnitt aus dem Wissen, das die Neurobiologie über tierische und menschliche Orientierungsleistungen angesammelt hat. Für Biologen sind diese Ergebnisse natürlich von Interesse, da sie einen Einblick in die Funktion von Gehirnen geben und dazu beitragen zu verstehen, wie 'biologische Intelligenz' arbeitet. Doch sind diese Ergebnisse auch für Projekte aus dem Gebiet der 'künstliche Intelligenz' interessant oder sogar von Bedeutung? Ich glaube ja, und zwar aus mehreren Gründen:

1. Biologische und neuropsychologische Untersuchungen liefern erst die exakte Beschreibung dessen, was künstliche Intelligenz erreichen will.

2. Untersuchungen, die mehrere Arten vergleichen, zeigen, wieviele verschiedene Lösungen für ein Problem in der Natur existieren und unter welchen Randbedingungen welche Lösung bevorzugt wird.

3. Im Vergleich zu technisch synthetisierten Systemen haben natürliche Systeme durch die Evolution eine um mehrere Größenordnungen längere Testphase hinter sich. Das Wechselspiel von Mutation und Selektion hat dazu geführt, daß die von Tieren verwendeten Orientierungsalgorithmen für ein bestimmtes Problem (das wir nicht immer genau kennen) einer bestimmten Art mit spezifischen Randbedingungen (die wir im allgemeinen kaum kennen) in einer bestimmten Umwelt optimal und extrem robust sind.

Es lohnt sich daher, sich die im Lauf der Evolution angesammelte Erfahrung für die Synthese künstlicher System zu Nutze zu machen. Doch die Beziehung zwischen 'biologischer' und 'künstlicher Intelligenz' ist keine Einbahnstraße: Erst Untersuchungen auf dem Gebiet der KI haben den Biologen klar gemacht, daß anscheinend so einfache Probleme wie das Korrespondenzproblem (welche Bildpunkte im rechten und linken Auge gehören zum gleichen Gegenstand?) nicht trivial sind.[5]

[5] MARR, D., Vision, San Francisco 1982: Freeman

Kognitive Karten und kognitives Kartieren[†]

Anton Hartl
Technische Universität München

1. Einleitung

Menschen besitzen umfangreiches und vielschichtiges räumliches Wissen über die Umgebungen, in denen sie sich aufhalten: über ihre Wohn- und Arbeitsstätten, deren nähere Nachbarschaften, die Gebiete, die diese einschließen, über größere geographische Regionen und über die Routen und Wege, die sie gewöhnlich benutzen, und vieles mehr. Gemeinsam haben all diese räumlichen Umgebungen, daß sie ihrer Größe wegen nicht durch unmittelbare Sinneswahrnehmung erfaßt werden können; vielmehr wird eine Unzahl direkter Wahrnehmungen kombiniert zu einer Gesamtvorstellung der räumlichen Umwelt. Wir suchen also nach Antworten auf Fragen wie:

Welche Informationen aus der Umwelt ziehen wir zur Orientierung heran?
Welche räumlichen Eigenschaften sind bedeutungsvoll für uns?
Wie abstrahieren wir Information aus der Umwelt?
Wie speichern und wie gebrauchen wir diese Informationen?

Entsprechend der Unausweichlichkeit von Raum und unserer Fähigkeit, viele räumliche Probleme gut zu bewältigen, insbesondere uns zu orientieren und zu navigieren, beschäftigen sich eine Reihe von Disziplinen mit der Beantwortung obiger Fragen: Psychologie, Geographie, Architektur (Städteplanung), Anthropologie und nicht zuletzt auch die Künstliche Intelligenz. Es aber vor allem die Psychologie, speziell das Teilgebiet *Umweltpsychologie*, das sich mit der systematischen Untersuchung des Verhältnisses von Mensch und Umwelt befaßt (Russell & Ward, 1982). Craik (1970) fordert für die Umweltpsychologie, daß sie das Verhalten von Menschen nicht nur unter Anwendung eines einfachen, behavioristischen Reiz-Reaktions-Schemas untersucht, sondern *large-scale environments* (also etwa städtische Umwelten) betrachtet, und es als organisiert über einen längeren Zeitraum begreift.

Mit dem Begriff der *kognitiven Karte* bezeichnet man nun genau die Repräsentation räumlicher Information im Gedächtnis. Unter *kognitivem Kartieren* versteht man den Vorgang des Erwerbs räumlichen Wissens, dessen Produkt die kognitive Karte ist. Tolman (1948) führte den Begriff der kognitiven Karte ein. Er stellte durch Untersuchungen an Ratten fest, daß diese ihre Orientierungs- und Navigationsfähigkeiten nicht erwarben, indem sie einfache Ketten von Reiz-Bewegungs-Paaren lernten, sondern daß "... something like a field map of the environment gets established in the rat's brain ..."

Im Rahmen der Umweltpsychologie, und hier speziell der Untersuchungen zur Umweltkognition, befaßt man sich mit der Natur, dem Erwerb und den Veränderungen einer kognitiven Karte, sowie dem Gebrauch der kognitiven Karte zum Lösen räumlicher Probleme, wie etwa dem Wegfinden. Wichtig ist, den Begriff der Karte nicht zu wörtlich zu nehmen, sondern ihn als Metapher zu verstehen. Die Struktur und die Eigenschaften einer

---

† Diese Arbeit wurde von der Deutschen Forschungsgemeinschaft (Br 609/4-2) gefördert.

kognitiven Karte haben nur geringe Ähnlichkeit mit denen einer Landkarte oder eines Stadtplans. Gerade die Disziplinen jedoch, die selbst ausschließlich mit geometrischen Modellen arbeiten (wie die Geographie), haben zu einer gelegentlich allzu wörtlichen Verwendung der Kartenvorstellung beigetragen. Für die folgenden Ausführungen ist weiterhin zu beachten, daß die erwähnten Strukturen und Eigenschaften kognitiver Karten eine soziologische Abstraktion darstellen, und sich nicht mehr unmittelbar auf die kognitive Karte eines Individuums beziehen. Der idiosynkratische Anteil einer individuellen Karte ist herausgemittelt, und nur noch die Aspekte sind erfaßt, die sich in vielen Karten als charakteristisch erwiesen haben.

2. Konzepte und Theorien

Die meisten Ergebnisse aus dem Bereich der Umweltkognition stammen aus der Psychologie. Im folgenden werden jedoch nicht nur psychologisch motivierte Konzepte vorgestellt, sondern auch Beiträge anderer Disziplinen berücksichtigt. Dieser Abschnitt stellt einflußreiche Theorien und Konzepte aus vier Blickwinkeln vor: Konzepte aus der Entwicklungspsychologie, dem Kognitivismus, Theorien des Erwerbs räumlichen Wissens und Untersuchungen zur hierarchischen Struktur unseres räumlichen Wissens.

2.1. Entwicklungspsychologie - Die Entwicklung räumlichen Wissens bei Kindern

Piagets umfassende Theorie der Entwicklung[1] von Intelligenz bei Kindern stellt noch immer die vorherrschende Position in der Entwicklungspsychologie dar (Piaget[2], 1950; Piaget & Inhelder, 1960, 1967). Die Grundthese Piagets, daß die Entwicklung in aufeinanderfolgenden Phasen abläuft, kann unter Einbeziehung der Arbeit von Hart und Moore (1973) über die Entwicklung von Bezugssystemen, wie folgt dargestellt werden. Es wird eine Abfolge von drei Entwicklungsphasen zugrunde gelegt: beginnend bei einer *egozentrischen* Phase vollzieht sich die Entwicklung über eine *allozentrische* hin zu einer *geozentrischen.* In der egozentrischen Phase wird alles räumliche Wissen nur in bezug zum Selbst gesetzt; es werden keine vom Selbst verschiedenen Objekte zur Orientierung herangezogen; einfache Wegekarten entwickeln sich, Landmarken[3] werden nur hinsichtlich dieser Wege festgehalten, es fehlt eine zusammenhängende Vorstellung vom Raum. In der nächsten, der allozentrischen Phase, wird ein relativer Raum konstruiert, der unabhängig vom Selbst ist; an feste Objekte gebundene Bezugssysteme entwickeln sich, die zunächst noch unkoordiniert sind. Absoluter Raum, d.h. ein koordiniertes Bezugssytem, entwickelt sich in der dritten Phase, unabhängig vom Selbst und von bestimmten Objekten; im absoluten Raum können Personen, Orte und Objekte zueinander in Beziehung gesetzt wer-

---

[1] Entwicklungstheorien machen vor allem Aussagen über qualitative Änderungen in der strukturellen Organisation, während Lerntheorien sich auf quantitative Änderungen bei der Eingliederung spezifischer Informationen in Strukturen konzentrieren.

[2] J. Piaget, 1950, *The psychology of intelligence*, New York: Harcourt Brace

[3] Landmarken sind wichtige Orte, also Orte, die z.B. durch ihre Auffälligkeit oder Funktion als Bezugspunkte im Raum oder als strategische Punkte auf Wegen dienen.

den mit Hilfe von Prinzipien wie Nähe und Getrenntheit und mit Hilfe stark abstrahierter topologischer und metrischer Relationen.

Es gibt jedoch auch Ergebnisse, die nicht vollständig in diesen theoretischen Rahmen passen. So hat sich gezeigt, daß es einen Entwicklungsfortschritt auch im Gebrauch der verschiedenen räumlichen Elemente (das Selbst, Landmarken, Wege, Bezugssysteme) gibt, zusätzlich zur Entwicklungsabfolge der einzelnen Elemente. So kann z.B. der Gebrauch von Landmarken geschickt (möglichst bald einen relationalen Raum aus Landmarken konstruieren) oder weniger geschickt sein (Landmarken einfach zu Wegen aneinanderhängen). Ferner hat Acredolo (1977, 1978, 1983) gezeigt, daß Kinder schon in der egozentrischen Phase in der Lage sein können, Landmarken, sofern sie genügend auffällig sind, zur Orientierung heranzuziehen.

Eine andere Alternative zu Piagets Theorie betont den Aspekt von Ankerpunkten bei der kognitiven Entwicklung. Empirische Ergebnisse von (Golledge, 1978; Evans & Pezdek, 1980) haben gezeigt, daß eine auffällige Ähnlichkeit festzustellen ist zwischen der Entwicklung, die mit dem Älterwerden einhergeht, und der, die mit der Aufenthaltsdauer in einer Umgebung stattfindet, Mit zunehmender Vertrautheit mit der Umgebung steigt die Genauigkeit, mit der Orte zueinander in Beziehung gesetzt und wiedergefunden werden. Metrische Genauigkeit entwickelt sich als Folge einer immer präziseren Positionierung von Landmarken. Also könnte Wissen über (und Genauigkeit von) räumlichen Beziehungen als eine Funktion des Lernfortschritts über eine Umgebung betrachtet werden und würde damit stärker als in Piagets Theorie angenommen in jeder Phase stattfinden.

In Anlehnung an Piagets Hypothese haben Siegel und White (1975) ebenfalls ein Dreiphasenmodell für die Entwicklung der Umweltkognition vorgeschlagen. Zuerst lernen Kinder, Landmarken zu identifizieren, die dann als Bezugspunkte benutzt werden. Anschließend entwickeln sich Wege als Folgen solcher Landmarken, die in Handlungssequenzen als Entscheidungspunkte eine wichtige Rolle spielen. Sogenannte *Übersichtskarten* (survey maps) entstehen dann als Produkt der Wegekarten und eines koordinierten Bezugssystems. Diese Übersichtskarten enthalten Konfigurationswissen, d.h. Wissen über den Umriß eines Terrains, ein schematisches Portrait (wie etwa das Streckennetz einer U--Bahn) und figurative Metaphern (z.B. der italienische Stiefel).

2.2. Kognitivismus - Informationsverarbeitung und kognitive Karten

In den letzten Jahren hat die psychologische Theorie des Kognitivismus, die den Menschen als informationsverarbeitendes System betrachtet, auch im Bereich der Forschung über kognitive Karten zunehmend an Bedeutung gewonnen.

Die ersten so motivierten Ansätze finden sich in den Arbeiten von Steven und Rachel Kaplan. Sie haben ein Prozeßmodell für das Überleben eines Individuums in einer feindseeligen Umwelt aufgestellt. Daran sind vier Prozesse beteiligt: das (Wieder-)Erkennen von Objekten, das Heranziehen vergangener Erfahrungen, eine gewisse Vorausschau auf zukünftige Entwicklungen und die Fähigkeit, räumliche Abstraktionen und Generalisierungen vorzunehmen. S. Kaplan (1973) bringt seine Ansätze in Zusammenhang mit den

Theorien neuronaler Netze von Hebb[4] (1949, 1963); er hält diese Netzwerke für sehr gut geeignet, die Anforderungen zu erfüllen, die an ein perzeptives System gestellt sind (z.B. Erkennen von Mustern, Funktionsfähigkeit trotz unvollständiger, fehlerhafter Information, etc.). Derartige Netzwerktheorien finden derzeit unter dem Namen Konnektionsmus große Beachtung.

Zunehmende Aufmerksamkeit schenkt man in letzter Zeit der Entwicklung von Wissensstrukturen und der Rolle zentraler[5] Mechanismen der Informationsverarbeitung als kritische Elemente der Umweltkognition. Mit dieser Entwicklung einher geht die Konstruktion von Computermodellen (Hayes-Roth[6], 1977, 1979; Kuipers, 1978, 1979, 1983; Smith, Pellegrino & Golledge, 1982). Zum Teil aufbauend auf Arbeiten von Newell und Simon[7] (1972) und auf einen Vorschlag von Kahneman[8] (1973) (dieser stellte die These auf, daß der Umfang zentraler Verarbeitungkapazität, der für bewußtes Problemlösen zur Verfügung steht, stark beschränkt sei) wurden eine Reihe von Forschungsarbeiten durchgeführt, in deren Mittelpunkt die Fähigkeit des Menschen stand, sich zu orientieren und in der Umwelt zu bewegen. Hier sind besonders die Arbeiten von Gärling und seinen Kollegen zu nennen (1981, 1983, 1984). Sie stellten Versuchspersonen die Aufgabe, während einer Wanderung durch eine unbekannte Umgebung die Orientierung nicht zu verlieren; gleichzeitig wurden die Versuchspersonen angewiesen, während dieser Wanderung eine weitere Aufgabe zu lösen. Die Ergebnisse dieser Untersuchungen bestätigen die These Kahnemans.

In der Cognitive Science wird vielfach zwischen deklarativem und prozeduralem Wissen unterschieden. Wissen wird dabei als Menge symbolischer Strukturen gesehen, die bestimmte Aspekte eines Individuums und seiner Umgebung repräsentieren. Von deklarativem Wissen (wissen *was*) wird im allgemeinen angenommen, daß es weniger kontextgebunden sei als prozedurales Wissen (wissen *wie*). Das deklarative Wissen besteht aus Orten, Dingen, Bedeutungen und Symbolen. Bespiele für solche Wissensstrukturen sind semantische Netze, Frames und Episoden. Semantische Netze bestehen aus einer Menge von Knoten, die Konzepte repräsentieren, und einer Menge von Relationen zwischen diesen Knoten, die die Bedeutung eines Konzeptes festlegen. Eine Alternative zu semantischen Netzen stellt das Konzept des Frame von Minsky[9] (1975) dar. Ein Frame ist im wesentlichen ein Wissensschema, ein Wissensmuster, das in einem bestimmten Kontext anwendbar ist. Wird ein Frame aktiviert, so stellt er große Mengen von Stan-

---

[4] D. Hebb, 1949, *The organization of behaviour*, New York: Wiley
D. Hebb, 1963, The semiautonomous process: its nature and nurture, *American Psychologist*, 18:16-27

[5] *Zentral* bedeutet in diesem Zusammenhang, daß von einer Verarbeitungseinheit ausgegangen wird, die nicht nur ganz bestimmte Aufgaben bearbeiten kann, sondern die eine aufgabenunspezifische Ressource ist.

[6] B. Hayes-Roth, F. Hayes-Roth, 1979, A cognitive model of planning, *Cognitive Science*, 4:274-318
B. Hayes-Roth, 1977, Evolution of cognitive structures and processes, *Psychological Review*, 84:260-278

[7] A. Newell & H.A. Simon, 1972, *Human Problem Solving*, Englewood Cliffs, NJ:Prentice-Hall

[8] D. Kahneman, 1973, *Attention effort*, Englewood Cliffs, NJ:Prentice-Hall

[9] M. Minsky, 1975, A framework for representing knowledge, In P.H. Winston, *The psychology of computer vision*, New York:McGraw-Hill

dardinformation bereit; in einem semantischen Netz hingegen müßte diese Information erst durch eine Reihe von Suchvorgängen bereitgestellt werden (Schank & Abelson[10], 1977). Der Gebrauch einer Framestruktur ist z.B. in der Arbeit von Kuipers (1978) über Repräsentation räumlichen Wissens demonstriert. Kuipers nimmt an, daß die kognitive Karte eine Ansammlung stereotyper Elemente ist, und daß mit dem Lernprozeß die Frames mit Informationen gefüllt und neue Frames der Repräsentation hinzugefügt werden (siehe auch Kuipers 1979, 1980, 1982). Dem Frame ähnliche Konzepte, die *scripts*, werden bei der Darstellung immer wiederkehrender, zeitlicher Abläufe benutzt (Schank & Abelson, 1977). Eine andere deklarative Wissensstruktur ist die Episode (Kintsch[11], 1980), die dazu dient eine frühere Erfahrung zu speichern.

Neben dem deklarativen Wissen spielt auch das prozedurale Wissen für den Menschen eine wichtige Rolle. Newell und Simon (1972) haben die Hypothese aufgestellt, daß ein großer Teil menschlichen Wissens in prozeduraler Form gespeichert ist, und daß Produktionensysteme gute Modelle dieses Wissens sind. Sowohl Kuipers Modell räumlicher Wissensrepräsentation als auch das Planungsmodell von Hayes-Roth[12] (1978) machen ausgiebig von Produktionsregeln zur Modellierung prozeduralen Wissens Gebrauch. In Kuipers Modell reagiert das Individuum durch Benutzung von Produktionsregeln auf Anforderungen der Umwelt mit Hilfe seines momentanen Wissens über die Umwelt. Im Modell von Hayes-Roth arbeiten verschiedene Spezialisten zusammen, um einen Gesamtplan zur Lösung einer bestimmten Aufgabe zu entwickeln; dieser Plan besteht aus einer Menge von Produktionsregeln.

Die Tatsache, daß menschliches Wissen sehr umfangreich ist, wirft sehr schnell die Frage auf, welche Prozesse auf dieses Wissen zugreifen und es ändern (vor allem auch hinreichend effizient). Zwei der meistgenannten Möglichkeiten, um diese Ziele zu erreichen, sind Mustererkennung (pattern matching) und Aktivationsausbreitung (spreading activation). Ein Mustererkennungsprozeß bestimmt den Grad der Ähnlichkeit zweier oder mehrerer Symbolstrukturen (z.B. Frames); er kann ebenso auf deklarativem wie prozeduralem Wissen arbeiten. Aktivationsausbreitung nimmt an, daß bestimmte Teile der Wissensstrukturen aktiviert werden können; Aktivation meint einen Zustand der Erregung, und der Grad der Erregung bestimmt, welche Teile des Wissens für den Zugriff und den Gebrauch zur Verfügung stehen. Aktivierung breitet sich aus von aktivierten zu nicht aktivierten Teilen einer Wissensstruktur, so daß Verbindungen zwischen Wissensteilen hergestellt werden kann. McClelland[13] (1979) hat als einer der ersten diese Aktivationsausbreitung in Zusammenhang mit Netzwerken untersucht.

In vielen kognitiven Theorien wird zwischen Langzeit- und Kurzzeitgedächtnis unterschieden; im Zusammenhang mit kognitiven Karten stellen einige Forscher (z.B. Gärling,

---

[10] R.C. Schank & R. Abelson, 1977, *Scipts, plans, goals and understanding*, Hillsdale, NJ: Lawrence Erlbaum Associates

[11] W. Kintsch, 1980, Semantic Memory: A Tutorial, In R.S. Nickerson (Hrsg.), *Attention and Performance* (Bd. 8, 595-620), Hillsdale, NJ: Lawrence Erlbaum Associates

[12] Hayes-Roth, op. cit.

[13] J.L. McClelland, 1979, On the time of mental processes in cascades, *Psychological Review*, 86:287-330

Böök & Lindberg, 1984) die Vermutung auf, daß das Langzeitgedächtnis der Speicher der kognitiven Karte sei, während das Kurzzeitgedächtnis eine Art von Arbeitsspeicher darstelle, der benutzt werde, um z.B. einen Weg entlang zu gehen, also die Orientierung nicht zu verlieren, auf diesem Weg bleiben, Sinneseindrücke mit dem memorierten Weg in Beziehung zu setzen, etc.

Eine andere Unterscheidung ist die zwischen semantischem und episodischem Gedächtnis (Tulving[14], 1972). Semantisches Gedächtnis bezeichnet gespeicherte Information, die allgemeingültiges Wissen, also Wissen, das unabhängig von einer bestimmten Erfahrungssituation gespeichert wird, darstellt. Episodisches Wissen dagegen ist untrennbar mit einer bestimmten Person, einem Ort oder einer Zeit verbunden. Zu Lernen sich in einer neuen Umgebung zurechtzufinden, kann als Übergang von episodischem Wissen (also Wissen über einzelne, noch unzusammenhängende Orte oder Wege) zu semantischem Wissen (eine integrierte Vorstellung vom gesamten Raum) betrachtet werden.

2.3. Der Erwerb räumlichen Wissens - Knoten[15], Pfade und Konfigurationen

Es existieren eine Anzahl von Informationsquellen, die zum ''Erlernen'' einer neuen Umgebung herangezogen werden können. Dazu gehören Landkarten und Stadtpläne, (Weg-)Beschreibungen, und natürlich auch die direkte Erfahrung der Umwelt, wenn man sich in ihr bewegt. Unmittelbare Umwelterfahrung wird als die Hauptquelle räumlicher Information betrachtet.

Russell und Ward (1982) haben, basierend auf Ideen von Miller, Galanter und Pribram[16] (1960), das Konzept des Handlungsplans als wichtige Einflußgrösse auf das Verhalten in der alltäglichen sozialen und physikalischen Umwelt benutzt. Wegpläne sind in viele Handlungspläne integriert; viele dieser Wegpläne sind Routineabläufe (wir können nicht jedesmal, wenn wir einen Weg gehen wollen, diesen neu planen, sondern entwickeln dafür ein Verhaltensmuster).

Ein kritisches Element vieler Handlungen ist der gewählte Weg. Wege sind vorwiegend sensomotorische Routinen, mit denen Erwartungen über Landmarken und andere Entscheidungspunkte verbunden sind (Siegel & White, 1975). Sie bestehen aus einem Start- und einem Zielpunkt und sind verknüpft durch eine Menge prozeduraler Regeln (also ''Vorschriften'', wie man von Knoten zu Knoten gelangt) (Kozlowski & Bryant, 1977). Einen Weg zu lernen heißt also, diese prozeduralen Regeln zu lernen, die es ermöglichen, den Weg vom Start zum Ziel zu finden (Golledge, Smith, Pellegrino, Doherty & Marshall, 1985). Kriterien wie Effizienz, Kosten, Zeit, Aufwand, ästhetische Qualität und viele mehr können von Individuen herangezogen werden, um aus den vielen

---

[14] E. Tulving, 1972, *Episodic and semantic memory*, In E. Tulving & W. Donaldson (Hrsg.), *Organization of memory*, New York: Academic Press

[15] Mit Knoten bezeichnet man einfach Orte über die Wissen vorliegt. Pfade stellen Möglichkeiten dar, den Weg zwischen zwei Knoten zurückzulegen.

[16] G.A. Miller, E. Galanter & K.H. Pribram, 1960, *Plans and the structure of behaviour*, New York: Rinehart & Winston

möglichen Wegen einen bestimmten auszuwählen. Die einmal ausgewählten Wege beeinflussen später in hohem Maße, welche räumlichen Informationen aus dem Gebiet, in dem der Weg liegt, noch aufgenommen werden.

Die bedeutsamste Weiterentwicklung unseres räumlichen Wissens ist wahrscheinlich der Übergang von einem sequentiellen, wegebasierten Wissen zu einer flexiblen Übersichtskarte. Laut Siegel und White (1975) sind Wege die wichtigste Einheit einer kognitiven Karte; mehrere Wege lassen sich zu Karten integrieren. Diese zunehmende Integration führt dazu, daß die Positionen von Landmarken immer stärker festgelegt werden, und somit auch die metrische Genauigkeit in der kognitiven Karte zunimmt.

Unterschiedliche Auffassungen gibt es sowohl was den Übergang von Wissen über Landmarken zu Wissen über Wege, als auch was den Übergang von Wissen über Wege zu Wissen über Karten anlangt. So hat Appleyard (1976) herausgefunden, daß Personen, die erst ein Jahr in einer Stadt lebten, Karten zeichneten, die Wege enthielten, während solche, die bedeutend länger dort gelebt hatten, Grenzen (z.B. Hauptverkehrsstraßen) und Landmarken betonten und auch insgesamt ein stärker integriertes Bild hatten. Auch Devlin (1976) bestätigt die Bedeutung von Wegen in einem frühen Stadium, während Landmarken erst später an Bedeutung gewinnen. Auch die Funktion von Landmarken in einer Karte ist umstritten; Evans, Marrero und Butler (1981) stellten fest, daß Erwachsene, die bereits längere Zeit in einer Umgebung gelebt hatten, mehr Querverbindungen zwischen den Landmarken herstellten als solche, die erst kurze Zeit dort lebten. Jedoch waren die Landmarken, die beide Gruppen benutzten, dieselben. Das heißt, daß Landmarken, die ursprünglich als Orte auf Wegen fungieren, jetzt im Raum platziert werden und von mehreren Wegen gekreuzt werden können; Landmarken werden so zu einem bedeutsamen organisatorischen Element der kognitiven Karte. Weiterhin kann man annehmen, daß Wege immer an Start- und Endpunkten "aufgehängt" sind; also gibt es eine kleine Menge von Landmarken, die die Endpunkte von Wegen festlegen; diese Punkte dienen dann nicht nur als Ankerpunkte der kognitiven Konfiguration der räumlichen Umwelt, sie gehen auch dem Weglernen voraus.

2.4. Hierarchische Strukturen räumlichen Wissens

Vielen Untersuchungen auf dem Gebiet der Umweltkognition liegen hierarchische Modelle zugrunde, z.B. der Entwicklungstheorie von Hart und Moore (1973), der Pfad-Knoten-Sequenz von Siegel und White (1975) oder der Knoten-Pfad-Sequenz von Golledge (1975). In diesem Sinne sind hierarchische Modelle als Metatheorien zu betrachten.

Hierarchische Strukturen finden sich jedoch auch in der Organisation der kognitiven Karte wieder. Der Gebrauch von Landmarken als kritische Elemente sowohl bei der Entwicklung räumlicher Kognition als auch beim Zurechtfinden in einer unbekannten Umwelt, führen fast von selbst zu einer hierarchischen Strukturierung räumlichen Wissens. Solche Landmarken bilden Ankerpunkte im Raum, zu ihnen werden andere Punkte in Beziehung gesetzt, sie dominieren die Relationen in einem Gebiet; z.B. werden Knoten mit Hilfe einer Nähe-Relation zu Primärknoten[17] in Beziehung gesetzt. Wenn die Lage eines

[17] Primärknoten sind Knoten, die oft benutzt werden; damit sind Landmarken Primärknoten, von denen viele verschiedene Personen oft Gebrauch machen.

Orts nicht genau bestimmt werden kann, seine Nähe-Relationen aber bekannt sind, kann damit der Suchraum (d.h. die Umgebung, in der der Ort möglicherweise liegt) drastisch reduziert werden. Ankerpunkte bilden zusammen mit den Wegen, die sie verbinden ein Organisationsskelett für das räumliche Wissen; sie erlauben so eine Gruppierung von Information (clustering) und führen zu effizienterer Speicherung, Kodierung und Abruf. Es gibt zahlreiche experimentelle Unterstützung für die Bildung solcher Cluster und die hierarchische Anordnung räumlicher Elemente (z.B. Hirtle & Jonides (1985), Steven & Coupe (1978)). Damit findet sich bei kognitiven Karten auch das Prinzip der kognitiven Ökonomie bestätigt: es müssen nicht mehr alle räumlichen Relationen gespeichert werden, sondern viele können durch die hierarchische Strukturierung bei Bedarf wieder ermittelt werden.

Die Begriffe *Wegwissen* und *Übersichtswissen* formen eins der gebräuchlichsten Wortpaare in der Literatur zur Umweltkognition. Es gibt sowohl theoretische wie auch empirische Unterstützung für die Annahme, daß sich Wissen zur Strukturierung räumlicher Information entwickelt ausgehend von Landmarken, über Wegwissen hin zu integrierten Bezugssystemen, und daß dabei auf jeder dieser Stufen hierarchische Strukturen auftreten. Über den exakten Übergang zwischen diesen Stufen ist jedoch nur wenig bekannt; eine wichtige Rolle scheint dabei zu spielen, ob ein Referenzpunkt sichtbar ist vom Startpunkt, Zielpunkt oder von einem dazwischen liegenden Entscheidungspunkt aus.

3. Empirische Ergebnisse

3.1. Kognitive Karten und kognitives Kartieren

Das Wissen eines Individuums über seine Umwelt wird zumindest zum Teil beeinflußt von seinen Interaktionen mit ihr und von der Art und Weise, in der diese Interaktionen stattfinden. Immer wiederkehrende Interaktion resultiert in der Entwicklung eines stabilen Bildes der Umwelt, wobei das Bild und das räumliche Verhalten des Individuums untrennbar miteinander verbunden sind.

Untersuchungen über den Prozeß des kognitiven Kartierens gehen meist aus von einem Modell, das aus vier Bestandteilen zusammengesetzt ist: einem Aktor; einer externen Situation oder Umgebung; einer Menge von Ausgaben von der Situation zum Aktor, die *Umweltkognition*; einer Menge von Ausgaben vom Aktor zur Situation, das *Antwortverhalten* auf die Umwelt. Mit diesem allgemeinen Schema ist die Annahme verbunden, daß räumliches Verhalten nicht allein mit den Begriffen Reiz und Reaktion erklärt werden kann. Vielmehr verlangt solches Verhalten eine zwischengeschaltete Variable, einen internen Mechanismus, der die Stimuli ordnet, umkodiert und in irgendeiner Art und Weise transformiert.

Die Grundfrage, die man sich stellen muß, ist nun: Welche Arten von Information müssen kodiert, gespeichert und dekodiert werden, damit man sich erfolgreich in der Umwelt zu bewegen kann?

Lynch (1960) hat in seinen umfassenden experimentellen Studien fünf Schlüsselelemente der räumlichen, städtischen Umwelt identifiziert, die sich in der kognitiven Karte wiederfinden: Pfade, Kanten, Distrikte, Knoten und Landmarken. Lynch legt diese Begriffe wie folgt fest: Pfade sind Kanäle, entlang derer sich ein Beobachter gewöhnlich, gelegentlich oder möglicherweise bewegt, während er in der städtischen Umgebung räumlich aktiv ist. Kanten sind imaginäre oder reale Grenzen oder Grenzlinien, die Raumgebiete trennen. Distrikte sind durch Kanten begrenzte Gebiete, von denen angenommen wird, dass sie Charakteristika haben, anhand derer sie identifizierbar sind. Knoten sind strategische Punkte, die Anker für Verhaltensmuster von Individuen darstellen. Landmarken schließlich sind leicht identifizierbare Bestandteile der Landschaft und können aus dem gesamten Repertoire städtischer Funktionseinheiten oder Strukturen stammen. Diese Klassifikation besitzt noch heute prinzipiell Gültigkeit, ist inzwischen jedoch verallgemeinert worden.

Eine solche Verallgemeinerung ist die von Gärling, Böök und Lindberg (1984); sie machen die Annahme von drei eng zusammenhängenden Eigenschaften kognitiver Karten: *Orte* (*places*), *räumliche Relationen* und *Reisepläne* (*travel plans*). Orte haben Eigenschaften wie einen Platz auf einer räumlichen Skala (die räumliche Ausdehnung), einen Namen, einen Wahrnehmungseindruck, eine Funktion und psychologische Attribute wie Attraktivität, u.ä. Sie besitzen natürlich auch eine Lage und Eigenschaften wie Abstand, Richtung und Orientierung im Verhältnis zu anderen Orten. Es wurde auch festgestellt (Golledge & Spector, 1978; Pezdek & Evans, 1979), daß die Funktion, die ein Ort hat und seine Rolle in menschlichen Aktivitätsmustern ein bedeutsames Unterscheidungskriterium ist, das die Identifikation erheblich erleichtert. Räumliche Relationen sind Charakteristika zweier oder mehrerer Orte. Dazu gehören Relationen der Nähe (zwischen zwei Punkten), metrische Relationen bezüglich Distanz und Richtung (zwischen Mengen von Punkten) und topologische Relationen (z.B. Inklusion).

Alle Versuche, ein Bild der kognitiven Karte eines Individuums zu gewinnen, haben zum Resultat geführt, daß unser räumliches Wissen unvollständig, partiell und unzusammenhängend ist. Wird das externalisierte Wissen mit den objektiven räumlichen Gegebenheiten verglichen, so zeigen sich zum Teil charakteristische Verzerrungen, d.h. Abweichungen von der geometrischen Repräsentation der Umwelt. Dabei ist es schwierig festzustellen, was die Quelle dieser Verzerrungen ist, also ob sie eine Folge der Speicherung sind (d.h. beim Wissenserwerb auftreten) oder eine Folge der Verarbeitung (d.h. beim Abruf des Wissens auftreten). Gärling und seine Kollegen stellen die Hypothese auf, daß der Planungsprozeß während der Wegfindung das Kurzzeitgedächtnis stark beansprucht; damit könnten Verzerrungen die Folge der temporären Repräsentation von Informationen aus dem Langzeitgedächtnis sein. Beim Schätzen von Abständen zeigen sich eine Reihe solcher Verzerrungen (siehe Abschnitt 3.3). Byrne (1979) stellte fest, daß Personen dazu tendieren, Richtungsänderungen 90°-Winkeln anzugleichen; ebenso werden Abstände zwischen Richtungswechseln auf einem Weg als äquidistant vereinfacht. Personen schätzen die Länge eines Weges nach der Zahl der Richtungswechsel (Sadalla & Magel, 1980), nach der Zahl der Knoten, die auf dem Weg liegen (Sadalla & Staplin, 1980b), oder allgemeiner am Umfang der Information, an die sie sich noch erinnern können (Sadalla & Magel, 1980a). Linien (z.B. Straßen) werden begradigt und nach den Haupthimmelsrichtungen ausgerichtet (Tversky, 1981); Tversky nennt diese Verhaltensweisen die Ausrichtungsheuristik und die Drehungsheuristik. In Tverskys Studie wird noch eine weitere wichtige Feststellung gemacht: der Effekt der Ausrichtungsheuristik läßt sich nämlich definitiv auf eine fehlerhafte, d.h. verzerrte Repräsentation zurückführen, und ist nicht das

Produkt eines Fehlers beim Abruf des Wissens und seiner Übernahme ins Kurzzeitgedächtnis.

3.2. Von Wegwissen zu Konfigurationswissen

Wegwissen ist charakterisiert als Folge prozeduraler Beschreibungen, die eine sequentielle Anordnung eines Startpunkts, nachfolgender Landmarken und eines Zielpunkts darstellen. Essentielle Elemente von Wegwissen sind die Fähigkeit, Entscheidungspunkte zu identifizieren, also Punkte, an denen ein Wechsel der Orientierung oder Richtung stattfinden kann, die Fähigkeit, Punkte wiederzuerkennen, an denen das Transportmittel gewechselt werden muß und die Fähigkeit festzustellen, ob man sich noch auf dem richtigen Weg befindet. Einfaches Wegfindungswissen, selbst in komplexer Umgebung, haben bereits Vorschulkinder.

Kuipers (1983) bezeichnet solches Wissen als *commonsense knowledge structure*. Eine solche Struktur besteht bei ihm aus einer Menge von Assoziationen, die eine Beziehung herstellen zwischen Wahrnehmungseindrücken und Aktionen, die ausgeführt werden müssen, wenn ein Ort durch Wahrnehmungseindrücke erkannt wurde. Da dieses assoziative Wissen nicht immer vollständig sein muß, ist auch die gesamte Wissensstruktur partieller Natur. Mit zunehmender Vertrautheit mit einem Weg wird dieses Wissen jedoch immer vollständiger. Kuipers macht weiterhin die Annahme, daß eine kognitive Raumbeschreibung nicht aus einer einzigen Repräsentation besteht, sondern daß vielmehr verschiedene Repräsentationen die unterschiedlichen Wissensarten (metrisches, topologisches, prozedurales und sensomotorisches Wissen) unterstützen. Er betont ganz besonders den metaphorischen Charakter des Begriffs *kognitive Karte*.

In einer Studie über Pariser Taxifahrer stellt Pailhous[18] (1970) die Vermutung auf, daß deren Wissensstruktur aus zwei Netzwerken besteht: das Grundnetzwerk enthält etwa 10% der Straßen, ist gut integriert und stellt ein Skelett der kognitiven Karte dar. Bewegen sich Fahrer in diesem Netzwerk, so wählen sie meist nahezu optimale Wege aus. Das Sekundärnetz wird von ausgewählten Punkten des Primärnetzes erreicht. Ein typischer Weg erfordert die Auswahl erst eines Wegs im Primärnetz, um dann lokale Information aus dem Sekundärnetz zur weiteren Wegbestimmung zu benutzen.

Chase (1983) macht in seiner Studie über amerikanische Taxifahrer in Pittsburgh die erstaunliche Entdeckung, daß sich die kognitiven Karten von Experten (Taxifahrern mit mehr als zehnjähriger Erfahrung) und Anfängern mit ca. einem Jahr Erfahrung, in bezug auf die Genauigkeit, mit der Orte plaziert werden können, nicht unterscheiden. Bei allen Aufgaben, die beiden Gruppen gestellt wurden, schnitten die Experten nur bei einer signifikant besser ab: bei der Fähigkeit Routen zu entwickeln. Auch waren die Verzerrungen kognitiver Karten, die auf eine hierarchische Organisation der Karte schliessen lassen, bei beiden Gruppen gleich ausgeprägt.[19] Als man die Taxifahrer aufforderte an bestimm-

---

[18] J. Pailhous, 1970, *La représentation de l'espace urbaine: L'example du chauffeur du taxi*, Paris: Presses Universitaire de France

[19] Hier sollte angemerkt werden, daß viele der Daten über kognitive Karten aus Skizzen der Versuchpersonen gewonnen werden. Mithin ist also denkbar, daß die Experten unter den Taxifahrern zwar die genauere kognitive Karte haben, diese aber ganz einfach nicht so gut zeichnen können.

ten Punkten der Stadt die Richtung des Geschäftsviertels anzugeben, stellte Chase fest, daß die meisten diese Richtung nicht korrekt angeben konnten. Vielmehr ergab sich eine Übereinstimmung der angegebenen Richtung mit der Richtung der Straße, die auf kürzestem Weg dorthin führt. Man könnte also folgern, daß die Richtung zweier Orte erschlossen wird aus der Richtung der Wege, die sie verbinden. Damit findet Kuipers Ansatz Unterstützung, Routen als propsitionale Strukturen zu repräsentieren, mit einer Reihe von Orten auf der Route und der Richtung der Route.

Gärling und seine Kollegen fanden in ihrer Untersuchung Anzeichen für eine Heuristik, wonach Distanzen lokal (räumlich eng begrenzt) und nicht global minimiert werden, wenn Personen nach einem kürzesten Weg suchen (wobei auch hier die Kriterien für die Weglänge von verschiedensten Einflußgrößen der Umgebung abhängen).

Die Untersuchungen über die Bedeutung von Landmarken lassen sich wie folgt zusammenfassen. Die Theorie von Siegel und White (1975) führt zu dem Schluß, daß Landmarken vor Wegen gelernt werden und daß Wegwissen vor Wissen über die relative Lage von Landmarken entsteht. Herman und Siegel (1978) bestätigen diese Hypothese, fanden jedoch auch Anzeichen dafür, daß Wissen über die relative Lage von Landmarken unter Umständen sehr schnell erworben wird. Byrne (1979) zeigte, daß das Gedächtnis für die Länge von Wegen und der Winkel zwischen sich kreuzenden Straßen systematisch verzerrt war. Er nimmt an, daß ein Netzwerk von Wegen korrekt gespeichert ist, hingegen das Gedächtnis für die relative Lage von Orten systematisch verzerrt ist. Im Gegensatz dazu stellen Evans, Marrero und Butler (1981) die These auf, daß zuerst Landmarken und ihre relative Lage gelernt werden, dann Wege und schließlich mit dem Wissen über Wege die Genauigkeit der Informationen über die relative Lage von Orten steigt. Wieder andere Forscher (Golledge, 1978) sehen in Landmarken die zuerst gelernten Elemente einer Umgebung; dann werden Wege, die diese Landmarken verbinden, gelernt; diese Wege nun ermöglichen es, die relative Lage von Orten zu bestimmen.

3.3. Der kognitive Abstand

Beim Vorgang des kognitiven Kartierens wird vor allem Wissen über die relative Lage und die Konnektivität von Landmarken erworben. Eine wichtige Komponente der relativen Lage ist der Grad der räumlichen Getrenntheit; dieses Konzept ist unter dem Namen *kognitiver Abstand* bekannt geworden.

Untersuchungen haben gezeigt, daß der Abstand von einem Referenzpunkt (d.h. einer sehr auffälligen Landmarke) zu einem Nichtreferenzpunkt kleiner geschätzt wird als umgekehrt (Sadalla, Burroughs & Staplin, 1980). Holyoak und Mah (1982) stellten fest, daß Abstände in der Nähe von Referenzpunkten überschätzt werden. Weiterhin wurden Untersuchungen durchgeführt über den Effekt von Barrieren (Lowrey, 1973) und den Einfluß von Krümmungen (Briggs, 1973). Sadalla und Staplin untersuchten weiterhin Einflüsse wie die Sichtbarkeit von Endpunkten, die Länge gekrümmter Linien, 90°-Richtungswechsel und den Grad der Bekanntheit mit einem der Endpunkte auf Distanzschätzungen. Golledge (1978) vermutet vor, daß der kognitive Abstand zwischen Punkten im Raum von ihrer Position in einer hierarchischen Anordnung des räumlichen Wissens abhängt.

In der bereits erwähnten Studie von (Chase, 1983) wurden Taxifahrer angewiesen, Abstände zwischen Orten zu schätzen; grundsätzlich zeigte sich dabei, daß die Abstände zwischen Orten im gleichen Gebiet leicht überschätzt wurden. Lagen die Orte aber in verschiedenen Gebieten, so erhöhte sich diese Fehlerrate stark, und stieg nochmals an, wenn die die Gebiete noch durch physikalische Barrieren getrennt waren.

Die Untersuchungen zeigen, daß meist ein oder mehrere der metrischen Axiome

$a_{ii} = 0$ (Identität, Reflexitivität)
$a_{ij} = a_{ji}$ (Symmetrie)
$a_{ij} \leq a_{ik} + a_{kj}$ (Dreiecksungleichung)
durch das "Maß" der kognitiven Distanz verletzt werden.

3.4. Bildhafte Eigenschaften räumlicher Repräsentationen

Viele Menschen berichten, daß die *mentale Bilder* benutzen, wenn sie räumliche Aufgaben lösen. Bei der Navigation in *large-scale environments* wird oft berichtet von einer Karte, die von oben gesehen wird, oder von "szenischen" Bildern, so als ob man sich durch die Umwelt bewegen würde.

In verschiedenen Studien von Levine (1982) konnten zwei Eigenschaften mentaler Karten demonstrieren, die charakteristisch für eine bildhafte Repräsentation sind: Triangulation und Rotation. Triangulation heißt: ist die relative Position von A zu B und die von B zu C bekannt, so kann daraus die relative Position von A zu C ermittelt werden. Mit Rotation ist gemeint, daß Bilder eine Vorzugsrichtung haben; um ein wahrgenommens Bild mit einem memorierten zu vergleichen, muß eine mentale Rotation vorgenommen werden (Shepard & Metzler[20], 1971). Die Experimente Levines zeigen, daß Menschen sich so benehmen, als hätten ihre mentalen Karten bildhafte Eigenschaften. Diese Karten können auch dazu benutzt werden, Richtung und Abstand zu ermitteln. Anzumerken bleibt hier jedoch, daß Levine in seinen Untersuchungen stark vereinfachte Karten lernen ließ, in denen nur ca. fünf Orte und etwa ebenso viele Verbindungen vorhanden waren.

In den Untersuchungen zu mentalen Bildern findet man eine Reihe weiterer Bestätigungen für die bildhaften Eigenschaften bestimmter mentaler Repräsentationen. Levines Studie stellt zum ersten Mal einen direkten Zusammenhang zu kognitven Karten her. In welchem Maße die Ergebnisse über den Charakter mentaler Bilder auch auf kognitive Karten übertragbar sind, bleibt unklar: mentale Bilder beziehen sich immer auf visuell als Ganzes erfassbare Eindrücke, kognitive Karten hingegen setzen immer schon einen Integrationsvorgang von einzelnen, vorwiegend visuellen Sinneseindrücken voraus. Levines stark vereinfachte Karten, die er lernen ließ, sind jedoch nicht eben typisch für den Umfang des Wissens, den wird in unseren kognitiven Karten annehmen dürfen.

4. Zusammenfassung

Die Fülle experimenteller Daten und konkurrierender Theorien macht es schwer, einige durchgängige Kernaussagen herauszuheben. Zusammenfassend soll an dieser Stelle aber doch versucht werden, einige wichtig erscheinende Kernaussagen nochmals kurz zusammenzustellen.

---

[20] R.N. Shepard, J. Metzler, 1971, Mental rotation of threedimensional objects, *Science*, 171:701-703

- Wissen über folgende Elemente einer räumlichen Umwelt und deren Beziehungen findet sich in kognitiven Karten (die hier aufgeführten stellen eine Art minimaler Menge dar): Landmarken und Pfade (d.h. Verbindungen zwischen Landmarken), Richtungs- und Entfernungswissen.
- Betrachtet man den Entwicklungs- und Lernaspekt, so hat man im wesentlichen die Auswahl zwischen zwei verschiedenen Gruppen von Thesen: es werden entweder Landmarken gegenüber Pfaden als tragende Elemente einer sich entwickelnden kognitiven Karte angesehen, oder genau umgekehrt. Beide Thesen sind gleichermaßen gut durch experimentelle Ergebnisse gestützt.
- Obwohl es viele Untersuchungen über spezielle Aspekte kognitiver Karten gibt, existieren nur wenige aussagekräftige Ergebnisse über den Gebrauch kognitver Karten bei der Lösung komplexer räumlicher Aufgabestellungen, wie z.B. das Finden von Wegen. Vielversprechende Ansätze, durchaus auch im Hinblick auf die Hypothesenbildung psychologischer Theorien zu sehen, stammen aus dem interdisziplinären Forschungsgebiet der Cognitive Science.
- Kognitive Karten scheinen Eigenschaften zu haben, die sie in die Nähe bildhafter Repräsentationen rücken.
- Das Prinzip der hierarchischen Organisation von (semantischem) Wissen wird auch bei der mentalen Repräsentation räumlicher Information durch experimentelle Daten bestätigt.

Mentale Bilder – Analoge Repräsentationen

Klaus Rehkämper
Universität Hamburg, FB Informatik
AB Wissens- und Sprachverarbeitung
Bodenstedtstr. 16, 2000 Hamburg 50
e-mail: rehkaemper@rz.informatik.uni-hamburg.dbp.de

Zusammenfassung

Das Ziel dieser Arbeit ist es, ausgehend von der Diskussion, mentale Bilder als Möglichkeit, Information - insbesondere räumliche Information - auf eine besondere Art und Weise zu repräsentieren, den Begriff der analogen Repräsentation zu untersuchen. Zuerst werden in Ermangelung einer tragfähigen Definition mentaler Bilder zwei Experimente vorgestellt, die ihre Eigenschaften deutlicher hervortreten lassen. Zu einem vorläufigen Abschluß gelangt diese Darstellung durch einen Katalog der wichtigsten Eigenschaften innerer Bilder. Daraus ergibt sich die zentrale Aussage, daß mentale Bilder räumliche Information in einer analogen Art und Weise repräsentieren.

Um den Begriff *analog* zu motivieren, wird - nach einer Erklärung, was in diesem Zusammenhang unter Repräsentation verstanden werden sollte - die eher intuitive Begriffsbestimmung HAUGELANDs vorgestellt, da sie einige der landläufig mit *analog* in Verbindung gebrachten Aspekte zusammenträgt. Diese Bestimmung läßt sich innerhalb des formalen Rahmens eines Repräsentationssystems, wie ihn STEPHEN E. PALMER anbietet, einbetten. Daher wird der Vorschlag PALMERs, *analog* als isomorphe Abbildung mit bestimmten Bedingungen anzusehen, aufgegriffen und geeignet erweitert. NED BLOCK präsentiert ein weiteres, etwas anderes Verständnis von *analog*. Er betont den prozeduralen Aspekt, der auf einer unterhalb der Repräsentation anzusiedelnden Ebene mit ihm verbunden ist.

Ausklang der Arbeit bilden einige kurze Bemerkungen zu der Frage, inwieweit Computermodelle als Repräsentationen mentaler Modelle, die ja einen analogen Anteil aufweisen, dienlich sein können.

Einleitung

Ausgangspunkt dieser Arbeit ist das Phänomen mentaler Bilder oder Vorstellungen. Diese Bilder sind, unabhängig von der langen Tradition, die sie in verschiedenen Disziplinen aufzuweisen haben, in den letzten Jahren wieder in den Mittelpunkt der Forschung gerückt. Ausgehend von der dual–coding–Hypothese PAIVIOS (PAIVIO 1968), entspann sich eine heftige Diskussion (vgl. PYLYSHYN (1973/1984), SHEPARD/CHIPMAN (1970), KOSSLYN (1980), PALMER (1978), STEINER (1980), FREKSA (1988)). Diese These besagt, daß Menschen zur Wissensrepräsentation zusätzlich zu einem propositionalen Repräsentationsformat noch ein weiteres, eigenständiges, bildhaftes Format benutzen. Hierin ist neben anderem auch räumliche Information direkt gespeichert. In dieser Diskussion (der *imagery*-Debatte (vgl. BLOCK 1981)) wird das Für und Wider einer solchen Annahme untersucht und abgewogen. Zahlreiche Experimente in der kognitiven Psychologie haben zum Ziel, Evidenzen für ein zweites, unabhängiges Repräsentationsformat zu erbringen (vgl. z.B. KOSSLYN 1980) bzw. zu zeigen, daß sich dieses bildhafte Format weder auf ein propositionales zurückführen läßt, noch daß ein drittes, verbindendes, amodales Format existiert. Diese Kontroverse ist jedoch nicht nur für die Psychologie interessant, denn eine Antwort auf die Frage, ob ein, zwei oder viele Repräsentationsformate für Wissen anzunehmen sind und ob eines dieser Repräsentationsformate bildhaft zu nennen ist, wird ihren Niederschlag auch in den theoretischen Grundlagen der kognitiv–orientierten KI–Forschung finden, da diese ja den Anspruch erhebt, wesentliche Teile des menschlichen Denkens bzw. des menschlichen Informationsverarbeitungsprozesses nachzuempfinden.

Eng verbunden mit der Annahme von mindestens zwei verschiedenen Repräsentationsformaten ist die Frage, wodurch sich diese Formate unterscheiden. Stichworte, die immer wieder in Zusammenhang mit diesem zweiten, bildhaften Format genannt werden, sind 'Analoghaftigkeit' bzw. 'Analogizität' (vgl. JOHNSON-LAIRD 1983: 147; WESSELLS 1984: 287[1]). Ist ein bildhaftes Repräsentationsformat dadurch gekennzeichnet, daß es Zusammenhänge analog darstellt und grenzt es sich dadurch von einem propositionalen Repräsentationsformat ab? Das Gegensatzpaar, das sich abzeichnet, ist somit *analog* auf der einen Seite und *propositional* bzw. *digital*[2] auf der anderen. Um diese Unterscheidung innerhalb der KI ertragbringend einsetzen zu können, sollte an erster Stelle die Untersuchung der Frage stehen, welche Kriterien für ein analoges bzw. propositionales Repräsentationsformat kennzeichnend sind. Hierzu werde ich einige Vorschläge aus der Literatur darstellen und sie für den hier angestrebten Zweck fruchtbar machen.

Zum Abschluß wird sich bei der Frage, inwieweit Computermodelle als Modelle menschlichen Denkens verstanden und eingesetzt werden können, zeigen, daß sich das Gegensatzpaar *analog* vs. *propositional* nicht unversöhnlich gegenübersteht, sondern daß gerade ein verbindendes 'sowohl-als–auch' die Frage nach dem scheinbaren 'entweder-oder' beantwortet. Eine Repräsentation kann zwar in bezug auf bestimmte Aspekte einen analogen Charakter besitzen, in bezug auf andere ist sie jedoch propositional. Einzig und allein ausgeschlossen scheint, daß Teile einer Repräsentation gleichzeitig propositional und analog sind. Somit ist die KI–Forschung, die sich am Informationsverarbeitungsparadigma orientiert, wie es NEWELL & SIMON (1980)[3] formuliert haben - kognitive Prozesse sind informationsverarbeitende Prozesse, Denken ist Symbolverarbeitung -, aufgerufen, die Möglichkeit, Wissen bzw. Information analog zu repräsentieren, in ihre Überlegungen als unabdingbaren Bestandteil mit aufzunehmen, oder aber deutlich zu machen, aus welchen Gründen sie darauf verzichten kann.

Mentale Bilder und ihre Eigenschaften

Im Verlauf von etwa 2500 Jahren abendländischer Philosophiegeschichte tauchen mentale Bilder unter verschiedenen Namen (Vorstellungen, Ideen[4] etc.) als unverzichtbares Hilfsmittel des menschlichen Denkens immer wieder auf. Da es aber nicht Ziel dieser Arbeit ist, die historischen Dimensionen des Phänomens der mentalen Bilder auszuleuchten, möchte ich als Beleg hierfür eine Äußerung aus - zumindest für philosophische Verhältnisse - jüngerer Zeit anführen und BERTRAND RUSSELL zitieren, der in seiner philosophischen Autobiographie schreibt: "I am still quite convinced that many usages of language are inexplicable except by introducing images" (RUSSELL 1959/1975: 111)[5]. Diese positive Meinung zum Wert mentaler Bilder ist nun bei weitem nicht repräsentativ für die Philosophie, noch nicht einmal für die analytisch orientierte Sprachphilosophie, als deren Mitbegründer RUSSELL sicherlich angesehen werden muß, denn

1 WESSELLS, M. G. (1984): *Kognitive Psychologie*. New York: Harper & Row

2 Ich werde im Verlauf der Arbeit nicht zwischen 'propositional' und 'digital' unterscheiden und sie nach stilistischen Gesichtspunkten wechselseitig verwenden.

3 NEWELL, A.; SIMON, H.A. (1981): Computer science as Empirical Inquiry: Symbols and Search. In: JOHN HAUGELAND (Hrsg.): *Mind Design*. Cambridge/Mass., London (England): The MIT Press. 35-66

4 τὸ εἶδος bzw. ἡ ἰδέα (griech.): das Aussehen, das Urbild, die Idee

5 RUSSELL, B. (1959): *My philosophical development*. London: George Allen & Unwin Ltd. (pb. 1975).

ein anderer Urvater dieser Disziplin, der Mathematiker und Philosoph GOTTLOB FREGE, hat sich vehement gegen die Verwendung von Vorstellungen oder inneren Bildern als erklärende Instanz innerhalb einer objektiven Betrachtung ausgesprochen (vgl. FREGE 1884: V/VI)[1]. Den Grundsätzen folgend, (1) das Psychologische vom Logischen und das Subjektive vom Objektiven zu trennen und (2) die Bedeutung der Wörter nur im Zusammenhang und nicht für sich alleine zu betrachten (FREGE 1884: X), sind für ihn innere Bilder rein subjektive Phänomene und müssen bei einer Untersuchung der Vernunft außer Betracht bleiben (FREGE 1884: 36). Zwar räumt er ihren Wert für das menschlichen Denken ein (FREGE 1884: 71), bezweifelt aber, daß sich ein regelgeleiteter, intersubjektiver Zusammenhang zwischen der Bedeutung[2] eines Wortes und der Vorstellung, die mit ihm verbunden ist, feststellen läßt. Das Verhältnis zwischen Wort und Vorstellung ist offensichtlich andersgeartet als das Verhältnis von Wort und Sinn (FREGE 1892: 29).[3] Das einzige, was wirklich zählt, sind der Sinn und die Bedeutung eines Wortes, Vorstellungen haben bestenfalls epiphänomenalen Charakter.[4]

Die häufige Verwendung von Bildern bzw. Skizzen in unserem täglichen Leben läßt sich sicherlich nicht bestreiten. Verkehrsschilder, Piktogramme und bebilderte Anleitungen helfen uns, unseren Weg durchs tägliche Leben zu finden. Und auch wenn man in unserer abendländischen Geistesgeschichte zurückschaut, sieht man, daß bildhafte Beispiele, Gleichnisse, Metaphern und Analogien immer dann Verwendung finden, wenn etwas Kompliziertes oder nicht direkt Faßbares erklärt werden soll, Worte aber nicht mehr ausreichen, den Sachverhalt direkt darzustellen. Dies beginnt in der Bibel, geht über die platonischen Gleichnisse bis hin zu den Dingen des täglichen Lebens – z.B. dem Erklären eines technischen Apparates ("da stellen wir uns mal ganz dumm"). Auch beim Erteilen einer Wegauskunft sind wir sehr schnell geneigt, zu Papier und Bleistift zu greifen (sic!), um eine Skizze zu verfertigen. Es gibt also viele Tätigkeiten, bei denen wir – extern oder intern – zu einem helfenden Bild greifen.[5]

Was macht nun aber interne, also mentale Bilder aus? Mentale Bilder sind uns beim Problemlösen behilflich, machen das Lesen eines Romans zu einer angenehmen Unterhaltung oder helfen uns - wie z.B. die *Methode der Orte* - komplizierte Dinge zu memorieren, indem die aufeinanderfolgenden Punkte einer mentalen Wanderung mit den zu behaltenden Begriffen assoziiert werden. Nicht immer können Menschen den Inhalt dieser mentalen Bilder auch mit Worten darstellen. Dies sagt jedoch nichts über die Realität des Phänomens aus. So hat schon NEISSER darauf hingewiesen, daß wir sehr wohl in der Lage sind, den Himmel mit seinen vorüberziehenden Wolken zu betrachten - ein sicherlich sehr reales Phänomen -, ohne dieses Naturschauspiel auch detailliert mit Worten beschreiben zu können.

---

1 FREGE, G. (1884): *Die Grundlagen der Arithmetik.* Breslau: Koebner.

2 Zu dieser Zeit unterscheidet FREGE noch nicht zwischen Sinn und Bedeutung.

3 Dieses Vorgehen hatte allerdings seine Berechtigung, da es FREGE vor allen Dingen erst einmal darum ging, die Mathematik auf eine solide, nicht–psychologische Basis zu stellen. Auch in *Sinn und Bedeutung* (FREGE, G. (1892): Sinn und Bedeutung. *Ztschr. f. Philosophie und philosophische Kritik*, NF 100, 25 - 50) strebt er eine von den praktischen Gegebenheiten des Lebens unabhängige Untersuchung an. Die Ontogenese darf bei der Semantik keine Rolle spielen. Die KI-Forschung hingegen stellt sich die Aufgabe, mentale Bilder trotz ihres psychologischen Charakters berechenbar zu machen.

4 Diese Argument taucht bei PYLYSHYN (1973) (wieder) auf, der wie FREGE (1882: 49) davon ausgeht, daß sich Menschen beim Denken nur eines einzigen, sprachähnlichen Mittels bedienen. (FREGE, G. (1882): Über die wissenschaftliche Berechtigung einer Begriffsschrift. *Ztschr. f. Philosophie und philosophische Kritik*, NF 81, 48 - 56)

5 Daß Bilder (Piktogramme) dem menschlichen Denken angemessen sind, sieht man m.E. auch an der Tatsache, daß bildhafte Betriebssystemoberflächen bei Personal Computern (z.B. der FINDER beim Apple Macintosh oder WINDOWS, GEM und PRESENTATION MANAGER beim IBM PC) sehr viel leichter und schneller verstanden und bedient werden als nicht bildhafte wie z.B. MS-DOS oder CP/M.

Allerdings muß ich zugeben, daß dies alles mehr die Introspektion bzw. die Intuition jedes einzelnen anspricht und natürlich keine Definition ersetzt. Leider ist eine solche Definition nicht so leicht zu formulieren, und ich möchte daher stellvertretend zwei bekannte Experimente anführen, die einige Eigenschaften mentaler Bilder deutlich werden lassen. (Weitere Beispiele finden sich u.a. in KOSSLYN (1980), STEINER (1980) sowie REHKÄMPER (1987).)

Das erste Experiment (SHEPARD/METZLER (1971)) zeigt, daß sich mentale Bilder manipulieren lassen; in diesem Fall werden sie rotiert und zum Vergleich übereinander gelegt (Abb 1). Es zeigt sich sogar, daß diese mentale Rotation mit einer gleichbleibenden Geschwindigkeit von 60° sec^{-1} durchgeführt wird.[1] Dabei spielt es augenscheinlich kaum eine Rolle, ob das Objekt im zweidimensionalen (1a) oder im dreidimensionalen Raum bewegt wird (1b).

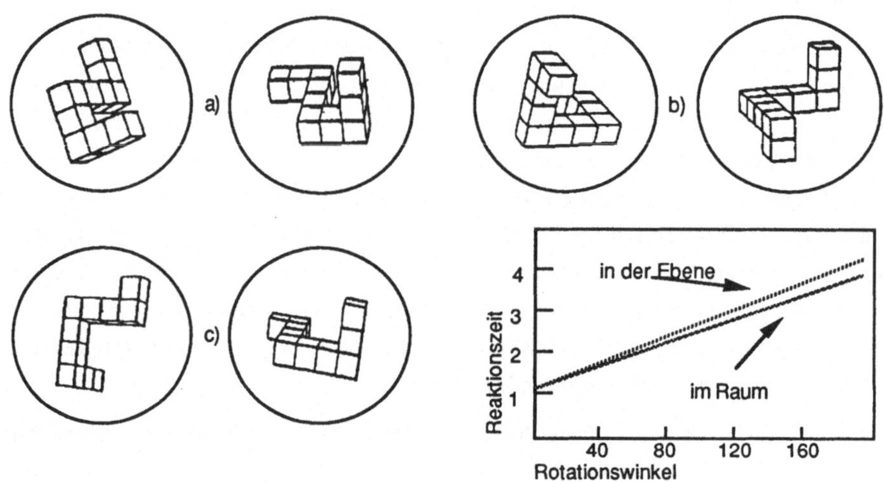

Abb. 1 (vgl. SHEPARD/METZLER 1971)
Die Vpn wurden aufgefordert zu entscheiden, ob bei a), b) und c) jeweils Abbildungen desselben Objekts aus verschiedenen Blickwinkeln zu sehen sind oder ob es sich um Abbildungen von zwei verschiedenen Gegenständen handelt.

In einem anderen Experiment[2], das STEPHEN M. KOSSLYN (1980: 42ff) durchgeführt hat (Abb. 2), wurden die Vpn gebeten, die hier abgebildete Landkarte auswendig zu lernen – und zwar mit einer Genauigkeit, daß sie die Karte und die darauf eingezeichneten, sieben markanten Punkte (in der Karte mit **X** gekennzeichnet) aus dem Kopf mit einer Abweichung < 0,7 cm nachzeichnen konnten. Nun sollten sie sich im Geiste einen kleinen, schwarzen Punkt vorstellen, der sich von einem zu benennenden Startpunkt zu einem weiteren Punkt – dem Ziel – bewegt. Jeder markante Punkt diente gleich oft als Start und Ziel. Es zeigte sich, daß nicht die Anzahl der "überflogenen" Objekte für die benötigte Zeit verantwortlich war[3], sondern

[1] Dieses Faktum war nicht der Introspektion zugänglich und ist ein Indiz dafür, daß Imageryphänomene nicnt durch die Erwartungshaltung der Vpn hervorgerufen werden.

[2] Dieses Experiment dient, wie auch Experiment 1, nicht dem Nachweis der Existenz mentaler Bilder, sondern versucht, einige ihrer Eigenschaften zu extrahieren - hier die Eigenschaft, räumliche Information zu bewahren.

[3] Dies war bei einem anderen Experiment (KOSSLYN 1980: 39f.) von DANIEL BOBROW, einem Gegnern bildhafter Repräsentationen, als mögliche Erklärung für die bei diesem Experiment benötigte Zeit angeführt worden (vgl. KOSSLYN: 1980: 39).

die räumliche Distanz zwischen den verschiedenen Punkten (Abb 2). Mentale Bilder bewahren also räumliche Information.

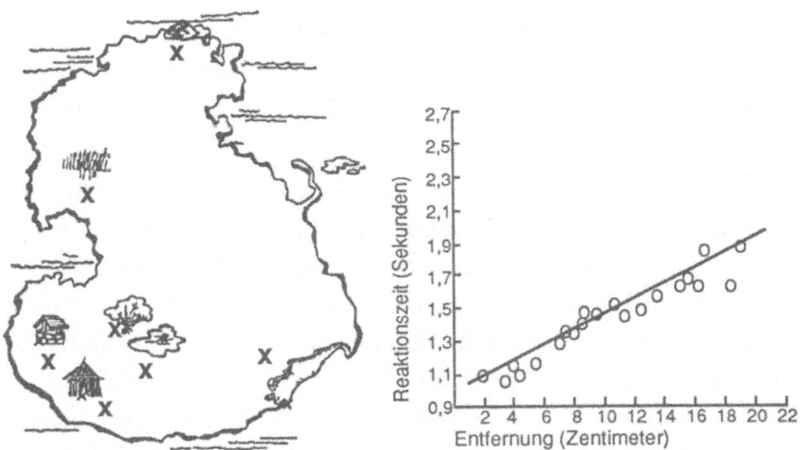

Abb. 2 (vgl. KOSSLYN 1980: 43f.)

Mentale Bilder haben - wie KOSSLYN (1980: 31ff.) anführt - noch weitere wichtige Eigenschaften, die ich hier nur kurz anführen möchte, ohne sie jedoch zu kommentieren. Dies sind u.a.

- ihre Syntaxfreiheit; ein Bild benötigt keine Syntax in dem Sinne wie dies für eine propositionale Darstellungsform gilt. Es gibt auch keine Wohlgeformtheitsbedingungen, daher sind 'unmögliche Bilder' - Bilder, die Gegenstände darzustellen scheinen, die aber physisch nicht realisierbar sind (vgl. z.B. Zeichnungen von M.C.ESCHER) - nicht ausgeschlossen. Wohlgeformtheit als syntaktische Bedingung ist nur in Zusammenhang mit einer Semantik sinnvoll.
- das Fehlen fest vorgegebener, nicht dekomponierbarer Objekte.
- das Fehlen von explizit angegebenen Relationen; Bilder bestehen nicht aus irgendwie fest vorgegebenen primitiven Beziehungen, diese müssen erst aus dem Bild herausgelesen werden.
- die Tatsache, daß sie keinen Wahrheitswert haben; diesen erhalten sie erst durch den Prozeß der Interpretation - d.h. wenn sie Bilder von etwas sind.[1]
- die Eigenart, an ein räumliches Medium gebunden zu sein, das sie zwingt, den in ihnen repräsentierten Gegenständen räumliche Eigenschaften wie Größe, Form und Orientierung zu geben, auch wenn keine Angaben darüber vorliegen[2].
- ihre Teil-Teil-Zuordnung. Einem Teil der Repräsentation entspricht ein Teil des repräsentierten Objekts, so wie ein Teil einer Deutschlandkarte einem Teil des Deutschlands entspricht; dies gilt für eine

[1] Nun doch ein Kommentar: Sätze an sich sind natürlich auch nicht mit einem Wahrheitswert versehen. 'Hans geht mit Maria ins Kino.' hat erst dann einen Ww, wenn ich damit eine bestimmte Situation beschreibe, denn nur dann ist dieser Satz wahr oder falsch. Wie man sieht, spielt hierbei wie schon beim vorhergenden Punkt die Frage nach der Interpretation eine wichtige Rolle. Daher sollten die zum repräsentierenden System gehörenden Interpretationsmechanismen niemals ganz in Vergessenheit geraten. Denn nur relativ zu diesen Mechanismen kann die repräsentierte Information bestimmt werden (vgl. PALMER 1978: 266)

[2] Eine interessante Frage ist hierbei: Nach welchen Kriterien werden Größe, Form, Orientierung und Lage gewählt, wenn keine expliziten Angaben darüber vorliegen?

propositionale Darstellung sicherlich nicht, denn in dem Ausdruck 'das Auto meiner Freundin' entspricht 'Freundin' keinem Teil des Autos.[1]

- ihre Skizzenhaftigkeit. Mentale Bilder sind keine Photographien, die auf Detailtreue verpflichtet sind, sondern hierin gleichen sie eher Piktogrammen, die das Wesentliche zum Ausdruck bringen.
- ihre Manipulierbarkeit. Mentale Bilder lassen sich vergrößern, z.B. um Einzelheiten deutlicher hervortreten zu lassen, drehen und übereinanderlegen (s.o.). Auch können Teile hinzugefügt oder entfernt werden.

Dies alles ist durch eine Vielzahl von Experimenten erforscht und abgesichert, und man kann aus diesen und verschiedenen anderen Gründen davon ausgehen, daß es sinnvoll ist, neben einem propositionalen Darstellungsformat zumindest noch ein zweites nicht-propositionales Medium anzunehmen. Mit dieser Annahme geht man jedoch auch die Verpflichtung ein, erklären zu müssen, welchen theoretischen Status mentale Bilder haben und wie die verschiedenen Repräsentationsformate miteinander interagieren. Stehen propositionales und nicht-propositionales Format einträglich nebeneinander oder ist eines der beiden dem anderen übergeordnet? Muß es ein weiteres, verbindendes Format - eine Interlingua – geben? Für die an der Kognitionswissenschaft orientierte KI erhebt sich zusätzlich die Frage, ob diese Unterscheidung von grundsätzlichem Interesse ist, d.h. ob sie von ihr nachvollzogen werden muß.[2]

Einige Charakteristika analoger Repräsentationen

Mit dieser Kapitelüberschrift sind wir beim eigentlichen Thema angelangt. Die Frage, was *analog* bedeutet, ist nicht leicht zu beantworten, auch wenn schon viel zu diesem Thema geschrieben wurde. Denn, um ein Bonmot von RUSSELL zu verwenden, dieses Thema lädt zur Verwirrung ein, und einige der Autoren haben diese Einladung nicht ausgeschlagen. Im Umfeld der Diskussion tauchen immer wieder eine Reihe von Begriffen auf[3], die sicherlich alle ihre Berechtigung haben, deren Zusammenspiel innerhalb einer Theorie aber nicht deutlich ist. Andererseits scheint intuitiv klar zu sein, was eine analoge Darstellung ausmacht oder was Analogien sind. So ist z.B. der Tachometer eines Autos unzweifelhaft eine *analoge Anzeige*, genauso wie ein großer Teil der Uhren die Zeit analog – durch kontinuierliche Veränderung – anzeigen. Eine *Analogie* wiederum ist etwas, das die Ähnlichkeit mit etwas anderem behauptet, das die gleiche Grundstruktur aufweist. Ein *Analogieschluß* ist zulässig aufgrund einer vergleichbaren Ausgangssituation und weiteren Kriterien, die uns berechtigen, eine Gleichartigkeit der Fälle anzunehmen; ein Analogieschluß zeigt also eine gewisse Ähnlichkeit zur Induktion, überschreitet aber manchmal die Grenzen des empirisch nachprüfbaren.[4] Ein *Analogrechner* bzw. eine *analoge Rechenhilfe* (z.B. ein Rechenschieber) wiederum übersetzt mathematische Zusammenhänge in räumlich-geometrische. Was berechtigt uns aber nun, in allen diesen

---

1 Dies ist sicherlich eines der wesentlichsten Kriterien einer nicht-propositionalen Repräsentation. Allerdings ergibt sich im Zusammenhang mit Holographien die Frage, wie dies im Einzelfall zu verstehen ist, da ein (physikalischer) Teil einer Holographie wieder - wenn auch etwas verschwommener - das ganze Bild und nicht nur einen Teil davon ergibt.

2 Ein KI-Ansatz, der sowohl ein bildhaftes und als auch ein propositionales Repräsentationsformat verwendet, ist das IBM-Projekt Lilog. Überlegungen zur Interaktion der beiden Formate finden sich in PRIBBENOW (1989).

3 Begriffen, die mit häufig *analog* zusammen auftreten: quasi-analog, real-analog, strukturähnlich, first- bzw. second-order isomorph, natürlich isomorph, funktional isomorph, funktional äquivalent, physikalisch äquivalent, informationsäquivalent, kontinuierlich, dicht, visuell, bildlich, (quasi-) piktoriell, (quasi-) depiktional usw.

4 So können wir die Gefühle anderer Menschen nur mittels eines Analogieschlusses verstehen, sie als den unseren ähnlich erachten – wir sind dazu berechtigt, weil eine weitgehende Übereinstimmung der Grundstruktur vorzuliegen scheint –, nachprüfen können wir diese Gleichheit oder Ähnlichkeit der Gefühle jedoch nie (vgl. RUSSELL, B. (1948): *Human knowledge: Its scope and limits*. London: George Allen & Unwin Ltd.).

Fällen den Begriff *analog* zu verwenden? Was ist das verbindende Element zwischen dem Verstehen menschlicher Gefühle und der Übersetzung mathematischer Zusammenhänge in räumlich-geometrische?

Ein Kriterium, das in der Literatur immer wieder gerne in bezug auf analoge Repräsentationen angegeben wird, ist die Kontinuierlichkeit der Darstellung – es gibt keine Sprünge (z.B. HAUGELAND 1981)[1]. Beim Tachometer eines Autos z.B. springt die Nadel nicht plötzlich von 40 kmh^{-1} auf 80 kmh^{-1}, sondern die Übergänge sind fließend, das Medium ist dicht. HAUGELAND (1981, 1985) bringt weitere Eigenschaften ins Spiel, die analoge und digitale Repräsentationen zu differenzieren helfen. Etwas, das analog erfaßt ist - etwa in einem Gemälde -, läßt sich nicht beliebig vervielfältigen, d.h. die Kopie (der Kopie der Kopie der Kopie der Kopie ...) eines Bildes von Rembrandt ist nicht mehr so beschaffen wie das Original, sondern blasser, unschärfer etc. Ein Gedicht von Goethe hingegen kann unzählige Male abgeschrieben oder nachgedruckt werden (und dabei spielt es prinzipiell keine Rolle, ob das Original oder eine Kopie als Vorlage diente). Es macht auch keinen Unterschied, ob dieses Gedicht in Stein gehauen oder auf Papier geschrieben ist, selbst Übertragungen im Morsekode oder auf Lochstreifen verändern den Inhalt nicht. Dies gilt für analoge Darstellungen sicherlich nicht, diese sind an ein bestimmtes Medium gebunden.

Propositionale Repräsentationen sind aus Standardelementen zusammengefügt, "ein *digitales System* ist eine Funktionseinheit von positiven und zuverlässigen Techniken (Methoden, Geräten), um Zeichen oder Konfigurationen von Zeichen aus einem zuvor festgelegten Vorrat von Zeichentypen hervorzubringen und wiederzuerkennen" (HAUGELAND 1985/1987: 46). Hiermit bringt HAUGELAND zwei weitere Elemente ins Spiel – die 'positive' Technik und die Kompositionalität. Eine positive Technik beschreibt er als einen Prozeß, der etwas "absolut, total und ohne Einschränkung" ausführt; eine solche Technik liefert zuverlässig das gewünschte Ergebnis. Wenn ich ein Geldstück in einen Getränkeautomaten werfe und dafür eine Dose Cola bekomme, dann gelingt dies aufgrund eines positiven, zuverlässigen Prozesses, versuche ich hingegen, ein Brett auf eine Länge von 3 m abzusägen, dann gelingt mir dies sicherlich nur innerhalb gewisser Toleranzgrenzen. Das Brett wird nicht absolut die Länge 3 m haben, sondern vielleicht 2,9799 m oder 3,01161 m lang sein, das gewünschte Ergebnis wird also nur annähernd erreicht. Kompositionalität bedeutet in diesem Fall nur, daß aus einem fest vorgegebenen Vorrat von Zeichen mittels bestimmter Regeln komplexere Zeichen hergestellt werden können.

Analoge Darstellungen wiederum reagieren auf kleinste Änderungen, ein winziger Kratzer auf der Oberfläche einer herkömmlichen Schallplatte – ohne Zweifel eine analoge Art, Musik zu speichern – ruft schon eine unangenehme Veränderung hervor, eine Schallplatte reagiert also sensibel auch auf kleinste Änderungen. Weiterhin stellt HAUGELAND fest, daß nur bestimmte Dimensionen der Darstellung relevant sind. So spielt der Aufbau des Papiers, auf dem sich eine Photographie befindet, nur eine untergeordnete Rolle. Zum guten Schluß läßt sich festhalten, daß es bei analogen Repräsentationen keine positiven, sondern nur approximierende Prozesse gibt, also solche, die ein Ergebnis nahezu sicher liefern. Digitalität ist daher verbunden mit *Kopierbarkeit, Kompositionalität* und *Medienunabhängigkeit.*, Analoghaftigkeit verbindet sich jedoch

---

[1] So berichten auch FREKSA ET AL. (1985: 134), daß der Begriff *analog* häufig verwendet wurde, um kontinuierliche Repräsentationen von kontinuierlichen Eigenschaften gegen diskrete, *digitale* Repräsentationen abzugrenzen. GOODMAN (1976: 160) stellt die Dichte des Mediums als eine der definierenden Eigenschaften von Analogizität heraus. SLOMAN (1975) hingegen nimmt den entgegengesetzten Standpunkt ein und geht davon aus, daß *analog* und *kontinuierlich* nichts miteinander zu tun haben.

mit *Kontinuität, Sensibilität* und *Dimensionalität der Eigenschaften*. Aber, und hierauf weist HAUGELAND noch einmal ausdrücklich hin, Digitalität ist eine menschliche Sicht der Dinge, um mit den Launen und Unberechenbarkeiten der Natur fertig werden zu können; in der Welt gibt es keine positiven Prozesse, diese sind nur Idealisierungen des Menschen (HAUGELAND 1981: 217)

HAUGELAND führt noch einen Punkt ins Feld, der nicht übersehen werden darf, analoge Darstellungen sind nur analog in bezug auf bestimmte Dimensionen, d.h. auf bestimmte Eigenschaften oder Relationen zwischen den Objekten. Diese Eigenschaften sind klar voneinander abgegrenzt und nicht etwa kontinuierlich oder fließend. Eine analoge Darstellung ist somit in einem gewissen Sinne 'second-order'-digital (HAUGELAND 1981: 222).

Was ist eine Repräsentation und wofür benutzt man sie?

Bevor ich nun zum Wesen der Repräsentation komme, möchte ich noch kurz einige Bemerkungen zu ihrer Verwendung machen. Durch die Verwendung einer Repräsentation z.B. beim Problemlösen erhält man die Möglichkeit, von den unwichtigen Details oder störenden Einzelheiten abzusehen. In der Repräsentation befinden sich nur noch die 'wesentlichen' Teile des Problems. In ihr ist man in der Lage, probehalber Manipulationen durchzuführen, um zu sehen, ob sie zum gewünschten Ergebnis führen. Einsichten, die man auf diesem Wege in der Repräsentation gewinnt, lassen sich aufgrund der Ähnlichkeit der Struktur wieder ins Urbild zurückübertragen. Die Frage einer geeigneten Repräsentation eines Problems ist nur dann sinnvoll und verständlich, wenn man diese Möglichkeit der Rückübersetzung unterstellt. Nur wenn man durch den Vorgang der Abbildung das bewahrt, was wichtig ist und durch Manipulationen, die in dieser Abbildung vorgenommenen werden, neue Erkenntnisse gewinnen kann, macht es überhaupt Sinn abzubilden. Diesen Zusammenhang möchte ich in einem Bild verdeutlichen:

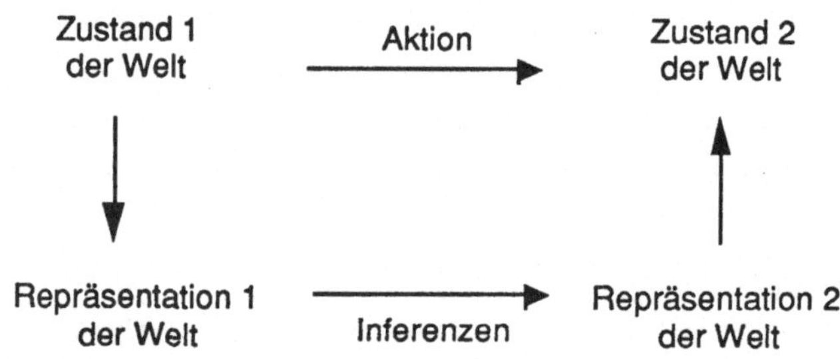

Abb. 3 Repräsentation

Menschen bedienen sich dieser Methode sehr häufig, indem sie beim Denken Analogien benutzen (womit wir wieder beim Thema wären). So gestatten uns z.B. mentale Modelle als abstrahierende, vereinfachende Darstellungen, Zusammenhänge zu verstehen oder Probleme zu lösen.

Nun möchte ich auf die Frage zurückkommen, was es eigentlich bedeutet, daß etwas repräsentiert wird. STEPHEN E. PALMER (1978) hat sich dieser Frage zugewandt und stellt fünf Anforderungen an ein repräsentationales System. Man muß feststellen

- was die zu repräsentierende Welt W_r ist
- was die repräsentierende Welt W_a ist

- welche Aspekte der zu repräsentierenden Welt modelliert werden sollen
- welche Aspekte der repräsentierenden Welt diese Aufgabe übernehmen
- wie die Beziehungen zwischen den Welten beschaffen sind.

Er verdeutlicht dies an einer Beispielwelt, die ich in Abb. 4 wiedergeben möchte.

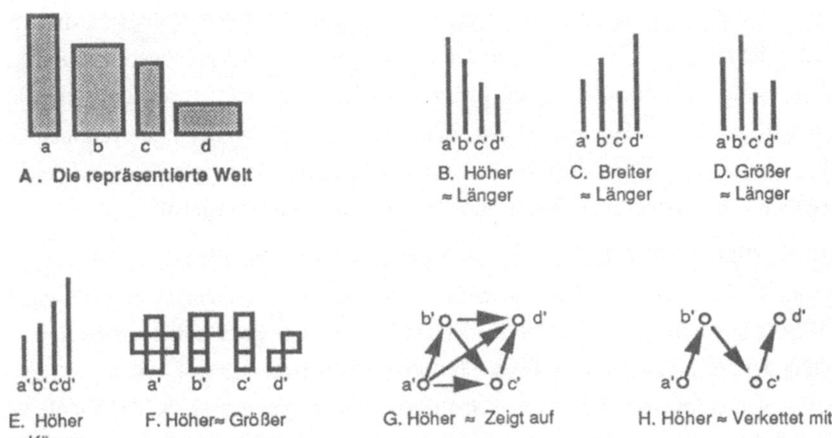

Abb. 4 (vgl. PALMER (1978: 263))

Wie man sieht, muß für jede Welt W_a festgelegt sein, welche Eigenschaften der Objekte in W_r bzw. welche Relationen, die zwischen ihnen bestehen, modelliert werden sollen. Ähnlichkeit ist also keine globale Beziehung zwischen Original und Repräsentation, sondern beschränkt sich auf ganz bestimmte Aspekte der Ursprungswelt, die genau festgelegt sein müssen. Sie ist eine dreistellige Relation, bei der gilt: W_r ist W_a ähnlich in bezug auf bestimmte Aspekte φ (z.B. Eigenschaften, Relationen, Operationen). Werden dieselben Relationen aus W_r auf verschiedene Weisen in verschiedenen Welten W_a modelliert (hier die Welten B,E,F,G und H), bleibt also die Information bezüglich dieser einen Relation aus W_r erhalten, spricht PALMER von *informationsäquivalenten* Repräsentationen.

Mentale Bilder als isomorphe Abbildungen

Ein erster Versuch, die Beziehungen zwischen W_r und W_a zu beschreiben, stammt von SHEPARD & CHIPMAN (1970), die eine Unterscheidung von *Isomorphismen erster* und *zweiter Ordnung* (first– and second–order–isomorphism) vorschlagen. Diese Unterscheidung wurde später dahingehend verfeinert, daß Isomorphismen erster Ordnung *konkret* oder *abstrakt* sein können. Sind sie konkret, so spricht PALMER (1978) von *physikalischen* Isomorphismen. Hierbei wird die physikalische Identität des Darstellungsmediums mit der Ursprungswelt gefordert. So muß z.B. die Farbe eines Gegenstandes wieder farblich dargestellt werden. Am besten stellt man sich hierzu die Menge der Eigenschaften geeignet sortiert vor. So beschreibt die Eigenschaft 'hat die Farbe x' eine Dimension des Gegenstandes, die Eigenschaft 'ist x cm lang' eine andere. Jeweils ein Wert und nur ein Wert aus dem Bereich einer Dimension kann auf einen Gegenstand zutreffen.[1] Dies bedeutet nun für einen konkreten Isomorphismus erster Ordnung, daß die ur-

1 Diese Sortierung läßt sich natürlich geeignet auch auf mehrstellige Relationen übertragen.

sprüngliche Eigenschaft und ihr Bild zur selben Dimension gehören müssen. Bei einem *abstrakten* Isomorphismus erster Ordnung wird zwar immer noch Wert auf die Abbildung von Objekten und ihren Eigenschaften (einstelligen Relationen) gelegt, aber nun wird nur verlangt, daß diese Eigenschaften in W_a wieder durch einstellige Relationen dargestellt werden, die Gleichheit der Dimension wird nicht mehr gefordert. Bei einem Isomorphismus zweiter Ordnung hingegen treten die Eigenschaften der einzelnen Objekte aus W_r in den Hintergrund[1], denn nun werden ausschließlich die Beziehungen zwischen ihnen - also die zwei- und mehrstelligen Relationen - betrachtet und in geeigneter Weise abgebildet. PALMER spricht in diesem Fall, da es fast ausschließlich auf die funktionalen Zusammenhänge ankommt, auch von *funktionaler* Isomorphie. Diese Art der Isomorphie läßt sich m.E. nach auch wieder in abstrakt und konkret unterteilen. So liegt im Fall eines Globus' ein konkreter Isomorphismus zweiter Ordnung vor, denn hier wird die Relation 'nördlich von' wieder durch die Relation 'nördlich von' wiedergegeben.

Insgesamt ist die SHEPARDSCHE Definition eines Isomorphismus zweiter Ordnung, bei dem nur auf die Erhaltung der funktionalen Zusammenhänge zwischen den Objekten, wie sie in der zu repräsentierenden Welt existieren, Wert gelegt wird (SHEPARD 1978: 131), nicht so präzise gefaßt, daß propositionale Darstellungen vollständig ausgeschlossen wären. Dieser Isomorphismus ist daher wohl nicht stark genug, um eine analoge Repräsentation (in einem intuitiv verständlichen Sinn) zu garantieren. So dürften die Vorstellungen, die z.B. der sprachanalytischen Philosophie RUSSELLs und WITTGENSTEINs zugrundeliegen, diesem Isomorphismus genügen. In ihren Ansätzen wird der Sprache ein abbildender Charakter zugesprochen, die Struktur der Welt spiegelt sich in der Struktur der Sprache, die die funktionalen Beziehungen zwischen den Gegenständen darstellt, wider. So findet sich in den oben schon erwähnten philosophischen Memoiren BERTAND RUSSELLs die Ansicht, "the structure of the sentences must have some relation to the structure of the facts" (1959, 1975: 117). Die Abbildtheorie des WITTGENSTEINSCHEN *Tractatus* postuliert die Bildhaftigkeit der Sprache in dem Sinne, daß Sprache und Welt eine gemeinsame Grundstruktur aufweisen. Die Sprache kann nichts über die Struktur der Welt aussagen, aber diese läßt sich aus der Struktur des Satzes ablesen.[2]

Der Einwand, daß eine propositionale Darstellung nicht ausgeschlossen ist, trifft SHEPARD jedoch nicht, da er zwar mentale Bilder als Repräsentationen versteht, die Frage aber, wie die Repräsentation tatsächlich geartet ist - bildhaft oder propositional -, als nicht vorrangig ansieht und daher unbeantwortet lassen möchte. Mentale Bilder müssen jedoch so gestaltet sein, daß auf ihnen analoge (im Sinne von 'kontinuierlich') Prozesse ablaufen können. Es genügt also nicht, daß die funktionalen Zusammenhänge dargestellt werden, sondern er fordert, daß sich eine kontinuierliche Veränderung in der Ursprungswelt auf die Repräsentation überträgt und die Repräsentation diese nun widerspiegelt. Dies macht jedoch nur Sinn,

---

1 Es wird nur verlangt, daß Gegenstände, die sich in W_r ähneln, dies auch in irgendeiner Form in W_a tun.

2 "Die Möglichkeit aller Gleichnisse, der ganzen Bildhaftigkeit unserer Ausdrucksweise, ruht in der Logik der Abbildung. Der Satz ist ein Bild der Wirklichkeit. Der Satz ist ein Modell der Wirklichkeit, so wie wir sie uns denken. Der Satz *zeigt* seinen Sinn." (WITTGENSTEIN 1921, 1977: 4.015, 4.01, 4.022). Eine modelltheoretische Rekonstruktion der WITTGENSTEINSCHEN Abbildtheorie findet sich bei STEGMÜLLER (1966). Aufbauend auf diese Untersuchung ist - an anderer Stelle - sicherlich eine Einordnung dieses Ansatzes der analytischen Sprachphilosophie in die gegenwärtige Diskussion um das 'Gegensatzpaar' *analog - propositional* möglich und wünschenswert. (WITTGENSTEIN, L. (1921): *Tractatus logico-philosophicus.* Frankfurt /M.: Suhrkamp 1977[12]; STEGMÜLLER, W. (1966): Eine modelltheoretische Präzisierung der Wittgensteinschen Bildtheorie. *Notre Dame Journal of Formal Logic* Vol. VII, 181-195. (Auch in: STEGMÜLLER, W (1970): *Aufsätze zu Kant und Wittgenstein.* Darmstadt: WB, 62-76))

wenn in der Ursprungswelt kontinuierliche Veränderungen vorkommen. Sollte diese diskret sein und die Repräsentation auch, erscheint es - zumindest auf den ersten Blick - ungewöhnlich zu behaupten, daß diese Diskretheit analog abgebildet wurde[1]. Aber auch ist die genaue Identifizierung von Isomorphismen erster und zweiter Ordnung nicht so ohne weiteres gewährleistet, da - wie PALMER feststellt - keine exakten Grenzen formulierbar sind.

PALMER bietet nun eine Art von Isomorphie an, die zwischen diesen beiden Möglichkeiten liegt und die er *natürliche* Isomorphie nennt, da sie durch die Natur des Repräsentationsmediums garantiert wird. Für die natürliche Isomorphie gilt (PALMER 1978: 297):

(1) In der repräsentierenden Welt W_a dürfen keine relationalen Elemente explizit erwähnt sein.
(2) Eine physikalische Identität der (Repräsentations-) Medien muß nicht vorliegen.
(3) Jedoch müssen in den verschiedenen Medien dieselben inhärenten strukturellen Beschränkungen existieren.

Die Gesetzmäßigkeiten sind also *intrinsisch* vorgegeben und müssen nicht *extrinsisch* d.h. von außen hinzugegeben werden (vgl. FREKSA 1988). Diese Art Isomorphismus, die stärker ist als ein funktionaler Isomorphismus, also ein Isomorphismus zweiter Ordnung nach SHEPARD/CHIPMAN, aber schwächer als ein Isomorphismus erster Ordnung, nennt PALMER *analog*. Klar ist durch diese Definition, daß eine propositionale Darstellung niemals analog sein kann, da in ihr relationale Elemente vorhanden sind und somit die Beziehungen zwischen den Objekten extrinsisch erfaßt werden (auch die Regeln der Syntax sind extrinsisch).[2] Unterschieden werden kann hierbei allerdings noch, ob die Isomorphie *physikalisch-analog* ist, also auf zwei physikalisch gleichen (Repräsentations-) Medien beruht (und d.h. (2) müßte modifiziert werden). ZIMMER/ENGELKAMP (1988: 139) führen hierfür den Begriff *real-analog* ein, PALMERS natürliche Isomorphie hingegen nennen sie *quasi-analog*, da sie unabhängig von der Realisierung im Menschen und im Computer ist.

Betrachtet man noch einmal Abb. 4G & 4H, sieht man, daß nicht jede bildliche Repräsentation automatisch analog ist, denn die relationalen Elemente sind in diesen Welten explizit eingetragen, und ihre Eigenschaften werden auch nicht automatisch durch das Repräsentationsmedium vorgegeben. Nichts hält mich davon ab, z.B. in Abb. 4H einen Pfeil von c' zu a' einzutragen. Diese Welten zeigen aber auch, daß 'propositional' nicht einfach als 'sprachlich' verstanden werden darf, denn der Ausdruck 'sprachlich' beschreibt die in Abb. 4G & 4H dargestellten Welten sicherlich auch nicht zutreffend. Ein Bild zu sein, unterstellt man einmal nicht-bildhafte, analoge Repräsentationen[3], ist anscheinend weder hinreichend noch notwendig für die Eigenschaft, auf eine analoge Art und Weise darzustellen.

---

1 Dies bedeutet aber auch, daß Veränderungen in der Repräsentation möglich sind. Es muß also Operationen bzw. Prozesse geben.

2 Dies stimmt nicht ganz, zeitliche Abfolgen lassen sich mit Hilfe der Sprache sehr wohl analog darstellen, da hierbei der lineare Ablauf innerhalb der Zeit auf die lineare Sequenz der Wörter bzw. Sätze abgebildet werden kann. Als Beispiel sollen die Sätze 'Sie heirateten und bekamen ein Kind' vs. 'Sie bekamen ein Kind und heirateten' dienen. Hier wird durch die Reihenfolge der konjunktiv verknüpften Teilsätze eine zeitliche Reihenfolge nahegelegt. Dieser Unterschied ist jedoch innerhalb der Prädikatenlogik erster Stufe nicht mehr erfaßbar.

3 Dies scheint mir für auditive oder taktile Wahrnehmung nicht allzu abwegig. Ein externe, analoge, nicht-bildliche Darstellung ist, wie oben schon angeführt, z.B. eine Schallplatte.

Eine Formalisierung

Lassen sich die obengenannten doch sehr unterschiedlichen Ansichten in einem (formalen) System vereinigen oder zumindest in einem einzigen System so darstellen, daß sie sich vergleichen lassen? Dazu muß man zumindest zwei Fragen näher untersuchen:

(1) Läßt sich der Begriff der Isomorphie, wie er von SHEPARD/CHIPMAN, PALMER etc. mehr intuitiv verwendet wird, präzisieren?

(2) Zwischen welchen Entitäten soll eine isomorphe Beziehung bestehen?

Beginnen wir mit der letzten Frage. PALMER hat sehr klar darauf hingewiesen, daß zu Beginn aller Überlegungen die Frage nach dem Urbild, also der zu repräsentierenden Welt stehen muß. Diese Urwelt **U** läßt sich in drei, später in vier verschiedene Teile aufspalten.[1] An erster Stelle stehen hierbei die Objekte dieser Welt. Sicherlich werden nicht in jedem Fall alle Gegenstände einer Welt interessant sein, daher bezeichne ich mit **G** die Menge der Gegenstände, die betrachtet werden sollen. Diese Gegenstände lassen sich jedoch noch weiter analysieren und zwar bezüglich der Eigenschaften[2], die sie besitzen und durch die Beziehungen, die sie zu anderen Objekten haben. Aber auch hier interessieren nicht immer alle Eigenschaften und Relationen, sondern nur eine bestimmte Auswahl. Diese jeweilig ausgewählten Mengen möchte ich **E** und **R** nennen.

Betrachtet man noch einmal die PALMERSCHE Welt aus Abb. 4, sieht man, daß **G** in diesem Fall die vier Rechtecke sind. Die ursprüngliche Welt **U** mag viel reichhaltiger sein, vielleicht besteht sie aus einhundertvierundsechzig oder gar aus viertausendvierhundertachtundfünfzig Rechtecken, vielleicht aber auch aus allen geometrischen Objekten mit mehr als zwei Ecken, dies mag zwar sein, aber ausgewählt wurden nur diese vier Rechtecke. Ganz ähnlich verhält es sich mit den Eigenschaften dieser Rechtecke. Sie haben zwar eine bestimmte Größe, einen Flächeninhalt, die Seiten haben jeweils eine bestimmte Länge, aber all dies soll innerhalb der Repräsentation keine Berücksichtigung finden, so daß **E** in diesem Fall die leere Menge ist. Bei den Relationen **R** hingegen handelt es sich nicht um die leere, sondern jeweils um eine einelementige Menge mit den Elementen *höher, breiter* oder *größer*. Beziehungen, die z.B. die relative Lage der Objekte zueinander beschreiben (vor, hinter etc.), bleiben in diesem Fall ohne Berücksichtigung. Alles in allem hat man also ein Tripel bestehend aus einer Menge von Gegenständen **G**, einer Menge von Eigenschaften **E** und einer Menge von Relationen **R**. Dieses Tripel (**G**, **E**, **R**) beschreibt einen bestimmten Ausschnitt von **U**, nämlich den Ausschnitt, den man untersuchen möchte. Ausgeklammert sind aus diesen Überlegungen bisher die Operationen, die in der Lage sind, in der Urwelt **U** Veränderungen herbeizuführen; auch hier gilt - wie schon in den vorhergehenden Fällen -, daß u.U. nur Ausschnitte der vorhandenen Möglichkeiten betrachtet werden. Somit bezeichnet **O** die Menge der Operationen, die bzgl. (**G**, **E**, **R**) definiert und im jeweiligen Fall interessant sind. Daher ergibt sich im ganzen das Quadrupel (**G**; **E**, **R**; **O**) als <u>der</u> Ausschnitt der Ursprungswelt **U**, der durch das Bild bzw. die Repräsentation dargestellt werden soll.

---

1 Damit wird natürlich schon in bezug auf die Ontologie und die Struktur eine Vorentscheidung getroffen.

2 PALMER spricht hier von Eigenschaften als unären Dimensionen; so ist *Länge* eine Dimension, die aus speziellen Eigenschaften - ist 2m lang, ist 2,5m lang etc. - besteht. Nur eine Eigenschaft aus dem Bereich einer Dimension kann zutreffen. Gleiches gilt für zweistellige Relationen bzw. binäre Dimensionen. Dimensionen dienen also dazu, den Bereich der Eigenschaften und Relationen zu sortieren.

Wenden wir uns nun der ersten Frage zu. Welche Verbindung besteht zwischen den oben erwähnten Verwendungen des Begriffs *isomorph* und seiner mathematischen Verwendung? Eine isomorphe Abbildung ist in der Mathematik eine strukturerhaltende Beziehung zwischen Gebilden verschiedenster Art. Hat man eine Grundmenge M mit einer Verknüpfung $\circ$, kurz (M; $\circ$), sowie eine Menge M' mit $\circ'$ als Verknüpfung, und eine isomorphe Abbildung f, dann gilt: $f(a \circ b) = f(a) \circ' f(b)$, mit $a,b \in M$ und $f(a), f(b), f(a \circ b) \in M'$. M.a.W. es spielt keine Rolle, ob ich zuerst innerhalb der Grundmenge M die Verknüpfung durchführe und das Ergebnis dann in M' abbilde, oder ob zuerst die Abbildung von M nach M' ausgeführt wird, um dann dort zu verknüpfen. Ein einfaches Beispiel hierfür ist die Beziehung zwischen den reellen Zahlen mit der Addition als Verknüpfung ($\mathbb{R}$; +) und den positiven reellen Zahlen mit der Multiplikation als Verknüpfung ($\mathbb{R}^+$; $\cdot$). ($\mathbb{R}$; +) läßt sich isomorph durch $f: \mathbb{R} \rightarrow \mathbb{R}^+: x \mapsto e^x$ auf ($\mathbb{R}^+$; $\cdot$) abbilden, wobei jedem Wert des Urbildes $\mathbb{R}$ genau ein Wert des Bildes $\mathbb{R}^+$ zugeordnet wird und umgekehrt. Diese Abbildung f ist nicht nur ein Homomorphismus, also eine Abbildung, die eine Struktur auf eine andere Menge überträgt, ohne jedoch umkehrbar zu sein, sondern sie ist bijektiv und läßt somit eine eindeutige Rückabbildung zu. Wie man sieht, ist es in diesem Fall gleichgültig, ob man zuerst abbildet und dann verknüpft oder ob umgekehrt vorgegangen wird – $f(2+3) = f(5) = e^5 = e^{2+3} = e^2 \cdot e^3 = f(2) \cdot f(3)$. Die zu f gehörige Umkehrabbildung ist hierbei $f^{-1}: \mathbb{R}^+ \rightarrow \mathbb{R}: x \mapsto \ln x$.

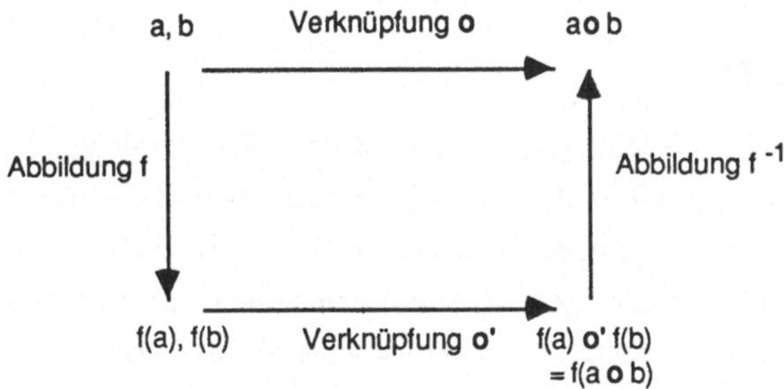

Abb.5 Isomorphe Abbildung

Diese Unabhängigkeit der Reihenfolge bei Verknüpfung und Abbildung zeigt eine deutliche Verwandtschaft zum Vorgehen mittels einer Repräsentation auf. Abb. 5 weist eine starke Ähnlichkeit mit dem Schema (Abb. 3) auf, das das Vorgehen mittels einer Repräsentation darstellt. Dieses Schema zeigt sehr deutlich die Eigenschaft der Kommutativität, die wiederum die Grundlage der Nützlichkeit dieses Verfahrens bildet. Ein Problem zu repräsentieren, ist nur dann sinnvoll, wenn man hoffen darf, daß sich die Ergebnisse, die sich durch Manipulation innerhalb der Repräsentation ergeben, auf das ursprünglich Problem wieder anwenden lassen. Bei einer strukturerhaltenden Abbildung ist diese Kommutativität nur gegeben, wenn es sich bei der Abbildung um einen Isomorphismus handelt. Betrachtet man einmal eine Erläuterung zum Homomorphiesatz, wie sie sich in der Literatur finden läßt (REINHARDT/SOEDER 1974: 77)[1], sieht man auch hier eine deutliche Verwandtschaft zur Repräsentation:

1 REINHARDT, F./SOEDER, H. (1974): *DTV-Atlas zur Mathematik*. Band 1: Grundlagen, Algebra und Geometrie. München: DTV 1984^{6}

Will man Strukturaussagen über eine Gruppe G machen, so zieht man häufig eine bekannte Gruppe G' zum Vergleich heran. Ein derartiger Vergleich erfordert einen Homomorphismus $f: G \rightarrow G'$, so daß man in G' das homomorphe Bild von f(G) als Untergruppe betrachten kann. I.a. sind jedoch die Strukturen von G und f(G) noch sehr unterschiedlich, so daß man nach einer zu f(G) isomorphen Gruppe sucht, die aus G konstruiert wird und daher mehr Merkmale von G trägt.

Eine isomorphe Abbildung gestattet es also, die Fragen, die man behandeln möchte, in ein Gebiet zu übertragen, in dem man sich besser auskennt bzw. in dem Zusammenhänge, die sonst verborgen blieben, klarer hervortreten. Die hierbei gewonnenen Erkenntnisse lassen sich anschließend wieder zurückübertragen.

Betrachtet man nun den Ausschnitt der Welt, der repräsentiert werden soll - also (**G**; **E**, **R**; **O**) - und versteht ihn als Struktur in einem mathematischen Sinne (vgl. KONDRATOW 1983: 452f)[1], dann kann man sich überlegen, wie ein mögliches Bild dieser Struktur aussehen kann. Um alle Möglichkeiten offen zu halten und die Grundstruktur zu transferieren, sollte auch das Bild ein Quadrupel bestehend aus Gegenständen **G'**, Eigenschaften **E'**, Relationen **R'** und Operationen **O'** sein. Nun kann man eine Abbildung rep: $\mathbf{G} \cup \mathbf{E} \cup \mathbf{R} \cup \mathbf{O} \rightarrow \mathbf{G'} \cup \mathbf{E'} \cup \mathbf{R'} \cup \mathbf{O'}$, wobei **G**, **E**, **R**, **O** bzw. **G'**, **E'**, **R'**, **O'** paarweise disjunkt sind, definieren, die die zu repräsentierende Welt, d.h. den mittels bestimmter Aspekte fokussierten Ausschnitt der Urwelt **U**, auf eine Bildwelt **B** - die repräsentierende Welt - überführt. Dadurch ergeben sich verschiedene Möglichkeiten, die in der oben angeführten Diskussion schon zur Sprache kamen. Die erste und einfachste Möglichkeit ist sicherlich, daß

$$(\mathbf{G}; \mathbf{E}, \mathbf{R}; \mathbf{O}) = (\mathbf{G'}; \mathbf{E'}, \mathbf{R'}; \mathbf{O'})$$

gilt und rep sich aus $rep_G: \mathbf{G} \rightarrow \mathbf{G}$ mit $rep_G(x) = x, x \varepsilon \mathbf{G}$, $rep_E: \mathbf{E} \rightarrow \mathbf{E}$ mit $rep_E(x) = x, x \varepsilon \mathbf{E}$, $rep_R: \mathbf{R} \rightarrow \mathbf{R}$ mit $rep_R(x) = x, x \varepsilon \mathbf{R}$ und $rep_O: \mathbf{O} \rightarrow \mathbf{O}$ mit $rep_O(x) = x, x \varepsilon \mathbf{O}$ zusammensetzt. Diese Abbildung - ein Automorphismus - erlaubt aber keine neuen Erkenntnisse, da ja alles wieder auf sich selbst abgebildet wird; die Struktur wird nur dupliziert bzw. kopiert, eine Veränderung findet nicht statt. Sinnvoll ist es aber sicherlich, zunächst einmal anzunehmen, daß zwar nicht die Identität als Abbildung gewählt wird, jedoch die Abbildung typerhaltend, also ontologisch sauber ist, d.h. daß für die einzelnen Teile von rep gilt:

$$rep: \mathbf{G} \cup \mathbf{E} \cup \mathbf{R} \cup \mathbf{O} \rightarrow \mathbf{G'} \cup \mathbf{E'} \cup \mathbf{R'} \cup \mathbf{O'} = \begin{cases} rep_G: & \mathbf{G} \rightarrow \mathbf{G'} \\ rep_E: & \mathbf{E} \rightarrow \mathbf{E'} \\ rep_R: & \mathbf{R} \rightarrow \mathbf{R'} \\ rep_O: & \mathbf{O} \rightarrow \mathbf{O'} \end{cases}$$

Es werden also Objekte auf Objekte, Eigenschaften auf Eigenschaften etc. abgebildet und jede dieser Teilabbildung ist eine bijektive Abbildung. Dies muß nicht immer der Fall sein. So kann man sich einen Fall vorstellen, bei dem Objekte auf Objekte, aber auch Relationen auf Objekte abgebildet werden. Ein Beispiel hierfür ist PALMERS Beispielwelt 4G. Hier werden in der repräsentierenden Welt ausdrücklich weitere Gegenstände - die Pfeile - eingeführt. Diese besitzen kein Urbild in **G**, sondern haben ihren Ursprung in der Menge der Relationen. Es gilt also:

---

1 KONDAKOV, N.I. (1975): Logic'eskij slovar'-spravoc'nik. Moskva: Izdatel'stvo «Nauka» 1975[2]. Zitiert nach der deutschen Ausgabe: ALBRECHT, E./ASSER, G. (Hrsg.) (1983): *Wörterbuch der Logik*. Leipzig: VEB Bibliographisches Institut

rep_R: $\mathbf{R} \rightarrow \mathbf{R}' \cup \mathbf{G}'$

Ich möchte mich nun, bevor ich auf PALMERs Definition von *analog* bzw. von *natürlich isomorph* zurückgreife, mit den SHEPARDSCHEN Isomorphismen beschäftigen. Wichtig und relevant bei einem Isomorphismus erster Ordnung war die Abbildung der drei ersten Mengen innerhalb des Quadrupels[1], denn hier wurde verlangt, daß Gegenstände durch Gegenstände, Eigenschaften durch Eigenschaften sowie Relationen durch Relationen repräsentiert werden. Allerdings gab es weitere Einschränkungen im Fall des konkreten Isomorphismus erster Ordnung, denn bei ihm wurde die physikalische Identität des Darstellungsmediums gefordert. Geht man einmal davon aus, daß das Medium u.a. durch die Struktur festgelegt ist, müssen Urbild und Bild dieselbe Struktur sein. Dies heißt nun aber nicht, daß der Isomorphismus die Identitätsabbildung sein muß; vorstellbar ist z.B., daß Farbe durch Farbe, Größe durch Größe usw. repräsentiert wird, ihre jeweiligen Werte aber unterschiedlich sein dürfen. In bezug auf die Objekte selbst sollte man vielleicht nur verlangen, daß konkrete (abstrakte) Objekte wieder auf konkrete (abstrakte) Objekte übertragen werden. Es werden also innerhalb der jeweiligen Mengen Teilmengen spezifiziert. Dies ist gut vereinbar mit den von PALMER erwähnten Dimensionen. Versteht man diese Unterteilung in Dimensionen als Unterteilung in bestimmte, inhaltlich zusammengehörige Teilmengen, bedeutet dies, daß zwar unterschiedliche Elemente ausgewählt werden können, diese aber zur selben Dimension gehören müssen. So muß bei einer Modelleisenbahn, die sicherlich eine Repräsentation einer wirklichen Eisenbahn ist, Größe wieder durch Größe, Gewicht wieder durch Gewicht dargestellt werden, aber die jeweiligen Werte sind unterschiedlich. Das gleiche gilt für die räumliche Anordnung, auch hier wird Gleiches durch Gleiches dargestellt. Bei einem abstrakten Isomorphismus erster Ordnung tritt diese physikalische Identität wieder in den Hintergrund. Hierbei ist nur interessant, daß die Abbildung typerhaltend ist.

Bei einem Isomorphismus zweiter Ordnung werden - wie oben schon angeführt - Gegenstände und Eigenschaften vollständig vernachlässigt[2]. Hier sind nur die Beziehungen zwischen den Gegenständen von Wichtigkeit, die Frage nach einer geeigneten Beziehung beschränkt sich also auf eine geeignete Abbildung der Relationen, wobei m.E. diese nicht einmal typerhaltend sein muß. So wären die Welten 4G und 4H isomorphe Bilder der Urwelt im Sinne des SHEPARDSCHEN Isomorphismus zweiter Ordnung, da in ihnen die funktionalen Zusammenhänge erhalten bleiben.

Die natürliche Isomorphie PALMERS bringt nun weitere Aspekte ins Spiel. So gilt, daß keine relationalen Elemente explizit erwähnt werden dürfen. Dies kann m.E. nur heißen, daß rep_R: $\mathbf{R} \rightarrow \mathbf{R}'$ gelten muß, also Relationen auf Relationen und nicht auch auf Gegenstände abgebildet werden. Daher sind 4G und 4H keine Bilder einer natürlich isomorphen Abbildung. Es müssen aber auch innerhalb des Mediums dieselben inhärenten Beschränkungen existieren. Dies betrifft die Eigenschaften der jeweiligen Relationen. Man kann also rep_R: $\mathbf{R} \rightarrow \mathbf{R}'$ noch einmal genauer analysieren und feststellen, daß $\mathbf{R}$ sich aufspalten läßt, in die Menge der Relationen $\mathbf{R}$, sowie die Menge der Eigenschaften $\mathbf{E}_{\mathbf{R}}$, die den einzelnen Relationen zukommen können - z.B. Transitivität, Symmetrie, Injektivität etc. - und die Menge der Beziehungen $\mathbf{R}_{\mathbf{R}}$, die zwischen den einzelnen Relationen bestehen, so etwa Umkehrrelation zu einer Relation zu sein. Bei einer natürlich isomor-

---

1 Auf die Operationen wird in diesem Zusammenhang nicht weiter eingegangen, aber auch diese müssen - versteht man die Repräsentation dynamisch - geeignet abgebildet werden.

2 Die Forderung, daß Bild und Urbild in gewisser Weise ähnlich sein müssen, läßt sich m.E. in diesem Moment noch nicht sinnbringend verwenden.

phen Abbildung muß dann dafür gesorgt werden, daß Relationen nur auf solche Relationen abgebildet werden, die die gleichen Eigenschaften aufweisen. Dies geschieht durch eine bijektive Abbildung, rep_R: **R** → **R'** muß also ein-eindeutig sein. Ein Beispiel hierfür ist die PALMER-Welt 4B. In ihr wird die Relation *höher*, die transitiv und asymmetrisch ist, durch die Relation *länger* dargestellt, die wiederum transitiv und asymmetrisch ist. Würde man *höher* auf *neben* abbilden, eine Relation, die symmetrisch und nicht transitiv ist, läge keine natürliche Isomorphie im Sinne PALMERS vor.

Bei einer Abbildung, die allein die funktionalen Beziehungen erhält, ist dies nicht zwangsweise der Fall, da diese Abbildung, wie oben erwähnt, nicht typerhaltend sein muß. Die inhärenten Eigenschaften dieser Repräsentation - die Eigenschaften der Relationen - müssen *extrinsisch*, also von außen zugegeben werden, da Gegenstände (Abb. 4H & 4G) nicht dieselben Eigenschaften wie Relationen haben können. In einem Bild, das mittels einer natürlich isomorphen Abbildung erzeugt wurde, sind die Eigenschaften der Relationen *intrinsisch* gegeben.

Es bietet sich also bisher folgendes Bild: Um zu einer analogen Repräsentation zu gelangen, man muß zuerst aus der Welt, die man betrachten möchte, diejenigen Einheiten - Objekte, Eigenschaften, Relationen, Operationen[1] - auswählen, die relevant sind. Diese Mengen, inklusive ihrer Kardinalität und einer eventuellen Sortierung in Dimensionen, bestimmen die Struktur der zu repräsentierenden Welt. Diese Struktur wird mit Hilfe einer geeigneten strukturerhaltenden Abbildung in ein Bild transponiert. Dieses Bild wiederum weist nun die gleiche Struktur auf wie die Ursprungswelt. Die Entitäten des Bildes, insbesondere die Eigenschaften und Relationen, aber auch die Objekte, bestimmen nun das Medium.[2]

Allerdings dürfen an dieser Stelle die jeweiligen Interpretationsprozesse nicht vernachlässigt werden. Für ein bildhaftes Medium sind z.B. visuell wahrnehmbare Eigenschaften und Relationen wie etwa *Farbe, Größe* usw. bestimmend. Aber auch die Zweidimensionalität der Darstellung dürfte ein entscheidendes Kriterium für die Bildhaftigkeit sein. Ein besonderer Teil der visuellen Relationen sind wiederum die räumlichen - *links von, über, neben* ... Liegt die Betonung auf ihnen, ist es sinnvoll, von einem visuell-räumlichen oder auch nur von einem räumlichen Medium zu sprechen. Die jeweiligen Interpretationsprozesse liegen im Bereich der visuellen Wahrnehmung. Diese allein bilden jedoch noch kein hinreichendes Kriterium für die Bildhaftigkeit der Darstellung, da zumindest ein Teil von ihnen auch dann benutzt wird, wenn ein propositionales Medium vorliegt. Notwendig sind sie aber sicherlich, wenn es darum geht z.B. ein auditives Medium, wie etwa eine Schallplatte, auszugrenzen.

In bezug auf das oben schon einmal angesprochene Verhältnis zwischen *analog* und *kontinuierlich* bzw. *dicht*, möchte ich noch anmerken, daß natürlich auch die Eigenschaften der abzubildenden Dimensionen berücksichtigt werden. Legt man bei der Dimension *Länge* einmal die reellen Zahlen als Wertebereich zugrunde, sollte man sich fragen, ob die Dimension des Bildes, auf die *Länge* abgebildet wird, diese Eigenschaft auch aufweisen muß. Betrachtet man eine andere Eigenschaft einer Dimension - die Ordnung -, dann muß man, um eine analoge Darstellung zu erhalten, wieder eine Dimension wählen, die diese Ordnung

---

1 Natürlich ist auch eine andere Einteilung denkbar.

2 An dieser Stelle müßte sich eine genauere Untersuchung anschließen, bei der geklärt wird, welche Unterscheidungen im Bereich des bildhaften Mediums sinnvoll sind. Damit könnten z.B. graphische, schematische, bildhafte bzw. ikonische Darstellungen voneinander abgegrenzt werden (vgl. STACHOWIAK, H. (1973): *Allgemeine Modelltheorie*. Wien, New York: Springer: 159ff.).

aufweist. Geschieht dies nicht, wie im Falle des Globus, bei dem die *Höhe*, eine Dimension mit reellen Zahlen als Basis und somit geordnet, auf die Dimension *Farbe* übertragen wird, muß diese Ordnung extrinsisch durch die Legende definiert werden. In diesem Fall liegt keine analoge Abbildung vor. Bei einer Verkehrsampel hingegen werden die vier Elemente der Ursprungsdimension *Wert* - Fahren, Anhalten, Warten und Anfahren - durch vier verschiedene Farbkombinationen - Grün, Gelb, Rot und Rot-Gelb - innerhalb der Dimension *Ampelfarbe* dargestellt. Die Ursprungsdimension ist weder kontinuierlich noch weist sie eine Ordnung auf, daher darf dies, um eine analoge Darstellung zu gewährleisten, auf der Seite der Bilddimension auch nicht der Fall sein. Kontinuität ist also nicht per se eine Eigenschaft einer analogen Darstellung. Auch die Operationen werden entsprechend übertragen. Nur die in der Realität tatsächlich vorkommenden Möglichkeiten finden sich auch auf der Seite der Ampelfarben wieder, ein Wechsel von 'Fahren' zu 'Warten' ist physikalisch nicht ohne eine Zwischenstufe 'Anhalten' zu realisieren und daher ist auch ein Wechsel von 'Grün' zu 'Rot' nur mittels eines Übergangs - 'Gelb' - möglich.

Als Kernaussage kann man an diesem Punkt festhalten, daß eine analoge Abbildung dann vorliegt, wenn die inhärente Struktur einer Ursprungswelt in die Repräsentation übertragen wurde. Dies ist dann der Fall, wenn diejenigen Eigenschaften der Relationen intrinsisch, d.h. durch die Eigenschaften des Mediums erhalten sind, die auch schon in der zu repräsentierenden Welt vorhanden waren. Auch müssen die Eigenschaften der jeweiligen Dimensionen berücksichtigt werden.

Analoghaftigkeit als Eigenschaft von Prozessen

Von einer anderen Seite nähert sich NED BLOCK dem Problem analog vs. digital (BLOCK 1983). In seiner grundsätzlichen Untersuchung des Imagery-Phänomens innerhalb der Kognitionswissenschaft und der Überprüfung der allgemeinüblichen Gegenargumente[1] arbeitet er zwei Grundannahmen der Kognitionswissenschaft heraus (BLOCK 1983: 520/521):

- Gedanken sind in einem (oder mehreren) strukturierten Systemen codiert (bei Menschen neurophysiologisch, bei anderen Wesen möglicherweise anders). Dieses System hat eine Syntax und eine Semantik, die in einem weiten Sinn der von natürlichen oder künstlichen Sprachen ähnelt. Dieses deskriptionale System ist für die Kognitionswissenschaft unabdingbar, aber andere Formen der Repräsentation sind denkbar und möglich. Die Frage bildhaft – sprachlich ist eine Frage innerhalb der Kognitionswissenschaft.

- Es gibt Prozessoren, die aufgrund ihrer physikalischen Eigenschaften auf diesen Strukturen arbeiten. Kognitionswissenschaft fordert Mechanismus, nicht Materialismus.

---

1 (1) Das *Man sieht sie nicht*-Argument: Wenn man in den Kopf schaut, findet man keine Bilder.

(2) Das *Leibniz-Gesetz*-Argument: Wenn x=y gilt, gilt für alle f: f(x)⇒f(y), d.h. sind zwei Gegenstände x und y gleich, so haben sie alle Eigenschaften gemeinsam. Im Rahmen einer Identitätstheorie hätte dies zur Folge, daß ein quergestreiftes mentales Bild auch ein zumindest teilweise quergestreiftes Gehirn behauptet.

(3) Das *Hilfsmittel*-Argument: Manipulationen eines mentalen Bildes setzen einen inneren Manipulator (Homunkulus) und Hilfsmittel zur Manipulation wie Scheren, Klebstoff etc. voraus. (Zur Homunkulus-Debatte siehe HAUGELAND 1985 oder REHKÄMPER 1988 (REHKÄMPER, K. (1988): Rezension von: HAUGELAND, J. (1987): *Künstliche Intelligenz - Programmierte Vernunft.* Hamburg: McGraw-Hill. *KI*, 88(1), 72-79))

BLOCK bringt als illustrierendes Beispiel eine Rechenmaschine, bei der die Multiplikation auf die Addition zurückgeführt wird; bei dieser Erklärung des Multiplizierens als eine spezielle Form des Addierens bewege ich mich noch auf der Ebene der jeweiligen Repräsentation, die Addition hingegen erklärt sich wiederum aus der Art und Weise, wie der Prozessor arbeitet, also aufgrund der physikalischen Gesetzen, denen er unterworfen ist. Man könnte hierbei auch sagen, daß man die Erklärungsebene wechselt, wenn man die verschiedenartigen Zusammenhänge darlegen möchte (vgl. HAUGELAND 1981). D.h., daß das ganze System auf primitiven Prozessoren beruht, die nicht mehr funktional als Operationen auf Repräsentationen zu erklären sind. Ihr Verhalten läßt sich nur noch durch die ihnen eigenen physikalische Gesetzmäßigkeiten - nomologisch - erklären (vgl. BLOCK 1983: 523). Hierin sieht BLOCK aber nun auch die Chance, sich des Homunkulusproblems zu entledigen, da man die Möglichkeit hat, den infiniten Regreß an dieser Stelle zu beenden.

Aus diesen Überlegungen leitet sich aber auch ab, daß jede Art der Repräsentation, also sowohl propositionale als auch bildhafte, letztendlich auf ausschließlich nomologisch zu erklärenden Operationen fußt. Diese primitiven Operationen sind jedoch nicht mehr Gegenstand einer Kognitionswissenschaft, sondern gehören im Falle des Menschen in den Bereich der Neurophysiologie; im Falle des intelligenten Computers sind sie ein Problem der konkreten Realisierung, also der verwendeten Hard- und Software. Aus dieser Unterscheidung ergibt sich aber, daß sich nicht sämtliche verfügbare Information in den Repräsentationen befinden muß, denn Information ist auch in den primitiven Prozessoren enthalten[1], und diese primitiven Prozesse – nicht die Repräsentationen – nennt BLOCK analog (BLOCK 1983: 533); digitale Prozesse hingegen sind solche, die sich allein auf der Ebene der Repräsentationen bewegen und deren Erklärungskraft aus dem funktionalen Zusammenspiel innerhalb der Repräsentation resultiert. Digitale Intelligenz ruht also, wenn man sich dem Gedankengang BLOCKS anschließt, auf analogen Füßen. Allerdings stellt er sogleich fest, daß sich die Grenze bzw. der Übergang von der Kognitionswissenschaft als der Wissenschaft, die sich mit der Art der Repräsentation beschäftigt, und der Neurophysiologie, die die zugrundeliegenden Prozesse untersucht, nicht so klar ziehen läßt.

Nun erhebt sich natürlich sofort die Frage, inwieweit diese analogen Prozesse in der Lage sind, bildhafte Repräsentationen zu ermöglichen und welche Rolle bildhafte Vorgänge bei unserem Denken wirklich spielen. Daß sie einen wichtigen Schlüssel zum menschlichen Denken darstellen, ist nicht auszuschließen. Die vorliegenden Evidenzen sprechen eher dafür (vgl. STEINER 1980).[2] Aber fraglich bleibt dabei, wie man sich die Interaktion in einem (wie auch immer gearteten) Gehirn vorzustellen hat: ein analoger Prozessor, der alles unter Kontrolle hat oder mehrere gleichverteilte analoge Prozessoren, die mittels eines deskriptionalen Systems miteinander in Verbindung stehen.

1 Dieses Argument verwendet BLOCK, um die Kognitionswissenschaft gegen die Einwände SEARLEs und DREYFUS' zu verteidigen. Diese setzen voraus, daß sich unser Weltwissen (common sense knowledge) nicht gänzlich mittels einer Repräsentation erfassen läßt. BLOCK hält dem nun entgegen, daß sich selbstverständlich auch in den Prozessen dieser Repräsentation Information befindet.

2 BLOCK verweist hier auf komparatives Problemlösen (Ist a größer als b?) und Prototypen, die ja auch einen bildhaften Anteil aufweisen.

Zusammenfassung

Zusammenfassend kann man also sagen, daß zuerst festgestellt werden muß, was repräsentiert werden soll: welche Objekte, ob und wenn ja, welche Eigenschaften dieser Objekte, welche Beziehungen der Objekte untereinander etc. Außerdem muß man feststellen, welche Prozesse existieren, die in der Lage sind, diese Relationen zu erkennen bzw. festzustellen, ob sie bestehen. Information ist nur vorhanden, wenn es Prozesse gibt, die in der Lage sind, diese (heraus-)zulesen. Dies gilt im gleichen Maße für eine Repräsentation wie auch für ihr Urbild. Ein bekanntes Beispiel, das dies illustriert (vgl. PALMER 1978), ist eine Tafel, die die Entfernungen zwischen Städten angibt. Solche Tafeln finden sich häufig in Atlanten, aber auch in Taschenkalendern. In einer solchen Tafel ist genug implizite Information enthalten, um eine Art von Karte zu produzieren, aber da keine Prozesse definiert sind, diese Information zu extrahieren, steht sie uns nicht zur Verfügung. Das gleiche gilt für einen Computer, erst wenn er die geeigneten Prozesse besitzt, diese Information zu erlangen, ist es überhaupt sinnvoll, von Information zu sprechen. Man muß sich also darüber klar sein, welches die Prozesse sind, die die Information aus der Repräsentation extrahieren sollen, denn "the only information contained in a representation is that for which operations are defined to obtain it (PALMER 1978: 266)."

Um das Repräsentationsmedium zu bestimmen, muß man die grundlegenden Einheiten und Prozesse festlegen. Bei einer bildhaften Repräsentation innerhalb eines Computers wäre dies z.B. eine Menge von Zellen, die in Form einer Matrix angeordnet sind. Die Grundrelationen, die über dieser Anordnung definiert ist, ist die Nachbarschaftsrelation. Auf der Grundlage dieser Matrix lassen sich nun wiederum die Entitäten der Repräsentation - Gegenstände, Eigenschaften, Relationen, Operationen - definieren (näheres siehe KHENKHAR 1989). Bei einer sprachlichen Repräsentation hingegen wären dies die Menge der Zeichen (Symbole) und die Regeln der Syntax, die die Grundelemente der Repräsentation ausmachen. Erst eine Semantik ergibt hier wie dort die Möglichkeit, Information zu speichern und zu lesen, denn auch der Leseprozeß gehört zur Semantik einer Repräsentation. Es gibt daher drei Ebenen, die man unterscheiden sollte (vgl. PYLYSHYN 1985: 205): (1) nomologische Grundlagen der Repräsentation, d.h. die physikalischen Grundlagen des darstellenden Mediums (beim Menschen eine Frage der Neurophysiologie, beim Computer eine Frage der Elektronik (vgl. BLOCK 1983); (2) strukturelle Eigenschaften des repräsentierenden Systems; Eigenschaften, die durch die Grundoperation ins Spiel gebracht werden (bei KOSSLYN (1980) sowie KHENKHAR (1989) z.B die Nachbarschaftsrelation); (3) die Prozesse, die auf einer semantischen Ebene auf dieser Repräsentation definiert sind. (1) gehört in den Bereich der Naturgesetze, (2) ist eine Frage der Art und Weise, wie die Repräsentation bzw. der, die, das Repräsentierende konstruiert ist, (3) ist eine Frage der Semantik.

Analog kann man daher auch in vielen verschiedenen Arten sinnvoll verstehen, zuerst einmal wie BLOCK (1983) es getan hat, als einen von Naturgesetzen geleiteten, grundlegenden Prozeß der Repräsentation. Auf der nächst höheren Ebene setzt die Untersuchung von PALMER an, er beschränkt *analog* auf die Frage, was, d.h. welche Objekte und welche Relationen, mit welchen Mitteln dargestellt wird. Zuletzt muß man fragen, ob die Prozesse, die auf einer solchen Repräsentation verwirklicht sind, damit auch schon erfaßt wurden, oder ob diese wieder für die Dichotomie analog - propositional offen sind. So weist BLOCK explizit darauf hin, daß "a digital processor can use analog representations ...[and]... an analog processor can use digital representations" (1983: 539f.). Im Falle der mentalen Bilder scheint vieles dafür zu sprechen, daß die Prozesse, die ein Mensch bei der visuellen Wahrnehmung einsetzt, auch beim Vorstellen eine Rolle spielen, d.h., auf der Repräsentation wären dieselben Prozesse definiert, wie sie der Mensch auch bei seiner Interaktion mit der Realität verwendet. Dies muß aber sicherlich nicht unbedingt und in jedem Fall so sein.

Psychologische Modelle

ZIMMER/ENGELKAMP (1988) haben nun einige dieser Aufarbeitungen des Problems benutzt, um sie auf die Frage der Adäquatheit psychologischer Modelle anzuwenden. Ein psychologisches Modell ist als ein theoretisches Konstrukt zu verstehen, mit dessen Hilfe z.B. Aussagen über die Eigenschaften mentaler Modelle[1], die ja einer direkten Beobachtung nicht zugänglich sind, möglich werden sollen. Hierbei muß deutlich gemacht werden, welche Attribute des psychologischen Modells in einer Abbildfunktion zum mentalen Modell stehen sollen (vgl. ZIMMER/ENGELKAMP 1988: 131). Zwei Fragen müssen daher bei dieser Betrachtung beachtet werden: (1) die Art der Repräsentation und (2) die Verarbeitungsprozesse, die auf diesen Repräsentationen ablaufen. Und so lassen sich auch zwei Arten von 'analog' unterscheiden: (1) in bezug auf die Relation zwischen dem psychologischen und dem mentalen Modell und (2) als Eigenschaft der Repräsentation. ZIMMER/ENGELKAMP (1988: 140) formulieren drei mögliche Absichten, unter denen man ein psychologisches Modell aufstellen kann:

> (1) Man möchte lediglich ein Funktionenmodell, um die Input-Output-Relation zu modellieren, oder (2) man möchte diese Input-Output-Relationen auch erklären, indem man sie auf bestimmte Strukturen und Prozesse zurückführt, die man jedoch selbst als theoretische Konstrukte versteht, deren reale Existenz man offen läßt, oder (3) man möchte die Funktionen dadurch erklären, daß man sie auf reale physikalische, im speziellen physiologische Strukturen und Prozesse zurückführt.

Da man bei (1) nur auf das Input-Output-Verhalten des mentalen Modells fokussiert, ist es irrelevant, ob die internen Strukturen und Prozesse propositional oder analog dargestellt werden. Es werden zwar Attribute des mentalen Modells herausgefiltert, aber da propositionale Repräsentationen analoge simulieren können, ist die Frage, wie diese Prozesse innerhalb des mentalen Modells aussehen, durch ein Funktionsmodell nicht zu beantworten. Zu beantworten ist nur die Frage, ob es bei unterschiedlichen Eingaben – Bild oder Sprache – unterschiedlicher Prozesse bedarf, um diese Eingaben zu verarbeiten. Somit besteht das Forschungsziel bei einem Funktionsmodell darin (vgl. ZIMMER/ENGELKAMP 1988: 141), systematisch die Attribute eines mentalen Modells zusammenzustellen, herauszufinden, welche Informationen bei welchen Aufgaben wichtig sind und welche Operationen welche Informationen verarbeiten können. Die tatsächlichen Einheiten, die Struktur und die Prozesse des mentalen Modells sind hierbei **keine** relevanten Attribute, die durch das psychologische Modell erfaßt werden. Propositionale und analoge Modelle sind auf dieser Stufe informationsäquivalent, und für die KI-Forschung bedeutet dies, daß eine rein propositionale Sprache (z.B. SRL, HABEL: 1986 oder L_{Lilog}, BEIERLE ET AL.: 1988) zur Formulierung eines solchen psychologischen Modells ausreicht.

Sinnvoll läßt sich die Unterscheidung zwischen propositional und quasi-analog erst dann einsetzen, wenn man sich für die Einheiten, Strukturen und Prozesse innerhalb des mentalen Modells interessiert. So ist für ZIMMER/ENGELKAMP das Modell des 'visual buffer' von KOSSLYN (1980) ein gutes Beispiel für ein psychologisches Modell, das über ein reines Funktionsmodell herausgeht und in diesem Sinne quasi-analog ist. Real-analog ist es jedoch nicht, da es keinen Gebrauch von einer physikalischen Repräsentation räumlicher

---

1 Hier sollte der terminus technicus 'mentales Modell' nicht ausschließlich in dem Sinn verstanden werden, wie ihn JOHNSON-LAIRD benutzt, sondern in einem weiteren Sinne.

Zusammenhänge macht. Auch das depiktionale System, das im Rahmen des IBM-Projekts LILOG entwickelt wird (vgl. HABEL: 1987 bzw. KHENKHAR: 1989), kann als ein Beispiel für ein solches Modell angesehen werden, da auch hier von zwei unterschiedlichen Repräsentationsformaten – propositional und quasi-analog – ausgegangen wird.

Die Frage nach einer realen Analogie, d.h. nach der tatsächlichen Realisierung eines Modells, befindet sich jenseits der Möglichkeiten einer Kognitionswissenschaft und gehört, soweit es die mentalen Modelle betrifft, in den Bereich der Neurophysiologie.

PALMER und ZIMMER/ENGELKAMP geben durch ihre Analyse gute Kriterien vor, an denen sich psychologische Modelle messen lassen. So ist deutlich geworden, daß mentale Bilder, wie sie von KOSSLYN untersucht und auf einem Computer realisiert wurden, eine natürliche Isomorphie aufweisen und quasi-analog – in dem oben definierten Sinn – zu den beim Menschen angenommen Vorgängen sind. Weiterhin spricht einiges dafür, daß Menschen Modelle verwenden, die nicht rein propositional, aber auch nicht ausschließlich quasi-analog sind, die also eine Mischform darstellen, seien es nun mentale Modelle im Sinne JOHNSON-LAIRDs oder Schemata, wie sie NEISSER vorschlägt. Diese müssen weiter untersucht werden, und wenn die kognitiv-orientierte KI-Forschung das Dictum FREKSAs 'Problemlösen = Repräsentieren' (FREKSA 1988: 158) ernst nimmt, ist sie aufgefordert, mit Hilfe des Computers Modelle zu entwickeln, die nicht nur die Input-Output-Relationen modellieren, sondern auch Aufschluß darüber gestatten, wie die Interaktion der verschiedenen Repräsentationsformate innerhalb der verschiedenen Ansätze vorzustellen ist. Ein erster Ansatz hierzu wären allerdings auch schon Funktionsmodelle, denn auch sie lassen erkennen, welche Art Information zusammenwirken muß, um die gewünschten Resultate zu zeitigen. Nur sind auf diesem Wege keine Aussagen über die tatsächlichen Strukturen und Prozesse möglich.

Diese Arbeit entstand im Rahmen des IBM-Projekts Lilog. Ich möchte mich bei allen meinen Hamburger Kollegen bedanken, die mir bei der Abfassung mit Rat und Tat zur Seite standen. Mein besonderer Dank gilt jedoch Carola Eschenbach, die trotz vielzahliger anderweitiger Verpflichtungen immer wieder Zeit und Lust hatte, sich meine Probleme anzuhören und sie mit mir zu diskutieren. Auch Christian Freksa, Norbert Gimm, Ewald Lang, Claudia Meienborn, Michael Mohnhaupt und Bernd Neumann möchte ich an dieser Stelle meinen Dank aussprechen.

Einige Überlegungen zu Bildvorstellungen in kognitiven Systemen *

J.R.J. Schirra
Universität des Saarlandes
FB 10, Informatik IV, SFB-314, VITRA
e-mail: joerg@sbsvax.uucp

Was sind Bildvorstellungen? Wie funktionieren sie? Welche Rolle spielen sie beim raumbezogenen Denken? Welche Beziehungen bestehen zu abstraktem, begrifflichem Denken? Welche zur visuellen Wahrnehmung? Welche zu Sprache? In welchem Sinn sind Bildvorstellungen eines KI-Systems denkbar? Keine definitiven Antworten, aber doch Annäherungen an ein kohärentes Verständnis von Bildvorstellungen in kognitiven Systemen werden angeboten. Ich werde in dieser Arbeit behaupten und plausibel zu machen versuchen, daß Bildvorstellungen - als paradigmatischer Vertreter analogischer Vorstellungen - solche mentalen Zustände eines kognitiven Systems bezeichnen, die sich auf die konkret visuell *erfahrbaren* Aspekte von Situationen beziehen. Sie stehen im Gegensatz zu begrifflichen mentalen Zuständen, mit deren Hilfe erklärt wird, wie das betrachtete System *abstrakte*, d.h. allgemeine, also vielen konkreten Situationen gemeinsame Strukturen in seinem Handeln berücksichtigt.

1. Analogische Vorstellungen als Grundlagen der Referenzsemantik beim raumbezogenen Denken

Raum ist eine für alle höheren Tiere außerordentlich zentrale Qualität der Umwelt. Bei allen menschlichen Tätigkeiten spielt Räumlichkeit eine überaus wichtige Rolle: Objekte werden unterschieden durch ihre räumliche Distanz; Ereignisse sind primär Bewegungen im Raum, oder aber werden als räumliche Bewegungen im übertragenen Sinn verstanden. Raummetaphern durchziehen unser ganzes Denken, bestimmen unsere Vorstellungen von Zeit, und leiten uns z.B. beim Lösen mathematischer Probleme.[1] Wie alle Begriffe ist *Raum* ein abstraktes, mentales Konstrukt; ihm liegen die konkreten Erfahrungen des Sehens, Bewegens, Tastens, der Kinästhesis etc. zugrunde.[2] Genauer betrachtet bezeichnet dieser Begriff beim Menschen jene Gemeinsamkeit der konkreten Erscheinungen, die es ermöglicht, daß z.B. die verschiedenen Ansichten einer Sache miteinander koordiniert werden, oder unterschiedliche Bewegungen mit den entsprechenden kinästhetischen Empfindungen, oder auch die visuellen Erscheinungen mit der Motorik – man betrachte z.B. nur die Steuerung der Ausrichtung der Augäpfel und deren Synchronisation mit den Fokussierungsmechanismen. Die all diesen Phänomenen zugrundeliegenden mentalen Prozesse, die im folgenden kurz als raumbezogenes Denken bezeichnet werden, definieren letztlich unseren *Raumbegriff*.

---

* Diese Arbeit entstand im Rahmen des Projektes N2: VITRA des SFB 314, Künstliche Intelligenz und Wissensbasierte Systeme; Für die vielfältigen, immer ausgesprochen anregenden Diskussionen sowie für die zahlreichen kritischen und sehr hilfreichen Anmerkungen zu früheren Versionen dieser Arbeit möchte ich an dieser Stelle allen Kollegen und Freunden, besonders Ellen Hays, ganz herzlich danken.

[1] *Worte, die geschriebene oder gesprochene Sprache, scheinen in meinem Gedankenapparat keine Rolle zu spielen. Die physischen Gebilde, die als Elemente des Denkens dienen, sind gewisse Zeichen und mehr oder weniger klare Bilder ... (also) visueller oder auch muskulärer (kinästhetischer) Art.* Albert Einstein nach [Hadamard 45]; zur Raummetaphorik im Zeitverständnis ▹ [Lakoff, Johnson 81];

[2] ▹ [Piaget 70*], [Piaget et al. 75*], [Piaget, Inhelder 75*, 78*] und [Leroi-Gourhan 84]; (die mit * markierten Literaturverweise werden im Gesamtverzeichnis expandiert, die anderen am Ende des Artikels)

Im Bemühen darum, die menschlichen kognitiven Leistungen mit informatischen Mitteln nachzubilden, beschäftigen sich KI-Wissenschaftler schon seit längerem damit, auch raumbezogenes Denken zu modellieren. In jüngerer Zeit zeichnet sich dabei die Tendenz ab, neben den traditionellen *begrifflichen* Darstellungen von Wissen auch solche *analogischen* Charakters zu verwenden. Während begriffliche Formalismen, an logischen Kalkülen orientiert, die Gegenstände des Wissens relational, d.h. als Netzwerke über atomaren Symbolen darstellen, sollen bei analogischen Repräsentationen - so der gemeinsame Nenner der gegenwärtigen Diskussion - holistische, Gestalt-artige Abbilder benutzt werden. Da zur begrifflichen Darstellungen i.a. eine Menge von Behauptungen über die - in einem bestimmten Kontext - gültigen Sachverhalte verwendet wird, sog. *Propositionen*, tritt häufig auch die Bezeichnung *propositionale Repräsentation* auf. Im Gegensatz zu dieser "additiven" oder reduktionistischen Zusammenstellung definierender Teile eines Begriffs sollen analogische Repräsentationen ihren Gegenstand "als Ganzes" (holistisch) darstellen. Begrifflichen Formalismen wird i.a. eine modelltheoretische Semantik unterlegt. Die Beziehungen analogischer Repräsentationen zur Bedeutungstheorie ist noch nicht einheitlich und wird in dieser Arbeit betrachtet.

Anstoß zu diesem "Imagery turn" gaben einerseits die Schwierigkeiten propositionaler Systeme bei einigen Teilaufgaben des raumbezogenen Denkens, andererseits die introspektiv leicht zugänglichen bildhaften Vorstellungen, die Menschen beim Lösen entsprechender Probleme zu verwenden scheinen.[3] Das Phänomen der mentalen Bilder wurde naturgemäß auch in der Psychologie untersucht und spielte bereits in den Theorien von vor allem Wundt und Tichener, später der Gestaltpsychologen und zuletzt in der sog. Imagery-Debatte der 70'er Jahre eine große Rolle.[4]

Steht man vor der Aufgabe, einem KI-System mithilfe von Bildvorstellungen einen im weitesten Sinne menschenähnlichen Raumbegriff zu verschaffen, stellt sich zunächst die Frage, welches Wissen begrifflich und welches als Bildvorstellung - analogisch - gegeben sein soll. Die Antwort darauf ist auch entscheidend für die Form der Bildvorstellungen des Systems, d.h. technisch gesprochen, welcher (abstrakte) Datentyp als Bildvorstellung verwendet wird.

Die naiven, aber häufig - oft nur implizit - anzutreffenden Antworten, *analogisches Wissen "ähnele" (im Sinne einer Isomorphie) in wichtigen Punkten dem repräsentierten Gegenstand* oder *habe einige Eigenschaften des dargestellten Gegenstandes*,[5] sind in vielerlei Hinsicht unbrauchbar. Unter anderem kann man einwenden:

- *Auch begriffliches Wissen muß - als Repräsentant des gewußten Gegenstands diesem irgendwie - und sicherlich auch gerade in wichtigen Punkten - ähneln:* die Beziehungen zwischen verschiedenen Begriffen - i.a. Knoten in einem semantischen Netz - sollen doch u.a. die Beziehungen der Gegenstände zueinander (z.B. `Teil-von`, oder `rechts-von`) dem System verfügbar machen; häufig wird der Fehler begangen, die Knoten isoliert zu betrachten: dann kann natürlich keine Strukturgleichheit bestehen;
- *Was genau sind die "wichtigen" Punkte, in denen sich Repräsentandum und analogischer Repräsentant ähneln?* Welches Kriterium legt sie fest? Ergeben sie sich aus Eigenschaften der

[3] ▷ etwa [Waltz 81*], [Habel 87*], [Rehkämper 87*], [Strube 87] und [Pribbenow 88*];

[4] ▷ z.B. die Zusammenstellung in [Morris, Hampson 83*];

[5] ▷ z.B. [Rehkämper 87*, S. 302]: *Eine analoge Repräsentation ist dem Original in einer noch genauer zu bestimmenden Weise ähnlich; so korrespondieren Teile des Bildes zu den entsprechenden Teilen des Originals. .... Für die analoge Form gibt es einen Isomorphismus zweiter Ordnung (Shepard & Shipman 1970). Diese Beziehung besteht nicht zwischen den externen und internen* (JS: mentalen) *Gegenständen (...), sondern eine Isomorphie besteht zwischen den externen und internen Relationen, die für die jeweiligen Objekte zutreffen;* ferner [Zimmer, Engelkamp 87]; vergl. auch mit [Morris 46] über ikonische Zeichen;

repräsentierten Gegenstände, aus Eigenschaften des Repräsentationsmediums, oder werden sie durch die Funktionsweise des Systems vorgegeben?

Es wird vorausgesetzt, daß problemlos von vorgegebenen Gegenständen ausgegangen werden kann, die gewußt/repräsentiert werden: ein Vergleich mit der objektiven Realität, mit den "Originalen", soll die Güte einer Repräsentation bzw. ihren Wahrheitswert ergeben; diese objektivistische Position ist ebensoweit verbreitet wie heiß umstritten; die konstruktivistische Gegenposition geht davon aus, daß von einer vorgegebenen Einteilung der Welt in Gegenstände abgesehen werden muß, da der Zugang zur Welt stets durch (sensomotorische) Interpretation vermittelt ist; die Interpretationen sind nicht statisch, sondern durchlaufen evolutive Veränderungen (▹ etwa [Lakoff 87*] und [Winograd, Flores 87*]);

Ich werde in dieser Arbeit behaupten und plausibel zu machen versuchen, daß analogische Vorstellungen solche mentalen Zustände eines kognitiven Systems bezeichnen, die sich auf *konkrete* Situationen beziehen, genauer, die sich auf die konkret für das System *erfahrbaren* Aspekte von Situationen beziehen.[6] Sie stehen im Gegensatz zu begrifflichen mentalen Zuständen, mit deren Hilfe wir, die Beobachter, erklären wollen, wie das betrachtete System *abstrakte*, d.h. allgemeine, also vielen konkreten Situationen gemeinsame Strukturen in seinem Handeln berücksichtigt.

Analogische mentale Zustände, als deren paradigmatischer Vertreter Bildvorstellungen derzeit zur Beschreibung der Kognition von Räumlichkeit diskutiert werden, stehen somit in direkter Beziehung zu den Zugängen des kognitiven Systems zu seiner Umwelt: sie verkörpern die einzigartigen und sonst nicht wiederholbaren Erfahrungen des Systems, seien diese nun sensorischer oder effektorischer Natur. Damit koppeln sie das abstrakt-begriffliche Wissen des Systems mit der konkret vorliegenden Situation. "Zugänge zur Welt" ist dabei zu verstehen als die primären sensomotorischen Interpretationen der Welt durch das System: näher kommt es - bildlich gesprochen - nicht an die Welt heran.

Analogische Vorstellungen bilden die notwendige Voraussetzung für eine konstruktivistische Referenzsemantik: sollen die Referenten von Sprachzeichen deren Bedeutung festlegen, wie in referenzsemantischen Ansätzen gefordert, so muß das betrachtete kognitive System Zugang zu diesen Referenten haben. Es könnte sonst Bedeutungen nicht berücksichtigen. Dieser Zugang indes, so die konstruktivistische Annahme, konstruiert erst die Einteilung der Welt in Gegenstände, die als Referenten dienen. Diese sind dem System nicht unabhängig vorgegeben, sondern Resultat einer primären Interpretation durch seine sensomotorische Grundausstattung. Die Bedeutung von Sprachzeichen wird verankert in den konkreten Erfahrungen, die das System in der Welt macht, und die, wie ich zeigen werde, die Grundlage analogischer Vorstellungen bilden.

Ausgangspunkt meiner Überlegungen ist das Modell, das in der KI weithin verwendet wird, wenn die Bedeutung räumlicher Ausdrücke, z.B. räumliche Präpositionen und Bewegungsverben, referenzsemantisch untersucht wird. Das Modell beschreibt die allgemeine Architektur von Systemen, die visuellen Zugang zu einer Szene haben und verbal über die gesehene Szene kommunizieren können.[7] Man geht davon aus, daß drei unabhängige Module (a) zur Analyse von Eingabetext, (b) zur Analyse der Bilddaten und (c) zur Generierung des Ausgabetextes über eine zentrale Komponente zum "spatial reasoning" miteinander verbunden sind. Während die Komponente "language analysis" aus

[6] Ich werde in dieser Arbeit ausschließlich den "kognitiven Zweig" der KI behandeln, denn es macht offensichtlich keinen Sinn, Werkzeugen mentale Zustände zuzuschreiben;

[7] ▹ Bild 1; vgl. z.B. auch mit [Habel 88*], S.5, Bild 2; Ich habe in Bild 1 die englischen Wörter verwendet, da die Komponenten i.a. nicht die Kapazitäten haben, die einem Menschen in dieser Hinsicht zur Verfügung stehen und für die die deutschen Wörter benutzt werden; spatial reasoning umfaßt also i.d.R. nur Teilbereiche des raumbezogenen Denkens;

der sprachlichen Oberflächenform die bedeutungstragenden Teile identifiziert, und die Komponente "scene analysis" das gleiche ausgehend von der "visuellen Oberflächenform" tut, stiftet die "spatial reasoning"-Komponente sinnhafte Verbindungen zwischen den Resultaten der beiden. Die Sprachgenerierungskomponente führt - invers zur Sprachverstehenskomponente - interne Strukturen über in konkreten Text.

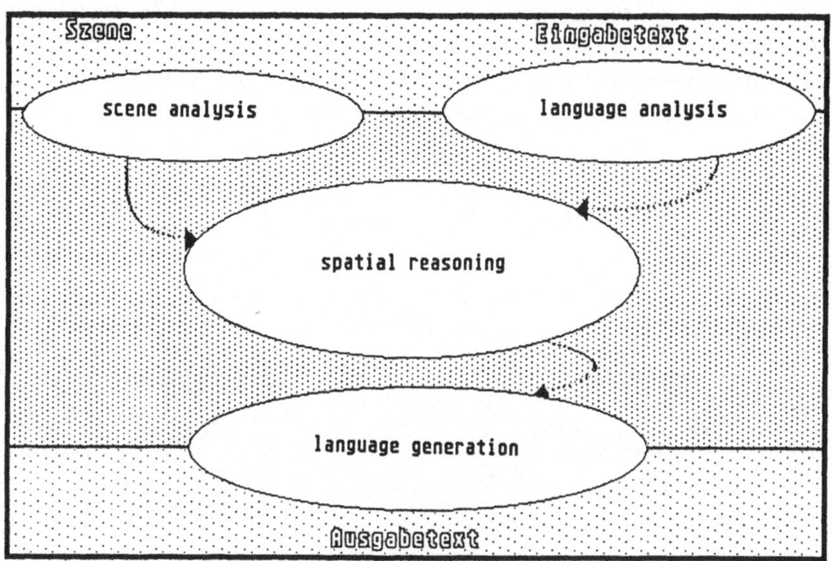

Bild 1: Veranschaulichung des Ausgangsmodells;

Es ist offensichtlich, daß die Komponente "spatial reasoning" keinen unmittelbaren Kontakt zur Welt hat; Der Zugang zur Welt erfolgt vermittelt über die drei anderen Komponenten. Diese liefern verschiedene "primäre Interpretationen", die von der zentralen Komponente weiterverarbeitet und aufeinander bezogen werden. Das Modell läßt sich problemlos erweitern: Soll sich das System z.B. auch fortbewegen - wozu sicherlich auch sein Vermögen zu raumbezogenem Denken benötigt wird, das in der "spatial reasoning"-Komponente verkörpert ist -, fügen wir die zugehörige Komponente zum Planen und Steuern der Bewegungen analog der Sprachgenerierung ein: sie setzt interne Strukturen um in entsprechende konkrete Bewegungen. Ähnliche Überlegungen vervollständigen das Ausgangsmodell auch im zentralen Bereich: parallel zum "spatial reasoning"-Teil verbinden weitere Prozesse ohne direkten Zugang zur Welt die Analyse- und Generierungskomponenten.

Die damit angedeuteten Verallgemeinerungen dieses Schemas führen zu einem sehr generellen Modell kognitiver Systeme, durch das vielfältige, rein begriffliche Beziehungen zwischen analogischen Vorstellungen und anderen Teilen eines kognitiven Systems erkennbar werden. Es wird im folgenden Abschnitt kurz vorgestellt. Ich konzentriere mich dabei auf die zentralen Wissensstrukturen, *Konzepte* genannt.

Ziel der Arbeit ist es, anhand des Modells einige Einschränkungen insbesondere von Bildvorstellungen herauszuarbeiten, die ihre Realisierung in einem System der KI betreffen. Dazu relevante Punkte werden in Abschnitt 3 zusammengefaßt.

2. Das Segment-Schalen-Modell kognitiver Systeme

2.1 Zunächst ein Überblick

Das im folgenden vorgestellte Segment-Schalen-Modell (SSM) läßt sich graphisch darstellen als ein Komplex aus zwei konzentrischen Schalen, *peripher* bzw. *zentral* genannt, die zwei Verarbeitungsstufen entsprechen und jeweils segmentiert sind in spezielle Prozesse (▹ Bild 2). Zwischen den beiden Schalen und innerhalb der inneren Schale befinden sich jeweils Interfaces, d.h. Datenformate, durch die der Informationsfluß zwischen den Prozessen geregelt ist. Dies sind die beiden einzigen Stellen in diesem allgemeinen Modell, an denen Daten betrachtet werden.

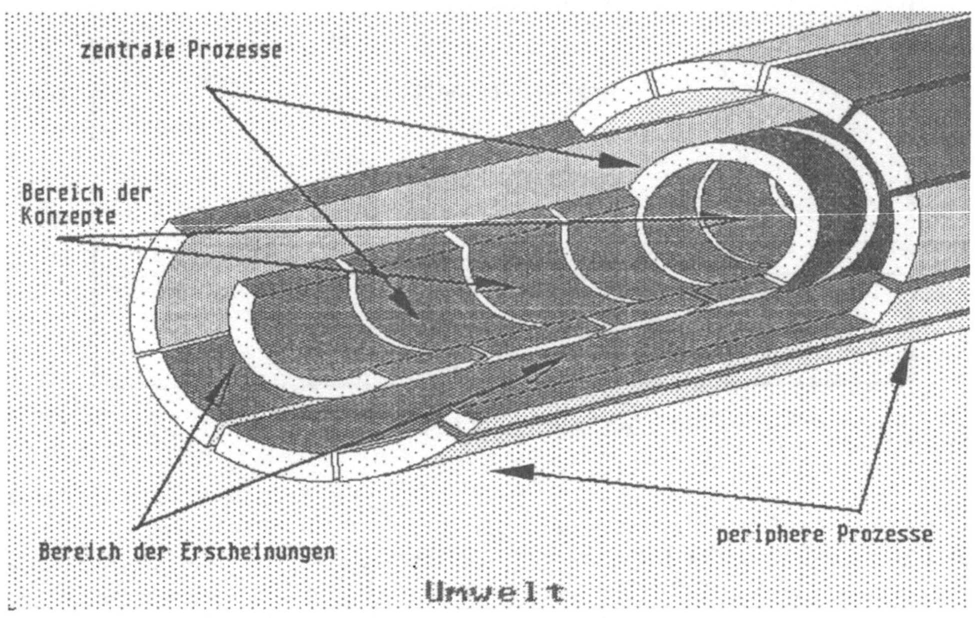

Bild 2: Veranschaulichung des Segment-Schalen-Modells (teilweise aufgeschnitten);

Die Aufteilung in zwei Schalen spiegelt die beiden Aspekte der Interaktionen zwischen kognitivem System und seiner Umgebung wider: Zum einen ist das System angewiesen auf spezielle physikalische Sensoren und Effektoren, die jeweils eigene Charakteristiken darin aufweisen, welche Aspekte der Umgebung erfahren, d.h. erfaßt oder verändert werden.[8] Das System interagiert auf vielfältigen Wegen mit seiner Umwelt. Die Ein- und Ausgabe-"Fenster" des Systems, kurz *Modalitäten* genannt, bestimmen die *Form* der Interaktionen. Die Segmentierung der peripheren Schale entspricht den verschiedenen Modalitäten des jeweiligen Systems. Jeder periphere Prozeß verfügt nur über sehr eingeschränkte Sichten auf die Umwelt. Zusammengehörende Erscheinungen, z.B. das Bild einer Tasse, die auf den Boden aufprallt, und das Geräusch der zerbrechenden Tasse, werden auf dieser Verarbeitungsstufe nicht integriert.

[8] In Abschnitt 1 wurde in diesem Zusammenhang von "primären Interpretationen" gesprochen;

Andererseits wird das Systemverhalten wesentlich beeinflußt von verschiedenen, die Modalitäten transzendierenden Aspekten der Umwelt: in diesem Sinn relevante Erfahrungen stammen oft aus unterschiedlichen Quellen. Information aus verschiedenen Modalitäten muß integriert werden, um die Umweltstrukturen zu konstituieren, die das System erkennt und die den Planungen seiner Tätigkeiten zugrundeliegen. Die Prozesse dieser zentralen Verarbeitungsstufe stehen nicht direkt mit der Umwelt in Verbindung, sondern nur vermittelt über die peripheren Prozesse. Sie sehen von den jeweils modalitätsgebundenen Ansichten ab, die die peripheren Prozesse von der Umwelt vermitteln, und koordinieren den Informationsfluß zwischen jenen. Jeder zentrale Prozeß verarbeitet einen bestimmten abstrakten, von der konkreten Erfahrung abgehobenen Aspekt der Umwelt. Die zentrale Verarbeitungsschale ist also für die *inhaltlichen* oder *funktionalen* Aspekte der Interaktionen des Systems mit seiner Umwelt zuständig. In Abschnitt 1 wurde "spatial reasoning" als Beispiel eines zentralen Prozesses erwähnt.

Information zwischen peripheren und zentralen Prozessen fließt über Interfaces, die mit den peripheren Prozessen assoziiert sind. Die Menge dieser Schnittstellen legt fest, wie die Umwelt dem System erscheint. Die übermittelten Daten heißen deshalb die *Erscheinungen* der Umwelt für das System. Die zentralen Prozesse müssen mit mehreren, evt. sogar allen Interfaces dieser Datenschale der Erscheinungen verbunden sein, um ihre integrative Funktion zu erfüllen.

Der zweite Datenbereich, der das Herzstück des Modells bildet, ist der *Raum der Konzepte*, durch den die zentralen Prozesse miteinander kommunizieren können. *Konzepte*, die Konstrukte dieses Datenbereiches, entsprechen den Vorstellungen des Systems zu einem von ihm als mehr oder weniger invariant erfahrenen Teil seiner Umwelt. Der betreffende Umweltausschnitt hat dabei mindestens eine wesentliche Funktion für das kognitive System. Diese Invarianten nennen wir nun *Objekte* und sagen weiterhin, daß Konzepte Objekte *repräsentieren*. Objekte sind also von Konzepten abgeleitet, nicht umgekehrt. Diese konstruktivistische Wende erlaubt, wie sich zeigen wird, eine umfassende Behandlung analogischer Vorstellungen im Rahmen der Referenzsemantik (▹ 2.3).

2.2. Einige Anmerkungen zu den beiden Verarbeitungsschalen und zur Datenschale der Erscheinungen

Die Prozesse der peripheren Verarbeitungsschale, kurz periphere Prozesse genannt, sind die Fenster des kognitiven Systems, seine einzige kognitiv relevante Verbindung zur Welt. Jeder Prozeß entspricht genau einer Interaktionsmodalität, wobei der Informationsfluß jeweils eindeutig gerichtet ist - entweder von der Umwelt ins System, oder umgekehrt. Die erste Art verallgemeinert die klassischen Sinnesmodalitäten und heißt kurz *Perzeptorprozeß*. Die "Sinnesorgane" des kognitiven Systems filtern jeweils bestimmte Aspekte der Umwelt als möglicherweise für das System relevant heraus.[9] Sie liefern damit die primären Interpretationen der Welt. Genau genommen transformieren die Perzeptorprozesse Umwelt zu Information. Umgekehrt transponieren die peripheren Prozesse des zweiten Typs Information in Verhalten, d.h. konkrete Änderungen in der Welt. Sie werden *Effektorprozesse* genannt. Ihre Aufgabe ist die Feinplanung und Steuerung der Durchführung des jeweiligen Verhaltens.

Da unser Thema Raum und Bildvorstellung ist, konzentrieren wir uns beispielhaft auf die Perzeptorprozesse, die visuelle Information verarbeiten. Physikalisch gesprochen, wird diese Information vor allem aus der räumlich-zeitlichen Verteilung elektromagnetischer Wellenfelder aus einem recht

[9] ▹ dazu besonders auch [Gibson 79*], [Turvey, Carello 80], sowie [Bateson 84] und [Maturana, Varela 80];

begrenzten Frequenzbereich gewonnen. Livingstone [Livingstone 87] berichtet, daß - zumindest bei Menschen - eine dreigeteilte Analyse dieser Informationsquelle neurophysiologisch evident ist. Form, Bewegung und Farbe werden von verschiedenen Neuronengruppen weitgehend unabhängig voneinander behandelt. Im Rahmen des SSM müßten also zur Modellierung des menschlichen Sehens drei Perzeptorprozesse die entsprechenden Aufgaben übernehmen: ein Prozeß analysiert im wesentlichen die zweidimensionale Verteilung des Wellenfeldes und konstruiert daraus Information über Lokation und Form in 3D. Ein zweiter Prozeß konzentriert sich auf die zeitlichen Aspekte und liefert Bewegungsinformation bei geringer räumlicher Auflösung. Der letzte visuelle Prozeß schließlich verarbeitet die auftretenden Wellenparameter (Frequenzen als Farbe). Wichtige Indizien für eine IV-Rekonstruktion des Form-Analyse-Prozesses liefern z.B. die Arbeiten von Marr.[10] Auch Ansätze zu einer von Formerkennung weitgehend unabhängigen Extraktion von Bewegungen aus Bildfolgen wurden bereits in der KI ausgearbeitet.[11] Farbwahrnehmung wurde hingegen bislang vor allem analytisch untersucht, in der KI aber kaum betrachtet.[12]

Die Modularisierung zwischen der Verarbeitung formaler und inhaltlicher Aspekte wird bei allen Perzeptorprozessen relativiert durch sog. top-down Strategien. So können inhaltliche Aspekte die visuelle Analyse einschränken bzw. in bestimmte Bahnen lenken. Das Zentrum des kognitiven Systems gibt erwartete Erscheinungsformen vor, die von den Perzeptorprozessen verifiziert oder zurückgewiesen werden. Umgekehrt können auch die Effektorprozesse bottom-up gewissermaßen "Rückfragen" an die zentralen Prozesse stellen, etwa wenn bei der Ausformulierung einer sprachlichen Äußerung mehr semantische Spezifikationen benötigt werden.[13]

All diese Informationsflüsse sind kanalisiert durch die Schale der Erscheinungen. Im SSM wickeln die Schnittstellen zwischen peripheren und zentralen Prozessen den Informationsfluß generell in beide Richtungen ab und müssen für diese Aufgabe ausgerüstet sein. Zudem gilt, daß jede der Schnittstellen zwar nur *einen* peripheren, im Prinzip aber *alle* zentralen Prozesse "bedienen" muß. Da die Schale der Erscheinungen die Schnittstellen zwischen den auf die Form der Interaktionen zwischen System und Umwelt abgestimmten peripheren Prozessen und den auf inhaltliche Aspekte der Wechselwirkungen zugeschnittenen zentralen Prozesse bildet, ist die Struktur der Daten modalitätsspezifisch und zugleich reduziert auf die - voraussichtlich - wichtigen Aspekte. Auch die Eingabedaten seiner Effektorprozesse sind Erscheinungen für das System. Wie die Daten zur top-down-Steuerung der Perzeptorprozesse und im Gegensatz zu deren Resultaten werden die "Effektor-Erscheinungen" von der zentralen Verarbeitungsstufe aufgebaut. Es ist wichtig zu beachten, daß auch die Effektor-Erscheinungen zu den primären Interpretationen gehören, die die abstrakten Begriffe an konkrete Situationen binden.

Wie im Überblick erwähnt, dient jeder Prozeß der zentralen Verarbeitungsschale der Integration der Erscheinungen bezüglich eines wichtigen Aspekts - z.B. "Raum". Auch zentrale Prozesse sind also nicht mit der Umwelt als Ganzes befaßt. Die Differenzierung in Peripherie und Zentrum entspricht dem Unterschied zwischen phänomenaler Erscheinung, d.h. dem konkreten Erleben, und inhaltlicher, abstrakter Funktion von Umweltteilen für das kognitive System. Formal hängen die Interaktionen des Systems von seinen physikalischen Sensoren und Effektoren ab, aber ihre Steuerung

---

[10] ▷ [Marr 82*], sowie den Überblick in [Gardner 85, Kap. 10] und [Lison 88*], und die dortigen Literaturverweise;

[11] ▷ etwa [Sung 88], sowie die Verwendung dieser Ergebnisse in [Schirra et al. 87*];

[12] ▷ neurophysiologisch: [Maturana, et al. 68]; linguistisch: [Berlin, Kay 69];

[13] ▷ zur top-down Steuerung der visuellen Analyse z.B. [Mohnhaupt 87*] und [Mohnhaupt, Fleet 88*]; Rückkopplung bei Sprachgenerierung: [Reithinger 87]; inkrementelle Sprachgenerierung: [André 88*];

wird beeinflußt von anderen, allgemeineren Faktoren hinter der reinen Erscheinung: Funktionale Aspekte befähigen das System, Situationen mit ziemlich unterschiedlicher Erscheinung als singulare Fälle einer allgemeinen Klasse zu behandeln. Die Klassifikation der Erscheinungen nach ihrer Funktion definiert das begriffliche Wissen des Systems und bestimmt den Inhalt seiner Interaktionen. Die dem System bekannten Klassifikationen und ihre Beziehungen zueinander sind im Datenbereich der Konzepte als Begriffsnetz abgelegt.

Wahrnehmung ist eine Hauptfunktion der zentralen Prozesse: Erscheinungen werden Werten oder Ausprägungen des betreffenden inhaltlichen Aspekts - der betreffenden funktionalen Dimension - zugeordnet: dabei wird von der konkreten Erscheinung abstrahiert. Eine bestimmte Erscheinung wird z.B. klassifiziert als "ein Mann", eine andere als "Geräusch eines anfahrenden Autos", eine weitere als Instanz von "Doppelpaß der Spieler X und Y". In jedem Fall werden die für das System noch bedeutungsfreien Erscheinungen als Vorkommen oder Instanzen eines abstrakten Typus klassifiziert und derart mit Bedeutung versehen. Weiterhin werden verschiedene Wahrnehmungen - auch unterschiedlicher Modalität - miteinander in Beziehung gesetzt und interpretieren dann zunehmend komplexere Situationen: das Geräusch eines anfahrenden Autos, das Aussehen eines anfahrenden Autos, vielleicht auch ein entsprechender Geruch werden beispielsweise zur Gesamtwahrnehmung eines anfahrenden Autos integriert.

Ihren eigentlichen Sinn gewinnt die inhaltlich-abstrakte Analyse der Erscheinungen vor allem dadurch, daß nicht alle Kombinationen von Interpretationen möglich sind. Auf diese Art können z.B. Interpretationsfehler der Erscheinungen *einer* Modalität - etwa Sinnestäuschungen - ausgeglichen werden: die Gesamtwahrnehmung soll konsistent bzgl. des begrifflichen Wissens des Systems sein. Inhaltliche Aspekte steuern "top-down" die Perzeptorprozesse, indem zugehörige Erscheinungen antizipiert und als Erwartungen, nun von ihrer Interpretation gelöst, an die periphere Verarbeitungsschale geleitet werden. Die Effektorprozesse werden entsprechend angesteuert.

2.3. Die Struktur der Konzepte im Segment-Schalen-Modell

Da verschiedenmodale Erscheinungen gemeinsame inhaltliche Aspekte haben können, umgekehrt aber auch jede Erscheinung bezüglich unterschiedlicher zentraler Aspekte interpretiert werden kann, fassen *Konzepte* die von den zentralen Prozessen miteinander assoziierten Erscheinungen und ihre (miteinander verträglichen) Interpretationen jeweils zu einer Einheit zusammen. Konzepte bilden das Gedächtnis des Systems und zugleich Interface, Zwischen- und Arbeitsspeicher für die zentralen Prozesse. Sie sind die *Vorstellungen des Systems* von möglichen relevanten Teilen der Umwelt, *Objekte* genannt. Was ein Objekt ist, wird also bestimmt durch die Konzepte des Systems und ist nicht unabhängig davon vorgegeben. Konzepte *repräsentieren* Objekte, aber nicht in dem üblichen Wortsinn: Konzepte sind nun primär, Objekte abgeleitet. Als Folge dieser konstruktivistischen Auffassung von Repräsentation repräsentiert ein Konzept sein Objekt immer richtig und vollständig: Es ist das einzige Kriterium in diesen Fragen, denn ein Objekt ist kein vorgegebenes Original, sondern nur durch das Konzept verfügbar. Lediglich die Beziehung zwischen den zusammengefaßten Erscheinungen und ihren Interpretationen kann sich ändern: Interpretationen können mehr oder weniger anwendbar sein auf die zugehörigen Erscheinungen, Erscheinungen umgekehrt mehr oder weniger typisch für die assoziierten Interpretationen.

Der Begriff des Objekts scheint hier redundant zu sein, der Repräsentationsbegriff leer. Tatsächlich steckt hier aber der Kunstgriff, der es erlaubt, Informationsverarbeitung und Kognition mithilfe einer konstruktivistischen Referenzsemantik zusammenzubinden: Man muß sich klar machen, daß auch Beobachter selbst - also wir, Leser und Autor - kognitive Systeme sind, die Zugang zu ihrer jeweiligen Umwelt nur vermittelt haben. Zu dieser Umwelt gehört außer dem beobachteten kognitiven System auch dessen Umwelt. Reflexiv gewendet heißt das: Es gibt Erscheinungen von beidem, die gemäß der funktionalen Aspekte interpretiert werden, die der Beobachter berücksichtigt. Die Interpretation der Erscheinungen des kognitiven Systems für den Beobachter erfolgt mit intentionalen Begriffen. Die begriffliche Beziehung zwischen den Konzepten, die der Beobachter dem beobachteten System zuschreibt, und den Konzepten, die der Beobachter von der Umwelt des Systems erzeugt und die für ihn die Objekte darstellen, die das beobachtete System kennt, entspricht der eigentlichen Repräsentationsfunktion.[14] Da wir aber der Einfachheit halber den Beobachter hier aus dem Spiel lassen wollen, ergibt sich der redundante Objektbegriff, der uns aber nicht weiter stört. Mithin lassen sich durch ihn die folgenden Betrachtungen leichter formulieren.[15]

Da die Architektur des Modells im wesentlichen auf der Unterscheidung zwischen formalen und inhaltlichen Aspekten der Interaktionen zwischen System und Umwelt basiert, spiegeln auch die Vorstellungen des Systems diesen Unterschied wider: der *experientielle* Anteil eines Konzepts enthält die Erscheinungen des betreffenden Objekts, der *funktionale* Anteil die inhaltlichen Gesichtspunkte. Letztere stellen Beziehungen her zu anderen Konzepten und definieren dadurch den *Begriff*, den das System von dem Objekt hat. In der KI wurden semantische Netze und verwandte Formalismen vorgeschlagen, um begriffliches Wissen zu modellieren. Ein besonders wichtiges Merkmal begrifflicher Netze sind Abstraktionshierarchien: Es wurde schon erwähnt, daß die funktionalen Aspekte der System-Umwelt-Interaktionen, die das Begriffsnetz konstituieren, verschiedene Erscheinungen zu Klassen zusammenfassen. Je umfassender eine Klasse ist, umso allgemeiner ist der betreffende Begriff. Gerade auf diese Weise können funktional gleichartige Situationen unterschiedlicher Erscheinung einheitlich behandelt werden.

Der experientielle Konzeptanteil entspricht dem konkreten Erscheinen des betreffenden Objekts. Was aber soll der experientielle Teil eines generellen Konzepts - z.B. "Möbel" - sein, das relativ verschiedene Erscheinungen, die nur funktional ähnlich sind, zusammenfaßt? Es können mehrere Fälle unterschieden werden. (a) Der Begriff betrifft nur eine(wenige) Modalität(en): für den Begriff der Farbe "karmesin" z.B. sind nur eine visuelle und zwei verbale Modalitäten relevant.[16] Alle anderen Modalitäten sind ausgeblendet, die entsprechenden Erscheinungsformen können frei variieren. In diesem Fall wäre auch der experientielle Anteil des Konzepts für das Objekt mit Namen "karmesin" eingeschränkt auf die relevanten Erscheinungen. (b) Der Begriff betrifft Erscheinungen, die zwar nicht gleich, aber doch verhältnismäßig ähnlich sind - z.B. "Vögel". In diesem Fall kommt eine der typischen Erscheinungsformen - etwa die einer Amsel - als experientieller Konzeptanteil in Frage. Indizien für eine solche Lösung finden sich vor allem in den Arbeiten von E. Rosch und sind in [Lakoff 87*] zusammengefaßt. (c) Das Konzept umfaßt vollkommen heterogene Erscheinungsformen, insbesondere gibt es keine einheitliche sprachliche Beschreibung dafür: In diesem Fall dürfte es besser sein, stattdessen entweder verschiedene Konzepte abzuspalten, die nicht mehr unter diese Bedingung fallen, oder aber zumindest in einer experientiellen Komponente, z.B. in der verbalen, eine einheitliche Erscheinung zu erzwingen - ein neues Objekt wird sprachlich definiert.[17]

---

[14] Noch präziser: diese Konzepte werden dem Beobachter von einem Meta-Beobachter zugeschrieben;

[15] Zu diesen Überlegungen ▷ z.B. [Maturana, Varela 80], [Schmidt 87], sowie [Watzlawick 81] und [Lorenz, Wuketits 83];

[16] nämlich: Farbe sehen, Wort verstehen und gebrauchen;

[17] Ein Beispiel für diesen Typ genereller Konzepte bildet disjunktive Konzepte, etwa "rotes Viereck oder grüner Kreis

Generelle Konzepte sind in der Regel vom Typ (a) oder (b). Die experientiellen Konzeptanteile genereller Konzepte bestehen demnach aus den typischen Erscheinungen der relevanten Modalitäten; sie legen die *Prototypen* dieser Begriffe fest. Fall (c) stellt eine Ausnahmesituation dar, in der das System, aus welchen Gründen auch immer, ein neues Konzept verwendet; sofern es über Sprache verfügt, kann es dem neuen, der sehr heterogenen Erscheinungen wegen in seinem Charakter hochabstrakten Konzept zumindest einen einheitlichen Namen geben, d.h. eine einheitliche Erscheinungsform in den verbalen Modalitäten.

Offensichtlich übernehmen die experientiellen Konzeptanteile im SSM die Rolle der analogischen Vorstellungen des kognitiven Systems, und die funktionalen Konzeptanteile verkörpern seine Begriffe. Beides ist - für einen externen Beobachter - gleichermaßen als Datenstruktur gegeben, das kognitive System selbst verwendet beides allerdings vollkommen verschieden. Analogische Vorstellungen sind den Erscheinungen, wie sie mit den peripheren Prozessen assoziiert sind, analog (sic!) und verlangen Interpretation. Begriffe sind Konglomerate funktionaler Aspekte; sie sind die Interpretationen der zugehörigen analogischen Vorstellungen und können selbst nicht anders als durch ihre Beziehungen zu anderen Konzepten näher bestimmt werden.[18] In gewissem Sinn ist der funktionale Konzeptanteil die *Bedeutung* des experientiellen Teils, der seinerseits als *Bezug* des funktionalen Teils betrachtet werden kann, d.h. als Muster dafür, wie die unter diesen Begriff fallenden Objekte (typischerweise) erscheinen. Ein Bezug auf ein außerhalb des Systems liegendes Urbild ist nicht notwendig.

Eine Erscheinung kann verschieden interpretiert werden; entsprechend können zwei Konzepte zwar gleiche experientielle, aber verschiedene funktionale Anteile haben. Der umgekehrte Fall von Konzepten gleicher begrifflicher aber unterschiedlicher analogischer Vorstellungen ist trivial, da funktionale Aspekte so eingeführt wurden, daß sie unterschiedliche Erscheinungen zu Klassen gleicher Funktion zusammenfassen. Welche Konzeptkomponenten jeweils zu einem Konzept verbunden werden, hängt ab von den zentralen Prozessen; sie legen fest, welche Erscheinungen als Instanzen welcher funktionaler Aspekte betrachtet werden.[19]

Eine in der KI bereits untersuchte Möglichkeit, die Beziehungen zwischen experientiellem und funktionalem Konzeptanteil zu kontrollieren, sind Typikalitätswerte. Eine Vorform davon wird z.B. im System CITYTOUR ([André et al. 85*]) verwendet: Um Fragen über räumliche Relationen und einfache Ereignisse in einer visuell zugänglichen Szene zu beantworten, werden entsprechende Konzepte wie "links-von", "hinter", "vorbei" instantiiert. Dabei werden "Anwendbarkeitsgrade" ($\in [0.0..1.0]$) unterschieden, die in Abhängigkeit von z.B. Objektgrößen und Entfernungen zwischen den Objekten angeben, in wie großem Maße der Begriff auf die Situation zutrifft. Sprachlich werden sie durch linguistische Hecken reflektiert: "Das Rathaus befindet sich *ungefähr* hinter der Kirche." Anwendbarkeitsgrade verkörpern die Abweichung der betrachteten von der prototypischen Erscheinung. In [Schirra 89*] wird deshalb eine Erweiterung zu Typikalitätswerten vorgeschlagen: Während die Anwendbarkeitsgrade in CITYTOUR ausschließlich die Begriffe bezüglich der perzipierten visuellen Erscheinung bewerten, sollen Typikalitätswerte prinzipiell die Beziehung zwischen einem Begriff und der assoziierten analogischen Vorstellung relativ zur prototypischen Vorstellung dieses Begriffs angeben.

---

oder blaues Dreieck"; die angeführte Phrase ist dabei bereits ein mögliches einheitliches verbales Erscheinungsbild für dieses Konzept;

[18] Diese Bestimmungen werden auch "Realdefinitionen" genannt; im Gegensatz dazu werden die oben unter Fall (c) erwähnten Festlegungen als "Nominaldefinitionen" bezeichnet;

[19] ▷ dazu auch [Woods 87]; ein bereits relativ komplexes Beispiel für eine solche Zuordnung im Rahmen des raumbezogenen Denkens ist die Aufgabe, Bewegungen zu erkennen; ▷ etwa [Herzog, Rist 88*];

Bildvorstellungen sind typische Vertreter analogischer Vorstellungen, die den mit Perzeptorprozessen gewonnenen Erscheinungen analog sind. Aber auch die mit Effektorprozessen assoziierten Erscheinungen treten als Teile der experientiellen Konzeptanteile auf: Zimmer schlägt "motorische Programme" als die Einheiten analogischer Vorstellungen bzgl. Bewegungen vor und stützt diese Annahme durch eine Reihe von Experimenten.[20] Ein motorisches Programm ist ein Informationskomplex, der von dem entsprechenden Effektorprozeß in einen abgeschlossenen Bewegungsablauf mit definiertem Anfangs- und Endpunkt transponiert werden kann. Als Komponente eines experientiellen Konzeptanteils hat ein motorisches Programm die Rolle der konkreten Vorstellung einer Eigenbewegung. Nachdem eine solche Vorstellung von zentralen Prozessen aufgebaut wurde, wird sie von ihrer Interpretation (und den gegebenenfalls auch vorhandenen experientiellen Konzeptteilen anderer Modalitäten) abgespalten und an den zuständigen Effektorprozeß zur Ausführung weitergegeben.

Es wird deutlich, auf welch relativ einfache Weise die zentrale Verarbeitungsstufe die Perzeptorprozesse top-down steuern kann: ganz analog zu den motorischen Programmen werden etwa Bildvorstellungen von ihren funktionalen Teilen gelöst und unterstützen als erwartete Erscheinungen die Arbeit der visuellen Perzeptorprozesse. Top-down-Steuerung erweitert das System also nicht, sondern nutzt die ohnehin vorhandenen Strukturen nur besser aus.

Wir sind nun am Ziel unserer Betrachtung: bildhafte Vorstellungen sind die den visuellen Erscheinungen entsprechenden experientiellen Teile der Konzepte des betrachteten Systems. Sie sind den Ergebnissen der visuellen low-level-Analysen analog, im Gegensatz zu jenen aber interpretiert. Dieses Merkmal zeigen sie in Übereinstimmung mit den Resultaten von [Reisberg, Chambers 86*], wonach visuelle wie auch auditive Vorstellungen immer interpretiert sind. Die Verbindung zu den interpretierenden Begriffen wird durch Typikalitätswerte auf die prototypischen Bildvorstellungen bezogen. Welches Format bildhafte Vorstellungen haben, hängt offenbar ab vom Format der visuellen Erscheinungen: Wird dort ein bestimmter Datentyp verwendet, müssen Bildvorstellungen dem folgen. Allgemein muß von einer Identität zwischen analogischen Wissensformen und Erscheinungsformen der zugehörigen Modalität ausgegangen werden. Umgekehrt gilt: Interagiert das betrachtete kognitive System mit seiner Umwelt überhaupt nicht visuell - um nur ein Beispiel zu nennen -, bleibt es schwer vorstellbar, warum dieses System dann bildhafte Vorstellungen entwickeln und verwenden sollte. Raumbezogene Konzepte können dabei natürlich durchaus in anderen Modalitäten, z.B. akustisch und kinästhetisch, verankert sein. Nimmt man weiterhin die Befunde von [Livingstone 87] ernst (▹ 2.2), so gibt es beim Menschen insbesondere nicht nur eine Art bildhafter Vorstellungen, sondern drei verschiedene, die den drei perzeptiven Prozessen visueller Analyse entsprechen. Form-, Bewegungs- und Farbvorstellungen könnten somit auch relativ unabhängig voneinander auftreten: Der Begriff "Dreieck" wäre etwa mit der prototypischen Formerscheinung eines im wahrsten Sinn des Wortes farblosen Dreiecks assoziiert.[21]

---

[20] ▹ zusammenfassend [Zimmer 87*] und die dort erwähnte Literatur;

[21] vgl. auch: *There are also cases, and these are undoubtedly of common occurence, where the eidetic imagery of pure color without form appears. Adults without other evidence of eidetic ability frequently report that they can at will suffuse a neutral surface, or when their eyes are closed, the retinal grey, with any color they choose.* [Allport 24*], S.107;

3. Zusammenfassung und Ausblick

Welche Schlüsse lassen sich aus dem SSM für die Beschäftigung mit Bildvorstellungen in der KI ziehen?

- *Das SSM expliziert, warum analogische Vorstellungen absolut notwendige Voraussetzungen sind, wenn man sich im Rahmen einer konstruktivistischen Referenzsemantik mit raumbezogenem Denken beschäftigt:* Es geht hier um die Frage, wie Konkretes und Abstraktes aufeinander bezogen werden. Basis einer konstruktivistischen Sichtweise bildet die These, daß man von unabhängig vorgegebenen Einzeldingen in der Welt nicht reden kann; diese werden erst im Akt der Interaktion zwischen einem kognitiven System und seiner Umwelt konstituiert. D.h., was einem kognitiven System als Einzelgegenstand - als Konkretum - gegeben ist, ist nur relativ zu dem System festgelegt. Wie das System mit seiner Umwelt umgeht, bestimmt, womit es umgeht.
  Abstrakta werden andererseits in einem referenzsemantischen Ansatz immer bezogen auf die unter sie fallenden konkreten Einzelgegenstände. Von Begriffen, die von Konkretem völlig abgelöst sind, kann nicht sinnvoll gesprochen werden. Abstrakte räumliche Begriffe - etwa "links von" oder "sich von etwas entfernen", aber auch "Müller steht links von Meier" - setzen konkrete Situationen voraus, auf die sie Bezug nehmen. Sonst wären sie sinnlos.
  Eine konstruktivistische Referenzsemantik muß erklären, wie ein kognitives System die Beziehung zwischen seinen abstrakten Begriffen und den ihm verfügbaren konkreten Einzelgegenständen herstellt, auch wenn das System aktuell nicht mit einem entsprechenden Gegenstand umgeht. Genau das aber ist der Zweck, den analogische Vorstellungen im SSM haben.
  Mithilfe analogischer Vorstellungen werden die abstrakten Begriffe ganz allgemein referentiell verankert, wobei weder auf objektiv vorgegebene Entitäten außerhalb des Systems verwiesen wird, noch die Beschränkung auf aktuell vorliegende Erscheinungen notwendig ist. Analogische Vorstellungen entsprechen zwar den Erscheinungen, die mit den Zugangsmodalitäten des kognitiven Systems assoziiert sind und die die dem System gegebenen Konkreta darstellen. Aber sie sind losgelöst vom direkten Umgang des Systems mit seiner Umwelt: analogische Vorstellungen im SSM erlauben dem System, sich von der tatsächlichen Situation zu lösen und probeweise virtuelle Situationen zu untersuchen, ohne den Rahmen der Referenzsemantik zu verlassen.
  Analogische Vorstellungen sind also keineswegs Epiphänomene ohne Funktion: sie steuern die begrifflich-funktionale Analyse, indem sie diese an die entsprechenden konkreten Situationen zurückbinden. Mithin können Prozesse des raumbezogenes Denkens nur dann sinnvoll definiert werden, wenn sie diese Grundlage der Semantik integrieren.
- *Analogische Vorstellungen sind in ihrer Form notwendig identisch mit den "primären, sensomotorischen Interpretationen" - im SSM "Erscheinungen" genannt -, die das System mit der Welt koppeln:* Ein eigenständiger, von der Wahrnehmung unabhängiger Datentyp zur Darstellung von bildhaften Form-, Bewegungs- und Farbvorstellungen ist nicht adäquat. Umgekehrt gilt: welche Darstellungsweisen auch immer für Bildvorstellungen verwendet werden, sie müssen eine entsprechende Rolle bei der visuellen Wahrnehmung des Systems spielen. Hier äußert sich der Zusammenhang, den wir in der Umgangssprache zwischen analogischen Vorstellungen (Bild- und Hörvorstellungen) und Konkretheit machen: "Sich etwas konkret (bildlich) vorstellen" und "etwas konkret sehen". Bildvorstellungen - wieder paradigmatisch für alle analogischen Vorstellungen - und visuelle Wahrnehmungen - ebenfalls beispielhaft - werden beide als konkret empfunden.

Es ist diese Analogie zwischen den konkret wahrgenommenen Erscheinungsformen und den willkürlich erzeugbaren analogischen Vorstellungen, die letzteren den Namen gibt. Dabei wird zugleich deutlich, welche Kriterien festlegen, was analogisch vorgestellt wird (▹ Abschnitt 1): Die Funktionsweisen der peripheren Prozesse bestimmen, wie dem System seine Umwelt erscheint. Die Ordnungsprinzipien, die die visuellen Analysen steuern, legen fest, was wie gesehen oder bildlich vorgestellt wird. Da z.B. die visuelle Analyse unter Berücksichtigung der Gestaltgesetze eine Zerlegung in Figur vs. Grund erzeugt, tritt diese Unterscheidung auch bei Bildvorstellungen auf.

- *Analogische Vorstellungen dienen als Prototypen allgemeiner Begriffe:* Als solche liefern sie die Maßstäbe, an denen die zentralen Prozesse die Zugehörigkeit einer (perzipierten) Erscheinungsform zu dem allgemeinen Begriff messen: Der Begriff kann mehr oder weniger anwendbar sein; umgekehrt ist dann die Erscheinungsform mehr oder weniger typisch für den Begriff. Dieses Typikalitätsmaß spielt nicht nur bei der Interpretation von Erscheinungen eine Rolle: Zu einem komplexen Begriff kann, ausgehend von den Prototypen der ihn bestimmenden Teilbegriffe, eine möglichst typische Erscheinungsform aufgebaut werden. Falls die Prototypen der Teilbegriffe nicht direkt zusammenpassen, müssen Varianten mit entsprechend niedrigerem Typikalitätswert verwendet werden, wobei insgesamt alle Typikalitäten maximiert werden. So kann z.B. die Verständlichkeit einer Radio-Livereportage eines Fußballspiels berechnet werden, indem die der Textinterpretation entsprechende Bildvorstellung zusammengesetzt wird. Die letztendlich erreichte Typikalität der Bildvorstellung entspricht der Plausibilität des Textes für den Hörer. [22]
- *Als direkte Folge der Formidentität zwischen analogischen Vorstellungen und Erscheinungen erfordert top-down-Steuerung von Perzeptorprozessen keinen neuen Formalismus:* wie bei der Ansteuerung der Effektorprozesse ergeben sich die entsprechenden Daten aus der Struktur der Konzepte durch Abspaltung des experientiellen Teiles der entsprechenden Modalität. Aus den Prototypen können - mithilfe der Typikalitätswerte wie oben angedeutet - Bildvorstellungen über das erwartete Geschehen aufgebaut werden, die die Arbeit der visuellen Analyse wesentlich erleichtern. Insgesamt ergibt sich so ein sehr ökonomisches Bild der Funktionsweise eines kognitiven Systems: ein Datenformat wird dreifach verwendet: als primäre Interpretation der aktuellen Situation, als analogische Vorstellung unabhängig von der gegebenen Situation, und als in der vorliegenden Situation vom System erwartete Erscheinung;
- *Analogische Vorstellungen - insbesondere Bildvorstellungen - sind nicht vage:* Sie sind die konkreten Erscheinungsformen der Objekte bezüglich einer Modalität. Infolge des konstruktivistischen Objektbegriffs gibt es aber kein vorgegebenes Urbild, mit dem verglichen das mentale Bild unvollständig oder unscharf sein könnte. Es fehlt also schlicht der Maßstab, an dem ihre Vagheit gemessen werden könnte. Das entspricht auch den Befunden von [Reisberg, Chambers 86*]. Bildvorstellungen können mehr oder weniger typische visuelle Erscheinungen ihrer Interpretation, d.h. des Begriffs sein; aber sie entsprechen immer einer vollständigen potentiellen Wahrnehmung.
- *Zur Modellierung des menschlichen raumbezogenen Denken in der KI genügt es nicht, sich nur mit Bildvorstellungen zu beschäftigen:* Unser Raumkonzept basiert nicht nur auf visueller Wahrnehmung, sondern beispielsweise ebensosehr auf unserer Fähigkeit zu Bewegung; ohne hier näher darauf einzugehen, denke ich, daß z.B. Begriffe wie "rechts" und "links" weniger in der visuellen Interaktion verankert sind ("*links von* sehen"), sondern primär motorisch/kinästhetisch ("sich *nach links* drehen"). Neben visuellen analogischen Vorstellungen wären demnach auch motorische

---

[22] ▹ [Schirra 89*];

Programme in die spatial-reasoning-Formalismen einzubeziehen. [23]

Ich möchte abschließend zwei mir wichtig erscheinende weiterführende Gedanken kurz umreißen.

- *Die Sonderrolle der sprachlichen (verbalen) Erscheinungsformen:* In Abschnitt 1 wurden Sprachanalyse und -generierung als periphere Prozesse erwähnt. Gemäß dem SSM gibt es entsprechende verbale Erscheinungsformen und analogische Vorstellungen. Diese bilden auch die Grundlage für "inneres Sprechen", als das Denken oft erlebt wird (▹ [Vygotsky 78]).
In Abschnitt 2.3 halfen uns die Verbalvorstellungen beim Definieren neuer hochabstrakter Konzepte: i.a. ist Sprache für solche Konzepte, etwa "Gerechtigkeit", die einzige konkrete Erscheinungsform, die sich zur Verwendung als Prototyp eignet. Alle anderen Erscheinungsformen sind viel zu heterogen. Die verbale Bezeichnung ist das einzige, worin verschiedene Aktualisierungen sich ähneln. Entsprechend dem oben erwähnten Aufbau von Bildvorstellungen kann man sich auch den Aufbau von Verbalvorstellungen denken: die verbale Erscheinung des Konzeptes wird aus den (prototypischen) verbalen Erscheinungen der es bestimmenden Begriffe konstruiert, wobei der abstrakt-funktionale Begriffszusammenhang ins Konkret-Sprachliche übersetzt wird. Die "Übersetzungsregeln" aber sind im Gegensatz zu denen der Bildvorstellungen konventionell. Der Zusammenhang zwischen sprachlicher Erscheinung und Begriff ist - wenngleich metaphorisch motiviert (▹ [Lakoff 87*]) - nicht vom System selbst determiniert. Sonst müßten z.B. alle Menschen notwendigerweise die gleiche Sprache sprechen. Sprachliche Erscheinungen sind somit Zeichen.
- *Konventionelle Interpretationsregeln für analogische Vorstellungen:* Das Phänomen konventioneller Beziehungen zwischen Erscheinung und Interpretation ist nicht auf Verbalvorstellungen beschränkt. Bildvorstellungen mit konventionellen Elementen (▹ auch [Lakoff 87*, S.444ff.]) sind z.B. Skizzen. [Eco 72, S.208] schreibt dazu: *Ein typisches Beispiel liefert die ikonographische Darstellung der Sonne als eines Kreises, von dem strahlenförmig soundsoviele kurze gerade Linien ausgehen. Die ursprüngliche Erfahrung der Sonne ist dadurch gegeben, daß man sie mit halb geschlossenen Augen betrachtete. In diesem Fall erscheint sie uns als ein leuchtender Punkt, von dem diskontinuierlich Strahlen ausgehen. Wenn man eine bestimmte graphische Konvention akzeptiert, können diese Strahlen durch mehrere* schwarze *Linien und der leuchtende Punkt durch einen* weißen *Kreis dargestellt werden.* Die Skizze hat mit der eigentlichen Erscheinung also nicht sehr viel gemeinsam. Skizzen können z.B. sehr wohl vage sein; das hängt von den Interpretationskonventionen ab (z.B. verschiedene Grauwerte als Aufenthaltswahrscheinlichkeit eines Elektrons). Gleichwohl erscheinen Skizzen dem System zunächst nur als ganz normale Bildvorstellungen, die vollkommen bestimmt sind (im Beispiel: jeder Punkt der Skizze hat einen genau bestimmten Grauwert). Die Vagheit liegt auch hier nicht in der Erscheinung, sondern in deren Interpretation.
Skizzenhafte Bildvorstellungen spielen derzeit auch in der Diskussion analogischer Bildvorstellungen für raumbezogenes Denken, z.B. in [Habel 88*], eine große Rolle. Die spezifischen Unterschiede zwischen skizzenhaft-konventionalisierten Bildvorstellungen und den in dieser Arbeit ausführlich betrachteten primär-perzeptuellen Bildvorstellungen herauszuarbeiten, muß zukünftigen Darstellungen vorbehalten bleiben. [24]

---

[23] ▹ dazu die Überlegungen zum Begriff der "subjectification", den [Langacker 89] vorschlägt und am Beispiel "across" erläutert;

[24] ▹ [Lakoff 89] und [Rauh 89] zur Genese von als Zeichen verwendeter analogischer Vorstellungen durch metaphorische Übertragung;

Literatur, die nicht im Gesamtverzeichnis erwähnt wird

[**Bateson 84**] Bateson G.: *Geist und Natur: Eine notwendige Einheit.* Frankfurt/M: Suhrkamp, 1984.

[**Berlin, Kay 69**] Berlin B., Kay P.: *Basic Color Terms: Their Universality and Evolution.* Berkeley: UC Press, 1969.

[**Eco 72**] Eco U.: *Einführung in die Semiotik.* UTB 105, Wilhelm Fink, München, 1972.

[**Gardner 85**] Gardner H.: *The Mind's New Science - A History of the Cognitive Revolution.* New York: Basic Books, 1985.

[**Hadamard 45**] Hadamard J.: *The Psychology of Invention in the Mathematical Field.* Princeton Univ. Press. (N.J.), 1945.

[**Lakoff 89**] Lakoff G.: *The Invariance Hypothesis: Do Metaphors Preserve Cognitive Topology?* L.A.U.D. A 266, Univ. Duisburg Gesamthochschule, 1989.

[**Lakoff, Johnson 80**] Lakoff G., Johnson J.: *Metaphors We Live By.* Chicago, London: Univ. of Chicago Press; 1980.

[**Langacker 89**] Langacker R.W.: *Subjectification.* L.A.U.D. A 262, Univ. Duisburg Gesamthochschule, 1989.

[**Leroi-Gourhan 84**] Leroi-Gourhan A.: *Hand und Wort - Die Evolution von Technik, Sprache und Kunst.* Frankfurt/M: Suhrkamp, 1984.

[**Livingstone 87**] Livingstone M.S.: *Kunst, Schein und Wahrnehmung.* in: *Spektrum der Wissenschaft,* S. 114-121, 3/1988.

[**Lorenz, Wuketits 83**] Lorenz K., Wuketits F.M. (eds.): *Die Evolution des Denkens.* München, Zürich: Piper, 1983.

[**Maturana et al. 68**] Maturana H.R., Uribe G., Frenk S.: *A Biological Theory of Relativistic Color Coding in the Primate Retina.* in: *Arch. Biologia y Med. Exp.,* Supplemento No. 1, Santiago (Chile), 1968.

[**Maturana, Varela 80**] Maturana H.R., Varela F.J.: *Autopoiesis and Cognition - The Realization of the Living.* Dodrecht (NL): D. Reidel Publ. Comp., 1980.

[**Morris 46**] Morris C.: *Signs, Language, and Behaviour.* New York: Prentice Hall, 1946.

[**Rauh 89**] Rauh G.: *Metaphors as Indicators of the Generativity of Conceptual Competence.* erscheint in: *Proc. L.A.U.D. Symposium on Cognitive Linguistics.* (28. März - 1. April 1989, Duisburg).

[**Reithinger 87**] Reithinger N.: *Ein erster Blick auf POPEL: Wie wird was gesagt?* in: Morik K. (ed.): *GWAI-87 - 11th German Workshop on Artificial Intelligence.* Berlin: Springer-Verlag, IFB 152, 1987; S. 315-319.

[**Shepard, Shipman 70**] Shepard R.N., Shipman S.: *Second-order Isomorphism of Internal Representations: Shapes of States.* in: *Cognitive Psychology.* (1), S. 1-17, 1970.

[**Schmidt 87**] Schmidt S.J. (ed.): *Der Diskurs des Radikalen Konstruktivismus.* Frankfurt/M: Suhrkamp, 1987.

[**Strube 87**] Strube G.: *Repräsentationsformen beim menschlichen Problemlösen.* in: Hoeppner W. (ed.): *GWAI-88 - 12th German Workshop on Artificial Intelligence.* Berlin: Springer-Verlag, IFB 181, 1988; S.287-295.

[**Sung 88**] Sung C.-K.: *Extraktion von typischen und komplexen Vorgängen aus einer langen Bildfolge einer Verkehrsszene.* in: H. Bunke, O. Kübler, P. Stucki (eds.) *Mustererkennung 1988.* Berlin: Springer-Verlag, 1988.

[**Turvey, Carello 80**] Turvey M.T., Carello C.: *Cognition: The View from Ecological Realism.* in: *Cognition,* 10, S. 313-321, 1980.

[**Vygotsky 78**] Vygotsky L.: *Mind in Society: The Development of Higher Psychological Processes.* Harvard Univ. Press, Cambridge, 1978.

[**Watzlawick 81**] Watzlawick P. (ed.): *Die erfundene Wirklichkeit. Wie wissen wir, was wir zu wissen glauben?* München, Zürich: Piper, 1981

[**Winograd, Flores 86**] Winograd T., Flores F.: *Understanding Computers and Cognition.* New Jersey: Norwood, 1986.

[**Woods 87**] Woods W.A.: *Don't Blame the Tool.* in: *Comput. Intell.* 3, S. 228-237, 1987.

[**Zimmer, Engelkamp 88**] Zimmer H.D., Engelkamp J.: *Informationsverarbeitung zwischen Modalitätsspezifität und propositionalem Einheitssystem.* in: Heyer G., Krems J., Görz G. (eds.): *Wissensarten und ihre Darstellung - Beiträge aus Philosophie, Psychologie, Informatik und Linguistik.* Berlin: Springer-Verlag, IFB 169, 1988; S. 130-154.

Issues of Spatial Representation in Computational Vision[1]

H. Siegfried Stiehl
Universität Hamburg
Fachbereich Informatik
Bodenstedtstr. 16, D-2000 Hamburg 50

1 Context and Spectrum

Representation is an ubiquitous word which expresses multifaceted aspects of quite different, primarily non-technical, discourse domains such as philosophy, art, psychology and politics. Consequently one can hardly expect a general and exhaustive definition but instead (more or less hollow) phrases like "... a term with a broad general connotation of making present something or somebody that is not present ..." (Encyclopaedia Brittanica, 14th edition, Vol. 19, 1968, p. 152).[2] In the context of Artificial Intelligence, and particularly of computational vision, a crisp and widely accepted definition of what representation in general is meant to be has not been given up until now except for rather non-commital statements such as "... representation may be viewed as 'a set of conventions about how to describe things' ..." (WESZKA 79, Chapter 3.a) or "A representation is a formal system for making explicit certain entities or types of information, together with a specification of how the system does this." (MARR 82, Chapter 1.2, p. 20).[3]

In contrast, a mathematical definition has been given in REQUICHA 80 for the purpose of representation of 3-d object geometry for Computer Aided Design and Manufacturing (CAD/CAM, see MORTENSON 85 for a standard textbook): Here, a representation scheme s is a relation $s : M \rightarrow R$ between abstract solids in the mathematical modelling space M and representations in the representation space R such that a particular representation r is established by a mapping from the domain D of s on the image (or, respectively, range) V of D under s (ibid., p. 441-442).

Within the general framework of computational models for human information processing, representation has to be considered in the following contexts

- representation of visual data from the world under consideration (e. g. to capture particular physical aspects of the world in discrete retinal images)
- representation of intermediate results from processing these images (e. g. intrinsic images to

[1]This contribution is a slightly extended and revised version of Chapter 4.3 in STIEHL 87.

[2]A short paragraph on the etymology of the verb "to represent" can be found also in the Encyclopaedia Brittanica (e. g. 11th edition, Vol. 23, 1910-1911, pp. 108). It is pointed out there that the Latin word "re-praesentare" unambigiously means "to make present again" or "to bring back into presence" (sic!). Up to the 16th century "represent" had been used synonymously with "exhibit, explain, portray, describe, allege to be" while "representation" was equivalent to "image, likeness, reproduction, picture, pretence" (ibid.). In Kantian language "representation" was the "... generic term for percepts, concepts, and ideas ..." (ibid., p. 109).

[3]See for comparison the A. I. oriented definition in NEWELL 82 (p. 114), where the slogan equation "Representation = Knowledge + Access" has been postulated, which means: "The representation consists of a system for providing access to a body of knowledge ..." (ibid.). Access is here considered to be a "... computational process ..." (ibid.).

make explicit physical properties, which have been recovered from the discrete image function of objects), and

- representation of knowledge about a) the spatio-temporal world, e.g. to model generic objects, configurations, situations, and/or events which are known to be or expected to be present in the given discrete image(s), and b) processes such as image formation, laws of Gestalt perception, mental rotation, et cetera.

Moreover it is common practice by now to adopt a multilevel point of view of knowledge representation in computational vision which takes into account the following trichotomy (MATSUYAMA 84; see also, for comparison, the distinction between signal, physical, and semantic knowledge as proposed in KANADE 83 and KANADE 78)[4]

- physical knowledge (e.g. general laws of projective geometry as well as photometry, camera models),
- perceptual (visual) knowledge (e.g. general laws of perceptual grouping), and
- semantic knowledge (e.g. about the world/domain).

In KANADE's image understanding paradigm, signal level knowledge facilitates processes like extraction of picture-domain cues from images while physical level knowledge must be brought to bear to infer $2^1/_2$-d scene-domain properties from 2-d picture-domain cues. Lastly semantic level knowledge supports processes to relate scene-domain cues to corresponding parts of the world model for e.g. recognition.

In the past, representation for computational vision purposes has been juxtaposed to representation issues in Cognitive Science[5] which inter alia addresses itself to the investigation of spatial abilities of human beings such as perception of visual space, representation of mental imagery, mental spatial orientation and navigation via cognitive maps, spatial reasoning, and representation of spatial knowledge (see McNAMARA 86; FINKE 85; PINKER 84; HABER 83; PERRICONE 83; OLSON, BIALYSTOK 83; BIEDERMAN et al. 82; MANI, JOHNSON-LAIRD 82; PINKER 80 and THORNDYKE 80 for selected literature). One of the key issues in space perception and cognition of human beings is doubtless the representation of spatial knowledge along with questions of how it is acquired, processed, maintained, updated, et cetera. Spatial knowledge thus is an indispensible prerequisite for successful 3-d vision by man or machine and must encompass at least the shape of objects (which are embedded in planar, spatial, or spatio-temporal environments) and their mutual attributed relations. Not surprisingly, representation of 2-d/3-d shape as well as planar and spatial relations has been tackled intensively in computational vision research.

Viewed in the broader sense of an artificial information processing system, representation itself is only one aspect of a complicated multi-level mapping from the world to a particular data structure on the machine level (as depicted in Fig. 1; see also the thoughtful essay in BOBROW 75 for additional remarks). Evidently the crucial first two mappings have to be carried out by the designer(s) of an e.g. image understanding system and thus have to be considered a purely intellectual task

[4]This by now paradigmatic view of knowledge levels in computational vision emerged from early visionary papers like BARROW, TENENBAUM 75 (which indeed should be judged to be an exemplary classic which opened new vistas and contributed to shape computational vision as a scientific discipline going beyond, at that time already established, classical digital image processing and pictorial pattern recognition).

[5]For a survey on general knowledge representation issues in Cognitive Science see FREKSA et al. 85.

[6]Please note the clear semantic boundary between data structure and representation used here. Data structure means a set of, e.g. specifically ordered, data for machine level processing while representation refers to the conceptual/formal level. However, in a number of publications "data structure" and "representation" have been used more or less synonymously.

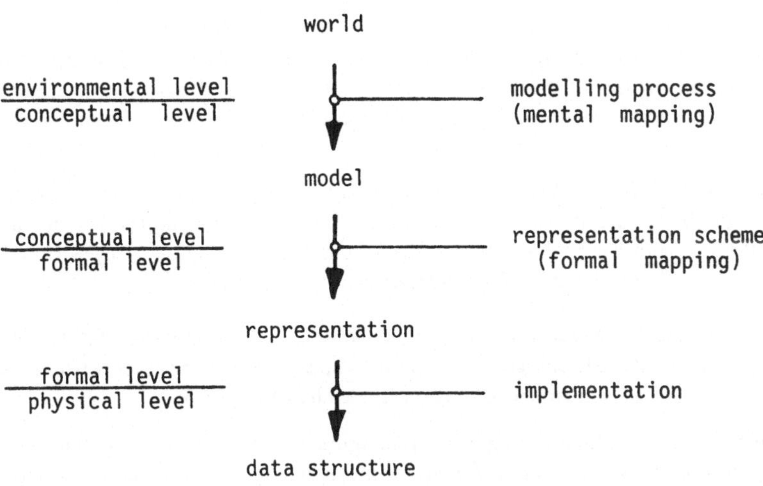

Figure 1: Context of Representation[6]

which heavily draws upon intelligent capabilities such as (to name a few) abstraction, conceptualization, and categorization, as well as upon the availability of domain expertise and experience. The modeling process can be understood as a mapping from a complex real world to a model via e.g. intuitive, heuristic, or formal abstraction. Abstraction thus necessarily implies reduction from complexity to saliency. Models have to satisfy a prior defined set of criteria such as uniqueness, finiteness, completeness, accuracy, consistency, flexibility, and the like. Depending on the domain and the task to be carried out, one has to take into consideration at least the following aspects when shaping a model: Complexity of the domain, availability of knowledge, quality etc. of the knowledge, the multitude of objects, generalization/specialization hierarchy, names of classes and class members, part/whole decomposition, descriptive and relational properties of generic objects and instances thereof.[7] Once the model has been created, the designer of the system usually has to decide upon which representation(s) to choose and utilize in the system. It becomes clear at the outset that representation now can be described as a formalism which makes explicit salient properties of objects for subsequent processing (within a computational architecture dedicated to vision purposes). Such a formalism has to satisfy a prior defined catalogue of criteria or requirements depending on the domain, the system's goal, the processes, and the overall system design principles. With regard to the design of an artificial, e.g. visual, information processing system, one of the key questions therefore is "What has to be made explicit what for, why, how, and when?". Unfortunately, only fragmentary knowledge has been gathered so far about representation issues in human visual information processing on all the proposed levels (if any) and a holistic computational theory of human visual perception and cognition has not been shaped so far. However, even the set of fragments of certain knowledge spurred the establishment of academic schools devoted to biologically influenced or cognitively adequate computational vision research (for an exemplary

[7]Please note that, in the case of computational vision, the term model implies aspects of the 4-d domain-knowledge level as well as of the 2-d viewer-centered image-domain level since the above mentioned designer of a system has to take care of both aspects of the world. Moreover, the discussion of modeling is strongly related to the general problem of knowledge acquisition and representation in Artificial Intelligence. However, knowledge engineering for general computational vision purposes has been scarcely addressed in the literature up to now (see, for instance, the papers by AKIN, REDDY 77 on an experimental paradigm for knowledge acquisition and by LEMMER, MITCHELL 84 on basic research).

description of recent ambitious research on an emerging framework, which might lead to such an envisaged theory, see GROSSBERG 80/83/87). Evidently, further insights from Cognitive Science research on human visual information processing, along with discoveries from the Neurosciences about mammalian visual perception, could significantly contribute to a theory of representation for computational vision.

In BALLARD, BROWN 82 a thoughtful categorization of the issue of representation in computational vision has been introduced (ibid., Chapter 1.3, pp. 6-9; Chapter 10, pp. 317-321; see also ibid., Fig. 10.1 on page 318) which takes into account the analogical/propositional representation dichotomy.[8] The authors identified four categories

- generalized images, which are in iconic or analogical representation (e. g. discrete arrays of edge elements, intrinsic images with explicit spatial depth or orientation of visible surfaces, processing cones with a multi-resolution hierarchy of images);
- segmented images, which are again in analogical representation (e. g. line segments and their junctions, regions of spectral uniformity, scale-space representation of zero-crossings);
- geometric representations, which are also in analogical form, of two- and three-dimensional shape; and
- relational structures, viz complex symbolic descriptions of image and world structure, in an analogical/propositional representation (e. g. semantic nets).

Each of these four topics has been covered in sufficient detail in BALLARD, BROWN 82 (in fact, this textbook is organized around this categorization such that the main four parts of the book correspond to the four categories).

2 Shape

Shape is the intrinsic salient object property which renders possible unambigious recognition (e. g. verbal class membership assignment) and description (e. g. generation of verbal utterances on surface geometry[9] of single objects from visual data by human beings. Understanding and describing static scenes with complex object arrangements to the fullest extent moreover requires representation of 3-d shape and spatial relations as well. Consequently, understanding of dynamic, viz time-varying, scenes presupposes representation of the world's time axis and associated temporal phenomena. As pointed out earlier, single projection/reflection-type images lack depth and thus are only degraded 2-d iconic representations of the world. Consequently, shape is a 2-d, $2^1/_2$-d, 3-d, and 4-d phenomenon in both a viewer-centered and an object-centered coordinate system.

Principally, the problem of representing shape has to be addressed with respect to five main issues:

- the juxtaposition of contour/region-oriented shape representations in 2-d as well as surface/volume-oriented representations in 3-d, each of which has to be recognized as an important conceptual dichotomy;

[8] For a brief summary of this important dichotomy, which arose from the mental imagery debate (for an introduction see the essay in YUILLE 83 and the book in BLOCK 81), see BALLARD, BROWN 82; Chapter 10.1.2.

[9] MARR's definition is adopted here which states that shape is the "... geometry of an object's physical surface ..." (MARR 82, p. 296). Shape however is a multi-facetted phenomenon extending beyond geometry and hence is not only relevant to vision but also to Cognitive Science, Linguistics, et cetera (see, for instance, BAJCSY, JOSHI 78; WALTZ 79 and PINKER 84). Particularly WALTZ expressed early his conviction "... that it is dangerous to study vision (or language) in isolation; the function of vision is to organize the sensory data from an eye into a conceptual structure which can reason about, describe in language, or operate on ..." (WALTZ 79, p. 5). This important point of view is particularly true for the endeavour of aquiring and structurally organizing visual domain knowledge prior to mapping chunks of knowledge onto representation schemes.

- the desired and/or necessary degree of homology between a shape and its representation (e. g. circumscribing rectangle or volume, 2-d or 3-d convex hull, 2-d or 3-d skeleton or medial axis configuration, precisely fitting surfaces or volumes, and the like);
- the planar, spatial or temporal complexity of the given shape (e. g. single convex object or highly irregularly structured object exhibiting multiple axes, static rigid man-made objects from industry and military or biological objects which are subject to changes in space and time; see the categorization below);
- the complexity of the planar, spatial or spatio-temporal environment/world (e. g. isolated single objects vs. object configurations with implicit spatial relations to be represented explicitely, or situations/events which require consideration of time-varying phenomena); and
- the task to be carried out by a system (e. g. one out of the triade of recognition/verification/revelation vision tasks introduced in BAUMGART 74, reconnaissance and spatial navigation in dynamically changing environments, or, by contrast, natural surface rendering for 3-d graphics display).

A categorization of object shape may be approached by defining a potential complexity space spanned by the following minimum number of axes[10] (in rather random order)

- 2-d (planar) vs. 3-d (spatial)
- static vs. dynamic (motion along spatial trajectories)
- rigid vs. non-rigid (elasticity of object surface over time)
- convex up to topologically unconstrained (concave/convex with multiple holes)
- flat vs. curved (either in toto or piecewise)
- smooth up to highly irregular (e. g. in the sense of MANDELBROT's multi-scaled fractal geometry so as to parametrize the degree of "tactile" surface texture)
- unstructured (a single saliently apparent axis) vs. structured (e. g. presence of a defined number of jointed and spatially separated axes)
- undecomposable ("self-contained") vs. decomposable (e. g. according to mathematical criteria or domain-specific nomenclature)
- globally significant vs. locally significant (e. g. local visually significant pertuberations)
- generalizable (e. g. in regard to a generic shape) vs. non-generalizable
- quantifiable vs. non-quantifiable (e. g. in the sense of ease of derivation of whatever quantifiers[11] from visual observation and/or mental/formal abstraction and the like)
- amenable vs. non-amenable to multi-scale hierarchy definition (in regard to a gross-to-fine detail hierarchy)

[10]Please note that the additional relevant aspects of the specifity of imaging modalities, e. g. projective vs. non-projective or reflectance vs. transmission imaging, have been ignored here. Moreover the categorization is restricted to "morphology" aspects of single objects only: Consequently the term "dynamic" refers to moving objects, not to dynamic processes (such as metabolism) inside objects. Also axes regarding the environment of a single object have been omitted here for the sake of clarity although representation of spatial and time-varying configurations of multiple objects and associated physical properties is a key issue in e. g. image understanding.

[11]Quantifiers in this sense may be unique class names, concepts, semantic network nodes, surface patches in mathematical notation, numerical or relational properties (together with definable class ranges), and the like.

- amenable vs. non-amenable to conceptual hierarchy definition (in regard to a generalization/specialization hierarchy)
- viewer-centered/non-canonical vs. object centered/canonical[12]
- predictable up to non-predictable (e. g. in regard to the image-domain appearance of a 3-d shape)

Since each of the five issues given on the penultimate page poses specific requirements on a shape representation and since each representation scheme exhibits intrinsic advantages or limitations, one can safely draw the conclusion that no canonical representation of shape may ever be given in a holistic sense (e. g. such as to satisfy the requirements of all the five main issues; see also footnote 12). Consequently at least (but primarily) purposiveness in regard to task and object class inheres in the selection or the design of a shape representation (scheme) for a computational vision system. One of the major future research endeavours regarding 3-d shape representation therefore appears to be the conceptual integration of different (e.g. propositional, analogical/depictional, and geometric) representation schemes, each of which makes explicit different salient aspects with respect to the five main issues. Though the international literature on shape is overwhelmingly numerous, the problems connected to shape representation in vision have been tackled so far only with rather limited success: It is safe to state that no general (holistic) solution to shape in any of the mentioned dimensions exists for computational vision purposes.[13]

The different aspects of 2-d shape description and representation have been covered exhaustively in the publications by THOMASON, GONZALEZ 85; SHAPIRO 85; ROSENFELD 84; SAMET 84; SHAPIRO 81; PAVLIDIS 81; TANIMOTO 80; and by MEAGHER 79. Particular chapters in some standard textbooks also serve as a good starting point for getting acquainted with 2-d shape and associated problems (PAVLIDIS 82, Chapter 8-12; BALLARD, BROWN 82, Chapter 8; and LEVINE 85, Chapter 10). Recent progress on shape description from curve data, and particularly on multiple scale approaches to the underlying problem, has been published in PAVLIDIS 86. Problems of and tentative solutions to $2^1/_2$-d and 3-d representation of shapes of objects[14] were explicated in the contributions by BESL 88; CONNELL, BRADY 87; SHIRAI 87 (Chapters 10 and 14); BAJCSY, SOLINA 87; SCHARNWEBER 87; WOODHAM 87, FISHER 87, ISHIZAKA 85; PENTLAND 85; BIEDERMAN 85; BESL, JAIN 85 (Chapter 5); SHIRAI 85; MAGNENAT-THALMANN, THALMANN 85 b (Chapter 9 "Human Modelling and Animation"); BRADY et al.

---

[12]A canonical coordinate system has to be viewer-independent (MARR 82), that is, a 3-d coordinate system imposed locally on the 3-d shape. A canonical representation may be defined as "... a data structure corresponding to an object's 3-d shape that is assigned in the same way regardless of the object's position with respect to the viewer." (PINKER 86). However, a canonical shape representation may also be comprehended as being not only viewer-independent but as being capable of holistically representing the required plethora of visual and non-visual aspects of a given shape class either explicitely or implicitely (see also WALTZ 79, p. 5, for comparison) such as to e.g. support a particular task.

[13]A notable exception is the representation of detailed 3-d geometry of man-made industrial objects, however for the purpose of computer-aided design (CAD) in mechanical engineering or in work-cell layout for robot work envelope simulation and/or collision-free path planning (for an exhaustive treatise see REQUICHA 80; REQUICHA, VOELCKER 82/83; and, for the latter, the relevant papers in MAGNENAT-THALMANN, THALMANN 85 a as well as the outstanding survey by KEMPF 83). The significance of geometric modeling for 3-d (industrial) vision has been recognized early (see, for instance, the geometric feedback vision theory proposed in BAUMGART 74 and, later, the exemplary contributions in BROOKS, BINFORD 81; POSDAMER 81; SCHENKER 81 and HENDERSON 83). Only recently it has been proposed in HENDERSON, BHANU 85 "... that the set of intrinsic 3-d shape characteristics provided by the CAD system be used to compare represential power of different CAD systems so far as the requirements for machine vision are concerned." (ibid., p. 425).

[14]For a description of recent research on shape recovery from digital images see ALOIMONOS 88 ("shape-from-x"-paradigm). A brief introduction has been given in TENENBAUM et al. 80 (see also BALLARD, BROWN 82 for further details).

85; SILBERBERG 85 (Chapter 2); LORD, WILSON 84; PINKER 84; SHAPIRO et al. 84 (Chapter 2); BRADY 83; HORN 83; BINFORD 82 (Chapter 6); MARR 82; BALLARD, BROWN 82 (Chapter 9); BAJCSY 82; AGGARWAL et al. 81; SRIHARI 81; and BADLER, BAJSY 78. The state-of-the-art attained up through the end-seventies has been documented in BAJCSY 79. This collection of mostly survey-type papers also addresses general questions of representing knowledge for vision purposes in a more or less consolidated manner. Specific papers on this particular subject have been published by MACKWORTH 88; SHIRAI 87 (Chapter 11); NIEMANN, BUNKE 87; BUNKE 86; MATSUYAMA 84; LATOMBE, LUX 83; KANADE 83; NEUMANN 82; BALLARD, BROWN 82 (Chapters 10-13); NAGEL 79; KANADE 77; and by BARROW, TENENBAUM 75.

As pointed out earlier, the selection of a representational formalism for computational vision purposes is a crucial and complicated task to be carried out by (the) system's designer(s). No general solution has been given up until now to the complex problems associated with the design or the selection of a shape representation formalism for multi-dimensional visual shape. Since the early seventies researchers proposed criteria for and requirements of shape and knowledge representation (see, for instance, BINFORD 71; FISCHLER, ELSCHLAGER 73; BINFORD, TENENBAUM 73; BADLER, BAJCSY 78; BINFORD 82 (Chapter 7); MARR 82; HAVENS, MACKWORTH 83; and BRADY 83). Particularly MARR's early work towards a general framework (or even theory) for computational human vision has been extremely influential. He and his scholars first proposed both a holistic view to the general vision problem and a conceptualization of an information processing model, which heavily draws upon shape recovery and $2^1/_2$-d/3-d shape representation for recognition (see MARR 82, Chapter 5, which is a partly revised and extended version of the early original paper by MARR, NISHIHARA 77).[15] Besides the claims made by MARR about the necessity of a representational hierarchy (based on the concepts of a 2-d primal/full sketch, a subsequent $2^1/_2$-d sketch, and a 3-d model), he proposed a modular, hierarchical, coarse-to-fine 3-d shape representation formalism which a) is suitable for objects which exhibit salient natural axes and b) is based on generalized cylinders[16] or cones (GC's), respectively, as volumetric shape primitives (with an intrinsically local and hence object-centered coordinate system). However, the rather roughly sketched theory of a 3-d model description of shape for 3-d recognition purposes suffers from a few inherent and severe drawbacks such as, for instance, redundancy (e. g. objects may have more than one GC representation) and non-generality (e. g. objects with no prominent distinctive axis or axes cannot be easily represented). Nevertheless GC representations have been utilized quite successfully in a number of image understanding systems for restricted domains. To name a few domains: Single smooth objects from human anatomy in static 3-d images (SHANI 80), single structured man-made objects e. g. in static aerial images (BROOKS 83), and single structured biological objects in time-varying imagery (AKITA 84; HOGG 83; see also the proposal by MARR, VAINA 80).

Criteria for shape representation[17] have been given in the following publications (because of the paramount importance of these criteria they are listed here in excerpts):

i) BINFORD 71

- "... The primary design criteria for a representation are the ease with which we can recognize an object as essentially similar to another we have seen before, ..."

[15]For an outstanding tutorial survey on shape representation and recognition, along with a critical assessment of MARR's theory, see PINKER 84 which also touches upon the point of view of Cognitive Science. Please note also that recently one of MARR's former co-workers judged the milestone contribution of MARR as "... far from being adequate as a theory of vision." but "... is best seen as a working hypothesis about vision." (POGGIO 84). For a constantly emerging, and in regard to MARR's theory competing, theory of computational (general) vision, see LOWE 84 and LOWE 86 for comparison (see also BIEDERMAN 85 for experimental evidence from cognitive psychology).

[16]Please note that Thomas O. BINFORD is credited with having invented the generalized cylinder representation for an object's shape (BINFORD 71; see also BINFORD 79 for comments on the design criteria leading to GC's). A fairly recent publication by SHAFER introduced a taxonomy of GC's along with theoretical considerations on a special class of GC's (SHAFER 83; see also SHAFER, KANADE 83 for a summarizing paper).

[17]Please note that the criteria listed below under i), ii) and iii) justified the appropriate author's choice for GC's.

- "... or the ease with which we can identify that objects with distinct differences have important similarities ..."
- "... The choice of representations depends on the task; ..."

ii) BINFORD, TENENBAUM 73

- "Representations should be symbolic at a high level in order to interface with knowledge of the problem domain."
- "Representations should depend on segmentation into parts, which may have sub-parts."
- "Primitives should be three-dimensional volume descriptions, rather than surface descriptions, to allow a natural choice of parts."
- "Descriptions should be generative. A modest collection of primitives should allow description of a vast set of objects."

iii) MARR, NISHIHARA 77 (see also MARR 82, pp. 296-298)

- "Accessibility - Can the desired description be computed from an image, and can it be done reasonably inexpensively? ..."
- "Scope and Uniqueness - What class of shapes is the representation designed for, and do the shapes in that class have canonical descriptions in the representation? ..."
- "Stability and sensitivity - ... the similarity between two shapes must be reflected in their descriptions, but at the same time even subtle differences must be expressible ..."

iv) BINFORD 82

- "A representation of shape should aid in describing a very large possible class of objects ..."
- "... should be locally generated ..."
- "... should aid in describing similarities of classes of similar objects, that is, it should be a generic representation ..."
- "... should aid in symbolic, generic prediction of appearances ..."
- "... should aid in inferring volume descriptions from image information ..."
- "... should define levels of details, coarse to fine, by defining a natural semantic segmentation, a part/whole decomposition intuitively natural to human beings ..."
- "... should be local ..."

v) HAVENS, MACKWORTH 83 (see also MACKWORTH 88)

- "... descriptive adequacy - the ability of a representational formalism to capture the essential visual properties of objects and the relationships among objects in the visual world ..."
- "... procedural adequacy - the capability of the representation to support efficient processes of recognition and search ..."

vi) BRADY 83 (in addition to the criteria under iii))

- "A representation should have rich local support. Rich means that the representation should be information preserving. Local support means that it can be locally computed ... We call the local parametric description associated with a representation its local frame ..."

- "Local frames give rise to more global descriptions called frames by the process of smooth extension and subsumption ..."
- "The frames that correspond to perceptual subparts of a shape can be propagated by inheritance or affixment ..."

As a conclusion one may state that the above given criteria are more or less stringently related to particular problem classes associated with computational understanding of projection/reflection-type images [18] from e.g. CCD cameras (gauging surface reflectance of static or dynamic objects), namely

- recognition by directly relating image-domain percepts in viewer-centered coordinates to geometric shape concepts in a canonical (viewpoint-independent) object-centered coordinate system,
- recognition of either single isolated or partially overlapping but, with respect to geometric shape complexity, fairly regular man-made (!) objects whose generic shape as well as image-domain appearance (e. g. fairly smooth silhouettes or surfaces) can be tackled with mathematical ease and computational efficiency,
- recognition on the basis of rough shape (e. g. via conceptually rather simple inference of surfaces/volumes from coarse silhouettes or, vice versa, prediction of rough silhouettes from volumes) as opposed to precise 3-d descriptions of irregular shape, viz surface geometry properties in the case of locally salient pertuberations, and
- recognition by indexing a conspicuously simplistic model-space, e. g. only for identification of a particular class member via deciding upon class membership.

In contrast it was only recently that PENTLAND proposed a "... representational system ... to accurately describe an extensive variety of natural (!) forms (e. g. people, mountains, clouds, trees), as well as man-made forms, in a succinct and psychologically natural manner." (PENTLAND 85; p. 3). His research originates from geometric modeling research on superquadrics described in BARR 81 and BARR 84. PENTLAND's shape representation scheme (which has to be seen in the light of the emerging computational theories of perceptual organization and récognition-by-components; see also references below) allows for creation of deformable "lump of clay"-primitives[19] via parametrizable superellipsoids which in turn may be combined using Boolean operators such as in Constructive Solid Geometry. The innovative and by now "not complete" (PENTLAND 85, p. 29) natural shape representation approach has been primarily designed to support the author's research towards a general-purpose real-world vision system which relies on the following paradigm: "... the central problems for perception are to find a set of generically applicable part-models, describe how they combine to form images, and then use this description in order to recognize the content of an image as a combination of these generic primitives." (ibid., p. 7; see also WITKIN, TENENBAUM 86; PENTLAND 87; HOFFMAN, RICHARDS 84 and BIEDERMAN 85). Consequently PENTLAND's approach exhibits the properties of being able to (PENTLAND 85; see also first quotation above)

- "... provide a vocabulary of models and operations that will allow us to model our world as the relatively simple composition of component parts, parts that are reliably recognizable from image data ...",

[18] As opposed to e.g. range images encoding relative depth (object-sensor distance; see BESL, JAIN 85) or spatial image sequences (3-d computed tomography or nuclear magnetic resonance image arrays; see STIEHL 87).

[19] See also KOENDERINK, van DOORN 82 for comparison: "... a general shape is conceived of as a conglomerate of convex ('ovoid') elementary shapes ..." (p. 129). For a comprehensive book on KOENDERINK's research on general shape see KOENDERINK 88.

- "... correctly model(s) important environmental regularities ..." and to "... account(s) for the perceptual organization we impose on the stimulus ...",
- "... correspond(s) to a possible formative history, e. g., how one would create a given shape by combining lumps of clay ...", as well as to
- "... support fast, qualitative, approximations to determine, e. g., intersection, appearance, or relative position ...".

Though the research goal aims at overcoming the above mentioned limitations of current image understanding systems in the long run, actual research has to be considered as work in progress which is far from being completed at the moment. As pointed out already, such novel research within the framework of perceptual organization and interrelated ideas of recognition can be expected to contribute significantly to consolidation of the working hypotheses by BINFORD, LOWE, PENTLAND and others (see also e.g. BAJCSY, SOLINA 87 for recent research on superquadrics instantiation for recognition purposes).

In contrast to the above mentioned authors, BRINKLEY for instance took a quite different (that is, domain-specific) point of view on shape representation such as to satisfy (at first glance partially contradictory) requirements set forth by his primary goal of accurate volume and shape description by a verification vision procedure for medical image understanding (BRINKLEY 84; Chapter 5.2, p. 64 and BRINKLEY 85). In his exemplary research contribution he argued that a representation of natural shape[20]

- should have the "... capability to produce an accurate description of the surface ...",
- "... should allow efficient graphics display algorithms to be easily implemented ...",
- should "... be generalizable. That is, it should be capable of representing a range of organ shapes, all belonging to a given organ class.",
- should "... be localizable. That is, the representation should allow analysis of shape change confined to a limited portion of the organ surface.",
- "... should allow analysis and utilization of shape knowledge in time as well as space ...",
- "... should allow the description of structured objects ...", and
- "... should be as concise as possible ... given the capabilities required ...".

Clearly man-made objects exhibit several advantages in comparison to biological objects: Easy prototyping and class assignment, easily definable part-whole decomposition and primitive composition rules, mainly regular geometry which allows for analytical description, mostly well-defined ranges of e. g. geometric variances, and highly predictable appearance in image domain. Biological objects such as e.g. organs of the human body, however, expose geometric irregularity, biological and pathological deviations which in turn largely prohibit easy class assignment, mainly heuristic or intuitive decomposition into parts, growth or atrophy as a function of time, and a variety of intrinsic properties such as morphology and physiology. Thus it appears to be no accident that quantification,

[20] Please note that BRINKLEY's polyhedral surface representation does not satisfy all of the possibly given requirements (particularly, objects must be static, non-structured, and topologically equivalent to distortions of a sphere). Moreover a full shape description (e. g. in the sense of either mapping properties of the geometric instance to nosological categories, or inferring morphometrical characteristics from the degree of homology between the generic shape and the geometric patient-specific instance), was not undertaken. Research work towards a geometric constraint satisfaction and propagation system for structured, e. g. anatomical, objects is in progress.

representation, and description of biological shape is still in its scientific infancy and hence so far lacks a general solution. Two distinct but nonetheless strongly interrelated aspects of biological shape in two and three dimensions have to be taken into account in the context of medical image understanding

- representation of shape for the purpose of recognizing objects, e. g. to model generic organ shape and organ configurations, and
- description of shape for the purpose of quantifying and analyzing morphometric object properties, e. g. to allow for comparative anatomy.

The first aspect has been investigated in detail in STIEHL 87, particularly in regard to spatial image sequence understanding where representations of generic organs and organ compounds are sought for efficient support of recovery of patient-specific instances from a spatial image sequence by appropriate parametrization (e. g. of generic shape) deduced from (eventually sparse) local image-domain evidence. The second aspect draws upon the idea of morphometrics which has been defined recently in a survey as "... the empirical fusion of geometry with biology." (BOOKSTEIN 82, p. 451). To get the flavour of the scientific problem of describing and quantifying natural shape one has to be referred to the classics in THOMPSON 59 and BOOKSTEIN 78, which are a must for everyone interested in biological shape.[21] Though biological shape may be defined as "... an 'event in space-time', and not merely a 'configuration in space' ..." due to e.g. growth phenomena (THOMPSON 59, p. 283), nearly all work towards morphometrics restricts to 2-d shape (see BOOKSTEIN 78 for details and BOOKSTEIN 85 for actual research). A notable and exemplary exception is the theoretical research described in NACKMAN, PIZER 85. The authors reported on a theoretical generalization of BLUM's famous symmetric axis transform (SAT) to three dimensions, which features a unique decomposition of a 3-d object into parts (see NACKMAN 82 for details as well as for a brief survey on shape description).[22] However nothing has been reported as yet on the usefulness for indexing a space of diagnostically/anatomically relevant prototypical axis descriptions with attached class names referring to morphological anatomy or nosology. Methodologies from shape representation and description research within computational vision (e. g. extended Gaussian images for particular object classes, see HORN 83, or differential geometry descriptions for discrete surfaces in range image data as proposed in BESL, JAIN 86) have not been applied to biological 3-d shape morphometry though one could conjecture at least potential applicability such that biological morphometrics might profit from this advanced body of scientific knowledge.

3 Planar and Spatial Relations

Not only shape in various dimensions (2-d, 3-d, and 4-d), but also spatial relations contribute to what has been coined spatial knowledge. Besides the common mathematical set-theoretic definition of a relation valid for two arbitrary sets, a relation in the general sense may be considered a conceptual item which imposes a specific structure upon data, primitives, entities, and the like in either the same or in distinct set(s). For instance, any two members of such (a) set(s) are associated with a mutual attribute derived from a comparative qualification of a property from the same class. Thus in the context of computational vision, spatial properties of objects and their spatio-temporal configurations lead to spatial relations[23] which may be labelled with attributes inhering geometrical

[21]For early attempts to shape description please refer to, for example, von GOETHE 1820 a (an essayistic outline of comparative anatomy); von GOETHE 1820 b (on jawbone Gestalt); and FECHNER 1849, which is a far-sighted essay on potential mathematical approaches to shape analysis.

[22]See also PIZER et al. 86 for recent research on a multi-scale 2-d SAT description for objects in medical images.

[23]Other, e.g. temporal and causal, relations are neglected in the further discussion. With regard to temporal phenomena, ambitious research has been undertaken within the emerging frameworks of shape/structure-from-motion

and/or topological meaning. Evidently such a labelling implies attributes which fit easily and unambigiously into linguistic (!) categories such as "left-of", "adjacent", "enclosed-by", et cetera. As a consequence one has to carefully define ranges of validity both to cope with the intrinsic fuzziness and vagueness of such attributes, e. g. based upon measurements in discretized Euclidean space, and to guarantee maximal expressive power of relations, e. g. to alleviate the expenditure of problem solving strategies using relations. Attributes with associated range of validity (or, respectively, tolerances) pose constraints on the potential manifold of meanings a particular relation may have. It is hence clear that e. g. modelling of spatial relations is again a crucial task e.g. to be realized by a system's designer.

In regard to computational vision purposes, relations (either planar, spatial or spatio-temporal) must be considered with respect to the following four chief issues

- relations between different parts of the same, e. g. decomposable, 2-d or 3-d object;
- relations between different 2-d or 3-d objects in a bounded plane or space, respectively; and
- relations between different parts of different objects in two or three dimensions; and
- relations (as given above) as a function of e.g. time and viewpoint.

However, this apparently easy quadruple distinction is complicated by the fact that spatial relations in a scene are degraded to planar relations in an image by perspective projection such that

- relations may vanish (due to entire occlusion induced by e.g. ego or sensor motion),
- corresponding relations in a scene and its digital image are semantically incompatible (e. g. "behind" in a scene may be mapped to "above" in image domain), and
- spatial relations cannot be unambigiously recovered from the image in general (e. g. in the case of accidental viewpoint).

Consequently one has to carefully distinguish between representation of relations in either image or scene domain and indeed it is one of the major concerns in general purpose vision research to set forth e.g. a theory on 3-d inference from 2-d primitives and relations (see, for instance, LOWE 84).

The first issue given above again draws attention to the problem of shape decomposition. The structural approach to shape description[24] comes from the following paradigm: Shape of, e. g. irregularly contoured, objects is marked with structure such that global shape conglomerates from locally definable disjoint primitives which can be concatenated by generative composition rules. While the problem of decomposition of flat 2-d objects into primitives (e. g. based on curvature criteria; for details see the literature on shape referenced above) has been solved for close to generality, decomposition of arbitrary 3-d objects into visually meaningful primitives – e. g. based on differential geometry aspects of surfaces[25] – is not fully understood up to now (see for instance, KOENDERINK,

---

(AGGARWAL, NANDHAKUMAR 88), active vision (ALOIMONOS 88), and a holistic connectionist computational model (FELDMAN 88, which is an extension of the Four Frames Model in FELDMAN 85). Please note also that like shape, the term relation(-ship) has no unique semantical meaning and may capture multi-facetted aspects: E. g. relations derived from comparison of either spectral properties of objects or numerical shape features; relations which express causality for qualitative reasoning; relational links in semantic networks, e. g. "ISA", which may have again many meanings.

[24]See for comparison also relevant textbooks on syntactic (structural/linguistic) pattern recognition.

[25]Decomposition into somehow meaningful primitives (which relate to semantic entities) differs considerably from decomposition of surfaces into simple planar, elliptic, parabolic, or hyperbolic patches by rigorous mathematical investigations via differential geometry (see, for instance, CHAZELLE 87 and BESL, JAIN 86). Recently problems of where and how to "glue" which primitives so as to form natural objects have been addressed in an increasing number of publications (see, for instance, the "lump of clay"-approach proposed in PENTLAND 85 as well as PENTLAND 87).

van DOORN 82; and HOFFMAN, RICHARDS 84 who proposed a surface partitioning rule for surfaces of revolution). Some more problems which occur particularly with natural objects have to be faced here

a) a mathematical 3-d object decomposition must not in principal match with conceptual decompositions based on superordinate criteria like function of object primitives, anatomical nomenclature for parts, et cetera;

b) a correspondence between a generic part-whole-hierarchy and its instance in an arbitrary image cannot be established in a straightforward manner; and

c) an explicit representation of relations between parts possibly necessitates multiple scales of relationships, e. g. ranging from gross and approximate (global) spatial relations between singular reference points on or in parts of objects up to relations which might express localized spatial proximity between arbitrary points of different parts.[26]

The latter aspects of multi-scale relations and spatial proximity representation possesses strong relevance for cognitive reasoning in space and poses the question of whether implicit analogical representations, from which spatial proximity can be recovered by applying, for instance, procedural knowledge on demand, may be favourable for particular tasks. Human beings obviously incorporate different spatial representation schemes and perform masterfully in regard to space cognition even in the case of uncertainty, contradictory evidence, vagueness, and the like. However, mental mechanisms for spatial cognition are not fully understood by now, nor does a "... coherent mathematical theory of spatial relations ..." exist at present (MARBLE 84, p. 21). Again, one must pick up a synergetic view to the problem of spatial knowledge representation and processing because it is likely that insights and findings from Cognitive Science will fertilize future research (see, for instance, the voluminous standard book by OLSON, BIALYSTOK 83 - who gave an in-depth interdisciplinary treatise on the subject of spatial relations and developed a theory of mental representation of space - as well as the papers by McNAMARA 86, who provides a survey on recent theories of mental representation of spatial relations and moreover gathered experimental evidence for a partially hierarchical representation of spatial inter-object relations, and by MANI, JOHNSON-LAIRD 82 who among others proposed the existence of both propositional representations and array-type mental models).

Returning to representation and processing of relations for computational vision purposes, it has to be pointed out that it is simply beyond the scope of this monograph to trace the long scientific route from the very beginning (see the early exemplary contributions by BARROW, POPPELSTONE 71; and BARROW et al. 72) in sufficient detail. Representation of relations between objects of any kind draws heavily upon graph-theoretic as well as set-theoretic notations; major examples thereof are region adjacency graphs, quadtrees, relational structures, and semantic (associative) networks. Literature on this subject is scattered broadly and partially covered by the references given above on shape and data structures[27] for computational vision purposes. Complementarily, processing of relational representations usually refers to matching graph-like structures, the methods of which incorporate ideas from graph matching and inference techniques: Matching of relational structures, discrete and probabilistic relaxation, constraint satisfaction/consistent labeling methodologies, and constraint propagation in networks - to name expressions commonly used for this class of similar techniques. An excellent source for getting thoroughly acquainted with this specific topic is BALLARD, BROWN 82 (Part IV: "Relational Structures", particularly Chapters 11 and 12), as well

[26]Please note that a spatial relation between objects usually draws upon the existence of two reference points, e. g. easily determinable centroids, in spatially related objects. This is clearly an oversimplification when compared to the general problem of representing spatially arbitrary proximity relations.

[27]See also, for instance, THOMASON, GONZALEZ 81 and, in regard to image data bases, TAMURA, YOKOYA 84 as well as NAGY 85.

as the following selected publications in BARROW et al. 72; WALTZ 75; WINSTON 75; TENENBAUM, BARROW 76; CHENG, HUANG 80; KIRBY 83; NUDEL 83; KITCHEN, ROSENFELD 84; RADIG 84; SHAPIRO 84; and KITTLER, ILLINGWORTH 85. Typical systems[28] which extensively utilize representation and processing of spatial relations from however restricted domains were described in BROOKS 84 (aerial images from airport world with structured man-made objects such as airplanes); SHAPIRO et al. 84 (toy-like world with structured objects such as chairs composed of sticks, blobs, and plates); DAVIS, HWANG 85 and MATSUYAMA, HWANG 85 (aerial images from suburb world with regular man-made objects such as houses); and RISEMAN, HANSON 85 (images from suburb scenes with natural and man-made objects). The state of the art of medical image sequence understanding systems, which of course must also be based on representation and processing of generic as well as image-domain specific shape and relations, is expounded in STIEHL 87.

4 Résumé

As a tentative summary on representation issues in the context of computational vision, one can simply state that despite the available impressive toolbox of representation schemes a plethora of open scientific problems, some of which we have set out, awaits a theoretical solution. From a practical point of view, for instance, little has been achieved in the way of a competetive and comparative analysis of representation formalisms as well as investigations for assessing the expressive power of knowledge representation schemes. Consequently the burden of selecting the "right" representation(s) for e.g. a particular task or problem domain or set of objects at hand is put on the system's designer or, respectivly, the knowledge engineer. Not surprisingly, researchers recognized the necessity of a knowledge representation theory (e. g. FREKSA et al. 85) which "... should describe how appropriate task-specific representations can be conceived and realized." (ibid; p. 138). As the authors pointed out clearly in addition, "... the field is still in a pretheoretic stage of development." (ibid; p. 138).

However this is only one critical aspect of the holistic problem as sketched in Fig.1. As pointed out above (and more thoroughly explicated in STIEHL 87 (Chapter 3) for particular medical tasks and domains), representation of natural objects from the world of biology (in the light of the multi-dimensional problem space elaborated in this essay) is indeed a tough nut which hitherto has eluded a rigorous and scientifically general solution aside from conceptually relatively simple, e. g. geometrical, aspects. A key issue to be tackled is the acquisition and organization of domain knowledge, which has to reflect aspects of

a) space (shape and relations)

b) time (temporal change[29])

c) function (spatio-temporal activity/behaviour)

d) level (part-whole hierarchy)

e) genus vs. instance

f) task

[28]This is certainly a biased selection; see BINFORD 82, SHAPIRO 83, BESL, JAIN 85 and BUNKE 85 for brief summaries on further systems which exploit spatial knowledge in its widest sense.

[29]See the recent model in FELDMAN 88.

with particular respect to extensively interrelated perceptual, conceptual, and semantic categories. Obviously acquisition of such knowledge, e.g. about shape, is deeply interrelated with human cognitive abilities like, first and foremost, vision and haptics and language. Language is hence inasmuch of utmost importance as verbal (or written) utterances make human percepts and concepts of space explicit. However, even if one achieves acquisition of spatial and spatio/temporal domain knowledge on the basis of language and thought the question remains of how to formally organize it in terms[30] of primitives, names, individuals, prototypes, instances, family resemblance, classes, supertypes, concepts, schematas, and the like if, as in the case of biological phenomena such as diseases, incomplete, fuzzy, or vague categories or taxonomies are often given a priori. Recently thoughtful interdisciplinary essayistic proposals have been published on how to generally approach this problem: Conceptual analysis, where the "... ultimate goal is a precise, formalizable catalog of concepts, relations, facts, and principles ..." (SOWA 84; Chapter 6.3, p. 294; see also in particular ibid., Chapter 1 "Philosophical Basis" and Chapter 2 "Psychological Evidence"), and investigations into mental models which "... play a central and unifying role in representing objects, states of affaires, sequences of events, the way the world is, and the social and psychological actions of daily life." (JOHNSON-LAIRD 83; particularly Chapter 15 "The nature of mental models", p. 397). However only little research has been carried out up to now in this interdisciplinary and synergetic spirit with regard to spatial representations in computational vision such as to fuse Cognitive Science, Artificial Intelligence, and computer science. Relating perceptual structure to concepts, e.g. of spatio-temporal shape phenomena, and organizing concepts into typologies, partonomies, or taxonomies by computational processes (!) is still an open problem in the sense that no generalizable solution has been given up to now. A first step towards a possibly generalizable solution has been undertaken in a worth reading research paper by TVERSKY and HEMENWAY[31] who examined, primarily within the domain of Linguistics, the problem of experimentally categorizing e. g. biological objects (from the animal and plant world which are decomposable into distinct parts[32]) for the purpose of identifying the "basic level of categorization" in a taxonomy e. g. such that knowledge of function can be inferred from basic level structure semantic (TVERSKY, HEMENWAY 84). However, as pointed out with regard to computational image understanding, even in the case of simple static natural objects it is not clear in general

i) how to decompose structured objects reliably given either imaged percepts or geometric concepts,

ii) how to both define and instantiate generic shapes and spatial configurations, and

iii) how to relate generally unpredictable deviations of e.g. shape to conceptual (e.g. linguistic) categories.

Consequently, one can put forward two basic questions still to be tackled in future research:

How do we get from images of natural and artificial (man-made)objects to geometric 3-d shape and space representations?

How do we get beyond such, e.g. non-linguistic, shape and space representations?

[30]Explanations and definitions of these terms differ widely in the literature; see for instance standard texts on knowledge acquisition and representation as well as in particular SOWA 84.

[31]Please note that the authors based their research on ROSCH's classic papers on human categorization (ROSCH 77 and ROSCH 78)

[32]See also, for comparison, the research described in WASSERMAN, LEBOWITZ 83 on representation of complex physical objects "... in a manner how people describe them.".

Evidently the answer can only emerge from an integration of approaches and solutions from a variety of disciplines such as geometric modeling, knowledge representation, cognitive science, natural language processing, morphometrics, and computational vision.

Eine objektorientierte Darstellung von Depiktionen auf der Grundlage von Zellmatrizen*

Mohammed Nadjib Khenkhar
Universität Hamburg
Fachbereich Informatik
AB. Wissens- und Sprachverarbeitung
Bodenstedtstr. 16
2000 Hamburg 50

Einführung

Neben den weit verbreiteten, propositional orientierten Repräsentationssystemen (Prädikatenlogik, semantische Netze, Frames, Regeln, Constraints, usw.) wird ein depiktional orientierter Ansatz vorgeschlagen, um die Problematik räumlichen Wissens in bezug auf Darstellung und Verarbeitung adäquater zu handhaben. Insbesondere werden die räumlichen Eigenschaften und räumlichen Beziehungen *quasi-analog* repräsentiert. Aus mehreren kognitionspsychologischen und neurologischen Arbeiten (s. J. R. ANDERSON 1988, G. GOLDENBERG 1987, S. M. KOSSLYN 1980, R. N. SHEPARD & J. METZLER 1971, J. PIAGET & B. INHELDER 1971) geht hervor, daß der Mensch die Fähigkeit hat, mentale Bilder zu produzieren, um damit in bestimmten Situationen u. a. räumliche Sachverhalte kognitiv effizient verarbeiten zu können. In der realen Welt ist der Mensch auf kognitiv effiziente Methoden angewiesen, die ihm in bestimmten Situationen genügend Spielraum zu Verfügung stellen, angemessen zu reagieren. Die Fähigkeiten, mentale Vorstellungen von Gegenständen der Außenwelt zu produzieren und darauf Manipulationen durchzuführen, um wiederum bestimmte Schlüsse hinsichtlich einiger Beziehungen der realen Welt zu ziehen, gehören sicherlich zu solch effizienten Methoden, mittels derer das menschliche kognitive System u. a. räumliche Strukturen und Zusammenhänge adäquat verarbeitet. In den mentalen Bildern werden u. a. räumliche Sachverhalte analog dargestellt (s. K. REHKÄMPER 1987/88). Mit den entsprechenden Prozessen der Imagination und der Inspektion über mentale Bilder hat das menschliche kognitive System offenbar ein weiteres Repräsentationssystem, das das abstraktere bzw. logische Wissensrepräsentationssystem ergänzt.

Der in dieser Arbeit erläuterte Vorschlag basiert auf dem quasi-analogen Repräsentationsmedium, den sogenannten Zellmatrizen (s. S. M. KOSSLYN 1980, CH. HABEL 1987/88, M. N. KHENKHAR 1988/89) und den dazu benötigten primitiven Prozessen.

---

* Dieses Papier wurde im Rahmen des von IBM Deutschland geförderten Teilprojekts LILOG (Raum) an der Universität Hamburg geschrieben.

Objekte und ihre relative Lage zueinander werden in einer Zellmatrix kodiert. Die Komponenten einer Zellmatrix - die Zellen - beinhalten u. a. Wissen über die in dieser Zellmatrix zu repräsentierenden Objekte. Auf der Grundlage von Zellmatrizen wird eine höhere Repräsentationsstruktur - die Depiktion - für die Darstellung von skizzenhaftem, räumlichem Wissen vorgeschlagen. Sie wird objektorientiert dargestellt. Depiktionen haben ähnliche Eigenschaften wie Skizzen. Sie sind eher grob und verfügen über keine großen Details in bezug auf das, was sie repräsentieren. U. a. beinhalten sie topologische Eigenschaften räumlicher Strukturen, die auf den in der Zellmenge (Zellmatrix) definierten Nachbarschaftsbeziehungen basieren (s. M. N. KHENKHAR 1988). Depiktionen enthalten keine genauen metrischen Informationen. Metrische Eigenschaften können in Depiktionen sehr verzerrt sein und werden u. a. deshalb 'abgeschätzt'. Mit diesem Vorschlag werden nur diejenigen räumlichen Probleme behandelt, die sich in einem zweidimensionalen Repräsentationsmedium gut darstellen lassen. Für die Projektion räumlicher Strukturen von Objekten auf das zweidimensionale Repräsentationsmedium 'Zellmatrix' wird im folgenden die Vogelperspektive (Draufsicht) stets als Ausgangsposition gewählt.

Um mit depiktional repräsentiertem Wissen als Ergänzung zum propositional repräsentierten Wissen - wie z. B. in der logikorientierten Repräsentationssprache L_{LILOG}[1] (s. CH. BEIERLE et al. 1988), die im Projekt LILOG verwendet wird, und SRL[2] (s. CH. HABEL 1986) - arbeiten zu können, muß eine solche Sprache über eine Möglichkeit verfügen, Konzepte mit ihrem depiktionalen Anteil zu verbinden. Dies geschieht in L_{LILOG} und SRL durch das Konzept des Referenzobjekts (RefO). Ein Teil des Wissens wird in den referenziellen Netzen (RefN) objektorientiert dargestellt. Dies ist nicht mit dem gleichnamigen Begriff zu verwechseln, der im Kontext der objektorientierten Programmierung bekannt ist. Bei einem Problemlösungsprozeß kann auf das propositional und/ oder auf das depiktional repräsentierte Wissen über die RefOs zugegriffen werden.

Ich werde im folgenden die Grundbausteine des depiktionalen Repräsentationssystems vorstellen, nämlich die Repräsentationsstrukturen und die darauf operierenden Prozesse. Zu den depiktionalen Repräsentationsstrukturen gehören die Zellen, die Depiktionen und die Maps. Die Imaginations- und die Inspektionsprozesse sind die zwei wichtigsten Prozesse dieses depiktionalen Ansatzes. Anhand eines Beispiels zur Lösung räumlicher Aufgaben werden diese beiden Prozesse erläutert. In den folgenden Ausführungen werde ich mich an mehreren Stellen auf einige Konzepte der logikorientierten Repräsentationssprachen L_{LILOG} und SRL beziehen. Diese Konzepte sind in der entsprechenden Literatur nachzulesen.

---

[1] Siehe: Beierle Ch. & Dörre J. & Pletat U. & Rollinger C.-R. & P. H. Schmitt & Studer R. (1988): *The Knowledge Representation Language L_{LILOG}*. LILOG-REPORT 41

[2] Siehe: Habel Ch. (1986): Prinzipien der Referentialität. Springer-Verlag. Berlin.

1. Zelle

Die Zelle stellt in dem vorliegenden, depiktionalen Repräsentationssystem die Repräsentationsstruktur dar, auf der im weiteren die komplexeren Repräsentationsstrukturen, die Depiktionen, aufgebaut werden. Die Struktur einer Zelle wird sich an den darauf und auf den Depiktionen ablaufenden Prozessen der Imagination und der Inspektion orientieren. Die nachfolgende, festgelegte Zellstruktur ist ein erster Vorschlag, um ein depiktionales Repräsentationssystem zu entwickeln, zu implementieren und damit zu experimentieren. Sie kann nach Bedarf um zusätzliche Attribute erweitert bzw. modifiziert werden. In diesem Ansatz werden sowohl die Zellen als auch die Depiktionen im Sinne der frameorientierten Darstellung repräsentiert und im Sinne der objektorientierten Programmierung implementiert. Der erste Vorschlag der Zellstruktur sieht wie folgt aus:

CELL

In-Depic	:	⟨ *Depiktion* ⟩
Teil-von	:	⟨ *Referenzobjekte* ⟩
Koordinaten	:	⟨ *Z x Z* ⟩
Bewertung	:	⟨ *Aspekt x Wert* ⟩
Status	:	⟨ *Referenzobjekte x {sicher, möglich, willkürlich}* ⟩

Mittels des Attributs 'In-Depic' wird jeder Zelle die eindeutige Depiktion, in der sie vorkommt zugeordnet. Die räumliche Struktur eines Referenzobjekts, wie z. B. die Form einer bestimmten Kreuzung, wird in diesem Ansatz durch eine strukturierte Menge von Zellen repräsentiert, die auf den in der Zellmenge erklärten Nachbarschaftsbeziehungen basiert. D. h. dem RefO 'KREUZUNG: r1' (die Schreibweise '<S>: r1' ist ähnlich wie die Schreibweise in L_{LILOG} und bedeutet: Das RefO 'r1' der Sorte 'S'. In L_{LILOG} schreibt man erst das RefO und dann die Sorte) wird einer Zellmenge zugeordnet, die u. a. die topologische Struktur der Kreuzung in bezug auf die Lösung einiger räumlicher Probleme 'angemessen' wiedergeben soll. In den Fällen, wo mehrere Referenzobjekte innerhalb <u>einer</u> Depiktion entsprechend ihrer räumlichen Lagebeziehungen zueinander dargestellt werden, kann ein und dieselbe Zelle einem bzw. mehreren Referenzobjekten zugeordnet werden. Für diese Zuordnung ist das Attribut 'Teil-von' vorgesehen. Durch das Attribut 'Koordinaten' wird eine Zelle innerhalb <u>einer</u> Depiktion eindeutig markiert. Außerdem kann man aus den Koordinaten einer Zelle gemäß der Vorschrift der Nachbarschaftsbeziehung die Koordinaten der Nachbarzellen ermitteln. Mittels des Attributs 'Bewertung' werden die verschiedenen Zuordnungen einer Zelle zu mehreren Referenzobjekten bewertet. Durch diese Art der Bewertung können der Aspekt der ungenauen Lageangaben und die Vagheit räumlicher Ausdrücke, die in der natürlichen Sprache vorkommen versuchsweise behandelt werden. Diese Art von Bewertungen ähneln zwar den Zugehörigkeitsgraden in der Fuzzylogik[3] (s. L. A. ZADEH 1965), sollen aber zur Lösung spezieller Vagheitsaspekte im Bereich der Repräsentation und Verarbeitung räumlichen Wissens beitragen, und sind daher im Grunde genommen von der Fuzzylogik zu unterscheiden (s. M. N. KHENKHAR 1988).

Ein weiteres, wichtiges Attribut einer Zelle stellt das Attribut 'Status' dar. Dieses kann einen der drei oben genannten Werte annehmen. Mit dem Attributswert *sicher* wird ausgedrückt, daß die entsprechende Zelle Element der sicheren Raumpunkte bzw. Raumzellen ist, die das entsprechende Referenzobjekt im Raum einnimmt. Mögliche Orte, an denen sich Referenzobjekte befinden können, werden durch Zellen dargestellt, die den Status *möglich* haben (z. B. das An-Gebiet mit der Bezeichnung 'an der Kreuzung' in dem Satz 'Das Hochhaus an der Kreuzung'). Den dritten Attributswert *willkürlich* bekommen die Zellen, die eine willkürliche Annahme über den Ort eines Referenzobjekts darstellen sollen. Z. B. wird in den folgenden beiden Sätzen 'Die Schule ist hinter dem kleinen See' und 'Der Spielplatz ist vor dem kleinen See' über den Sprecherstandort nichts ausgesagt, und trotzdem kann daraus abgeleitet werden, daß die Schule *gegenüber* dem Spielplatz liegt und umgekehrt, wenn man denselben Sprecherstandort in beiden Äußerungen voraussetzt.

2. Depiktion

In diesem Abschnitt wird die Struktur von Depiktionen vorgestellt. Die Struktur basiert auf der bereits oben vorgeschlagenen Zellstruktur. Auch die Struktur der Depiktionen orientiert sich an den darauf operierenden Prozessen. Diese Struktur muß so beschaffen sein, daß alle auf der Depiktionsebene ablaufenden Prozesse auf die von ihnen benötigten Informationen effizient zugreifen können. Ein weiterer Aspekt, der einen großen Einfluß auf die Entwicklung der Depiktionsstruktur ausübt, ist der Aspekt der Repräsentation *prototypischer Objekte* (s. E. ROSCH 1975). In diesem Zusammenhang wird in dem vorliegenden Ansatz davon ausgegangen, daß es zu den entsprechenden Sorten jeweils einen sogenannten Prototypen gibt. Dieser Prototyp kann ein ausgezeichnetes Referenzobjekt der jeweiligen Sorte sein. Im folgenden wird der Ausdruck 'prototypische' Depiktion für die Depiktion des Prototypen einer Sorte eingeführt. Demnach kann jedes RefO einer bestimmten Sorte eine 'prototypische' Depiktion defaultmäßig haben, nämlich die Depiktion, die der Prototyp dieser Sorte besitzt. Für die Repräsentation von individuellen räumlichen Strukturen von Objekten wird die Repräsentationsstruktur *Depiktion* (DEPIC) verwendet. Mit derselben Repräsentationsstruktur werden auch die

---

[3] Siehe: Zadeh L. A. (1965): Fuzzy Sets. In: Information and control 8. 338-353.

'prototypischen' Depiktionen von Objekten repräsentiert. Da der Prototyp einer Sorte ein ausgezeichnetes Referenzobjekt darstellt, kann man seine Depiktion genau wie alle anderen Depiktionen anderer Objekte in DEPIC kodieren. Auf 'prototypische' Depiktionen wird man zugreifen, wenn man während eines Problemlösungsprozesses über keine speziellen bzw. genauen Informationen hinsichtlich der räumlichen Struktur eines individuellen Objekts verfügt. In solchen Fällen geht man defaultmäßig davon aus, daß das betrachtete Objekt eine ähnliche Depiktion wie die des Prototypen hat.

Die erste Definition der internen Struktur einer Depiktion, mit der man anschauliche bzw. skizzenhafte Strukturen räumlicher Ausdehnungen repräsentieren kann, sieht folgendermaßen aus:

DEPIC

RefO	:	⟨ *Referenzobjekt* ⟩
Bestandteile	:	⟨ *Teile* ⟩
Darstellung	:	*Vollständig / Ausschnitt*
Perspektive	:	*Vogel / Frontal*[4]
Auflösung	:	⟨ *N x N* ⟩
Maßstab	:	⟨ *N x E* ⟩
Zentrum	:	⟨ *Z x Z* ⟩
Belegte-Zellen	:	⟨ *Zellen* ⟩

Die Wertebereiche der einzelnen Attribute einer Depiktion sind hier noch nicht vollständig spezifiziert. Um die Bedeutung der einzelnen Attribute besser verstehen zu können, möchte ich im folgenden ein einfaches Beispiel erläutern. In diesem Beispiel wird die räumliche Struktur eines bestimmten Kanals namens 'Rhein-Marne-Kanal' entsprechend des hier vorgestellten depiktionalen Ansatzes dargestellt (s. Abb. 1). Außerdem wird der Ausschnitt des propositionalen Wissensanteils, der die Beziehungen zwischen dem Referenzobjekt 'Rhein-Marne-Kanal' und seinen depiktional repräsentierten räumlichen Strukturen herstellt, eingeführt. Die Beziehungen 'Prototypische-Depiktion' (ordnet jedem RefO seine prototypische Depiktion zu), 'Depiktion' (ordnet jedem RefO seine individuelle Depiktion zu) und 'Depict' (ordnet jedem RefO alle MAPs zu, in denen es mit anderen Objekten depiktional dargestellt ist) stellen die Verbindungen zwischen dem propositionalen und dem depiktionalen Wissen dar. Auf die Repräsentationsstruktur 'MAP' werde ich im nächsten Abschnitt näher eingehen. An dieser Stelle soll darauf hingewiesen werden, daß alle in den im folgenden eingeführten Beispielen

[4] Der Wert 'Frontal' wird zwar eingeführt aber nicht verwendet. In diesem Ansatz wird - wie bereits erwähnt - vorerst nur mit der Vogelperspektive gearbeitet.

vorkommenden Größenangaben (z. B. die, die unter dem Attribut 'Maßstab' stehen) nur mit äußerster Vorsicht zu betrachten sind. Ziel ist es, dort relative Größen einzutragen, mit denen man z. B. Größenverhältnisse zwischen Objekten sowie die Entfernungen zwischen ihnen innerhalb einer Depiktion einigermaßen gut 'abschätzen' kann. Dies schließt schlechte Abschätzungen nicht aus.

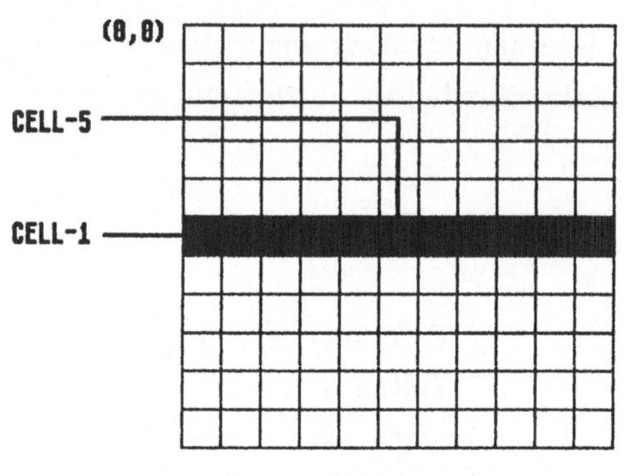

Abb. 1

KANAL: r1

Name	:	*Rhein-Marne-Kanal*
...		
Lok	:	*GEBIET: r17*
Prototypische-Depiktion	:	*DEPIC-0*
Depiktion	:	*DEPIC-3*
Depict	:	*MAP-7*

DEPIC-3

RefO	:	*KANAL: r1*
Bestandteile	:	*KANAL: r1*
Darstellung	:	*Ausschnitt*
Perspektive	:	*Vogel*
Auflösung	:	*[11, 11]*
Maßstab	:	*[5000, cm]*
Zentrum-Koord	:	*[5, 5]*
Belegte-Zellen	:	*[KANAL: r1, Cell-1, Cell-2, . . . , Cell-11]*

Eine Instanz einer belegten Zelle sieht folgendermaßen aus:

CELL-1

In-Depic :	*DEPIC-3*
Teil-von :	*KANAL: r1*
Koordinaten :	*[0, 5]*
Bewertung :	*[KANAL: r1, 10]*
Status :	-

Die interne Repräsentation des RefO's 'KANAL: r1' enthält somit folgende wichtige Informationen:

- In 'Lok' steht das RefO 'GEBIET: r17', das das Gebiet darstellt, in dem sich das RefO 'KANAL: r1' befindet.

- Das Attribut 'Prototypische-Depiktion' beinhaltet die entsprechende 'prototypische' Depiktion eines Kanals.

- Der Inhalt des Attributs 'Depiktion' (DEPIC-3) stellt die individuelle Depiktion des Rhein-Marne-Kanals dar.

- In dem Attribut 'Depict' werden die MAPs aufgehoben (in diesem Beispiel MAP-7), in denen das RefO depiktional veranschaulicht wird (s. unten).

Für die Repräsentation mehrerer Objekte mit ihren räumlichen Lagebeziehungen untereinander wird eine weitere, etwas anders strukturierte Depiktion namens MAP verwendet. In einer MAP kann z. B. ein Objekt mitsamt seiner Umgebung depiktional repräsentiert werden. Alle Objekte, die sich in der Umgebung dieses Objekts befinden, sind in der MAP eingetragen. Bei Bedarf kann man die Umgebung des Objekts inspizieren - auf die Inspektionsprozesse wird später eingegangen - und damit alle umliegenden Objekte aus der MAP 'ablesen'. In einer MAP können außerdem Gebiete, in denen sich bestimmte Objekte befinden, depiktional dargestellt werden. Dadurch ist man in der Lage, mit einer entsprechenden Gebietsüberlappungsfunktion, die räumlichen Lagebeziehungen zwischen Objekten innerhalb einer MAP zu ermitteln. Zwischen einer MAP und einer mentalen Karte im Sinne von R. DOWNS & D. STEA (1982) besteht somit ein Zusammenhang. Würde man sich eine interne Repräsentation einer mentalen Karte als Netz mit Kanten und Knoten vorstellen, dann könnte man sich auch leicht vorstellen, daß bestimmte Knoten in diesem Netz mit MAP's assoziiert sind, die die Umgebung der jeweiligen Knoten depiktional darstellen. In dieser Umgebung befinden sich die sogenannten Landmarken. In einer MAP wird eine Menge von propositional repräsentierten Fakten über räumliche Beziehungen zwischen Objekten depiktional dargestellt. Dies ist ein wesentlicher Unterschied zu dem System SPAM von McDermott und Davis. In der fuzzy map von SPAM werden räumliche Beziehungen in einer propositionalen Form kodiert (s. D. McDERMOTT & E. DAVIS 1984).

Die auf einer MAP ablaufenden Prozesse, wie die Imaginations- bzw. Inspektionsprozesse, unterscheiden sich grundsätzlich von Prozessen propositional orientierter Systeme. Bei der Lösung räumlicher Probleme wird man in einem depiktionalen System sicherlich mit einem geringeren Satz von primitiven Prozessen auskommen, die auf Depiktionen ablaufen. Für die Lösung räumlicher Probleme in einem propositionalen System wird dies meiner Meinung nach schwieriger zu handhaben sein, da das Konzept des räumlichen Zusammenhangs in der propositionalen Kodierung verlorengeht, während dies in der depiktionalen Repräsentation explizit vorhanden ist. Bei nachträglichen Veränderungen in einer propositionalen Wissensbasis, indem man z. B. eine bestimmte räumliche Relation durch eine andere ersetzt, wird es u. U. sehr schwer sein, alle Konsequenzen durchzuführen, die sich aufgrund dieser Veränderung ergeben. Es müssen alle räumlichen Beziehungen zwischen den von der Veränderung betroffenen Objekten und allen anderen Objekten auf ihre Richtigkeit überprüft werden. Dieses Problem ist in der Künstlichen Intelligenz unter dem Namen 'Frame Problem'[5] bekannt (J. McCARTHY & P. HAYES 1969). Dies ist in einem depiktionalen System ganz anders. Denn das 'Ausradieren' einer Depiktion eines bestimmten Objekts innerhalb einer MAP und das 'Zeichnen' seiner Depiktion an einer anderen Stelle in derselben MAP bereiten dem depiktionalen System überhaupt keine zusätzlichen Schwierigkeiten. Das bewegte Objekt hat einfach seine Position geändert und hat damit <u>automatisch</u> eine neue Lage zu anderen Objekten in derselben MAP (s. M. N. KHENKHAR 1988). Bei Bedarf kann man einfach die neuen Lagebeziehungen mittels der Inspektionsprozesse 'ablesen'.

Die Struktur von MAP wird wie folgt festgelegt:

<u>MAP</u>

RefOs	:	⟨ *Referenzobjekte* ⟩
Auflösung	:	⟨ *N x N* ⟩
Maßstab	:	⟨ *N x E* ⟩
Belegte-Zellen	:	⟨ *Zellen* ⟩

Die Repräsentationsstruktur MAP hat das gleiche quasi-analoge Repräsentationsmedium

[5] Siehe: McCarthy J. & Hayes P. (1969): Some philosophical problems from the standpoint of artificial intelligence 4. In: B. Meltzer & D. Michie (Eds.): Machine Intelligence. Edinburgh University Press.

'Zellmatrix', wie DEPIC. Die MAPs sind daher auch Depiktionen, in denen man mehrere Objekte entsprechend ihre Lage untereinander depiktional darstellen kann. Für die Repräsentation mehrer Objekte mit ihren räumlichen Beziehungen zueinander in einer MAP werden die individuellen Depiktionen (sie sind in der Repräsentationsstruktur DEPIC kodiert) der jeweiligen Objekte verwendet.

3. Problemlösung mittels Imagination und Inspektion

In diesem Kapitel möchte ich die zwei wichtigsten Prozesse eines depiktionalen Repräsentationssystems an einem Problemlösungsbeispiel erläutern. Das Beispiel soll ausserdem einige Aspekte veranschaulichen, wie ein solches System bei der Lösung räumlicher Probleme funktionieren könnte. Das räumliche Problem besteht darin, eine Entscheidung darüber zu treffen, ob ein bestimmtes Objekt bei einem anderen liegt oder nicht. Dazu sind dem System einige Fakten über andere räumliche Beziehungen bekannt.

Gegeben: f_1 : an (KIOSK: r1 , KREUZUNG: r2).
f_2 : an (RASTHAUS: r3 , KREUZUNG: r2).

Frage: bei (KIOSK: r1 , RASTHAUS: r3) ?

Nach der depiktionalen Interpretation der beiden Fakten f_1 und f_2 mittels des Imaginationsprozesses sind folgende interne Strukturen vorhanden (s. dazu Abb. 2 und Abb. 3):

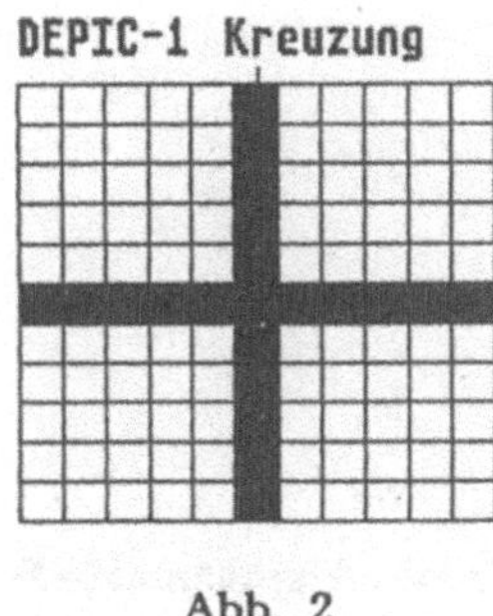

Abb. 2

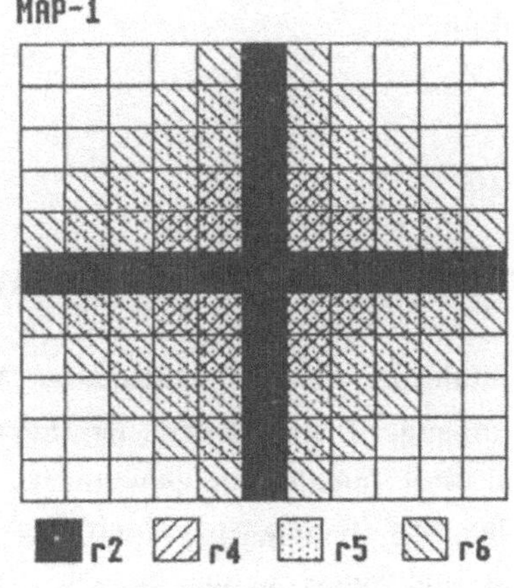

Abb. 3

KREUZUNG: r2

Name	:	-
...		
Lok	:	-
Prototypische-Depiktion	:	DEPIC-1
Depiktion	:	-

KIOSK: r1

Name	:	-
...		
Lok	:	GEBIET: r4
Prototypische-Depiktion	:	-
Depiktion	:	-
Depict	:	-

GEBIET: r4

...	:	-
Depict	:	MAP-1

RASTHAUS: r3

Name	:	-
...		
Lok	:	GEBIET: r5
Prototypische-Depiktion	:	-
Depiktion	:	-
Depict	:	-

GEBIET: r5

...	:	-
Depict	:	MAP-1

Bei der Überführung des propositionalen Wissens in das depiktionale Wissen werden Depiktionen erzeugt. Dieser Prozeß der Erzeugung von Depiktionen aus dem propositionalen Wissen wird Imagination genannt (s. M. FÜRNSINN et al. 1984, M. N. KHENKHAR 1988). Bei der Imagination spielt das prototypische Wissen über die räumlichen Ausdehnungen von Objekten eine wesentliche Rolle. Um die Gebiete, in denen sich die Objekte (Rasthaus und Kiosk) befinden generieren zu können, benötigt man u. a. die 'prototypische' Depiktion einer Kreuzung. Die 'prototypische' Depiktion einer Kreuzung ist der Sorte 'Kreuzung' zugeordnet. Auf diese Depiktion wird zugegriffen (s. Abb. 2). Das Interaktionsproblem zwischen dem propositionalen und dem depiktionalen Anteil wird hier nicht angesprochen. Ein Vorschlag, wie eine solche Interaktion funktionieren kann, ist bei S. Pribbenow (S. PRIBBENOW 1988/89 in diesem Band) nachzulesen.

In Abb. 3 wird MAP-1 veranschaulicht. In MAP-1 sind u. a. die Gebiete 'GEBIET: r4' und 'GEBIET: r5' depiktional repräsentiert. Diese Gebiete sind mittels der Imaginationsprozesse erzeugt worden. Die Imaginationsprozesse basieren auf dem Konzept der gebietskonstituierenden Prozesse (CH. HABEL & S. PRIBBENOW 1988). Mehrere Größen, u. a. die räumliche Größe des Referenzobjekts (das RO ist hier die Kreuzung), und der zu lokalisierenden Entität (die LEs sind hier der Kiosk und das Rasthaus) üben einen starken Einfluß auf die entstandene räumliche Struktur der Gebiete 'GEBIET: r4' und 'GEBIET: r5' aus.

Um zu einer Lösung des räumlichen Problems in der depiktionalen Repräsentation zu gelangen, werden mehrere Imaginationsprozesse benötigt. Folgende Gebiete werden generiert: Das Gebiet 'GEBIET: r4', in dem sich der Kiosk befindet (s. f_1), das Gebiet 'GEBIET: r5', in dem sich das Rasthaus befindet (s. f_2) und das Gebiet 'GEBIET: r6', in dem nach der Frage der Kiosk gesucht wird (s. dazu Abb. 3 und Abb. 4). Die beiden Gebiete 'GEBIET: r4' und 'GEBIET: r5' stellen eine Art 'Veranschaulichung' der in den beiden Fakten designierten Gebiete dar. Das Gebiet 'GEBIET: r4' ist flächenmäßig kleiner als das Gebiet 'GEBIET: r5'. Dies resultiert u. a. aus der Tatsache, daß im Normalfall ein Kiosk kleiner ist als ein Rasthaus (s. oben). Die Generierung des Gebietes 'GEBIET: r6' ist etwas komplizierter als die Generierung der beiden anderen. Das liegt daran, daß uns die genaue Lage des Rasthauses fehlt. Das Rasthaus kann sich - laut Fakt f_2 - in einem der vier Bereiche befinden, die aus der topologischen Struktur der Kreuzung resultieren. Im folgenden werde ich den Generierungsprozeß des Gebietes 'GEBIET: r6' kurz erläutern. Zuerst wird man sich die 'prototypische' Depiktion des Rasthauses an <u>einer</u> möglichen Position, an der Kreuzung vorstellen. Danach wird das Bei-Gebiet um das Rasthaus herum generiert, in dem man den gesuchten Kiosk erwartet. Dieser Prozeß wird mehrmals wiederholt und jedesmal wird eine andere Position des Rasthauses ausgewählt bis man alle möglichen, typischen Aufenthaltspositionen des Rasthauses an der Kreuzung ausgewählt hat. Die 'Vereinigung' aller entstandenen Bei-Gebiete ergibt dann das größere Gebiet 'GEBIET: r6', in dem man den Kiosk erwarten kann. In Abb. 4 ist der Versuch unternommen worden, diesen komplizierten Imaginationsprozeß zu veranschaulichen. Ein Viertel des gesamten Gebietes 'GEBIET: r6' ist in Abb. 4 zu sehen.

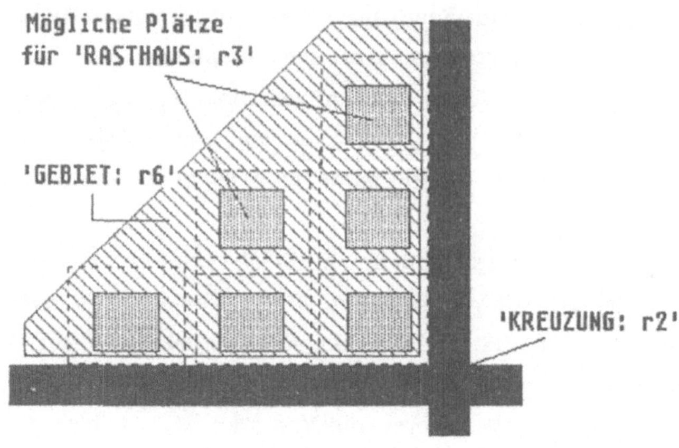

Abb. 4

Die in der oben gestellten Frage vorkommenden Sachverhalte können jetzt mittels der Inspektionsprozesse von einer Inspektionskomponente überprüft werden. Ein Inspektionsprozeß ist eine Art 'Draufschau' auf die generierten Gebiete in den Depiktionen, um bestimmte räumliche Verhältnisse festzustellen (s. M. FÜRNSINN et al. 1984, M. N. KHENKHAR 1988). Der Prozeß, der die Überlappungsverhältnisse zwischen den beiden Gebieten 'GEBIET: r4' und 'GEBIET: r6' überprüft, ist ein solcher Inspektionsprozeß, der für die Fragebeantwortung benutzt wird. Die Überlappungsoperation von Gebieten wird intern auf eine u. a. in bezug auf bewertete Zellmengen erweiterte mengentheoretische Operation $\cap$ von Zellmengen abgebildet. Dabei spielt der Status der einzelnen Zellen (sicher, möglich oder willkürlich) eine sehr wichtige Rolle. Wenn die Zellen der beteiligten Gebiete den Status 'sicher' haben, dann kann ein depiktionales System seine Schlüsse mit einer höheren Sicherheit ziehen. Das System sollte sich aber bei der Inspektion von möglichen Gebieten (die Zellen der beteiligten Gebiete haben den Status 'möglich') vorsichtig verhalten. Ist der Schnitt der beiden beteiligten Gebiete leer - d. h. die beiden Gebiete überlappen sich nicht - dann gilt die zu inspizierende räumliche Beziehung nicht. Andernfalls, nämlich, wenn der Schnitt der beteiligten Gebiete nicht leer ist - d. h. die beteiligten Gebiete überlappen sich - wird eine Überprüfung der Größenverhältnisse der beteiligten Gebiete und der Schnittgebiete durchgeführt. Von diesen Größenverhältnissen hängt die Entscheidung darüber ab, ob die zu inspizierende räumliche Beziehung zwischen den entsprechenden Objekten gilt oder nicht[6]

In unserem Beispiel werden die Gebiete, 'GEBIET: r4' (in dem sich der Kiosk befindet) und 'GEBIET: r6' (das Bei-Gebiet des Rasthauses bezüglich eines Kiosks) auf ihre Über-

---

6 Meine Arbeiten zu diesem Punkt sind noch nicht abgeschlossen.

lappungen überprüft. 'GEBIET: r4' und 'GEBIET: r6' bestehen jeweils aus vier nicht zusammenhängenden Teilgebieten. Dies ist u. a. auf die topologischen Eigenschaften der Kreuzung zurückzuführen. Für je zwei Teilgebiete, die in demselben Quadranten (s. Abb. 3) liegen, wird festgestellt, daß sie sich überlappen. Das Überlappungsgebiet und das Teilgebiet 'GEBIET: r4' sind die gleichen. Dies gilt paarweise für alle Teilgebiete der einzelnen Quadranten. Wenn man von der Komplexität dieses Falls absieht und das Problem innerhalb eines einzigen Quadranten betrachtet, kann die Frage mit 'Ja' beantwortet werden. Dies würde besonders dann gelten, wenn das System z. B. 'wissen' würde, daß der Kiosk nicht gegenüber dem Rasthaus liegt.

In dem oben erläuterten Beispiel wurde die Lösung eines räumlichen Problems anhand einer Entscheidungsfrage vorgestellt. Bezüglich einer anderen Problemstellung, wie z. B. der Beantwortung von Ergänzungsfragen, kommt das depiktionale System mit einer einfacheren Strategie aus. Z. B. die Antwort auf die Frage '*Was liegt bei der Kreuzung?*' kann das System auf eine einfache Art und Weise liefern. Als erstes stellt sich das System das Bei-Gebiet 'GEBIET: r7' vor, das in der Ergänzungsfrage vorkommt. Das Bei-Gebiet wird in einer ähnlichen Weise erzeugt, wie in dem obigen Beispiel. Der Unterschied zu dem vorherigen Fall besteht darin, daß in diesem Fall die Größe des Bei-Gebietes nicht von einem zu lokalisierenden Objekt beeinflußt wird (CH. HABEL & S. PRIBBENOW 1988). Der nächste Schritt in der Suche nach einer Antwort auf die Frage besteht darin, das Bei-Gebiet zu durchsuchen. In jeder Zelle, die zum Bei-Gebiet gehört wird nachgeschaut, zu welchen RefOs sie gehört. Die Menge der gefundenen RefOs stellt somit die Objekte dar, die sich bei der Kreuzung befinden.

Bei der Lösung räumlicher Probleme greifen die Imaginations- und die Inspektionskomponenten oft auf dieselben primitiven Prozesse zu. Ein solches Beispiel eines primitiven Prozesses ist z. B. der Prozeß, der alle um den Kern der Kreuzung herum liegenden Zellen liefert. Mittels eines solchen Prozesses wird z. B. das Gebiet 'GEBIET: r4' erzeugt. Um z. B. prüfen zu können, ob der Kiosk an der Kreuzung liegt oder nicht, wird derselbe Prozeß verwendet, um zuerst die Menge der Zellen zu ermitteln und dann auf diese Zellen 'draufzuschauen'.

Zusammenfassung

In diesem Beitrag wurde der Versuch unternommen, einen depiktionalen Ansatz zur Repräsentation und Verarbeitung räumlichen Wissens darzustellen. Der Ansatz stützt sich auf das Konzept des quasi-analogen Repräsentationsmediums 'Zellmatrizen'. In der Zellmenge einer Zellmatrix ist eine Nachbarschaftsbeziehung definiert, auf der dann die weiteren Konzepte basieren. Dadurch sind alle in diesem Repräsentationsformat kodierten Sachverhalte in bezug auf diese Nachbarschaftsbeziehung analog repräsentiert. Mit diesem Ansatz kann skizzenhaftes räumliches Wissen durch Depiktionen repräsentiert werden. Mittels der Imaginations- und der Inspektionsprozesse kann dieses Wissen verarbeitet werden. Diese Art der Prozesse sind in diesem Beitrag u. a. aus Platzgründen nur kurz erwähnt worden. Dies gilt auch für Problemlösungsstrategien eines solchen depiktionalen Repräsentationssystems, das u. a. durch die Ausnutzung der Vorteile der depiktionalen Repräsentation zu adäquateren Ergebnissen kommen kann. Die Interaktion zwischen der propositionalen und der depiktionalen Komponente eines gesamten Systems zur Repräsentation und Verarbeitung räumlichen Wissens wird in diesem Band von S. Pribbenow ausführlich behandelt.

Am Ende dieses Papiers möchte ich mich bei allen meinen Kolleginnen und Kollegen in und um das Projekt LILOG (Raum) an der Universität Hamburg bedanken. Insbesondere möchte ich hier Ch. Habel und M. Mohnhaupt für ihre zahlreichen konstruktiven Anregungen und Kritiken danken. Meiner Frau bin ich sehr dankbar für die vielen Korrekturen.

Untersuchung zu depiktionalen Darstellungen der Himmelsrichtungen[†)]

Yong Cao
Universität Hamburg
Fachbereich Informatik
AB Wissens- und Sprachverarbeitung (WSV)
Bodenstedtstr. 16, 2000 Hamburg 50

1. Einleitung

Die Entwicklung der räumlichen Orientierungsfähigkeit der Menschen und der Tiere wird von Anfang an durch ihre Umgebung geprägt. (cf. ELLEN & THINUS-BLANC [1987]). In der Kindheit hat der Mensch von seiner Umgebung durch Erfahrungen gelernt, daß sich die Begriffe 'links' und 'rechts' auf die zwei eigenen Hände beziehen. In der Schule lernen Schüler von ihren Lehrern:

Auf einer Landkarte[1)] liegt:
Norden oben; Süden unten;
Westen links und Osten rechts.

Durch eine solche Erziehung wird ein Abbildungsmechanismus aufgebaut, durch den der Mensch in der Lage ist, sich räumliche Orientierungsangaben in bezug auf den eigenen Körper oder das allgemein bekannte künstliche System von Landkarten im mentalen Bild vorzustellen und dadurch Lagebeziehungen zwischen räumlichen Objekten abzuleiten. Was sich der Mensch mit Hilfe des Abbildungsmechanismus vorgestellt hat, stimmt mit der Realität manchmal nicht ganz überein, weil in der Realität wegen der 'kulturellen' und geschichtlichen Beeinflussung eine spezielle Konvention entstanden ist, die von dem formalen System abweicht. Aber durch dieses formale System hat man schon die wesentliche Information bekommen, um eine im Text beschriebene Szene zu verstehen. Ein KI-System zum Verstehen natürlicher Sprache soll die Himmelsrichtungen auch in derselben Weise behandeln, falls es kein detailliertes Wissen verfügbar hat. Lesen wir folgendes Beispiel und stellen uns die Lagebeziehung zwischen Beijing und Guangzhou vor:

Wir fuhren mit der Bahn von Beijing nach Süden, und kamen am nächsten Morgen in Guangzhou an.

Auch wenn jemand die chinesische Landkarte nicht im Detail kennt, bildet er sich ein 'mentales Bild', in dem Guangzhou irgendwo unterhalb Beijing liegt. Diese mentalen Bilder versuchen wir in Rastern, Zellmatrizen oder Polar-Diagrammen quasi-analog, bildhaft (depiktional) darzustellen (cf. HABEL [1987,1988a&b], KHENKHAR[1988,1989]).

---

†) Diese Arbeit ist unter der Betreuung von Prof. Dr. Ch. Habel entstanden. Mohammed Khenkhar hat oft mit mir über 'depiktionale Darstellungen' diskutiert. Ich möchte mich auch bei allen anderen Kollegen bedanken, die mir sprachlich und fachlich geholfen haben. Die chinesische Regierung hat mich mit einem 2jährigen Stipendium unterstützt.

1) Eine Weltkarte ist hier nicht gemeint.

Orientierungen fordern vor allem ein Bezugsobjekt (cf. LYNCH[1965], Anhang A). Durch die Eigenschaften der Bezugsobjekte werden Orientierungen gruppiert. Die Himmelsrichtungen beziehen sich auf beide physikalischen (Süd- und Nord-)Pole unserer Erde. Deswegen hat KAUTZ [1985] sie 'absolute Orientierungen' genannt. Andere Orientierungen werden wegen ihrer nicht festen Bezugsobjekte 'relative Orientierungen' genannt[2]. Die Orientierungsangaben sind nicht leicht zwischen beiden mentalen Bezugssystemen, -physikalischen Polen und menschlichen Körpern-, umzuwandeln. Wann und wo welche Orientierungen sich der Situation am besten anpassen, hängt davon ab, ob daß das von den Orientierungen geforderte Bezugssystem in der aufgetretenen Situation leicht zu bestimmen ist. Es ist z.B. besonders wichtig für Wegbeschreibungen. Wenn wir z.B. nach Norden fahren möchten, haben wir manchmal Schwierigkeiten mit der Richtung, die vom Kompaß gezeigt wird, weil ein Teil einer von Süden nach Norden laufenden Autobahn an einer Kreuzung genau umgekehrt verlaufen könnte (cf. DOWNS & STEA [1982], *pp.* 77-78). Außerdem sind relative Orientierungen nur lokale Begriffe, während absolute Orientierungen (die Himmelsrichtungen) im Hinblick auf unsere Erde globale Lagebeziehungen vertreten.

Auch wenn beide Arten von Orientierungen viele Unterschiede haben, können sie doch einigermaßen gleich behandelt werden. Kognitionspsychologen haben versucht, 'links, rechts, hinten und vorne' ähnlich wie Himmelsrichtungen bildhaft darzustellen (s. MANI & JOHNSON-LAIRD [1982], HAGERT[1985]):

hinten

links rechts

vorne

Obwohl kein Bezugsobjekt in diesem Bild notiert wird, versteht jeder Leser durch die angegebenen Lagebeziehungen und seine eigene Erfahrung, wo der Sprecher lokalisiert ist. Tatsächlich werden die deiktische und intrinsische Perspektive von relativen Orientierungen in bisherigen Behandlungen bildhafter Darstellungen ausgeklammert. Dann ist ein solcher Behandlungsprozeß gleich dem, der zur Verarbeitung der Himmelsrichtungen genutzt wird. KOCZY [1988] hat z.B. mit relativen Orientierungen ausgedrückte Lagebeziehungen auf diese Weise bearbeitet, indem er die Beziehungen aus mit 'fuzzy pattern' bewerteten Gebieten durch einige bestimmte Operationen, deren Grundlage Integrationen von minus unendlich bis plus unendlich sind, ausgerechnet hat[3].

Auf dem Weg zur Darstellung mentaler Bilder mit Himmelsrichtungen gibt es bisher einige Untersuchungen. FÜRNSINN, KHENKHAR und RUSCHKOWSKI [1984] haben im von ihnen entwickelten GEOSYS einen automatischen Generierungsprozeß für die Himmelsrichtungen vorgestellt, in dem ein Himmelsrichtungsgebiet vom Flächenschwerpunkt ausgehend in Abhängigkeit von einer der 8-Blickrichtungen[4] generiert wird. Um z.B. zu beantworten, ob Dänemark nördlich von

---

2) Downs & Stea [1974] haben Bezugssysteme anders gruppiert.

3) Nach der Definition von Koczy wird das 'fuzzy' Gebiet 'left to A' $A^{\leftarrow}(x)$ so ausgerechnet:

$$A^{\leftarrow}(x) = \int_{x}^{+\infty} A(y)dy \Big/ \int_{-\infty}^{+\infty} A(y)dy$$ wobei A(y) die fuzzy Projektion des Patterns A auf die y-Achse ist.

4) Die 8-Blickrichtungen sind 'östlich', 'nordöstlich', 'nördlich', 'nordwestlich', 'westlich', 'südwestlich', 'südlich', und 'südöstlich'. Die Differenz zwischen zwei nebeneinderliegenden Blickrichtungen ist 45°.

Deutschland liegt, prüft GEOSYS, ob Dänemark das generierte 'nördliche Gebiet' von Deutschland schneidet. YAMADA, NISHIDA und DOSHITA [1988] haben eine ähnliche Aufgabe untersucht, nämlich, sich die Lagen der Objekte durch die zwischen ihnen mit den Himmelsrichtungen ausgedrückten Lagebeziehungen bildhaft vorzustellen. In beiden Aufsätzen wird nur ein Teil des Himmelsrichtungsgebiets generiert. Es fehlt in beiden Systemen eine globale Ansicht insbesondere mit den Grenzen des von den Himmelsrichtungen beeinflußten Gebietes. Es führt dazu, daß ein solches System manchmal ein unangemessenes Ergebnis liefern würde, wie z.B. wenn das generierte nördliche Gebiet den Nordpol überdecken würde.

KAUTZ [1985] und auch MCDERMOTT und DAVIS [1984] haben Himmelsrichtungen als 'absolute' Orientierungen in Robotern gespeichert. Ein Roboter ist dann in der Lage, die genaue Orientierung durch einen Kompaß festzustellen. Die Informationen sollen deshalb im mathematischen Sinne exakt eingegeben werden.

Im vorliegenden Aufsatz werden die Himmelsrichtungen auf die 2D-Ansicht im Sinne der Vogelperspektive beschränkt. Dafür werden drei Möglichkeiten für die grundlegende Operationalisierung der von den Himmelsrichtungen beeinflußten Gebiete vorgeschlagen, die alternativ verwendet werden, je nachdem unter welchen Umständen der Mensch die Himmelsrichtungen ausdrückt. Insbesondere wird eine globale, analoge Ansicht über die Himmelsrichtungen in einem beschränkten Polar-Diagramm dargestellt. Schließlich werden die Eigenschaften der Himmelsrichtungen betrachtet. Diese Darstellungen bieten vor allem die Möglichkeit, daß ein System, das diese Darstellungen verwendet, zuerst nach der allgemeinen, globalen Ansicht ein von der betrachteten Himmelsrichtung beeinflußtes Gebiet generiert. Die genaue Bedeutung der Himmelsrichtung wird danach zusammen mit der Kenntnis der lokalen Konvention mittels eines extra Mechanismus, wie z.B. eines Bewertungsverfahrens, verarbeitet, falls detailliertes Wissen (z.B. die lokale Konvention) vorhanden ist.

2. Drei Phänomene von Himmelsrichtungen

Wie DOWNS und STEA [1982] in ihrem Buch 'Kognitive Karten' geschrieben haben, hat der Mensch über die Himmelsrichtungen in verschiedenen Situationen verschiedene kognitive Vorstellungen. Zusammengefaßt treten in bezug auf Himmelsrichtungen folgende drei Phänomene[5)] auf.

2.1. Allgemeine, globale Himmelsrichtungen

Diese Himmelsrichtungen sind eine allgemeine, formale Vorstellung darüber, was die meisten Leute unter diesem Begriff verstehen. Diese Vorstellung ist die Grundlage der verschiedenen kognitiven Vorstellungen über die Himmelsrichtungen. Sie und die vom Kompaß gezeigten Richtungen sind konsistent. Ein Beispiel:

---

5) Das Beispiel von Talmy[1983], 'The mosaic is on the east wall of the church', wird hier nicht betrachtet, weil dies kein 2D-Problem im Sinne der Vogelperspektive ist.

Die DDR ist östlich von der BRD.

In allen vorher eingeführten Arbeiten ist nur dieses Phänomen behandelt worden. Im Abschnitt 3 werden diese Himmelsrichtungen in einer globalen, zur Kugelform unserer Erde (quasi-)analogen Ansicht ausführlich dargestellt.

2.2. Himmelsrichtungen in einer begrenzten Fläche

Die Himmelsrichtungen können auch nur mit einem Teil eines Gebiets (mit Flächen) verbunden werden. Darüber hat man manchmal ganz unterschiedliche Vorstellungen, die nur teilweise überlappt werden. Ein Beispiel:

Ich komme aus Südchina.

'Südchina' ist ein bestimmter Teil Chinas. Darunter versteht man in China ein Gebiet von einigen Provinzen, das südlich vom Yangtse-Fluß liegt und in dem der südliche Teil der Eisenbahnstrecke 'Beijing - Guangzhou' verläuft. Wenn man dies nicht kennt, dann stellt man sich normalerweise ein anderes Bild vor, das im allgemeinen Sinne richtig ist, aber in diesem Fall nicht mit der Realität übereinstimmt (cf. Abb. 1). Eine Vorstellung ist z.B., daß ein Teil des Gebietes, das in China als 'Südwesten' bezeichnet wird, zum Süden gehört.

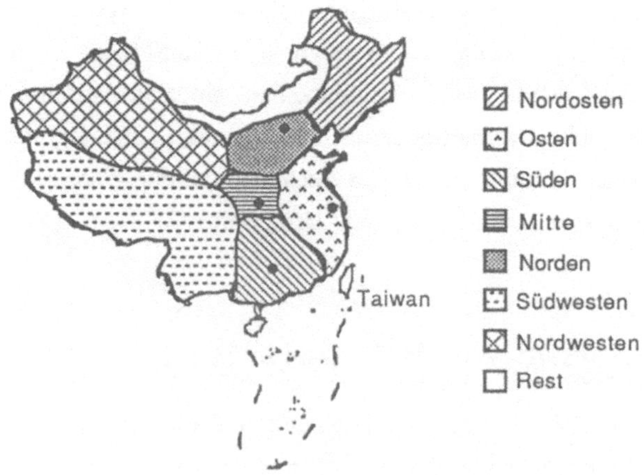

Abb.1: Eine Skizze von China mit Himmelsrichtungsgebieten

DOWNS und STEA [1982] haben berichtet, daß man in den USA vom Nordosten oder der Ostküste, dem Süden, dem Mittleren Westen und Kalifornien als den geopolitischen Einheiten spricht (*p.* 125). Auch hier besteht wiederum ein Konflikt zwischen der formalen Vorstellung und der lokalen Konvention, die aus der politischen Geschichte entstanden ist: 'Die geopolitischen Einheiten der USA machen Vorhersagen über wahlpolitische Stimmenverhältnisse, soziale Haltungen und Lebensstile möglich.'(*p.* 126).

Die durch Himmelsrichtungen bezeichneten Gebiete werden in diesem Fall nicht nur von einem politischen Aspekt, sondern auch von historischen, wirtschaftlichen und kulturellen Aspekten beeinflußt.

Die in Abb.1 dargestellte Skizze zeigt deutlich, daß die auf Himmelsrichtungen basierte Beziehung von Regionen nicht gleichgewichtig ist. Die drei durch 'Nordosten' bezeichneten Provinzen wurden im zweiten Weltkrieg zuerst durch Japan besetzt; hier spielt also eine historische Situation eine wesentliche Rolle. Der Osten, der Norden, die Mitte und der Süden sind durch Verkehrslinien (drei besonders wichtige Eisenbahnverbindungen: Beijing - Shanghai - Guangzhou) strukturiert. Aufgrund guter klimatischer und geographischer Bedingungen leben in diesen Regionen die meisten Chinesen. Im Gegensatz hierzu sind der Südwesten und der Nordwesten wegen schlechter geographischer und klimatischer Bedingungen dünner besiedelt. Diese Konstellation führt u.a. dazu, daß sich die Regionen in ihrer Größe erheblich voneinander unterscheiden.

Um solche durch lokale Konventionen stark veränderten Himmelsrichtungsgebiete im Raster zu generieren, werden zuerst alle geographischen, historischen, wirtschaftlich und politisch zusammenhängenden Informationen im betrachteten Gebiet analysiert und einige spezielle Sonderzellen (s. Abb.2) innerhalb dieses Gebietes bestimmt, die die entsprechenden Himmelsrichtungsgebiete vertreten können (z.B., wir nehmen München aber nicht Freiburg als einen Vertreter für Süddeutschland), dann können wir von dieser speziellen Zelle aus durch einen Aktivierungsprozeß die entsprechenden Himmelsrichtungsgebiete generieren (vgl. HABEL & PRIBBENOW [1988]). In unserem Beispiel werden Beijing, Shanghai, Guangzhou und Wuhan als derartige Sonderzellen für den Norden, den Osten, den Süden und die Mitte Chinas ausgewählt. Die generierten Gebiete sind immer noch nicht gleich denen, die von der Konvention gemeint werden, aber sie sind ein Schritt in Richtung zu einer adäquaten Darstellung.

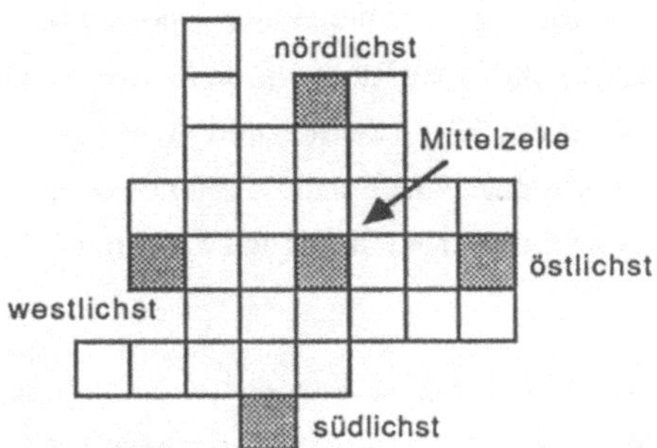

Abb.2: Ein Gebiet mit 5 besonderen Zellen

2.3. Auf ein linienförmiges Objekt beschränkte Himmelsrichtungen

Himmelsrichtungen können Teile eines linienförmigen Objekts bezeichnen, wie z.B., ein alltäglicher Begriff, Straße-Nord. Obwohl DOWNS und STEA [1982] berichtet haben, daß in den USA und Mexico die Himmelsrichtungen für Straßen nicht besonders hilfreich sind (*pp.* 76-80)[6], spielt die Himmelsrichtung in diesem Fall, meiner Meinung nach, die gleiche Rolle wie Landmarken, damit man in einem bestimmten Gebiet ein Objekt lokalisieren kann. Ein Beispiel dafür ist:

Ich steige am 'Eppendorfer Weg (Ost)' aus.

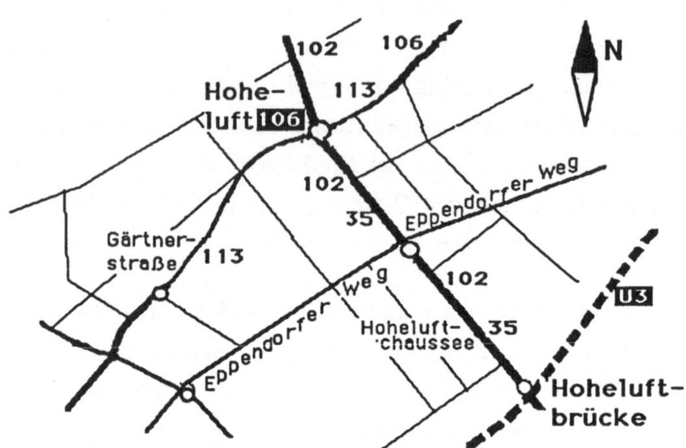

Abb.3: 'Eppendorfer Weg (Ost)' und ihre Umgebung

'Eppendorfer Weg (Ost)' ist eine Haltestelle der Buslinien 35 und 102 des Hamburger Verkehrsverbundes, die auf der senkrecht zum 'Eppendorfer Weg' verlaufenden Straße 'Hoheluftchaussee' liegt. Diese Haltestelle befindet sich dort, wo die beiden Straßen sich kreuzen (s. Abb.3). Die Himmelsrichtungsangabe deutet hier darauf hin, an welchem Teil vom 'Eppendorfer Weg' diese Haltestelle liegt, obwohl 'Eppendorfer Weg' nicht exakt von Westen nach Osten läuft. Ein weiteres, interessantes Beispiel sind die Straßen in der Shanghaier Innenstadt. Fast alle großen Straßen dort verlaufen in öst-westlicher oder nord-südlicher Richtung. Jede in öst-westlicher (bzw. nord-südlicher) Richtung verlaufende Straße wird mit 'Ost', 'Mitte' und 'West' (bzw. 'Nord', 'Mitte' und 'Süd') benannt. Die Himmelsrichtungen teilen eine Straße nicht irgendwo ab, sondern immer regelmäßig an einer Kreuzung (bzw. Brücke). Von dieser Kenntnis wird bei der Wissensverarbeitung Gebrauch gemacht.

Dieses Bezeichnungsverfahren ist hilfreich, weil in Shanghai die Straßen sehr lang sind. Für manche Straßen gibt es bis zu 2.000 Hausnummern. Wenn man ein Haus auf einer solchen Straße besuchen möchte, dann funktioniert die Himmelsrichtung wie das Schlüsselwort bei Suchverfahren in Datenbanken. Dieses Schlüsselwort hilft zusammen mit der formalen Vorstellung der Himmelsrichtung die Gegend des Hauses zu lokalisieren. In einem derartigen Fall ist es nicht unbedingt nötig zu wissen,

[6] Ein wesentlicher Grund, den Downs und Stea genannt haben, ist, daß die Richtung, nach der eine durch eine Himmelsrichtung benannte Straße in der realen Welt verläuft, mit der idealen Richtung dieser Himmelsrichtung nicht in jedem Fall übereinstimmt. Das im Abb.3 gezeigte Beispiel gehört auch zu dieser Klasse.

ob die betrachtete, durch eine Himmelsrichtung benannte Straße genau nach der vom Kompaß gezeigten, entsprechenden Himmelsrichtung verläuft. Mittels der von HABEL [1987,1988a&b] und KHENKHAR [1988,1989] vorgeschlagenen quasi-analogen (depiktionalen) Darstellung in Zellmatrizen sollten die Himmelsrichtungen in diesem Fall wie in Abb.4 aussehen.

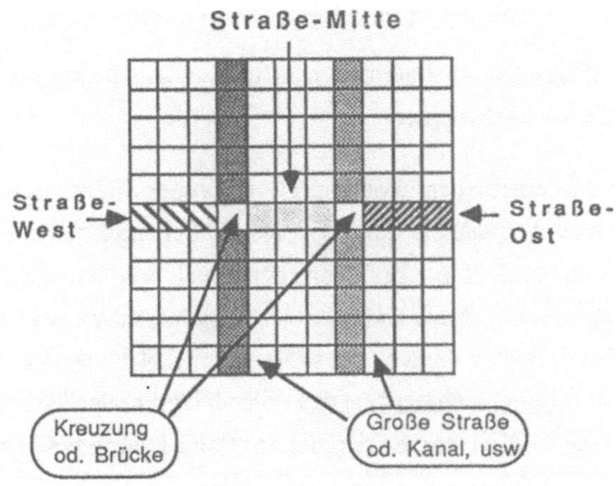

Abb.4: Eine durch Himmelsrichtungen benannte Straße in Zellmatrizen Darstellung

3. Zur Repräsentation der globalen Himmelsrichtungen

Wenn wir die Himmelsrichtungen in einer globalen Ansicht analysieren, dann bekommen wir weitere interessante Ergebnisse. Die Himmelsrichtungen werden nach ihren Eigenschaften in zwei Paare gruppiert. Die nördliche und südliche Richtung sind durch die beiden magnetischen Pole, bzw. durch die Rotationsachse der Erde, bestimmt. Aus dieser Bestimmung ergibt sich, daß Nord- bzw. Südpol die Extreme der Nord-Süd-Orientierung ausmachen, die linear und transitiv ist. Die östliche und westliche Richtung sind die Richtungen, die lokal senkrecht zu den nördlichen und südlichen Richtungen sind. 'Östlich' und 'westlich' sind wegen der Kugelform der Erde nicht linear sonder zyklisch. Hieraus folgt, daß eine globale Transitivität zu unangemessenen Resultaten führen würde, z.B. liegen die USA <u>westlich</u> von Deutschland, und China liegt <u>westlich</u> von der USA, aber China liegt <u>(fern-)östlich</u> von Deutschland. Dies betrifft eine wichtige Eigenschaft der Himmelsrichtungen, ihre paarweise Dualität. Zwischen zwei Objekten A und B muß nicht die Relation <u>westlich(A,B)</u> erfüllt sein, wenn aber diese Relation besteht, dann darf die duale Relation <u>östlich(A,B)</u> nicht gelten. Bisher gibt es noch keine zufriedenstellenden Verfahren, die die o.g. Eigenschaften vollständig behandeln. Hier versuchen wir einen formalen Mechanismus zu entwickeln, damit die Himmelsrichtungen im Hinblick auf solche Eigenschaften in Computer-Systemen formal und adäquat behandelt werden können.

3.1. Zur Repräsentation der Oberfläche der Erde

In diesem Abschnitt versuchen wir globale Himmelsrichtungen in einer neuen, zur Kugelform der Erde analogen Ansicht darzustellen. Zuerst müssen wir eine Methode suchen, die Oberfläche der Erde darzustellen. Geographen haben über unsere Erde viele Untersuchungen durchgeführt, und daher haben wir ein allgemein bekanntes Darstellungssystem:

Ein Punkt auf der Erde ist durch die **Breite** und die **Länge** zu lokalisieren.

Dieses System ist durch Computer realisierbar, aber menschlich nicht anschaulich. Daher soll eine weitere Darstellungsform entwickelt werden.

Das neue Diagramm wird in einer Ebene konstruiert, indem der Südpol aus der Oberfläche der Erde weggenommen und das nach Wegnahme des Südpoles gebliebene Loch expandiert wird, so daß die Oberfläche der Erde um den Nordpol in einer Ebene entwickelt wird. Genauso wäre es, falls wir in der Lage wären, vom Nordpol aus die ganze Erde aus der Vogelperspektive zu beobachten. Abb.5 zeigt dieses Ergebnis. Der Nordpol liegt in der Mitte des Diagramms. Nach der Expansion werden die Breite und Länge der Erde in den Winkel bzw. Radius des Polar-Diagrammes übertragen. Die Zellen auf der Erde, die mit gleicher Länge kodiert werden, werden im Polar-Diagramm deswegen in die Zellen, die die gleichen Radien im Polar-Diagramm haben, abgebildet. Ein Nachteil ist, daß die Zellen auf der südlichen Halbkugel wegen der Expansion künstlich aufgebläht werden. Dies könnte durch eine interne Abbildung korrigiert werden. Wenn jetzt Zellen auf der nördlichen Halbkugel miteinander verglichen werden, sind die Zellen von verschiedenen Längen auch nicht gleich groß. Meiner Meinung nach ist es sogar richtig, weil die von einer Himmelsrichtung, insbesondere der 'östlichen' und 'westlichen' Richtung, beeinflußten Gebiete in verschiedener Längen unserer Erde tatsächlich auch unterschiedlich groß sein sollen. Mit unserer Darstellung können die Himmelsrichtungen in den verschiedenen Längen einheitlich behandelt werden.

Der Nordpol liegt in der Mitte des Diagramms und besitzt keine Zelle. Der Südpol wird nicht im Diagramm dargestellt. Das bedeutet, daß die beiden Pole nur als Bezugspunkte zu verstehen sind. Es ist sinnvoll, daß die beiden Pole nicht wie normale Zellen betrachtet werden, weil im Nordpol z.B. keine östlichen, westlichen und nördlichen Relationen formuliert werden können. D.h., da die beiden Pole nicht durch Zellen dargestellt werden, werden die Himmelsrichtungen von den beiden entsprechenden Zellen auch nicht behandelt. Wenn wir auf dem Nordpol stehen würden, dann würden Osten, Westen und Norden plötzlich verschwinden. Es würde nur Süden bleiben, weil vom Nordpol aus alle Richtungen nach Süden zeigen.

Die **Länge** und **Breite** sind durch zwei Achsen (r und θ) des Polar-Diagramms zu beschreiben. Als Darstellung der Oberfläche der Erde soll das in Abb.5 gezeigte Diagramm folgendermaßen unterschiedlich vom mathematischen Polar-Diagramm sein:

1. Es ist ein diskretes Polar-Diagramm. Die Länge r wird von 1 bis MAX mit dem Abstand 1 kodiert, wobei MAX eine ungerade natürliche Zahl ist. Später wird i als r_i bezeichnet. Die

Breite θ wird von θ_0 bis θ_K mit dem Abstand θ_0 kodiert, wobei $\theta_K = 360^\circ$ entspricht, und K eine ungerade natürliche Zahl ist;

2. Die Achse r ist eine begrenzte positive Zahl;

3. Jede Zelle hat im Hinblick auf unsere Erde eine bestimmte Bedeutung:

   $r = 1$ bedeutet, diese Zelle grenzt an den Nordpol;

   $r = MAX$ bedeutet, diese Zelle grenzt an den Südpol;

   $\theta = \theta_0$ definieren wir als die Breite, auf der 'Greenwich' liegt, damit die Erde eindeutig kodiert wird;

4. Eine Zelle ($r_{MAX-u+1}$, θ_v) auf der südlichen Halbkugel soll intern genauso groß wie die Zelle (r_u, θ_v) auf der nördlichen Halbkugel zu verstehen sein. Die Zellen der selben Länge sind gleich groß.

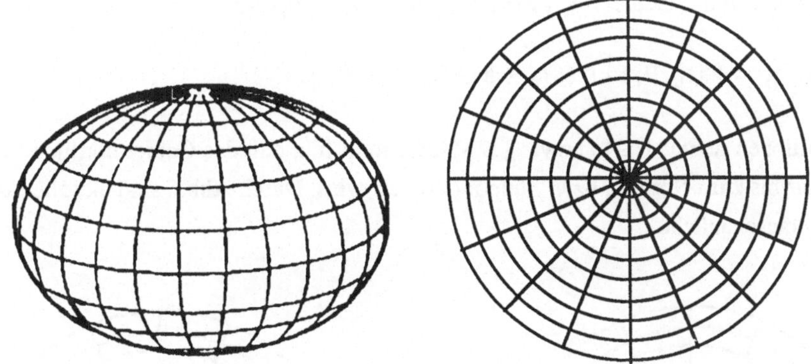

Abb.5: Die Oberfläche der Erde und ihre topologische Darstellung

Ein Gebiet wird durch eine Zellmenge dieses beschränkten Polar-Diagramms beschrieben. Ein Himmelsrichtungsgebiet zu generieren bedeutet, vom betrachteten Objekt aus durch bestimmte Prozesse eine Zellmenge zu aktivieren. Diese Zellmenge kann auch weiter verarbeitet werden, wie z.B. durch einen Bewertungsprozeß, der die Zugehörigkeits- oder Aktivierungsgrade jeder Zelle numerisch kodiert. Dieser Bewertungsprozeß ist dann besonders wichtig, wenn wir mit den im nächsten Abschnitt definierten Himmelsrichtungsgebieten natürliche Sprache verarbeiten.

Um einen allgemeinen und flexiblen Prozeß zu erhalten, wird zuerst mit einer einzelnen Zelle angefangen. Um von einer Zelle zu einem mehrzelligen Objekt zu erweitern, brauchen wir andere Prozesse, die die generierten Gebiete zu jeder einzelnen Zelle des Objekts sammeln und weiter verarbeiten. Wenn wir die Definitionen von Himmelsrichtungen ändern, wie z.B. um die Hauptrichtungen (Osten, Süden, Westen und Norden) mit verschiedenen Blickwinkeln zu versehen, brauchen wir nur die Prozesse über die einzelnen Zellen zu ändern. Die über einem Gebiet arbeitenden Prozesse werden unverändert bleiben.

3.2. Definitionen der Himmelsrichtungsgebiete

Obwohl es auf der Erde keinen Ostpol und Westpol gibt, hat jeder Punkt auf der Erde (mit Ausnahme vom Nordpol und Südpol) ein bestimmtes Gebiet, in dem ein 'östliches' bzw. 'westliches' Objekt des Punktes lokalisiert werden kann. Davon ausgehend werden Osten bzw. Westen und Norden bzw. Süden durch verschiedene Prozesse behandelt.

1) nördlich und südlich einer Zelle (r_i, θ_j)

Nördlich einer Zelle (r_i, θ_j) ist das Gebiet $N_{(i,j)}$, zu dem alle Zellen gehören, die die gleiche Breite (θ) wie die der betrachteten Zelle haben und ihre Länge (r) kleiner als die der betrachteten Zelle sind.

$$N_{(i,j)} = \{ (r_u, \theta_v) \mid 1 \leq r_u < r_i, \theta_v = \theta_j \}.$$

Ähnlich stellt sich das Gebiet $S_{(i,j)}$ südlich einer Zelle (r_i, θ_j) dar.

$$S_{(i,j)} = \{ (r_u, \theta_v) \mid r_i < r_u \leq \mathrm{MAX}, \theta_v = \theta_j \}.$$

In den Definitionen deutet $1 \leq r_u$ bzw. $r_u \leq \mathrm{MAX}$ darauf hin, daß das Gebiet nördlich bzw. südlich einer Zelle nur bis zum Nordpol bzw. Südpol definiert wird. Durch Abb.6 sind 'nördlich und südlich einer Zelle' veranschaulicht.

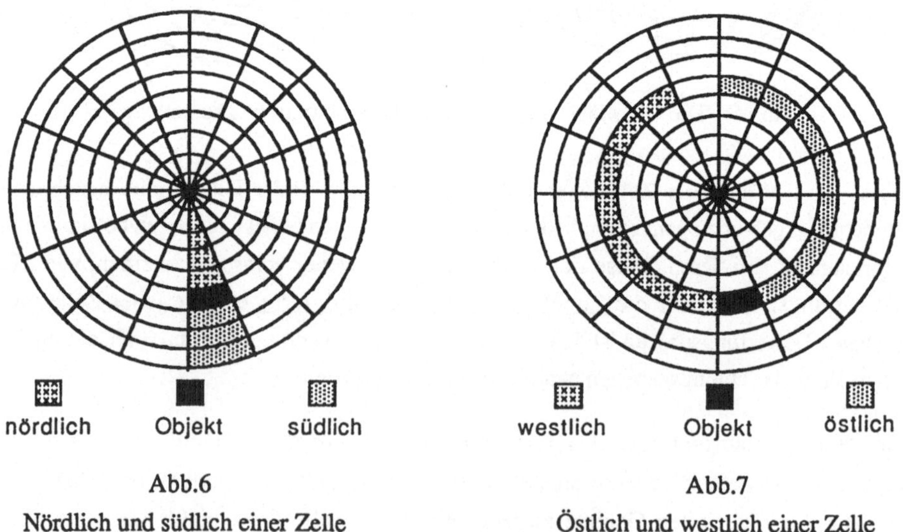

Abb.6
Nördlich und südlich einer Zelle

Abb.7
Östlich und westlich einer Zelle

Östlich und westlich einer Zelle sind nicht so einfach zu definieren, weil es keine Standardpunkte wie den Nordpol und Südpol auf der Erde gibt. Eine mögliche Ansicht ist, daß östlich einer Zelle bis zu ihrer 'entgegengesetzten Zelle' definiert wird. In der Realität gibt es auch solche Beispiele. Von Europa aus werden z.B. Japan, China, Korea usw. 'Fernosten' genannt. Diese Länder liegen fast auf der

Europa entgegengesetzten Seite. Die Bedeutung von 'fern' wird z.B. in der weiteren Verarbeitung durch eine Bewertungsfunktion in der generierten Zellmenge erklärt.

2) östlich und westlich einer Zelle (r_i, θ_j)

Östlich einer Zelle (r_i, θ_j) ist das Gebiet $Ö_{(i,\ j)}$, zu dem alle Zellen gehören, die erstens die gleiche Länge wie die der betrachteten Zelle haben; und zweitens, deren Breite (θ) bis zur Zelle kleiner als ihre Breite zur entgegengesetzten Zelle ist.

$$Ö_{(i,\ j)} = \{ (r_u, \theta_v) \mid r_u = r_i, ((\theta_v > \theta_j, \mid \theta_v - \theta_j \mid < \pi); (\theta_j - \theta_v \geq \pi)) \},$$

wobei (;) in der oben aufgeführten Formel eine Alternative bedeutet.

Westlich einer Zelle (r_i, θ_j) ist das ähnlich definierte Gebiet $W_{(i,\ j)}$:

$$W_{(i,\ j)} = \{ (r_u, \theta_v) \mid r_u = r_i, ((\theta_v < \theta_j, \mid \theta_v - \theta_j \mid < \pi); (\theta_v - \theta_j \geq \pi)) \}.$$

Durch Abb.7 sind 'östlich einer Zelle' und 'westlich einer Zelle' veranschaulicht.

Die vier kombinierten Himmelsrichtungen, 'nordöstlich', 'nordwestlich', 'südöstlich' und 'südwestlich', erben ihre Eigenschaften von den vier Hauptrichtungen.

3) nordöstlich und nordwestlich einer Zelle (r_i, θ_j)

Nordöstlich einer Zelle (r_i, θ_j) ist das Gebiet $NÖ_{(i,\ j)}$, das aus allen nördlichen Zellen der östlichen Zellen der betrachteten Zelle besteht.

$$NÖ_{(i,\ j)} = \{ (r_u, \theta_v) \mid 1 \leq r_u < r_i, ((\theta_v > \theta_j, \mid \theta_v - \theta_j \mid < \pi); (\theta_j - \theta_v \geq \pi)) \}.$$

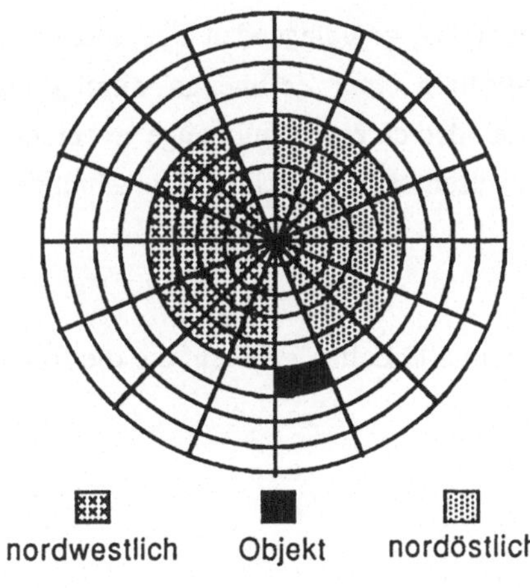

Abb.8
Nordöstlich und nordwestlich einer Zelle

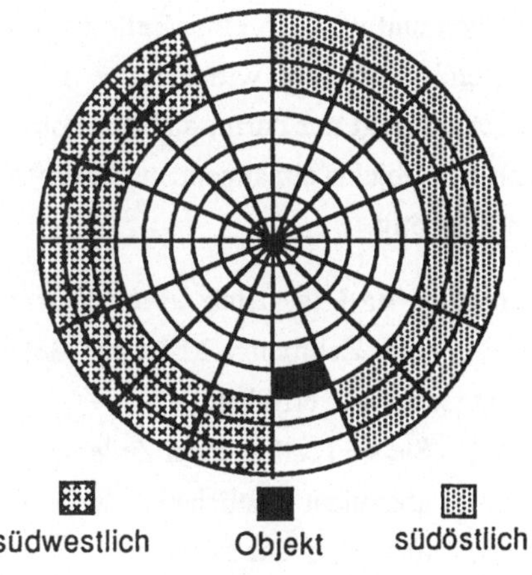

Abb.9
Südwestlich und südöstlich einer Zelle

Das Gebiet $NW_{(i,\, j)}$ ist nordwestlich einer Zelle (r_i, θ_j):

$$NW_{(i,\, j)} = \{ (r_u, \theta_v) \mid 1 \leq r_u < r_i, ((\theta_v < \theta_j, \mid \theta_v - \theta_j \mid < \pi); (\theta_v - \theta_j \geq \pi)) \}.$$

Analog zu nordöstlich und nordwestlich sind südöstlich und südwestlich einer Zelle zu definieren. Durch Abb.8 und 9 sind alle vier Gebiete veranschaulicht. Nach den Definitionen gibt es Zellen im Diagramm, die nicht von der betrachteten Zelle durch die Himmelsrichtungen beschrieben werden können. Es sind alle Zellen, die nördlich und südlich der der betrachteten Zelle entgegengesetzten Zelle sind.

Davon ausgehend werden auch die grundlegenden Operationalisierungen für eine Zellmenge formuliert.

4) nördlich und südlich einer Zellmenge M

Nördlich einer Zellmenge M ist das Gebiet N_M, zu dem alle Zellen gehören, die die folgenden Voraussetzungen erfüllen:

(1) Sie sind nördlich einer Zelle von M

(2) aber nicht südlich einer Zelle von M

(3) auch nicht aus M selbst

$$N_M = \bigcup_{(r_i,\, \theta_j) \in M} N_{(i,\, j)} - \bigcup_{(r_i,\, \theta_j) \in M} S_{(i,\, j)} - M.$$

Nach dem gleichen Prinzip wird das Gebiet S_M, südlich einer Zellmenge M definiert:

$$S_M = \bigcup_{(r_i,\, \theta_j) \in M} S_{(i,\, j)} - \bigcup_{(r_i,\, \theta_j) \in M} N_{(i,\, j)} - M.$$

Abb.10 veranschaulicht 'nördlich einer Zellmenge' und 'südlich einer Zellmenge'.

Die östlich und westlich einer Zellmenge zu konstruierenden, grundlegenden Operationen sind nach dem gleichen Prinzip wie bei der Konstruktion 'nördlich einer Zellmenge' durchgeführt. Der Unterschied liegt nur darin, daß das konstruierte Gebiet 'östlich einer Zellmenge' eventuell von der Gestalt des Objekts abhängenden 'Ausbuchtungen' aufweisen kann. Eine Bewertungsfunktion ist hier besonders nötig.

5) östlich und westlich einer Zellmenge M

Östlich einer Zellmenge M ist das Gebiet $Ö_M$, zu dem alle Zellen gehören, die die folgenden Voraussetzungen erfüllen:

(1) Sie sind östlich einer Zelle von M

(2) aber nicht westlich einer Zelle von M

(3) auch nicht aus M selbst

$$Ö_M = \bigcup_{(r_i,\, \theta_j) \in M} Ö_{(i,\, j)} - \bigcup_{(r_i,\, \theta_j) \in M} W_{(i,\, j)} - M.$$

Westlich einer Zellmenge M ist das Gebiet W_M:

$$W_M = \bigcup_{(r_i,\,\theta_j) \in M} W_{(i,\,j)} \; - \bigcup_{(r_i,\,\theta_j) \in M} Ö_{(i,\,j)} \; - \; M .$$

Durch Abb.11 sind die beiden Gebiete veranschaulicht. Es kann sein, daß die Gebiete N_M und $Ö_M$ (bzw. N_M und W_M, S_M und $Ö_M$ und S_M und W_M) sich schneiden.

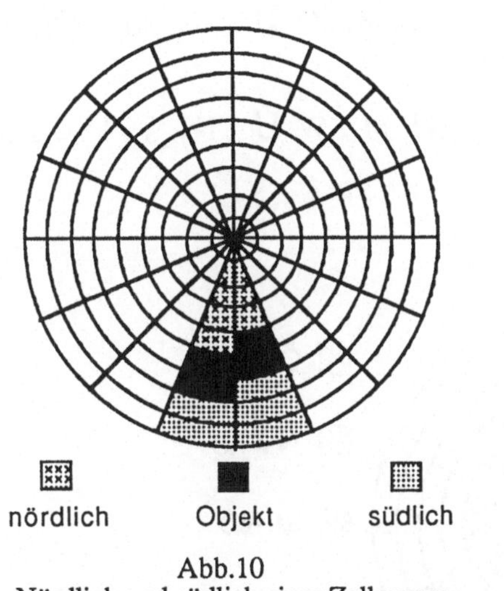

Abb.10
Nördlich und südlich einer Zellmenge

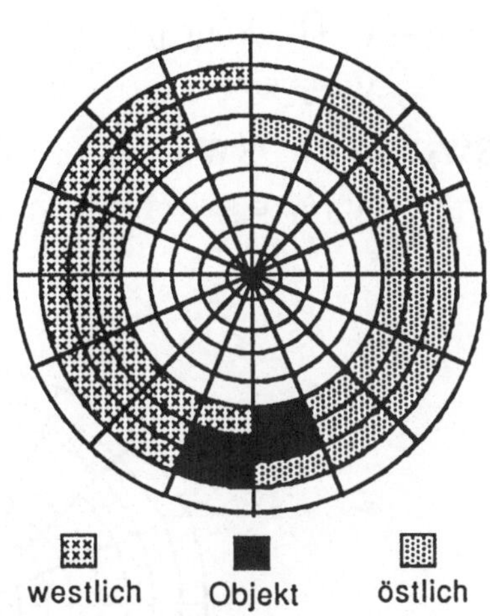

Abb.11
Östlich und westlich einer Zellmenge

Um 'nordöstlich einer Zellmenge' (bzw. auch nordwestlich, südöstlich und südwestlich einer Zellmenge) zu generieren, haben wir einen anderen Prozeß eingeführt. Dazu brauchen wir einige Symbole für die vorher genannten Schnittgebiete.

Seien $M\_NÖ = N_M \cap Ö_M$, $M\_NW = N_M \cap W_M$,

$M\_SÖ = S_M \cap Ö_M$ und $M\_SW = S_M \cap W_M$

6) nordöstlich einer Zellmenge M

ist das Gebiet $NÖ_M$, das aus allen Zellen besteht:

die entweder nordöstlich (aber nicht nordwestlich) von allen Zellen von M sind;

oder die aus dem Schnittgebiet der Gebiete 'nördlich von M' und 'östlich von M' bzw. dem nördlichen oder östlichen Gebiet dieses Schnittgebiets sind.

$$NÖ_M = \Big(\bigcap_{(r_i,\,\theta_j) \in M} NÖ_{(i,\,j)} \; - \bigcap_{(r_i,\,\theta_j) \in M} NW_{(i,\,j)} \Big) \cup M\_NÖ \cup \big(N_{M\_NÖ} \cup Ö_{M\_NÖ} \big)$$

Durch Abb. 12 ist diese Definition veranschaulicht. Die beschriebenen Teile des Gebiets werden unterschiedlich markiert.

Hier sind die drei übrigen Gebiete:

$$NW_M = \Big(\bigcap_{(r_i,\theta_j) \in M} NW_{(i,j)} - \bigcap_{(r_i,\theta_j) \in M} NÖ_{(i,j)} \Big) \cup M\_NW \cup (N_{M\_NW} \cup Ö_{M\_NW})$$

$$SÖ_M = \Big(\bigcap_{(r_i,\theta_j) \in M} SÖ_{(i,j)} - \bigcap_{(r_i,\theta_j) \in M} SW_{(i,j)} \Big) \cup M\_SÖ \cup (N_{M\_SÖ} \cup Ö_{M\_SÖ})$$

$$SW_M = \Big(\bigcap_{(r_i,\theta_j) \in M} SW_{(i,j)} - \bigcap_{(r_i,\theta_j) \in M} SÖ_{(i,j)} \Big) \cup M\_SW \cup (N_{M\_SW} \cup Ö_{M\_SW})$$

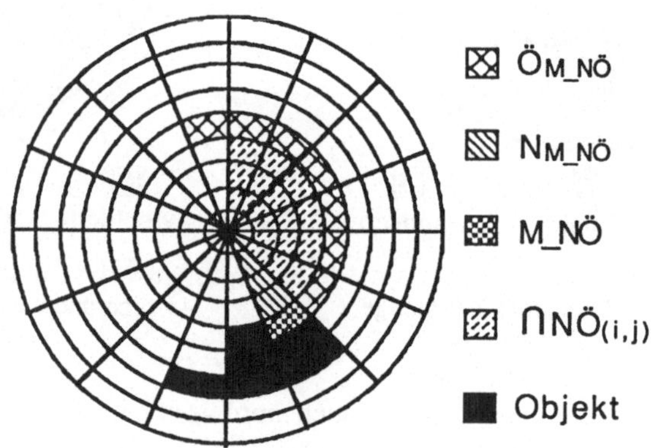

Abb.12: Nordöstlich einer Zellmenge

3.3. Himmelsrichtungsrelationen

Nun sind die Himmelsrichtungsrelationen durch die vorher generierten Gebiete formal zu definieren.

RELATION(A,B) gdw. **A ⊂ GEBIET(B).** (*)

Dabei sind A, B zwei Objekten entsprechende Zellmengen, die auch nur aus einer Zelle bestehen können, RELATION ist eine globale Himmelsrichtungsrelation, GEBIET ist ein der RELATION entsprechendes, vorher definiertes Himmelsrichtungsgebiet. Z.B. wird die Relation 'östlich(A,B)' so definiert:

östlich(A,B) gdw. **A ⊂ $Ö_B$.**

Nach dieser Definition müssen folgende Äquivalenzen nicht immer gelten:

$$\text{östlich}(A,B) \Longleftrightarrow \text{westlich}(B,A).$$

$$\text{südlich}(A,B) \Longleftrightarrow \text{nördlich}(B,A).$$

Als ein spezielles Beispiel betrachten wir die Lagebeziehung zwischen dem Festland/VR China und Taiwan (s. Abb.1). 'Taiwan ist östlich vom Festland', wird jeder akzeptieren, umgekehrt sagt man es jedoch nicht, weil der größte Teil des Festlandes 'nordwestlich' von Taiwan liegt.

Die Himmelsrichtungsrelationen sind nicht **reflexiv**. D.h., es gilt z.B. nicht:

$$\text{östlich}(A,A).$$

Dies stimmt auch mit der Realität überein. Man sagt z.B. nicht, daß Frankreich östlich von Frankreich liegt.

Die 'nördlich' und 'südlich' Relationen erfüllen die **Transitivitäts**bedingungen:

$$\text{nördlich}(A,B), \text{nördlich}(B,C) \Rightarrow \text{nördlich}(A,C).$$

$$\text{südlich}(A,B), \text{südlich}(B,C) \Rightarrow \text{südlich}(A,C).$$

Die 'östlich' und 'westlich' Relationen sind nicht **transitiv**. Wir haben aber eine eingeschränkte **Transitivität**:

$$\text{östlich}(A,B_1), \text{östlich}(B_1,B_2), \ldots, \text{östlich}(B_n,C), \text{östlich}(A,C)$$
$$\Rightarrow \text{östlich}(A,B_2), \text{östlich}(A,B_3), \ldots, \text{östlich}(A,B_n).$$

Für 'westlich' gilt das gleiche:

$$\text{westlich}(A,B_1), \text{westlich}(B_1,B_2), \ldots, \text{westlich}(B_n,C), \text{westlich}(A,C)$$
$$\Rightarrow \text{westlich}(A,B_2), \text{westlich}(A,B_3), \ldots, \text{westlich}(A,B_n).$$

Zwischen den Himmelsrichtungen haben wir folgende globale Beziehungen:

$$\text{südlich}(A,C), \text{östlich}(C,B) \Rightarrow \text{südöstlich}(A,B).$$

$$\text{östlich}(A,C), \text{südlich}(C,B) \Rightarrow \text{südöstlich}(A,B).$$

$$\text{südlich}(A,C), \text{westlich}(C,B) \Rightarrow \text{südwestlich}(A,B).$$

$$\text{westlich}(A,C), \text{südlich}(C,B) \Rightarrow \text{südwestlich}(A,B).$$

$$\text{östlich}(A,C), \text{nördlich}(C,B) \Rightarrow \text{nordöstlich}(A,B).$$

nördlich(A,C), östlich(C,B) ⇒ nordöstlich(A,B).

westlich(A,C), nördlich(C,B) ⇒ nordwestlich(A,B).

nördlich(A,C), westlich(C,B) ⇒ nordwestlich(A,B).

4. Zusammenfassung und Ausblick

Wir haben Phänomene der Himmelsrichtungen hier unter verschiedenen Gesichtspunkten untersucht, und schließlich versucht, mittels eines zu unserer Erde analogen, begrenzten Polar-Diagramms formale, grundlegende Operationalisierungen für die Himmelsrichtungen in einer globalen Ansicht zu formulieren. Es ist leicht, solche Ergebnisse vom Polarkoordinatensystem zu einem kartesischen Koordinatensystem zu übertragen, wenn die Himmelsrichtungen in einem kleinen Gebiet angewendet werden. Zur Verarbeitung natürlicher Sprache werden die vorher generierten Himmelsrichtungsgebiete von kognitiven Ansichten aus bewertet. Die in (*) benutzte Teilmengenrelation kann auch erweitert werden. Eine derartige Möglichkeit bestände darin, Größenverhältnisse zwischen dem Objekt A und dem Relationsgebiet GEBIET(B) zu berücksichtigen. Damit könnten die Himmelsrichtungsrelationen in bezug auf ein Bewertungsverfahren neu definiert werden:

RELATION(A,B) gdw. C ⊂ {x | x ∈ GEBIET(B), Wert(x) > *K* }. (*)'

wobei C eine Teilmenge von A mit |C| >> |A|/2 ist,

Wert(x) und *K* eine <u>Bewertungsfunktion</u> bzw. ein <u>Kriterium</u> sind.

Eine Weiterentwicklung der hier vorgestellten Konzeption im Rahmen eines textverstehenden Systems ist für die Zukunft vorgesehen.

Anordnung
Eine Fallstudie zur Semantik bildhafter Repräsentation

Christoph Schlieder
Universität Hamburg
Fachbereich Informatik
Bodenstedtstr. 16
D-2000 Hamburg 50

Übersicht

Anordnung ist keine metrische Eigenschaft räumlicher Lage: für die Reihenfolge, in der Landmarken in einer Ansicht erscheinen, ist allein entscheidend wie diese mit den Fluchtlinien inzidieren. Geraden spielen somit eine entscheidende Rolle, die sich jedoch nicht allein durch Inzidenzen charakterisieren läßt. Es wird untersucht, wie die ebene Anordnung der Landmarken in Draufsicht zu repräsentieren ist, damit deren lineare Anordnung in allen Ansichten bestimmt ist.

1 Anordnungsverhältnisse

Verläßt man den Bereich des exakten, geometrischen Sprechens über den Raum, so wird man mit Schwierigkeiten konfrontiert, die durch die Begriffe Unvollständigkeit und Vagheit bezeichnet werden. Deutlich zeigen dies die folgenden Sätze, die der Beschreibung eines Wanderwegs im Elsaß, dem sogenannten Kerntext für den ersten Prototypen des Lilog-Projektes, entstammen [Habel+Pribbenow 88], [Khenkhar 88].

> "Bei klarer Sicht blicken wir gegenüber auf die Hornisgrinde im Nordschwarzwald und schräg rechts auf den Feldberg im Südschwarzwald. Beim Blick nach Süden am Kamm entlang taucht der Odilienberg auf. Im Norden auf der gegenüberliegenden Seite des Tales sehen wir im Wald, jetzt schon deutlich unter uns gelegen, wieder die Ruine Greifenstein."

Welchen Gehalt an räumlicher Information vermitteln diese Sätze? Da werden eine Reihe von Landmarken genannt, Berge und eine Burgruine. Das sind nicht bloße Sehenswürdigkeiten, an ihnen muß sich der Wanderer auch orientieren: Greifenstein war beispielsweise bereits an früherer Stelle des Weges rechter Hand sichtbar. Erstaunlich wenig erfährt man über metrische Verhältnisse. Wie weit die Landmarken entfernt sind, darüber schweigt sich der Text aus. Auch ungefähre Entfernungen lassen sich der Beschreibung schwer entnehmen - tatsächlich liegt Greifenstein kaum zwei Kilometer entfernt, der Feldberg aber über hundert Kilometer (Fig.1). Aufschluß gibt der Text jedoch darüber, welche Landmarken sichtbar sind und in welcher Reihenfolge diese beim Rundblick erscheinen. Damit sind

Anordnungsverhältnisse beschrieben, sie bilden einen wesentlichen Teil der räumlichen Information des Textes.

Wie wichtig ist solche Anordnungsverhältnisse für die Orientierung im Raum? Welche Rolle spielen sie bei der Entwicklung bildhafter Vorstellungen? Wie werden sie mit metrischen und topologischen Angaben verbunden? Nach einer ersten Beschäftigung mit diesen Fragen wurde deutlich, daß vor ihrer Beantwortung geklärt sein muß, was ebene Anordnung von Landmarken ausmacht und wie sie zusammenhängt mit den Bedingungen unter denen die Landmarken sichtbar sind. Statt eines kognitiven Repräsentations-problems soll deshalb hier ein formales betrachtet werden: wie sieht der durch Anordnungsverhältnisse beschriebene Raum, lokal in Ansichten und global in der Draufsicht, aus?

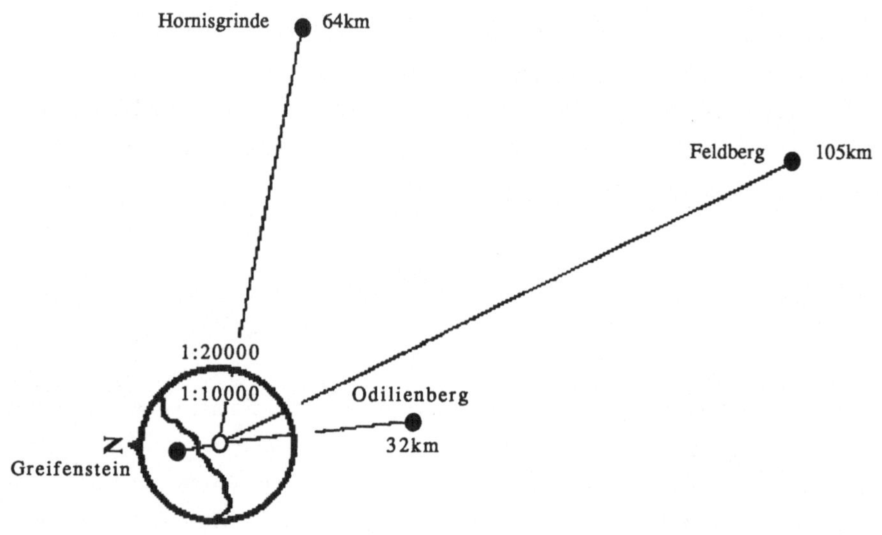

Fig.1

Rundblick von der Burg Haut-Barr

Ausgangspunkt ist eine Alltagsbeobachtung; für zwei Landmarken steht fest, auf welcher Seite der verbindenden Gerade sich der Betrachter befindet, wenn bekannt ist, welche links und welche rechts zu sehen ist (Fig.2). Landmarken, die auf einer Sichtlinie liegen, also fluchten, lassen sich in einer Ansicht zur Deckung bringen - Kollinearität spielt offensichtlich eine entscheidende Rolle für die Sichtbedingungen, sie wird in geeigneter Form zu repräsentieren sein. Fig.2 veranschaulicht eine wesentliche Voraussetzung für die Unterscheidung von links und rechts in einer Ansicht: der Sehwinkel darf nicht größer als 180° sein. Im folgenden werden wir den maximal möglichen Sehwinkel von 180° für Ansichten zugrunde legen. Alle anderen Ansichten können dann als Ausschnitte betrachtet werden. Weiter wird volle Sichtbarkeit der Landmarken vorausgesetzt, so können grundsätzliche Eigenschaften des Problems untersucht werden, bevor spezifische Schwierigkeiten wie verdeckte oder nicht identifizierbare Landmarken behandelt werden.

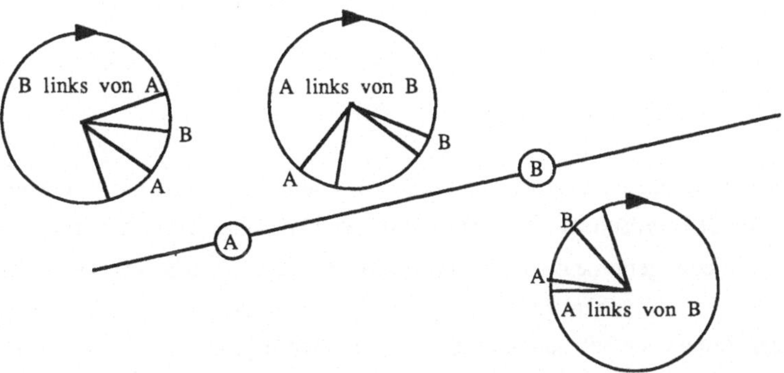

Fig.2 Ansichten zweier Landmarken

Was beim Erschließen räumlichen Wissens aus Texten eine zwangsläufige Beschränkung ist, kann in anderem Zusammenhang eine erwünschte Abstraktion sein: das Fehlen metrischer Angaben. Die Arbeiten Levitts im Bereich der Robotik gehen von der gleichen, oben erwähnten Alltagsbeobachtung aus, um ein effizientes Wegplanen zu erreichen [Levitt et al. 87a], [Levitt et al. 87b], [Kuipers+Levitt 88]. Die Durchfahrt zwischen zwei Landmarken ist als Zielvorgabe einerseits hinreichend unbestimmt, um von lokalen Hindernissen abstrahieren zu können, andererseits bestimmt genug, um in einer Landschaft von Landmarken global einen Weg planen zu können. Die Raumbeschreibung durch Anordnungsverhältnisse wird in diesen Arbeiten allerdings mehr pragmatisch genutzt, als systematisch untersucht, worauf wohl auch gewisse Fehleinschätzungen zurückzuführen sind - an späterer Stelle wird darauf näher eingegangen.

2 Sichtbedingungen

Wir betrachten eine **Landmarke** idealisiert als einen Punkt der (euklidischen) Ebene. Die Menge aller Landmarken $\{M_1,...,M_n\}$ heißt **Landschaft**. Eine Ansicht dieser Landschaft ist durch einen Punkt der Ebene, den **Standpunkt**, und eine gerichtete Gerade durch diesen Punkt, die **Bildlinie** bestimmt. Dazu rotiere die Bildlinie b 180° im Uhrzeigersinn um den Standpunkt S; der von S in Richtung von b ausgehende Strahl trifft der Reihe nach auf Landmarken, diese Reihenfolge $[M_i,...,M_j]$ wird als **Ansicht** bezeichnet. Es ist möglich, daß der Strahl gleichzeitig mehrere Landmarken trifft, was die gegenseitige Verdeckung dieser Landmarken in der Ansicht bedeutet. Wir notieren die sich verdeckenden Landmarken in der Reihenfolge ihres Abstandes zum Standpunkt mit $M_k+...+M_l$ und behandeln sie in der Ansicht wie eine einzige Landmarke. Untenstehend ist eine Landschaft {A,B,C,D,E,F,G} abgebildet, vom Standpunkt S aus ergibt sich mit der Bildlinie b die Ansicht [BCFE]. Bei entgegengesetzt gerichteter Bildlinie wäre die Ansicht [GDA]. Die Ausrichtung der Bildlinie zeichnet bei Drehung im Uhrzeigersinn die linke Seite der Ansicht aus, weshalb der zugehörige Strahl der Bildlinie auch der linke Bildstrahl heißt.

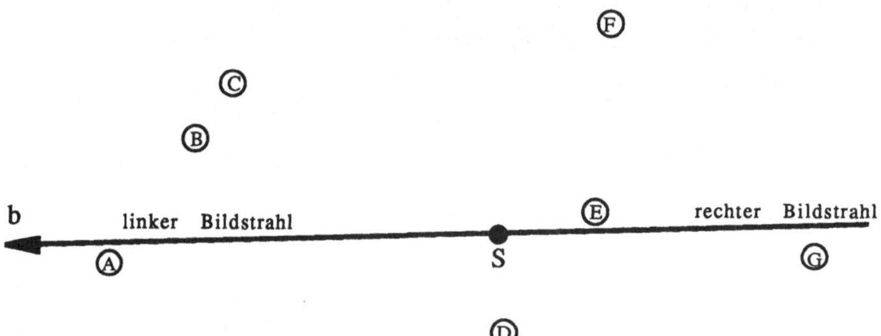

Fig.3 Standpunkt S und Bildlinie b bestimmen die Ansicht [BCFE]

Je zwei der Landmarken bestimmen eine Gerade, die **Fluchtlinie**. Man beachte, daß verschiedene Paare von Landmarken nicht notwendig verschiedene Fluchtlinien bestimmen - es können auch mehr als zwei Landmarken fluchten, das heißt kollinear liegen. Das Schnittgebilde der Fluchtlinien besteht aus Punkten, Strecken und Vielecken - der Einfachheit halber soll auch im unbegrenzten Randbereich von Strecken und Vielecken die Rede sein. Punkte, Strecken und Vielecke heißen die Lagen der Landschaft, wir unterscheiden sie als **Ortslagen**, **Linienlagen** und **Flächenlagen**. Man beachte hierbei, daß die Landmarken nicht die einzigen Ortslagen darstellen.

Schnittgebilde von Geraden wie in Fig.4 sind seit langem Gegenstand geometrischer und kombinatorischer Überlegungen. Die Ergebnisse sind jedoch recht verstreut (als Nebenprodukte allgemeinerer Theorien) oder nicht veröffentlicht (einfach herzuleitende Zusammenhänge, die innerhalb der engeren wissenschaft-

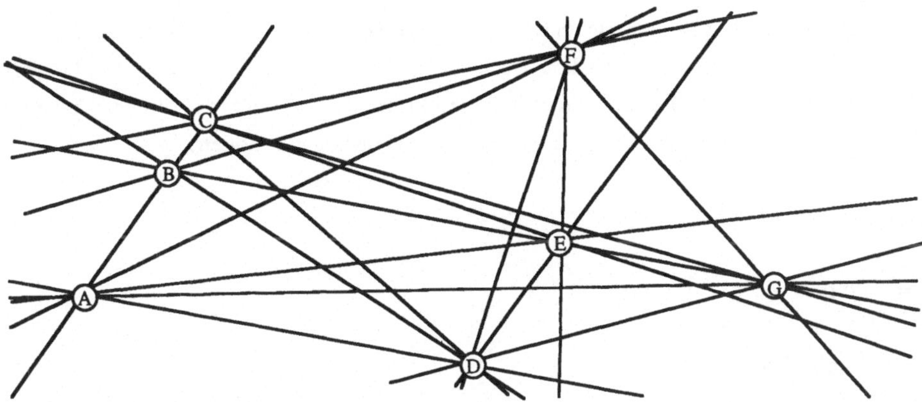

Fig.4 Einige Orts-, Linien- und Flächenlagen einer Landschaft

schaftlichen Gemeinschaft bekannt sind, sogenannte "folklore"). Sehr hilfreich für den Einstieg ist daher die Übersicht von [Grünbaum 72], die Arbeiten aus den letzten hundert Jahren berücksichtigt. Vieles ist für unsere Problemstellung geklärt, so lassen sich leicht obere Schranken angeben für die Zahl der Orts-, Linien- und Flächenlagen abhängig von der Zahl der Landmarken. Näheres findet sich bei Grünbaum im Kapitel "Arrangements associated with point sets." - zu beachten ist, daß dort der projektive Fall betrachtet wird, die Ergebnisse müssen an den euklidischen Fall angepaßt werden.

Mit den algorithmischen Aspekten der Schnittgebilde von Hyperebenen im n-dimensionalen Raum (arrangements of hyperplanes), also insbesondere mit Geraden in der Ebene, befaßt sich die geometrische Algorithmik (computational geometry). Diesen Standpunkt vertritt [Edelsbrunner 87], der so auf überzeugende Weise diesem Gebiet, das sich noch in heftiger Entwicklung befindet, eine einheitliche Darstellung gibt. Dadurch tritt auch der enge Zusammenhang zwischen der kombinatorischen Struktur eines Problems und der Datenstruktur seiner algorithmischen Lösung deutlich hervor. Bevor jedoch ein geometrisches Problem algorithmisch angegangen werden kann, muß es auf seine kombinatorische Struktur reduziert werden: das bedeutet Übergang von der Problemstellung im euklidischen Raum zu einer relationalen Beschreibung (endlich viele Objekte und Relationen). Auch in unserem Fall liegt die Landschaft zunächst in geometrischer Form vor; eine Landmarke ist ein bestimmter Punkt der Ebene, der durch seine Koordinaten gegeben ist.

Sind die Koordinaten der Landmarken gegeben, dann läßt sich eine Ansicht wie oben beschrieben bestimmen. Nun gibt die Ansicht aber keine Aufschlüsse mehr über Winkel (Abstände) zwischen Landmarken - offenbar wird zu ihrer Bestimmung die metrische Information, die in den Koordinaten steckt, nicht benötigt. Im folgenden soll untersucht werden, welche Eigenschaften der Landschaft, bzw. des Schnittgebildes der Fluchtlinien, die Ansicht bestimmen. Zwar gibt es in einer Landschaft unendlich viele Standpunkte und in jedem Standpunkt unendlich viele Bildlinien, aber die Zahl der Ansichten ist begrenzt. Eine naheliegender Gedanke ist, mit Hilfe der Lagen der Landschaft zu einer diskreten Beschreibung von Standpunkt und Bildlinie zu kommen. Dazu bedarf es einer systematischen Bezeichnung der Lagen, die hier nach einem in der geometrischen Algorithmik üblichen Verfahren durchgeführt wird [Edelsbrunner 87, S.5]. Jede Fluchtlinie g zerlegt die Ebene in zwei Halbebenen. Da in Ansichten links und rechts unterschieden sind, müssen gerichtete Geraden zugrunde gelegt werden. Durch Auszeichnen einer Richtung auf der Fluchtlinie lassen sich die Halbebenen als linke und rechte unterscheiden. Für jeden Standpunkt S gilt einer von drei Fällen: er inzidiert mit der Fluchtlinie g, er liegt in der linken Halbebene h^+, er liegt in der rechten Halbebene h^-. Entsprechend wird seine Position g(S) notiert:

$$g(S) = \begin{cases} + \text{ falls } S \in h^+ \\ o \text{ falls } S \in g \\ - \text{ falls } S \in h^- \end{cases}$$

Nun werden die Fluchtlinien in beliebiger Reihenfolge $g_1,...,g_m$ durchnumeriert und auf jeder wird eine beliebige Richtung ausgezeichnet. Die Position eines Standpunktes S läßt sich durch seine m Positionen bezüglich der Fluchtlinien beschreiben, den **Positionsvektor:**

$$p(S) = (g_1(S),...,g_m(S)).$$

Wie in Fig.5 zu sehen, bestimmen die sieben Landmarken der Landschaft aus Fig.3 siebzehn Fluchtlinien; Positionsvektoren haben somit siebzehn Stellen. In der Abbildung sind die Indizes der Fluchtlinen dergestalt angebracht, daß sie als Orientierungspfeile angesehen werden können.Wir betrachten im einzelnen

$$\begin{aligned} p(S_0) &= (- \; o \; + \; - \; - \; o \; + \; + \; + \; + \; + \; - \; o \; + \; - \; + \; +), \\ p(S_1) &= (o \; + \; + \; + \; + \; + \; + \; + \; + \; + \; + \; - \; - \; + \; - \; - \; -), \\ p(S_2) &= (- \; + \; + \; - \; - \; - \; + \; + \; - \; + \; - \; - \; - \; - \; - \; + \; +). \end{aligned}$$

Der erste Positionsvektor $p(S_0)$ weist drei Inzidenzen auf, nur ein einziger Punkt kann auf allen drei Fluchtlinien liegen, es handelt sich also um eine Ortslage und zwar die in der Abbildung markierte. Dagegen weist der Positionsvektor $p(S_1)$ nur eine Inzidenz auf, er bezeichnet alle Punkte die auf g_1 liegen und zugleich rechts von g_{11} wie links von g_{12} liegen; es sind die Punkte der markierten Linienlage. Das Beispiel zeigt, daß der Positionsvektor keine minimale Kennzeichnung der Lage ist. Wie man sich leicht überlegt, können Ortslagen mit zwei und Linienlagen mit (höchstens) drei Positionen beschrieben werden. Der Positionsvektor $p(S_2)$ enthält keine Inzidenzen, er beschreibt alle Punkte, die im Schnitt der angegebenen siebzehn Halbebenen liegen, also eine Flächenlage. Nicht alle kombinatorisch möglichen Positionsvektoren haben eine sinnvolle geometrische Interpretation - beispielsweise kann in Fig.5 kein Punkt links von g_3, rechts von g_9 und zugleich links von g_{13} liegen. Wir fassen zusammen: jeder Standpunkt wird durch genau einen Positionsvektor beschrieben; alle Standpunkte eine Lage werden durch den gleichen Positionsvektor beschrieben; keine zwei Lagen werden durch den selben Positionsvektor beschrieben.

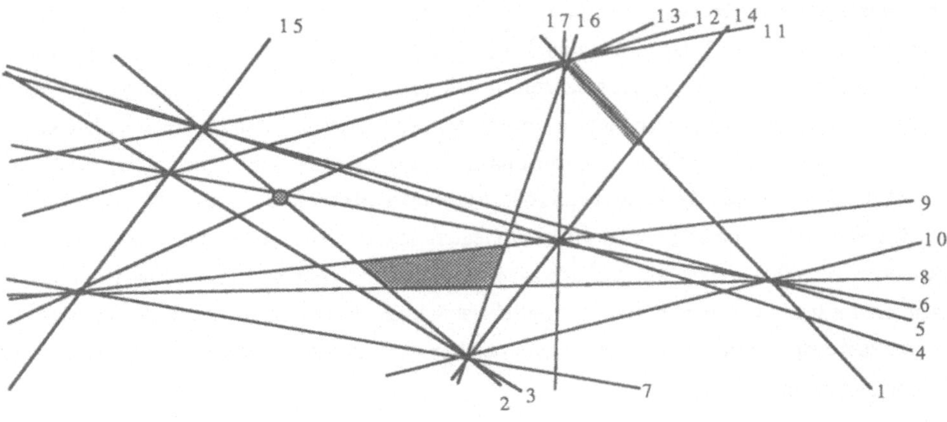

Fig.5

Lagen werden durch Positionsvektoren beschrieben

Der vermutete Zusammenhang zwischen Lage und Ansicht soll nun für Flächenlagen untersucht werden, weshalb im folgenden mit Lage immer eine Flächenlage und mit Standpunkt immer ein zu einer Flächenlage gehöriger gemeint ist. Es scheint zweckmäßig, getrennt zu verfolgen wie sich die Wahl der Bildlinie und wie sich die Wahl des Standpunktes auf die Ansicht auswirken. Betrachten wir wieder die Bildlinie b in Fig.3; je nach Standpunkt S ergeben sich verschiedene Ansichten, verschiebt man etwa S entgegen der Ausrichtung von b, dann ändert sich die Ansicht erst in [BCEF], danach in [BECF] und schließlich in [EBCF]. Wenn nur die Bildlinie, nicht aber der Standpunkt bekannt ist, kann wenig über mögliche Ansichten ausgesagt werden. Einzig die Zerlegung der Landschaft in einen **Gegenblick** $\{M_i,...,M_j\}:\{M_k,...,M_l\}$ bestehend aus den Punkten der Ansicht $\{M_i,...,M_j\}$ und ihrem Komplement $\{M_k,...,M_l\}$ liegt fest. Offensichtlich ist b nicht die einzige Bildlinie, die diesen Gegenblick erzeugt, auch muß nicht jede solche Bildlinie durch die zu S gehörige Lage laufen, wie eine genaue Betrachtung von Fig.3 und Fig.4 zeigt. Welches sind nun die Standpunkte, die Bildlinien mit gleichem Gegenblick wie b zulassen (vergleiche Fig.6)?

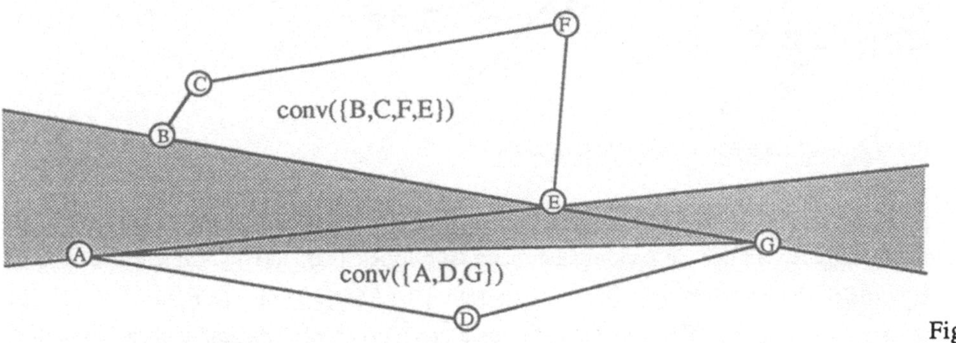

Fig.6

Lagen mit dem Gegenblick {B,C,D,E,F}:{A,D,G}

Sei $\{M_i,...,M_j\}:\{M_k,...,M_l\}$ ein Gegenblick. Wir betrachten die konvexe Hülle der Punkte der Ansicht conv($\{M_i,...,M_j\}$) und die konvexe Hülle der komplementären Punkte conv($\{M_k,...,M_l\}$), beidesmal entsteht ein Vieleck (i.a. keine Lage), dessen Eckpunkte Landmarken sind (Fig.7). Zwei konvexe Gebiete bestimmen vier Tangenten, von denen hier die beiden interessieren, die sich im Inneren der konvexen Hülle beider Gebiete schneiden. Die Tangenten berühren die Vielecke in einem Eckpunkt (einer Landmarke) oder in einer Seite (mehreren Landmarken), die Tangenten sind also Fluchtlinien. Jede der Tangenten stellt eine Grenzlage dar: Bildlinien, die über sie hinauswandern, erzeugen einen anderen Gegenblick. Die gesuchte Menge der Standpunkte wird durch die Tangenten und die durch sie eingeschlossenen Seiten der Vielecke bestimmt (in Fig.7 sind das die Fluchtlinien M_1M_3, $M_2M_4M_5$, M_1M_2, M_4M_3), es handelt sich also um einen Menge von Lagen. Insbesondere wird ein Gegenblick, der von einem Standpunkt einer Lage zugelassen wird, von allen Punkten dieser Lage zugelassen. Einem Gegenblick lassen sich somit eindeutig die Lagen zuzuordnen, von denen aus er möglich ist - man beachte aber, daß einer Lage mehrere Gegenblicke zugeordnet sind (wie sich unten herausstellen wird, genau so viele wie Landmarken, also n verschiedene). Es gilt die

Feststellung 1:

(a) Jeder Standpunkt läßt mehrere (genau n) Gegenblicke zu.

(b) Alle Standpunkte einer Lage lassen die gleichen Gegenblicke zu.

(c) Im allgemeinen existieren mehrere Lagen mit dem gleichen Gegenblick.

Der Begriff des Gegenblicks ist das diskrete Gegenstück zur Beschreibung der Blickrichtung durch die sich kontinuierlich verändernde Lage der Bildlinie. Ähnlich soll nun versucht werden, zu einer diskreten Beschreibung des Standpunktes zu kommen. Wir betrachten wieder Fig.3, diesmal mit bekanntem Standpunkt S, doch ohne bestimmte Bildline. In dem Fall kann nichts

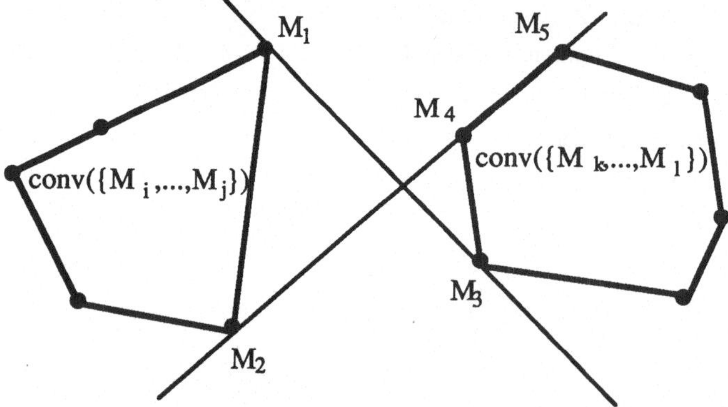

Fig.7 Konstruktion der Lagen mit gleichem Gegenblick

darüber ausgesagt werden, welche Landmarken gemeinsam in einer Ansicht auftreten. Dafür läßt sich die Reihenfolge bestimmen, in der die Landmarken beim **Rundblick** (M_i,...,M_j) auftreten. Dies geschieht wie für die Ansicht beschrieben, nur werden statt 180° jetzt 360° gedreht. Der Rundblick in einem Standpunkt ist nach diesem Verfahren eindeutig bestimmt, im Gegensatz zu den möglichen Gegenblicken. Für S findet man als Rundblick (BCFEGDA), dabei bleibt unbestimmt, ob eine mit dem Rundblick verträgliche Ansicht wie [CFEGD] tatsächlich möglich ist. Man überschätzt leicht den Gehalt an räumlicher Information, den der Rundblick vermittelt: wie sich anhand von Fig.3 und Fig.4 überlegen läßt, besitzen auch Standpunkte, die nicht zur Lage p(S) gehören den gleichen Rundblick. Eine Charakterisierung der

Lagen durch Rundblicke kann man also nicht erwarten, diesen Fehler begeht [Levitt 87a]. Für welche Standpunkte aber ergibt sich der gleiche Rundblick wie für S (Fig.8)?

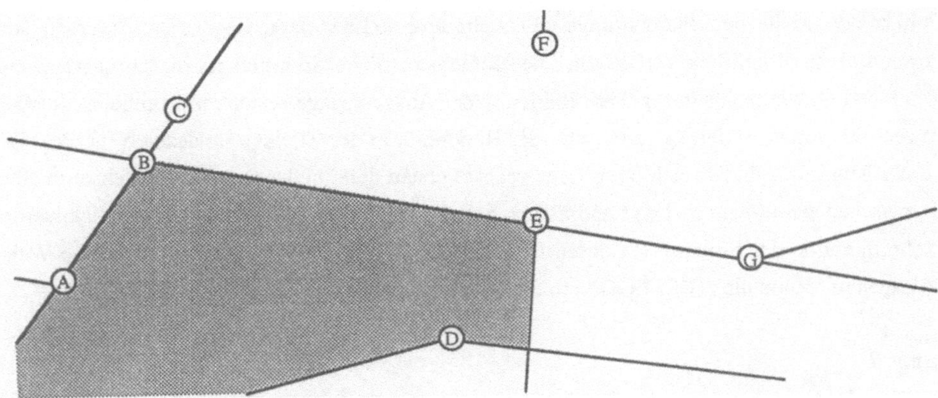

Fig.8 Lagen mit dem Rundblick (BCFEGDA)

Wir betrachten einen Rundblick (M_i,...,M_j) im Standpunkt S und fragen, wie sich der Rundblick verändert, wenn S bewegt wird. Zwei Landmarken P und Q können im Rundblick nur vertauscht werden, wenn S die Fluchtlinie PQ überschreitet. Insbesondere ist deshalb ein Rundblick, der von einem Standpunkt einer Lage aus möglich ist, von allen Standpunkten dieser Lage möglich.

Das Überschreiten einer Fluchtlinie, das heißt der Lagewechsel, ist eine notwendige, aber keine hinreichende Bedingung für die Änderung des Rundblicks. In Fig.9 ist links die Durchfahrt zwischen zwei Landmarken P und Q schematisch dargestellt.

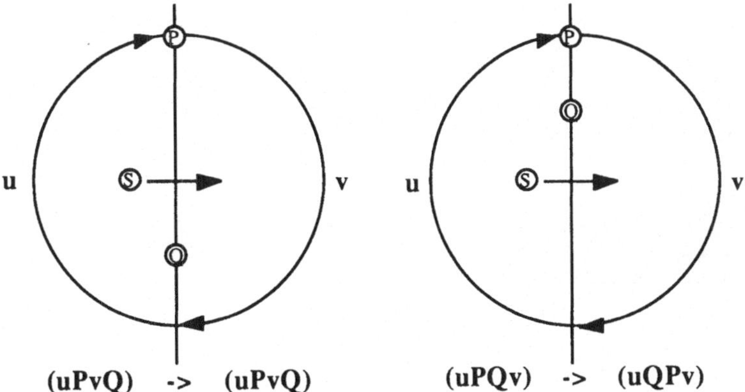

Fig. 9 Veränderung des Rundblicks bei Durchfahrt und Umfahrt

Unter der Voraussetzung, daß keine anderen Landmarken auf der Fluchtlinie PQ liegen und S keinen weiteren Lagewechsel vollzieht, ändert sich der Rundblick durch die Bewegung nicht. In der Ausgangslage besteht der Rundblick (uPvQ), wobei u und v für Folgen von Landmarken stehen. Der Lagewechsel kann zu keiner Vertauschung von P mit einem Punkt X aus u oder v führen, denn dann müßte entgegen der Voraussetzung die Fluchtlinie PX überquert werden, gleiches gilt für Q. Die Landmarken P und Q selbst werden aber nicht vertauscht, der Rundblick in der Ziellage ist deshalb wieder (uPvQ). Anders verhält es sich, wenn links oder rechts der Überquerungsstelle mehr als eine Landmarke liegen. Diese werden dann beim Lagewechsel im Rundblick vertauscht. Die einfachste solche Situation ist die Umfahrt zweier Landmarken P und Q, wie rechts in Fig.9 abgebildet. In der Ausgangslage besteht der Rundblick (uPQv), beim Lagewechsel werden P und Q vertauscht, der Rundblick in der Ziellage ist deshalb (uQPv). Wir halten fest: der Rundblick ändert sich beim Lagewechsel genau dann nicht, wenn der Wechsel in einer Durchfahrt zwischen zwei (nicht mehr!) Landmarken besteht. Die Lagen mit gleichem Rundblick werden aus dem Schnittgebilde der Fluchtlinien durch Löschen der Durchfahrten bestimmt. Auf diese Weise wurden die Lagen mit Rundblick (BCFEGDA) in Fig.8 konstruiert. Zusammengefaßt ergibt sich

Feststellung 2

(a) Jeder Standpunkt läßt genau einen Rundblick zu.

(b) Alle Standpunkte einer Lage lassen den gleichen Rundblick zu.

(c) Im allgemeinen existieren mehrere Lagen mit dem gleichen Rundblick.

Da bekannt ist, wie sich die Wahl von Standpunkt und Bildlinie auf die Ansicht auswirken, läßt sich auch der Zusammenhang zwischen Ansicht und Lage formulieren. Eine Ansicht ist durch Standpunkt und Bildlinie bestimmt, entspricht somit der Überlagerung eines Rundblicks mit einem Gegenblick. Nach den obigen Überlegungen sind der Rundblick und der Gegenblick jeweils einer Menge von Lagen zuzuordnen. Wenn der Schnitt dieser Mengen nicht leer ist, dann sind Rundblick und Gegenblick miteinander verträglich und eine solche Ansicht ist in der gegebenen Landschaft möglich. Jeder Ansicht läßt sich also eine eindeutig bestimmte (eventuell leere) Menge von Lagen zuordnen. Untenstehend ist diese Konstruktion für die Ansicht [BCFEG] durchgeführt, die von elf Lagen aus möglich ist.

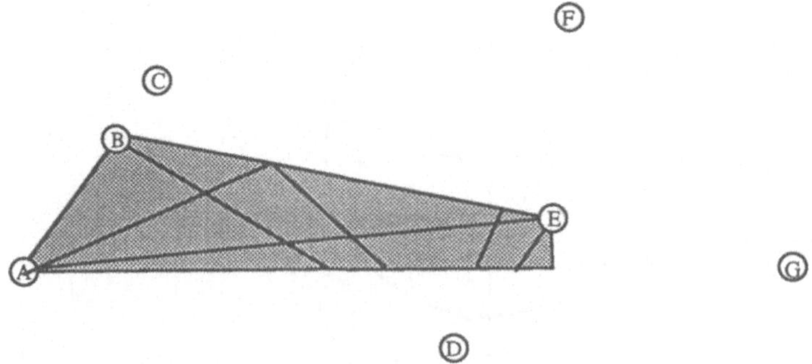

Fig.10 Lagen mit der Ansicht [BCFE]

Die gesuchte Beschreibung der Sichtbedingungen in einer Lage muß zusammenfassen, was in Gegenblick und Rundblick getrennt wird. Eine einzelne Ansicht reicht nicht aus, die Lage zu bestimmen, aber die Folge der Ansichten beim Rundblick könnte eindeutig sein. Wir betrachten nochmals die Situation in Fig.3. Dreht sich die Bildlinie b um S im Uhrzeigersinn, dann folgt auf die Ansicht [BCFEG] als nächstes [CFEG], dann [FEG], [FEGD], [EGD], [GD], [GDA], [DA], [DAB], [DABC], [ABCF], [ABCFE], [BCFE] und schließlich wieder [BCFEG]. Beim Übergang von einer Ansicht zur nächstfolgenden erscheint oder verschwindet eine Landmarke. Die allgemeine Situation ist in Fig.11 abgebildet. Standpunkt S und Bildlinie b bestimmen die erste Ansicht: k Landmarken befinden sich in der Ansicht und n-k Landmarken in der komplementären Sicht. Bei Drehung um 180° im Uhrzeigersinn trifft b jede der n Landmarken genau einmal, k mal mit dem linken und n-k mal mit dem rechten Bildstrahl. Trifft der linke Bildstrahl die Landmarke, so verschwindet sie aus der Ansicht (erscheint in der komplementären Sicht), trifft der rechte Bildstrahl, so erscheint die Landmarke in der Ansicht (verschwindet in der komplementären Sicht). Der Halbdrehung entsprechen also n Ereignisse und der Volldrehung 2n Ereignisse, beziehungsweise Ansichten. Dabei sind die Ansichten der zweiten Halbdrehung schon durch die erste festgelegt, es sind einfach die zugehörigen komplementären Sichten. Hiermit ist auch die obige Bemerkung begründet, daß jeder Lage genau n Gegenblicke entsprechen.

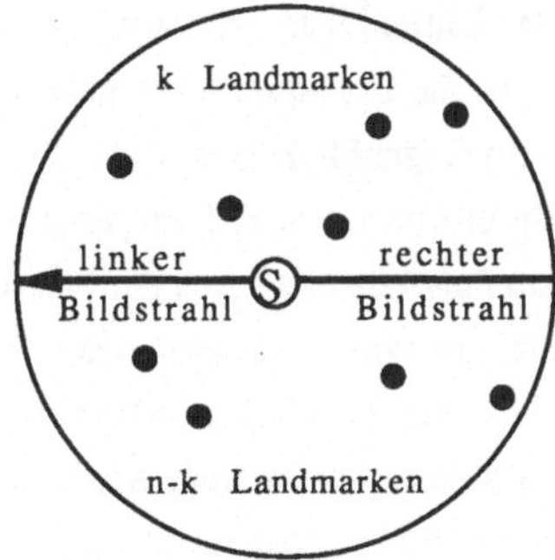

Fig.11 Bestimmen des Panoramas einer Lage

Besonders anschaulich läßt sich das Erscheinen der Landmarken in der Ansicht und der Komplementsicht auf einem 2n-Eck notieren: trifft der linke Bildstrahl die Landmarke so wird wird sie an der aktuellen Position notiert, trifft sie der rechte Bildstrahl, so wird sie an der zur aktuellen Position komplementären notiert. Die oben beschriebene Folge von Ansichten wird durch das Diagramm in Fig.12 wiedergegeben. Neben den Landmarken (Großbuchstaben) wurden auf die komplementären Plätze entsprechende komplementäre Marken geschrieben (Kleinbuchstaben). Jeweils n aufeinanderfolgende Plätze beschreiben eine Ansicht, dabei sind die komplementären Marken unsichtbar. Statt komplementärer Marken könnte man Leerplätze verwenden, doch die komplementären Marken ermöglichen eine recht praktische Kurzschreibweise: durch die Belegung von n aufeinanderfolgenden Plätzen, beispielsweise BCdFEaG oder aGbcDfe im obigen Fall, ist das Diagramm eindeutig bestimmt. Wir wollen solch ein Diagramm, beziehungsweise seine Kurzschreibweise, ein **Panorama** nennen und zeigen, daß das Panorama eindeutig einer Lage zuzuordnen ist.

Für einen gegebenen Standpunkt ist das Panorama nach obiger Konstruktion eindeutig bestimmt. Man beachte, daß nur Flächenlagen betrachtet werden, deshalb Verdeckungen nicht auftreten. Es ist jedoch möglich, diese Situationen ähnlich wie für die Ansicht zu beschreiben,

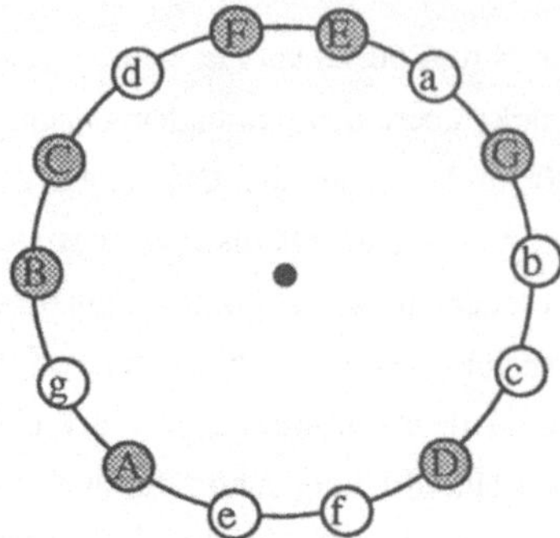

Fig.12 Panorama für den Standpunkt des Beispiels

wodurch das Panorama auch für Orts- oder Linienlagen eindeutig bestimmt ist. Weiter gilt, daß das Panorama für alle Punkte einer Lage das gleiche ist, andernfalls gäbe es zwei Punkte einer Lage mit verschiedenem Rundblick oder verschiedenem Gegenblick, was im Widerspruch zu Feststellungen 1 oder 2 steht. Einer Lage läßt sich also eindeutig ein bestimmtes Panorama zuordnen, im Unterschied zum Rundblick gilt auch die Umkehrung: aus dem Panorama läßt sich der Positionsvektor der Lage (und damit die Lage) eindeutig bestimmen. Fig.13 erläutert wie die Position des Standpunktes S bezüglich einer Fluchtgeraden durch die Landmarken P und Q (von P nach Q gerichtet) festgelegt ist. Aus dem Panorama lassen sich alle Ansichten im Standpunkt S ablesen, wenn eine Ansicht existiert, in der P links von Q erscheint, dann befindet sich der Standpunkt links, sonst rechts der Fluchtlinie. In Fig.13 rechts ist veranschaulicht, wie sich bei Umkehrung der Richtung der Fluchtgeraden, die Position verändert. Es gilt somit

Feststellung 3

(a) Jeder Standpunkt läßt genau ein Panorama zu.

(b) Alle Standpunkte einer Lage lassen das gleiche Panorama zu.

(c) Keine zwei Lagen lassen das selbe Panorama zu.

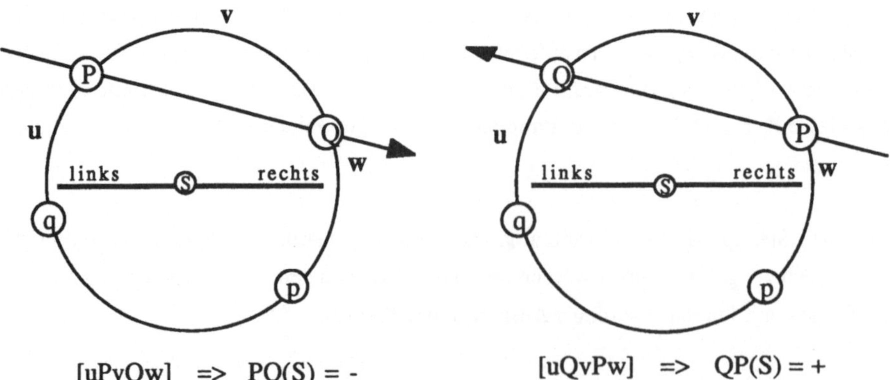

Fig.13 Die Positionsvektoren sind durch das Panorama bestimmt

3 Repräsentieren ebener Anordnung

Das Schnittgebilde der Fluchtlinien läßt sich durch einen Graphen repräsentieren, der in der geometrischen Algorithmik vielfach Verwendung findet [Edelsbrunner 87, S.124]: der **Inzidenzgraph** besitzt drei Sorten von Knoten, solche für Punkt-, Linien- und Flächenlagen. Wenn eine Punkt- mit einer Linienlage, oder wenn eine Linien- mit einer Flächenlage inzidiert, dann besteht zwischen den entsprechenden Knoten eine Kante. Schon für kleinere Landschaften ergeben sich umfangreiche Graphen - bei sieben Landmarken können über 500 Knoten auftreten. Fig.14 zeigt einen Inzidenzgraphen für den übersichtlichen Fall einer Landschaft mit drei Landmarken.

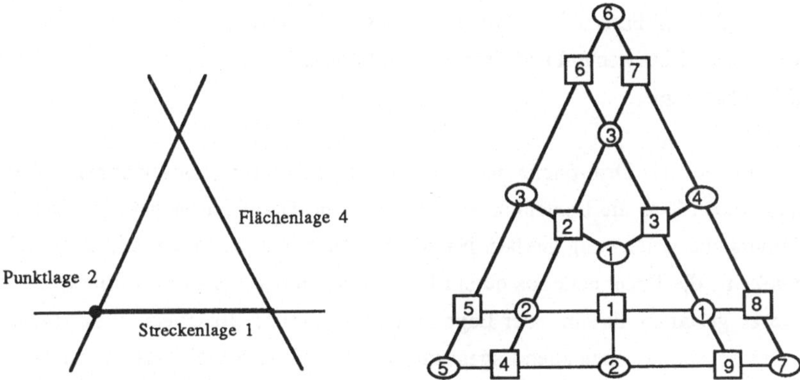

Fig.14 Inzidenzgraph

Tatsächlich enthält bereits der Inzidenzgraph alle Information, um die Panoramen abzuleiten, was mit seiner eindeutigen Einbettbarkeit zusammenhängt. Das soll hier nicht weiter begründet werden, weil der Inzidenzgraph für unsere Zwecke nicht brauchbar ist. Räumliche Beziehungen, auf die häufig zugegriffen wird, sind nur implizit repräsentiert. Um beispielsweise aus dem Inzidenzgraphen in Fig.14 abzuleiten, daß die Streckenlagen 5 und 8 auf einer Fluchtlinie liegen, muß mit Hilfe der Flächenlagen die zyklischen Ordnung der Streckenlagen um die Punktlagen 2 und 1 bestimmt werden, dann erst läßt sich feststellen, daß die Streckenlage 5 durch 1 (und nicht durch 2 oder 4) fortgesetzt wird und die Streckenlage 1 durch 8 (und nicht durch 3 oder 9).

Zumindest um die explizite Repräsentation linearer und zyklischer Anordnung wird man den Inzidenzgraphen ergänzen; andere zweckmäßige Erweiterungen sind Knoten für Fluchtlinien und das Eintragen der Positionsvektoren.Wir wählen gleich ein Maximum an Redundanz: alle Knoten, die Flächenlagen beschreiben, werden mit einem Eintrag versehen, der das Panorama erhält. Der so erweiterte Inzidenzgraph heiße **Draufsicht**. Mit Hilfe der Draufsicht kann nun eine Fahrt durch die Landschaft simuliert werden. Da wir uns bei der Untersuchung der Sichtbedingungen auf Flächenlagen beschränkt hatten, sollen auch bei der Fahrt nur Standpunkte in Flächenlagen berücksichtigt werden. Es wird also nur die Folge der stabilen Ansichten betrachtet. Die Ansichten zeigen Landmarken vor und nach der Vertauschung, nicht aber im Moment der Verdeckung. Es ist jedoch leicht möglich, auch Folgen mit instabilen Ansichten zu erzeugen: dazu muß der Begriff des Panoramas auf Punkt- und Linienlagen ausgedehnt werden und die Draufsicht um diese Panoramen erweitert werden.

Der Zustand einer Fahrt wird durch zwei Parameter beschrieben, die aktuelle Lage und den aktuellen Gegenblick. Entsprechend werden zwei Zustandsänderungen erklärt, Lagewechsel und Blickwechsel. Der Wechsel der Lage entspricht einer Translationsbewegung, er darf das Panorama verändern, nicht aber den Gegenblick. Die Ansicht verändert sich beim Lagewechsel also nur dann, wenn sich die vertauschten Landmarken gerade im Blick befinden. Dagegen darf sich beim Blickwechsel der Gegenblick, nicht aber das Panorama ändern; er entspricht einer Rotationsbewegung und verändert immer die Ansicht. Von der **Fahrt**, der Folge von Lage- und Blickwechseln, muß man den **Film** unterscheiden, die Folge der Ansichten bei der Fahrt. Da eine Ansicht im allgemeinen von mehreren Lagen aus möglich ist, können verschiedene Fahrten zum gleichen Film führen. Mit Hilfe eines einfachen regelgesteuerten Backtracking (je eine Regel für Lagewechsel, Blickwechsel und Terminierung) lassen sich die zu einem Film gehörenden Fahrten aus der Draufsicht bestimmen.

Mit der obigen Definition der Draufsicht ist das in der Einleitung beschriebene formale Repräsentationproblem gelöst. Was die Beziehung von Ansicht und Draufsicht angeht, so ist die eine Richtung, Film aus Draufsicht, vollständig geklärt. Natürlich drängt sich die Frage auf, unter welchen Voraussetzungen umgekehrt die Draufsicht aus einem Film abgeleitet werden kann. Prinzipiell ist es möglich, eine Fahrt so zu gestalten, daß in jeder Lage durch fortgesetzte Blickwechsel das Panorama bestimmt wird und Lagewechsel zwischen allen Lagen stattfinden. Auf diese Weise erhält man aus einer Fülle von Ansichten schließlich die Draufsicht. Interessanter ist, zu fragen, wie viele Ansichten mindestens benötigt werden, um die Draufsicht zu rekonstruieren - genauer wird darauf eine kommende Arbeit eingehen.

Welcher Typ von räumlichem Wissen wird durch die Draufsicht repräsentiert? Eine übliche Unterscheidung ist die zwischen metrischem und topologischem Wissen [McDermott+Davis 84]. **Anordnungswissen**, wie durch die Draufsicht beschrieben, kann sicher nicht als metrisch bezeichnet werden, da Abstände unbestimmt bleiben. Auch kann es schlecht für topologisch gelten, da von Geradlinigkeit ausgegangen wird, die unter beliebigen topologischen Abbildungen nicht erhalten bleibt. Gerade wegen dieser Zwischenstellung könnte die Untersuchung von Anordnungswissen Aufschluß geben, wie beide Typen von Wissen zu integrieren sind. Zwischen metrischem und topologischem Wissen klafft noch eine große Lücke: einen Park als geradlinig begrenztes, konvexes Gebiet zu bestimmen ist zwar weniger als die Angabe der Seitenlängen und Winkel, doch mehr als die Darstellung durch ein einfach zusammenhängendes Gebiet. Insbesondere für den Umgang mit unvollständigem Wissen sind solche Zwischenformen räumlichen Wissens von Bedeutung. Was als Problem der Integration von metrischem und topologischem Wissen [Davis 86] auftritt und bislang nicht befriedigend gelöst wurde, könnte sich als Problem der Repräsentation einer solchen Zwischenformen räumlichen Wissens herausstellen.

Eine hybride Repräsentation von Objektbewegungen: Von analogen zu propositionalen Beschreibungen

Michael Mohnhaupt

Universität Hamburg, Fachbereich Informatik
Arbeitsbereich 'Kognitive Systeme'
Bodenstedtstr. 16, D-2000 Hamburg 50

mohnhaupt@rz.informatik.uni-hamburg.dbp.de

1 Einleitung

Das 'Verstehen' von Objektbewegungen ist ein wichtiger Bestandteil höherer kognitiver Prozesse, sowohl für biologische, als auch für maschinelle Systeme. Ein allgemeines Ziel einer adäquaten Modellierung von Objektbewegungen ist möglichst große Vorhersagekraft. Sie ist z.B. erforderlich, um zeitabhängige Ereignisse zu erkennen, für eine Bewegungsplanung, um Hindernissen auszuweichen und um Schlüsse über zeitveränderliche Umgebungen zu ziehen. Bei geeignetem Vorwissen über eine Szene ist damit auch eine Steuerung und Verbesserung visueller Prozesse möglich.

Entscheidende Information über Objektbewegungen liefern die Prozesse der niederen Bilddeutung. Im Folgenden wird davon ausgegangen, daß die einzelnen Objekte einer Szene bereits erkannt sind, und daß ein 'Verstehen' von Objektbewegungen, also zeitübergreifenden Zusammenhängen, darauf aufbauen kann. Damit sind einige spezielle Situationen ausgeklammert, in denen eine Objekterkennung erst aufgrund des zeitlichen Verhaltens des Objektes möglich ist.

Eine schwierige Frage betrifft die geeignete Repräsentation für Objektbewegungen und die dazugehörigen Prozesse. In diesem Beitrag wird ein hybrider Ansatz vertreten, d.h. es werden verschiedene Repräsentationen und verschiedene Arten von Prozessen verwendet, um die unterschiedlichen Aufgaben im Zusammenhang mit Objektbewegungen zu bewältigen. Eine einzelne Repräsentation ist nicht flexibel genug, um die sehr unterschiedlichen Aufgaben im Zusammenhang mit Objektbewegungen zu bewältigen. Dies wird gestützt durch theoretische Resultate über die begrenzte Behandelbarkeit von wichtigen Problemen in einem rein propositionalen und logik-basierten Ansatz (siehe z.B. *Levesque 86*). Auch in *Lindsay 88* wird für unterschiedliche Repräsentation mit unterschiedlichen Inferenzmechanismen argumentiert.

Für das Erkennen von zeitübergreifenden Ereignissen und für eine Langzeitspeicherung werden propositionale qualitative Modelle vorgeschlagen, auf denen ein logik-ähnlicher Inferenzmechanismus abläuft. Für wichtige Aspekte des Lernens, für Visualisierungen und für Probleme des raum-zeitlichen Schließens wird eine analoge quantitative Repräsentation vorgeschlagen, welche bei Bedarf instantiiert werden kann. Die darauf ablaufenden Prozesse sind einfach, lokal und parallel.

Das vorgeschlagene Modell wird einerseits durch eigene Untersuchungen motiviert, andererseits wird dabei versucht, bestehende Untersuchungen zu verschiedenen Einzelaspekten von Objektbewegungen in einem kohärenten Ansatz zu integrieren. Dabei werden sowohl Arbeiten über maschinelle Modellierung von Objektbewegungen berücksichtigt, als auch Arbeiten über mögliche mentale Repräsentationen von Objektbewegungen und den darauf ablaufenden Prozessen. Die hybride Repräsentation von Objektbewegungen wird in Abschnitt 2 diskutiert.

Abschnitt 3 befaßt sich mit wichtigen Aspekten des Zusammenwirkens beider vorgeschlagener Repräsentationen. Insbesondere wird untersucht, inwieweit die abstrakten propositionalen Ereignismodelle aus konkreten Beobachtungen und deren Modellierung in einem temporären raum-zeitlichen

Puffer abgeleitet werden können. Es zeigt sich, daß lokale Prozesse im raum-zeitlichen Puffer gut dazu geeignet sind, räumliche und zeitliche Beziehungen zwischen Objekten zu berechnen. Raum-zeitliche Beziehungen zwischen Objekten bilden eine Menge von perzeptuellen Primitiven. Eine Untermenge dieser Primitive wird zur Beschreibung eines jeweiligen Ereignisses herangezogen, nämlich diejenigen, die invariant für einen bestimmten Ereignistyp sind. Eine qualitative Beschreibung der zunächst quantitativ beschriebenen Primitive führt dann zu propositionalen Modellen. Damit wird eine Verbindung von Ergebnissen visueller Prozesse bis hin zu sprachlich orientierten Modellen gezogen. Wichtige Bestandteile des Modells werden dabei durch experimentelle Ergebnisse gestützt.

2 Eine hybride Repräsentation von Objektbewegungen

In diesem Abschnitt wird eine hybride Repräsentation für die Modellierung von Objektbewegungen skizziert. Sie besteht im wesentlichen aus einer quantitativen analogen Kurzzeit-Repräsentation, einem raum-zeitlichen Puffer, und einer abstrakteren, propositionalen und qualitativen Langzeit-Repräsentation.

Bisher wurden verschiedene Aspekte von Objektbewegungen meistens isoliert betrachtet und in unterschiedlichen Teilgebieten der KI behandelt, z.B. in der höheren Bilddeutung, bei der Pfadplanung, oder im Bereich raum-zeitlichen Schließens. Hier wird versucht, die verschiedenen Arbeiten in einem Ansatz zu integrieren. Außerdem werden Erkenntnisse über mentale Repräsentationen berücksichtigt. Der Ansatz liefert einen Rahmen für weitere detailliertere Untersuchungen zur Modellierung von Objektbewegungen.

Die Abbildung 1 zeigt die wichtigsten Komponenten zur Modellierung von Objektbewegungen. Auf der linken Seite der Abbildung sind verschiedene Repräsentationsformate mit einer kurzen Charakterisierung und assoziierten Prozessen aufgeführt. Auf der rechten Seite stehen Einzelaufgaben, welche mithilfe der Repräsentationen gelöst werden können.

- **Niedere Bilddeutung**

  Beginnend am unteren Ende der Abbildung, sind zunächst die Prozesse der niederen Bilddeutung und der Objekterkennung zu finden. Ausgehend von einer Bildfolge werden relevante Informationen über Form, Position und Identität der beteiligten Objekte berechnet. Im weiteren wird davon ausgegangen, daß eine Objektrepräsentation vorliegt und die nachfolgenden Prozesse darauf aufbauen können.

- **Raum-zeitliches Schließen**

  Verschiedene Autoren modellieren Teile des raum-zeitlichen Schließens unter Benutzung einer analogen quantitativen Repräsentation. In *Funt 80* kann das Zusammentreffen von fallenden Objekten vorhergesagt werden, basierend auf einem 2-dimensionalen Feld und lokalen Operationen, um Bewegung zu simulieren. Auch *Gardin + Meltzer 89* verwenden eine analoge Repräsentation, um physikalische Effekte qualitativ zu modellieren. Das Verhalten von nicht starren Objekten und Flüssigkeiten wird durch lokale Interaktionsregeln in einem 2-dimensionalen Feld modelliert. Inferenzen können durch Simulation berechnet werden. *Steels 88* schlägt für Pfadplanungen eine analoge Repräsentation und ein Reaktions-Diffusionsmodell für die darauf arbeitenden Prozesse vor. In unseren Arbeiten (z.B. *Neumann + Mohnhaupt 88*, *Mohnhaupt + Neumann 90*) werden eine analoge 4-dimensionale Repräsentation und lokale Prozesse verwendet, um das Verhalten von Objekten in Straßenverkehrsszenen vorherzusagen. Die Modelle erlauben die Bewältigung von einfachen Hindernissen und Vorhersagen über das Zusammentreffen von Objekten.

- **Visualisierungen**

Einige Forschungen beschäftigen sich mit der Modellierung von räumlichen Beziehungen zwischen Objekten, dem Verstehen von abstrakten Beschreibungen (z.B. von geometrischen Figuren) und dem Verstehen von Sprache unter Benutzung einer quantitativen räumlichen Repräsentation. Durch Visualisierung des Inhalts der Beschreibungen in einem 2-dimensionalen (oder mehrdimensionalen) Puffer können Inferenzen vereinfacht werden, kann vorher implizite Information explizit gemacht werden, und kann Konsistenz geprüft werden (siehe z.B. *Gelernter 63*, *Waltz + Boggess 79*, *Adorni and Di Manzo 83*, *Pribbenow 89*, *Khenkhar 89*). *Neumann + Novak 86* kommen zum Ergebnis, daß Visualisierungen ebenfalls benötigt werden für adäquate Hörermodelle in einigen Domänen. In unseren Arbeiten werden Visualisierungen benutzt zur Berechnung von raum-zeitlichen Beziehungen, die vorher nur implizit vorhanden waren (siehe Abschnitt 3), zur Vorhersage von typischen Bewegungen und zur Steuerung der niederen Bilddeutung (siehe *Mohnhaupt + Neumann 90*, *Mohnhaupt + Fleet 88*). Der raum-zeitliche Puffer kann dabei sowohl von visuellen Prozessen, als auch von höheren kognitiven Prozessen beeinflußt werden. Er dient als gemeinsame Repräsentation. Dies ist verträglich mit psychologischen Untersuchungen (siehe z.B. *Finke 85*), nach denen auch bei Menschen eine gemeinsame bildhafte Repräsentation für visuelle und höhere kognitive Prozesse existiert.

- **Lernen von Objektbewegungen**

In *Mohnhaupt + Neumann 89* und *Mohnhaupt + Neumann 90* werden verschiedene Aspekte des Lernens von Objektbewegungen untersucht, unter Benutzung einer quantitativen 4-dimensionalen Repräsentation von Bewegungsverläufen (zwei Orts- und zwei Geschwindigkeitskoordinaten). Ausgehend von diesen elementaren physikalischen Größen, welche zunächst beobachtete Ereignisinstanzen beschreiben, können typische Objektbewegungen gelernt werden. Dabei werden einfache lokale Operationen verwendet. Generalisierte Objektbewegungen können anschließend auch auf Situationen angewendet werden, für die keine direkten Beobachtungen vorliegen. Auf weitere wichtige Aspekte des Lernens innerhalb einer Pufferrepräsentation und anschließende Überführung in propositionale Beschreibungen wird im nächsten Abschnitt detaillierter eingegangen. Dazu werden perzeptuelle Primitive wie Distanzen und relative Orientierungen durch einfache sich ausbreitende Aktivierungsprozesse innerhalb des analogen quantitativen Puffers berechnet.

- **Langzeit-Speicherung**

Eine weitere wichtige Aufgabe ist die Langzeit-Speicherung von Objektbewegungen. Es werden abstrakte propositionale Beschreibungen dafür verwendet. Der Hauptgrund dafür ist deren Effizienz. *Neumann + Novak 83*, *Neumann + Novak 86* und *Andre + Bosch + Herzog + Rist 86* schlagen propositionale Ereignisbeschreibungen für eine Langzeit-Speicherung von Objektbewegungen in Straßenverkehrs- und Fußballszenen vor. Dies ist auch verträglich mit psychologischen Untersuchungen (siehe z.B. *Marschark 88*). Danach gibt es keine Evidenz dafür, daß bildhafte analoge Repräsentationen im Langzeitspeicher gehalten werden. Die Untersuchungen sprechen dafür, daß abstraktere propositionale Beschreibungen im Langzeitspeicher verwendet werden. *Kosslyn 80* schlägt in seinem Modell ebenfalls propositionale Beschreibungen für eine Langzeitspeicherung von Objekten und deren raum-zeitlichen Beziehungen vor.

- **Erkennung von Objektbewegungen und natürlichsprachliche Kommunikation**

Propositionale Beschreibungen haben sich ebenfalls als nützlich erwiesen bei der Erkennung von Ereignissen, z.B. von Objektbewegungen in Straßenverkehrsszenen (*Neumann + Novak 83*, *Neumann + Novak 86*), oder bei der inkrementellen Erkennung von Spielerbewegungen in Fußballszenen (siehe *Andre + Bosch + Herzog + Rist 86*). Ereignismodelle beschreiben hierbei die charakteristischen Eigenschaften von Objekttrajektorien mithilfe von Prädikaten, welche

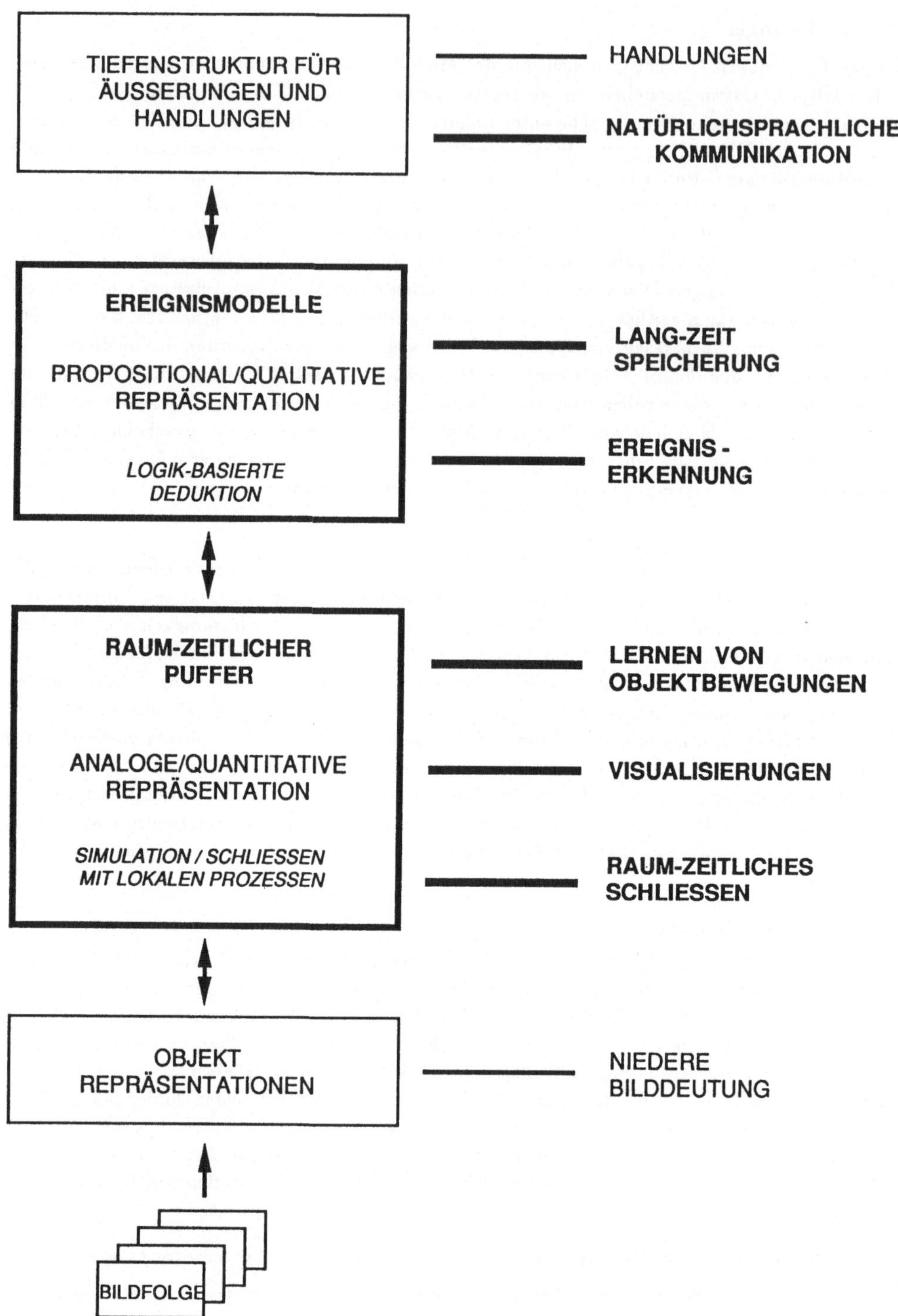

Abbildung 1: Eine hybride Repräsentation von Objektbewegungen.

erfüllt sein müssen, damit z.B. ein 'überholen' oder 'abbiegen' erkannt werden kann. Die propositionale Modellierung gestattet eine effiziente Erkennungsstrategie. In *Mohnhaupt + Neumann 90* wird vorgeschlagen, für eine detailliertere Ereigniserkennung instantiierte Visualisierungen zu Hilfe zu nehmen, um z.B. nach der Groberkennung eines Überholvorganges mit propositionalen Modellen zu entscheiden, wie typisch oder atypisch das erkannte Ereignis ist. Dabei muß mit der propositionale Repräsentation Information assoziiert werden, mit der ein Puffer instantiiert werden kann. Dazu gehören die relevanten Dimensionen und eine Beschreibung typischer Verläufe oder prominenter Beispiele, mit denen der Puffer gefüllt, und eine Simulation gestartet werden kann.

Die propositionalen Modelle können Ausgangspunkt für die natürlichsprachliche Beschreibung einer Szene sein. *Neumann + Novak 86* füllen mit instantiierten Ereignismodellen Kasusrahmen als Tiefenstruktur für natürlichsprachliche Äußerungen. Anschließend können damit kohärente Szenenbeschreibungen generiert werden (*Novak 87*).

Es ist den meisten genannten Untersuchungen gemeinsam, daß räumliche Beziehungen innerhalb eines analogen Puffers repräsentiert werden. Dadurch sind sie einfach berechenbar mit lokalen Operationen. Die Dimensionalität der analogen Repräsentation differiert in verschiedenen Arbeiten (siehe eine detaillierte Diskussion in *Pinker 88*). Physikalische Plausibilität wird einerseits durch intrinsische Eigenschaften des Puffers (z.B. nur ein Objekt pro Ort) gewährleistet, andererseits dadurch, daß die Repräsentation auf Beispielen basiert und damit auf physikalisch möglichen Bewegungen beruht. In den genannten Ansätzen zum raum-zeitlichen Schließen wird eine Simulation innerhalb eines Puffers ausgenutzt, um Vorhersagen zu berechnen und Inferenzen zu ziehen. Außerdem besteht Einigkeit darüber, daß neben einer quantitativen analogen Repräsentation auch qualitative propositionale Modelle benötigt werden, für eine Langzeit-Speicherung und eine effiziente Ereigniserkennung.

3 Von analogen zu propositionalen Beschreibungen

Ein wichtiges Kriterium für die Leistungsfähigkeit einer hybriden Repräsentation ist das Zusammenspiel der Einzelkomponenten. Außerdem muß davon ausgegangen werden, daß eine plausible und flexible Repräsentation von Gegenständen und Ereignissen der visuellen Welt aus konkreten Beobachtungen erlernbar und durch sie veränderbar sein muß.

Angewendet auf die im letzten Abschnitt vorgestellte hybride Repräsentation für Objektbewegungen bedeutet dies, daß eine Modellierung im raum-zeitlichen Puffer ableitbar sein muß aus Informationen, welche von der niederen Bilddeutung geliefert werden, und daß die qualitative propositionale Ereignisrepräsentation aus Information ableitbar sein muß, die im raum-zeitlichen Puffer angehäuft worden ist. Dieser Abschnitt beschäftigt sich mit diesen beiden Aspekten der hybriden Repräsentation.

Angenommen, ein kognitives System beobachtet Verkehr in Straßenszenen. Die wahrgenommenen Daten bestehen u.a. aus einer großen Anzahl von Objekttrajektorien, welche verschiedene Ereignisse charakterisieren und aus aktuellen oder früheren Beobachtungen bestehen können. Es wird angenommen, daß die Objekttrajektorien in raum-zeitlichen Koordinaten von der niederen Bilddeutung geliefert werden. Außerdem wird zunächst ein stationärer Beobachter und ein bekannter stationärer Hintergrund angenommen. Ein sinnvolles Resultat der Beobachtungen ist eine kompakte Beschreibung der verschiedenen Ereignisklassen (z.B. überholen, abbiegen, parken), um damit Vorhersagen generieren zu können und Inferenzen ziehen zu können.

Es ist plausibel, auf dieser Ebene eine analoge quantitative Repräsentation zu benutzen, weil kein spezifisches a priori Wissen angenommen wird, welches sofort eine abstraktere Beschreibung ermöglichen könnte. Daher werden zunächst elementare physikalische Größen, wie Position und Geschwindigkeit der Objekte betrachtet. Es wird eine Repräsentation benutzt, welche bezüglich dieser Dimensionen analog ist, um zunächst soviel Information wie möglich zu konservieren. Erst nach der

Aufnahme von mehreren Ereignisinstanzen in einer Szene kann Information für weitere Abstraktionen berechnet werden (siehe Abschnitt 3.1). Die Anhäufung von Beispielen im raum-zeitlichen Puffer führt zu einer natürlichen Repräsentation von akkumulierten Beobachtungen. Ähnlichkeit von Beispielen wird in der Repräsentation durch Nähe erfaßt. Daher sind Abstraktionen durch lokale Operationen berechenbar.

Ein nächster Schritt besteht darin, szenenunabhängige Ereignisbeschreibungen zu berechnen, z.B. ein generisches Modell für 'abbiegen', welches unabhängig von einer bestimmten Kreuzung ist. Hierzu werden invariante Ereigniseigenschaften aus einer Basismenge von perzeptuellen Primitiven bestimmt (siehe Abschnitt 3.2). Eine qualitative Beschreibung der invarianten Ereigniseigenschaften kann dann zu einem propositionalen Ereignismodell führen (siehe Abschnitt 3.3).

3.1 Puffer im Trajektorienanhäufungsmodus

In diesem Abschnitt wird zum Lernen von Objektbewegungen die Anhäufung von Einzeltrajektorien im analogen raum-zeitlichen Puffer diskutiert. Es wird hier ein beispielbasierter Ansatz vertreten. Eine detaillierte Beschreibung dieser Untersuchungen ist in *Mohnhaupt + Neumann 90* zu finden. Andere in der Literatur vorgeschlagene beispielbasierte Ansätze untersuchen primär propositionale Repräsentationen (siehe *Bradshaw 87* [1], *Stanfill + Waltz 86*, *Kibler + Aha 87* [2]). Es ist bewerkenswert, daß beispielbasierte Ansätze für wichtige Teile der menschlichen Konzeptbildung favorisiert werden (siehe z.B. *Smith + Medin 81*).

Im Trajektorienanhäufungsmodus besteht der raum-zeitliche Puffer aus einem 4-dimensionalen Feld (**x**, **y**, und zwei Geschwindigkeitskoordinaten **v**, **b**), das einen bestimmten Ausschnitt der **xy**-Ebene bedeckt (einen Teil einer Szene). In der Domäne Straßenverkehr wird auf die dritte räumliche Dimension verzichtet, weil es sich um Bewegungen in einer Ebene handelt.

Im Puffer existieren für jedes **xy**-Paar Zählerzellen für alle möglichen Geschwindigkeitswerte, jeweils repräsentiert durch Betrag **v** und Richtung **d**. Der Zustandsvektor **S** = (**x**, **y**, **v**, **d**) beschreibt den Zustand eines Objektes zu einer bestimmten Zeit. Die vier Größen können durch einen Beobachter wahrgenommen werden und erfordern nur elementares Wissen über Positionen und die Änderung von Positionen identifizierter Objekte.

Für jede beobachtete Trajektorie wird eine Spur von Zustandsvektoren registriert durch Inkrementierung der entsprechenden Zähler. Falls mehrere Objekte beobachtet werden, werden viele (möglicherweise dieselben) Zellen inkrementiert, ohne zwischen verschiedenen Objekten zu unterscheiden. Eine Trajektorie wird dabei diskretisiert entsprechend der Auflösung in den verschiedenen Dimensionen des Puffers. Die Repräsentation führt automatisch zu Gebieten mit höherer Evidenz ohne extra Berechnungen. Die Repräsentation kann auf allen beobachteten Beispielen basieren, oder auf einer Menge von aktuellen Beispielen. Im zweiten Fall werden alle Zellen kontinuierlich dekrementiert, wenn neue Beispiele gespeichert werden. Alte Information wird dadurch gewissermaßen mit der Zeit 'vergessen'.

Nach vielen Einzelbeispielen kann der Puffer als Dichtefeld angesehen werden, indem hohe Werte Beobachtungen repräsentieren, die durch viele Beispiele gestützt ist. Pfade entlang von lokalen Dichtemaxima definieren ein Muster typischer Erfahrungen, welches hier **Skelett** des Puffers genannt wird. Die Verteilung lokaler Maxima ist abhängig von der Auflösung, in welcher der Puffer betrachtet wird. Es werden zwei lokale Operationen verwendet, um einfache Generalisierungen und Abstraktionen zu berechnen. Eine **Verwaschungsoperation**, welche die Zählerwerte in eine lokale Nachbarschaft verteilt. Dadurch wird Erfahrungen auf Trajektorien extrapoliert, welche den beobachteten Beispielen bezüglich der vier Dimensionen des Puffers ähnlich sind. Zusätzlich wird eine lokale **Konvergen-**

[1] *Learning about speech sounds: the NEXUS project*, Gary Bradshaw, 4th Int. Workshop on Machine Learning, Irvine 1987, pp. 1-11

[2] *Learning Representative Exemplars of Concepts*, Dennis Kibler and David W. Aha, 4th Int. Workshop on Machine Learning, Irvine 1987, pp. 24-30

zoperation benutzt, welche lokal hohe Zählerstände stützt und niedrige Zählerstände unterdrückt. Ein Skelett repräsentiert nach Anwendung der Konvergenzoperation eine Abstraktion der Beispiele, da es nur die wesentlichen, am meisten beobachteten Verläufe enthält.

In Abbildung 2 wurden 10 Abbiegetrajektorien im Puffer gespeichert. Links sind zwei Dimensionen (x, y) des Puffers zu sehen; rechts ist das Skelett des Puffers abgebildet, nach der Anwendung der lokalen Operationen. Man kann sehen, daß das Skelett nur zwei typische Abbiegeverläufe enthält und von Details abstrahiert hat. Information über Betrag und Richtung der Geschwindigkeiten ist ebenfalls im Puffer unterscheidbar, in der Abbildung aber nicht zu sehen.

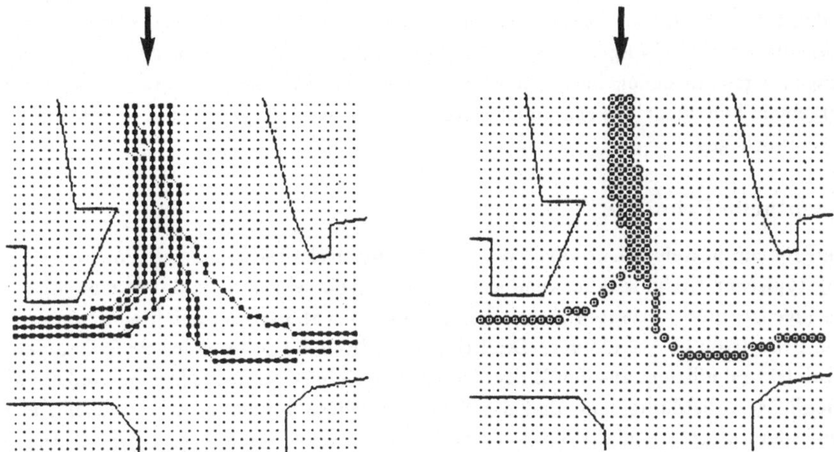

Abbildung 2: Zwei Dimensionen (x, y) des Puffers nach der Aufnahme von 10 Abbiegetrajektorien (links); Skelett desselben Puffers nach Anwendung lokaler Operationen (rechts)

Ein Skelett enthält die wesentliche Information des dazugehörigen Buffers, eine Art 'Grobsicht' auf die angesammelten Beispiele. Es kann deshalb für eine effiziente und abstrakte Beschreibung genutzt werden. Als Beschreibung für Skelette wird ein erweiterter Kettencode verwendet (in mehreren Dimensionen). Kettencodes wurden ursprünglich für die Beschreibung von 2-dimensionalen räumlichen Konturen vorgeschlagen (siehe z.B. *Ballard + Brown 82* [3]). Im mehrdimensionalen Buffer beschreibt der Kettencode ein Skelett als Folge von Elementen, welche jeweils eine bestimmte Richtung mit bestimmter Geschwindigkeit repräsentieren. Dabei sind Verzweigungen zugelassen. Die Sequentialität der Zeit ist implizit in der Beschreibung; denn man kann auf die einzelnen raum-zeitlichen Elemente nur über den jeweiligen Vorgänger zugreifen.

Kettencodebeschreibungen können ebenfalls einzelne Trajektorien repräsentieren. Die Zwischenspeicherung von Einzeltrajektorien kann z.B. erforderlich sein, wenn einzelne Ereignisbeispiele zeitlich weit auseinanderliegen und sie zwischengespeichert werden müssen, bevor ein Ereignismodell berechnet werden kann.

Die Beschreibung eines Skeletts wird mit abstrakten propositionale Ereignisbeschreibungen assoziiert (siehe *Mohnhaupt + Neumann 90*). Z.B. enthält das Modell für 'abbiegen' sowohl Propositionen, welche für eine Ereigniserkennung benutzt werden, als auch eine Skelettbeschreibung. Um ein typisches Ereignis zu visualisieren, muß dann ein Buffer instantiiert und mit dem Skelett des Ereignisses gefüllt werden.

Ein Ziel gegenwärtiger Untersuchungen ist eine über Kettencodeelemente hinausgehende komplexere Beschreibung der raum-zeitlichen Trajektorienelemente. Außerdem ist es für eine detailliertere

---

[3] *Computer Vision*, Dana H. Ballard and Christopher M. Brown, Prentice Hall 1982

Beschreibung eventuell nötig, nicht nur die Maxima (das Skelett), sondern auch andere Informationen über die Häufigkeitsverteilung im raum-zeitlichen Buffer zu speichern.

3.2 Invariante Ereigniseigenschaften

Die im letzten Abschnitt beschriebene Akkumulierung von Beispielen liefert typische Information über Objektbewegungen, ist aber dahingehend spezifisch, daß sie auf Beobachtungen in einer bestimmten geometrischen Umgebung beruht. Ein nächster Schritt in Richtung generischer Ereignismodelle besteht darin, Ereigniseigenschaften abzuleiten, die unabhängig von einer bestimmten Umgebung sind, z.B. ein Modell für 'abbiegen', welches unabhängig von der Kreuzungsgeometrie gültig ist. Beispiele aus unterschiedlichen Umgebungen müssen integriert werden und erlauben dann auch Vorhersagen für neue Umgebungen, in denen bisher keine Beispiele angehäuft worden sind. Dies ist notwendig, da im allgemeinen Fall nicht angenommen werden kann, daß für jede denkbare Situation direkte Beobachtungen vorliegen.

3.2.1 Perzeptuelle Primitive

Das zentrale Problem besteht darin, invariante Ereigniseigenschaften zu berechnen. Sie sollten für die Beschreibung typischer Ereignisse notwendig und hinreichend sein und sie damit eindeutig charakterisieren. Die Idee ist, die invarianten Eigenschaften aus einer Menge von mächtigen, aber kompakten perzeptuellen Primitiven zu extrahieren. Die Primitive sollten die zu lösenden Aufgaben vereinfachen und sollten robust und effizient aus den Eingabedaten berechenbar sein. Außerdem muß die Menge der Primitive möglichst vollständig sein, und die Primitive sollten voneinander weitgehend unabhängig sein, bezüglich der Information, die explizit ist, d.h. ohne oder nur mit geringen Kosten erhältlich ist (siehe *Levesque 86*). Die Unabhängigkeit zweier Primitive bedeutet also hier: nicht voneinander ableitbar in der zur Verfügung stehenden Zeit. Dies hängt natürlich auch von den möglichen Operationen ab. Zum Beispiel können die Positionen zweier Objekte und deren relativer Abstand als voneinander unabhängig angesehen werden, obwohl der Abstand aus den Positionen ableitbar ist; denn zwei Positionen enthalten ihren Abstand nur implizit.

Diejenigen perzeptuellen Primitive sind geeignete Kandidaten für eine beschreibende Untermenge, die Konstantheiten über verschiedene Beispiele aufweisen, und damit invariante Ereigniseigenschaften beschreiben. Kandidaten sind zunächst die elementaren physikalischen Größen Ort und Geschwindigkeit einzelner Objekte, welche schon im Skelett enthalten sind (siehe Abschnitt 3.1). Es ist sinnvoll neben den elementaren Größen zusätzlich deren Ableitungen sowie elementare Größen relativ zu Referenzobjekten zu berechnen und damit explizit zu machen. Die folgende Menge von Primitiven ist geeignet, aus ihnen invariante Ereigniseigenschaften zu gewinnen:

1. Position
2. Orientierung
3. Orientierungsänderung
4. Geschwindigkeit
5. Beschleunigung
6. Position relativ zu einem Referenzobjekt (Distanz)
7. Distanzänderung
8. Orientierung relativ zu einem Referenzobjekt
9. Orientierungsänderung relativ zu einer Referenzorientierung

10. Geschwindigkeit relativ zur Geschwindigkeit eines Referenzobjektes

Die Menge der perzeptuellen Primitive enthält sowohl Größen, die sich ausschließlich auf Trajektorien beziehen (1-5), als auch Größen, die sich auf Beziehungen zwischen Trajektorien und Referenzobjekten beziehen (6-10).

Es besteht eine prinzipielle Ähnlichkeit zwischen den hier aufgezählten Primitiven und denjenigen qualitativen Primitiven, welche für eine Ereigniserkennung in *Neumann + Novak 86* vorgeschlagen wurden. Die dort vorgeschlagenen Primitive können ausgehend von einer quantitativen Szenenbeschreibung berechnet werden. Konstantheiten (wie z.B. konstante Geschwindigkeit), eingeschränkte Werte (wie 'parallel', 'dicht' oder 'neben'), Vergleichswerte und konstante Ableitungen (wie konstante Beschleunigung) werden dort verwendet. Ein Hauptziel der Autoren ist eine natürlichsprachliche Beschreibung einer Straßenverkehrsszene; dabei ist eine propositionale Ereignisbeschreibung abgeleitet aus den Primitiven ein sinnvoller Zwischenschritt. Die Auswahl der Primitive basiert in den genannten Arbeiten auf einer Analyse von Bewegungsverben, während hier die oben genannten Kriterien und die Randbedingungen einer analogen Repräsentation ausschlaggebend sind. In Abschnitt 3.3 wird deutlich, daß die Ähnlichkeit relevanter Primitive in beiden Arbeiten den angestrebten Übergang von einer analogen quantitativen zu einer propositionalen qualitativen Repräsentation vereinfacht und damit den vorgeschlagenen Ansatz stützt.

3.2.2 Berechnung der perzeptueller Primitive

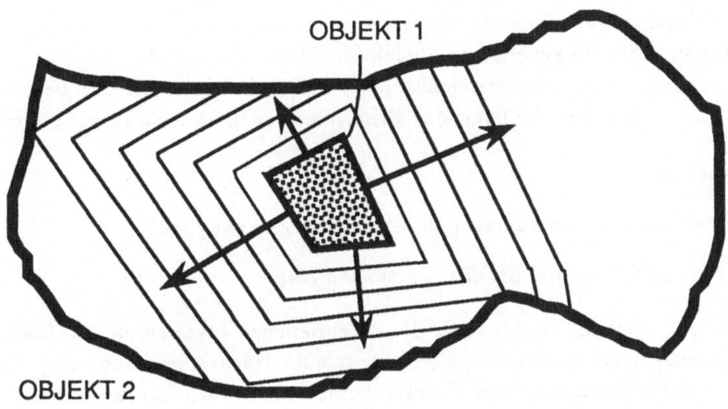

Abbildung 3: Berechnung der Distanzen zwischen zwei Objekten

Eine wichtige Frage betrifft die Berechnung der perzeptueller Primitive. Im Allgemeinen gibt es in einer Szene viele interessante Objekte und die Anzahl möglicher Beziehungen zwischen Objekteigenschaften wächst exponentiell mit der Anzahl der Objekte. Deshalb wird davon ausgegangen, daß nicht alle Primitive simultan mit der durch visuelle Prozesse eintreffenden Information extrahiert werden. Weil die perzeptuellen Primitive implizit vorhanden sind, wenn stationärer Hintergrund und die Trajektorien bewegter Objekte (durch Skelette oder kodierte Einzelbeispiele) gespeichert sind, kann die Berechnung der Primitive durch nachfolgende Simulationen im raum-zeitlichen Puffer geleistet werden.

Dazu muß der Puffer zunächst instantiiert werden mit einer bestimmten stationären Szenenumgebung und mit einer oder mehreren relevanten Objekttrajektorien. Dann kann eine Simulation gestartet werden, bei der die perzeptuellen Primitive mit Prozessen sich ausbreitender Aktivierung berechnet werden können.

Als Beispiel ist in Abbildung 3 die Berechnung des perzeptuellen Primitivs Distanz für zwei Objekte skizziert. Objekt 1, das eine bestimmte Position in **xy** einnimmt, sendet Aktivierungen zu seinen Nachbarzellen. Die Nachbarn senden den Impuls jeweils an ihre Nachbarn mit einer konstanten Verringerung der Aktivierung. Die Zellen, welche den Koordinaten des Objektes 2 entsprechen, werden nach einigen Schritten von den sich ausbreitenden Aktivierungen erreicht. Der erste ankommende Aktivationswert repräsentiert die jeweils kürzeste Entfernung zu Objekt 1, wenn jede Zelle pro Zeiteinheit zu ihren jeweiligen Nachbarzellen propagiert.

3.2.3 Generische Modelle

Nachdem beschrieben wurde, daß invariante Ereigniseigenschaften ausgehend von einer Menge von perzeptuellen Primitiven bestimmt werden können, und ein Beispiel skizziert wurde, wie diese Primitive mithilfe von Simulationen im raum-zeitlichen Puffer berechnet werden können, werden hier einige Beispiele für generische Modelle gezeigt.

Zuerst wird auf ein generisches Modell für 'abbiegen' eingegangen. Im Abschnitt über Trajektorienanhäufung im raum-zeitlichen Puffer (3.1) wurden zunächst Information über **x**, **y**, **v** und **d** einzelner Trajektorien gesammelt. Perzeptuelle Primitive können als zusätzliche Dimensionen der Beschreibung angesehen werden. Sie sind implizit in der (x, y, v, d) Darstellung mit stationärem Hintergrund enthalten und müssen explizit gemacht werden durch lokale Prozesse innerhalb des Puffers (siehe 3.2.). Dieser zunächst multidimensionale Raum wird danach auf die invarianten Dimensionen reduziert und beschreibt dann ein generisches Modell für das entsprechende Ereignis.

Wenn Objektbewegungen von Abbiegeereignissen aus unterschiedlichen Szenen betrachtet werden, zeigt sich, daß x, y und d variieren, die folgenden Primitive aber in erster Näherung invariant sind:

- Betrag der Geschwindigkeit (v),
- relative Orientierung zwischen Fahrzeug und Straßenbegrenzung (ro),
- Abstand zwischen Fahrzeug und Straßenbegrenzung (di).

Das folgende Beispiel zeigt die Nützlichkeit der beschriebenen Invarianten. In Abbildung 4 sind links die Spuren von mehreren Abbiegevorgängen zu sehen. Nach Anwendung der lokalen Verwaschungsoperation und der Berechnung eines Skeletts wurden die beschriebenen invarianten Dimensionen (v, ro, di) berechnet, und damit ein generisches Modell für 'abbiegen'. Dann wurde das Modell auf eine neue Kreuzung mit einer unterschiedlichen Geometrie übertragen (rechts). Dabei müssen wieder die zur neuen Umgebung passenden Dimensionen x, y, v, d berechnet werden. Dann können dort Visualisierungen und z.B. Vorhersagen über weitere Verläufe von angefangenen Trajektorien berechnet werden.

Information aus einer bestimmten raum-zeitlichen Szenenumgebung wurde damit so transformiert, daß sie auf eine unterschiedliche Umgebung mit unterschiedlicher Geometrie anwendbar ist. Es wurden invariante Ereigniseigenschaften ausgenutzt. Gleichzeitig wurde von varianten Dimensionen abstrahiert. Die Abbildung zeigt berechnete Visualisierungen von Abbiegeereignissen für eine bestimmte Kreuzung in Analogie zu beobachteten Ereignissen auf einer anderen Kreuzung.

Im Folgenden wird ein zweites Beispiel betrachtet. Nach der Aufnahme von unterschiedlichen Überholvorgängen zwischen Fahrzeugen an unterschiedlichen Orten kann ein generisches Modell auf drei perzeptuellen Primitiven basieren:

- Abstand zwischen den Fahrzeugen,

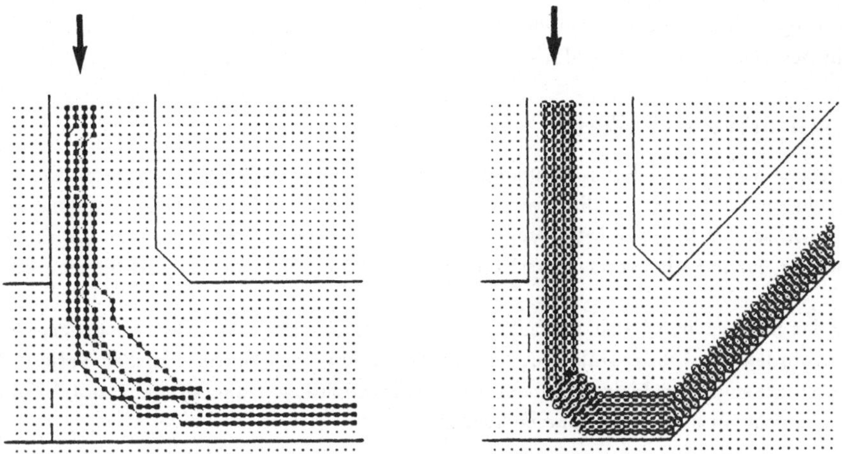

Abbildung 4: Puffer für 'abbiegen' nach 5 Beispielen (links). Auf neue Kreuzung übertragene Information mithilfe perzeptueller Primitive (rechts)

- ihre relative Orientierung,
- ihre relative Geschwindigkeit.

Die beobachteten Trajektorien folgen alle einem ähnlichen Pfad durch den von den drei Größen aufgespannten 3-dimensionalen Raum. Dabei können Abstand und relative Orientierung über der Zeit wie in Abbildung 5 aussehen:

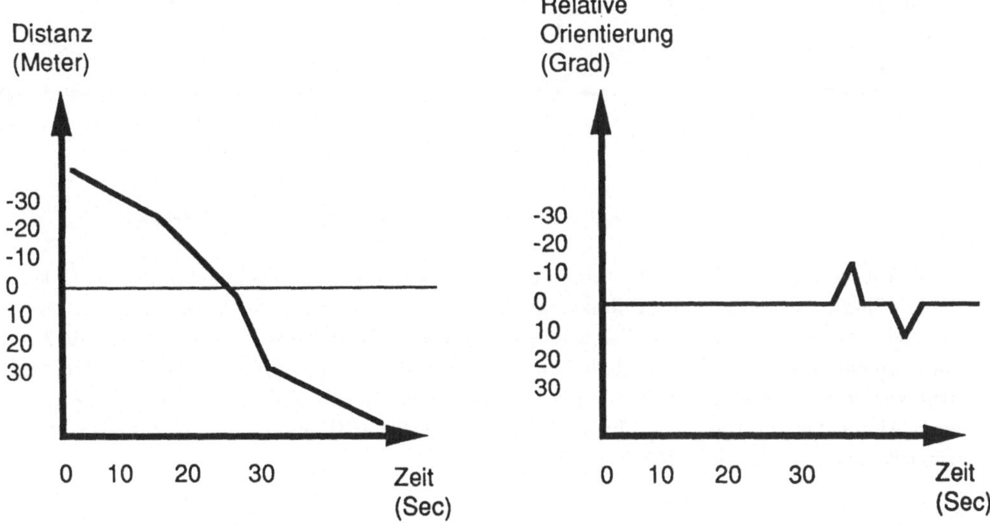

Abbildung 5: Generisches Modell für 'überholen'

Das generische Modell kann auf die gleiche Weise beschrieben werden wie das Skelett eines Puffers mit den Dimensionen (x, y, v, d). Um den Pfad durch den im Allgemeinen mehrdimensionalen Raum zu beschreiben, kann ebenfalls der erweiterte Kettencode benutzt werden (zur vollständigen Spezifizierung des Modells gehört auch ein Anfangspunkt). Diese Beschreibung kann ebenfalls mit einem abstrakten propositionalen Ereignismodell (siehe *Neumann + Novak 86* und Abschnitt 2) assoziiert werden, um bei Bedarf einen Puffer für eine konkrete Situation zu instantiieren.

3.3 Qualitative Prädikate

Vom generischen Modell, welches noch analog bezüglich der invarianten Ereignisdimensionen ist, kann in einem nächsten Schritt eine qualitative und propositionale Ereignisbeschreibung abgeleitet werden, welche der in Abschnitt 2 eingeführten Repräsentation entspricht. Diese kann dann für eine grobe Ereigniserkennung, für natürlichsprachliche Kommunikation und für eine Langzeit-Speicherung genutzt werden.

Es wird das Beispiel 'überholen' betrachtet, für welches im letzten Abschnitt ein generisches Modell beschrieben worden ist. Die zentrale Idee besteht darin, den quasi-kontinuierlichen Verlauf durch die invarianten Dimensionen in bedeutungsvolle Intervalle einzuteilen, und sie dann mit Prädikaten zu beschreiben, welche an natürliche Sprache angelehnt sind.

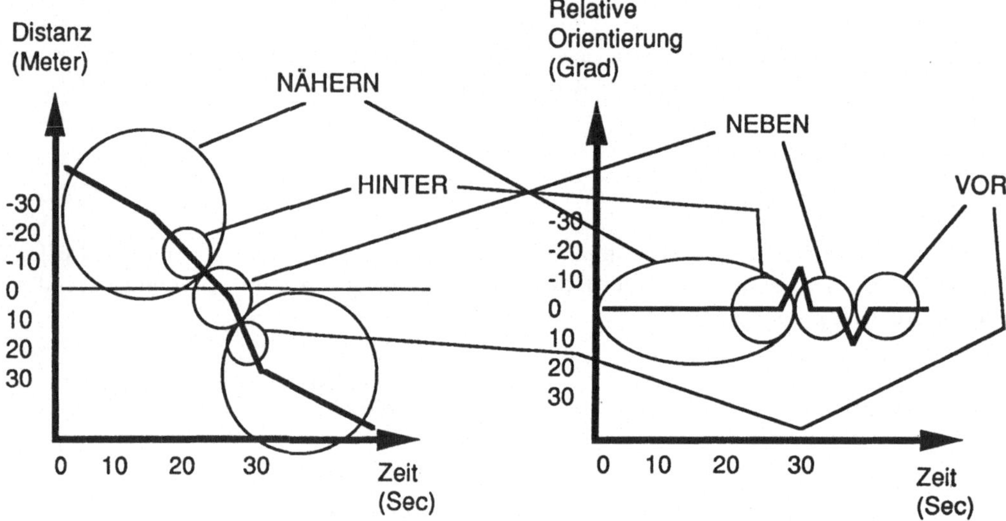

Abbildung 6: Prädikation des generischen Modells für 'überholen'

In Abbildung 6 ist dies am Beispiel 'überholen' skizziert. Die abgebildeten Segmente korrespondieren näherungsweise mit den Prädikaten 'sich nähern', 'hinter', 'neben', 'vor', und 'sich entfernen'. Es ist eine offene und schwierige Frage, einen geeigneten Algorithmus zu entwerfen für die Zuordnung von Segmenten des generischen Modells und Prädikaten, die an Sprache angelehnt sind. Es hängt nicht nur vom Ereignistyp ab, sondern auch vom Vergleich mit anderen möglichen Ereignissen und deren Ähnlichkeiten. Das Beispiel zeigt, daß ein natürlicher Übergang von generischen Modellen zu propositionalen qualitativen Beschreibungen möglich ist.

4 Zusammenfassung

Das 'Verstehen' von Objektbewegungen ist eine wichtige Aufgabe für kognitive Systeme. In diesem Beitrag wurde ein hybrider Ansatz für die Repräsentation von Objektbewegungen diskutiert. Die verschiedene Probleme im Zusammenhang mit Objektbewegungen, wie z.B. Pfadplanung, raumzeitliches Schließen, Ereigniserkennung und Lernen von Objektbewegungen werden in der Literatur meist getrennt behandelt. Hier werden die verschiedenen Aufgaben auf einheitliche Repräsentationen zurückgeführt. Unter Berücksichtigung eigener Arbeiten und anderer Forschungen zur Modellierung von Objektbewegungen wurden dabei zwei verschiedene Repräsentationen verwendet, auf denen unterschiedliche Prozesse ablaufen.

Erstens wurde eine quantitative analoge Repräsentation in einem raum-zeitliche Puffer vorgestellt, in der einfache, lokale und parallele Prozesse ausgenutzt wurden um Inferenzen zu ziehen. Und zweitens wurden abstraktere qualitative und propositionale Ereignismodelle beschrieben, für welche logikähnliche Inferenzmechanismen verwendet werden. Der Puffer dient als temporäre Repräsentation, die bei Bedarf instantiiert wird, und dabei für Visualisierungen, zum Lernen von Objektbewegungen und für Aufgaben des raum-zeitlichen Schließens genutzt wird. Er kann sowohl durch perzeptuelle, als auch durch höhere kognitive Prozesse beeinflußt werden.

Die Ereignismodelle gestatten eine effiziente Ereigniserkennung, eine kompakte Langzeitspeicherung, und sie sind Startpunkt für natürlichsprachliche Kommunikation. Zusätzlich erlauben die Ereignismodelle eine Initialisierung des raum-zeitlichen Puffers, da mit ihnen Information über typische Ereignisse und deren relevante Beschreibungsdimensionen assoziiert werden kann.

Es gibt drei verschiedene Begründungen für diesen Ansatz. Erstens liegen theoretische Ergebnisse über Komplexitätsgrenzen rein propositionaler und logik-basierter Ansätze vor (siehe z.B. *Levesque 86*). Zweitens gibt es psychologische Evidenz für bildhafte (dem Puffer ähnliche) Repräsentationen, neben den allgemein nicht bezweifelten propositionalen Repräsentationen (siehe 'Imagery'-Debatte, z.B. *Kosslyn 80*, *Block 81*). Und drittens stellt der Ansatz einen Vorschlag dar, die erkannte Komplexität einiger Aufgaben dadurch behandelbar zu machen, daß mit dem raum-zeitlichen Puffer eine adäquat eingeschränkte (d.h. der Natur der Aufgaben entsprechende) Repräsentation verwendet wird. Der Puffer vereinfacht Aufgaben, bei denen räumliche und zeitliche Beziehungen zwischen Objekten wichtig sind, da diese Beziehungen durch einfache lokale und parallele Prozesse berechenbar sind. Außerdem sind durch die Repräsentation einige physikalische Randbedingungen internalisiert (siehe *Palmer 78*), sie müssen daher nicht extra berechnet werden. Der Puffer erlaubt darüberhinaus einen natürlichen Übergang von einzelnen Beispielen zu akkumulierter Erfahrung, ebenfalls unter Verwendung einfacher lokaler Prozesse.

Es wird hier angenommen, daß eine geeignete Repräsentation das Erlernen der Modelle auf plausible Weise ermöglichen muß. D.h. der diskutierte Ansatz ist nur dann tragbar, wenn die Modelle im raum-zeitlichen Puffer aus den Ausgaben der niederen Bilddeutung gewonnen werden können, und wenn die propositionalen Ereignismodelle abgeleitet werden können aus Information, die im Puffer angehäuft wurde. Die Untersuchungen haben gezeigt, daß es möglich, ist aus Beispielen von Objektbewegungen typische (aber noch szenenabhängige) Ereignisinformation zu gewinnen und anschließend durch die Ausnutzung von invarianten perzeptuellen Primitiven generische (szenenunabhängige) Ereignisbeschreibungen abzuleiten. In einem nächsten Verarbeitungsschritt können propositionale Ereignismodelle berechnet werden, durch geeignete qualitative Beschreibungen der quantitativen generischen Modelle. Damit ensteht ein natürlicher Übergang von analogen zu propositionalen Ereignismodellen, welche zunächst voneinander unabhängig entworfen wurden. Dies ist eine weitere Stützung des hybriden Ansatzes.

Einige der beschriebenen Schritte wurden durch experimentelle Ergebnisse gestützt. Es ist aber deutlich, daß die vorgeschlagenen Repräsentationen und deren Prozesse an vielen Stellen weiter und detaillierter untersucht werden müssen. Einige offene Fragen wurden bereits in Abschnitt 3 angesprochen, z.B. die Auswahl geeigneter raum-zeitlicher Formprimitive, oder die algorithmische Zuordnung von Segmenten des generischer Modelle zu Primitiven für natürlichsprachliche Beschreibungen. Außerdem fehlt weiterhin eine fundierte Theorie mit der eine (möglichst) optimale Repräsentation ausgewählt werden kann, gegebenen eine bestimmte Klasse von Problemen.

Danksagung:

Ich danke Bernd Neumann für seine Unterstützung und zahlreiche interessante Diskussionen und Anregungen. Außerdem danke ich Simone Pribbenow und David Fleet für konstruktive Kritik.

Interaktion von propositionalen und bildhaften Repräsentationen *

Simone Pribbenow
Projekt LILOG-R
Universität Hamburg
Fachbereich Informatik

1. Einleitung

1.1 Zur Kombination propositionaler und depiktionaler Repräsentationsformalismen

Seit Beginn der 70er Jahre wird innerhalb der Kognitionswissenschaft das Problem diskutiert, ob Menschen für ihre Problemlösungs- und Schlußfolgerungsvorgänge ein einziges, propositionales Repräsentationsformat benutzen oder ob sie zusätzlich ein bildhaftes, depiktionales[1] Format verwenden. Innerhalb der KI bietet der zweite Standpunkt die Möglichkeit, mit diesen beiden Formaten gemeinsame Repräsentationsstrukturen für so unterschiedliche Aufgabengebiete wie Textverstehen und der Behandlung räumlicher Aspekte in Expertensystemen einerseits und Bildverstehen und Robotik andererseits bereitstellen zu können. Zusätzlich besteht die Hoffnung, durch die Verwendung mehrerer Formate sowohl die kognitive Adäquatheit als auch die Effizienz von Systemen, die mit räumlichem Wissen arbeiten[2], zu erhöhen.

Als Preis für diese Vorteile muß zusätzlicher Aufwand für die Integration dieser beiden Repräsentationsformen geleistet werden. Dabei ergeben sich zwei verschiedene Möglichkeiten für die Kombination beider Formate:

1. Es existiert eine beiden Formaten zugrundeliegende Repräsentation abstrakter Natur, auf die sowohl die propositionalen als auch die bildhaften Wissensentitäten abgebildet werden können (KOSSLYN (1980)).

---

* Diese Arbeit entstand im Rahmen des von der IBM geförderten Projektes LILOG (LInguistische und LOGische Methoden für das maschinelle Verstehen des Deutschen) im Hamburger Teilprojekt LILOG-R, das sich speziell mit der Verarbeitung räumlichen Wissens beschäftigt. Ich danke allen, die mir mit fachlichen Diskussionen und tatkräftiger Unterstützung bei der Erstellung dieses Artikels geholfen haben.

[1] Im Folgenden werde ich Kosslyns Terminologie (KOSSLYN (1980)) übernehmen und im Zusammenhang mit mentalen Bildern sowie deren Modellierung die Begriffe "bildhaft" und "depiktional" synonym verwenden. Für den allgemeinen Fall gilt, daß die Klasse aller bildhaften Repräsentationen umfassender ist.

[2] Vorschläge für Systeme dieser Art, sowie eine weitere Analyse finden sich in HABEL (1988).

2. Das propositionale und das depiktionale Format existieren nebeneinander als selbständige, interagierende Formalismen; welches von ihnen jeweils verwendet wird, hängt von der Aufgabenstellung ab (PAIVIO (1983)).

Eine Modellierung von Schlußfolgerungsprozessen, welche die unter 1. beschriebene gemeinsame Basisrepräsentation verwendet, kann die Vorteile eines bildhaften Formates, – aber auch die eines propositionalen –, nicht wirklich ausnutzen. Um Studien über bildhafte Repräsentationsformalismen durchführen zu können, wird in unserem Projekt LILOG-R, das sich mit der Verarbeitung natürlichsprachlich vorgegebener räumlicher Ausdrücke beschäftigt, die Realisierung der zweiten Alternative anzugehen.
Eine in ihren Auswirkungen nicht zu unterschätzende Konsequenz dieser Entscheidung ist die Entstehung eines hybriden Repräsentationssystems im Sinne der KI-Terminologie mit allen seinen Vor- und Nachteilen. Die Verwendung eines bildhaften Formates erzeugt die zusätzliche Schwierigkeit, daß zwei in ihrem Verhalten völlig unterschiedliche Repräsentationssprachen existieren[3], und nicht – wie in den meisten existierenden Systemen – untereinander ähnliche propositionale Varianten. Deshalb gilt für ein propositional/bildhaftes System in besonderem Maße die generelle Devise aller hybriden Systeme: Ein hybrider Formalismus ist mehr als die reine Kombination einzelner Formalismen (BRACHMAN ET AL. (1985))[4].

Benötigt wird erstens eine formal definierte Aufgabenverteilung, die primär aus der Klärung der beiden Fragen besteht:
- Welches Wissen wird in welchem Format wie dargestellt?
- Welche Problemlösungsaufgaben werden von welchem Formalismus optimal verarbeitet?

Zweitens ist eine gemeinsame Semantik für beide Formate wünschenswert. Sie wird benötigt, um das Gesamtverhalten des Systems formalisieren und die Schnittstelle definieren zu können (vgl. auch NEBEL/VON LUCK (1987))[5].
In den folgenden Ausführungen werde ich insbesondere den Problemkreis der Aufgabenverteilung analysieren, wobei ich von den Anforderungen ausgehe, die im Rahmen eines textverstehenden Systems beim Umgang mit räumlichen Ausdrücken und räumlichen Fragen auftreten. Als ein wichtiges Ergebnis dieser Problemanalyse möchte ich zeigen, daß die Eigenschaften von propositionalem bzw. bildhaftem Repräsentationsformalismus bereits eine bestimmte Verteilung des darzustellenden Wissens und der Aufgaben auf die beiden Formate, sowie deren Interaktion nahelegen. Im Anschluß daran werden Anforderungen an eine Semantik für das hybride Gesamtsystem gestellt, die sich

---

3 Eine ausführliche Analyse der Unterschiede findet sich z.B. in REHKÄMPER (1987).

4 Brachman, R. / Gilbert, V. / Levesque, H. (1985): "An Essential Hybrid Reasoning System". In: Proc. 9th IJCAI.

5 Nebel, B. / von Luck, K. (1987): Issues of Integration and Balancing in Hybrid Knowledge Representation Systems. KIT-Report 46.

aus der im ersten Teil erhaltenen Interaktion von propositionalem und depiktionalem Formalismus ableiten lassen.

1.2 Betrachtete Problemlösungsprozesse

In den weiteren Ausführungen kann keine endgültige Lösung für eine allgemein gültige Kombination von propositionalem und bildhaftem Repräsentationsformalismus gegeben werden. Ich werde mich darauf beschränken, eine mögliche Ausprägung für zwei spezielle Formalismen unter einer eingeschränkten Problemstellung zu skizzieren.[6]
Als propositionaler Formalismus wird die auf sortierter Prädikatenlogik basierende Sprache LLILOG[7] mit der dazugehörigen Inferenzmaschine verwendet. Das bildhafte Format wird durch sogenannte *Depiktionen* gestellt (siehe HABEL (1988)), die über quasi-analogen Zellmatrizen implementiert werden. Aufbau und Modifikation dieser Zellmatrizen werden durch Imaginationsprozesse geleistet, Abfragen durch Inspektion. Eine Beschreibung dieser Repräsentationen und Prozesse gibt KHENKHAR (1989).
Betrachtet wird der Problembereich des Textverstehens in dem für bildhafte Modellierungen besonders relevanten Bereich räumlicher Ausdrücke. Ein dafür konzipiertes System muß zwei Teilaufgaben bearbeiten:

1. Die Analyse des Textes, speziell der lokalen Ausdrücke wie Präpositionen, räumliche Adjektive und Adverbien, Bewegungsverben usw., sowie die weitergehende Verarbeitung der dabei entstehenden Ergebnisse.
2. Die Beantwortung von (räumlichen) Fragen, die besonders in diesem Bereich komplexe Suchprozesse erfordert.

Für jede dieser beiden Teilaufgaben soll ein Beispiel analysiert werden: die Interpretation einer erweiterten Präpositionalphrase für den ersten Punkt der konzeptuellen Textanalyse; das Erschließen nicht explizit vorgegebener räumlicher Beziehungen zwischen Objekten als Kern der Beantwortung räumlicher Fragen. Dabei möchte ich mich für beide Aufgabenstellungen auf ein gemeinsames Beispiel beziehen, das z.B. als Passage in einer Wanderbeschreibung, Orts- oder Wegangabe enthalten sein könnte:

(1) "Vor dem Fluß steht der chinesische Pavillon, links daneben eine Drachenskulptur und auf der anderen Seite des Flusses befindet sich ein Café."

---

[6] Eine andere Ausprägung eines bildhaft/propositionalen Systems wird in MOHNHAUPT (1990) beschrieben. Die vollkommen andere Aufgabenstellung erfordert Subsysteme, die in Aufbau, Interaktion und Aufgabenverteilung verschieden von den in dieser Arbeit beschriebenen Systemen sind. Interessant in diesem Zusammenhang sind auch die Arbeiten von NOVAK (1987) und HAYS (1989) zur Verbalisierung von Bildern bzw. bildhaften Darstellungen.

[7] Eine ausführliche Beschreibung bietet Beierle, Ch. / Dörre, J. / Pletat, U. / Rollinger, C.-R, / Schmitt, P. / Studer, R. (1988): The Knowledge Representation Language L-LILOG. LILOG-Report 41.

2. Textanalyse

2.1 Konzeptuelle Analyse

Um die Modellierung von Textverstehensprozessen gewährleisten zu können, muß neben der syntaktischen und semantischen Analyse der vorliegenden sprachlichen Ausdrücke auch ein konzeptueller Auswertungsprozeß durchgeführt werden.[8] Letzterer läßt sich in drei Einzelschritte aufspalten:

a) Explizierung der Bedeutung
   Dieser erste Arbeitsschritt dient dazu, die Ergebnisse der semantischen Analyse auf die primitiven Konzepte der konzeptuellen Ebene zurückzuführen. Zu dieser Explizierung gehören eine Zuordnung von Objekten zu Sorten und eine Abbildung der vorgegebenen Beziehungen auf konzeptuelle Relationen. Für den räumlichen Bereich beinhaltet die konzeptuelle Analyse z.B. eine Abbildung auf formal definierte Weg- und Gebietskonzepte und eine Bestimmung der zugrundeliegenden Objektsicht. Durch diese Bedeutungsexplizierung wird eine Basis für die nachfolgenden Prozesse geschaffen.
b) Einbindung in bisheriges Wissen
   Der zweite Schritt sollte eine Integration der neuen Information in das bisher vorliegende Wissen umfassen. Bei diesem Abgleich muß sowohl das zur Verfügung stehende Weltwissen, als auch das vorgegebene oder aus bisherigen Texten extrahierte episodische Wissen berücksichtigt werden. Überprüft wird das Verhältnis von neuem zu altem Wissen; ausführliche Überlegungen für einen Spezialfall, den der Unverträglichkeit von neuer zu vorliegender Information, finden sich in PRIBBENOW (1988).
c) Erschließen zusätzlicher Information
   Nach einer erfolgreich durchgeführten Einbindung können die bisher isolierten Einzelinformationen zusammengeführt werden. Dabei wird einerseits implizites Wissen aus den explizit vorliegenden Fakten inferiert, und andererseits werden Erwartungen über die vorliegende (räumliche) Situation mithilfe von Defaultregeln aufgebaut. Das Ergebnis sollte ein Modell der Gesamtsituation sein, das Auskunft über die räumlichen Gegebenheiten, z.B. die lokalen Beziehungen zwischen den beteiligten Objekten, gibt. Dieses Modell dient später zur Beantwortung von Fragen.

Die drei oben beschriebenen Aufgaben der konzeptuellen Analyse können nicht aus-

---

[8] Die semantische Analyse dient der Bereitstellung der an der Sprache orientierten (sprachlichen) Semantik des betrachteten Ausdrucks. Die anschließende konzeptuelle Analyse erstellt daraus die auf primitiven Konzepten der Ontologie basierende konzeptuelle Semantik. Ich beziehe mich im folgenden nur auf die <u>konzeptuelle</u> Analyse von Präpositionalphrasen. Überlegungen zur semantischen Analyse finden sich z.B. in WUNDERLICH/HERWEG (1986) und in HERWEG(1989).

schließlich dem propositionalen oder dem bildhaften Repräsentationsformat zugeordnet werden; vielmehr werde ich dafür argumentieren, daß nur eine sinnvolle Kombination beider Formalismen es ermöglicht, das unter c) angesprochene Gesamtmodell räumlicher Gegebenheiten zu erstellen.

2.2 Propositionale Verarbeitung

Zur Illustration dieser These möchte ich eine Phrase aus dem Beispieltext verwenden, die die räumliche Beziehung zweier Objekte mit Hilfe einer Präposition beschreibt:

(1') "der Pavillon vor dem Fluß".

Dabei werde ich mich im wesentlichen auf den in diesem Rahmen wichtigsten Bedeutungsaspekt räumlicher Präpositionen, der Lokalisierung von Objekten, beschränken. Der zweite Schwerpunkt der Präpositionsinterpretation liegt auf den funktionalen Aspekten, z.B. dem Prinzip des Enthaltenseins ("containment") bei in, des "supports" bei auf, sowie in gewissen Verwendungen von an, vgl.:

(2)	"der Pfeil im Köcher"	aber auch	"der Pfeil in der Zielscheibe",
	"das Bild auf dem Tisch",		
	"das Bild an der Wand"	vs.	"der Stuhl am Tisch".

Im hier beschriebenen Ansatz werden diese funktionalen Bestandteile der Präpositionsbedeutung durch propositionale Regeln berücksichtigt. Ein anderer Ansatz, der Methoden des Qualitative Reasoning für die Analyse von Präpositionalphrasen verwendet, wird in ADORNI ET AL. (1984) beschrieben.[9]

Nach diesem kurzen Ausblick auf funktionale Eigenschaften einiger Präpositionen werde ich mich im folgenden ausschließlich mit der Funktionalität der Lokalisierung von Objekten beschäftigen. Zur Bestimmung dieser Objektlokalisierung muß "errechnet" werden, welcher Teil des zu lokalisierenden Objektes (LO), – im Beispiel (1') wäre das der Pavillon –, sich in welchem Gebiet befindet. Dieses Gebiet wird primär vom Referenzobjekt (RO) der Präpositionalphrase, – in (1') der Fluß –, sowie der Präposition, – im Beispiel (1') vor –, festgelegt. Im allgemeinen fließen aber auch andere Größen mit ein, z.B. Eigenschaften des zu lokalisierenden Objektes, das dem Verb zugeordnete, situative Konzept oder Aspekte des Kontexts (vgl. HABEL/PRIBBENOW (1988)).
Vor Erstellung des Gebietes muß zuerst die von der Präposition geforderte *Konzeptualisierung*, d.h. die zugrundeliegende Sichtweise des Referenzobjektes gefunden

---

[9] Die Arbeiten von ADORNI ET AL. (1983) legen den Schwerpunkt auf die physikalische Realisierbarkeit der beschriebenen räumlichen Relationen. Da diese Sichtweise nur in eingeschränkter Form für die Aufgabenstellung des Textverstehens relevant ist, wird innerhalb von LILOG-R dieser Ansatz des Qualitative Reasoning nicht ausführlich verfolgt. Die für das Textverstehen relevanten Aspekte werden explizit als Regeln kodiert.

werden, ein Prozeß der unterschiedlich aufwendig sein kann. Im Falle der Präposition bei ist diese immer die eindeutige Außenregion, für in eine von mehreren möglichen Innenregionen. Welche der Alternativen verwendet wird, hängt von den physikalischen Anforderungen des zu lokalisierenden Objektes und oft genug auch von der Gesamtsituation ab (vgl. PRIBBENOW (1989)). Im vorliegenden Beispiel der Präposition vor gibt es zwei Alternativen für die Vorregion:

- intrinsische Vorregion
  Sie umfaßt den Teil der Außenregion des Referenzobjektes, der durch die objekteigene Vorderseite selektiert wird. Mögliche intrinsische Vorderseiten sind durch das Weltwissen vorgegeben, existieren aber nicht für alle Objektklassen.[10] So besitzen z. B. alle Objekte der Klasse 'Café' eine intrinsische Vorderseite, die der Objektseite mit dem Haupteingang entspricht. Flüsse hingegen weisen keine derartige, inhärent vorgegebene Seite auf.
- deiktische Vorregion
  Diese Variante geht von der Existenz eines weiteren Bezugspunktes aus, der durch den Sprecher- bzw. Hörerstandort oder einen explizit vorgegebenen extrinsischen Bezugspunkt vorliegt. Hier wird auf ein Gebiet zwischen diesem Bezugspunkt und dem Referenzobjekt referiert, das unabhängig von einer bestimmten Seite des RO ist.

Der Auswahlprozeß zur Findung der passenden Konzeptualisierung besteht jetzt aus zwei Schritten. Zuerst wird untersucht, ob eine intrinsische Vorderseite existiert, wobei auf Eigenschaften der entsprechenden Objektklasse zugegriffen wird. Ist das der Fall, wird aufgrund der beteiligten Objekte und der vorliegenden Aufgabenstellung zwischen den beiden Alternativen entschieden.[11] Die für diese Prozesse benutzte Information ist ausschließlich propositional kodiert; das gilt für das Objektwissen ebenso wie für die Entscheidungsregeln.

Die Gründe für die rein propositionale Kodierung liegen in der Art des zugrundeliegenden Wissens. Im Falle von objektinhärent festgelegten Seiten, wie der intrinsischen Vorderseite, ist dieses Wissen nicht bildhaft; es wird, wie MILLER/JOHNSON-LAIRD (1976, S. 400) ausführen, auch nicht durch die perzeptuellen, sondern durch konzeptuelle Eigenschaften einer Objektklasse bestimmt. Die entsprechenden Informationen müssen entweder in Form von (propositionalen) Regeln, die die Eigenschaften von Objektklassen auswerten, oder explizit für die infrage kommenden Objektklassen kodiert werden. Zuordnungsvorschriften für die erste Alternative finden sich in MILLER/JOHNSON-LAIRD (1976), eine Zusammenstellung weiterer Ansätze bei RETZ-SCHMIDT (1988).

---

[10] Ich vernachlässige an dieser Stelle die Möglichkeit einer extrinsisch induzierten, d.h. einer vom Kontext vorgegebenen Vorderseite. Zusätzliche Regeln zur Bestimmung einer extrinsischen Vorderseite können später eingeführt werden, ohne den Auswertungsprozeß in relevanten Punkten ändern zu müssen.

[11] Mit der intrinsisch/deiktisch-Problematik beschäftigen sich z.B. EHRICH (1985) und LEVELT (1986), ein interdisziplinärer Überblick findet sich in RETZ-SCHMIDT (1988).

In LILOG-R werden die expliziten Angaben aller intrinsischen Seiten innerhalb des jeder Objektklasse zugeordneten *Objektschemas* (siehe LANG (1987)) angegeben.[12]
Der Auswahlprozeß zwischen den beiden Verwendungsmöglichkeiten intrinsisch/deiktisch beruht auf propositional vorgegebenem Wissen über Aufgabenstellung, bislang verwendete Alternative, Objektspezifika usw., sowie auf "persönlichen Vorlieben" und ist damit nicht-bildhafter Natur.

Die konzeptuelle Verarbeitung der Präposition vor wird entsprechend diesen Ausführungen propositional kodiert. Die Vorregion als angemessene Konzeptualisierung des Referenzobjektes wird durch die konzeptuellen Primitiven 'außenregion' und 'vorderseite' beschrieben als der Teil der Außenregion des RO, der von dessen (intrinsischer bzw. deiktischer) Vorderseite ausgeht und zusätzlich abhängig von Eigenschaften des LO ist. Welche der beiden Varianten verwendet wird, hängt davon ab, ob für die Objektklasse des RO eine intrinsische Vorderseite existiert und ob im vorliegenden Kontext eine intrinsische Verwendung präferiert wird. Die Existenz einer intrinsischen Vorderseite wird durch das Prädikat 'Intr._Vorderseite (RO)' abgefragt, das dafür auf das Objektschema der Objektklasse des RO zugreift. Das Prädikat 'Intrinsisch (K)' entscheidet, ob der momentane Kontext K die – defaultmäßige – intrinsische, oder – z.B. bei vorangegangenen deiktischen Referenzen – die deiktische Variante unterstützt. LOK beschreibt die Lokalisierung des Objektes LO in dem durch den Operator 'gebiet' aus der entsprechenden Region erstellten Lokalisierungsgebiet. Dieses kann durch weitere Regeln spezifiziert werden, wie später anhand eines Beispiels ausgeführt wird.
Angestoßen wird die vor-Regel von der durch die semantische Analyse erzeugten Proposition lok_vor (LO, RO, K), wobei die Variablen LO das zu lokalisierende Objekt, RO das Referenzobjekt und K den Kontext der Äußerung beschreibt. Für die Kodierung als LLILOG Regel (siehe (3)) sind aus Gründen der leichteren Verständlichkeit einige Vereinfachungen vorgenommen worden.[13]

---

[12] Die Objektschemata von Lang dienen der generellen Beschreibung von Gestalt und Dimensionalität von Objekten. Ihr Haupteinsatzgebiet liegt in der Bearbeitung von Dimensionsadjektiven wie lang und groß, nicht in der Angabe inhärent vorgegebener Objektseiten. Eine ausführliche Beschreibung des für die Verarbeitung der Objektschemata konzipierten Systems OSKAR findet sich in LANG/CARSTENSEN (1989).

[13] LLILOG basiert auf ordnungssortierter Prädikatenlogik 1. Stufe. Ausdrücke in Großbuchstaben geben Sorten an, die Konzepten in der Ontologie entsprechen. Ausdrücke, die groß beginnen, bezeichnen Prädikate, solche, die klein beginnen, Terme. Aus Traditionsgründen bildet der Operator 'LOK' eine Ausnahme, der trotz der Sortenschreibweise ein Prädikat notiert.

(3) $\forall$ RO, LO $\in$ SUBSTANTIELLES, K $\in$ KONTEXTVEKTOR
lok_vor (LO, RO, K) $\rightarrow$ LOK [LO, gebiet (außenregion (vorderseite (RO, K), LO))]

vorderseite (RO, K) $\begin{cases} \text{intr.\_vorders. (RO)} & \text{für } \exists S \in \text{SEITE: } S = \text{Intr.\_Vorders. (RO)} \wedge \text{Intrinsisch (K)} \\ \text{deikt.\_vorders. (RO,K)} & \text{sonst} \end{cases}$

\+ Regeln für Intrinsisch (K)

In bezug auf die Beispielphrase (1') "der Pavillon vor dem Fluß" ergibt sich dann bei der Auswertung der Regel (3) die deiktische Vorderseite, da die Existenzbedingung für die intrinsische Variante nicht bewiesen werden kann:

(4) lok_vor (P, F, K) $\rightarrow$ LOK [P, gebiet (außenregion (deiktische_vorderseite (F, K), P))]
Die Konstanten F und P bezeichnen in diesem Fall die Objekte Fluß bzw. Pavillon.

Weitere Informationen über die Lokalisierung sind dann inferierbar, wenn zusätzliche Regeln über typische Aufenthaltsorte des zu lokalisierenden Objekts und konkurrierende Objekte miteinbezogen werden. Erstere favorisieren bestimmte Teile des Gebietes als wahrscheinlichste Standorte des LO, die letzteren markieren andere Teile als unwahrscheinlich. Als Konkurrenzobjekte werden saliente, d.h. besonders relevante, große, visuell herausragende Entitäten des betrachteten Raumes bezeichnet, die den Einfluß des Referenzobjektes einschränken. Die Auswirkung ist eine Einschränkung des durch Regel (3) inferierten Lokalisierungsgebietes gemäß der Regel (5):

(5) $\forall$ LO, RO, KO $\in$ SUBSTANTIELLES, G $\in$ GEBIET
LOK (LO, G) $\wedge$ Enthalten_in (KO, G) $\wedge$ Konkurrierend (KO, RO)
$\wedge$ Referenzobjekt (RO, G)
$\rightarrow_{\text{Default}}$ Abgegrenzt (G, gebiet (außenregion (KO, LO)))

Diese Regel grenzt die Einflußgebiete der bzgl. Größe und Salienz vergleichbaren Objekte KO und RO – bewiesen durch das Prädikat 'Konkurrierend (KO, RO)' – voneinander ab. Dadurch wird die Größe des Gebietes G eingeschränkt, wie durch den Operator 'Abgegrenzt' beschrieben. Die Defaultmarkierung des Ableitungspfeils deutet an, daß diese Regel nicht den gleichen Stellenwert wie die "sichere" Regel (3) hat. Die Ergebnisse von (5) können durch neue Informationen überschrieben werden.
Die Regel für die Verarbeitung typischer Aufenthaltsorte des LO soll aufgrund ihres analogen Aufbaus hier nicht aufgeführt werden. Ihre Konklusion bewirkt nicht wie die aus Regel (5) eine Abgrenzung, sondern eine Priorisierung der Teile des Lokalisierungsgebietes G, die sich mit den typischen Aufenthaltsorten überschneiden. Weitere, an dieser Stelle ebenfalls nicht erläuterte Regeln, beschreiben die Auswirkungen, die die

Eigenschaften von RO und LO (z.B. Größe, Relevanz und visuelle Wahrnehmbarkeit) auf Größe und Form des Gebietes haben.[14]

2.3 Depiktionale Auswertung

Den in 2.2 aufgeführten Spezifizierungen des Lokalisierungsgebietes ist gemeinsam, daß sie auf der Regelebene nur als *Anforderungen* (constraints) dargestellt werden. So wird in Regel (5) nur angegeben, daß ein Teil des Gebietes ausgegrenzt wird. Es ist nicht ersichtlich, wie groß dieser Teil ist, wo er liegt usw.[15] Um diese Angaben explizit ausführen zu können, müßte das Gebiet G vorher detaillierter beschrieben werden. Durch die Ergebnisse der Regel (3) ist nur bekannt, daß ein Gebiet, basierend auf der Außenregion einer (beliebigen) deiktischen Vorderseite, gebildet wird; es fehlen Angaben über Größe, Form und Lage. Diese Attribute lassen sich durch eine bildhafte Umsetzung explizieren, da nur ein bildhafter Repräsentationsformalismus Form und Größe optimal darstellt und indirekt vorgegebene räumliche Beziehungen automatisch expliziert (vgl. Abschnitt 3.).
Aus diesem Grunde ist es sinnvoll, die konzeptuelle Gebietsentität, die durch die Ausführung der Regel (3) erstellt und durch weitere Regeln, z.B. (5), spezifiziert wird, depiktional auszuwerten. Dazu wird auf der propositionalen Verarbeitungsebene die insgesamt inferierbare Information durch ein internes Stellvertreterobjekt, HABEL (1986)[16] folgend Referenzobjekt oder kurz RefO genannt[17], gebündelt Das Ergebnis dieses Inferenzprozesses für die Beispielphrase (1') ist die Erstellung des RefOs G mit den in (6) beschriebenen Eigenschaften.

(6) G --- Sorte: GEBIET
--- gebiet (außenregion (deiktische_vorderseite (F, K), P))
$---_{\text{Default}}$ Abgegrenzt (G, G_{KO}), wenn ... gilt
--- Korrelliert (größe (RO), größe (G))
--- ...
--- LOK (P, G)

Eine Skizze des durch (6) beschriebenen Objektes wird durch den in 1.2 beschriebenen depiktionalen Repräsentationsformalismus mithilfe eines *Imaginationsprozesses* (siehe

---

[14] Eine Beschreibung aller Einflußgrößen findet sich in HABEL/PRIBBENOW (1988), Ausführungen über den Verarbeitungsprozeß unter Berücksichtigung der Unterscheidung in "sichere" und Default-Regeln in PRIBBENOW (1989).

[15] Auf die Probleme, die beim Beweis der Prämisse von (5) auftreten, werde ich später eingehen.

[16] Habel, Ch. (1986): Prinzipien der Referentialität. Springer: Berlin.

[17] Diese als systeminterne Repräsentation fungierenden "Objekte der (sprachlichen) Referenz" sind zu unterscheiden von den Referenzobjekten, die die Bezugsobjekte bzw. internen Argumente von Präpositionalphrasen bilden. So korrespondiert zu jedem Referenzobjekt RO einer Präpositionalphrase ein Referenzobjekt RefO in der temporären Wissensbasis des Systems.

KHENKHAR (1989)) erstellt. Dabei werden die Funktionen 'außenregion' und 'deiktische_vorderseite' ausgewertet, die auf der propositionalen Ebene nicht weiter verarbeitbare Primitive darstellen.

Als Semantik von 'außenregion' soll hier das allen "Umgebungspräpositionen" (bei, vor, hinter, neben usw., aber auch um und zu) zugrundeliegende Konzept der direkten Nachbarschaft angenommen werden. Dieses Konzept beinhaltet Anforderungen an den Imaginationsprozeß, der ein 'außenregion'-Gebiet erstellt (siehe auch HABEL/PRIBBENOW (1988), S. 18, dort speziell für die Präposition bei beschrieben):

1. Das zu erstellende Gebiet beginnt am "Außenrand" des Referenzobjektes
2. Von dieser Grenze breitet es sich gleichmäßig mit nachlassender Intensität in die dem Innenraum entgegengesetzte Richtung aus.

Diese Abschwächung der Zugehörigkeit ergibt sich aus der Abschwächung der Funktionalität des RO als "landmark" (im Sinne von LYNCH (1960)) mit wachsender Entfernung der Gebietsteile. Die Auswertung verlangt jetzt ein Referenzobjekt mit expliziter Form, um den Außenrand bestimmen zu können, sowie eine Darstellungsmöglichkeit für die abnehmende Intensität der Gebietszugehörigkeit weiter entfernt liegender Punkte. Als eine Möglichkeit bietet sich eine Bewertung aller Gebietspunkte an, die der Vorschrift aus Punkt 2. entspricht. Dieses Ergebnis wird von der depiktionalen Komponente durch einen "Spreading-Activation-Prozeß" (siehe KHENKHAR (1988)) erreicht.

Die Funktion 'vorderseite' zeichnet den Teil des Außenrandes von RO aus, der den Ursprung dieser Außenregion angibt. Dabei werden für die intrinsische und die deiktische Alternative im allgemeinen unterschiedliche Ergebnisse geliefert. Die einargumentige 'intrinsische_vorderseite' arbeitet dabei ausschließlich auf dem RO selbst und liefert als Ergebnis die im Objektschema der entsprechenden Klasse vorgegebene, inhärente Vorderseite. Dagegen arbeitet die 'deiktische_vorderseite' mit zwei Argumenten, dem RO und dem Kontextvektor K. Aus letzterem wird der Bezugsort der Äußerung (BP) benötigt, um den diesem Punkt direkt gegenüberliegenden Teil des Außenrandes als deiktische Vorderseite zu kennzeichnen. Liegen keine weiteren Informationen über den Bezugsort vor, muß ein willkürlich gewählter Defaultpunkt benutzt werden.

Für die Imaginierung des bei der propositionalen Analyse der Phrase (1') "der Pavillon vor dem Fluß" entstandenen GebietsrefOs G (6) sind somit durch die beiden Funktionen 'außenregion' und 'deiktische_vorderseite' die Art und Weise ("spreading activation"), sowie der Ansatzpunkt dieses Prozesses (gegenüber dem BP liegender Teil des Außenrandes des RO) gegeben. Es fehlen Größe der Ausdehnung, d.h. die Stärke des Spreading-Activation-Prozesses und die Darstellung des Referenzobjektes auf der bildhaften Ebene. Für letztere wird die Skizze eines Objektes mithilfe von bildhaften Prototypen erstellt, unter Berücksichtigung der für dieses spezielle Referenzobjekt vorliegenden Information. Die Stärke des Spreading-Activation-Prozesses, die die Größe des Gebietes festlegt, ist, wie für das Gebiet bereits beschrieben, von der Größe von RO und LO, der Salienz von RO usw. abhängig. Zur Auswertung dieser Beziehungen greift die depiktionale Komponente auf propositional vorliegendes Wissen, wie prototypische Größenangaben zu.

Auf der Grundlage der oben beschriebenen Prozesse kann die Depiktionskomponente eine bildhafte Repräsentation imaginieren (vgl. Abbildung (7)), die das Gebiet enthält, das durch den Term 'außenregion (deiktische_vorderseite (F, K))' beschrieben wird. Für die Größe dieses Gebietes G sind (propositionale) Angaben über die typische Größe und Relevanz eines Flusses bzw. einer kleinen Sehenswürdigkeit – dem Pavillon – ausschlaggebend. Der bildhafte Prototyp des Flusses F, der als Ansatzpunkt des Gebietes benutzt wird, entstammt dem depiktionalen Vorwissen. Der Bezugspunkt BP wird standardisiert plaziert, um die deiktische Vorderseite (in (7) angedeutet durch eine Markierung eines Teils der Flußgrenze) berechnen zu können.

Die Skizze (7) deutet die depiktionale Umsetzung des in (6') wiedergegebenen Teils des in (6) beschriebenen GebietsrefOs G an:[18]

(6') G --- gebiet (außenregion (deiktische_vorderseite (F, K), P))
--- Korreliert (größe (F), größe (G))
--- Korreliert (größe (P), größe (G))
--- Korreliert ...

(7)

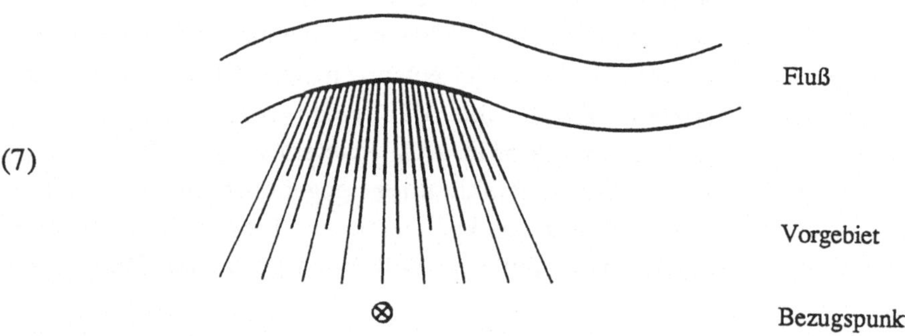

Nicht direkt in dieser Skizze umsetzbar ist der durch die Regel (5) induzierte Eintrag "G --- Abgegrenzt (G, G_{KO})", der den Einfluß konkurrierender Objekte beschreibt. Um diese Proposition auswerten zu können, muß ein Objekt KO gefunden werden, das die

[18] Im Aufsatz von KHENKHAR (1990) finden sich Beispiele für die Auswertung in Zellmatrizen, die als Implementierung der hier vorgegebenen intuitiven Skizze angesehen werden sollten.

Bedingung 'Konkurrierend (KO, RO)' erfüllt und außerdem so plaziert ist, daß es einen Landmark-Einfluß ausüben kann, entsprechend dem Prädikat 'Enthalten_in (KO, G)' der Prämisse von Regel (5). Zur Ableitung der ersten Bedingung wird auf propositional vorliegendes Faktenwissen zugegriffen, das einen Teil des dem System zur Verfügung stehenden Weltwissens darstellt, während das Enthaltensein von KO in G ggf. aufwendiger nachzuweisen ist. Prinzipiell gibt es zwei Möglichkeiten für diesen Nachweis:

- einen 'LOK (KO, G)'-Fakt aus der propositionalen Wissensbasis ableiten,
- eine Suche auf der depiktionalen Ebene durchführen.

Die erste Lösung ist weniger aufwendig, aber seltener durchführbar, da hierfür eine sprachliche Eingabe mit derselben Präposition und demselben Referenzobjekt vorliegen müßte.[19] So wird meist eine *Inspektion* (vgl. KHENKHAR (1989)) der Depiktionen stattfinden müssen, um die Prämisse der Regel (5) beweisen zu können. Gelingt der Beweis aller Prämissenglieder, kann die (propositionale) Konklusion der Regel (5) als eine zusätzliche – jetzt inferierte – Eigenschaft dem Gebiets-RefO zugewiesen und in die Depiktion eingetragen werden. Dabei würde die Ausdehnung des ursprünglichen Gebietes verändert werden.
Im Beispiel (1') ist die Verifikation der Regelprämisse nicht möglich, da ein geeignetes konkurrierendes Objekt in diesem Kontext nicht existiert. Diese Situation kann sich durch die spätere Einführung weiterer Objekte ändern. In diesem Fall muß die depiktionale Komponente ein zweites Gebiet erstellen, um die Grenze zwischen beiden Gebieten berechnen zu können.

2.4 Struktur des Analyseprozesses

Zusammenfassend läßt sich sagen, daß zur Erstellung der Lokalisierungsbedeutung eines räumlichen Ausdrucks eine ineinander verzahnte Interaktion von Regeln und Depiktionen notwendig ist. Zuerst wird von der propositionalen Komponente eine Überführung in konzeptuelle Primitive durchgeführt, und – soweit möglich – werden zusätzliche Eigenschaften, wie Größenkorrelationen inferiert. Diese Ergebnisse beschreiben ein internes Gebietsobjekt, das depiktional interpretiert wird. Die Ergebnisse der Regelauswertungen dienen dabei als Constraints zur Erstellung bzw. Modifikation der Depiktionen. Dieser Ablauf wird durchbrochen von einigen Regeln mit komplexer Prämisse, bei der einzelne Konjunktionsglieder ggf. eine Überprüfung auf der bildhaften Ebene erfordern. Die dabei verwendeten Prädikate referieren auf Eigenschaften der Umgebung des Referenzobjekts, die im allgemeinen nur depiktional zugänglich sind.

---

19 In bestimmten, stark restringierten Fällen ist auch eine Ableitung durch Regeln sinnvoll. Beispiele hierfür finden sich in Abschnitt 3.

3. Fragebeantwortung

3.1 Vorbemerkungen

In vieler Hinsicht ist die Beantwortung von Fragen bzgl. räumlicher Objektbeziehungen der inverse Prozeß zur Analyse einer lokalen Phrase. Wird mehr als direkt eingegebenes Faktenwissen erfragt, so muß die gewünschte Information inferiert und dann der Schritt der Bedeutungsexplizierung (siehe 2.1) umgekehrt werden, indem die konzeptuellen Entitäten in natürlichsprachliche Ausdrücke umgesetzt werden. Die Problematik der Verbalisierung interner Repräsentationen ist nicht Thema der folgenden Ausführungen; vielmehr möchte ich mich mit dem Prozeß zur Ableitung der für die Antwort benötigten Information beschäftigen. Zur Beantwortung der Frage nach der Aufgabenverteilung zwischen propositionaler und depiktionaler Ebene ist es wichtig zu wissen, welches Wissen benötigt und in welchem Format dieses kodiert ist. Ein weiterer, entscheidender Aspekt sind die unterschiedlichen Inferenzprozesse, die von den beiden Repräsentationssystemen zur Verfügung gestellt werden.

Zur Illustration dieser Überlegungen möchte ich wieder auf den im ersten Kapitel vorgegebenen Text eingehen:

(1) "Vor dem Fluß steht der chinesische Pavillon, links daneben eine Drachenskulptur, und auf der anderen Seite des Flusses befindet sich ein Café."

Die Explizierung der Bedeutung dieser Aussage würde die in (8) aufgeführten Lokalisierungen ergeben. (Der Aufbau der beteiligten RefOs soll hier nicht ausführlich beschrieben werden; er ist zum Verständnis der Fragebeantwortungsprozesse auch nicht Voraussetzung.)

(8) LOK (P, gebiet (außenregion (deiktische_vorderseite (F, K), P)))
LOK (Drache, gebiet (außenregion (deiktische_linke_seite (P, K), D)))
LOK (Café, gebiet (außenregion (deiktische_hinterseite (F, K), C)))
P bezeichnet dabei wieder das RefO für den Pavillon, F den Fluß und K den Kontextvektor. Der Ausdruck "die andere Seite" wurde entsprechend der Dichotomie von Vorder- und Hinterseite, wie sie aus den Objektschemata ergibt, in 'deiktische_hinterseite' umgewandelt .

Die drei in (8) enthaltenen Propositionen bilden die Faktenbasis, auf deren Grundlage die folgenden Beispielfragen beantwortet werden. Zusätzlich steht das für den Raum-Bereich relevante Weltwissen zur Verfügung, z.B. die bereits erwähnten Objektschemata, Wissen über elementare räumliche Zusammenhänge usw. Für den Prozeß der Fragebeantwortung ergibt sich der – noch zu belegende – Zusammenhang:

(9) Die Entscheidung für eines der beiden Repräsentationsformate läßt sich aus der Komplexität der gestellten Frage ablesen. Als Komplexität soll in diesem Kontext die (konzeptuelle) Differenz zwischen dem vorhandenen Wissen und der gegebenen Frage bezeichnet werden.

Die Minimaldifferenz wäre z.B. bei Fragen gegeben, die in der Wissensbasis vorhandene Fakten abfragen; eine Verdeutlichung des Komplexitätsbegriffes werden die folgenden Beispiele bringen. Die Menge der räumlichen Fragen läßt sich gemäß These (9) in drei Klassen einteilen

3.2 Fragekategorien

Die einfachste Kategorie möglicher Fragen betrifft im Text enthaltene Lokalisierungsangaben, z.B.

(10) "Wo steht der Drache?"

Da diese Frage eine der in (8) vorgegebene Lokalisierung abfragt, läßt sich die Antwort durch einfache Faktensuche auf der propositionalen Ebene finden. Mithilfe der zweiten Proposition aus (8) läßt sich die Antwort generieren: "Er befindet sich (links) neben dem Pavillon." Ein Zugriff auf die Depiktionen ist nicht sinnvoll, da mit unnötigem Aufwand verbunden.

Nicht so eindeutig ist die Aufgabenverteilung bei Fragen, die auf Relationen referieren, die zwar nicht explizit erwähnt wurden, aber in direktem räumlichen Zusammenhang mit vorgegebenen Fakten stehen:

(11) "Steht der Pavillon im Fluß?"

Die konzeptuelle Auswertung liefert als Ergebnis das folgende Lokalisierungsprädikat:

(11') LOK (P, gebiet (innenregion (F, P, K)))?,

wobei 'innenregion' wie schon die in Regel (3) beschriebene 'vorderseite' eine zusammengesetzte Funktion ist, die entsprechend den Gegebenheiten des Referenzobjektes RO und den Anforderungen des zu lokalisierenden Objektes LO eine der möglichen Innenregionsvarianten (Hohlräume des RO, materielle Teile des RO usw., vgl. PRIBBENOW (1989)) selektiert.
Die Ähnlichkeit dieser atomaren Formel mit der ersten Proposition aus der Faktenbasis ist augenfällig: In (11') wird der Pavillon P im Innengebiet, in (8) in einem Teil des Außengebietes lokalisiert. Zur Antwortinferierung reicht es aus, die Beziehung zwischen 'außenregion' und 'innenregion' zu kennen. Diese beiden konzeptuellen Primitive stellen – wie schon 'vorderseite'/'hinterseite' – ein Dichotomie-Paar dar, d.h. sie bezeichnen gegensätzliche Begriffe. Depiktional interpretiert ergibt die Dichotomie eine

Disjunktheitsforderung: Jeder Punkt, der zum Gebiet der einen Region gehört, ist von dem der anderen ausgeschlossen. Propositional ist dieser Tatbestand durch Regeln darstellbar, die die an der Dichotomiebeziehung beteiligten Gebiete als disjunkt definieren, indem sie die Lokalisierung eines Objektes in höchstens einem der betrachteten Gebiete erlauben. Die im vorliegenden Fall benötigte Regel zur Modellierung des 'innenregion'/'außenregion'-Paares ist in (12) dargestellt.

(12) LOK (LO, gebiet (innenregion (RO, LO, K))) $\rightarrow$
$\neg$ LOK (LO, gebiet (außenregion (RO, K), LO))

Eine Ausnahme bilden nur Objekte mit unscharfen Grenzen, z.B. Bezeichnungen für Landschaften (Schwarzwald) oder nicht stadtrechtlich festgelegte Stadtteile (Innenstadt). Da hier der Grenzbereich fließend ist, kann eine so kategorische Abgrenzung wie in (12) nicht vorgenommen werden.[20] Für die in (11) gegebene Frage aber kann diese Regel in Verbindung mit dem ersten Fakt aus (8) zur Ableitung der gewünschten negativen Antwort benutzt werden.

Eine andere Alternative wäre die Benutzung der Depiktionen. Zur Beantwortung der Frage wird das durch die konzeptuelle Beschreibung aus (11') vorgegebene (Innen-) Gebiet mit dem in der Skizze (7) enthaltenen Aufenthaltsgebiet des Pavillons verglichen. Da diese beiden Gebiete vollständig disjunkt sind, kann nur eine negative Antwort abgeleitet werden.

(13)

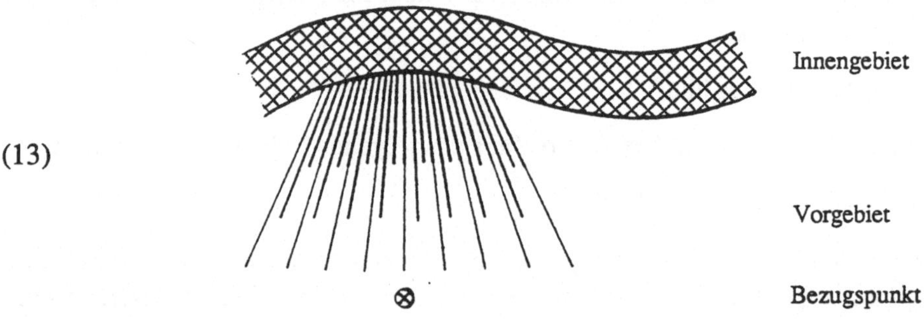

Für die in (11) vorgegebene Problemstellung sind sicherlich beide Lösungswege gleichermaßen geeignet. Ihre direkte Entsprechung drückt sich auch in der Tatsache aus, daß die Regel (12) die propositionale Formulierung der depiktionalen Disjunkt-

[20] Um (12) korrekt zu formulieren, muß der Wertebereich für RO auf scharf umgrenzte Objekte eingeschränkt werden. Für alle nicht erfaßten Objektklassen wird eine Defaultregel gleichen Inhalts geschaffen, deren Ergebnisse in konkreten Situationen überschrieben werden, für die der Gegensatz zwischen "innen" und "außen" nicht gilt.

heitsforderung darstellt.

Diese Gleichstellung der Ausdrucksfähigkeit ändert sich für die dritte Kategorie, die aus komplexen räumlichen Fragestellungen wie den in (14) angeführten besteht.

(14) "Steht die Skulptur in der Nähe des Flusses?"
"Ist das Café neben dem Pavillon?"

Die Objektkonstellationen sind komplexer als in (11), da keine direkten Beziehungen der angefragten Konzepte zu Fakten der Wissensbasis vorliegen. Außerdem werden jeweils drei Entitäten für den Antwortprozeß benötigt, von denen eine nicht in der Frage erwähnt wird. Für die Beantwortung der ersten Frage sind die Beziehungen Pavillon/Fluß und Skulptur/Pavillon durch (8) vorgegeben; die fehlende Beziehung Skulptur/Fluß wird erfragt. Die Ableitung einer Antwort auf die zweite Frage benötigt als dritte Entität den Fluß, um eine räumliche Relation zwischen den Objekten Café und Pavillon finden zu können.
Eine propositionale Lösung wäre dann möglich, wenn ein umfassendes Regelsystem existierte, das jedes Tripel von möglichen Objektbeziehungen zueinander in Beziehung setzt oder die zugrundeliegende Geometrie beschreibt. Direkt lösbar sind diese Probleme hingegen auf der bildhaften Ebene. Dafür werden mehrere Depiktionen miteinander kombiniert (dieser bereits in 1.2 angesprochene Vorgang der Inspektion wird in KHENKHAR (1990) an einem Beispiel erläutert) und ausgewertet, ob sich der vorgegebene Aufenthaltsort der Drachenskulptur mit dem Flußnähebereich überschneidet.

(15)

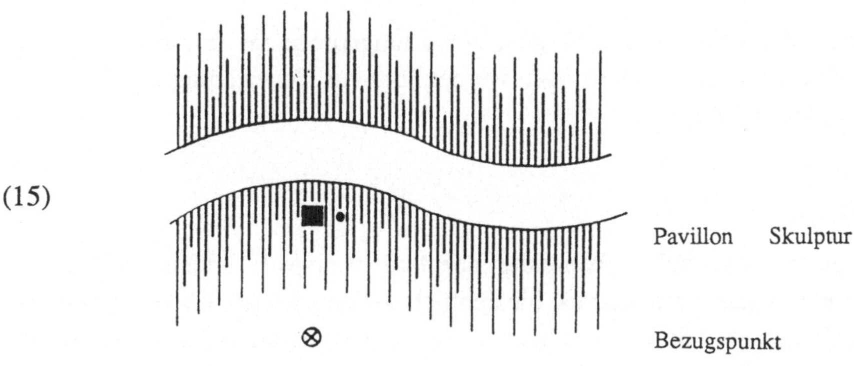

3.3 Inferenzprozesse bildhafter Formalismen

Was in diesem Inspektionsprozeß ausgenutzt wird, ist der besondere Charakter bildhafter Inferenzprozesse. Diese Funktionalität ist es, die bildhafte und propositionale Repräsentationsformalismen voneinander unterscheidet, wie Lindsay in seinem Artikel

"Image and Inference" betont (LINDSAY (1988))[21]. Ähnliche Ansichten finden sich, wenn auch nicht so explizit, in STEELS (1988). In propositionalen Formalismen wird nur explizit vorgegebene Information repräsentiert, zum Erschließen zusätzlichen räumlichen Wissens wird deswegen ein Regelapparat benötigt, bei dessen Größe eine kombinatorische Explosion von Inferenzschritten unvermeidbar ist. Im Gegensatz dazu sind bildhafte Systeme "non-deductive, that is non-proof-procedure based" (cf. LINDSAY (1988), S. 231). Sie inferieren nicht anhand expliziter Deduktionsregeln, sondern unterstützen die Gewinnung impliziten Wissens durch die Art und Weise, wie Bilder aufgebaut werden. Nur bildhafte Formate explizieren die gesamte räumliche Information, die eine Lokalisierungsangabe beinhaltet; oder wie Haugeland es prägnanter ausdrückt (cf. HAUGELAND (1985), S. 229)[22]: "The beauty of images is that (spatial) side effects take care of themselves." Eine detaillierte Illustration für diese These findet sich auch bei SCHLIEDER (1990), der als Beispiel räumliche Anordnungsprobleme bearbeitet.

Aufgrund der oben beschriebenen Eigenschaften bildhafter Repräsentationen wird der Prozess der Fragebeantwortung ebenso wie der der Lösung anderer räumlicher Probleme durch den depiktionalen Formalismus sehr verbessert; insbesondere komplexe Problemstellungen können m.E. nur bildhaft adäquat gelöst werden. Für einfache Aufgaben wie der Suche nach explizit vorgegebenen Fakten liegt natürlicherweise eine rein propositionale Lösung näher. Im Bereich der lokalen Basisrelationen wie 'außen' und 'innen' scheinen keine eindeutigen Prioritäten für eines der Formate zu existieren. Insgesamt läßt sich feststellen: Je komplexer die Frage entsprechend der gegebenen Definition von Komplexität ist, desto hilfreicher wird die Verwendung eines bildhaften Repräsentationsformates.
In jedem Fall muß das Ergebnis des Fragebeantwortungsprozesses in die konzeptuelle Form der propositionalen Ebene übertragen werden, um zur Generierung einer Antwort herangezogen werden zu können.

4. Auswertung

Wie in der Einleitung beschrieben, beinhaltet der Aufbau eines hybriden Systems eine Abgrenzung der beteiligten Formalismen hinsichtlich der Art des jeweils repräsentierten Wissens und der Funktionalität der einzelnen Systeme. Die Ausführungen in Abschnitt 2 und 3 haben gezeigt, daß diese beiden Fragestellungen nicht unabhängig voneinander zu sehen sind; vielmehr bestimmen die Eigenschaften der beiden Repräsentationsfor-

---

[21] In Digitalrechnern sind natürlich auch diese Bilder propositional kodiert, ebenso wie auch auf höherer Ebene propositionale Beschreibungen skizzenhafter Bilder generell möglich sind. Was sie darstellen und wie daraus neues Wissen inferiert werden kann, ist aber im propositionalen und im bildhaften Ansatz prinzipiell verschieden. Vor allem auf den Punkt der unterschiedlichen Inferenzen werde ich im nächsten Abschnitt eingehen.

[22] Haugeland, J. (1985): Artificial Intelligence. The very Idea. MIT-Press: Cambridge, Mass.

malismen die Art des jeweils darstellbaren Wissens und damit zu einem großen Teil die Funktionalität des Formalismus.
Auf der propositionalen Ebene, die die Verarbeitung von Fakten und Regeln unterstützt, sind konzeptuelles Wissen über Sortenbeziehungen, primitive räumliche Operatoren und Objektaufbau (Objektschemata) adäquat kodierbar. Mit diesem Inventar können qualitative Beziehungen beschrieben werden, z.B. das Verhältnis von semantischen und konzeptuellen Entitäten, Gegensatzpaare wie 'innen'/'außen' oder 'Vorderseite'/-'Hinterseite'.
Durch seine inhärente Zweiwertigkeit ist der in LILOG-R verwendete propositionale Formalismus nicht zur Darstellung nicht-metrischer quantitativer Information geeignet. Dieser Tatbestand zeigte sich bereits bei dem Problem, das Gegensatzpaar 'innen'/'außen' auf Objekte mit vagen Grenzen zu erweitern. Eine Beschreibung von Größe, Form und Lage von Objekten ist explizit nur auf der quantitativ orientierten depiktionalen Ebene möglich; die Propositionen können nur Anforderungen (Constraints) hierfür vorgeben. Die bildliche Explizierung bietet ebenfalls eine geeignete Grundlage für allgemeine räumliche Inferenzen, z.B. dem Erschließen textuell nicht vorgegebener, komplexer Objektbeziehungen.

Die Überlegungen aus den Abschnitten 2 und 3 ergeben die nachfolgende Aufgabenverteilung zwischen den beiden betrachteten Repräsentationsformaten:

Propositional
- Überführung in konzeptuelle Primitive
- (funktionale Aspekte)
- Anforderungen an Gebiete
- Inferieren einfacher räumlicher Zusammenhänge (z.B. Dichotomien)

Depiktional
- Explizierung von Gebieten und Auswertung der Anforderungen (Imagination)
- Beantwortung komplexer räumlicher Fragestellungen (z.B. Lagebeziehungen).

5. Anforderungen an die Semantik

Nach der Beschreibung der formalen Aufgabenverteilung des vorangegangenen Abschnitts bleibt zur Erfüllung der in der Einleitung skizzierten Anforderungen an ein hybrides System die Frage nach einer gemeinsamen Semantik beider Repräsentationsformate und die Beschreibung ihrer Schnittstelle offen. Die Interaktion umfaßt die gesamten Depiktionen und die direkt räumlich ausgerichteten Teile des propositionalen Formates; allgemeines Weltwissen ohne explizit räumlichen Bezug kann unberücksichtigt gelassen werden.
Die Festlegung der Semantik wird auf der Ebene der konzeptuellen Primitive vorgenommen, d.h. für die depiktional interpretierbaren Sorten (vor allem 'Gebiet', aber

auch 'Weg', 'Seite' u.ä.), sowie die zur Berechnung der konzeptuellen Primitive und der Gebietsanforderungen benötigten Terme (z.B. 'gebiet', 'vorderseite') und Prädikate (z.B. 'Enthalten_sein'). Die Sorten müssen formal definiert werden, z.B. als abstrakte Datentypen der algebraischen Spezifikation (EHRIG/MAHR (1985))[23]. Die Terme entsprechen dann Operationen auf diesen Daten, die Prädikate boolschen Abfragen auf den beschreibbaren Daten.

Die beiden Repräsentationsformate bilden genau dann ein Modell für diese Formalisierung, wenn die Implementierung der Depiktionen und der Regeln den formalen Vorgaben entsprechen. Die Datentypen müssen Beschreibungen der entstehenden bildhaften Entitäten darstellen, und auf der propositionalen Ebene dürfen nur Attribute für die Sorten benutzt werden, die Eigenschaften der entsprechenden Datentypen beschreiben. Für alle propositionalen Funktionen und Prädikate müssen formale Äquivalente in den Operationen des abstrakten Datentyps existieren; das gleiche gilt für die Prozeduren des depiktionalen Formates.

Zur Beschreibung der Schnittstelle sollte unterschieden werden zwischen der abstrakten Ebene des konzeptuellen Wissens und der des Wissens über Individuen (Objektwissen). Für die individuelle Ebene wird die Schnittstelle gebildet durch interne Stellvertreter für die im Diskurs auftretenden oder erzeugten Objekte, die als RefOs realisiert werden. Sie stellen Ausprägungen des abstrakten Datentyps dar, der die Sorte des jeweiligen Referenzobjektes beschreibt. Dieses Referenzobjekt dient als Kristallisationspunkt für das gesamte zu einem Objekt verfügbare Wissen, sowohl propositionaler als auch depiktionaler Art. Erstere wird geliefert durch Regelauswertungen, letztere durch Verweise in Depiktionen, an denen das Objekt beteiligt ist.

Die Definition einer geeigneten Schnittstelle muß zuerst für die abstrakte Ebene vorgenommen werden, indem jeder konzeptuellen Funktion (wie 'außenregion' oder 'vorderseite') und jeder Abfrage (z.B. 'Enthalten_sein') die entsprechende Sequenz aus depiktionalen Prozeduren zugewiesen wird, wie es im Abschnitt über die depiktionale Analyse von Präpositionalphrasen (2.3) beschrieben wurde. Ein Wechsel zwischen den Repräsentationsformaten muß explizit angegeben werden. Dazu sind alle räumlich relevanten Bestandteile des propositionalen Formates mit einem speziellen Operator gekennzeichnet, der die Inferenzmaschine dazu veranlaßt, diese Entitäten depiktional auszuwerten.

Diese Referenzobjekte ergeben damit eine objektzentrierte Darstellung, die gemeinsam mit den formalen Sorten/Operationen-Definitionen die Schnitt-stelle zwischen den beiden Formaten bildet. Damit sind die Forderungen Brachmans an ein "sinnvolles" hybrides System erfüllt. Nichtsdestotrotz muß noch viel Arbeit in die Detailabstimmung und die effiziente Verteilung der Basisprozesse investiert werden, um die anfangs beschriebene kognitive Adäquatheit und Verarbeitungseffizienz gewährleisten zu können.

---

[23] Ehrig, H. / Mahr, B. (1985): Foundations of Algebraic Specification 1. Springer: Berlin.

Das Erkennen richtungsräumlicher Objektrelationen auf der Grundlage verbaler und bildlicher Informationen

BERND TISCHER

1. Problemstellung

Die vorliegende Untersuchung behandelt das Erkennen räumlicher Relationen zwischen Objekten auf der vertikalen, der horizontal-frontalen und der horizontal-lateralen Raumdimension. Beziehen wir uns auf den Menschen und auf die Formen, in denen Raumwissen vorliegen kann, muß zunächst zwischen nichtsprachlichen und sprachlichen Formen unterschieden werden (vgl. Abbildung 1: Räumliche Beziehungen sind in verschiedenen Formen repräsentiert). Wir nehmen die Welt nicht bloß räumlich wahr, sondern heben zur Organisation des Zusammenlebens räumliche Relationen auch sprachlich hervor. Gleichermaßen genügt es für diese Organisation nicht, Raumbeziehungen bloß sprachlich hervorzuheben - z.B. müssen beim Verstehen von Wegbeschreibungen diese auch in eine nichtsprachliche Handlung überführt und auf die räumliche Anordnung materieller Objekte bezogen werden können. Zur verbalen Beschreibung von Handlungs- und Wegverläufen im Raum ("route maps") oder zur Beschreibung der Lage ruhender Objekte gibt es im Deutschen sekundär-deiktische Begriffe wie "auf/über/oben" vs. "unter/unten", "vor/vorne" vs. "hinter/ hinten", "links" vs. "rechts". Zur Semantik dieser Begriffe sei hier nur auf die Arbeiten von Clark (1973), Saile (1984) und Ehrich (1985) verwiesen.

Im Einklang mit Clark (1973) ist nach Tischer (1989) die Verstehbarkeit dieser Begriffe keineswegs gleichwertig, wenn sie zur Signalierung der Lage eines externen Objekts A relativ zu einem Referenzobjekt B verwendet werden - z.B. in Aussagen der Form "A ist auf/unter/vor/hinter/links von/rechts von B". In einem Experiment von Tischer (1989), in dem abhängig von derartig formulierten Lagebeschreibungen eine lineare Anordnung von vier Bausteinen ohne intrinsische Vorderseite hergestellt werden sollte, produzierten die Vpn auf der vertikalen Dimension signifikant mehr korrekte Lösungen und führten die Handlung auch schneller aus als auf den beiden horizontalen Dimensionen. Es gibt verschiedene Erklärungen für diesen Effekt, z.B.: Keine Perspektivengebundenheit bei der Signalisierung von Relationen auf der vertikalen Dimension; das Fehlen intrinsischer Vorderseiten der Referenzobjekte (Bausteine); die relative Symmetrie der beiden lateralen Pole "links" vs. "rechts" im Vergleich zu "auf" vs. "unter", die sich relativ leicht unterscheiden lassen (unterstützt durch die Schwerkraft oder durch visuell zugängliche Umgebungsmerkmale - vgl. Clark, 1973).

Auch die Form, wie räumliche Relationen repräsentiert werden, beeinflußt den Handlungserfolg bei der Herstellung einer bestimmten räumlichen Objektkonfiguration. Im Experiment (Tischer, 1989) zeigten Vpn, die sich räumliche Relationen verbal einprägten, im Vergleich zu Vpn mit bildlich-räumlicher Repräsentation und zu Vpn mit sensorischer Orientierung an materiellen Objekten eine deutliche Erhöhung der Fehlerzahlen und Ausführungszeiten.[1] Nach den Verhaltensbeobachtungen beruht der Vorteil der nichtverbalen Repräsentations- und Orientierungsweisen auf der frühzeitigen Integration von Handlungsobjekten zu geschlossenen Objektgruppen gemäß der in der verbalen Aussage beschriebenen Anordnung. Die verbale Repräsentation fördert dagegen ein schrittweises

1 Die Bestimmung dominanter Repräsentationsformen erfolgte durch Befragen der Vpn und durch Beobachtung der Kopforientierung. Wenn eine Vp bei der Darbietung einer verbalen Anweisung nicht auf die vor ihr liegenden Objekte blickte und wenn sie in der postexperimentellen Befragung sagte, sie habe sich die Anordnung der Objekte meist bildlich bzw. räumlich vorgestellt, wurde sie als Vp mit bildlich-räumlicher Repräsentation kategorisiert.

Handeln mit einzelnen selektierten Objekten und Objektpaaren gemäß der zeitlichen Reihenfolge der in der Aussage genannten Objekte.

Zur Gewinnung von tieferen Einsichten wird in der vorliegenden Arbeit untersucht, wie sich die *Referenzobjekte*, die *zeitliche Abfolge visueller und verbaler Informationsverarbeitung* sowie die *interne Repräsentationsform* auf das Erkennen bzw. Identifizieren von Objektrelationen auf den drei Raumdimensionen auswirken. Als experimentelles Paradigma wurde die Satz-Bild-Verifikation gewählt (Entscheidung, ob ein Satz, der eine Aussage zur räumlichen Relation zwischen Objekten enthält, mit einer bildlich dargestellten Objektkonfiguration übereinstimmt vs. nicht übereinstimmt; gemessen werden die Entscheidungszeiten).

Zum *Einfluß der Referenzobjekte.* In bisherigen Untersuchungen zum Satz-Bild-Vergleich wurden meist geometrische Symbole als Referenzobjekte verwendet (z.B. Clark & Chase, 1972; Tversky, 1975; MacLeod, Hunt & Mathews, 1978; Glushko & Cooper, 1978). Abgesehen vom Nachteil, daß hierbei eine systematische Überprüfung der Relationsbestimmung auf allen drei sekundär-deiktischen Raumdimensionen nicht möglich ist, ist es fraglich, ob die bisherigen Ergebnisse (z.B. Präpositionseffekte, d.h. kürzere Verifikationszeiten für Sätze mit "above" vs. "under") replizierbar sind, wenn man vertrautere, quasidreidimensionale Referenzobjekte aus dem Alltagsleben verwendet (z.B. Möbel). Zu berücksichtigen ist auch der Einfluß der Objektgröße und das Vorhandensein vs. Fehlen einer intrinsischen Vorderseite des Referenzobjekts der Lokalisation auf das Erkennen räumlicher Relationen bei der Satz-Bild-Zuordnung.

Nach Osgood (1980)[2] sollten in Anlehnung an ein Figur-Hintergrund-Prinzip Sätze leichter zu verifizieren sein, in denen das kleinere Objekt die Funktion des grammatischen Subjekts annimmt, so daß die Überlegenheit von "auf"/"über" vs. "unter" beim Verifizieren von Sätzen wie "star is above plus" vs. "plus is under star" zumindest aufgehoben werden sollte, wenn das kleinere Objekt als Referenzobjekt fungiert (vgl. auch Clark & Chase, 1974).

Für Referenzobjekte mit intrinsischer Vorderseite ist zu erwarten, daß das Erkennen von Relationen auf der horizontal-lateralen Dimension gegenüber der horizontal-frontalen erschwert ist, wenn das Referenzobjekt im Bild gegengerichtet, d.h. mit der intrinsischen Vorderseite zum Betrachter hin ausgerichtet ist, da hier die verbale Übertragung der Dimensionen auf das Referenzobjekt aus egozentrischen Perspektive mit der spiegelbildlich-gegenläufigen Verwendung von "links" und "rechts" aus intrinsischer Objektperspektive interferiert (vgl. auch Herrmann, Bürkle, Nirmaier & Mangold, 1986).

Zum *Einfluß der zeitlichen Reihenfolge der Verarbeitung verbaler und visueller Informationen.* Bislang wurde noch nicht der Begriff des Erkennens räumlicher Objektrelationen präzisiert. Generell umfasst er die Bestimmung der Lage eines oder mehrerer Objekte relativ zum erkennenden Subjekt oder zu anderen externen Objekten. Da diese Lagebestimmung inter- und intraindividuell auch durch verbale Raumbegriffe unterstützt werden kann, müssen die Ergebnisse der Lagebestimmung auf der Grundlage verbaler und nichtverbaler Informationen kompatibel sein. Es ist auch naheliegend, daß die Ergebnisse der Lagebestimmung fixiert bzw. intern repräsentiert werden, so daß im Zeitverlauf der Orientierungstätigkeit Lageabweichungen, die jenseits einer gewissen Toleranzschwelle liegen, bemerkt werden können. Nun ist diese Orientierungstätigkeit beim Menschen interindividuell reguliert, d.h. die verbale Hervorhebung räumlicher Relationen im Zusammenleben interagiert ständig mit der nonverbalen (z.B. visuellen) Wahrnehmung von Objektrelationen. Erhebt man die Entstehung von Raumwissen bzw. die Repräsentation von Räumlichkeit beim Menschen zum Forschungsgegenstand, muß deshalb der Zeitverlauf der Verarbeitung verbaler und nichtverbaler Informationen berücksichtigt werden. Im Paradigma der Satz-Bild-Verifikation

2 Ch. E. Osgood: Lectures on language performance. New York 1980: Springer.

lassen sich folgende Konstellationen vergleichen:

- SATZ-BILD$_{sim}$: Simultane Darbietung von verbalen und nichtverbalen Informationen, jedoch Ausrichtung der Aufmerksamkeit zunächst nur auf den Satz und anschließend auf das Bild; Vergleich zwischen Satz und Bild.
- SATZ-BILD$_{seq}$: Sequentielle Darbietung von Satz und Bild; zunächst nur der Satz, nach einem bestimmten Zeitintervall nur das Bild; Vergleich zwischen Satz und Bild.
- BILD-SATZ$_{sim}$: Wie SATZ-BILD$_{sim}$, jedoch Ausrichtung der Aufmerksamkeit zunächst nur auf das Bild, anschließend auf den Satz.
- BILD-SATZ$_{seq}$: Wie SATZ-BILD$_{seq}$, jedoch zuerst nur Darbietung des Bildes, anschließend nur Darbietung des Satzes.

Empirisch lassen sich unter allen Bedingungen die Verifikationszeiten vom Stimulus-Onset bis zur Entscheidung erheben, ob Satz und Bild übereinstimmen bzw. abweichen. In diese Zeiten gehen alle Prozesse angefangen von der Satz- bzw. Bildwahrnehmung über den Vergleich beider Informationsquellen bis hin zur Entscheidung auf Gleichheit/Ungleichheit ein. Unter den beiden sequentiellen Bedingungen lassen sich darüberhinaus die reinen Satz- bzw. Bildverarbeitungszeiten isolieren, da eine Person hier bereits vor der Darbietung des Vergleichsstimulus signalisieren kann, wann sie einen Satz bzw. ein Bild verstanden hat. Ein derartiger Versuchsplan dient vor allem der Lokalisation von Ursachen für mögliche Dimensions-, Präpositions- oder Referenzobjekt-Effekte beim Relationserkennen.

Zum *Einfluß der Repräsentationsform.* Es wurde bereits darauf hingewiesen, daß verbale und nichtverbale Informationen kompatibel sein müssen - sonst wäre es nicht möglich, daß wir darüber sprechen können, was wir sehen. Diese Anforderung läßt sich kognitionstheoretisch durch die Einführung einer Repräsentationsebene erfüllen, die der Integration von Informationen aus verschiedenen Quellen dient, etwa in Form von abstrakten Propositionen (vgl. Clark & Chase, 1972; Carpenter & Just, 1975; van Dijk & Kintsch, 1983; Jackendoff, 1983). Es sei hier nicht die Existenz einer derartigen Ebene bestritten, jedoch ergeben sich bei der Repräsentation von räumlichen Relationen Probleme der Prädikatisierung: Soll ein rechts neben A befindliches Objekt B propositional als LINKS VON (A,B), RECHTS VON (B,A) oder nur als NEBEN (A,B) repräsentiert werden? Entsprechendes gilt für die polarkonträren Relationen AUF-UNTER und VOR-HINTER. Für letztere lassen sich noch kontextsensitive Präferenzregeln formulieren, etwa in der Form (I) "Prädikatisiere vertikal AUF und frontal VOR, wenn nicht (II)" und (II) "Prädikatisiere vertikal UNTER bzw. frontal HINTER, wenn dem Bild eine verbale Aussage vorausgeht, die den Lokativ ´unter´ bzw. ´hinter´ enthält" (vgl. Clark & Chase, 1972). Derartige Regeln können einerseits die nachgewiesenen Präpositionseffekte erklären (z.B. längere Verifikationszeiten für Sätze mit dem Lokativ "unter", da diese bei vorheriger Bildwahrnehmung zum Vergleich auf der propositionalen Repräsentationsebene umgeformt werden müssen), andererseits aber auch mögliche Dimensionseffekte: Da auf der horizontal-lateralen Dimension keine Präferenzregeln für die Prädikatisierung von bildlichen Objektrelationen mit LINKS VON bzw. RECHTS VON existieren, sollten in BILD-SATZ$_{sim}$ und BILD-SATZ$_{seq}$ die Verifikations- und Bildverständniszeiten auf dieser Dimension höher sein als auf den beiden anderen Dimensionen.

Zur Erfüllung der Kompatibilitätsanforderung verbaler und nichtverbaler Informationen lassen sich bekanntlich auch Verbindungen zwischen verbal-begrifflichen und nichtverbalen (bzw. analogischen) Repräsentationsformen annehmen. Für den Vergleich von Sätzen mit Bildern folgt daraus, daß Personen bei Darbietung eines verbalen Stimulus intern eine bildlich-räumliche Repräsentation konstruieren können, die sich mit einem später dargebotenen Bild vergleichen läßt (vgl. Posner, Boies, Eichelman & Taylor, 1969; Tversky, 1969 und 1975; Seymour, 1974; Glass, Millen & Beck, 1985). Der Vergleich eines bildlich kodierten verbalen Stimulus mit einem Bild ist gewöhnlich schneller als der Vergleich ohne bildliche Repräsentation (z.B. Tversky, 1969). Nach Tversky (1975) bestehen auch Hinweise, daß die Präpositionseffekte für "above" vs. "under" verschwinden, wenn Personen ohne explizite

Imaginationsinstruktion unter der Bedingung SATZ-BILD$_{seq}$ genügend Zeit haben, eine bildliche Vorstellung zu den Sätzen herzustellen. In der vorliegenden Untersuchung soll nun dem Einfluß der bildlich-räumlichen Repräsentation auf das Erkennen räumlicher Relationen beim Satz-Bild-Vergleich intensiver nachgegangen werden. Gemäß dualer oder multimodaler Kodierungstheorien (vgl. Paivio, 1971; Engelkamp, 1987) sind deshalb auch Versuchsbedingungen herzustellen, in denen die Personen Gelegenheit haben, zu einem Satz eine bildlich-räumliche Repräsentation bzw. zu einem Bild eine verbale Repräsentation herzustellen.[3] Die Zeiten hierfür lassen sich unter den Bedingungen SATZ-BILD$_{seq}$ und BILD-SATZ$_{seq}$ gesondert erheben.

Möglicherweise beruhen die von Tischer (1989) nachgewiesenen Dimensionseffekte bei der verbalen Steuerung von Handlungen im Raum nur auf der Überführung des Verbalteils in eine bildlich-räumliche Repräsentation und umgekehrt - m.a.W.: Die Dimensionseffekte (Leistungsbeeinträchtigung von Aufgaben, die sich auf die horizontalen Raumdimensionen beziehen) sollten verschwinden, wenn eine Person vor der Wahrnehmung eines Vergleichsbildes zum dargebotenen Satz eine bildlich-räumliche Repräsentation bzw. vor der Wahrnehmung eines Vergleichssatzes zum Bild eine verbale Repräsentation hergestellt hat. Die Verifikationszeiten ohne bildlich-räumliche Kodierung bzw. die Zeiten für die Überführung eines Satzes in eine bildlich-räumliche Repräsentation sollten dagegen auf der horizontal-lateralen Raumdimension besonders hoch sein, wenn das visuell wahrgenommene bzw. zu imaginierende Referenzobjekt eine intrinsische Vorderseite hat und der Vp im "Face-to-Face-Kontakt" gegenübersteht. Begründung: Diese Bedingungen testen die Fähigkeit, die Lokative "links" und "rechts" auf ein externes Referenzobjekt zu beziehen, dessen über die intrinsische Vorderseite vermittelte linke bzw. rechte Seite nicht dem deiktischen Links bzw. Rechts aus der für die Links-Rechts-Unterscheidung bevorzugten egozentrischen Perspektive der wahrnehmenden Person korrespondiert. Im Deutschen wird "vor" vs. "hinter" jedoch bevorzugt intrinsisch verwendet, d.h. gewöhnlich auf die Perspektive des Referenzobjekts bezogen, so daß bei intrinsischer Vorderseite des Referenzobjekts die Zeiten für die horizontal-frontale Dimension geringer sein sollten als für die horizontal-laterale Dimension.

2. Experiment

Material. Für die Satz-Bild-Verifikation wurden zwei Objektpaare verwendet, die auf dem monochromen Monitor eines ATARI 1040 STF bildlich dargestellt waren. (1) Ein Tisch und ein Karton: Beide Objekte größengleich und ohne intrinsische Vorderseite. Im Bild erscheint der Tisch entweder auf/unter/vor/hinter bzw. rechts/links neben dem Karton. (2) Ein Ball und ein Sofa: Objekte stark größenunterschiedlich; das Sofa mit intrinsischer Vorderseite, die zum Betrachter hin zugewendet ist. Im Bild erscheint der Ball in den sechs entsprechenden Positionen relativ zum Sofa. Abbildung 1 zeigt verkleinerte Hardcopys der zwölf Bildschirmdarstellungen. Für diese zwölf Bilder wurden jeweils vier Vergleichssätze konstruiert (siehe Abbildung 1). Die Sätze decken pro Bild die Zellen eines Vierfelderschemas mit den Faktoren "Korrektheit" (Übereinstimmung vs. keine Übereinstimmung mit dem Bild) und "dimensionsspezifische Präposition" ab (Vertikal: "auf" vs. "unter"; horizontal-frontal: "vor" vs. "hinter"; horizontal-lateral: "links" vs. "rechts"). Dieser Aufbau führt dazu, daß jedes

3 Dies kann z.B. durch eine entsprechende Instruktion und durch Erhöhung des Zeitintervalls zwischen bildlichem und verbalem Stimulus erfolgen. Eine absolute Sicherheit darüber, daß nach solchen Maßnahmen eine bildliche Repräsentation aufgebaut wird, besteht freilich nicht: Die Schlußfolgerung, daß ein besonderer Effekt dieser Maßnahmen auf der bildlichen bzw. verbalen Repräsentationsform beruht, ist eine *Interpretation* - die interne Repräsentationsform eines Ereignisses ist kein observabler Sachverhalt (vgl. Th. Herrmann: Mentale Repräsentation - ein erläuterungsbedürftiger Begriff. Sprache und Kognition, 7, 1988, 162-175).

Objekt gleich häufig in der Präpositionalphrase als Referenzobjekt der Lokalisation erscheint. Entsprechend der bevorzugten Verwendungsweise im Deutschen (vgl. Saile, 1984; Ehrich, 1985) wurde auf der lateralen Dimension die egozentrisch-deiktische Verwendungsweise von "rechts" vs. "links" als "korrekt" kategorisiert, auf der frontalen Dimension jedoch die allozentrisch-intrinsische Verwendungsweise von "vor" vs. "hinter". Die Vpn wurden darauf hingewiesen, daß die Lokative in diesen Verwendungsweisen aufzufassen sind.

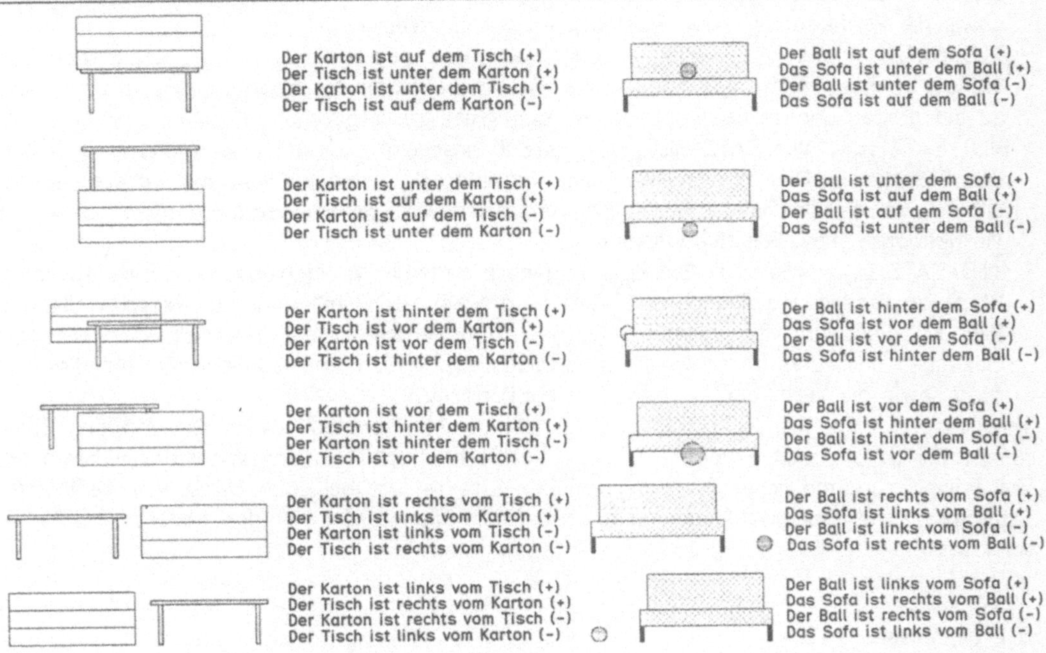

Abb. 1: Die in den Experimenten verwendeten Stimuli. Als Stimuluspaar wurde jeweils nur ein Bild und einer der vier Sätze dargeboten.

Bedingungen der Stimulusdarbietung. Es wurden sechs Experimente mit jeweils unterschiedlichen Bedingungen der Stimulusdarbietung durchgeführt. Sie teilten sich auf in jeweils drei Experimente zum Satz-Bild-Vergleich (zuerst Satz-, dann Bildwahrnehmung) und zum Bild-Satz-Vergleich (zuerst Bild-, dann Satzwahrnehmung). Jedes Experiment umfasste pro Vp 48 Satz-Bild-Vergleiche (vgl. Abbildung 1), denen 18 Warm-Up-Trials vorausgingen. Die Reihenfolge der 48 Stimuluspaare wurde pro Vp über einen Zufallsgenerator randomisiert.

- SATZ-BILD$_{sim}$: Auf der linken Hälfte des Bildschirms erscheint ein Satz und simultan auf der rechten Hälfte ein Vergleichsbild. Die Vp wird instruiert, zuerst den Satz zu lesen, dann das Bild mit dem Satz zu vergleichen und per Tastendruck (linke bzw. rechte Maustaste) zu signalisieren, ob Satz und Bild übereinstimmen bzw. nicht übereinstimmen. Unmittelbar nach dem Tastendruck wird der Bildschirm gelöscht. Nach drei Sekunden erscheint das nächste Stimuluspaar. Gemessen wird die Reaktionszeit (Verifikations- bzw. Falsifikationszeit) vom Stimulus-Onset bis zum Tastendruck in msec.
- SATZ-BILD$_{seq\ 0}$: In der Mitte des Bildschirms erscheint zunächst nur der Satz. Die Vp wird instruiert, per Tastendruck (große SPACE-Taste der Rechnertastatur) zu signalisieren, wann sie den Satz verstanden hat und für das Vergleichsbild bereit ist. Unmittelbar darauf verschwindet der Satz. An seiner Stelle erscheint sofort das Vergleichsbild in

der Mitte des Bildschirms. Der weitere Ablauf (Vergleich, Inter-Stimulus-Intervall) ist wie in SATZ-BILD$_{sim}$. Gemessen wird die Satzverarbeitungszeit vom verbalen Stimulus-Onset bis zum Tastendruck sowie die Verifikations- bzw. Falsifikationszeit in msec.

- SATZ-BILD$_{seq\ 3}$: Wie SATZ-BILD$_{seq\ 0}$, jedoch wird die Vp instruiert, sich die räumliche Lage der genannten Objekte bildlich vorzustellen und danach die Taste zu drücken. Unmittelbar darauf verschwindet der Satz. Zur Festigung der bildlich-räumlichen Repräsentation erscheint das Vergleichsbild erst drei Sekunden nach dem Verschwinden des Satzes.[4] Gemessen wird die Zeit für die Erzeugung der bildlich-räumlichen Vorstellung sowie die Verifikations- bzw. Falsifikationszeit in msec.
- BILD-SATZ$_{sim}$: Wie SATZ-BILD$_{sim}$, jedoch erscheint das Bild auf der linken und der Satz auf der rechten Hälfte des Bildschirms. Die Vp bekommt die Instruktion, zuerst das Bild zu betrachten und es anschließend mit dem Satz zu vergleichen.
- BILD-SATZ$_{seq\ 0}$: Wie SATZ-BILD$_{seq\ 0}$, jedoch erscheint zuerst nur das Bild in der Mitte des Bildschirms. Die Vp signalisiert per Tastendruck, wann sie das Bild verstanden hat und für den Vergleichssatz bereit ist. Gemessen wird die Bildverarbeitungszeit sowie die Verifikations- bzw. Falsifikationszeit.
- BILD-SATZ$_{seq\ 3}$: Wie BILD-SATZ$_{seq\ 0}$, jedoch wird die Vp instruiert, das Bild stumm in Worte zu fassen und danach die Taste zu drücken. Unmittelbar darauf verschwindet das Bild. Zur Festigung der verbalen Repräsentation erscheint der Vergleichssatz erst drei Sekunden nach dem Verschwinden des Bildes. Gemessen wird die Zeit zur Bildverbalisierung sowie die Verifikations- bzw. Falsifikationszeit.

Versuchspersonen. An der Untersuchung nahmen 144 Vpn bei jeweils 24 Vpn pro Experiment teil (vorwiegend Studenten). Das Geschlechterverhältnis der Vpn war jeweils 12:12. Zur Balancierung möglicher Tastaturbelegungs-Effekte war bei einer Hälfte der 12 Vpn pro Experiment und Geschlecht die Verifikationstaste die rechte, bei der anderen Hälfte die linke Taste.

3. Ergebnisse

3.1 Verifikations- und Falsifikationszeiten

Für jedes der sechs Experimente wurden die Daten der 48 Stimuluspaare zunächst einer 6x4x2-Varianzanalyse für wiederholte Messungen an allen drei Faktoren unterzogen: 6 Präpositionen (auf vs. unter vs. vor vs. hinter vs. links vom vs. rechts vom) x 4 Nomenfolgen im Satz (Nomenfolge Tisch-Karton vs. Karton-Tisch vs. Ball-Sofa vs. Sofa-Ball) x 2 Verifikationsbedingungen (Verifikation vs. Falsifikation). Der Auswertung wurden nur die Zeiten für die korrekten Antworten zugrundegelegt (Fehlerquote in jedem Experiment <3%).

Die Haupteffekte der drei Faktoren und die Zwei- bzw. Dreifachinteraktionen waren in nahezu allen Experimenten mindestens auf dem 5%-Niveau signifikant. Ausnahmen bildeten nur die fehlende Dreifachinteraktion in SATZ-BILD$_{seq\ 0}$ und die fehlende Zweifachinteraktion zwischen den Faktoren "Nomenfolge" und "Verifikationsbedingung" in SATZ-BILD$_{seq\ 3}$. Demnach traten in allen Experimenten Präpositions- bzw. Dimensionseffekte auf, die jedoch vom jeweils verwendeten Satz bzw. vom Referenzobjekt der Lokalisation sowie von der Verifikationsbedingung (richtig vs. falsch) abhängen. Zur genaueren Analyse der Effekte wurden die Zeiten satzspezifisch analysiert. Pro Satz und Experiment wurden zur Bestim-

---

4 Zum Einfluß des Intervalls zwischen verbalem und bildlichem Stimulus: Nach Tversky (1975) führt ein 5sec-Intervall zur Aufhebung der Verifikationszeit-Differenzen zwischen above vs. under. Nach Glushko & Cooper (1978, Exp. 2) tritt dies auch bei 2sec-Intervallen ein. Nach einem Intervall von 6 sec zeigten sich wieder signifikant höhere Zeiten für "under", was auch mit einem Verblassen des Vorstellungsbildes erklärt werden könnte. Um diesem unerwünschten Nebeneffekt entgegenzuwirken, wurde in der vorliegenden Untersuchung das 3sec-Intervall gewählt.

mung von Dimensionseffekten die Zeiten für "auf"/"unter", "vor"/"hinter" und für "links"/"rechts" zusammengefasst und einer 3x2-Varianzanalyse (3 Dimensionen x 2 Verifikationsbedingungen) unterzogen. Zur Bestimmung von Präpositionseffekten innerhalb einer Raumdimension wurden ferner pro Satz, Experiment und Raumdimension die Werte für die zwei Dimensionspole (z.B. "auf" vs. "unter") einer 2x2-Varianzanalyse (2 Dimensionspole x 2 Verifikationsbedingungen) unterzogen.

"Der Karton ist ___ dem (vom) Tisch". Abbildung 2 zeigt die resultierenden Verifikationszeiten für den Satz in den sechs Experimenten. Tabelle 1 gibt eine Übersicht über die signifikanten Effekte.

Dimensionseffekte: Wenn Satz und Bild simultan dargeboten werden, ist die Entscheidungszeit auf der lateralen Dimension signifikant erhöht. Dieser Effekt wird jedoch geringer bzw. tritt nur noch bei Falsifikationen auf, wenn in SATZ-BILD$_{seq\ 0}$ und BILD-SATZ$_{seq\ 0}$ die Stimuli sequentiell aufeinander folgen.

Bei expliziter Instruktion zur bildlich-räumlichen Repräsentation (SATZ-BILD$_{seq\ 3}$) ist dagegen die Zeit auf der vertikalen Dimension erhöht. Diese Erhöhung ist auf die Präposition "unter" zurückzuführen (vgl. Abbildung 2). Zur Interpretation ist zu beachten, daß das dargebotene Bild mit dem auf dem (ungewöhnlich großen) Karton stehenden Tisch wahrscheinlich nicht der prototypischen bildlichen Repräsentation des Satzes "Der Karton ist unter dem Tisch" entspricht.

Eine Erhöhung der Zeiten auf der lateralen Dimension tritt auch dann nicht auf, wenn die Personen in BILD-SATZ$_{seq\ 3}$ eine explizite Instruktion zur Verbalisierung des Bildes erhalten. In diesem Fall ist stattdessen die Verifikationszeit für die Vor-Hinter-Unterscheidung (frontale) Dimension erhöht. Möglicherweise hängt dies damit zusammen, daß sich der Tisch als "halbdurchsichtiges" Referenzobjekt nicht so sehr als Ankerpunkt für die Vor-Hinter-Unterscheidung eignet. Da der Effekt bei den übrigen fünf Experimenten jedoch nicht eintrat, kann darüber nur spekuliert werden.

Präpositionseffekte: In den drei SATZ-BILD-Experimenten sind die zeitlichen Erhöhungen für die Präposition "unter" zu beachten - sie entsprechen den wiederholt nachgewiesenen Präpositionseffekten innerhalb der vertikalen Dimension (z.B. Clark & Chase, 1972). Konform mit Clark & Chase (1972) ist auch der Befund, daß nur beim BILD-SATZ-Vergleich (zuerst Bild-, dann Satz-Darbietung) die Falsifikationszeiten für "auf" höher sind als für "unter". Völlig im Gegensatz zu Tversky (1975) steht dagegen das Ergebnis, daß bei bildlich-räumlicher Repräsentation des Satzes in SATZ-BILD$_{seq\ 3}$ die auf-unter-Differenz extrem hoch ist: Wie bereits oben angedeutet, ist zur Interpretation eine mögliche Verletzung der für den Satz "Der Karton ist unter dem Tisch" prototypischen Bildrepräsentation durch das dargebotene Bild zu bedenken. Mit Ausnahme der zeitlichen Erhöhung für die Präposition "hinter" gegenüber "vor" in BILD-SATZ$_{seq\ 0}$ gibt es keine Hinweise auf Präpositionseffekte innerhalb der beiden horizontalen Dimensionen.

"Der Tisch ist ___ dem (vom) Karton" (Abbildung 3/Tabelle 2). - *Dimensionseffekte*: Ähnlich wie bei der Nomenfolge "Karton-Tisch" (s.o.) liegen auch hier zeitliche Erhöhungen für die laterale Raumdimension vor, wenn der Satz ohne Imaginations- bzw. das Bild ohne Verbalisierungsinstruktion verarbeitet wurde. Die zahlenmäßigen Erhöhungen sind jedoch nur in BILD-SATZ$_{sim}$ und BILD-SATZ$_{seq\ 0}$ signifikant.

Präpositionseffekte: Es zeigen sich wieder Erhöhungen der Verifikationszeit für "unter" vs. "auf", die jedoch nur bei Verbalisierung des Bildes (BILD-SATZ$_{seq\ 3}$) signifikant sind. Die Erhöhung der Falsifikationszeit für "auf" in BILD-SATZ$_{sim}$ entspricht wieder dem Befund von Clark & Chase (1972). Auf der frontalen Dimension weisen die Verifikationszeiterhöhungen für "hinter" vs. "vor" in BILD-SATZ$_{seq\ 3}$ bzw. die Falsifikationszeiterhöhungen für "vor" vs. "hinter" in BILD-SATZ$_{sim}$ darauf hin, daß die Objektrelationen der Bilder vor der Satzwahrnehmung mit der Präposition "vor" kodiert wurden. Ähnliches gilt für "links" vs. "rechts" in BILD-SATZ$_{seq\ 0}$. Der Effekt ist jedoch schwächer als bei den ande-

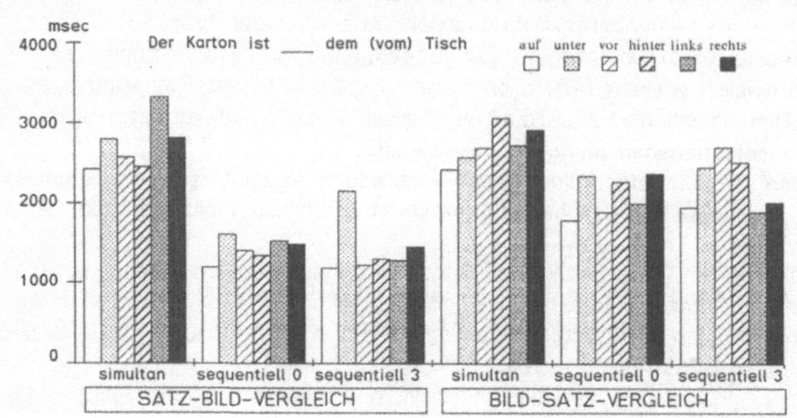

Abb. 2: Verifikationszeiten für den Satz "Der Karton ist ___ dem (vom) Tisch", differenziert nach sechs Präpositionen und sechs Darbietungsbedingungen. SATZ-BILD: zuerst Satz-, dann Bildwahrnehmung. BILD-SATZ: zuerst Bild-, dann Satzwahrnehmung. Sim.: simultane Darbietung von Satz und Bild. Seq. 0: sequentielle Darbietung von Satz und Bild. Seq. 3: sequentielle Darbietung mit visuell-räumlicher Repräsentation des Satzes/mit verbaler Repräsentation des Bildes; ISI 3 Sekunden.

	DIMENSIONSEFFEKTE	PRÄPOSITIONSEFFEKTE INNERHALB DER DIMENSIONEN
SATZ-BILD $_{sim}$	Lateral > Vertikal, Frontal (p<.01)	unter > auf (p<.01)
SATZ-BILD $_{seq\ 0}$	Lateral > Vertikal, Frontal (p<.05) - vor allem bei Falsifikation	Interaktion (p<.01): nur bei Verifikation unter > auf
SATZ-BILD $_{seq\ 3}$	Vertikal > Lateral, Frontal (p<.05)	unter > auf (p<.01)
BILD-SATZ $_{sim}$	Lateral > Vertikal (p<.01)	n.s.
BILD-SATZ $_{seq\ 0}$	Interaktion (p<.01): nur bei Falsifik. Lateral > Vertikal	hinter > vor (p<.05) Interaktion (p<.05): bei Verifikation unter > auf bei Falsifikation auf > unter
BILD-SATZ $_{seq\ 3}$	Interaktion (p<.01): nur bei Verifikation Frontal > Lateral, Vertikal	Interaktion (p<.05): bei Verifikation unter > auf bei Falsifikation auf > unter

Tab. 1: Signifikante Effekte für die Verifikation und Falsifikation des Satzes *"Der Karton ist ___ dem (vom) Tisch" (auf/unter/vor/hinter bzw. links/rechts).* Symbol ">": "Die Entscheidungszeit ist länger als". Sofern keine Interaktionen genannt sind, handelt es sich um Haupteffekte für die Verifikation *und* Falsifikation.

ren Dimensionen und tritt auch nur für den Satz "Der Tisch ist links/rechts vom Karton" auf.

"Der Ball ist ___ dem (vom) Sofa" (Abbildung 4/Tabelle 3). - *Dimensionseffekte:* Wie erwartet (intrinsische Vorderseite des Referenzobjekts "Sofa") sind bei diesem Satz die Entscheidungszeiten auf der lateralen Dimension gegenüber der frontalen und vertikalen besonders erhöht (vgl. mit Abbildung 2 und 3: Für den Satz "Der Tisch ist ___ dem (vom) Karton" gibt es in SATZ-BILD$_{sim}$ und SATZ-BILD$_{seq\ 0}$ keinen signifikanten Dimensionseffekt; für "Der Karton ist ___ dem (vom) Tisch" ist in BILD-SATZ$_{sim}$ nur die Differenz "Lateral" vs. "Vertikal" signifikant). Zu beachten ist, daß der Dimensionseffekt wiederum

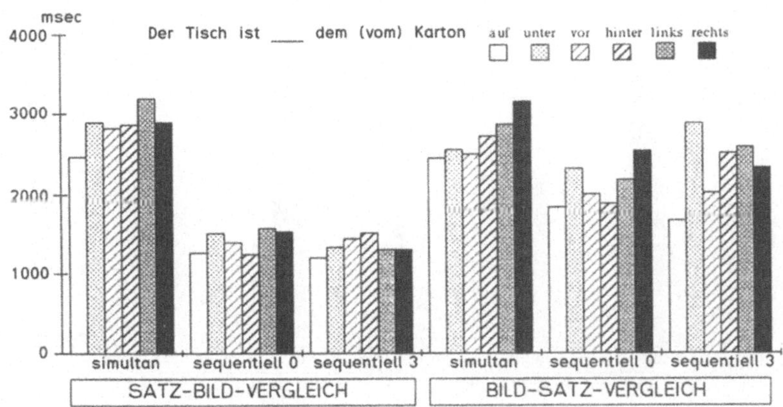

Abb. 3: Verifikationszeiten für den Satz "Der Tisch ist ___ dem (vom) Karton", differenziert nach sechs Präpositionen und sechs Darbietungsbedingungen. SATZ-BILD: zuerst Satz-, dann Bildwahrnehmung. BILD-SATZ: zuerst Bild-, dann Satzwahrnehmung. Sim.: simultane Darbietung von Satz und Bild. Seq. 0: sequentielle Darbietung von Satz und Bild. Seq. 3: sequentielle Darbietung mit visuell-räumlicher Repräsentation des Satzes/mit verbaler Repräsentation des Bildes; ISI 3 Sekunden.

	DIMENSIONSEFFEKTE	PRÄPOSITIONSEFFEKTE INNERHALB DER DIMENSIONEN
SATZ-BILD $_{sim}$	n.s.	n.s.
SATZ-BILD $_{seq\ 0}$	n.s.	n.s.
SATZ-BILD $_{seq\ 3}$	n.s.	n.s.
BILD-SATZ $_{sim}$	Lateral > Vertikal, Frontal (p<.01)	Interaktionen (p<.05): nur bei Falsifikation auf > unter nur bei Falsifikation vor > hinter
BILD-SATZ $_{seq\ 0}$	Lateral > Vertikal, Frontal (p<.01)	Interaktion (p<.05): bei Verifikation rechts > links bei Falsifikation links > rechts
BILD-SATZ $_{seq\ 3}$	n.s.	hinter > vor (p<.05) Interaktion (p<.01): nur bei Verifikation unter > auf

Tab. 2: Signifikante Effekte für die Verifikation und Falsifikation des Satzes *"Der Tisch ist ___ dem (vom) Karton" (auf/unter/vor/hinter bzw. links/rechts).* Symbol ">": "Die Entscheidungszeit ist länger als". Sofern keine Interaktionen genannt sind, handelt es sich um Haupteffekte für die Verifikation *und* Falsifikation.

verschwindet, wenn in SATZ-BILD$_{seq\ 3}$ der Satz mit expliziter Imaginationsinstruktion verarbeitet wurde bzw. daß er nur noch bei der Falsifikation durchschlägt, wenn in BILD-SATZ$_{seq\ 3}$ das Bild mit Verbalisierungsinstruktion verarbeitet wurde.

Präpositionseffekte: Der bei dem größengleichen Objektpaar "Karton-Tisch" noch relativ häufig beobachtete Effekt auf der vertikalen Dimension (Verifikationszeiterhöhungen für "unter" vs. "auf") zeigt sich nur in Bedingung SATZ-BILD$_{seq3}$. Ferner tritt nur unter dieser Bedingung ein Effekt auf der frontalen Dimension auf ("hinter" > "vor"). Da dies nur bei expliziter Imaginationsinstruktion geschieht, sind zur Erklärung auch Besonderheiten der dargebotenen Bilder nicht auszuschließen (Abweichungen vom prototypischen Bild eines unter/hinter dem Sofa liegenden Balls, der in diesen Fällen meist unsichtbar ist).

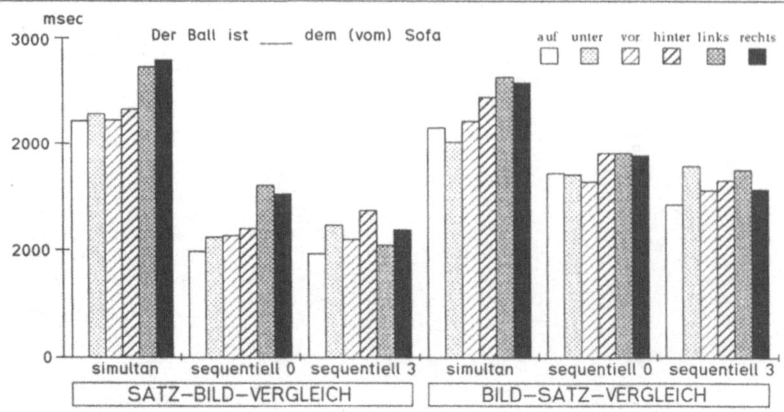

Abb. 4: Verifikationszeiten für den Satz "Der Ball ist ___ dem (vom) Sofa", differenziert nach sechs Präpositionen und sechs Darbietungsbedingungen. SATZ-BILD: zuerst Satz-, dann Bildwahrnehmung. BILD-SATZ: zuerst Bild-, dann Satzwahrnehmung. Sim.: simultane Darbietung von Satz und Bild. Seq. 0: sequentielle Darbietung von Satz und Bild. Seq. 3: sequentielle Darbietung mit visuell-räumlicher Repräsentation des Satzes/mit verbaler Repräsentation des Bildes; ISI 3 Sekunden.

	DIMENSIONSEFFEKTE	PRÄPOSITIONSEFFEKTE INNERHALB DER DIMENSIONEN
SATZ-BILD $_{sim}$	Lateral > Vertikal, Frontal ($p<.01$)	n.s.
SATZ-BILD $_{seq\ 0}$	Lateral > Vertikal, Frontal ($p<.01$)	n.s.
SATZ-BILD $_{seq\ 3}$	n.s.	Interaktionen ($p<.05$): nur bei Verifikation unter > auf nur bei Verifikation hinter > vor
BILD-SATZ $_{sim}$	Lateral > Vertikal, Frontal ($p<.01$)	n.s.
BILD-SATZ $_{seq\ 0}$	Lateral > Vertikal, Frontal ($p<.05$)	n.s.
BILD-SATZ $_{seq\ 3}$	Lateral > Vertikal, Frontal ($p<.05$) - vor allem bei Falsifikation	n.s.

Tab. 3: Signifikante Effekte für die Verifikation und Falsifikation des Satzes *"Der Ball ist ___ dem (vom) Sofa" (auf/unter/vor/hinter bzw. links/rechts).* Symbol ">": "Die Entscheidungszeit ist länger als". Sofern keine Interaktionen genannt sind, handelt es sich um Haupteffekte für die Verifikation *und* Falsifikation.

Das Sofa ist ___ dem (vom) Ball" (Abbildung 5/Tabelle 4). - *Dimensionseffekte*: In allen sechs Experimenten und besonders beim BILD-SATZ-Vergleich zeigen sich Verifikationszeiterhöhungen auf der vertikalen Dimension. Dies ist völlig gegenläufig zu den Ergebnissen für die übrigen drei Sätze. Hervorzuheben ist ferner, daß dieser Satz im Vergleich zur Nomenfolge "Ball-Sofa" für alle Präpositionen Erhöhungen der Verifikationszeit nach sich zog - dies enstpricht einer Präferenz für Sätze, in denen das kleinere Objekt die Funktion des grammatischen Subjekts einnimmt. Da jedoch der Effekt der Nomenfolge zum Dimensionseffekt nicht additiv ist (Umkehrung des Dimensionseffekts bei der Nomenfolge "Sofa-Ball"), muß gefolgert werden, daß besonders auf der vertikalen Dimension eine Präferenz für das kleinere Objekt als grammatisches Subjekt besteht. Wird diese Präferenz durch den Satz verletzt, ist das Verifizieren besonders stark beeinträchtigt. Die

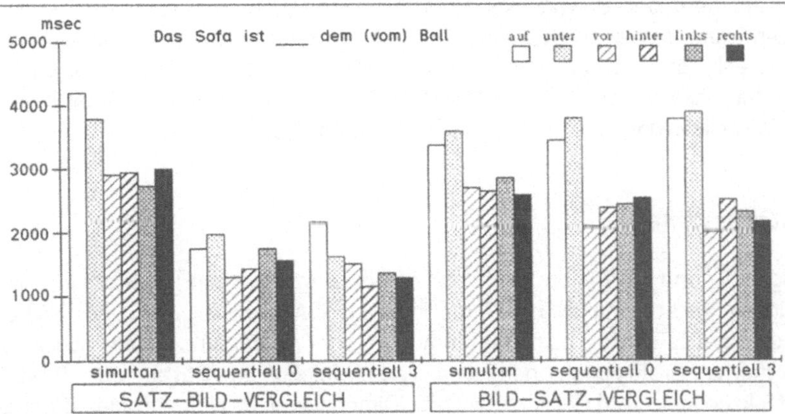

Abb. 5: Verifikationszeiten für den Satz "Das Sofa ist ___ dem (vom) Ball", differenziert nach sechs Präpositionen und sechs Darbietungsbedingungen. SATZ-BILD: zuerst Satz-, dann Bildwahrnehmung. BILD-SATZ: zuerst Bild-, dann Satzwahrnehmung. Sim.: simultane Darbietung von Satz und Bild. Seq. 0: sequentielle Darbietung von Satz und Bild. Seq. 3: sequentielle Darbietung mit visuell-räumlicher Repräsentation des Satzes/mit verbaler Repräsentation des Bildes; ISI 3 Sekunden.

	DIMENSIONSEFFEKTE	PRÄPOSITIONSEFFEKTE INNERHALB DER DIMENSIONEN
SATZ-BILD $_{sim}$	Interaktion (p<.01): bei Verifikation Vertikal > Lateral, Frontal bei Falsifikation Frontal, Lateral > Vertikal	Interaktion (p<.05): nur bei Falsifikation links > rechts
SATZ-BILD $_{seq\ 0}$	Interaktion (p<.01): nur bei Verifikation Vertikal > Frontal, Lateral	n.s.
SATZ-BILD $_{seq\ 3}$	Interaktion (p<.01): bei Verifikation Vertikal > Frontal, Lateral bei Falsifikation Frontal > Lateral	Interaktion (p<.01): bei Verifikation vor > hinter bei Falsifikation hinter > vor
BILD-SATZ $_{sim}$	Interaktion (p<.01): nur bei Verifikation Vertikal > Frontal, Lateral	n.s.
BILD-SATZ $_{seq\ 0}$	Interaktion (p<.01): nur bei Verifikation Vertikal > Frontal, Lateral	n.s.
BILD-SATZ $_{seq\ 3}$	Interaktion (p<.01): nur bei Verifikation Vertikal > Frontal, Lateral	hinter > vor (p<.05)

Tab. 4: Signifikante Effekte für die Verifikation und Falsifikation des Satzes *"Das Sofa ist ___ dem (vom) Ball" (auf/unter/vor/hinter bzw. links/rechts).* Symbol ">": "Die Entscheidungszeit ist länger als". Sofern keine Interaktionen genannt sind, handelt es sich um Haupteffekte für die Verifikation *und* Falsifikation.

Falsifikationszeiten sind auf der vertikalen Dimension jedoch nicht erhöht. Demnach ist der Dimensionseffekt für die vertikale Dimension gleichzusetzen mit einer Hemmung, den ungewohnten Satz "Das Sofa ist auf/unter dem Ball" als wahr zu bewerten.

Präpositionseffekte: Effekte für "auf" vs. "unter" treten nicht auf - sie werden evtl. vom Haupteffekt der Nomenfolge "Sofa-Ball" überlagert. Frontale Dimension: Wie im Satz "Der Ball ist vor/hinter dem Sofa" erhöht sich die Entscheidungszeit unter Bedingung SATZ-BILD$_{seq\ 3}$, wenn nach der Imagination des Satzes "Das Sofa ist vor dem Ball" ein

Bild erscheint, in dem der Ball vom Sofa halb verdeckt ist - zur Erklärung sind wiederum Besonderheiten des dargebotenen Bildes zu berücksichtigen (z.B. Abweichung von dem prototypischen Fall, daß bei der Anordnung "Sofa vor Ball" der Ball unsichtbar ist). Die Zeiterhöhung für "hinter" vs. "vor" in BILD-SATZ$_{seq\ 3}$ verweist dagegen auf eine Präferenz für die Verbalisierung des Bildes mit Präposition "vor".

3.2 Satzverständniszeiten

Die Abbildungen 6 und 7 zeigen die Satzverständniszeiten mit und ohne Instruktion zur visuell-räumlichen Vorstellung in den Experimenten SATZ-BILD$_{seq\ 0}$ und SATZ-BILD$_{seq\ 3}$. Für beide Experimente wurde zur Bestimmung von Präpositions- oder Satzeffekten eine 6x4-Varianzanalyse (6 Präpositionen x 4 Nomenfolgen im Satz), zur Bestimmung von Dimensionseffekten eine 3x4-Varianzanalyse (Dimensionen x Nomenfolge) durchgeführt.

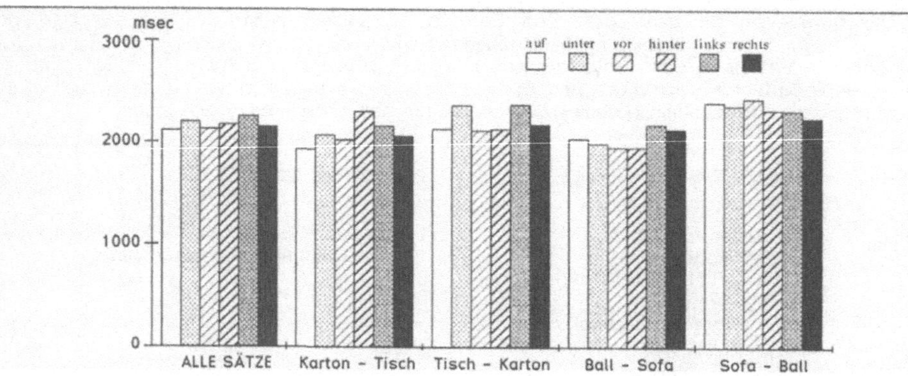

Abb. 6: Satzverständniszeiten in SATZ-BILD$_{seq\ 0}$ (ohne Instruktion zur bildlich-räumlichen Vorstellung), differenziert nach sechs Präpositionen und vier Nomenfolgen in den Sätzen.

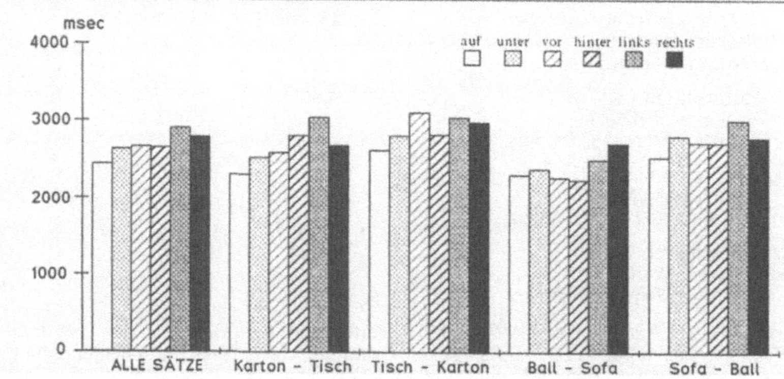

Abb. 7: Satzverständniszeiten in SATZ-BILD$_{seq\ 3}$ (mit Instruktion zur bildlich-räumlichen Vorstellung), differenziert nach sechs Präpositionen und vier Nomenfolgen in den Sätzen.

Ohne Instruktion zur bildlich-räumlichen Vorstellung ist nur der Einfluß des Faktors "Nomenfolge" signifikant ($F_{3,529}$ = 11.69, p<.01) - die Zeiten für das Verstehen von Sätzen mit Nomenfolge "Sofa-Ball" sind im Durchschnitt um 300 ms höher als bei der Nomenfolge "Ball-Sofa". Die in den Verifikationszeiten nachgewiesenen Dimensions- oder Präpositionseffekte treten jedoch nicht bei den reinen Verständniszeiten auf.

Mit Instruktion zur bildlich-räumlichen Vorstellung ist das Ergebnis differenzierter. Der Einfluß des Faktor "Nomenfolge" ist wiederum signifikant ($F_{3,529}$ = 9.73, p<.01). Diesmal beruht er jedoch nicht nur auf einer Zeiterhöhung für die Nomenfolge "Sofa-Ball" - auch die Zeiten für die Folgen "Tisch-Karton" und "Karton-Tisch" sind gegegnüber "Ball-Sofa" erhöht. Die Herstellung einer bildlich-räumlichen Repräsentation erfolgt demnach besonders schnell, wenn Subjekt und Objekt größenunterschiedlich sind und das kleinere Objekt die Funktion des grammatischen Subjekts hat.

Daüberhinaus ist sowohl der Präpositionseffekt ($F_{5,529} = 3.50$, $p<.05$) als auch der Dimensionseffekt ($F_{2,253} = 6.60$, $p<.01$) signifikant. Aus Abbildung 7 wird ersichtlich, daß beide Effekte auf einer Zeiterhöhung für Sätze mit den lateralen Präpositionen "rechts" und "links" beruhen. Die Satzverständniszeiten für die vertikale Dimension sind am geringsten. Die Differenz zwischen lateraler und frontaler Dimension ist für die Nomenfolge "Ball-Sofa" erwartungsgemäß am höchsten (Referenzobjekt der Lokalisation hier mit intrinsischer Vorderseite).

Zumal die Satzverständniszeiten in SATZ-BILD$_{seq\ 3}$ mit Instruktion zur bildlich-räumlichen Repräsentation gegenüber SATZ-BILD$_{seq\ 0}$ erhöht sind, muß gefolgert werden, daß die Imaginationsinstruktion eine "tiefere" Verarbeitung der dargebotenen Sätze bewirkte:[5] Nur unter der Imaginationsinstruktion sind die Satzverständniszeiten auf der lateralen gegenüber der vertikalen und der horizontalen Raumdimension erhöht. Betrachtet man nochmals die Verifikationszeiten in SATZ-BILD$_{seq\ 3}$ (Tabellen 1 bis 4), so fällt auf, daß gerade unter dieser Bedingung keine Dimensionseffekte beim Verifizieren auftreten. Demnach beruht die "Links-Rechts-Schwierigkeit" auf der Überführung eines Satzes in eine bildlich-räumliche Repräsentation bzw. auf der Herstellung einer Referenz zwischen verbalen und visuell-räumlichen Informationen. Ist wie in SATZ-BILD$_{seq\ 3}$ bereits eine bildlich-räumliche Repräsentation des Satzes hergestellt, entfällt bei der Verifikation diese Überführung/Referenzbildung, so daß auch kein Dimensionseffekt beim Verifizieren auftritt.

3.3 Bildverarbeitungszeiten

Abbilung 8 zeigt die Bildverarbeitungsszeiten für die 12 verwendeten Bilder (siehe Abbildung 1) mit und ohne Instruktion zur Verbalisierung (Experimente BILD-SATZ$_{seq\ 0}$ und BILD-SATZ$_{seq\ 3}$). Eine einfaktorielle Varianzanalyse (12 Bilder) weist in beiden Experimenten einen signifikanten Einfluß des Faktors "Bild" auf. Zur genaueren Analyse wurde für beide Experimente eine 3x2-Varianzanalyse mit den Faktoren "Raumdimension" (vertikale vs. frontale vs. laterale Anordnung der Objekte) und "Objektpaar" (Karton-Tisch vs. Ball-Sofa) durchgeführt. In beiden Experimenten ist der Einfluß des Faktors "Objektpaar" signifikant (BILD-SATZ$_{seq\ 0}$: $F_{1,115} = 9.29$, $p<.01$; BILD-SATZ$_{seq\ 3}$: $F_{1,115} = 21.16$, $p<.01$). Das größengleiche Objektpaar "Karton-Tisch" wurde länger verarbeitet als das Objektpaar "Ball-Sofa".

Ebenfalls signifikant ist der Einfluß des Faktors "Raumdimension" (BILD-SATZ$_{seq\ 0}$: $F_{2,115} = 11.14$, $p<.01$; BILD- SATZ$_{seq\ 3}$: $F_{2,115} = 7.39$, $p<.01$). Bei lateraler Anordnung der Objekte sind die Verarbeitungszeiten signifikant höher als bei vertikaler Anordnung. Die Unterschiede zwischen frontaler vs. vertikaler bzw. zwischen frontaler und lateraler Anordnung sind jedoch nicht signifikant (Duncan-Test).

Gemittelt über alle Bilder unterscheiden sich die Bildverarbeitungszeiten ohne vs. mit Instruktion zur Verbalisierung nicht voneinander. Die postexperimentellen Angaben der Vpn sprechen dafür, daß die Bilder auch ohne explizite Instruktion in eine sprachliche Form überführt wurden. Demnach weist der Einfluß des Faktors "Raumdimension" in beiden

5 Es ist keineswegs auszuschließen, daß die Vpn auch in SATZ-BILD$_{seq\ 0}$ z.T. bildliche Vorstellungen erzeugten. Bei expliziter Anweisung hierzu wird dieser Vorgang jedoch bewußt kontrolliert, so daß hier der Ausdruck "tiefere Verarbeitung" angemessen ist (z.B. Erwägung möglicher Anordnungen für "Tisch vor Karton" und Entscheidung für eine bestimmte Anordnung).

Experimenten darauf hin, daß die "Links-Rechts-Schwierigkeit" auch auf der Überführung eines Bildes in eine sprachliche Form beruht. Ist diese Form hergestellt und festigt sich diese wie in BILD-SATZ$_{seq}$ $_3$ bis zur zeitlich verzögerten Darbietung eines Vergleichssatzes, so verschwindet auch der Dimensionseffekt "Lateral > Vertikal, Frontal" beim Verifizieren (vgl. Tabelle 1 bis 4).

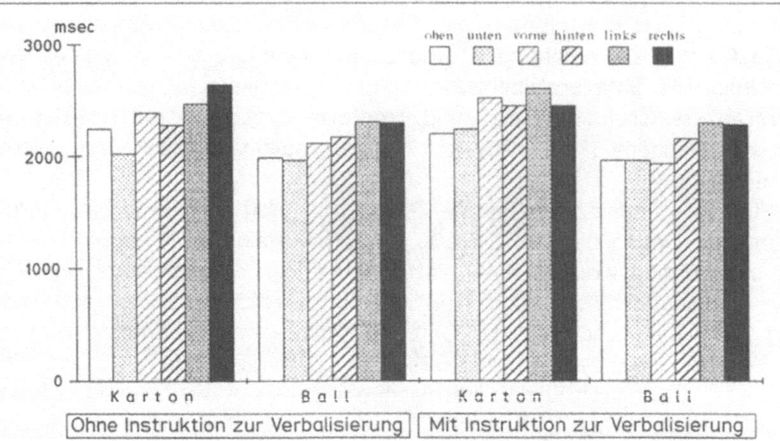

Abb. 8: Bildverarbeitungszeiten, differenziert nach der räumlichen Anordnung der Objektpaare "Karton - Tisch" und "Ball - Sofa".

4. Zusammenfassung mit Diskussion

In sechs Experimenten zur Satz-Bild-Verifikation wurde das Erkennen räumlicher Relationen auf den Dimensionen der sekundären Raumdeixis untersucht. Nach der Analyse der Verarbeitungszeiten für die Stimuli sowie der Verifikations- und Falsifikationszeiten sind folgende Effekte hervorzuheben und zu diskutieren:

(1) Präpositionseffekte innerhalb der drei Raumdimensionen
(2) Dimensionseffekte
(3) Einflüsse der Referenzobjekte
(4) Einflüsse der Reihenfolge und der Verarbeitungsweise verbaler und nonverbaler Informationen

(1) Präpositionseffekte innerhalb der drei Raumdimensionen. Interpretierbare Effekte im Sinne von Clark (1973) und Clark & Chase (1972) treten bei den verwendeteten Stimuli vorwiegend auf der vertikalen Dimension bei Unterscheidung zwischen "auf" vs. "unter" auf, jedoch nur bei größengleichen Objektpaaren (vgl. Tabelle 1 und 2). Dies verweist für größengleiche Objektpaare auf eine Präferenz für die verbale oder propositionale Kodierung von Bildern mit vertikaler Objektanordnung (X auf Y) in der Form "X ist auf/über Y" bzw. AUF (X,Y), aber nicht "Y ist unter X" bzw. UNTER (Y,X). Da der Effekt beim größenunterschiedlichen Objektpaar "Ball-Sofa" nicht signifikant ist, muß jedoch vor einer Generalisierung dieser Präferenzregel gewarnt werden - sie ist offensichtlich objekt- bzw. kontextgebunden. Im Gegensatz zu Tversky (1975) steht der Befund, daß der Präpositionseffekt bei expliziter Instruktion zur visuell-räumlichen Repräsentation des Satzes "Der Karton ist auf/unter dem Tisch" stärker wird (Abbildung 2). Zur Interpretation ist jedoch zu beachten, daß für "unter" im Vergleichsbild der Tisch aufgetürmt auf dem (relativ großen) Karton erschien, was wahrscheinlich der imaginierten Objektanordnung widersprach. Demnach wird das Beziehen von Sätzen auf Bilder auch von der Prototypikalität bildlich-räumlicher Satzrepräsentationen beeinflußt.

Für die beiden horizontalen Dimensionen treten die auf "Dimensionsasymmetrien" (vgl. Clark, 1973) verweisenden Präpositionseffekte relativ selten auf. Horizontal-frontal: Einzelne Ergebnisse (z.B. in BILD-SATZ$_{seq\ 3}$ für "Der Tisch ist vor/hinter dem Karton") sprechen dafür, daß "hinter" ähnlich wie "unter" den linguistisch markierten Dimensionspol bildet, jedoch fehlt hier die typische Umkehrung der Zeitunterschiede bei den Falsifikationszeiten (keine Erhöhung der Falsifikationszeit für "vor" vs. "hinter" in den BILD-SATZ-Experimenten). Horizontal-laterale Dimension: Präpositionseffekte treten nur in 2 von 24 möglichen Fällen auf, d.h es gibt keine schlagenden Hinweise für die denkbare Präferenzregel "rechts vor links" (vgl. Olson & Laxar, 1973; Just & Carpenter, 1975; Tischer, 1989).

(2) Dimensionseffekte. Bei drei von vier Sätzen sind die Verifikationszeiten auf der lateralen Raumdimension größer als auf der vertikalen und der frontalen Dimension, wobei - gemittelt über alle Experimente hinweg - die Rangfolge Lateral > Frontal > Vertikal resultiert. Dies entspricht den Befunden von Tischer (1989) zur verbalen Handlungssteuerung auf diesen Dimensionen. Hat das Referenzobjekt der Lokalisation eine intrinsische Vorderseite (Sofa), sind für Verifikation und Satzverarbeitung die Zeitunterschiede zwischen lateraler und frontaler Dimension besonders hoch. Ferner ist die relative Zeiterhöhung auf der lateralen Dimension zahlenmäßig am stärksten, wenn Satz und Bild simultan dargeboten werden. Dieser Dimensionseffekt verschwindet jedoch völlig, wenn der Satz vor dem Vergleich in eine bildlich-räumliche Repräsentationsform bzw. wenn das Bild vor dem Vergleich in eine verbale Repräsentationsform überführt wird. Die Zeiten für diese Überführungen sind auf der lateralen Dimension wiederum größer als auf der vertikalen und frontalen Dimension. Ohne Instruktion zur bildlich-räumlichen Repräsentation des Satzes unterscheiden sich dagegen die reinen Satzverständniszeiten nicht voneinander. Die Ursache für die im Alltag hinreichend bekannte "Links-Rechts-Schwierigkeit" (vgl. auch Tischer, 1989) ist somit in der Überführung eines Bildes in eine verbale Repräsentationsform bzw. in der Überführung eines Satzes in eine bildlich-räumliche Repräsentationsform zu suchen. Ist eine solche Repräsentation wie in SATZ-BILD$_{seq\ 3}$ bzw. BILD-SATZ$_{seq\ 3}$ hergestellt, verschwindet die verifikationsbezogene Benachteiligung der lateralen Dimension.

Dieses Ergebnis läßt sich mit einer Theorie der Propositionen als abstraktes Repräsentationsformat verbaler und nonverbaler Informationen nicht hinreichend begründen: Hiernach sollten nur bei der Bildverarbeitung Probleme der Überführung in Propositionen entstehen (Fehlen einer Präferenzregel für LINKS(X,Y) vs. RECHTS(Y,X), wenn im Bild X links neben Y plaziert ist - vgl. Problemstellung). Es verträgt sich dagegen mit einer dualen bzw. multimodalen Kodierungstheorie. Begründung:

(a) Die Schwierigkeit der Überführung einer bildlich dargestellten lateralen Objektanordnung in die verbale Repräsentationsform bzw. in eine verbale Beschreibung besteht in der fehlenden verbalen Präferenz für "links" vs. "rechts" als relationsbeschreibender Lokativ. Zumal nach Effekt (1) auf der vertikalen Dimension eine Präferenz für "auf" besteht, ist auch ein Zeitvorteil der Bildverbalisierung auf der vertikalen vs. der lateralen Dimension zu erwarten. Dies trifft zu (vgl. Abbildung 8).

(b) Die Schwierigkeit der Überführung einer verbal beschriebenen lateralen Objektanordnung (z.B. "Der Ball ist rechts vom Sofa") in eine bildlich-räumliche Repräsentation beruht auf einem Perspektivenproblem, da das Objekt der Lokalisation ("Ball") verbal ohne Hinweis auf die Beobachterperspektive nur relativ zum Referenzobjekt lokalisiert wird. Zur Überführung in eine bildlich-räumliche Vorstellung müssen jedoch beide Objekte relativ zur egozentrisch-deiktischen Perspektive des Beobachters lokalisiert werden. Auf der vertikalen und der frontalen Dimension ist dies weniger problematisch, weil die Erstellung der "visuellen Form" von "X auf/unter Y" oder "X vor/hinter Y" viel stärker durch Merkmale der exterozeptiven Welterfahrung zur Unterscheidung von "auf" vs. "unter" bzw. "vor" vs. "hinter" unterstützt wird (z.B. Entfernung zum visuell abgegrenzten Erdboden, Schwerkraftserfahrungen; visuell wahrnehmbare Verdecktheit des hinteren Objekts durch das vordere Objekt).

(3) Einflüsse der Referenzobjekte. Das Objektpaar "Ball-Sofa" als Beispiel für stark größenunterschiedliche Objekte nimmt für das Erkennen und Verifizieren räumlicher Relationen eine Sonderstellung ein. Hier steigt die Verifikationszeit für die Pole der vertikalen Dimension relativ zu den horizontalen Dimensionen drastisch, wenn die Nomenfolge "Sofa-Ball" lautet ("Das Sofa ist auf/unter dem Ball"). Offensichtlich gibt es gerade auf der vertikalen Dimension eine Präferenz, das größere Objekt als Referenzobjekt der Lokalisation bzw. das kleinere als grammatisches Subjekt zu verwenden.[6] Auch die Verstehenszeit ist für Sätze mit der Nomenfolge "Sofa-Ball" erhöht, jedoch ohne der für die Verifikation typischen Interaktion mit der vertikalen Dimension. Zumal auch die Effekte (1) und (2) je nach Satz bzw. Referenzobjekt variieren (vgl. Tabelle 1 bis 4), muß davor gewarnt werden, die Befunde der zahlreichen, seit Ende der 60er Jahre nur mit abstrakten geometrischen Formen durchgeführten Satz-Bild-Verifikations-Experimente zu verallgemeinern.

(4) Einflüsse der Reihenfolge und der Verarbeitungsweise verbaler und nonverbaler Informationen. Vergleicht man in den Abbildungen 2 bis 5 die Zeiten für die sechs Experimente, so ist folgendes anzumerken: Bei simultaner Stimulusdarbietung sind die stimulusübergreifenden Verifikationszeiten am höchsten; zwischen SATZ-$BILD_{sim}$ und BILD-$SATZ_{sim}$ unterscheiden sie sich nur geringfügig. Bei sequentieller Stimulusdarbietung sind die Verikationszeiten in SATZ-$BILD_{seq\,0/3}$ dagegen weitaus kürzer als in BILD-$SATZ_{seq\,0/3}$. Dieser Unterschied ist so auffällig, daß auf eine Signifikanzprüfung verzichtet werden kann. Er verweist auf die bekannten Bildüberlegenheitseffekte bei der Verarbeitung von Bildern vs. Sätzen, wenn wie in SATZ-$BILD_{seq\,0/3}$ der Vergleichsstimulus im Moment der Zeitmessung bildlich ist. Bemerkenswert ist ferner, daß die Überführung der Bilder in eine verbale Form in BILD-$SATZ_{seq\,3}$ deutlich schneller verläuft (im Durchschnitt um 423 ms) als die Überführung der Sätze in eine bildlich-räumliche Form in SATZ-$BILD_{seq\,3}$. Zumal die Verbalisierung der Bilder auch ohne explizite Verbalisierungsinstruktion erfolgte, scheint demnach beim Vergleichen von Sätzen mit Bildern der Weg vom Bild zum Satz leichter vollziehbar zu sein als der Weg vom Satz zum Bild. Diesem für die kognitiven Wissenschaften wichtigen Befund und seiner Erklärung (z.B. höhere Variabilität und Unschärfe bildlich-räumlicher Repräsentationen) wird in der Zukunft stärker nachzugehen sein.

Fassen wir zusammen: Da das Erkennen und Verifizieren von räumlichen Objektrelationen

(a) von den Dimensionen und den verbal benannten Polen der sekundären Raumdeixis
(b) von den verbal benannten Referenzobjekten
(c) von der zeitlichen Reihenfolge und der Verarbeitungsweise dargebotener verbaler und bildlicher Informationen

beeinflusst wird, sollte ein Modell zur Repräsentation und Verarbeitung räumlicher Relationen folgende Aspekte berücksichtigen:

(a) die dimensionsspezifischen Besonderheiten der Raumwahrnehmung (z.B. Perspektivengebundenheit der Raumbegriffe, starke Asymmetrie der vertikalen Pole, relative Symmetrie und Gleichwertigkeit der lateralen Pole)
(b) die von den Größenverhältnissen und intrinsischen Objektmerkmalen bestimmten prototypischen verbalen Repräsentationsweisen bildlich-räumlicher Objektrelationen bzw. die von der Alltagserfahrung bestimmten prototypischen bildlichen Repräsentationsweisen verbal benannter Objektrelationen.

---

6 Weitere mögliche Präferenzregeln, die mit der genannten Regel auch konkurrieren können: (a) Das stützende Objekt wird als grammatisches Objekt/Referenzobjekt bevorzugt (gilt nur für *auf vs. unter)* - das stützende Objekt ist jedoch meist auch das größere Objekt. (b) Das belebte Objekt wird als Subjekt bevorzugt. (c) Das beweglichere Objekt wird als Subjekt bevorzugt. Welche dieser Regeln im Konkurrenzfall dominieren, läßt sich wiederum im Paradigma des Bild-Satz-Vergleichs feststellen.

(c) die aus den Unterschieden zwischen verbaler und bildlich-räumlicher Repräsentation resultierenden Transformationsprobleme im Zeitverlauf der Sprach- und Bildverarbeitung (dies ist z.B. für die Entwicklung von Systemen mit multimodalem Input/Output relevant).

Die Untersuchung lieferte zur Beleuchtung dieser Problemfelder einige am Menschen gewonnenen Echtzeitdaten. Die hohe Sensibilität des Verfahrens für den Einfluß der genannten Faktoren auf das Erkennen räumlicher Relationen spricht für seine Ausbaufähigkeit und seine Anwendbarkeit auch auf künftige Forschungsfragen zum räumlichen Wissen (z.B. Ausbau durch BILD-BILD-Vergleiche, durch animierte Bilddarbietungen, durch weitere Objekte zur Bestimmung prototypischer Satz-Bild- und Bild-Satz-Zuordnungen).

On Defining Motion Verbs and Spatial Prepositions

Ellen M. Hays*
SFB 314: VITRA
Fachbereich 10 - Informatik IV
Universität des Saarlandes
D-6600 Saarbrücken 11
Federal Republic of Germany

Abstract

In a computational system for describing and understanding descriptions of spatial relations and motion events in natural language (city scenes or soccer games, for example), there is a need for a referential semantics of motion verbs and spatial prepositions that is both structurally coherent and (ideally) general enough to be used for both interpretation and generation of such descriptions. I propose an approach to defining those spatial terms that takes the form of a multidimensional hierarchy of definitions, incorporating some of the elements of Herskovits' approach to interpreting (static) locative expressions as well as ideas from the relatively new study of cognitive linguistics.

1 Motivation

The approach to lexical semantics I will be describing in this paper[1] has a number of features that make it particularly interesting for a computational system that deals with both natural language and vision, in other words, whose domain is predominantly spatial. Such a domain makes possible a referential semantics for spatial terms, a semantics grounded in perceptual (and geometrically verifiable) experience.

The notion of defining motion verbs as a hierarchy of "incomplete definitions" is due originally to Miller [Miller 72];[2] it has been explored further by Tsotsos *et al.* [Tsotsos et al. 80], Okada [Okada 79], and Novak [Novak 86].[3] Miller's depiction of a group of motion verbs as forming a hierarchical structure in which each lower node represents definitions including "all the semantic components of the one above, plus others" [Miller 72, p.366] suggests the possibility of *inheritance* of such definitional components. (At the implementation level, that could even mean inheritance of subroutines for testing the conditions enabling the felicitous use of a particular word or concept.)

This investigation of a hierarchy of motion verbs and spatial preposition concepts has several goals:

- For the immediate term, to create a structured system of definitions for verbs of motion and locative and directional (i.e., static and dynamic spatial) prepositions, for use in the VITRA system (described in Section 2.3).

*Current address: The MITRE Corporation, A040, Burlington Road, Bedford, MA 01730, USA; Internet: hays@linus.mitre.org

[1]This work was supported by the Sonderforschungsbereich 314 of the Deutschen Forschungsgemeinschaft, project N2 (VITRA).

[2]Cites that are labeled with the author's name and year appear in the unified space bibliography; those labeled with numbers can be found in the References at the end of this paper.

[3]Kemke [4] has also proposed using a KL-ONE-derived structure to represent event concepts.

- As a longer term goal, to examine whether and how completely a hierarchy-based approach such as that proposed by Miller to defining motion terms is really feasible, and how it could be used in a system largely concerned with spatial language.
- There are also two broader ambitions behind the effort:
  - to achieve generality of definitions, that is, a semantics for both understanding and generation of natural language descriptions of motions and spatial relations; and
  - to generalize and refine our understanding of how imaginative conceptualizations (in a sense to be made clear in Sections 2 and 3) are used in processing spatial relations.

2 Background

Other research efforts that provided ideas and motivations for this work include my own work on the Landscan system at the University of Pennsylvania [Bajcsy et al. 85], the work of Herskovits [Herskovits 86] on which an important part of the language processor for Landscan was based, and VITRA, the project for which the verb hierarchy is being developed, so I will note briefly what these are and what they contributed to the current effort.

2.1 Landscan

Landscan[4] was a vision-and-language project for investigating a number of related issues in both machine perception systems and natural language interaction with such systems. The system, developed with Helen Anderson of the UPenn GRASP Lab,[5] consisted of stereo cameras trained on a model of a city block, from which information about visible objects and static relations holding between them could be extracted in response to questions in natural language about the scene. An interesting feature of the project was the fact that the system was to be entirely query driven (though this was not achieved while I was involved with the project). The user's input was thereby to guide both reasoning and visual processing; a certain amount of progress was made on that question.

The system was put together at that time in a very simple form, since more basic work on both the language and vision components was deemed necessary before the reasoning part of the system could be completed. For the language-processing side that meant taking a closer look at interpreting the locative expressions that occur in most queries in such a domain, and for the vision side more work on edge detection and segmentation [Anderson 87, Anderson et al. 88].

2.2 Herskovits' approach

Herskovits' study of static locative prepositions in English [Herskovits 86] provided the basis for a locative expression interpreter for Landscan (described in [Hays 87]). Her paradigm for understanding locatives comprised a number of elements; since several of these elements figure in the verb hierarchy now being developed, I will outline them briefly here. Throughout the following description, the x and y arguments to a locative relation (such as `in(x,y)`; "x (is) in y") will usually be referred to as the located object (LO) and the reference object (RO), respectively.

2.2.1 Normal situation types

A **normal situation type** for a locative expression is "a set of characteristic constraints . . . that must hold for the expression to be used truly and appropriately under normal circumstances" [Herskovits 86, p.20]. As an example, an apple inside a bowl that is upside down will not normally be said to be *in* the bowl; most speakers would use *under* in that case, precisely to draw attention to

[4]Sometimes written LandScan; an acronym for LANguage-Driven SCene ANalyser.

[5]With assistance from Aravind Joshi, Ruzena Bajcsy, and Bonnie Webber.

the unusual circumstance of the container's not being in the position in which it normally contains things. Constraints of this sort are generally more relevant to choosing an appropriate preposition to convey some relationship between objects than to interpreting an expression used by someone else, where by default one assumes the speaker is adhering to Joshi's revised maxim of quality [3] (an amendment to Grice's cooperative principle [2]) by avoiding a misleading implicature about the situation. Obviously these "norms" are quite difficult to codify in any systematic way.

2.2.2 Ideal meanings

The **ideal meaning** of a preposition is a sort of abstract, high-level definition, intentionally as vague as possible about exact conditions of use, since it must cover a wide range of actual uses ("use types", next section) of the word. For example, the ideal meaning of in is given as:

> in: inclusion of a geometric construct in a one-, two-, or three-dimensional construct

In the locative expression interpreter I wrote, the ideal meaning of a preposition contributed to the final interpretation essentially only a "top-level" predicate, such as included for *in*. This term is very general; it has to comprehend uses as diverse as "a bird in the tree" and "a crack in the wall".[6]

2.2.3 Use types

Each preposition has a catalogue of **use types** connected with it; this is an attempt to specify the range of different (locative) ways in which a given preposition can be used. In a sense, it partitions the "meaning space" of a preposition. A use type is defined formally as a pattern-interpretation pair, such as:

> N(spatial entity) in N(container): *spatial entity in container*

(where N(x) is a noun phrase of category x), which designates one of the conventional "senses" of in, namely, that of (partial or total) containment of one object by another. The use type catalogue for in, for example, includes, *inter alia*:

1. Spatial entity in container—"an apple in a bowl"
2. Gap/object "embedded" in physical object—"a hole in the fence"
3. Physical object in outline of another, or of a group of objects—"a cat in a tree"
4. Spatial entity in part of space or environment—"a shop in a quiet neighborhood"
5. Accident/object part of physical or geometric object—"a curve in the road"
6. Person in clothing—"a lady in a red hat"
7. Spatial entity in area—"horses in a field"
8. Person in institution—"a friend in the hospital"
9. Participant in institution—"my sister is in the Girl Scouts"

[6] Garrod and Sanford [Garrod & Sanford 88] propose a notion of *functional geometry*, which would refine the geometric ideal meaning by defining the "control space" of a locative relation; this is a sort of functional analogue of the defining regions discussed by Habel and Pribbenow [Habel & Pribbenow 88]. For the case of *in*, they suggest an amended ideal meaning: "inclusion of a geometric construct in a one-, two-, or three-dimensional functionally controlling space." This is an interesting and useful modification, one that allows us to account for quite a number of facts of use of *in*; the problem it raises for a system such as Landscan or VITRA is how the functional aspect of the definition is to be verified in the absence of codified notions of function or intention.

The last two provide an interesting case of metaphoric extension (about which I will have more to say later). "Person in institution" is meant to cover uses like "her friend is in the hospital", where there is a generic quality to the reference object (no particular hospital is specified) but the physical fact of inclusion still holds; "participant in institution" stretches the notion of inclusion further in that the reference object is not a physical place at all ("my son is in the army"), thus the inclusion implied must be meta-physical as well.

One problem with use type catalogues is that they are inevitably somewhat arbitrary; it is very difficult to say exactly where the boundaries of the different senses of a preposition are, when a new use type is needed and when a slightly different meaning can be captured by "stretching" an existing one a bit. Among the examples just given, the fourth, "Spatial entity in part of space or environment", and the seventh, "Spatial entity in area", are both likely to be valid in some cases where it is not clear whether a word referring to an area, such as `field`, can be used to refer also to the volume of space above it. The question of how use types can be delimited is an important one for the theory, but seems less so for the practical side, where choices can be made with an eye to expediency. Based on the experience of implementing a good deal of this theory, my feeling is that use types are a useful construct for handling the various quite different uses that a preposition can have, as long as their relatively *ad hoc* character is recognized.

2.2.4 Geometric description functions

The **geometric description functions** are a way of further specifying the location of an object for the purposes of a particular use type, by "coercing" the innate geometric type of the object into the geometric type called for by some use type. For example, the interpretation of:

```
on(teapot,table)     ('the teapot on the table')
```

is made up of the "top-level" predication supplied by the ideal meaning, with the places of the objects in the relation coerced to the types appropriate for that use type, which calls for (1) contiguity of two surfaces, and (2) support of the located by the reference object:[7]

```
contiguous(base(place(teapot)),overside(place(table)))
   && supported_by(teapot,table)
```

The functions are classified according to the kind of coercion they accomplish; some types of functions proposed by Herskovits are:

- idealizations (approximation to a point, line, surface)
- parts (edge, corner, top, base, side)
- projections (on the ground, or on an image plane)
- "good forms"[8] (outline, normalized region, completed enclosure)

With these functions, various sorts of imaginative conceptualization are achieved, some bearing on an object's physical presentation (idealization, for example), others, such as projections, creating a new imaginative space in which to present the objects and reason about them. I will argue in Section 3.1.5 that these different ways of visualizing objects provide some of the machinery we need to capture metaphoric extensions of meaning.

[7] `place(x)` refers to the entire location of x; in many cases this is of course very difficult to define geometrically.

[8] A notion from Gestalt psychology.

2.2.5 Pragmatic factors

Herskovits identifies four **pragmatic factors** that must be dealt with to account for certain facts of use of locatives. They are:

- *Salience*: for example, the branching part of a tree is what we mean when we speak of "a chair under a tree"; the word `tree` is being used metonymically to refer only to the part that the chair is actually *under*;

- *Relevance*: reflects the speaker's intentions in choosing a particular preposition, especially when more than one are literally correct in a given situation; such choices often indicate something about the speaker's attitude toward the situation being described, as in the case of the apple *in* or *under* the bowl discussed in Section 2.2.1;

- *Typicality*: this has to do with default assumptions about use, for example `behind` usually means *immediately behind*, unless otherwise specified, and `beside` typically means *with no important object intervening*;

- *Tolerance*: deals with what sort of margin there is for variation within a given use, e.g., how close do two things have to be to be called `next to` one another? The tolerance within which a given preposition is correct is often a function of such variables as the size of the objects in the relation and what other objects are in the vicinity. The degree of applicability of a given preposition, often reflected in the use of linguistic hedges such as "more or less" or "not directly", are comments about tolerance, where typicality is normally "hard coded" (i.e., a set of fixed rules).

In the locative expression interpreter I wrote, many pragmatic factors and other constraints were encoded in the mechanisms for matching use types and ideal meanings to the expression. For example, with the use type of `in` that refers to inclusion of a spatial entity in an area ("the block in the circle"), it is the case that if the located object is three-dimensional, the base (or some other surface) of the object is salient, actually is the only part of the object that can be said to be *in* the circle. A template for building an interpretation with that use type encoded the information directly: `included(surface,area)`; another fact noted that the surface likely to be salient in most cases would be the base. This sort of thing was good for efficiency but bad for perspicuity, to say the least, since details of use could be captured in any of several places.

2.3 Adding motion to the picture: VITRA

The VITRA system[9] is dedicated to exploring the problems of translating visual data involving moving objects into natural language. There are two main sub-domains: city scenes (CITYTOUR) (described in [André et al. 86, André et al. 87, Schirra et al. 87]) and a soccer game (SOCCER) (described in [André 88, Herzog & Rist 88, Rist et al. 87]). The CITYTOUR system answers questions about completed motion events and static locative relations in a scene, while SOCCER incrementally generates natural language descriptions of actions as they are taking place.

The image processing work is done at the Fraunhofer Institut (IITB), Karlsruhe, using a system called ACTIONS.[10] Data about moving objects are provided for SOCCER and for one scene in CITYTOUR, Durlacher Tor, for which filmed movement was used; in other scenes motion events are entered by means of a trajectory editor. The association of the name of an object in the scene with one of the objects in the data set is done by a human.

Figure 1 shows an image from the Durlacher Tor scene, with moving objects found by ACTIONS marked as rectangles; for each such object, the centroid and direction of movement are also indicated.

[9] VITRA is an acronym for VIsual TRAnslator.

[10] An acronym for Automatic Cueing and Trajectory estimation in Imagery of Objects in Natural Scenes. Described in [Sung & Zimmermann 86, Sung 88].

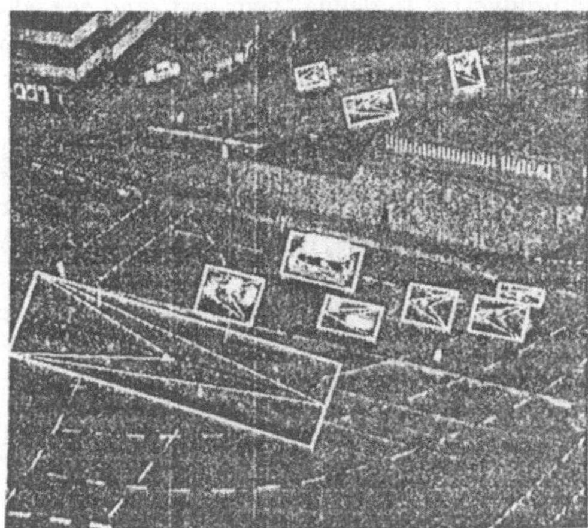

Figure 1: Durlacher Tor

3 Verb hierarchy

The verb hierarchy now being developed for VITRA is intended to provide a set of definitions for motion verbs and spatial prepositions that is structured so that conceptual relations between terms are perspicuous; in addition, since the structure is hierarchical, pieces of those definitions can be inherited from one level to the next. The definition of a term that refines or restricts the meaning of other terms should inherit the definitions (conditions for felicitous use) of those more general terms and add to them the appropriate further constraints. Thus the definition of a concept within the hierarchy, which includes its inherited conditions, embodies necessary and sufficient conditions for that concept.

As any structure for describing motion events must, the hierarchy provides a way of abstracting away from the repeated changes of location that define object motion[11] to focus on the continuous (durative) quality of movement, during which other kinds of change (in speed or direction, for example) can also (orthogonally) occur. Thus one of the first distinctions that has to be made is between change and absence of change (over some dimension), and then between concepts referring to continuous change (walking, for example) and those that refer to discrete-state changes, such as stopping, starting, or turning.

3.1 Theoretical issues

3.1.1 The idea of building blocks

One way to think about the additional constraints that refine the meanings of concepts as we move down the hierarchy is as building blocks; by the time a leaf node is reached, we should have built up a fully specified description of a particular concept, which will correspond to one or more words or phrases that could express it in natural language. I am thinking of these building blocks both as statements of conditions that need to hold for a concept to be applicable and as modules (subroutines); thus the definitions, although expressed declaratively, can as well be seen as procedural.

An early plan for this work was to design the hierarchy, then see what building blocks were needed to make the necessary distinctions. But in a sense, the building blocks themselves define the structure, in that they embody the meaning of the partitioning along the various dimensions, so in

[11] In fact, by "motion verbs" I intend essentially verbs denoting change of location. Levelt *et. al* [Levelt et. al 78] distinguish between ***transposition*** and ***non-transposition*** verbs; in the latter are included concepts such as "rotate", "tremble", and "sway", which are not dealt with in this system.

practice it has been more productive to define them first, and see what the resulting shape of the hierarchy is. Specific examples of building blocks are given in Section 3.3.1.

3.1.2 One part of the picture: a taxonomy of objects

Building on a notion of Herskovits', I take it that when processing a relation, expressed as either a motion verb or a stative verb with a locative preposition, we need to know first what kinds of objects the arguments to the relation are (or will be, in the case of language generation); the definitions of relations are constrained by, in fact depend crucially on, this information.

The need for some kind of "object type checking" is more or less a concomitant of the use of use types (see Section 3.1.4), since the appropriate use type in a given situation is often indicated (or determined) by the kinds of objects the arguments to the relation are. In more general terms, the meaning of any relation is partly a function of the types of its arguments. Object types are captured straightforwardly by arranging all objects in the domain in a KL-ONE-type subsumption hierarchy [1]; their exact meaning is represented by their location in that structure.

An initial distinction in the object taxonomy is between *mobile* and *immobile* objects. Immobile objects are incapable of movement, that is, are always static. A mobile object can be moving or not; when a mobile object is stationary, we treat it either as a landmark, if it's a reference object, or as a static located object.

3.1.3 Characteristics of objects

Objects have various characteristics, or functions from objects to values (defined as roles that help to locate them in the taxonomy), the values of which in a given instance can serve as further constraints in the definition of a verb. These include `Loc` (location); `Traj` (trajectory), `Rect` (rectangle); `Intr-Front` (intrinsic front); `Extr-Front` (extrinsic front); `Centr` (centroid); `Polygon` (closed polygon); `Delin-rect` (delineative rectangle); and `Orient` (orientation).[12] Note that some of these function as visualizations (about which more in Section 3.1.5) that are built directly into the system.

Figure 2 shows most of the standard predications for objects: the centroid, closed polygon, delineative rectangle, and prominent (intrinsic) front of a static object, and pointwise location, trajectory, and orientation of a moving object (mobile rectangles and orientation are indicated for the moving objects in Figure 1).

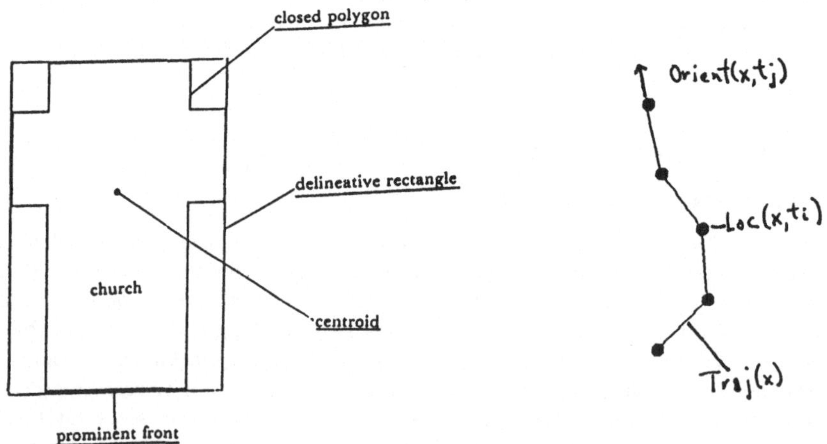

Figure 2: Standard characteristics of objects

[12]See Retz-Schmidt [Retz-Schmidt 87] for a thorough explanation of the various kinds of `Front` an object can have.

All objects have Loc, though it is defined differently for moving and static objects, and their Isa relations in the object hierarchy.

Moving objects are defined differently in the two domains: in SOCCER, the only location predicate for a mobile object x is pointwise Loc(x) (a time-stamped pair of spatial coordinates); in CITYTOUR, location is given over several time points in the form of a list of such points called Traj; for any given moment Loc(x) is defined as a point. For all moving objects, we have a vector V, also time stamped, indicating direction and velocity (the spatial meaning of which is captured in Orient), from which Extr-Front (the side facing in the direction of movement) can be derived. (Of course, a moving object may also have an Intr-Front, but that must be specified explicitly, as the system has no way of deriving it.) In the image-derived data for the Durlacher Tor scene, we also have a rectangle (Rect) giving the approximate shape/size of the object, and a centroid in the rectangle, which is the pointwise Loc(x) used for compiling its trajectory.

Static objects have at least Polygon, and may in addition have Centr, Delin-rect, and sometimes Intr-Front; Loc of a static object can be zero-, one-, or two-dimensional, usually the latter. For static objects, we usually derive orientation from either Intr-Front or Main-axis (for linear objects, such as streets or paths), or there is no known orientation.

Deictic front is a property of only (certain) reference objects, usually static, and being context specific must always be computed on demand. For some objects (in some situations) there may be both intrinsic (permanent) and deictic (situation-specific) front to be reasoned about.

The connection between [X-]Front(x) and Orient(x) is explicit, *viz.*: the orientation of an object (Orient(x)) is the direction that the (intrinsic, extrinsic, or deictic) front of the object faces. This can be compiled for objects with intrinsic front or a main axis, is provided by the vision system for moving objects, and must be computed on the fly in the deictic case. (Main axis will actually yield two orientations, 180° apart.)

3.1.4 Use types

We can classify two-place relations (such as follow(x,y) or [move-]toward(x,y)) according to the degree to which motion figures in the definition. In particular, we distinguish:

- Type1: both LO and RO are stationary (static locative relations)
- Type2: LO is moving, RO is stationary (generally, motion verbs with directional prepositions)
- Type3: both are moving

Following, or rather extending, Herskovits, when a given word can be used in more than one of these ways, I am prepared to call the various distinct senses of the word *use types*.[13] Different use types, varying along the dimension of degree of real movement (that is, the relative importance of temporal constraints) can be identified for a number of two-place relations (across, around, follow, and pass, for example).

As with the static prepositions, a first idea of which use type is involved in a relation can be gained from examining the objects in the relation. Take as an example the concept follow(x,y). If we take the situation in which both x and y are moving (Type3) as the canonical case, we can see the cases where only x is moving ("follow this road for two kilometres")[14] and where neither is moving ("the road follows the border for several kilometres") as being in some sense derived from that canonical sense but clearly distinct from it. I take the distinctions between the static and dynamic uses of prepositions like across and around to be of the same sort (see also Langacker [Langacker 89] on this point).

[13] I am not yet certain whether use type distinctions ought also to be made over dimensions other than that of degree of motion. If not, this may not be the right name for them.

[14] Although all of the examples used in this paper are in English, both of the systems described deal with German.

I would argue that the mechanism we use for understanding these different uses of the word `follow` is *imaginative conceptualization* of the objects in the relation, specifically, visualizing static linear objects as trajectories. This idea is explained in more detail in the next section.

3.1.5 Imaginative conceptualization

As was noted in Section 3.1.2, various ways of referring to objects geometrically are provided automatically in the system, more or less as primitives. These conceptualizations are similar to Herskovits' *geometric description functions* (she now refers to this process as a "transfer of reference" [Herskovits 89]), in that they focus attention on the aspect of the object that is particularly salient with respect to the relation being expressed.

For instance, if we speak of "a cat under a table", it is the table-top that the cat is actually under; we refer to that salient part of the object metonymically by the name of the whole object, so that when we interpret an expression of this kind, reference is transferred from the whole table to the table-top. The same kind of process is at work when the CITYTOUR system considers the space referred to by the word `church`, for example, to be the "good form" or normalized shape represented by a delineative rectangle (Section 3.1.2), rather than as the polygon that represents the actual outline of the building. Beyond these cases, though, there are many possibilities for imaginative conceptualization of objects in a relation.

In a sense, when we define relations between moving objects using their completed trajectories, we are in fact defining relations between two static objects (the spatial aspects of the trajectories themselves), and adding constraints relating to time as required. The different senses of a word like `follow`, though, form a sort of scale ordered according to the degree of importance of the temporal constraints; thus, for example, if we see the canonical (Type3) `follow` as simply an identity (with the appropriate tolerances) between the spatial aspects of two trajectories, with an additional constraint that one must occur slightly later than the other, we can "stretch" that definition to define the other kinds of `follow`, such as that used in "the bus follows Mainzerstr." (Type2 above). In this case, when one object is moving and the other static, the latter can be viewed as a trajectory,[15] allowing us to use the same procedures to verify the relation, except that the only temporal constraint is that the first object must be moving, i.e., changing location over time. I am also inclined to want to define the dynamic sense of `along` ("we walked along the railroad tracks") as cases of this sense of `follow`, with the salient edge or main axis of the reference object being seen as a trajectory.

The strictly static use of `follow`, as in "the road follows the railroad tracks" (Type1), can also be seen as an extension from the canonical sense, though in this case both objects are visualized as trajectories, and there is no time constraint whatsoever, the situation described being for all practical purposes permanent.

The question of how to capture these mappings will be addressed in the work being undertaken. For the moment it will be hard coded, that is, written into the definitions of the concepts I believe are derived this way, when that information seems desirable to help with reasoning; there is clearly a need, though, for more study of the creative possibilities of language, the ability of speakers to invent such imaginative mappings as and when they are seen as useful.

3.2 Practical issues

The use of this approach in a system poses certain problems at the implementation level, in addition to the theoretical questions. Among them are: how to represent motion events; how to capture certain kinds of relations (other than subsumption) that hold between various concepts; and how to

[15] Herskovits [Herskovits 86] proposed *approximation to a line* as one of the idealizations used in interpreting static locative relations; in the same vein, we might want something that captures the notion of *visualization as a trajectory*, which could be applied to either a linear object or a set of points seen as forming a line, to make the necessary comparison directly.

allow for the combining of various directional or relational constraints (usually expressed in one or more prepositional phrases) on a single verb.

3.2.1 Representing motion events

There are various possibilities for representing motion events in a system of this kind, and in fact VITRA makes use of two different ways in its two sub-domains. In CITYTOUR, a completed motion event is represented as a trajectory attached to the appropriate object, that is, as a list of location-time pairs of the form $(< x, y >, t_i)$, corresponding to where the object was at some series of times t_i. Reasoning about movement is then a matter of either generalizing about the physical shape of the entire trajectory or parts of it, or checking its relations to other trajectories or polygons (this is how `along` (*entlang*) was defined in CITYTOUR [André et al. 86]).

Trajectories can in turn be represented (idealized) in various ways: for certain purposes it is desirable to have a "smoothed" trajectory, perhaps divided into segments only where the direction changes by more than some threshold, or simply partitioned evenly, at every third point, for example. Comparisons involving the general "shape" of a motion event can be made more efficiently with this kind of information; it remains to be seen which such structures ought to be precompiled and which generated only as they are needed.

In SOCCER, in contrast, motion events must be recognized while they are occurring, so no complete trajectory for a moving object exists. In this situation, the movement of an object is viewed more "instantaneously", that is, as a sequence of "snapshots" of the scene, each forming an essentially static description of it. The question is how to abstract away from those semi-static descriptions to the motion concepts we need to talk about activity. Event recognition in the system uses abstract representations of events called *course diagrams* to reason about what is happening. A course diagram models the progression of a given kind of event for the purpose of recognizing an example of it; once a course diagram has been triggered, the behavior of an object is compared at successive moments with the expectations of the model. In this scheme, the physical shape of the path the object has taken up to the current moment is largely irrelevant for understanding what it is doing now.

The problem for the verb hierarchy is that definitions of motion verbs normally have to make reference to the actual representation used for events. For example, if we define `pass(x,y)` as a set of conditions on x's trajectory with respect to the location of y, that definition is fine for CITYTOUR but not for SOCCER (unless it involves strictly pointwise comparisons); likewise a definition specifying a temporally ordered sequence of momentary conditions, such as `stop(x)` ::= `move(x)` followed by `not(move(x))`, works very well for SOCCER but is harder to capture with the trajectory representation used in CITYTOUR.

One solution to this question is simply to have two distinct definitions for those terms for which the definition depends on the exact structure being used to represent events. This is the course now being taken, though the difficulty of defining certain kinds of event using one or the other representation suggests that finding a single representation that could be used in all definitions should also be explored.

3.2.2 Representing knowledge

The knowledge representation mechanism to be used for implementing both the object taxonomy (Section 3.1.2) and the verb hierarchy itself is SB-ONE, a KL-ONE-derived system being developed at the University of Saarbrücken [5]. The standard predications about objects, outlined in Section 3.1.3, are represented as roles linking object nodes to the types of the predications' values. There are additional links specifying relations like `part-of` and `delimits` (to capture the relationship between a boundary and the area it bounds) between parts and whole objects. The object taxonomy has already been implemented in SB-ONE by Gerd Herzog.

While this appears to be an adequate way to handle objects and most aspects of verbs we want to capture, a few things, such as the "derived-from" relation between different use types and the treatment of directional prepositions described in the following section, may prove difficult to deal with in this language.

3.2.3 Directional prepositions

One interesting possibility that has appeared in the course of this work is that of treating directional prepositions as essentially verbal, rather than adverbial. Since directionals only occur with verbs of motion, in a sense they modify the meaning of the motion very much as constraints on speed, agent, etc., do (in fact, phrases using them are often synonymous with such verbs; `[move-]across(x,y)` is the same concept as *cross(x,y)*, for example). I envisage placing directional prepositions in the verb hierarchy in the form `[move-]prep`; for example `[move-]into(x,y)` is defined as a kind of motion, that is, one that involves x's entering some place y. The generic `[move-]` here indicates that any verb subsumed by the concept `move` can appear in this slot.

Such a representation makes it possible to define a verbal description of a complex event, such as "Tom walks across the street to the store", in a single structure, in which the directionals `[move-]across(x,y)` and `[move-]to(x,z)` and the verb `walk(x)` can be unified to give a representation of the whole sentence, which would look something like this:

`[[walk(Tom)-]across(Tom,street)-]to(Tom,store)`

This represents the conceptual description of the event that is accurate if all of the conditions for `walk(Tom)`, `[move-]across(Tom,street)` and `[move-]to(Tom,store)` are met simultaneously. The theory is that *any* motion verb, complete or incomplete (i.e., with or without generic `[move-]` and a directional preposition) can be used in place of `[move-]`, provided that the object variables can be instantiated in an appropriate way and that the process "bottoms out" with a complete verb, such as `walk(x)` or `follow(x,y)`. The question of whether (and to what extent) terms of this kind form a hierarchy themselves, rather than an essentially flat structure, will be answered in the analysis of semantic components for defining them; i.e., when it is seen how the space of such meanings is partitioned.

One problem already visible with this idea is the matter of how to handle the directional prepositions with respect to inheritance. For example, do the `[move-]prep` definitions need to be the explicit descendents (in the hierarchy) of every complete verb that can fill the `[move-]` slot? That would mean locating terms like `run-forward`, `drive-away-from`, and many others in the hierarchy, rather than simply giving rules for forming them. It would also mean giving up the hoped-for possibility of capturing with this mechanism some of the generative capacity of the human language user.

There are other possible problems, primarily to do with constraining the sorts of concepts that might be combined in this way (especially where several prepositional phrases represent a temporally ordered sequence of actions), but it seems none the less an interesting avenue to pursue.

3.3 Example: pieces of the hierarchy

3.3.1 Building Blocks

To get a flavor of how the building blocks form part of subsumed definitions, consider:

```
move(x) ::= change(Loc(x,ti),Loc(x,tj)) for i < j

    (where change(from,to) is defined higher in the hierarchy)

move-on-foot(x) ::= move(x) and person(x)

run(x) ::= move-on-foot(x) and Speed(x) > some x-specific threshold

type3-move(x,y) ::= move(x) and move(y)
```

```
  follow(x,y) ::= type3-move(x,y) and behind(x,y)
OR:
  follow(x,y) ::= type3-move(x,y) and Traj(x) = Traj(y) and
      Later-than(Traj(x),Traj(y))

  [move-]forward(x) ::= move(x) and V(x) = Orient(x)

  [move-]to(x,y) ::= move(x) and at(End(Traj(x)),y)

      (where at(x,y) ::= Loc(x) = Loc(y) within some object-specific tolerance)
```

The "simple" (one-place) relations constitute building blocks for defining other both one- and two-place relations, that is, motion verbs with and without directional prepositions, two-place motion relations like `follow` and `meet`, and stative verbs with locative prepositions.

Allowable deviations will of course have to be built into many of the equalities shown here. Note also that time variables, representing either time points or intervals, will be present in most definitions, though they have generally been left out of these examples for simplicity of presentation.

Note that the concept called `move-on-foot` means simply what its definition says; this is only to distinguish between a one-place move in which the agent is a person and one in which the agent is a vehicle. This concept "subsumes" all other motion concepts involving one or more pedestrians.

3.3.2 The Resultant Structure

The network of words/concepts to describe motion and spatial relations is multidimensional, since the concept space is partitioned along a number of different dimensions, among which are:

- Change/continuity
- Continuous/discrete-state change
- Direction (intrinsic, absolute and relative)
- Speed
- Agent (e.g., to distinguish between `walk` and `drive/ride`)[16]
- Arity of relations

Thus the verb hierarchy can actually be seen as several hierarchies, all connected in a single structure, each of the "lesser" structures contributing partitions along a different dimension. For example, *Direction* is in turn divided into *Intrinsic direction* (`forward`, `backward`) *Absolute direction* (`north`, e.g.), and *Relative direction*, which subsumes two-place relations like `cross(x,y)`. Absolute direction is actually a special case of relative direction; it refers to direction with respect to "the world", however that is defined.

Continuous change (moving through space, for example, or rotating) has the property that other kinds of change can take place orthogonally to the continuing condition; we need to abstract away from the lower-level (temporally pointwise) tests so as to focus on the other change (in direction, speed, or with respect to some locative relation). For that reason there are two kinds of change defined, one subsuming "durative" or continuous changes along the same dimension, another subsuming changes that put the object(s) in a different state altogether (e.g., no longer moving, or no longer turning). The boundary between the two is of course contingent on the time quantum over which the changes are recognized.

[16]This distinction (*gehen* vs. *fahren*) is more important for German than for English, where the agent-neutral **go** also exists.

Speed terms are also defined as a simple hierarchy, including the partition into *slow*, *normal*, and *fast*, all three of which are defined by comparison with some "average" speed for the object under consideration in a given context. Finer distinctions between velocities are of course possible, if they seem useful.

Figure 3 is a sketch of a small sample piece of the hierarchy, including most of the nodes referred to in the previous section. These examples of constraints are very simple; note that in most cases there will be constraints from more than one dimension on the same level of the hierarchy. Obviously each concept shown here will actually be in contrast to one or more others distinguished over the same dimension (agent, direction, speed, etc.).

Since it is difficult to depict a multidimensional object in a plane, the reader will have to imagine the concept-space relations between the various nodes. Arrows in the sketch are in a sense actually **Satisfies** rather than **Isa** links; defining conditions for concepts (to be added to those that are inherited) are shown in boxes.

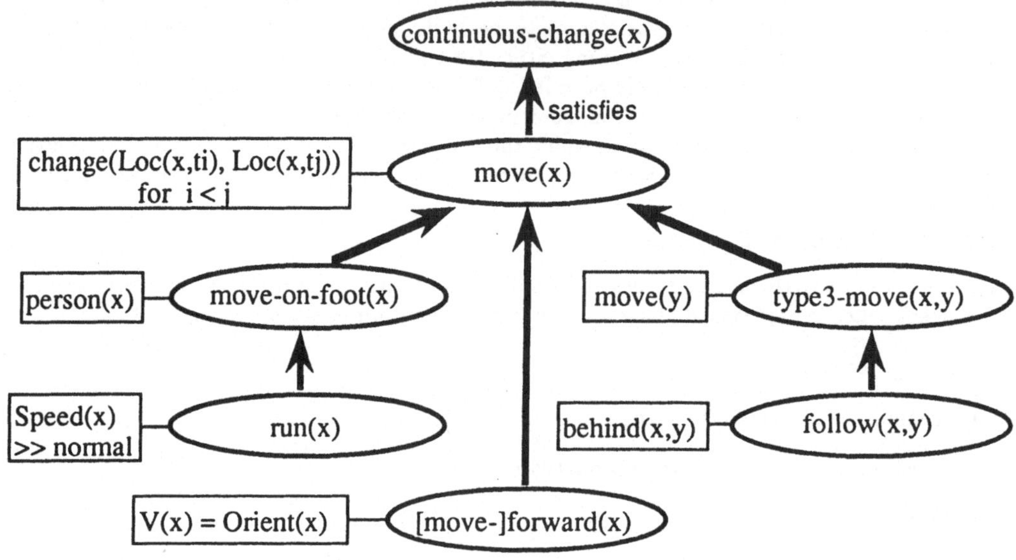

Figure 3: A little of the verb hierarchy

4 Thoughts and questions

4.1 Virtues of this approach

What we hope to achieve for the VITRA system is a referential semantics of motion verbs and related concepts, for both understanding and generation—that is, a semantics that is grounded, at whatever remove, in physical/perceptual reality.[17]

Coverage of the verb hierarchy will be all terms describing motions (occurring within this domain), including both two-place motion verbs like `follow` and simple (one-place) verbs (`walk`, `turn`, `stop`) with directional prepositional phrases ("The center runs into the penalty area"), as well as the static locatives, such as `at`, `near`, and `behind`.

[17] It should be borne in mind that the meanings of words in this system are only a subset of the meanings they have in human intercourse; these meanings are valid only within this particular cognitive system, in accordance with (and constrained by) the physical capabilities of the system itself. This is essentially true of any system, and of any attempt at *Referenz-semantik*.

Organizing verbal concepts in a hierarchy in the manner I have proposed yields a structure that I believe may be used for both generation and understanding of spatial language.

- For generation, the use is straightforward: the hierarchy itself should guide us to the right word to describe a situation, assuming we have correctly characterized the event taking place;
- For understanding, the hierarchy can be used to generate an imaginative representation (propositional or pictorial) from the words used in the input, to be reasoned about in appropriate ways by the system.

What the hierarchical ordering of partial definitions provides is a set of relationships between concepts, specifically the necessary entailments of each with respect to its parent(s) and its children. Then, for example, if there is no term exactly corresponding to a situation we want to describe, we have the possibility of finding the closest more general term, perhaps qualified in some way.

4.2 Possible drawbacks

As implied in Section 3.2.3, the question of how to handle the directionals with regard to inheritance is rather troublesome: on the one hand, if definitions are to be complete, we have a loss of generativity; if the incomplete descriptions (involving the generic `[move-]` concept) are used, though, we have the generative possibility but definitions are likely to be difficult to implement. Constraining the generativity in appropriate ways will also need to be studied.

A certain number of issues are being skirted or avoided altogether in this work. For example, problems that would arise in a complete spatial environment from the existence of the third dimension can be ignored here; thus I am not treating the concepts `up`, `down`, `over`, or `under`. Likewise the fact that all action in CITYTOUR is completed and all action in SOCCER is described while it's happening means that we need to handle only the simple past and present (indicative) forms of verbs.

In addition, these particular sub-domains allow me to ignore causality; there are almost no transitive motion verbs, except for a small number in SOCCER whose direct object will always be the ball: "the center kicks (*spielt . . . zu*) the ball to the left winger".

Many of the subtler problems posed by locative and directional relations are also being dodged, either because we really don't need to handle them here or because no one knows how to. Salience of objects or parts of objects is a case in point: a complete treatment of that matter would have to involve the notion of *focus*, both visual and attentive, which is beyond the scope of this project.

4.3 Questions still open

What do we need in the representation of moving and stationary objects (e.g., idealizations, visualizations) to verify the various geometric and temporal relations we would like to be able to talk about? How do we prove the representation contains all and only what is needed for this task? What metric is available for deciding correctness?

How well does the notion of imaginative conceptualization account for complex phenomena in the spatial domain? In Lakoff's view [Lakoff 87], many of the meanings of words arise through metaphoric extension from some experiential meaning, but specifications of how this happens are hard to come by. I am hopeful that using the notion of conceptualization (idealization, imaginative visualization, and so on) to handle terms that need only a little stretching, though, such as the static cases of `follow` and `cross`, will give us some feeling for whether and how it can be extended to more difficult cases.

Is it in fact possible to make precise the role of metaphor in the way we perceive and conceptualize a scene and the events it contains? Work on this issue is being undertaken at Saarbrücken and elsewhere[18] that seems likely to yield some preliminary answers.

[18]See Schirra's paper in this volume, Habel [Habel 88b], and many of the papers published for the L.A.U.D. Symposium on Cognitive Linguistics held in Duisburg in March 1989.

5 Acknowledgments

Thanks to those who generously contributed to the development of this paper and the ideas contained herein: Jörg Schirra, Gudula Retz-Schmidt, and Gerd Herzog; to Brant Cheikes for helpful comments on a draft version; and to Simone Pribbenow, Annette Herskovits,and Marc Vilain for their critical reading of the paper and many suggestions for its improvement. I am especially grateful to Wolfgang Wahlster, who suggested this investigation and provided support for it.

References

[1] R.J. Brachman. *A structural paradigm for representing knowledge.* Research Report 3605, Bolt Beranek and Newman, Cambridge, MA, 1978.

[2] H. Paul Grice. Logic and conversation. In P. Cole and J.L. Morgan, editors, *Syntax and Semantics, vol. III*, Academic Press, New York, 1975.

[3] Aravind K. Joshi. Mutual beliefs in question-answer systems. In N. Smith, editor, *Mutual Belief*, chapter 4, Academic Press, New York, 1982.

[4] Christel Kemke. *Darstellung von Ereigniskonzepten in einem KL-ONE-Derivat.* Unpublished paper, Universität des Saarlandes, FB-10 Informatik IV, 1989.

[5] Alfred Kobsa. The SB-ONE knowledge representation workbench. In *Proceedings of the Workshop on Formal Aspects of Semantic Networks, Santa Catalina, CA*, 1989. Forthcoming.

SPRACHE UND RAUM: NATÜRLICHSPRACHLICHER ZUGANG ZU VISUELLEN DATEN

Gerd Herzog* Thomas Rist** Elisabeth André**

* Fachbereich Informatik, Universität des Saarlandes
Im Stadtwald 15, D-6600 Saarbrücken 11

** Deutsches Forschungszentrum für Künstliche Intelligenz GmbH
Stuhlsatzenhausweg 3, D-6600 Saarbrücken 11

Zusammenfassung

Der vorliegende Beitrag befaßt sich mit der Repräsentation und Verarbeitung räumlich-zeitlichen Wissens im Hinblick auf den natürlichsprachlichen Zugang zu visuellen Daten. Im Kontext des Projektes VITRA, das sich mit der Entwicklung wissensbasierter Systeme zur Integration von maschinellem Sehen und der Verarbeitung natürlicher Sprache auseinandersetzt, soll diese Problemstellung näher diskutiert werden. Zunächst wird am Beispiel des Bildfolgenanalysesystems ACTIONS demonstriert, auf welche Weise Trajektorien bewegter Objekte aus Realweltbildfolgen extrahiert werden können. Daran anschließend wird die in VITRA zugrundegelegte Schnittstelle zur Bildanalyse, die geometrische Szenenbeschreibung, vorgestellt. Am Beispiel der lokalen orientierungsabhängigen Relationen `rechts`, `links`, `vor` und `hinter` wird dann gezeigt, wie sich eine rein geometrische Darstellung in eine propositionale Beschreibung der räumlichen Anordnung überführen läßt. Schließlich geht es um die Interpretation und Repräsentation von Ereignissen, d.h. räumlich-zeitlichen Konzepten. Im Gegensatz zu bisherigen Ansätzen soll dabei jedoch nicht von einer bereits vollständig analysierten Bildfolge ausgegangen werden; vielmehr sind Ereignisse so zu repräsentieren, daß sie simultan zu ihrem Auftreten in der Szene detektiert und natürlichsprachlich beschrieben werden können.

1 Motivation

Die Bedeutung, die der geeigneten Repräsentation und Verarbeitung räumlich-zeitlichen Wissens im Bereich der künstlichen Intelligenz zukommt, erklärt sich aus der besonderen Rolle von Raum und Zeit als zentrale Konzepte in der *'realen'* Welt.[1] Die sprachorientierte KI-Forschung setzt sich mit räumlich-zeitlichen Konzepten aus zwei unterschiedlichen Perspektiven auseinander.

Zum einen geht es bei dem Verstehen von Text um die Zuordnung von natürlichsprachlichen Äußerungen zu entsprechenden visuellen Vorstellungen (vgl. hierzu u.a. [Waltz & Boggess 79], [Adorni et al. 83], [Mohnhaupt 87] und [Pribbenow 88]). Die besondere Schwierigkeit liegt hierbei in der prinzipiellen Mehrdeutigkeit dieser Abbildung. Die Vagheit von Sprache in bezug auf exakte Geometrie und genauen zeitlichen Verlauf bedingt, daß einer sprachlichen Beschreibung im allgemeinen unendlich viele räumliche Konstellationen bzw. räumlich-zeitliche Vorgänge zugeordnet werden können.

[1]Eine gute Darstellung dieses Zusammenhangs und der vielfältigen Einsatzbereiche räumlichen Wissens findet sich in [Habel 88].

Zum anderen wird die duale Fragestellung, der natürlichsprachliche Zugang zu visuellen Daten, untersucht, die in dieser Arbeit im Vordergrund stehen wird. Der Rückgriff auf visuelle Information erlaubt, im Sinne einer Referenzsemantik, eine in der Perzeption verankerte Definition der Bedeutung sprachlicher Begriffe. Kennzeichnend ist, daß dabei von exakten räumlichen Beschreibungen, d.h. geometrischen Repräsentationen, ausgegangen wird (vgl. u.a. [Fürnsinn et al. 84], [Hußmann & Schefe 84], [Carsten & Janson 85] und [Bajcsy et al. 85]). Ansätze, mit denen auch räumlich-zeitliche Konzepte behandelt werden sollen (vgl. u.a. [Badler 75], [Okada 79], [Wahlster et al. 83] und [Neumann & Novak 86]), setzen weiterhin voraus, daß der genaue zeitliche Verlauf einer Szene bekannt ist. Es ergibt sich hier eine enge Verzahnung mit einem anderen Kerngebiet der künstlichen Intelligenz, dem Bildverstehen, in dem traditionell untersucht wird, wie sich solche geometrischen Repräsentationen einer Szene anhand von Bildern aufbauen lassen.

Der natürlichsprachliche Zugang zu visuellen Daten bildet auch den Forschungshintergrund für das Projekt VITRA[2], das sich mit der Entwicklung wissensbasierter Systeme zur Integration von maschinellem Sehen und der Verarbeitung natürlicher Sprache auseinandersetzt. Die Untersuchungen in VITRA konzentrieren sich dabei zur Zeit hauptsächliche auf zwei Diskursbereiche: Das System CITYTOUR (vgl. [André et al. 87] und [Schirra et al. 87]) leistet die Beantwortung natürlichsprachlicher Anfragen über räumliche Relationen und abgeschlossene Bewegungsverläufe in einer Straßenverkehrsszene. Im System SOCCER (vgl. [André et al. 88]) liegt der Schwerpunkt auf der simultanen Berichterstattung über beobachtbare Ereignisse während des Ablaufs einer Bildsequenz (kurze Ausschnitte aus Fußballübertragungen). Im Kontext von VITRA sollen in diesem Beitrag die folgenden Punkte konkretisiert werden:

- Zusammenspiel von Bildfolgenanalyse und natürlichsprachlichem Zugangssystem

  Ein wichtiges Ziel in VITRA ist die Kopplung mit einem Bildfolgenanalysesystem. Daher wird im nachfolgenden Abschnitt zunächst an einem konkreten System gezeigt, wie sich Trajektorien bewegter Objekte aus einer Realweltbildfolge extrahieren lassen, um daran anschließend den in VITRA verfolgten Ansatz für die Schnittstelle zur Bildanalyse vorzustellen.

- Semantik räumlicher Präpositionen

  Ein erster möglicher Schritt für einen weitergehenden Interpretationsprozeß besteht in der Analyse räumlicher Beziehungen zwischen den Szenenobjekten, d.h. in der Überführung einer rein geometrischen Darstellung in eine explizite Beschreibung der räumlichen Anordnung. In bezug auf die sprachliche Beschreibung einer Szene heißt das, eine Referenzsemantik für räumliche Präpositionen zu definieren.

- Semantik von Bewegungs- und Handlungsverben

  Unter zusätzlicher Berücksichtigung des zeitlichen Verlaufs bietet sich die Möglichkeit, auch Bewegungskonzepte bzw. einfache Handlungskonzepte aus der geometrischen Beschreibung der sichtbaren Objekte und ihrer Trajektorien zu abstrahieren. Im Gegensatz zu anderen Ansätzen soll hier jedoch nicht von einer bereits vollständig analysierten Bildfolge ausgegangen werden. Es geht vielmehr darum zeitübergreifende Vorgänge so zu repräsentieren, daß sie simultan zu ihrem Auftreten in der Szene detektiert und natürlichsprachlich beschrieben werden können.

2 Bildfolgenanalyse

Die Aufgabe der Bildanalyse ist es, anhand von Bildern eine symbolische computerinterne Beschreibung einer Szene zu erzeugen. Bei der Bildfolgenanalyse steht hierbei insbesondere die Analyse und Interpretation bewegungsbedingter Änderungen im Vordergrund. Am Beispiel des für die

[2] VIsual TRAnslator

Kopplung mit VITRA eingesetzten ACTIONS Systems wird im nachfolgenden Abschnitt gezeigt, auf welche Weise Information über bewegte Objekte aus einer Folge digitisierter Bilder abgeleitet werden kann. Hieran anschließend wird die Schnittstelle zwischen Bildfolgenanalyse und VITRA, d.h. weitergehender Szeneninterpretation, motiviert und vorgestellt.

2.1 Das Bildfolgenanalysesystem ACTIONS

Das am Institut für Informations- und Datenverarbeitung (IITB) der Fraunhofergesellschaft, Karlsruhe, entwickelte ACTIONS[3] System leistet die automatische Detektion und Verfolgung von Objekten in Bildfolgen. Kernziel der Arbeit an ACTIONS war und ist es, robuste, allgemein anwendbare Methoden zur Analyse von Realweltszenen zu entwickeln. Eine zusammenfassende Darstellung der bisherigen Untersuchungsergebnisse und des daraus entwickelten Verfahrens findet sich in [Sung & Zimmermann 86] und [Sung 88]. Abb. 1 bietet einen Überblick zu den einzelnen Verarbeitungsschritten. Bei dem betrachteten Bildmaterial handelt es sich um Aufnahmen von einer Straßenkreuzung, die von einem ca. 35m hohen Gebäude aus gemacht wurden, sowie um Aufnahmen von einer Begegnung aus der Fußballbundesliga. Das Material wurde jeweils mit einer stationären, monokularen Kamera aufgenommen. Für die Analyse werden zur Zeit bis zu 132 Sekunden dauernde Ausschnitte von 3300 Vollbildern mit $512 * 512$ Bildpunkten zu je 8 Bit Grauwertauflösung verwandt.

Bewegte Objekte werden durch die Berechnung und Analyse von Verschiebungsvektorfeldern erkannt. Die Berechnung der Verschiebungsvektoren basiert dabei auf der Zuordnung von charakteristischen lokalen Grauwertverteilungen, sogenannten *Merkmalen.* Zur Bestimmung der Merkmale wird der *Monotonie-Operator* verwandt (vgl. [Zimmermann & Kories 84]), der besonders stabile, d.h. leicht wiederauffindbare, Merkmale liefert. Dabei wird jedes Pixel mit einer festen Anzahl umliegender Pixel verglichen. Je nach Anzahl der Vergleichspunkte, die ein bestimmtes Kriterium erfüllen, wird das betrachtete Pixel einer entsprechenden Klasse zugeteilt. Im konkreten Fall werden 8 Vergleichspunkte und die Relation *kleiner bzgl. des Grauwertes* als Kriterium verwandt. Jedes Pixel läßt sich damit eindeutig einer der 9 möglichen Klassen zuordnen. Zusammenhängende Punkte aus derselben Klasse können zu Flecken zusammengefaßt werden. Im weiteren werden dann nur noch Flecken aus einer der beiden extremen Klassen, d.h. Kuppen und Senken des Grauwertgebirges, berücksichtigt.

Um bei der Ermittlung von Verschiebungsvektoren Fehler durch zufällige Schwankungen der Merkmalspositionen zu verringern, werden die Schwerpunkte der Flecken über mehrere Bilder hinweg verfolgt. Hieraus ergeben sich lokale Verschiebungsvektoren vom n-ten zum $(n+i)$-ten Bild. Die Werte 4 bzw. 5 für die Variable i haben sich dabei am besten bewährt. Die so gewonnenen Verschiebungsvektorfelder werden hinsichtlich Betrag, Richtung und Bildposition auf Ballungen ähnlicher Vektoren untersucht. Die Ballungen werden jeweils durch ein entsprechend dem mittleren Bewegungsvektor ausgerichtetes umschreibendes Rechteck markiert. Diese *Rahmen* können als Kandidaten für das Abbild bewegter starrer Objekte gelten. Der geometrische Mittelpunkt eines Rahmens dient als Repräsentant des bewegten Objektes in der Bildebene.

Die Korrespondenzlinien der Rahmenpositionen entsprechen den Trajektorien der Vektorballungen und somit der Objektkandidaten in der Bildebene. Zwei Rahmen aus aufeinanderfolgenden Aufnahmen werden einander zugeordnet, falls ihre Bewegungsrichtung annähernd übereinstimmt und ihr räumlicher Abstand kleiner ist als der doppelte Betrag des mittleren Verschiebungsvektors. Bei noch verbleibender Mehrdeutigkeit wird der Zuordnungskandidat mit dem kleinsten räumlichen Abstand gewählt. Die Koordinatenangaben der so gewonnenen Korrespondenzlinien werden unter Berücksichtigung von Kameraposition, Aufnahmewinkel und der Geometrie des statischen Szenenhintergrundes in Szenenkoordinaten rücktransformiert und in der (eingeschränkten) geometrischen Szenenbeschreibung zusammengefaßt. Die Klassifikation von Objektkandidaten und deren Zuord-

[3] Automatic Cueing and Trajectory estimation in Imagery of Objects in Natural Scenes

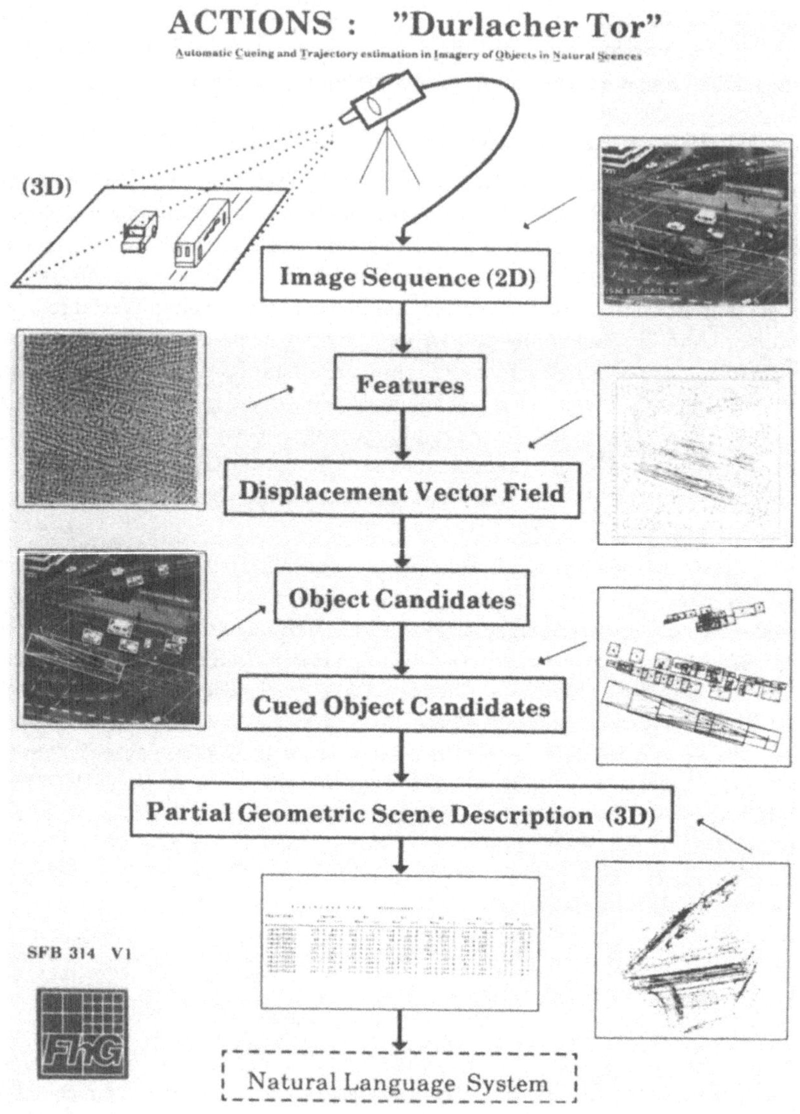

Abb. 1: Verarbeitungsschritte in ACTIONS

nung zu a priori bekannten Objekten kann derzeit von ACTIONS noch nicht geleistet werden und erfolgt daher interaktiv.

2.2 Schnittstelle zwischen Bildfolgenanalyse und Interpretation

Die *geometrische Szenenbeschreibung* (GSB) wurde in [Neumann 84] als Repräsentation für die Ausgabe des Bildanalyseprozesses eingeführt. Ziel dieser Repräsentation ist es, die ursprüngliche Bildfolge prinzipiell vollständig und ohne Informationsverlust darzustellen. Das bedeutet, daß die mit der Kamera aufgenommene Bildfolge (im Prinzip) aus der GSB rekonstruiert werden könnte. Die geometrische Szenenbeschreibung enthält:

- Für jedes Einzelbild der Bildfolge:
  - Zeitpunkt
  - Betrachterstandpunkt
  - alle in der Szene sichtbaren Objekte
  - Beleuchtungsdaten
- für jedes Objekt:
  - Identität (über die Bildfolge)
  - 3D-Position in Weltkoordinaten für jedes Einzelbild
  - Orientierung für jedes Einzelbild
  - 3D-Form
  - Physikalische Oberflächeneigenschaften (Farbe)
  - Klassenzugehörigkeit
  - Identität (in bezug auf mögliches Vorwissen) und somit weitere verbalisierbare Eigenschaften wie z.B. Namen

Hierbei ist zu beachten, daß die Klassifizierung und die Identifizierung bereits vorher bekannter Objekte nur mit Hilfe zusätzlicher Wissensquellen möglich ist und nicht allein aus der reinen Bildinformation gewonnen werden kann.

Das Konzept der geometrischen Szenenbeschreibung stellt eine idealisierte Schnittstelle zwischen der Bildanalyse und einem darauf aufsetzenden natürlichsprachlichen System dar. In Anwendungen, wie z.B. dem von Neumann und Novak entwickelten NAOS System zur natürlichsprachlichen Beschreibung von Straßenverkehrsszenen, wird die GSB jedoch entsprechend den konkreten Anforderungen eingeschränkt. In den VITRA Systemen werden z.B. Betrachterstandpunkt, Beleuchtungsdaten sowie die vollständige 3D-Form der Objekte nicht berücksichtigt. Die Information über den statischen Szenenhintergrund wird nicht von der Bildanalyse geliefert, sondern liegt vielmehr als instantiiertes Modell des betrachteten Weltausschnitts vor. Derartige Einschränkungen finden sich derzeit in allen Ansätzen, da man von einem universell einsetzbaren KI-System, das beliebige Bildfolgen vollständig analysieren kann, noch sehr weit entfernt ist.

Bei der Berechnung der Anwendbarkeit räumlicher Präpositionen und Bewegungsverben wird man auch aus Effizienzgründen nicht von einer vollständigen Szenenbeschreibung ausgehen, sondern auf Idealisierungen, etwa im Sinne von Herskovits (vgl. [Herskovits 86]), zurückgreifen. Herskovits führt den Begriff *geometrische Beschreibung* ein, um die für die Semantik räumlicher Relationen relevanten Eigenschaften zu repräsentieren. Formal gesehen sind geometrische Beschreibungen Funktionen, die einem Objekt einen situationsabhängigen geometrischen Repräsentanten zuordnen. Anstelle von aufwendigen 3D-Rekonstruktionen begnügt man sich typischerweise mit Repräsentationen durch den Objektschwerpunkt oder der Kontur einer Objektprojektion, angenähert durch einen Polygonzug.

Der Zugriff auf die Daten der GSB erfolgt funktional. So wird man etwa eine Lokalisierungsfunktion definieren, mit der die 3D-Weltkoordinaten eines Objekts oder seines idealisierten geometrischen Repräsentanten zu einem vorgegebenen Zeitpunkt in Erfahrung gebracht werden können. Aus den Daten der GSB ableitbar sind quantitative Meßgrößen wie Abstand zwischen Objekten, Geschwindigkeit und Beschleunigung von bewegten Objekten. Der Übergang von quantitativen Meßgrößen zu Raum- und Bewegungskonzepten geschieht über Prädikate, deren Definitionen am natürlichsprachlichen Gebrauch von räumlichen Präpositionen und Bewegungsverben orientiert sind.

3 Semantik räumlicher Präpositionen

Die semantische Analyse von räumlichen Präpositionen führt auf den Begriff *räumliche Relation* als einzelsprachunabhängige Bedeutungseinheit. Man kann räumliche Relationen dadurch definieren, daß man Bedingungen über räumliche Gegebenheiten einer Objektkonfiguration spezifiziert, wie z.B. Abstand zwischen Objekten, relative Lage bezüglich einer Orientierung usw.; d.h. man kennzeichnet eine bestimmte Klasse von Objektkonfigurationen. Räumliche Beziehungen zwischen Objekten lassen sich propositional durch Relationentupel folgender Form repräsentieren:

$$(\textit{Rel-Name Subjekt Bezugsobjekt}_1 \ldots \textit{Bezugsobjekt}_n \ \{\textit{Orientierung}\})$$

Das erste Argument bezeichnet die entsprechende räumliche Relation. Das als Subjekt benamte Argument steht für dasjenige Objekt, das relativ zu einem oder mehreren Objekten, den Bezugsobjekten, (bezüglich einer Orientierung) lokalisiert werden soll.

3.1 Anwendbarkeit und Anwendbarkeitsraum

Wir sprechen von der *Anwendbarkeit eines Relationentupels*, falls es sich zur Charakterisierung einer Objektkonstellation eignet. Zur Bestimmung der Anwendbarkeit erweist sich die Verwendung von *Anwendbarkeitsräumen* als hilfreich. Der grundlegende Gedanke ist dabei der, daß man jedem Relationentupel einen Anwendbarkeitsraum zuordnet und dann prüft, in welcher mengentheoretischen Beziehung (Inklusion, Exklusion oder Überlappung) sich der vom Subjekt eingenommene Raum zu dem durch die restlichen Argumente des Relationentupels bestimmten Anwendbarkeitsraums befindet. Bei der zweistelligen Relation `in` wäre etwa zu untersuchen, ob der vom Subjekt eingenommene Raum ein Teilraum des Anwendbarkeitsraums ist, der in diesem Fall gerade mit dem Innenraum des Bezugsobjekts zusammenfällt. Die Bestimmung der Anwendbarkeitsräume ist im allgemeinen nicht trivial, weil u.a. Orientierung, Ausdehnung und Form der Bezugsobjekte zu berücksichtigen sind. Weitere Schwierigkeiten ergeben sich aufgrund benachbarter Objekte, die, anschaulich gesprochen, zu einer *Deformierung* des Anwendbarkeitsraumes führen können.

Die Unterscheidung zwischen Anwendbarkeit und Nichtanwendbarkeit eines sprachlichen Ausdrucks reicht nicht aus, um eine räumliche Situation adäquat zu beschreiben. Vielmehr müssen die Grenzen als fließend angesehen werden. Um dieser Tatsache Rechnung zu tragen, wird jedem Relationentupel ein *Anwendbarkeitsgrad* zugeordnet. In [Hanßmann 80] wird z.B. ein Wert zwischen 0 und 1 vorgeschlagen, wobei 0 für nicht anwendbar und 1 für voll anwendbar steht. Veranschaulichen läßt sich graduierte Anwendbarkeit durch Partionierung eines Anwendbarkeitsraums in Regionen gleicher Anwendbarkeit, mit denen dann verschiedene *linguistische Hecken* (vgl. [Lakoff 73]) wie z.B. *'unmittelbar'* oder *'genau'* assoziiert werden können.

Im folgenden wird demonstriert, wie in den Systemen CITYTOUR und SOCCER der Anwendbarkeitsgrad der orientierungsabhängigen Relationen `rechts`, `links`, `vor` und `hinter` im zweidimensionalen Raum berechnet wird.

3.2 Berechnung der Anwendbarkeit im Falle orientierungsabhängiger Relationen

Bei der Analyse von Richtungspräpositionen wird deutlich, daß die zu betrachtende Orientierung des Raumes von der Gebrauchsart der Präposition abhängt. Im folgenden wird die in [Wunderlich 85] verwendete Unterscheidung zwischen *intrinsischem* und *extrinsischem* Gebrauch von Präpositionen auf die korrespondierenden Relationen übertragen. In diesem Sinne wird eine Relation *intrinsisch* gebraucht, wenn die Orientierung durch die inhärente Organisation des Bezugsobjekts festgelegt wird. Faktoren, die inhärente Seiten eines Objekts festlegen, werden in [Miller & Johnson-Laird 76], [Sondheimer 76], [Vandeloise 84] und [Wunderlich 85] diskutiert. Genannt werden u.a. die Standardbewegungsrichtung (z.B. bei Fahrzeugen), Lage der Wahrnehmungsorgane (bei Menschen oder Tieren) sowie funktionale Eigenschaften (z.B. bei Sitzmöbel). In der

SOCCER-Domäne sind beispielsweise die beiden Tore inhärent organisiert, nicht aber der Ball. Hat ein Objekt keine inhärenten Seiten, muß durch den Kontext eine Orientierung induziert werden. In diesem Fall spricht man vom *extrinsischen Gebrauch* einer Relation. Konflikte treten auf, wenn ein Objekt inhärente Seiten hat, gleichzeitig aber kontextuell eine Orientierung induziert wird, wie beispielsweise bei einem rückwärtsfahrenden Auto. In Sätzen wie *"Der Linksaußen steht vor dem Libero vom Elfmeterpunkt aus gesehen"* wird die Orientierung kontextuell durch die Position eines, möglicherweise virtuellen, Beobachters vorgegeben. Stimmt der Beobachter mit dem Sprecher (oder Hörer) überein, dann spricht man vom *deiktischen Gebrauch* einer Relation.

Die Berechnung der Anwendbarkeit einer orientierungsabhängigen Relation läßt sich in folgende Schritte unterteilen:

1. Bestimmung der Orientierung
2. Berechnung der Anwendbarkeit des Relationentupels

Eine Orientierung des zweidimensionalen Raums läßt sich durch Angabe zweier zueinander orthogonaler, jeweils vom Nullvektor verschiedener Vektoren a_{lr} und a_{hv} festlegen (hierbei steht a_{lr} für Links-Rechts-Achse und a_{hv} für Hinten-Vorne-Achse). Die Richtung der Hinten-Vorne-Achse wurde in den Systemen CITYTOUR und SOCCER wie folgt festgelegt:

- Wird die Orientierung durch die inhärente Vorderseite des Bezugsobjekts vorgegeben, dann ist a_{hv} orthogonal zur Frontseite und zeigt aus dem Objekt heraus.
- Wird ein Objekt in bezug auf einen Beobachterstandpunkt lokalisiert, dann wird die Orientierung des Beobachters auf das Bezugsobjekt übertragen (vgl. Abb. 2), falls Bezugsobjekt und Beobachter koinzidieren. Sind Beobachter und Bezugsobjekt örtlich getrennt, dann ergibt sich die Orientierung nach dem Spiegelbildprinzip (vgl. Abb. 3).
- Wird durch die Bewegung eines Objekts eine Orientierung induziert, dann stimmt a_{hv} mit der Bewegungsrichtung des Objekts überein.

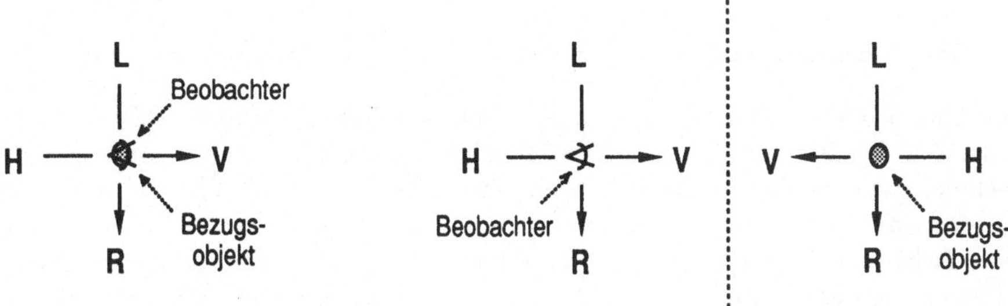

Abb. 2: Koinzidenzprinzip

Abb. 3: Spiegelbildprinzip

Die Links-Rechts-Achse wird so bestimmt, daß sie mit der zuvor festgelegten Hinten-Vorne-Achse ein orthogonales Rechtssystem bildet, sofern das Koinzidenzprinzip angewandt wurde. In allen anderen Fällen bilden Hinten-Vorne-Achse und Links-Rechts-Achse ein orthogonales Rechtssystem. Ob eine Orientierungsrelation intrinsisch oder extrinsisch gebraucht wird, hängt im wesentlichen vom Bezugsobjekt und dem sprachlichen Kontext ab. Die hierzu in SOCCER verwendete Strategie wird in [André 88] beschrieben.

Zur Berechnung der Anwendbarkeit von orientierungsabhängigen Relationen bei vorgegebener Links-Rechts- bzw. Hinten-Vorne-Achse wurde in [Herskovits 80] für den Fall, daß sowohl Subjekt als auch Bezugsobjekt punktförmig sind, folgendes Verfahren vorgeschlagen:

1. Konstruiere ein Bezugssystem, dessen Ursprung mit der Lokation des Bezugsobjekts übereinstimmt und dessen Abszisse die Links-Rechts-Achse und dessen Ordinate die Hinten-Vorne-Achse ist (vgl. Abb. 4).

2. Bestimme die Lokation des Subjektes relativ zu dem in Schritt 1 konstruierten Bezugssystem.

In [André et al. 87]) wird eine Erweiterung dieses Verfahrens beschrieben, die für das System CITYTOUR entwickelt wurde. Zum einen können dort polygonial repräsentierte Bezugsobjekte herangezogen werden, zum anderen wird die Anwendbarkeit einer Relation graduiert. Beide Verfahren, die jeweils nur für den zweidimensionalen Raum entwickelt wurden, teilen den Raum um das Bezugsobjekt in Halbebenen auf, mit denen eine der Relationen `vorne`, `hinten`, `rechts` und `links` assoziiert wird. Bei einem nicht punktförmigen Bezugsobjekt wird bei dem erweiterten Verfahren ein umschreibendes Rechteck bestimmt, das dann als ausgedehnter Ursprung dient. Die Achsen

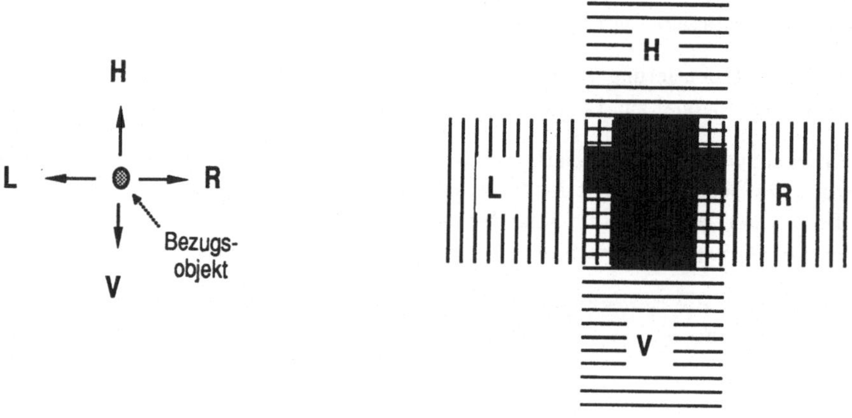

Abb. 4: Bezugssystem bei Herskovits

Abb. 5: Bezugssystem in CITYTOUR

des in Abb. 5 dargestellten Bezugssystems sind zu Bändern entartet. Als Rechteck wurde das kleinste, den das Bezugsobjekt repräsentierenden Polygonzug umschreibende Rechteck gewählt, das achsenparallel zu den Basisvektoren a_{hv} und a_{lr} orientiert ist. Während im Bezugssystem bei Herskovits eine der vier Relationen nur dann anwendbar ist, falls das Subjekt genau auf einem der vier Achsenabschnitte lokalisiert wird, ist in CITYTOUR und SOCCER eine Orientierungsrelation immer dann anwendbar, falls sich das Subjekt innerhalb einer mit der Relation assoziierten Halbebene befindet. Der Anwendbarkeitsraum sowie eine Zerlegung in Regionen gleicher Anwendbarkeit wird durch Hinzunahme weiterer Bedingungen festgelegt. Zum einen wird eine von der Ausdehnung des Bezugsobjekts abhängige Skalierung des Koordinatensystems zugrunde gelegt, zum anderen wird die Lage des Subjekts in diesem Koordinatensystem genauer berücksichtigt (durch die Bewertung des Abstandes zwischen Subjekt und Koordinatenursprung bzw. zwischen Subjekt und den angrenzenden Halbachsen). In Abb. 6 liegt `Ob2` auf der zu einem Band entarteten Rechts-Achse hinsichtlich des im Bezugsobjekt `Ob1` aufgespannten Bezugssystems, so daß die Anwendbarkeit der Relation (`rechts Ob2 Ob1` $\{a_{hv}\ a_{lr}\}$) entsprechend hoch ist. Einen geringeren Grad der Anwendbarkeit ergibt sich für das Relationentupel (`rechts Ob3 Ob1` $\{a_{hv}\ a_{lr}\}$). Für die Objekte `Ob4` und `Ob5` ist die Relation `rechts` schließlich gar nicht mehr anwendbar.

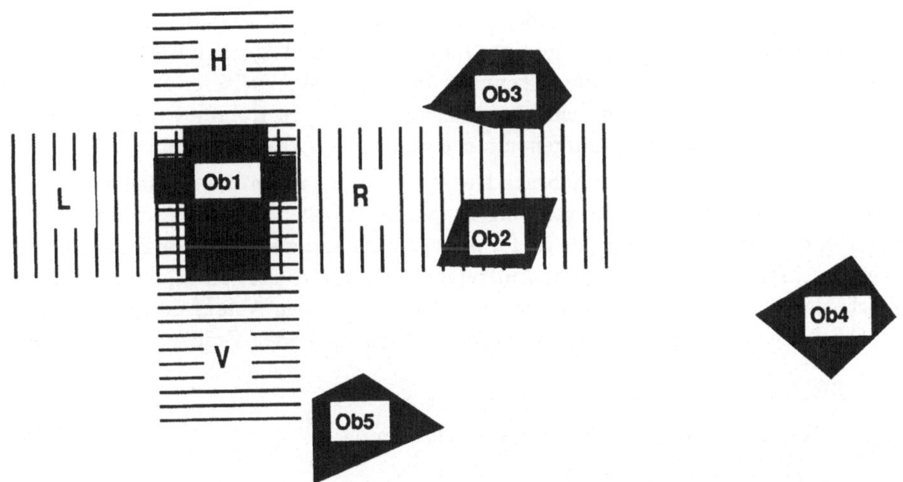

Abb. 6: Anwendbarkeitsgrade lokaler Orientierungsrelationen

4 Semantik von Bewegungs- und Handlungsverben

Durch den Übergang von der Beschreibung statischer Szenen zur Analyse von Kamerabildfolgen und die Berücksichtigung temporaler Aspekte bietet sich die Möglichkeit neben räumlichen auch zeitabhängige Konzepte aus der von einem Bildfolgenanalysesystem erzeugten geometrischen Beschreibung der sichtbaren Objekte und ihrer Trajektorien zu abstrahieren. Solche konzeptuellen Einheiten, die hier als Ereignisse bezeichnet werden, dienen zur Erfassung des Geschehens in einer zeitveränderlichen Szene. Im Hinblick auf die natürlichsprachliche Beschreibung einer Bildfolge stehen Ereignisse, in Analogie zum Begriff der räumlichen Relation, als einzelsprachunabhängige Bedeutungseinheiten zur Verfügung. Sie dienen dazu, die Semantik von Bewegungs- und Handlungsverben zu definieren. Ereignisse sind hier also diejenigen wahrnehmbaren Veränderungen der Welt, über die man üblicherweise spricht (vgl. [Miller & Johnson-Laird 76]).

4.1 Simultane versus retrospektive Interpretation

Neben der Frage, welche Konzepte aus einer geometrischen Szenenbeschreibung zu extrahieren sind, ist es entscheidend, wie der Erkennungsprozeß realisiert wird. Die Betrachtung der relevanten Forschungsarbeiten zeigt, daß bisher nur Ansätze verfolgt wurden, die eine retrospektive Beschreibung der zu analysierenden zeitveränderlichen Szene zum Ziel haben. Die Systeme NAOS (vgl. [Neumann & Novak 86]) und EPEX (vgl. [Walter 87]) bedienen sich zur Interpretation von Straßenverkehrsszenen einer *A-posteriori-Strategie*, bei der vor Analysebeginn eine vollständige geometrische Szenenbeschreibung vorhanden sein muß. Im Gegensatz dazu erfolgt die Szenenanalyse in dem zur Herzkammerdiagnose eingesetzten System ALVEN (vgl. [Tsotsos 81]) datengetrieben und sukzessive. Dennoch sollen auch in diesem Fall die erkannten Ereignisse erst nach der vollständigen Analyse einer Szene zur Verfügung gestellt werden.

Eine völlig neue Problemstellung ergibt sich, wenn es darum geht, Ereignisse simultan zu ihrem Auftreten in der Szene zu erkennen. Sind Ereignisse zu betrachten, deren Auftreten sich über vergleichsweise längere Zeiträume erstreckt, so stellt sich die Frage, wie teilweise erkannte Ereignisse zu repräsentieren sind, um sie zur weiteren Verarbeitung zur Verfügung zu stellen. Im Hinblick auf die Erzeugung simultaner Szenenbeschreibungen in natürlicher Sprache wird dieses Problem unmittelbar deutlich: Zur Zentrierung der Beschreibung auf das aktuelle Szenengeschehen ist es häufig sinnvoll, Ereignisse bereits dann zu verbalisieren, während sie ablaufen, und nicht erst dann, wenn sie vorbei sind. Beispiele hierfür wären die Beschreibung eines gerade auftretenden Überholvorgangs in einer Straßenverkehrsszene oder die Schilderung eines Angriffs in einem Fußballspiel bei einer Livereportage eines Radioreporters. Allgemein wird diese Problematik immer dann auftreten, wenn simultane Erkennung die Grundlage weiterer Reaktionen eines bildverstehenden Systems bildet. Man denke beispielsweise an einen Roboter, der seine Umgebung visuell *"wahrnimmt"* und auf das Wahrgenommene unmittelbar reagieren muß.

Diese Problemstellung stellt besondere Anforderungen an die Modellierung von Ereignissen, denen auch zeitlogischen Formalisierungen, wie die in [Allen 84] und [McDermott 82] vorgestellten Ansätze, nicht gerecht werden, da sie formal nur vollständig auftretende Ereignisse betrachten. Um zu einer feineren Beschreibung des Auftretens eines Ereignisses zu gelangen, bietet es sich an, die verschiedenen Phasen eines Ereignisse, d.h. den Beginn, den Ablauf und das Ende des Auftretens, zu berücksichtigen. Hierzu führen wir zusätzlich die folgenden Prädikate ein:

TRIGGER (t_i *event*) für den Beginn,

PROCEED (t_i *event*) für das Fortschreiten,

STOP (t_i *event*) für das Ende und

SUCCEED (t_i *event*) für das Andauern eines auftretenden Ereignisses. Das Prädikat dient zur Modellierung von Ereignissen, die als solche bereits vollständig erkannt sind, deren Auftreten jedoch andauert. Hierzu zählen beispielsweise die zu durativen Bewegungsverben korrespondierenden Ereigniskonzepte wie **fahren**, **laufen** oder **gehen**.

Im Gegensatz zu den intervallbasierten Prädikaten OCCUR bei Allen bzw. OCC bei McDermott beziehen sich die hier vorgestellten Prädikate auf diskrete Zeitpunkte. Sie ermöglichen es, den Zustand eines auftretenden Ereignisses zu einem vorgegebenen Zeitpunkt zu charakterisieren. Zur Veranschaulichung betrachte man einen Überholvorgang in einer Straßenverkehrszene. Abb. 7 zeigt hierzu vier markante, aus einer Realbildfolge stammende Einzelbilder. Jedes Einzelbild korrespondiert zu je einem der diskreten Zeitpunkte T_1 bis T_4. Zum Zeitpunkt T_1 nähert sich der Pkw dem

Abb. 7: Ein Überholvorgang in einer Straßenverkehrsszene

Kleinbus. Zum Zeitpunkt T_2 schert der Pkw aus; er beginnt, den Kleinbus zu überholen. Die Tatsache, daß das Ereignis beginnt, wird formal durch TRIGGER(T_2 (**Überholen PKW1 BUS1**)) repräsentiert. Zum Zeitpunkt T_4 schert der Pkw vor dem Kleinbus ein und beendet somit den Überholvorgang. Das Ereignis (**Überholen PKW1 BUS1**) ist jetzt vollständig aufgetreten und es gilt: STOP(T_4 (**Überholen PKW1 BUS1**)). Zwischen T_2 und T_4 ist der Überholvorgang in der Szene zu beobachten. Das Ereignis tritt also gerade auf, ist jedoch während dieses Zeitraums noch nicht vollständig erkannt. Würde der Pkw beispielsweise zum Zeitpunkt T_3 in eine Seitenstraße abbiegen, so könnte nicht mehr von einem Überholvorgang gesprochen werden. Für noch nicht vollständig erkannte Ereignisse steht das Prädikat PROCEED bereit. In der im Beispiel dargestellten Situation gilt somit für alle t_i mit $T_2 < t_i < T_4$ die Prädikation PROCEED(t_i (**Überholen PKW1 BUS1**)).
Ein Beispiel für das Andauern eines Ereignisses bezüglich obiger Bildfolge wäre etwa die Tatsache, daß PKW1 fährt. Es gilt für alle t_i mit $T_1 \leq t_i \leq T_4$ die Prädikation SUCCEED(t_i (**Fahren PKW1**)).

Die soeben vorgestellten Prädikate erlauben also eine feinere Modellierung von Ereignissen. Insbesondere kann eine intervallbezogene Beschreibung von Ereignissen, wie z.B. die Tatsache, daß ein Überholvorgang über dem Zeitraum $[T_2\ T_4]$ stattgefunden hat, aus dieser verfeinerten Beschreibung abgeleitet werden.

4.2 Ereignismodelle zur inkrementellen Ereigniserkennung

In Analogie zu Objektmodellen werden Ereignisse konzeptuell durch *Ereignismodelle* beschrieben (vgl. [Neumann & Novak 83]). Ereignismodelle repräsentieren A-priori-Wissen zur Erfassung des Szenengeschehens, insbesondere Wissen über interessante Bewegungsabläufe der Szenenobjekte. Sie dienen als Bindeglied zwischen den in 4.1 vorgestellten Ereignisprädikaten und denen aus einer geometrischen Szenenbeschreibung zu abstrahierenden Ereigniskonzepten. Ein wichtiges Prinzip besteht darin, die Ereignismodelle in einer aus unterschiedlichen Abstraktionsstufen bestehenden Hierarchie anzuordnen. Auf der untersten Stufe stehen dabei die direkt über den geometrischen Daten definierten Konzepte, wie z.B. `exist` oder `move`, die zur Definition komplexerer Ereignismodelle, wie beispielsweise `überholen`, herangezogen werden. Erkannte Ereignisse sind Instantiierungen entsprechender Ereignismodelle; sie werden im folgenden auch als Ereignisinstanzen bezeichnet.

Die hier betrachtete Aufgabenstellung, die simultane Erkennung von Ereignissen, kann nur mit Hilfe einer inkrementell arbeitenden Erkennungsstrategie geleistet werden, bei der die zeitlichen Beziehungen zwischen den Subereignissen den Detektionsprozeß steuern und Ereignisse entsprechend ihrem Ablauf schrittweise erkannt und explizit in der Wissensbasis des Systems repräsentiert werden. Mit der im Rahmen des SOCCER Systems entwickelten Methodik zur Modellierung von Ereigniskonzepten (vgl. [Rist et al. 87], [Herzog & Rist 88]) soll diesen Anforderungen Rechnung getragen werden. Ein Ereignismodell in SOCCER umfaßt:

- Rollen

  Rollen stehen als existenzquantifizierte Platzhalter für die an einem Ereignis beteiligten Objekte. In den Ereignisinstanzen sind diese Rollen mit entsprechenden Bezeichnern für konkrete Szenenobjekte gefüllt.

- Rollenrestriktionen

  Rollenrestriktionen schränken die Menge der möglichen Rollenfüller bei der Instantiierung eines Ereignismodells ein. Obligatorisch sind hierbei Typrestriktionen, die angeben, welcher Objektklasse die Rollenfüller angehören müssen. Desweiteren können durch Rollenrestriktionen auch Bedingungen formuliert werden, die sich auf Abhängigkeiten zwischen den einzelnen Rollenfüllern beziehen. Solche Restriktionen sind typischerweise von der Form: 'Falls der Füller der Rolle A die Eigenschaft p besitzt, dann muß der Füller der Rolle B die Eigenschaft q besitzen'.

- Ablaufschema

  Das Kernstück eines Ereignismodells ist sein Ablaufschema. Es dient dazu, den prototypischen Ablauf eines Ereignisses zu spezifizieren.

Das Ablaufschema eines Ereignismodells, formal als endlicher gerichteter markierter Graph definiert, spezifiziert die Sub-Ereignisse bzw. den situativen Kontext, der in einer Szene beobachtbar sein muß, um von einem Auftreten des entsprechenden Ereignisses sprechen zu können. Der zugrunde liegende Gedanke ist der, daß die temporalen Aspekte so repräsentiert werden, daß das Erkennen eines Ereignisses zu einer Traversierung des dazugehörigen Ablaufschemas korrespondiert. Eine solche Traversierung erfolgt dabei schrittweise innerhalb eines vorgegebenen Zeittaktes

— also inkrementell.[4] Zur Demonstration sei als Beispiel das Konzept **Pass_in_den_Lauf** gewählt. Es beschreibt die Situation, in der ein Spieler seinem laufenden Mannschaftskameraden den Ball zuspielt. Im Formalismus von Allen könnte dieses Konzept wie folgt definiert werden:

```
OCCUR(timeinterval1 (Pass_in_den_Lauf Sp1 Ball Sp2))
 <==>
   EXIST  timeinterval2
     DURING(timeinterval2 timeinterval1)
     OCCUR(timeinterval2 (Laufen Sp2))
     OCCUR(timeinterval1 (Zuspiel Sp1 Ball Sp2))
```

Abb. 8 zeigt das entsprechende Ablaufschema, das sich durch Projektion der intervallweise angegebenen Gültigkeitsbedingungen auf diskrete Zeitpunkte ergibt (vgl. dazu [Herzog & Rist 88]). Die Typmarkierungen an den Kanten des Ablaufschemas werden zur Definition der elementaren Ereignisprädikate herangezogen.

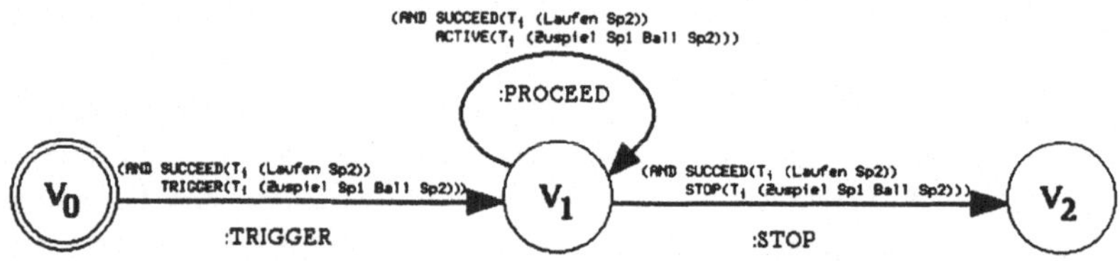

Abb. 8: Ablaufschema des Konzeptes Pass_in_den_Lauf

5 Zusammenfassung und Ausblick

Bei der Konzeption, die bei der Kopplung von VITRA und ACTIONS verfolgt wird, besteht die Aufgabe der Bildanalyse in der Erzeugung einer quantitativen Beschreibung grundlegender wahrnehmbarer Größen, wie z.B. Position und Geschwindigkeit von Objekten. Ausgehend von dieser geometrischen Szenenbeschreibung stellen weitergehende Interpretationsprozesse qualitative Beschreibungen räumlicher Anordnungen und zeitübergreifender Vorgänge in Form von räumlichen Relationen und Ereignissen zur Verfügung. Diese konzeptuellen Strukturen sind das Bindeglied zwischen visuellen Daten und sprachlichen Einheiten wie räumliche Präpositionen bzw. Bewegungs- und Handlungsverben. Eine Besonderheit des in SOCCER verfolgten Ansatzes ist die Zielsetzung, eine Szene simultan zu ihrem Ablauf zu interpretieren und in natürlicher Sprache zu beschreiben. Langfristig betrachtet wird damit die Realzeitverarbeitung bei der Analyse, Interpretation und natürlichsprachlichen Beschreibung zeitveränderlicher Szenen angestrebt (vgl. auch [Nagel 88]).

Um die Interpretationsleistung des SOCCER Systems und damit die Qualität der erzeugten natürlichsprachlichen Simultanbeschreibungen noch zu verbessern, sollen in einer weiteren Ausbaustufe die folgenden Erweiterungen durchgeführt werden:

- Objektgruppen als Rollenfüller

  Läßt man als Rollenfüller auch Objektgruppen zu, dann könnten auch Konzepte wie beispielsweise **Angriff_des_Sturms** innerhalb des Formalismus definiert werden. Eine besondere

[4] Für eine A-posteriori-Bildfolgenanalyse wird in [Walter 87] die Verwendung von ATN-Strukturen zur Modellierung von Ereignissen vorgeschlagen. Für die inkrementelle Erkennung kann dieser Ansatz nicht übernommen werden, da in der Szene gleichzeitig auftretende Ereignisse auch parallel erkannt werden müssen. Ein ATN-Interpreter, bei dem der Zugriff auf Teilkonzepte durch rekursiven Aufruf von Subnetzen erfolgt, kann aber gerade diese Aufgabe nicht leisten.

Schwierigkeit hierbei liegt sicherlich darin, daß sich Objektgruppen, im Gegensatz zu einzelnen Objekten, neu formieren, vergrößern, verkleinern oder auflösen können; d.h. ihre Gestalt als auch ihre zeitliche Existenz ist variabel. Hinzu kommt noch, daß die Menge aller möglichen Objektgruppen exponentiell zur Menge der dynamischen Szenenobjekte wächst.

- Raumregionen als Rollenfüller

  Bei der Definition von Konzepten wie etwa `Schuß_vors_Tor` wäre es wünschenswert, als Rollenfüller Regionen, wie z.B. den `Vor_Raum_des_Tores`, heranziehen zu können. Derzeit können Orte nur relational auf der Grundlage räumlicher Relationen beschrieben werden. Die Schwierigkeit bei dieser Repräsentationsform ist darin zu sehen, daß bereits während der Interpretation der Szenendaten zur Charakterisierung eines Ortes sowohl eine geeignete Relation als auch die Bezugsobjekte ausgewählt werden müssen. Da bei dieser Auswahl sehr unterschiedliche Faktoren, u.a. auch der sprachliche Kontext, zu berücksichtigen sind, ergäbe sich hierdurch eine ungewollt starke Vernetzung zwischen Ereigniserkennung und Sprachproduktion. Ein anderer Ansatz, der einer Trennung von Ereigniserkennung und Sprachproduktion entgegenkommt, basiert auf der Einführung eigenständiger Entitäten zur Repräsentation von Orten. Inwiefern sich dieser Ansatz als geeignet erweist, wird davon abhängen, wie Regionen repräsentiert werden können und ob sie sich mit vertretbarem Aufwand bestimmen und adäquat in natürlicher Sprache beschreiben lassen.

- Erkennung und Verbalisierung von Intentionen

  Es hat sich gezeigt, daß es in vielen Fällen bei der Beschreibung eines Ereignissses nicht genügt, nur den Verlauf der Trajektorien zu betrachten. Um eine möglichst informative Beschreibung generieren zu können, ist es notwendig, auch die Intentionen der agierenden Objekte zu berücksichtigen. Ob es sich bei einem Ereignis beispielsweise um einen verfehlten Torschuß oder um ein Abwehren des Balls handelt, kann nicht allein aus visuellen Daten geschlossen werden. Vielmehr lassen sich in Abhängigkeit von erkannten Intentionen ein und derselben Trajektorie unterschiedliche Ereigniskonzepte zuordnen. Ein System zur Erkennung von Intentionen und Plänen wurde bereits im Rahmen des Projekts VITRA entwickelt (vgl. [Retz-Schmidt 88]) und soll in einer weiteren Ausbaustufe in SOCCER integriert werden.

- Entwicklung eines visuellen Hörermodells

  Im ersten Abschnitt wurden der Aufbau räumlich-zeitlicher Vorstellungen beim Textverstehen einerseits und die natürlichsprachliche Beschreibung von Szenen anhand visueller Daten andererseits als getrennte Aufgabenstellungen beschrieben. Es zeigt sich jedoch, daß es im Hinblick auf die Generierung adäquater Beschreibungen sinnvoll ist, die beim Hörer vermutlich erzeugten visuellen Vorstellungen explizit zu modellieren und bei der weiteren Sprachproduktion zu berücksichtigen (vgl. [Wahlster 87] und [Novak 88]). Durch Abgleich der Imagination des Hörers mit den tatsächlichen Szenendaten läßt sich dann verifizieren, ob eine Äußerung den intendierten Effekt hat. Eine entsprechende Komponente für eine solche Antizipation der Imagination des Hörers wird zur Zeit im Rahmen des SOCCER Systems entwickelt (vgl. [Schirra 89]).

Danksagung

Die Autoren möchten sich an dieser Stelle bei den Teilnehmern des Workshops "Repräsentation und Verarbeitung räumlichen Wissens" für zahlreiche und wertvolle Anregungen bedanken. Die Abbildung zur Funktionsweise des ACTIONS Systems wurde uns freundlicherweise von unseren Kollegen vom Institut für Informations- und Datenverarbeitung (IITB) der Fraunhofergesellschaft, Karlsruhe, zur Verfügung gestellt.

Die hier beschriebene Arbeit wurde teilweise unterstützt vom Sonderforschungsbereich 314 der Deutschen Forschungsgemeinschaft, "Künstliche Intelligenz und wissensbasierte Systeme", Projekt N2: VITRA (VIsual TRAnslator).

Zusätzlich zitierte Literatur

[Allen 84] J. F. **Allen**. Towards a General Theory of Action and Time. *Artificial Intelligence*, 23(2):123–154, 1984.

[Lakoff 73] G. **Lakoff**. Hedges: A Study in Meaning Criteria and the Logic of Fuzzy Concepts. *Journal of Philosophical Logic*, 2:458–508, 1973.

[McDermott 82] D. **McDermott**. A Temporal Logic for Reasoning about Processes and Plans. *Cognitive Science*, 6:101–155, 1982.

[Retz-Schmidt 88] G. **Retz-Schmidt**. A REPLAI of SOCCER: Recognizing Intentions in the Domain of Soccer Games. In: *Proc. of the 8th ECAI*, pp. 455–457, Munich, 1988.

[Sung & Zimmermann 86] C.-K. **Sung** und G. **Zimmermann**. Detektion und Verfolgung mehrerer Objekte in Bildfolgen. In: G. Hartmann (Hrsg.), *Mustererkennung 1986*, pp. 181–184, Berlin, Heidelberg: Springer, 1986.

[Sung 88] C.-K. **Sung**. Extraktion von typischen und komplexen Vorgängen aus einer langen Bildfolge einer Verkehrsszene. In: H. Bunke, O. Kübler, and P. Stucki (Hrsg.), *Mustererkennung 1988*, pp. 90–96, Berlin, Heidelberg: Springer, 1988.

[Zimmermann & Kories 84] G. **Zimmermann** und R. **Kories**. Eine Famillie von Bildmerkmalen für die Bewegungsbestimmung in Bildfolgen. In: W. Kropatsch (Hrsg.), *Mustererkennung 1984*, pp. 147–153, Berlin, Heidelberg: Springer, 1984.

Wegauskünfte: Die Interdependenz von Such- und Beschreibungsprozessen

Wolfgang Hoeppner, Martin Carstensen, Ulrike Rhein
EWH Koblenz, Rheinau 3–4, 5400 Koblenz

1 Modularisierung bei Wegauskünften

Eine für Menschen durchaus alltägliche Aufgabe besteht darin, Ortsunkundigen zu beschreiben, auf welchem Weg sie zu einem bestimmten Ziel gelangen. Beschäftigt man sich eingehender mit dieser Aufgabenstellung und mit möglichen Vorgehensweisen, die zu einer Lösung führen können, so stellt sich heraus, daß eine ganze Reihe von Teilproblemen gelöst werden müssen. Interessant ist hierbei vor allem, wie Teilprobleme und Lösungsmethoden miteinander zusammenhängen. Wir wollen in diesem Beitrag eine Konzeption für die Erzeugung von Wegauskünften vorstellen, die als Grundlage für eine Systemrealisierung dienen kann, die aber auch als Vorschlag für die Architektur natürlichsprachlicher Systeme angesehen werden kann.

Hervorgegangen sind diese Überlegungen aus dem universitätsinternen Projekt KOPW (KOblenzer Präsentation von Wegauskünften), das im Studiengang Informatik der EWH Koblenz an der Konzeption eines Systems für Wegbeschreibungen arbeitet. Bevor wir näher auf die Modularisierungsproblematik eingehen, sollen die Randbedingungen des Projekts KOPW kurz skizziert werden.

Als Alternative zur Erzeugung natürlichsprachlicher Texte soll auch die Präsentation graphischer Beschreibungen in Form von Handskizzen untersucht werden. Zunächst wollen wir uns aber auf eine verbale Beschreibung beschränken und diesen graphischen Ansatz nicht weiter verfolgen.

An die Fortbewegungsart werden keine speziellen Einschränkungen gestellt: Es sollen Wege für Fußgänger, Radfahrer, Autofahrer und Benutzer öffentlicher Verkehrsmittel gesucht und beschrieben werden, wobei auch ein Wechsel der Fortbewegungsart zulässig ist. Diese Variabilität geht über den Ansatz des Systems CITYGUIDE hinaus [Müller 1988], in dem unterschiedliche Wege für Fußgänger, Radfahrer und Autofahrer erzeugt werden können.

Als Weltausschnitt soll ein Stadtbereich modelliert sein, der für die Suche und für die Beschreibung von Wegen die notwendigen Informationen enthält. Für die Repräsentation des räumlichen Wissens ist es wichtig, welche Zielangaben zugelassen sein sollen. Neben konkreten Adressenbezeichnungen, Namen von Gebäuden, Institutionen und Sehenswürdigkeiten, die in einem zweidimensionalen Raum als Koordinatenpaare identifiziert werden können, sollen auch ausgedehnte Objekte, wie z.B. Straßenzüge, Gebiets- und Bezirksangaben oder geographische Objekte (z.B. Rheinufer, Süllberg) eine Zielangabe spezifizieren können.

Kommen wir jetzt zurück zur eingangs genannten Fragestellung: Wie läßt sich die Erzeugung einer Wegauskunft modularisieren? Eine Unterteilung dieser Aufgabenstellung in die beiden Teilaufgaben 'Suche' und 'Beschreibung' scheint hier zunächst sinnvoll zu sein und einen ersten Hinweis auf Verarbeitungskomponenten zu geben.

Der erste Prozeß hätte dafür zu sorgen, daß in der Repräsentation des Stadtgebietes ein Weg vom Start zum Ziel ermittelt wird. Als Kriterien für die Suche läßt sich eine Reihe von Anforderungen angeben, die in der Repräsentation des Stadtgebietes überprüft werden können, da sie Eigenschaften der dort modellierten Objekte sind. Die Länge von Teilstrecken, die Eignung für eine bestimmte Fortbewegungsart, die Orientierung in Richtung auf das Ziel seien hier nur als Beispiele genannt.

Das Ergebnis dieses Suchprozesses könnte dann als Eingabe in eine Generierungskomponente fungieren, die einen natürlichsprachlichen Text als Beschreibung des zuvor ermittelten Weges erzeugt. Eine solche Komponente wird im Projekt KLEIST erarbeitet [Meier et al. 1988]. Das von Habel vorgeschlagene Dreiphasenmodell [Habel 1987] ist eine Verfeinerung des hier beschriebenen Architekturschemas. Insbesondere erfolgt die Erzeugung des Primärplans unabhängig von der Textgenerierung. Dies trifft auch auf den verwandten Ansatz von Rau und Schweitzer zu [Rau, Schweitzer 1987], bei dem die Phasen der Texterzeugung allerdings noch stärker untergliedert sind.

Die Trennung in Suche und Beschreibung, wie sie eben skizziert wurde, setzt voraus, daß die beiden Teilaufgaben voneinander vollständig unabhängig sind. Jeder von der Suche ermittelte Weg müßte demnach auch verbal beschrieben werden können, und es spricht nichts dagegen, von der prinzipiellen Beschreibbarkeit einer beliebigen Trajektorie auszugehen. Unberücksichtigt bleibt bei einem solchen Vorgehen jedoch, daß der natürlichsprachliche Text nur einen Teil der komplexen Aufgabenstellung ausmacht, und daß dieser Text eine Funktion für den Adressaten erfüllen soll, die außerhalb des bisher betrachteten Systemrahmens liegt. Der Adressat soll nämlich auf Grund der Beschreibung den Weg später finden können und zu seinem Ziel gelangen. Eine wesentliche Voraussetzung hierfür ist, daß die Beschreibung nicht nur den Weg eindeutig charakterisiert, sondern daß auch die Merkfähigkeit des Adressaten mitberücksichtigt wird. Ein Weg durch einen winkeligen Altstadtbereich ist u.U. vom Kriterium der räumlichen Distanz und der damit zusammenhängenden zeitlichen Dauer optimal, die Beschreibung kann jedoch so umfangreich ausfallen, daß sie für den eigentlichen Zweck untauglich wird.

In das einfache Zweiphasenmodell, das zwischen Suche und Beschreibung trennt, könnte man diese Überlegungen in der Weise einbringen, daß nicht nur ein Weg zwischen Start– und Zielpunkt ermittelt wird, sondern daß die Suche mehrere alternative Wege erzeugt. Kriterien der Beschreibung, insbesondere ihrer Merkbarkeit, könnten dann diejenige Version auswählen, die als Textgrundlage am geeignetsten erscheint.

Eine solche Lösung des Modularisierungsproblems halten wir allerdings für nicht adäquat. Unterstützt wird diese Ansicht, wenn man bedenkt, mit welcher Spontanität Wegauskünfte gegeben werden und wieviele alternative Wege zwischen zwei Punkten eines Stadtgebiets allein auf Grund der geographischen Gegebenheiten möglich sind. Als Lösung scheint uns hier nur die Annahme vertretbar, daß beide Teilaufgaben — Suche und Beschreibung — wechselseitig miteinander verwoben sind. Eine solche Interdependenz hat direkte Auswirkungen auf den Entwurf einer Systemarchitektur. Auf einer Ebene, die von den Anforderungen einer speziellen Aufgabenstellung abstrahiert, werden Abhängigkeiten sichtbar, die eine einfache Sequenzialisierung fragwürdig erscheinen lassen. Für die Aufgabenstellung einer Wegauskunft bedeutet dies, daß Kriterien der natürlichsprachlichen Beschreibung letztlich auf das Kriterium der Merkbarkeit abzielen und deshalb direkt in die Suche einfließen sollten.

In den folgenden beiden Abschnitten wollen wir diese Wechselwirkung näher untersuchen: An Beispielen orientiert werden zwei verschiedene Typen von Kriterien unterschieden. Im dritten Abschnitt wird dann auf spezielle Problemstellungen eingegangen, die ebenfalls die Interdependenzthese unterstützen.

2 Anforderungen an die Wegfindung

2.1 Maximen

Bei einer Wegauskunft beachtet der Befragte, größtenteils unbewußt, eine Vielzahl von Maximen. Ein Teil dieser Maximen betrifft den Weg, genauer gesagt die (impliziten) Wünsche des Fragenden bezüglich des Weges, ein anderer Teil die Beschreibung des Weges.

Zu den Maximen, die den Weg betreffen, gehören:

- die Ausführungszeit (Der Fragende möchte *jetzt* zu dem genannten Zielpunkt.),
- der Zeitaufwand (Er möchte möglichst *schnell* dort hin.),
- die Fortbewegungsart (Er möchte mit einem bestimmten *Verkehrsmittel* dort hin.),
- die Wegeigenschaften (Er möchte auf möglichst *angenehme Art* dort hin.).

Diese Maximen beruhen auf *default*–Annahmen, die durch explizite Äußerungen des Fragenden revidiert werden können. Zu den Maximen, die die Beschreibung des Weges betreffen, gehören unter anderem:

- die Merkbarkeit (Er möchte sich die Wegbeschreibung leicht merken können.),
- die Verifizierbarkeit (Er möchte die Wegbeschreibung später an der Wirklichkeit leicht verifizieren können.).

Die beiden Aufzählungen sind nicht vollständig, sie enthalten aber die wichtigsten Maximen. Auch sind diese Standardannahmen nicht unabhängig voneinander. In manchen Fällen kann zwischen zwei Maximen sogar ein *trade-off* bestehen. Ein Beispiel hierfür ist der Zusammenhang zwischen den beiden letztgenannten Maximen Merkbarkeit und Verifizierbarkeit. Ist die Beschreibung einfach, dann fällt möglicherweise die Verifizierung schwer, weil zu wenig markante Punkte enthalten sind. Ist die Beschreibung dagegen leicht zu verifizieren, dann enthält sie möglicherweise sehr viele Details, die schwer zu behalten sind.

2.2 Kriterien für optimale Wege

Die Berücksichtigung der Maximen erfordert die Verwendung bestimmter Kriterien für die Suche eines Weges. Die Kriterien sind auch wieder von verschiedener Komplexität. Zu den einfachen Kriterien zählen die Art der Fortbewegung (also das Verkehrsmittel), die Länge des Weges, die Schönheit des Weges (kleine Nebenstraße mit Bäumen vs. vierspurige Hauptstraße für Fußgänger), oder Informationen darüber, ob man auf diesem Weg schnell voran kommt.

Weitere Kriterien berücksichtigen markante Punkte und die Merkbarkeit der Beschreibung. Durch diese Kriterien treten erst die mit der Interdependenz zwischen Suche und Beschreibung verbundenen Schwierigkeiten auf.

Ebenso wie die Maximen sind auch die Kriterien nicht unabhängig voneinander. Markante Punkte wie besonders große Kreuzungen, Denkmäler oder Parks können sowohl die Schönheit eines Weges, als auch seine Beschreibung beeinflussen. Bei der Wegsuche ergibt sich nach der Bewertung der für den jeweils Fragenden wichtigen Kriterien ein Weg, der für diese Anforderung optimal ist.

Im folgenden Beispiel (Abb. 1) soll gezeigt werden, daß es je nach Kombination der Kriterien auch verschiedene optimale Wege für eine Anfrage geben kann.

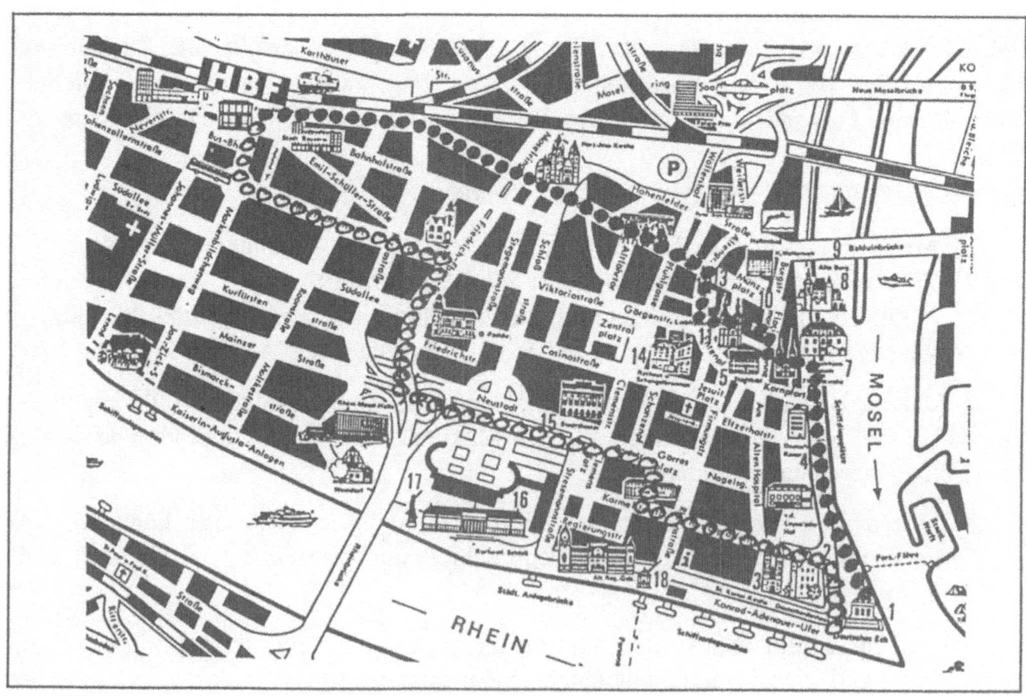

Abb. 1 Optimale Wege vom Hbf zum Deutschen Eck

In diesem Stadtplanausschnitt der Innenstadt von Koblenz sind zwei Wege eingezeichnet, die beide vom Hauptbahnhof zum Deutschen Eck führen. Beide Wege könnten optimal sein, allerdings jeder für eine andere Fortbewegungsart.

Der mit den dunklen Kreisen markierte Weg ist gut geeignet für Fußgänger, da er durch die Fußgängerzone von Koblenz führt. Der andere, mit den Dreiecken markierte Weg ist eine optimale Verbindung für Autofahrer, da er über Hauptsstraßen führt. Zu bestimmten Tageszeiten ist dieser Weg vielleicht nicht mehr optimal, da die großen Straßen beispielsweise bei Berufsverkehr verstopft sind. Der Auskunftsuchende würde dann nicht mehr schnell an sein Ziel gelangen, was gegen die zweite Maxime der obigen Aufzählung verstoßen würde. In solchen Fällen kann ein möglicherweise auch (räumlich) längerer Weg eine (zeitlich) kürzere Verbindung darstellen.

Die Optimalität eines Weges ist also keine absolute Eigenschaft, sondern vielmehr abhängig von der Bewertung der Kriterien. Unter der Annahme, daß die Wege bei der Suche sukzessive aus Teilstücken zusammengesetzt werden, sind die Kriterien, die sich der ersten Gruppe von Maximen zuordnen lassen, homomorph fortsetzbar. Die Bewertungsfunktion b dieser Kriterien ist eine homomorphe Abbildung:

$$x \oslash y = z$$
$$b(z) = b(x \oslash y) = b(x) \oplus b(y)$$

Dabei seien hier x, y, z Teilstrecken, $\oslash$ ihre Konkatenation. Die Bewertung einer Strecke läßt sich also aus der Bewertung ihrer Teilstrecken mittels einer Operation $\oplus$ ableiten.

Ein intuitives Beispiel hierfür ist das Kriterium der Distanz: Die Länge eines Weges $b(z)$ ergibt sich aus der Summe der Längen der einzelnen Teilstücke, in diesem Fall aus $b(x)$ und $b(y)$.

2.3 Interdependenz

Möchte man auch diejenigen Maximen berücksichtigen, die sich auf die Merkbarkeit und die Verifizierbarkeit beziehen, dann muß man bei der Suche auch weitere Kriterien verwenden. Mit dem nächsten Beispiel soll gezeigt werden, daß sich aus der Verwendung dieser komplexen Kriterien, die keine homomorph fortsetzbare Bewertungsfunktion haben. Hieraus ergibt sich die Interdependenz. Es soll in dem Beispiel die Auswirkung, die die Beschreibungsaufgabe für die Suche hat, verdeutlicht werden (vgl. Abb. 2).

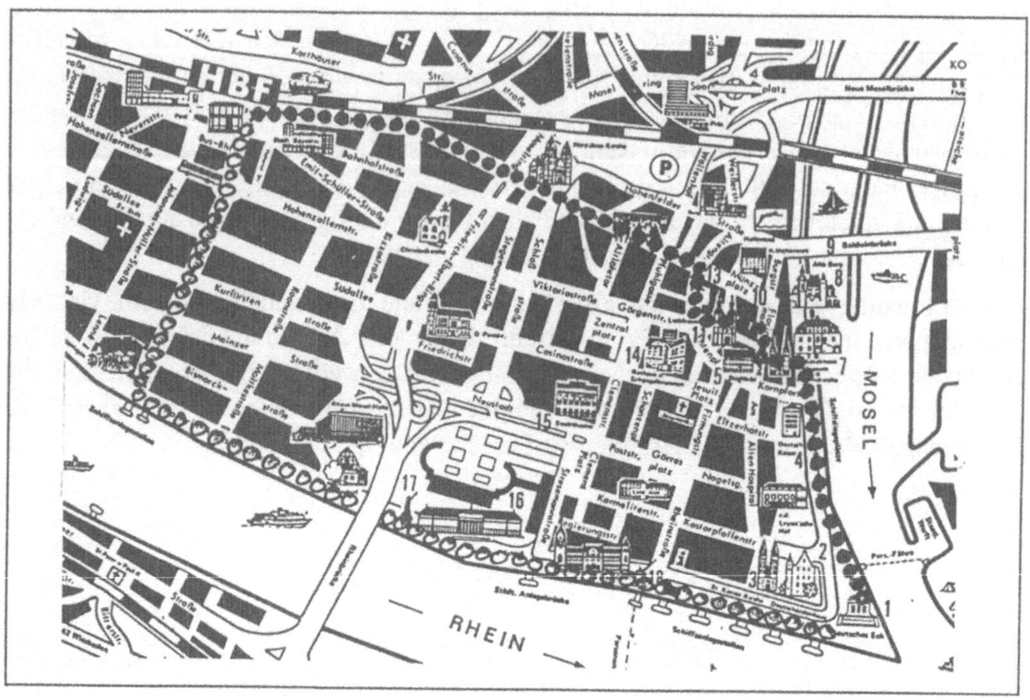

Abb. 2 Interdependenz von Suche und Beschreibung

In diesem Stadtplanausschnitt sind ebenfalls zwei Wege eingezeichnet. Der mit den dunklen Kreisen markierte Weg ist als eine recht gute Verbindung für Fußgänger bereits aus dem ersten Beispiel bekannt. Der andere Weg (helle Kreise) scheint schlechter zu sein, da er länger ist als der erste Weg. Fließt die Beschreibbarkeit des Weges mit in die Suche ein, so wird hier eher dieser vermeintlich schlechtere Weg ausgewählt, da er viel einfacher zu beschreiben ist als der kürzere Weg. Der längere Weg setzt sich aus nur zwei einfach zu beschreibenden Segmenten zusammen (Hbf – Rhein; Rheinanlagen – Deutsches Eck), während der längere aus mindestens neun Beschreibungssegmenten besteht. Als Komplexitätsmaß der Beschreibung kann man sich zunächst einmal die Anzahl der Abbiegevorgänge vorstellen, die ja mindestens verbalisiert werden müssen. Außerdem können als Maß der Beschreibung auch noch Aspekte der Sichtbarkeit berücksichtigt werden.

Die komplexen Kriterien sind nicht homomorph fortsetzbar, da sich die Bewertung eines Weges bezüglich dieser Kriterien nicht aus der Bewertung seiner Teilstrecken bestimmen läßt. In dem nun folgenden Beispiel soll dieser Aspekt verdeutlicht werden.

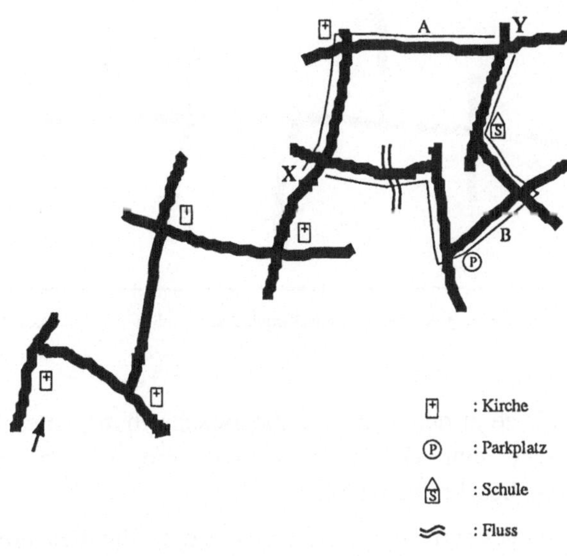

Abb. 3 Steigerung der Beschreibungskomplexität bei nicht-homomorphen Kriterien

Durch den Suchprozeß sei bereits ein Teil des Weges bis zum Punkt X ermittelt worden. Nun muß mithilfe der Bewertungsfunktion entschieden werden, ob zwischen den Punkten X und Y der Weg durch Teilstück A oder durch Teilstück B fortgesetzt werden soll.

A ist bezüglich der homomorph fortsetzbaren Kriterien besser als B, weil A kürzer ist als B. Das Teilstück A ist außerdem auch noch gut zu beschreiben, da der einzige Abbiegepunkt durch eine Kirche eindeutig gekennzeichnet werden kann. Die beste Beschreibung für den bisherigen Weg verwendet die eingezeichneten Kirchen. Die Bewertung dieser Beschreibung verschlechtert sich allerdings, wenn für die Beschreibung des neuen Teilstücks wieder eine Kirche herangezogen würde. Das Problem ist dabei nicht, daß der Ratsuchende sich eine weitere Kirche merken muß (was eher einfach ist), sondern daß er sich mit jeder Kirche eine andere Aktion, genauer gesagt eine Richtungsänderung merken muß.

Es muß zunächst versucht werden, einige in der Beschreibung verwendete Kirchen durch andere markante Punkte zu ersetzen, damit die mit den Punkten verbundenen Aktionen besser zu merken sind. Dadurch ändert sich zunächst nur die Beschreibung und nicht der Weg selbst. Ist eine bloße Änderung der Beschreibung aber nicht möglich — etwa wenn es wie bei A keine anderen geeigneten Punkte gibt — dann muß der Weg von X aus durch das Teilstück B fortgesetzt werden, obwohl B schlechter ist als A (der gesamte Weg über B jedoch besser ist als über A). Im schlimmsten Fall muß natürlich für die bisherige Strecke eine Alternative gefunden werden.

Abb. 4 Verringerung der Beschreibungskomplexität bei nicht-homomorphen Kriterien

Das Beispiel in Abb. 3 zeigt den Fall, daß die Beschreibung eines Weges durch Hinzunahme einer Teilstrecke sehr viel komplizierter wird, obwohl sich das betreffende Teilstück recht einfach beschreiben läßt.

Es ist nun auch der umgekehrte Fall denkbar, bei dem die Beschreibung des gesamten Weges durch ein weiteres Teilstück einfacher wird. Dieser Fall ist in Abb. 4 gezeigt. Dem Weg bis zu der mit X bezeichneten Kreuzung eine bestimmte (numerische) Bewertung zugeordnet. Die zugehörige Bewertungsfunktion (bezüglich des Kriteriums "Beschreibbarkeit") ist nicht homomorph fortsetzbar. Das Teilstück von X nach Y läßt sich mithilfe des großen Denkmals ganz einfach beschreiben. Wird der Weg nun durch dieses Teilstück fortgesetzt, dann reicht es für die Beschreibung des gesamten Weges aus, dem Ratsuchenden zu sagen, daß er bis zum Denkmal immer geradeaus gehen muß. Der gesamte Weg kann also so einfach wie das letzte Teilstück beschrieben werden. Dies allerdings nur unter der Voraussetzung, daß der Weg bis X nicht schon Denkmäler enthält, wodurch diese Beschreibung unpassend würde. Deshalb kommt man nicht mit dem numerischen Wert der Strecke bis X aus, sondern muß auf Eigenschaften ihrer Teilstücke zurückgreifen. Diese Art der Bewertungsfunktion nennt man auch nicht homomorph fortsetzbar.

3 Spezielle Probleme bei Wegauskünften

In Abschnitt 2 haben wir gesehen, welche Probleme sich aus der Interdependenz zwischen der Wegsuche und der Beschreibbarkeit von Wegen ergeben. Darüberhinaus gibt es bei der Wegfindung noch weitere Problemklassen, die speziell in dieser Anwendung (Wegauskünfte) auftreten und die wir hier anhand von Beispielen verdeutlichen wollen.

3.1 Das "Parkplatzproblem"

Ist der Zielort beispielsweise mit dem Auto als Verkehrsmittel nicht selbst erreichbar, etwa weil er in einer Fußgängerzone liegt, muß nicht nur die ursprüngliche Frage — wie komme ich von A nach B — entsprechend mehrschichtig beantwortet werden, auch die Suche muß nach anderen Bedingungen ablaufen.

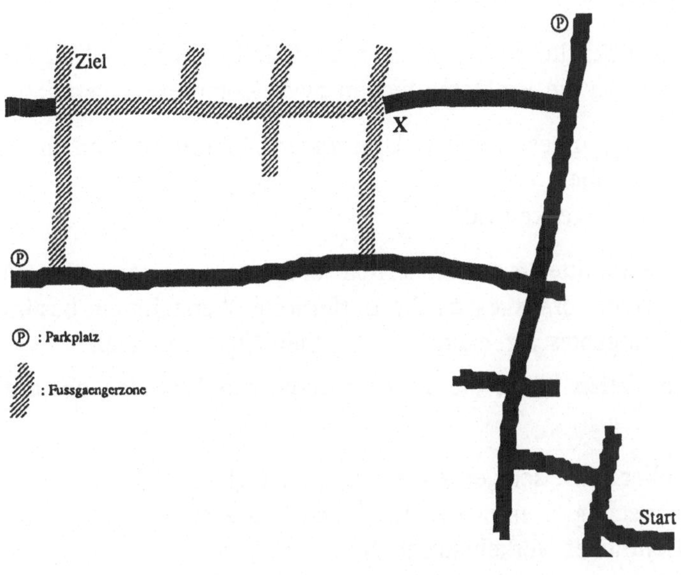

Abb. 5 Das Parkplatzproblem

Eine Möglichkeit für die Suche ist es, zunächst "ganz normal" einen Weg zwischen Start und Ziel zu suchen, anschließend eine Parkmöglichkeit auf dem Weg und in der Nähe des Ziels zu bestimmen.

Eine andere Möglichkeit ist es, zuerst die geeignete Parkmöglichkeit in der Nähe des Ziels zu bestimmen, um dann einen Weg vom Start dorthin und einen zweiten vom Parkplatz zum Ziel (für Fußgänger) zu suchen.

Diese beiden Möglichkeiten können durchaus zu unterschiedlichen Wegen führen. Für die Beschreibung des gesamten Weges gibt es auch wieder verschiedene Modelle:

Der Weg läßt sich vom Start zum Parkplatz und von dort weiter zum Ziel beschreiben oder aber vom Start "direkt" zum Ziel mit zusätzlicher Angabe, wo eine Parkmöglichkeit zu finden ist (im Beispiel von Abb. 5 etwa: "Von Punkt X ist es noch 200 Meter, dann rechts. Das müssen Sie aber zu Fuß gehen. Kurz vorher können Sie parken, wenn . . . ").

Diese Beschreibungsmodelle entsprechen zwar den Suchvorgängen, können aber unabhängig von diesen herangezogen werden. Gerade in dem Fall, daß die Beschreibung anders verläuft als der Suchprozeß nahelegt (also: die Suche verläuft "Start — Ziel — Parkplatz", die Beschreibung "Start — Parkplatz — Ziel"), erkennt man die Schwierigkeit, die Merkbarkeit einer möglichen Beschreibung bereits beim Suchprozeß zu bewerten.

Verallgemeinert besteht das Problem darin, daß die ursprüngliche Aufgabenstellung ("finde einen Weg von A nach B") durch Randbedingungen — die dem Fragesteller in der Regel nicht bekannt sind! — erweitert wird in "finde einen Weg von A nach B über einen Punkt C mit bestimmten Eigenschaften". Ähnliches gilt auch für das folgende Problem.

3.2 Das "Umsteigeproblem"

Die Einbeziehung öffentlicher Verkehrsmittel führt in jedem Fall zu Problemen wieder neuer Art. Wir wollen die Probleme hier in zwei Komplexe unterteilen:

- die Entscheidung, unter welchen Umständen öffentliche Verkehrsmittel überhaupt benutzt werden sollen,
- die Kriterien der Streckenwahl.

Öffentliche Verkehrsmittel sind sicherlich einzusetzen, wenn der Fragesteller dies ausdrücklich wünscht; vorausgesetzt die Entfernung übersteigt ein bestimmtes Minimum und es gibt ein geeignetes Streckennetz zwischen Start und Ziel.

In allen anderen Fällen hängt die Entscheidung von Kriterien ab, die abhängig sein können:

- vom Fragesteller (z.B. schweres Gepäck oder Gebrechlichkeit),
- vom Streckennetz (gibt es in den Regionen von Start und Ziel überhaupt geeignete Stationen öffentlicher Verkehrsmittel?),
- von der Entfernung zwischen Start und Ziel (geringe Entfernungen lohnen keine Verkehrsmittel).

Diese Kriterien sind auch wieder voneinander abhängig: Je nach Abfahrtsfrequenz und Wartezeiten bei Anschlüssen wird man beispielsweise auch längere Entfernungen zu Fuß bewältigen.

Sind aufgrund einer Vorentscheidung öffentliche Verkehrsmittel bei der Wegsuche zu berücksichtigen, müssen Kriterien für die Streckenwahl gefunden werden. Dies wollen wir anhand der Abb. 6 verdeutlichen:

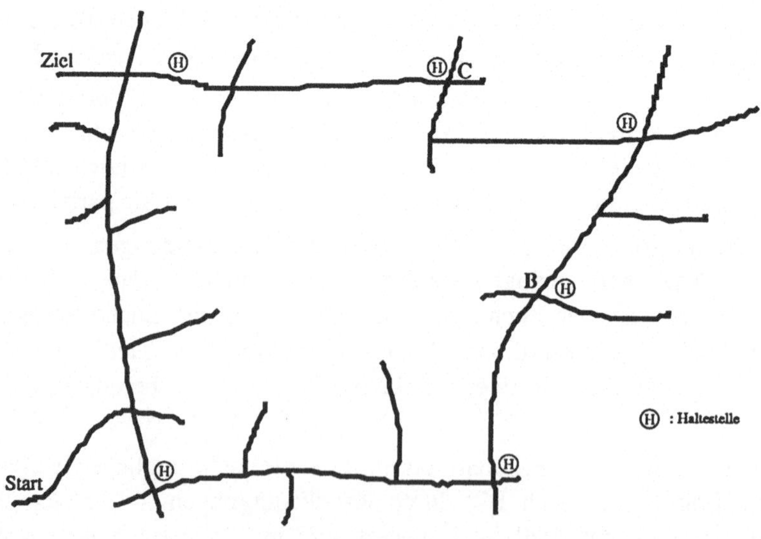

Abb. 6 Das Umsteigeproblem

Kriterien für die Streckenwahl sind sicherlich:

- wenige Umsteigepunkte,
- günstige Anschlüsse (geringe Wartezeiten),
- Nähe von Streckenbeginn zum Start, entsprechend Streckenende zum Ziel.

Legt man das Hauptgewicht auf diese Kriterien, sieht man beispielsweise, daß resultierende Wege häufig erheblich anders verlaufen, als dies bei allen anderen Verkehrsmitteln der Fall ist. Bei öffentlichen Verkehrsmitteln werden größere Umwege ohne weiteres in Kauf genommen. Ähnliche Überlegungen sind in das System TRAINS eingeflossen, das optimale Verbindungen im niederländischen Bahnnetz erzeugt [Tulp, Siklóssy 1988].

Die Abhängigkeiten dieser Kriterien untereinander sieht man z.B. daran, daß man bei Minimierung der Umsteigepunkte eventuell längere Wartezeiten erhält und umgekehrt. Erschwerend kommt bei der Berücksichtigung dieser Kriterien hinzu, daß die Bewertung von Teilstücken von späteren Teilstücken abhängen kann.

Nehmen wir den einfachen Fall, daß es für die Teilstrecke von B nach C sowohl eine Bus- als auch eine U-Bahn-Verbindung gibt. Für den Bus sei die Wartezeit fünf Minuten, für die U-Bahn zehn. Die Entscheidung für den Bus kann dennoch die Ankunftzeit in C gegenüber der Wahl der U-Bahn hinausschieben. Die Entscheidung für die richtige Verbindung kann also erst nach Kenntnis späterer Konsequenzen getroffen werden.

Das Kriterium der Beschreibbarkeit ist im Falle öffentlicher Verkehrsmittel zwar immer noch wichtig, wirkt sich jedoch anders aus: Ausschlaggebend sind hier nicht z.B. Richtungsänderungen (die sozusagen automatisch vollzogen werden), dafür aber die eindeutige Kennzeichnung von Umsteigepunkten oder Haltestellen.

3.3 Weitere Probleme

Zum Abschluß wollen wir noch einige weitere Probleme nennen, die in der speziellen Domäne Wegauskünfte auftreten, ohne sie im Detail zu besprechen:

Die Zielangabe muß nicht koordinatenmäßig festliegen, wie dies bei Gebäuden der Fall wäre, sondern kann eine Region oder ein Gebiet kennzeichnen. Stadtteile sind ein Beispiel hierzu, aber selbst Straßen sind als Ziel häufig sehr vage, wenn diese sehr lang sind und der Auskunftsuchende sich ihnen quer zu ihrem Verlauf nähern müßte. Das Problem besteht dann darin, das Zielgebiet auf einen geeigneten Anlaufpunkt zu reduzieren.

Eine naheliegende Suchheuristik wird sich an der Luftlinienverbindung zwischen Start und Ziel orientieren, wie die Beispiele in Abschnitt 2 es auch zeigen. Bei öffentlichen Verkehrsmitteln ist dies nicht unbedingt der Fall, wie wir beim "Umsteigeproblem" sahen. Aber auch in einigen Fällen, in denen nicht öffentliche Verkehrsmittel genutzt werden, führt die Luftlinie nicht annähernd zu einer guten Approximation, wobei diese Fälle leider nicht immer sogleich als solche zu erkennen sind: Beispielsweise wenn Start und Ziel durch einen Flußlauf getrennt sind, der über eine geeignete Brücke zu passieren ist, die oft weit von der Luftlinie entfernt liegt.

Stadtpläne dienen als Grundlage für die Suche nach geeigneten Wegen. Übliche Stadtpläne enthalten aber eine ganze Reihe von Informationen nicht, die für eine gute Wegauskunft zu berücksichtigen sind:

Radwege, Steigungen, Kopfsteinpflaster bestimmen die Güte eines Weges für Fahrradfahrer. Landmarken (markante Punkte) bestimmen die Güte einer möglichen Beschreibung für Wege. Der Markantheitsgrad von Landmarken hängt dabei von verschiedenen Faktoren ab:

- der Richtung, aus der man die Landmarke passiert,
- dem Verkehrsmittel (im Auto achtet man auf andere Dinge als zu Fuß),
- von der Tages- oder Jahreszeit (Neon-Reklame am Abend, Laubbäume im Sommer).

Im letzten Punkt haben wir gesehen, daß es zeitabhängige Kriterien gibt, die die Verifizierbarkeit des beschriebenen Weges beeinflussen. Zeitabhängige Kriterien können aber auch auf andere Weise den Suchprozeß beeinflußen: Man denke z.B. an Berufsverkehr, Ampelschaltungen, Park–and–Ride oder gar an nicht periodisch auftretende Ereignisse wie Hochwasser oder Unfälle.

All diese Beispiele zeigen, daß die Repräsentation des Stadtplans weit über die Inhalte bekannter Stadtpläne hinausgehen und die Suchheuristik spezielle Randbedingungen berücksichtigen muß.

Im Projekt KOPW wurde die Konzeptionsphase nun soweit abgeschloßen, daß mit der Erstellung eines Prototypen begonnen werden kann. Dazu werden zunächst die Repräsentation des Stadtplans und die Suchheuristik — unter Berücksichtigung nicht homomorph fortsetzbarer Kriterien — spezifiziert.

4 Interdependenz und Modularisierbarkeit

Als Architekturschema eines natürlichsprachlichen Systems wird seit vielen Jahren immer wieder eine Dreiteilung angegeben, die zwischen einer Analyse–, einer Auswertungs– und einer Generierungsphase unterscheidet ([Wahlster 1982], [Görz 1989]). Die Schnittstelle zwischen diesen Systemmodulen bildet die interne Repräsentation der Benutzer– bzw. der Systemäußerung. Aus der Sichtweise der Systementwicklung ist eine solche Moduleinteilung sicher zu begrüßen. Für viele Aufgabengebiete, für die natürlichsprachliche Systeme entwickelt werden, zeigt es sich allerdings, daß ein einfaches Architekturschema nicht adäquat ist, sondern nur als heuristische (oder didaktische) Abstraktion angesehen werden kann.

In vielen Systemen tauchen derartige Wechselwirkungen auf, die Abweichungen von einer Standardarchitektur mit sich bringen. So führt eine enge Verzahnung zwischen Handlungen, Operationen über Wissenszuständen und sprachlichen Äußerungen im System KAMP ([Appelt 1985]) zu einer plan–basierten Vorgehensweise, bei der die Trennung zwischen Problemlösung (Auswertung) und Sprachproduktion (Generierung) nicht mehr möglich erscheint. Auch die Unterscheidung zwischen einer strategischen und einer taktischen Komponente im System TEXT ([McKeown 1985]) entspricht nicht einmal dem einfachen Architekturschema, denn die strategische Komponente wird u.a. durch sprachliches Wissen — die Textschemata — gesteuert. Auch auf der Analyseseite lassen sich derartige Wechselwirkungen erkennen. Wir wollen hier nur exemplarisch auf [Christaller, Metzing 1983] und [Mellish 1985] verweisen.

Im Projekt KOPW ist die Interdependenz das Phänomen, das eine strikte Trennung in Auswertungs– und Generierungskomponente fragwürdig erscheinen läßt. Als Konsequenz ließe sich hieraus die Hypothese ableiten, daß natürlichsprachliche Systeme nicht durch ein sequentielles Phasenmodell beschreibbar sind, sondern daß eine Vielzahl interaktiver Prozesse ein geeigneteres Strukturkonzept sind. Ein Versuch, eine solche Systemkonzeption für den Bereich der Wegbeschreibungen zu realisieren, findet sich bei [Klöck 1988].

Der Grund, weshalb beispielsweise im KOPW–Projekt keine einfache Systemarchitektur verwendet werden kann, ist die Berücksichtigung der nicht homomorph fortsetzbaren Kriterien, wie etwa die Beschreibbarkeit eines Weges. Kriterien dieser Art sind bei einem System, das den Benutzer, in diesem Fall insbesondere seine Merkfähigkeit, mit berücksichtigt, von großer Bedeutung. Verallgemeinert kann man sagen, daß durch die Berücksichtigung von Menschen als Interaktionspartnern eines Systems die nicht homomorph fortsetzbaren Kriterien nötig werden, die wiederum dazu führen, daß man mit einem einfachen Architekturschema nicht auskommt. Probleme dieser Art treten bei der Erstellung vieler Systeme auf, weshalb man sich zur Zeit besonders im Bereich des Software–Engineerings auf eine neue Sichtweise besinnt (vgl. z.B. [Budde, Floyd 1988]).

Literatur

[Appelt 1985] D. E. Appelt: Planning English Sentences, Cambridge, Univ. Press 1985.

[Budde, Floyd 1988] R. Budde, C. Floyd, R. Keil–Slawik, H. Züllighoven: Software Development and Reality Construction (Conference Preprints), GMD, Bonn 1988.

[Christaller, Metzing 1983] Th. Christaller, D. Metzing: Parsing Interactions and a Multi–Level Parser Formalism Based an Cascaded ATNs. In: K. Sparck–Jones, Y. Wilks (eds.): Automatic Natural Language Parsing. Chichester, Horwood 1983, pp. 46–60.

[Görz 1989] G. Görz: Verarbeitung natürlicher Sprache. In: K. v. Luck (ed.): Künstliche Intelligenz 7.Frühjahrsschule KIFS–89, Günne, 11.–19. März 1989, Berlin, Springer 1982 (IFB 203), pp. 22–51.

[Habel 1987] Chr. Habel: Prozedurale Aspekte der Wegplanung und Wegbeschreibung. LILOG-Report 17, September 1987.

[Klöck 1988] E. Klöck: Utterance Generation Without Choice. In: W. Hoeppner (ed.): Künstliche Intelligenz, GWAI–88, 12. Jahrestagung, Eringerfeld, September 1988, Berlin, Springer–Verlag 1988 (IFB 181), pp. 140–151.

[McKeown 1985] K. R. McKeown: Text Generation: Using Discourse Strategies and Focus Constraints to Generate Natural Language Text. Cambridge, Univ. Press, 1985.

[Meier et al. 1988] J. Meier, D. Metzing, Th. Polzin, P. Ruhrberg, H. Rutz, M. Vollmer: Generierung von Wegbeschreibungen. Kolibri-Arbeitsbericht 9, Univ. Bielefeld 1988.

[Mellish 1985] Chr. S. Mellish: Computer Interpretation of Natural Language Descriptions. Chichester, Horwood 1985.

[Müller 1988] S. Müller: CITYGUIDE — ein System zur Wegplanung und Wegbeschreibung. Diplomarbeit, Fachbereich Informatik der Universität des Saarlandes, Saarbrücken, 1988.

[Rau, Schweitzer 1987] A. Rau, M. Schweitzer: Untersuchungen zur Verwendung script–artiger Wissensrepräsentationen und Story Grammars bei der Generierung von Wegbeschreibungen. Duisburg: L.A.U.D. Bericht 158, Januar 1987.

[Tulp, Siklóssy 1988] E. Tulp, L. Siklóssy: TRAINS, an active time-table searcher, in: Proceedings of the 8th ECAI, München 1988, pp 170–175.

[Wahlster 1982] W. Wahlster: Natürlichlichspachliche Systeme — Eine Einführung in die sprachorientierte KI–Forschung. In: W. Bibel, J. Siekmann (eds.): Künstliche Intelligenz Frühjahrsschule Teisendorf, 15.–24. März 1982, Berlin, Springer 1982 (IFB 59), pp. 203–283.

Räumliches Wissen und Semantik im Kontext der Generierung von Wegbeschreibungen

P. Ruhrberg, H. Rutz
DFG-Forschergruppe Kohärenz
Universität Bielefeld

Kurzfassung: In diesem Beitrag sollen einige Fragen der Repräsentation und Interpretation räumlicher Konzepte diskutiert werden. Der Ausgangspunkt für die Fragestellung ist dabei das System KLEIST[1], ein Generierungssystem zur Untersuchung von Prinzipien der Produktion kohärenter Texte. Es soll gezeigt werden, daß die Aufgabe der (inkrementellen) Generierung unter den Bedingungen der Verwendung einer Unifikationsgrammatik mit situationssemantischen Fundierung eine interessante Perspektive auf die Probleme der Domäne "Raumkonzepte" liefert.

0.Einleitung

Es gibt eine Vielzahl von Problemen, die sich bei der Repräsentation von räumlichem Wissen stellen. Dies sind einerseits grundlegende Fragen, die beispielsweise die Interaktion von propositionalen und bildhaften Repräsentationen, oder die technische Realisierung eines bestimmten Repräsentationsformats betreffen. Andererseits sind dies aber auch Fragen, die sich aus der Perspektive eines bestimmten Anwendungskontextes, beispielsweise der Bilderkennung, ergeben. Im folgenden geht es um Repräsentationen räumlichen Wissens, die im Rahmen des Anwendungskontextes der Textgenerierung im System KLEIST verwendet werden. KLEIST ist ein System zur Produktion von Wegbeschreibungen. Es ist im Unterschied beispielsweise zum System CITYGUIDE (Müller, 1988) kein anwendungsorientiertes, sondern ein experimentelles System. Dabei spielt die Einbettung des Systems in eine linguistische Theorie eine wesentliche Rolle. Es handelt sich um den von Fenstad et al. 1987 vorgeschlagenen Ansatz "Situationsschema". Mit diesem Ansatz sind bestimmte Anforderungen an die Repräsentation und Verarbeitung räumlichen Wissens verbunden, auf die im zweiten Abschnitt dieses Beitrags eingegangen wird. Thema des ersten Abschnitts sind inhaltliche Anforderungen an die Repräsentation, die im wesentlichen durch den Texttyp "Wegbeschreibung" und den Anwendungskontext "Textgenerierung" bestimmt sind.

---

[1]KLEIST steht für Kohärenzbezogenes LEIstungs- und Simualtionssystem zur Textgenerierung

1. Inhaltliche Anforderungen an die Repräsentation räumlichen Wissens im Kontext der Generierung von Wegbescheibungen

Aus ökonomischen Gründen scheint es nicht plausibel, daß Menschen sich Wege vollständig merken. Stattdessen kann man wohl davon ausgehen, daß sie diese im Bedarfsfall, d.h. wenn sie nach einem bestimmten Weg gefragt werden, aus einer Reihe von Stücken zusammensetzen. Es bietet sich an, in einem System zur Generierung von Wegbeschreibungen ebenso zu verfahren. KLEIST arbeitet deshalb mit Wegsegmenten, die im System als eigenständige Objekte repräsentiert sind und mithilfe eines einfachen Algorithmus[2] zur Wegsuche zu längeren Wegen, die als Listen ([Seg_1 ... Seg_n]) repräsentiert sind, zusammengefügt werden.

Wege werden im folgenden als abstrakte Trajektorien aufgefaßt. Sie können beschrieben werden, indem sie in Beziehung zu Objekten der 'realen' Welt, sogenannten Landmarken, gesetzt werden. Die Existenz der Wege ist von diesen Objekten unabhängig. Die Produktion von Wegbeschreibungen setzt demzufolge einerseits eine Repräsentation des Weges, der beschrieben werden soll, andererseits aber auch eine Repräsentation der 'Welt', zu der dieser Weg durch die Beschreibung in Beziehung gesetzt werden soll, voraus.

In Wegbeschreibungen, wie in anderen Texttypen auch, spielt lediglich ein spezifischer Ausschnitt der Welt eine Rolle. Dieser Ausschnitt umfaßt die unmittelbare Umgebung des jeweils beschriebenen Weges. Da es hier um Wege geht, die innerhalb einer Stadt und am Erdboden verlaufen, sind vor allem Straßen und daran angrenzende Gebäude, Grünanlagen usw. für die Beschreibung interessant. Wesentlich für die Repräsentation des relevanten Ausschnitts der Welt ist, daß sie räumliche Beziehungen, die zwischen einzelnen Objekten bestehen, korrekt abbildet. Außerdem müssen partielle Beschreibungen der Objekte in der Repräsentation enthalten sein. Für Wegbeschreibungen sind hier vor allem Eigenschaften derjenigen Seite der Objekte relevant, die von der Straße aus sichtbar ist. Dagegen wären beispielsweise für Wohnraumbeschreibungen ganz andere Eigenschaften relevant.

Das System KLEIST erzeugt Beschreibungen von Wegen innerhalb einer Modellstadt. Die Modellstadt besteht aus den gleichen Einheiten, aus denen auch reale Städte zusammengesetzt sind, also Straßen, Plätzen, Grünanlagen usw. Sie ist aber relativ klein und von einfacher räumlicher Struktur. Alle Informationen über die Modellstadt sind in der Wissensbasis des Systems repräsentiert. Sie ist, wie auch andere Komponenten des Generie-

---

[2]Es handelt sich um einen Algorithmus, der lediglich die Anzahl und Länge der Segmente berücksichtigt, aus denen der Weg zusammengesetzt wird. Ein wesentlich weiterreichender Ansatz wird z.B. in Hoeppner et. al (1988) vorgestellt.

rungssystems, in der objektorientierten Programmierumgebung CheOPS[3] implementiert.

Die Wissensbasis ist als Hierarchie von Klassen und Instanzen organisiert. Alle Objekte der Modellstadt sind darin als Instanzen repräsentiert. Während die Klassen generische Eigenschaften abbilden, sind individuelle Eigenschaften an den Instanzen selbst abgelegt. Dazu gehören Informationen über räumliche Beziehungen zwischen Instanzen (Objekten), die als zweistellige Prädikate wie z.B. "opposite ($objekt_x$,[$objekt_y$])" repräsentiert sind.

Die Auswahl der Landmarken, d.h. der Objekte, die in der Beschreibung genannt werden sollen, erfolgt in KLEIST während der Generierung. Sie werden abhängig von verschieden Faktoren aus der Menge der Objekte, die am Wegesrand liegen, ausgewählt. Dabei spielen sowohl äußere Merkmale eines Objektes, als auch seine Position innerhalb des zu beschreibenden Weges eine Rolle. Beispielsweise werden verstärkt Landmarken ausgewählt, die in der Nähe des Start- und Zielpunktes der Beschreibung oder an Stellen, an denen eine Richtungsänderung vorzunehmen ist, liegen.

Räumliche Beziehungen zwischen den verschiedenen Objekten, d.h. zwischen den Objekten der Stadt und den Wegsegmenten werden in der Wissensbasis durch abstrakte Relationen abgebildet. In der Beschreibung werden sie durch lokale Präpositionen (an, vor, hinter, gegenüber, entlang,...), Adjektive (rechte/ linke Seite...), Adverbien (rechts, links, hoch, runter...) und Verben (abbiegen, folgen, weitergehen,...) ausgedrückt. Es ist Aufgabe des Generators den abstrakten Relationen, die er in der Wissensbasis findet, sprachliche Ausdrücke zuzuordnen. Um die Korrektheit dieser Zuordnung zu gewährleisten, sollten sowohl die Repräsentation des Domänenmodells, als auch Repräsentationen sprachlicher Äußerungen, die durch das System geplant werden, im Rahmen einer formalen Semantik interpretierbar sein (vgl. Abb.3). An dieser Stelle soll nun zunächst eine Schwierigkeit informell skizziert werden, die bei der Behandlung lokaler Ausdrücke auftritt. In Abschnitt 2 werden wir dann einige Aspekte der semantischen Behandlung lokaler Ausdrücke etwas intensiver diskutieren.

Probleme, die bei der Verwendung lokaler Ausrücke, insbesondere lokaler Präpositionalphrasen auftreten, sind vielfach diskutiert worden (vgl. Retz-Schmitt 1988 für einen Überblick). Eine Schwierigkeit besteht darin, daß lokale Ausdrücke häufig nur innerhalb eines sogenannten Referenzrahmens eindeutig zugeordnet werden können. Dies soll an einem kleinen Beispiel illustriert werden. Man stelle sich folgende, in Abb.1 skizzierte Situation vor: In Fahrzeug (1) sitzen ein Fahrlehrer und sein Schüler. Der Fahrlehrer gibt die Anweisung: "Parken Sie bitte vor dem VW-Käfer rechts ein." Wo soll der Schüler parken?

---

[3]CheOPS ist eine objektorientierte Erweiterung von PROLOG, die an der Universität Bielefeld entwickelt wurde. Vgl. Eikmeyer, H.J. 1987; CheOPS: An object-oriented programming environment in C-PROLOG. Reference Manual. Kolibri Arbeitsbericht Nr. 4. Universität Bielefeld.

Interpretiert er die Äußerung seines Fahrlehrers deiktisch, d.h. aus seiner bzw. des Fahrlehrers Sicht, dann muß er an Position (A) parken. Interpretiert er sie bzgl. der intrinsischen Orientierung des VW-Käfers (Fahrzeug 2), dann ist Position (B) gemeint. Der Fahrlehrer hätte diese Verständnisschwierigkeit bei der Produktion seiner Äußerung berücksichtigen müssen, um richtig verstanden zu werden.

Abb. 1

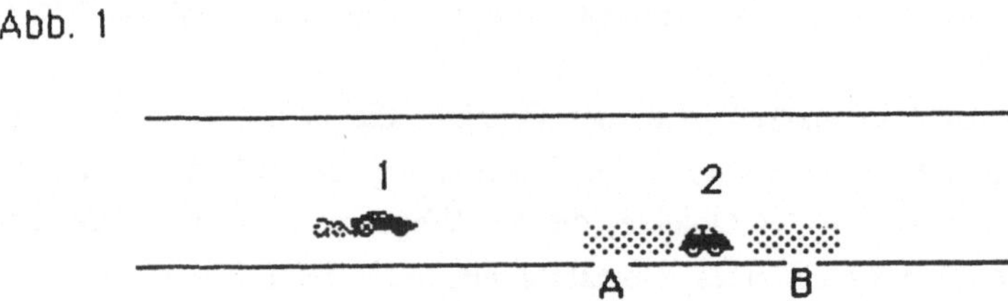

Gleiches gilt für ein Generierungssystem. Die Planung eines lokalen sprachlichen Ausdrucks beinhaltet somit die Festlegung und Etablierung eines Referenzrahmens im Diskurs. In Wegbeschreibungen wird dazu das Prinzip der sogenannten 'imaginären Wanderung' benutzt. D.h. daß zu Beginn einer Wegbeschreibung der gemeinsame Standort von Sprecher und Hörer die Perspektive bestimmt, aus der heraus räumliche Beziehungen zu interpretieren sind. Im weiteren wird dann so getan, als ob sich Sprecher und Hörer in der Position eines Wanderers befänden, der den Weg abschreitet und ihn dabei aus ständig wechselnden Positionen beschreibt. Dadurch kommt es zu einer für Wegbeschreibungen typischen Ausprägung des deiktischen Referenzrahmens, die in Abb.2 skizziert ist.

Abb. 2

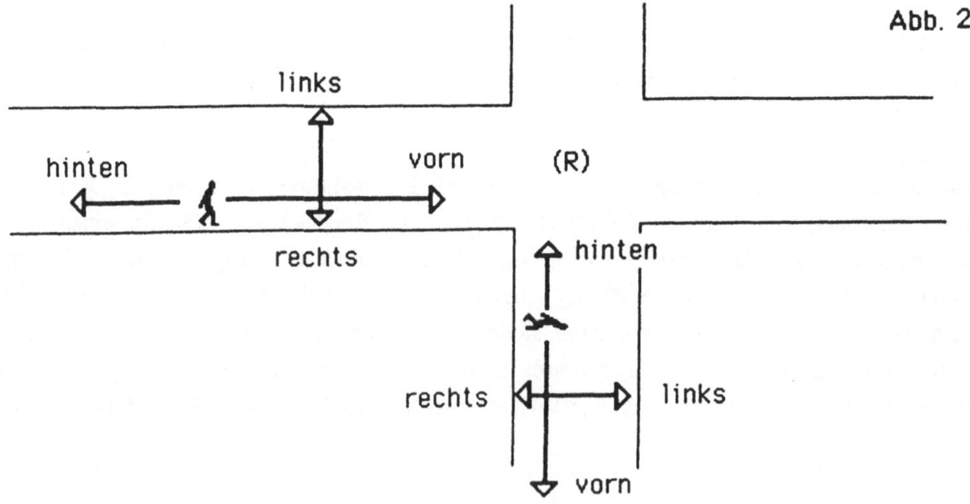

Mit der Position des imaginären Wanderers verschieben sich auch die Orientierungsachsen, die den deiktischen Referenzrahmen aufspannen. Da die "vorne-hinten" Achse aus der

Bewegung bzw. Bewegungsrichtung des Wanderers abgeleitet wird, ist sie nur lokal gültig. Ihr 'Ursprung' verschiebt sich quasi bei jedem Schritt, den der imaginäre Wanderer tut. Bei jeder Richtungsänderung um 90^0 werden die "vorne-hinten" und die "rechts-links" Achsen vertauscht. In der skizzierten Situation fällt z.B. die "vorne-hinten" Orientierung nach der Richtungsänderung im Punkt (R) mit der "rechts-links" Orientierung vor der Richtungsänderung zusammen. Aus der Umkehrung der Bewegungsrichtung folgt die Umkehrung der "vorne-hinten" und der "rechts-links" Achse.

Diese spezifischen Eigenschaften des für Wegbeschreibungen charakteristischen Referenzrahmens werden in der ersten Version des Systems KLEIST dadurch berücksichtigt, daß die Wegsegmente als gerichtete Strecken repräsentiert werden. Anfang und Ende der Segmente und damit ihre Ausrichtung werden jeweils für die Segmente festgelegt, die zu einem Gesamtweg zusammengefügt werden. Alle anderen räumlichen Beziehungen, die zwischen den betreffenden Segmenten und der Welt, bzw. zwischen verschiedenen Wegsegmenten bestehen, werden dann an diese Ausrichtung angepaßt. Nachdem dies geschehen ist wird die Segmentliste, die den Weg repräsentiert, mit sogenannten Richtungsänderungsmarkierungen versehen.

In Wegbeschreibungen kommt es also seltener zu Konflikten zwischen deiktischem und intrinsischem Referenzrahmen als in anderen Texttypen, beispielsweise der Beschreibung statischer Szenen (vgl. Retz-Schmitt 1988 über das System CITYTOUR). Die Verbalisierung räumlicher Beziehungen wird aber durch die ständige Verschiebung der deiktischen Perspektive erschwert. Auf die sich hieraus ergebenden semantischen Komplikationen soll im folgenden etwas näher eingegangen werden. Zuvor sollen einige allgemeine Eigenschaften des semantischen Ansatzes, der dem System zugrundeliegt, skizziert werden.

2. Der semantische Ansatz in KLEIST

2.1. Rahmenbedingungen

KLEIST ist im Unterschied zu anderen Systemen zur Generierung von Wegbeschreibungen kein primär anwendungsorientiertes, sondern ein experimentelles System, das der Untersuchung von Prozessen dient, die bei der Produktion kohärenter Texte ablaufen. Es soll dabei auf Grammatiktheorien zurückgegriffen werden, die auf adäquate Charakterisierung linguistischer Struktur abzielen. Insbesondere sollte eine Theorie der Sprache auch etwas über die Assoziation von Wahrheitsbedingungen zu Äußerungen zu berichten haben. Die Konzeption des Systems KLEIST ist deshalb eng verknüpft mit einem Ansatz, der in das Paradigma unifikationsbasierter Grammatiktheorien eingeordnet werden kann. Es handelt sich um das von Fenstad et al. (1987) vorgeschlagene Format der sogenannten "Situationsschemata". Dieser Ansatz beruht auf zwei Annahmen:

- Es gibt keine empirische Evidenz für das generelle Primat einer Komponente der linguistischen Form.
- Es gibt keine empirische Evidenz dafür, daß der Interpretationsvorgang hierarchisch nach einer allein durch die syntaktische Oberflächenstruktur vorgegebenen Reihenfolge abläuft.

An die Stelle der syntaktischen Struktur einer Äußerung, die in traditionellen Grammatiktheorien die (einzige) Basis für ihre semantische Interpretation darstellt, wird hier deshalb ein "Constraint Pool" gesetzt. Dieser Constraint Pool wird mittels Unifikation partieller Informationsstrukturen aufgebaut, die aus verschiedenen gleichberechtigten Wissensquellen stammen. Er wird als komplexes Schema von Attribut-Wert Strukturen repräsentiert. Dieses Schema bezeichnen Fenstad et al. als "Situationsschema".

Ein Situationsschema wie es in KLEIST verwendet wird besteht aus einem syntaktischen und einem semantischen Anteil. Die Kongruenz zwischen beiden wird dadurch sichergestellt, daß beide Anteile in einem gemeinsamen Schema repräsentiert werden. Wie in Fenstad et al. 1987 wird auch in KLEIST eine Lexical-Functional Grammar[4] als Syntaxkomponente verwendet, mittels der die in Wegbeschreibungen vorkommenden sprachlichen Phänomene im wesentlichen beschreibbar sind.

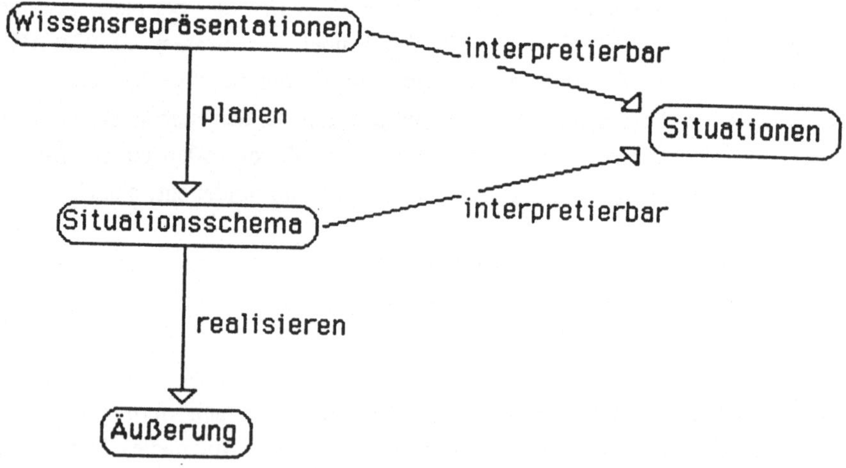

Abb.3

Ein solches Situationsschema, das den syntaktisch/funktionalen und semantischen 'Gehalt'

[4] Kaplan, R.M. & Bresnan, J. 1982; Lexical Functional Grammar: A formal system for grammatical representation. In Bresnan, J. (Hrsg.) 1982. The Mental Representation of Grammatical Relations. MIT Press.

der zu generierenden Äußerung repräsentiert, fungiert im System KLEIST als Zwischenrepräsentation, die das Ziel der strategischen Generierung und die Ausgangsstruktur für die Produktion der Oberflächen bildet (vgl. linke Seite der Abb.3). Im Verlauf des Planungsprozesses wird diese Repräsentation mittels Unifikation von feature-Strukturen aufgebaut, die in der Wissensbasis, dem Lexikon und dem sich beständig ändernden Kontextwissen des Systems abgelegt sind. Der Unifikationsprozeß wird dabei durch Regeln gesteuert, die die sprachlich konzeptuelle Struktur einzelner Teile von Wegbeschreibungstexten abbilden. Die Bestandteile dieser "Teilbeschreibungen" werden durch Konzepte einer Hierarchie[5] dargestellt, deren kleinste Einheiten Wortkonzepte sind.

Wie bereits in Abschnitt 1 angedeutet wurde, sind sowohl der semantische Anteil eines Situationsschemas, als auch die Teile, aus denen er im Verlauf des Planungsprozesses zusammengestellt wird, im Rahmen der Situationssemantik[6] interpretierbar (vgl. rechte Seite der Abb.3).

Der Interpretationsansatz Situationssemantik wurde gewählt, weil er uns als Versuch, die oben erwähnte Tradition der Wahrheitsbedingungssemantik für Ideen der kognitiven Wissenschaften und der Künstlichen Intelligenz zu öffnen, indem der Informationsbegriff zum Angelpunkt der Bedeutungstheorie gemacht wird, besonders interessant erscheint. Was die Behandlung lokaler Ausdrücke betrifft sind hier allerdings einige weiterführende Überlegungen unumgänglich. Daher wenden wir uns nun dem semantischen Aspekt von KLEIST etwas intensiver zu.

Im folgenden sollen, ausgehend von E.Colbans Analyse einiger lokaler Ausdrücke (in Fenstad 1987; sowie Colban u. Fenstad 1987) in diesem Rahmen, einige Fragen der Repräsentation und Interpretation lokaler Konstruktionen diskutiert werden. Es sind dies im speziellen die Behandlung von Wegargumenten und die Interpretation von Richtungspräpositionen im Kontext der "imaginären Wanderung". Die Überlegungen orientieren sich dabei an prototypisch einfachen Fällen. Subtile Variationen der Interpretation lokaler Ausdrücke, wie sie beispielsweise Habel & Pribbenow (1988) oder Herweg (1988) diskutieren, bleiben dabei vorläufig unberücksichtigt.

2.2. E.Colbans Darstellung lokaler Konstruktionen

E.Colban hat einen Ansatz zur Behandlung lokaler Präpositionalphrasen vorgeschlagen, dessen zwei Komponenten, Repräsentation in semantischen Schemata und Interpretation in der Situationssemantik, hier kurz vorgestellt werden sollen. Der Satz

---

[5]Einzelheiten zu dieser Hierarchie sowie zum Ablauf der Generierung sind in Meier et al. 1988 dokumentiert.

[6]Barwise, J. & Perry, J. 1983; Situations and Attitudes. Cambridge (Mass.): MIT Press.

(a) Jan spielt an der Bushaltestelle.

erhält etwa die folgende Darstellung Sit(a):

```
Sit(a):     REL   spielen
            ARG1  Jan
            LOC   IND  Ind.1

                       REL  Rel_pres
                       ARG1 Ind.1
                       ARG2 discloc
                  CONDS
                       REL   an
                       ARG1  Ind.1
                       ARG2  IND   Ind.2
                             SPEC  die
                             COND  REL  Bushaltestelle
                                   ARG1 Ind.2
                                   POL  1
                       POL   1
            POL   1
```

Die Bedeutung des Satzes (a) ist nun eine Relation [Sit(a)] zwischen Diskurssituationen d, Sprecherverbindungen c, und beschriebenen Situationen e, derart daß

d,c[Sit(a)]e gilt,

falls es einen Anker f für die Indeterminanten von Sit(a) gibt, so daß

in e: at f(Ind.1): c(spielen), c(jan);1 und

in e: c(an), f(Ind.1), f(Ind.2);1 ,

wobei f(Ind.1) zu dem "Diskursort" f(discloc) in der hier unanalysierten Relation Rel_{pres} steht und f(Ind.2) die einzige Bushaltestelle in einer hier nicht weiter spezifizierten "Resource Situation" ist (vgl. Barwise & Perry 1983 S.146ff).

Obschon mit den Repräsentationen keine Festlegung auf eine bestimmte Form der Interpretation erfolgt, weisen Situationsschemata, wie man sieht, eine deutliche Affinität zur Situationssemantik auf. Die Grundbestandteile eines solchen Schemas mit ihren Attributen REL, ARG1,.., ARGn, LOC, POL korrespondieren dem Format von Fakten, aus denen sich Situationen zusammensetzen. Das Attribut LOC wird dabei stets auf Raumzeitgebiete abgebildet, welche generell als lokalisierender Bestandteil von Fakten in der Situationssemantik angenommen werden. Fakten erhalten somit im allgemeinen ein lokales Quasi-Argument. Es ist nicht auf Anhieb ersichtlich, wie ein solcher Ansatz den intuitiv deutlichen Kontrast bezüglich der Rolle der Lokalität in den Sätzen

(b) Jan spielt auf der Wiese

(c) Jan steht auf der Wiese

erfassen kann. In (c) scheint der Ort auf der Wiese, an dem sich Jan befindet, ein "echtes" Argument der Relation des Stehens zu sein. Er ist zum Erfassen des Sinnes von "stehen" wesentlich. In (b) hingegen ist "auf der Wiese" eine freie Angabe, die das Spielen[7] zusätzlich lokalisiert. Für bestimmte Verben lokalisierender Art, wie z.B. "stehen", nimmt Colban deshalb ein echtes Ortsargument über das Attribut LOC hinaus an. Die Analyse für

(d) Jan steht an der Bushaltestelle

sieht demzufolge so aus:

```
Sit(d):   REL   stehen
          ARG1  Jan
          ARG2  IND   Ind.1
                COND  REL   an
                      ARG1  Ind.1
                      ARG2  IND   Ind.2
                            SPEC  die
                            COND  REL   Bushaltestelle
                                  ARG1  Ind.2
                                  POL   1
                      LOC   Ind.3
                      POL   1
          LOC   IND   Ind.3
                COND  REL   Rel_pres
                      ARG1  Ind.3
                      ARG2  discloc
          POL   1
```

mit d,c[Sit(d)]e , wenn für einen Anker f gilt:

in e: at f(Ind.3): c(stehen), c(Jan), f(Ind.1);1 und

in e: c(in), f(Ind.1), f(Ind.2);1 ,

wobei f zusätzlich die oben genannten Bedingungen bezüglich der Diskurssituation und der Bushaltestelle erfüllt.

In dieser Rekonstruktion weist also "stehen" ein lokales Argument auf, welches zwar nicht von "an der Bushaltestelle" denotiert wird, aber doch die der Präpositionalphrase als semantischer Wert zugeordnete Bedingung "an der Bushaltestelle zu sein" erfüllen muß. Damit hat die Präpositionalphrase als Argument des Verbs hier einen gewissen Sonderstatus und wäre in einer Klassifikation J.M.Gawrons folgend eher als Koprädikator zu bezeichnen, insofern sie nur ihr externes Argument (IND.1) mit dem Verb teilt[8]. Die Analyse

[7]Man kann auch die Auffassung vertreten, daß freie Angaben wie diese jeweils einen der Aktanten lokalisieren, um die Lokalisierung von Ereignissen auf die Lokalisierung der involvierten Objekte zu gründen. Ein kritischer Fall ist in diesem Zusammenhang ein Satz wie "Sie spielen Schach auf dem Tisch", in dem die lokalisierten Objekte (Figuren, Brett) nicht explizit erwähnt werden.

unterscheidet die verschiedenen Funktionen von Präpositionen also im wesentlichen über die Wahl des jeweiligen externen Arguments, welches von anderen Konstituenten im Satz bereitgestellt wird, und in keinem Fall über verschiedenartige Denotationen.

Von den vielen Fragen, die sich im Anschluß an diese Skizze stellen, sollen nun zwei eingehender untersucht werden.

2.3. Semantische Werte für Weg-Argumente

Ein Vorzug der Colbanschen Analyse ist die durch die Verwendung von Raum/Zeit Gebieten erreichte Einheitlichkeit für lokale ("vor dem..") und direktionale ("vor das..") Präpositionen. Dies bedeutet, daß Bewegungsverben wie "gehen", "fahren", "stellen" etc. ein Raumzeitgebiet (Trajektor) als "Weg"-Argument mit sich bringen, welches durch die entsprechenden Präpositionen näher bestimmt wird. Eine solche Auffassung von Wegen, wie sie auch in Abschnitt 1 skizziert wurde, ist jedoch inadäquat wie folgendes Beispiel[9] zeigt:

Abb.4

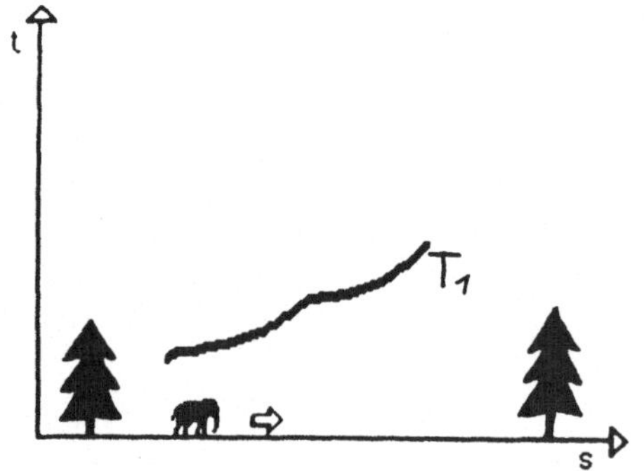

(i) Jumbo geht durch den Wald

(ii) Jumbo geht durch den Zug

Wenn nun wie in (ii) der Zug durch den Wald fährt, so erstreckt sich der Trajektor (Weg) Jumbos T_2 anlog zu T_1 in (i) auch "durch" den Wald. Da unsere Analyse von Bewegungsverben der weit verbreiteten Auffassung folgt, daß diese das sich bewegende Objekt zu einem einfachen Trajektor in Beziehung setzen, folgt für den Fall (ii), daß Jumbo auch durch den Wald geht.

[8] Gawron, J.M. 1986; Situations and Prepositions. In Linguistics and Philosophy 9, S. 327-382. Vgl. Kolibri Bd.9 (Meier et al. 1988) für einen noch stärker an Gawron angelehnten Analyseversuch.

[9] Das Beispiel wird in Wunderlich & Herweg 1986 zur Motivation der Annahme von Präpositionalargumenten für gewisse Bewegungsverben verwendet, aber ihre Behandlung löst das Problem nicht.

Zumindest einige Bewegungsverben weisen anscheinend eine Art von Intransitivität auf, die Trajektorien als Wege unbrauchbar macht, da diese keine Möglichkeit bieten, so etwas wie das relative Ruhen eines Weges zu definieren. Dies ist nun aber vonnöten insofern die Zuweisung korrekter Wahrheitsbedingungen und damit die Blockierung obiger Implikation anscheinend von der Möglichkeit abhängt, die Relation "durch" in vernünftiger Weise so zu definieren, daß aus `durch(t,z)` und `z bewegt sich durch w` nicht folgt `durch(t,w)`.

(i) Jumbo geht durch den Wald (ii) Jumbo geht durch den Zug

Abb.5

Eine korrektere Klassifikation ergäbe sich, wenn man, inspiriert durch Bierwisch (1987)[10], Wege als Mengen einander umfassender Raum/Zeit Gebiete auffassen würde (Abb.5).
Im Unterschied zu einem bloßen Trajektor erlaubt diese Auffassung es, die relative Ruhe eines Weges W_j als das Ruhen seiner Elemente in der Zeit, relativ zu dem internen Argument einer lokalisierenden Präposition (dem Wald bzw. Zug) zu erfassen. Ob also ein Weg W_j durch den Zug oder durch den Wald führt, hängt von dem raum-zeitlichen Verhalten der durch Schraffur angedeuteten Teilgebiete von W_j ab, die man sich durch den jeweiligen Anfangspunkt sowie das *mögliche* Innehalten des Wanderers an den Teilabschnitten seines Weges aufgespannt denken mag. Geht der Wanderer etwa durch den Zug, so entwickeln sich diese Gebiete "parallel" zum Zug (Abb.5 (ii)), verändern sich aber im Hinblick auf den durchfahrenen Wald insofern sich der Zug bewegt (vgl. 5(i)).

[10] M. Bierwisch hat (in Bierwisch 1987) ein neues, auf verschiedene ontologische Bereiche wie Individuen, Ereignisse usw. anwendbares, da nicht inhärent zeitabhängiges, Wegkonzept vorgeschlagen, um Fälle wie "die Straße über den Berg" oder "der Blick hinter die Bühne" adäquat behandeln zu können.

2.4. Richtungspräpositionen

Bisher wurden Präpositionen durch zweistellige Relationen gedeutet, was für topologische Präpositionen wie "in", "an" und "bei" adäquat erscheint[11]. Die Interpretation von Richtungspräpositionen wie "vor", "hinter", "links" und "rechts" erfordert zusätzlich eine Ausrichtung des externen Arguments hinsichtlich seiner Front-, Rück- bzw. Seitenregion. Diese Ausrichtung hängt nun aber nicht stets intrinsisch vom jeweiligen Referenzobjekt ab, sondern erfolgt oft mithilfe extrinsischer, insbesondere deiktischer Parameter (vgl. Abschnitt 1.). Ein Ansatz hierzu ist die in Wunderlich/Herweg 1986 vorgeschlagene Einführung eines Richtungsarguments, wobei Richtungen als Vektoren aufgefaßt werden, also nicht als vollständige Orientierungen[12].

Das ist insofern wichtig als sich Präpositionen wie "vor" oder "über" auch ohne zusätzliche Richtungsparameter für "oben"/"unten" bzw. "vorn"/"hinten" korrekt verwenden lassen. Allein für "rechts" und "links" scheint es keine Verwendung zu geben, solange nicht vorn/hinten und oben/unten bereits festgelegt sind. So haben viele Objekte lediglich ein intrinsisches bzw. extrinsisches Oben (z.B. bestimmt durch die lokale Gravitationsrichtung) oder gar nur ein intrinsisches Vorn. "Rechts" und "links" hingegen sind von den anderen Dimensionen abhängig, weshalb es bekanntlich jedem Spiegel gelingt, die Beiden zu vertauschen, ohne oben/unten zu verändern.[13]

Die Analyse von Wunderlich/Herweg für "vor" sieht etwa so aus:

VOR(x,y,d) < = > LOK(x,BEI*(FRONT(y,d)),

d.h. x hat in der BEI-region der durch d induzierten Front von y zu liegen.

[11]Dies ist in der Hinsicht eingeschränkt aufzufassen, daß für die aktuelle Interpretation einer "zweistelligen" räumlichen Präposition eine ganze Reihe weiterer Parameter von Bedeutung sind (vgl. Habel/Pribbenow). Es ist allerdings nicht völlig klar, inwieweit solche Parameter semantischen Argumentstatus erhalten sollten.

[12]Eine Orientierung wäre etwa ein Tripel von Richtungen für "vorn", "oben" und "rechts", wobei sich letztere Richtung aus den beiden erstgenennten ergibt.

[13]In der Tat vertauscht ein Spiegel primär vorn und hinten (wenn man ihm frontal gegenüber steht). Rechts und links werden daraus mittels oben/unten neu berechnet und nicht etwa durch ein intrinsisches Kriterium festgelegt.

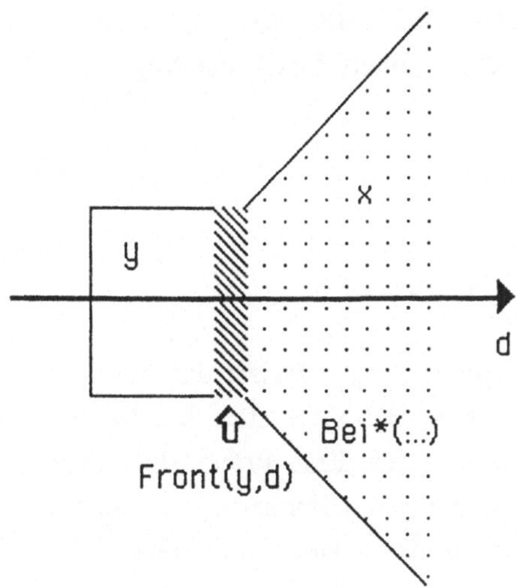

Analog wäre "über" vermutlich so zu erklären:

ÜBER(x,y,d) <=> LOK(x,BEI*(TOP(y,d)),

d.h. statt der durch d induzierten Front wird nun eine Oberseite ausgezeichnet, etwa durch die Umkehrung der Gravitationsrichtung.

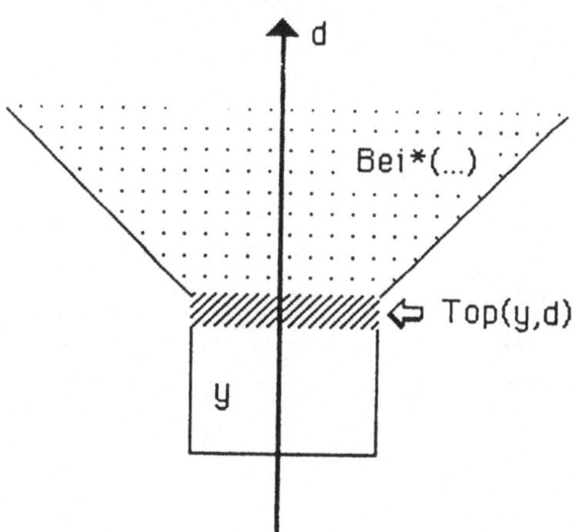

Es fällt auf, daß die Funktionen FRONT und TOP genau dasselbe leisten, relativ zu der ihnen gegebenen Richtung, so daß man sie beide mit einer Funktion DIR erfassen kann. Damit aber muß man einen Weg finden, VOR und ÜBER auf andere Weise zu unterscheiden. Die Ersetzung von Richtungen durch Orientierungen, auf die TOP und FRONT jeweils verschieden wirken, fällt aus den oben genannten Gründen aus. Die Lösung, die sich im Blick auf deiktische Verwendungen aufdrängt, besteht darin, eine richtungsabhängige Lokalisierungsrelation anzunehmen:

INDIR(PLACE[14](x),y,d) <=> LOK(x,BEI*(DIR(y,d)).

Den diversen Präpositionen werden dann mittels Lexikoneinträge im Attribut-Wert Format wie:

```
vor P   PRED = vor<OBJ>
        REL  = indir
        ARG2 = OBJ
        ARG3 = KONTEXT ORIENT HINTEN
```

verschiedene d's zugeordnet. In diesem Eintrag referiert der Wert des dritten Arguments auf die Richtung HINTEN. Daß hierbei HINTEN statt VORN herangezogen wird, ist Ausdruck der Tatsache, daß das Deutsche für diese Präposition nicht nach dem Tandemprinzip, also durch "verschieben" der eigenen Orientierung auf das Referenzobjekt, funktioniert, sondern nach dem Spiegelbildprinzip: Die durch meine Blickrichtung induzierte Vorderseite eines Referenzobjektes weist in dieselbe Richtung wie meine intrinsische Rückseite.

Auf die Richtung HINTEN wird in einer Struktur KONTEXT, die auf entsprechende "resource"-Situationen zur aktuellen Interpretation zu verankern ist, zugegriffen. Diese Struktur stellt eine Erweiterung des Repräsentationsformats dar. Sie enthält u.a. Informationen über den Adressaten der Äußerung sowie über den Aufenthaltsort und die Orientierung des imaginären Wanderers zum Zeitpunkt der Äußerung. Eine Darstellung für

(g) Du stehst vor der Post

sähe dann vereinfacht etwa so aus:

```
KONTEXT DISCSIT  ADRESSAT  Ind.1
                 DISCLOC   ___
        ORIENT   HINTEN  Ind.2
                 OBEN      ___
                 RECHTS    ___
        PLACE    Ind.3

SITSC   REL   stehen
        ARG1  Ind.1
        ARG2  IND    Ind.3
              COND   REL  indir
                     ARG1 Ind.3
                     ARG2 'die post'
                     ARG3 Ind.2
        LOC   ___
```

[14]PLACE(x) bezeichnet das von x eingenommene Raum/Zeit Gebiet

Zur Interpretation einer solchen Struktur müssen die Anforderungen an einen Anker f dahingehend erweitert werden, daß f(Ind.1) z.B. der Adressat der Diskurssituation ist und f(Ind.2) die durch die Orientierung des Sprechers gegebene Richtung "Hinten". Entsprechendes gilt für die anderen Attribute von KONTEXT, wobei zu beachten ist, daß Ort (PLACE) und Orientierung durchaus bloß vorgestellt sein können im Sinne einer Form von Deixis am Phantasma.

Im Verlauf einer Wegbeschreibung verändert sich die Position des Sprechers bzw. des 'imaginären Wanderers' (vgl. Abs. 1.). Für die Semantik größerer Diskurseinheiten bedeutet dies, daß sich der Wert des Attributs PLACE, das die Position des Wanderers bezeichnet, und die unter ORIENT aufgeführten Richtungen im Laufe des Diskurses ebenfalls ändern müssen. So involviert die Verwendung von "links abbiegen" etwa, wenn man einmal von den durch den Straßenverlauf induzierten Schwankungen absieht, daß VORN für den KONTEXT des nächsten Satzes gleich LINKS für den KONTEXT des gegenwärtigen Satzes ist.

2.5. Ausblick

In diesem Beitrag wurden einige Probleme diskutiert, die sich bei der semantischen Behandlung lokaler Asudrücke ergeben. Um die skizzierten Vorschläge für das Generierungssystem nutzbar zu machen, ist eine weitere Ausarbeitung notwendig. Dies betrifft insbesondere folgende Aspekte:

- Die Behandlung von Richtungspräpositionen mittels der Einführung einer KONTEXT Struktur ist auf die deiktische Verwendung dieser Präpositionen beschränkt. Diese Verwendung ist für Wegbeschreibungen wesentlich (vgl. Abs.1.). Es sollte untersucht werden, wie sich der Ansatz auf andere Arten der Verwendung von Präpositionen ausdehnen läßt, um so eine möglichst einheitliche Analyse zu gewährleisten.

- Diese Form der Behandlung von Richtungspräpositionen setzt die Repräsentation von Richtungen als eigenständigen Objekten voraus. Es muß überlegt werden, welcher Art diese Objekte sind und wie sie implementiert werden können.

- Es ist ein Wegkonzept zu entwickeln, das einerseits semantisch fundiert (vgl. Abs.2.3.), andererseits aber auch verarbeitungsadäquat ist.

Ein Modell kognitiver Prozesse in biologischen Systemen

Reinhard Koy-Oberthür
VITRONIC Dr.-Ing. Stein Bildverarbeitungssysteme GmbH
Hasengartenstr. 14, 6200 Wiesbaden
(zuvor: TU Clausthal, Institut für Elektrische Informationstechnik
Leibnizstraße 28, 3392 Clausthal-Zellerfeld) [1)]

Zusammenfassung

Ein allgemeines Modell kognitiver Prozesse wird vorgestellt und diskutiert. Das Modell wurde zur Beschreibung der Wahrnehmung blinder Menschen mit einem 'Kontur-Wahrnehmungs-System' entwickelt. Dieses technische Hilfsmittel soll dem blinden Benutzer die Erkennung der Form von Objekten und der räumlichen Relationen verschiedener Objekte zueinander ermöglichen, um die Orientierung und Mobilität zu unterstützen. Die ursprüngliche Wissensrepräsentation des Benutzers wird mit Hilfe der zusätzlichen Information des technischen Systems gestützt und erweitert.

Das Modell erklärt den Wahrnehmungsprozeß zunächst abstrakt und wird anhand von Wahrnehmungsuntersuchungen mit blinden Mitarbeitern konkretisiert. Aspekte der Raumrepräsentation bei blinden Menschen werden im Zusammenhang mit den experimentellen Ergebnissen diskutiert.

1. Das Kontur-Wahrnehmungs-System

Als Ausgangspunkt der Modellbildung wird im folgenden das Kontur-Wahrnehmungs-System kurz beschrieben; eine ausführliche Systembeschreibung kann Koy-Oberthür 1987 entnommen werden.[2)]

Grundprobleme der sensorischen Substitution für Blinde sind die notwendige **Informationsreduktion** und der **Ersatzsinneskanal** sowie eine an die menschlichen Wahrnehmungsfähigkeiten **angepaßte Codierung** der Information des technischen Systems. Im Kontur-Wahrnehmungs-System

1) Die Arbeiten zum Kontur-Wahrnehmungs-System für Blinde sind in Zusammenarbeit mit Prof. E. Mühlenfeld am Institut für Elektrische Informationstechnik der TU Clausthal entstanden. Die experimentelle Arbeit wurde in Zusammenarbeit mit Frau Prof. W. Rath von B. Bruch und U. Gerkens am Institut für Behindertenpädagogik der Universität Hamburg mit fünf blinden Mitarbeitern durchgeführt. Die experimentelle Arbeit und die systemtechnische Weiterentwicklung wird von der Deutschen Forschungsgemeinschaft gefördert. Allen Beteiligten sei herzlich gedankt.

2) Einen Überblick über technische Hilfsmittel für Blinde sowie einen Einblick in physiologische und psychologische Fragestellungen bieten die Veröffentlichungen: Aussteller an der Technischen Konferenz des ERK im WCWB. Hrsg. Deutscher Blindenverband, Bonn, 1980; H.W. Herzog, M. Kügle, Untersuchung zu technischen Hilfsmitteln für Blinde. Infratest Gesundheitsforschung, München, 1982; R.L. Welsh, B.B. Blasch (Ed.) Foundation of orientation and mobility for the blind. American Foundation of the Blind, New York, 1980; D. H. Warren, E. R. Strelow, Electronic spatial sensing for the blind. Dordecht / Boston / Lancaster, 1985.

(KONWA-System) wird die Bildinformation auf Konturen beschränkt, das taktile System am Unterarm als Ersatzsinneskanal eingesetzt und die Intelligenz des Menschen für den Erkennungsvorgang genutzt.

Das System basiert auf einem speziellen Kontursensor. In Verbindung mit einem Mini-Rechner wird eine Kontur im Bildfeld des Sensors detektiert und ihre Richtung berechnet. Diese Konturrichtung wird dem Blinden mittels eines den Unterarm umschließenden Reizgeberarmbandes aus 16 Elektrodenpaaren übertragen. Ein aktivierter Reizgeber bewirkt dabei eine Empfindung, die einer Berührung ähnelt. Die Vorstellung von der Richtung einer Kontur gewinnt der Blinde dadurch, daß jeweils zwei Reizgeber aktiviert werden, deren gedachte Verbindungslinie die Konturrichtung anschaulich wiedergibt.

Der Sensor wird wie eine Taschenlampe in der Hand getragen. Nachdem der blinde Benutzer gelernt hat, ein aktiviertes Reizgeberpaar als Richtung einer fixierten Kontur zu interpretieren, kann er den Sensor in der erkannten Richtung weiterbewegen, so daß er durch Verfolgen der Objektkonturen und nach einiger Übung auch durch 'Sakkaden' mit seinen Arm- und Handbewegungen Kontursegmente erkennt und aus dem Zusammenhang dieser Segmente eine Vorstellung von der Form des Objektes entwickelt.

Dieser Vorgang der Informationsgewinnung erfolgt nicht isoliert, sondern im Rahmen der übrigen Wahrnehmung. Dem Blinden steht für die Interpretation der Konturinformationen ein komplexer, individueller Informationshintergrund zur Verfügung. Dieser besteht aus der Gesamtheit der aktuellen sensorischen Informationen aller Sinnesorgane sowie dem in einem Erfahrungsspeicher vorhandenen Wissen des Menschen. Dieser Informationshintergrund wird **Kontext** genannt. Aus dem Kontext heraus kann einer erkannten Form ein bestimmtes Objekt zugeordnet werden.

Abbildung 1 zeigt eine schematische Darstellung der Wahrnehmung mit dem KONWA-System. Dabei ist der Weg von der Umwelt bis zur Wahrnehmung in fünf Transformationen T_1 bis T_5 gegliedert:

T_1: Umwelt --> Bild (Grauwertbild)
T_2: Bild --> Kontur
T_3: Kontur --> Reizgeber (am Unterarm)
T_4: Reizgeber --> Erkennung der Konturrichtung
T_5: Konturrichtungen --> Wahrnehmung (im Kontext)

Die Transformationen T_1 (optische Abbildung der Umwelt in die Ebene des Sensors), T_2 (Konturdetektion) und T_3 (Reizgeberinterface) beschreiben das technische System.

T_4 betrifft die Übertragung der elementaren Informationen, der Konturrichtungen, über den Ersatzsinneskanal. Auf diese Übertragung läßt sich der Informationsbegriff nach Shannon anwenden. Mit Hilfe des Kanalmodells der klassischen Informationstheorie kann die übertragbare Information quantifiziert werden, wobei die unterschiedlichen diskreten Konturrichtungen das Ensemble der zu übertragenden Symbole bilden. Die Anzahl der verwendeten Reizgeber (16) folgt aus Experimenten zur Ermittlung der Kanalkapazität (vgl. [3)] und [4)]). Nach einem hinreichenden Lernvorgang werden aktivierte Reizgeberpaare unmittelbar als Konturrichtungen erkannt.

[3)] Siehe Koy-Oberthür 1987.

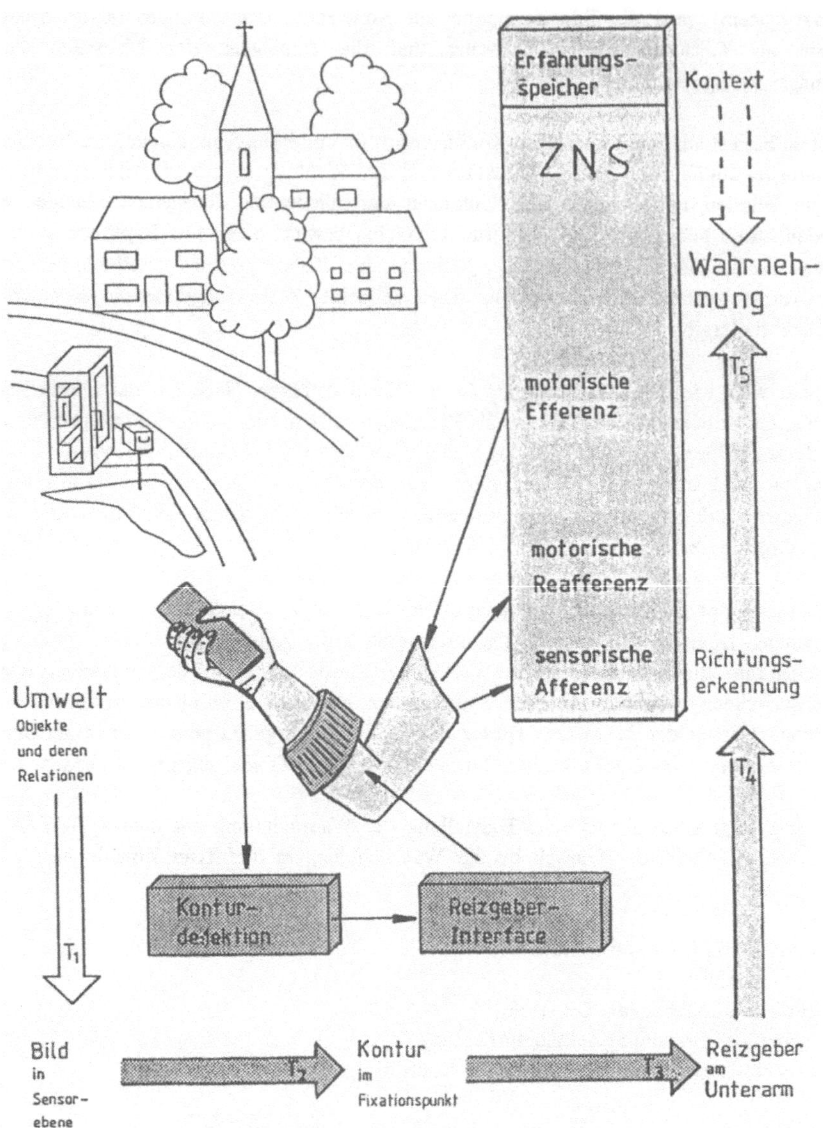

Abbildung 1 Schematische Darstellung der Wahrnehmung mit dem KONWA-System.
Der Weg von der Umwelt zur Wahrnehmung ist in fünf Transformationen gegliedert: die optische Abbildung T_1, die Konturextraktion T_2, die Übertragung der Konturinformation an den Blinden T_3, die unmittelbare Richtungserkennung T_4 sowie die kognitive Aktivität T_5, die zur Wahrnehmung im Kontext führt. Dabei beschreiben die Transformationen T_1 bis T_3 das technische System und T_4 bis T_5 die Wahrnehmung durch den Menschen.

T_5 betrifft den Kern dieses Beitrages, die Wahrnehmungsaktivität des Menschen. Um diese zu verstehen, werden Vorstellungen aus der kognitiven Psychologie herangezogen. Dabei wird 'Wahrnehmung' zunächst abstrakt auf allgemeiner Ebene beschreieben, um im weiteren diese Beschreibung auf die Wahrnehmung mit dem KONWA-System anzuwenden. Zu den informationstheoretischen Grundproblemen, die mit der Frage nach der Wahrnehmung verbunden sind, und zur ausführlichen Systembeschreibung wird auf [3] verwiesen.

2. Wahrnehmung in der kognitiven Psychologie

Um zu einem Modell der Wahrnehmung zu gelangen, sei zunächst eine Definition gemäß [3] wiedergegeben, die auf Axel Korn 1982 und David Marr aufbaut, und die die Handlungsbezogenheit der Wahrnehmung hervorhebt.

Definition:
Wahrnehmung ist der **aktive** Aufbau einer symbolischen Beschreibung der Umwelt aus der Gesamtheit sensorischer Information (Afferenz), motorischer Rückmeldung (Reafferenz) und dem aus Erfahrung gespeicherten Wissen.

Diese Definition der Wahrnehmung sowie das psychologische Konzept des 'Schemas', das den Prozess der Wahrnehmung beschreibt, bilden die Grundlage der Modellentwicklung.

Wahrnehmung kann (in Fortsetzung von Darwins Anpassungsprinzip der Artenentwicklung) als Anpassung in der Individualentwicklung verstanden werden. Übergeordnetes Ziel der individuellen kognitiven Entwicklung ist eine Anpassung des inneren Weltmodells an die tatsächliche Außenwelt. Dabei wird die Übereinstimmung zwischen antizipierten Wirkungen potentieller Aktionen mit den tatsächlichen Konsequenzen durchgeführter Handlungen optimiert. Demzufolge ist der unmittelbare Sinn von Informationsaufnahme - nach möglichst exakter Prädiktion der Konsequenzen - stets die Durchführung einer Handlung.

Eine Vorstellung vom Prozeß der Wahrnehmung, die dem herausgestellten Handlungsbezug gerecht wird, liefert die kognitive Psychologie mit dem Wahrnehmungszyklus nach U. Neisser 1979. Danach läuft Wahrnehmung generell in einem Kreisprozeß sensomotorischer Koordination ab. Dieser besteht aus Informationsaufnahme, Anpassung und aktiver Suche nach erwarteter Information. Zentraler Teil des Wahrnehmungszyklus ist das **Schema**. Das Schema ist eine funktionelle Einheit zur Aufnahme bestimmter Information (Assimilation). Im Zusammenhang mit dem individuellen Erfahrungsspeicher bewirkt es eine Antizipation (Vorwegnahme, Erwartung) möglicher Wahrnehmungsinhalte. Aus der aktuellen Information sowie der Antizipation folgt eine gezielte Handlung, um weitere Information auszuwählen. Das Schema paßt sich selbst aufgrund der aufgenommenen Information an die Umwelt an (Akkommodation), wodurch die oben genannte Optimierung erfolgt.

---

[4] B. Bruch, U. Gerkens, R. Koy-Oberthür, Bericht Automation 88/1, Kontur-Wahrnehmungs-System für blinde Anwender(innen). Forschungsbericht zum DFG-Projekt, Institut für Elektrische Informationstechnik, Clausthal-Zellerfeld, 1988.

Dieser Begriff des Schemas ist von J. Piaget entlehnt. Piaget belegt die Relevanz des Schemas für den Aufbau eines symbolischen Weltmodells anhand von Studien der Kindesentwicklung (J. Piaget 1975, vgl. auch [5] dort J.-P. Ewert, M.-A. Arbib, F. Cervantes-Perez).

Mit den Begriffen Piagets erfolgt Wahrnehmung in einem ständigen Wechselspiel zwischen Assimilation und Akkommodation, das Äquiliberation genannt wird. In diesem Wechselspiel wird ein Gleichgewichtszustand zwischen Innenwelt und Außenwelt im Sinne vollständiger Anpassung angestrebt. Ein Schema in diesem Zustand erfährt keine weitere Akkommodation.[6] Einige wenige Grundschemata wie z.B. der Greifreflex sind nach Piaget angeboren. Aus den Grundschemata entwickeln sich in Anpassung an die Umgebung komplexere, aufgabenspezifische Schemata.

3. Modell der Wahrnehmung

Das Modell der Wahrnehmung ist im wesentlichen ein Modell des Schemas und wird deshalb im weiteren als 'SCHEMA' bezeichnet. Mit Hilfe von Methoden der Künstlichen Intelligenz wird das SCHEMA formal beschrieben.[7] Kern der Formalisierung ist eine 'antizipierende', generative Grammatik, welche die Zuordnung von Informationen und Handlungen bestimmt. In Konsequenz der gegebenen Definition der Wahrnehmung erzeugt diese Grammatik eine 'symbolische Beschreibung der Umwelt'. Dazu werden entsprechend der aktiven Rolle des Wahrnehmenden sowohl Informationen (die in Anlehnung an Begriffe der Mustererkennung im weiteren auch 'Merkmale' genannt werden) als auch Handlungen durch attributierte terminale Symbole dargestellt. Die Unschärfe menschlicher Informationsaufnahme wird durch Zugehörigkeitsfunktionen im Sinne der 'vagen Mengen' (fuzzy sets) nach Zadeh[8] berücksichtigt, die als Attribute der Symbole eingeführt sind. Symbolfolgen aus Merkmalen und Handlungen bilden Worte der zugehörigen formalen Sprache und repräsentieren Wahrnehmungsinhalte. Diese Worte werden zu Oberbegriffen (Metasymbolen) zusammengefaßt. Worte mit ihren zugehörigen Metasymbolen stellen das Ergebnis der Wahrnehmung dar und werden in einem Erfahrungsspeicher festgehalten.

In Abbildung 2 ist das SCHEMA graphisch dargestellt. Die dick eingerahmten Blöcke (generative Grammatik -> Wort -> Klassifikator -> Oberbegriff) verdeutlichen die Informationsverarbeitung für den Fall, daß kein Erfahrungswissen verfügbar ist, was für das Lernen eines völlig neuen Wahrnehmungsinhaltes zutrifft. Die Zuordnung von Handlungen zu Merkmalen erfolgt in diesem Falle ausschließlich nach den Regeln der generativen Grammatik. Mit diesen Regeln und der Definition der terminalen Symbole ist die Struktur aller möglichen Wahrnehmungsinhalte eines SCHEMAS festgelegt. Die Worte W, die diese Wahrnehmungsinhalte Repräsentieren, haben die Form:

---

[5] J.-P. Ewert, M.A. Arbib (eds.), Visumotor Coordination: Amphibians, Comparisoms, Models, and Robots. Plenum Press, New York, 1988.

[6] Als Beispiel sei ein Schema genannt, das die Gleichgewichtslage des Körpers beim Laufen erhält. Zur Zeit des ersten Aufrichtens des Kindes existiert dieses Schema praktisch noch nicht, ein bis zwei Jahre später dagegen ist es fast völlig akkommodiert und hat sich nur noch an das Körperwachstum laufend anzupassen.

[7] Zur ausführlichen formalen Beschreibung des Modells vgl. [3].

[8] L.A. Zadeh, K.S. Fu, K. Tanaka, M. Shimura (Ed.) Fuzzy sets and their applications to cognitive and decision processes. New York, 1975.

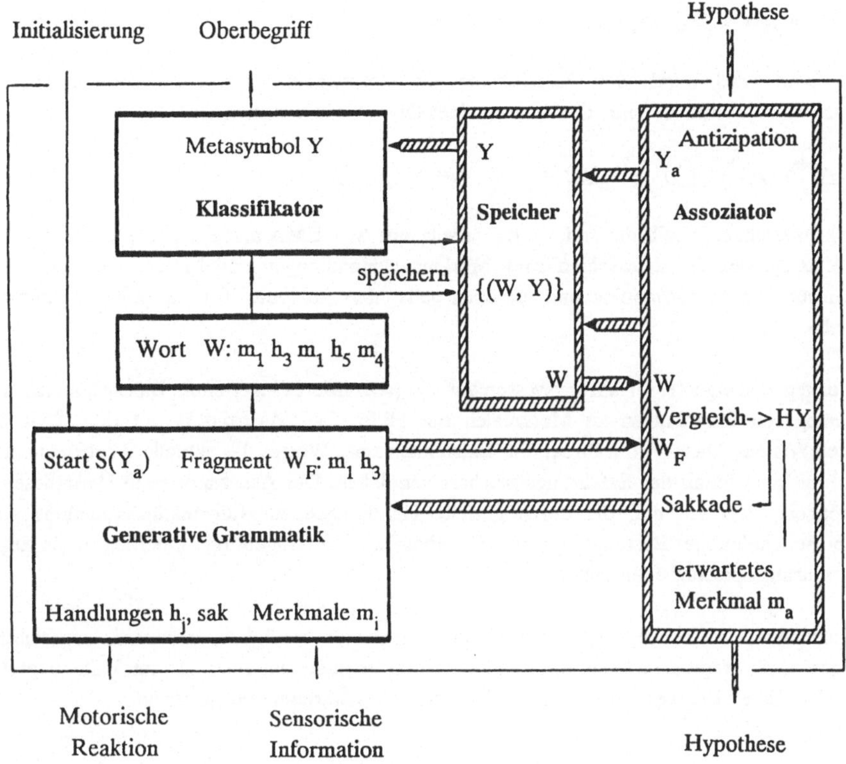

Abbildung 2 Das SCHEMA als Modell der Wahrnehmung durch sensomotorische Koordination. Beim Erlernen neuer Wahrnehmungsinhalte (dick eingerahmte Blöcke) erzeugt die generative Grammatik Worte W, zu denen der Klassifikator ein entsprechendes Metasymbol Y als Oberbegriff bildet. Worte mit ihren Metasymbolen werden im Erfahrungsspeicher gespeichert. Wenn Kontextwissen aus dem Erfahrungsspeicher verfügbar ist (schraffiert eingerahmte Blöcke), wird das Wortfragment W_F laufend mit diesem Kontext verglichen. Falls Hypothesen HY gebildet werden können, werden diese mittels gezielter Handlungen überprüft. Wird eine Hypothese bestätigt, folgt als Ergebnis des Erkennungsvorganges das zugehörige Metasymbol aus dem Erfahrungsspeicher.

$$W_n = {}^k m_n(\underline{A})\, {}^k h_n(\underline{A})\, {}^k m_n(\underline{A}) \ldots\, {}^k h_n(\underline{A})\, {}^k m_n(\underline{A})$$

Einem Wort wird durch den Klassifikator ein Metasymbol ${}^kY_n(\underline{A})$ zugeordnet, wobei eine Informationsreduktion im Sinne der Bildung eines Oberbegriffes stattfindet.

$${}^k m_n(\underline{A})\, {}^k h_n(\underline{A})\, {}^k m_n(\underline{A}) \ldots\, {}^k h_n(\underline{A})\, {}^k m_n(\underline{A}) \implies {}^kY_n(\underline{A})$$

Dabei kennzeichnet jeweils der Index n das erzeugende SCHEMA und das hochgestellte k im Sinne eines Klassenindex die unterschiedlichen Merkmale, Handlungen und Metasymbole. Merkmalen, Handlungen und Metasymbolen sind die oben genannten Attribute in Form eines Attributvektors zugeordnet.[9)]

Wenn dagegen geeignetes Erfahrungswissen vorliegt (schraffiert eingerahmte Blöcke), stützt sich die Zuordnung von Handlungen zu Merkmalen mit Hilfe eines Assoziators auf den Kontext des erlernten Wissens. Dazu wird während der Entstehung eines Wortes das aktuelle Wortfragment $W_{n,F}$ laufend mit dem Inhalt des Erfahrungsspeichers verglichen. Der Assoziator stellt Hypothesen über das mögliche Ergebnis auf, die durch gezielte Handlungen zur Informationsaufnahme geprüft werden. Bei eindeutiger Bestätigung einer Hypothese wird der zugehörige Oberbegriff als Ergebnis dem Erfahrungsspeicher entnommen.

Die Nutzung des Erfahrungswissens durch den Assoziator ermöglicht einerseits, angesichts von Störungen auch fragmentarische Information zu verarbeiten; andererseits, im Falle ungestörter Information, liefert das assoziative Prinzip eine effiziente Wahrnehmungsstrategie.

Die beschriebene Modellstruktur des SCHEMAS beinhaltet damit die Elemente der Definition der Wahrnehmung (Symbolische Beschreibung der Umwelt, Sensomotorik, Kontext der Erfahrung) und die funktionellen Aspekte des Schemas (sensomotorische Koordination, Antizipation, Akkommodation).

4. Komplexität: Zur hierarchischen und parallelen Organisation einer SCHEMATA-Struktur

Die Antizipation des Schemas impliziert eine Zielvorgabe oder eine übergeordnete Aufgabenstellung. Denn wenn spezielle Erwartungen bestehen oder mögliche Wahrnehmungsinhalte vorweggenommen werden, muß es eine Instanz geben, die das übergeordnete Wissen kennt und entsprechend einsetzen kann.

Der Ursprung der Antizipation im Modell wird in einer hierarchischen Anordnung zweier SCHEMATA deutlich, wobei die Metasymbole ${}^kY_1$ des Schemas S_1 als Informationssymbole oder Merkmale ${}^km_2$ des übergeordneten SCHEMAS S_2 dienen. Wenn in S_2 eine Hypothese über ein entstehendes Wort gebildet ist, bestimmt der Assoziator ein signifikantes Merkmal ${}^km_{2,a}$ und eine

9) Der Attributvektor, der hier unspezifisch als $\underline{A}$ bezeichnet ist, dient prinzipiell dem Ziel, Information sowohl symbolisch als auch numerisch durch die den Symbolen hinzugefügten Attribute repräsentieren zu können. Da dieser Aspekt hier nicht näher untersucht wird, wird der Attributvektor der Übersicht wegen im weiteren weggelassen (vgl.dazu [3)]).

Handlung, um die Hypothese zu bestätigen. Das hypothetische Merkmal ${}^{k}m_{2,a}$ wird an das untergeordnete SCHEMA S_1 übergeben und ist dort als antizipiertes Metasymbol ${}^{k}Y_{1,a}$ repräsentiert. Das antizipierte Metasymbol oder der erwartete Wahrnehmungsinhalt stellt also das Ziel oder die Aufgabe für das SCHEMA S_1 dar. Diese Zielvorgabe folgt unmittelbar aus der Hypothese in S_2. Hypothese und Antizipation bezeichnen denselben Sachverhalt in aufeinanderfolgenden semantischen Ebenen einer Hierarchie. Die Verknüpfung der Ebenen erfolgt durch die Identität von ${}^{k}Y_n$ und ${}^{k}m_{n+1}$, der Identität der Metasymbole eines SCHEMAS mit den Merkmalen eines übergeordneten SCHEMAS.

Die Information verschiedener parallel arbeitender SCHEMATA (z.B. für die unterschiedlichen Sinneskanäle oder entsprechend unterschiedlichen Aufgaben) können wiederum von einem übergeordneten SCHEMA zusammengefaßt werden. Damit wird eine beliebige, hierarchisch und parallel organisierte Verarbeitung komplexer Wahrnehmungsinhalte in einer entsprechenden SCHEMATA-Struktur möglich. Das SCHEMA bildet einen generalisierten Grundbaustein eines in seiner Komplexität an die Aufgabenstellung angepaßten 'kognitiven Systems'.

5. Experimentelle Beispiele zur Erkennung ebener Figuren im Modell

Die bisher beschriebene Modellbildung erfolgte unabhängig von einem speziellen Wahrnehmungsinhalt. Zur Konkretisierung der Modellvorstellungen sei als Beispiel eine Hierarchie aus drei SCHEMATA zur Erkennung ebener Figuren gemäß Abbildung 3 gewählt.

Das SCHEMA S_0 dient der elementaren sensomotorischen Koordination zur Konturfolge. Merkmale sind die diskreten übertragenen Richtungen in fixierten Bildpunkten; Handlungen sind unmittelbar die Bewegungen von einem Meßpunkt zum nächsten. Folgen dieser Richtungen und Bewegungen werden von S_0 zu Kontursegmenten (Geraden, Kreisbögen) zusammengefaßt und als Metasymbole ${}^{k}Y_0$ dargestellt.

Das SCHEMA S_1 faßt Folgen von Kontursegmenten (Merkmale) und deren Relationen (Handlungen) zu Figuren zusammen. Als Handlung sei der Schnittwinkel zweier Kontursegmente definiert, der der mittleren Änderung der Bewegungsrichtung bei der Konturverfolgung entspricht. Ein Wort ${}^{D}W_1$, das ein Dreieck repräsentieren soll, besteht also aus einer Folge der Symbole für: Gerade-Winkel-Gerade-Winkel-Gerade oder:

$${}^{D}W_1 = {}^{k}m_1\,{}^{k}h_1\,{}^{k}m_1\,{}^{k}h_1\,{}^{k}m_1$$

Dabei steht k als Klassenindex zur Kennzeichnung unterschiedlicher Symbole m und h (Segmente und Winkel). Sind alle Segmente Geraden gleicher Länge, dann beschreibt dieses Wort ein gleichseitiges Dreieck. Das zugehörige Metasymbol sei ${}^{D}Y_1$.

In SCHEMA S_2 bilden die Figuren aus S_1 die Merkmale, und Handlungen sind Relationen zwischen diesen Figuren. Die exakte Definition der Handlungen hängt von der Definition eindeutiger Bezugspunkte der Figuren ab. Sei ${}^{ü}h_2(\underline{A})$ ein Symbol für die Lagerelation 'über', wobei im Attribut die Berührung benachbarter Kontursegmente verschiedener Figuren festgelegt sei. Mit ${}^{D}m_2$ als Symbol für ein Dreieck und ${}^{R}m_2$ als Symbol für ein Rechteck repräsentiert das Wort W_2 die vereinfachte Form eines Hauses.

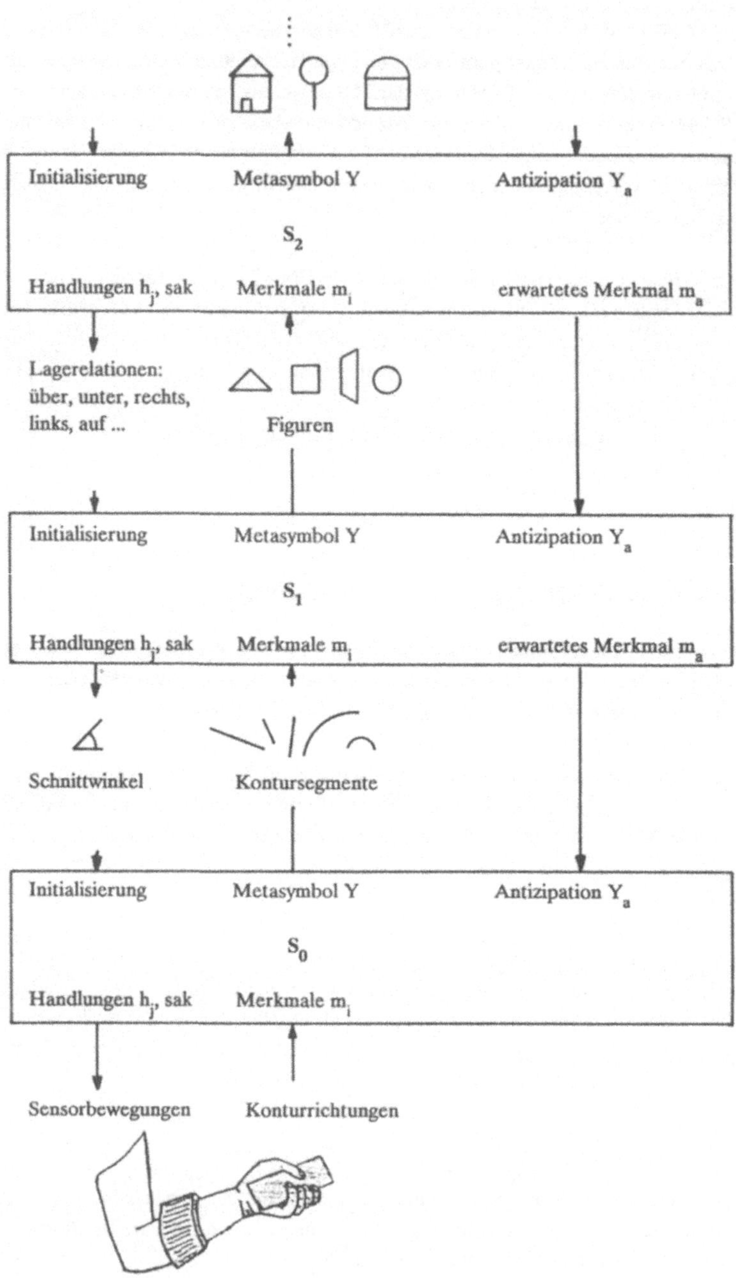

Abbildung 3 Repräsentation komplexerer Wahrnehmungsinhalte durch eine entsprechende Struktur verschiedener, aufgabenspezifischer SCHEMATA.

$^{H}W_2 = {}^{D}m_2\, {}^{\ddot{u}}h_2\, {}^{R}m_2$

Auf diese Weise können prinzipiell beliebige Formen, die sich aus einfachen Figuren zusammensetzen, dargestellt werden.

Die soweit konkretisierten Modellvorstellungen über den Wahrnehmungsprozeß werden im folgenden anhand von Beispielen für die Erkennung ebener Figuren mit dem KONWA-System diskutiert. Die experimentellen Daten wurden in systematischen Versuchen mit geburtsblinden Mitarbeitern gewonnen. Dabei wurde zunächst ohne Sensor die Erkennung von Reizpaaren als Richtungen erlernt. Entsprechend der Modellvorstellung wurden anhand von Bildvorlagen mit zunehmender Komplexität folgende Lernschritte angestrebt:[10)]

- Aufbau eines **lokalen Schemas**: sensomotorische Koordination durch Zuordnung bestimmter Reaktionen (Sensorbewegungen) zu aufgenommenen Informationen (Richtungen);
- **Optimierung** dieses lokalen Schemas:
  möglichst genaue Konturfolge
  möglichst schnelle Konturfolge
- Aufbau von **globalen Schemata**: Strukturierung von Richtungs-Bewegungs-Folgen zu Kontursegmenten (S_0) sowie Folgen von Segmenten zu Figuren (S_1) und kombinierten Figuren (S_2);
- **Erkennung** aus dem globalen sensomotorischen Zusammenhang, möglichst ohne die Aufmerksamkeit lokal zu beanspruchen.

Die Arbeitsweise gemäß dem lokalen Schema, die primäre sensomotirische Koordination, veranschaulicht Abbildung 4, wobei der Lernfortschritt deutlich wird. Die elementare Koordination der Sensorbewegungen mit der Richtungserkennung ist im unteren Beispiel weitgehend perfektioniert. Ebenso ist die Segmentbildung entsprechend S_0 zu beobachten. Die bestehenden Hypothesen über den Konturverlauf werden besonders dort deutlich, wo sie versagen: in den Schnittpunkten der Kontursegmente. Nach einigen Suchbewegungen wird eine neue Geradenrichtung gefunden und verfolgt.

[10)] Um die neuen Informationen mit vertrauten Vorstellungen zu verknüpfen, um also einen semantischen Kontext herzustellen, waren alle Bildvorlagen auch durch das gewohnte Tasten erfahrbar. Die Blinden waren stets aufgefordert, zunächst ihre mit dem Sensor gewonnenen Eindrücke verbal zu beschreiben und danach die Bildvorlagen zu ertasten um schließlich Unterschiede und Übereinstimmungen festzustellen.

Um den Handlungsablauf beobachten und beurteilen zu können, wurden die Sensorbewegungen zusammen mit Parametern und Gütemaßen, die quantitative Aussagen über den Wahrnehmungsprozeß erlauben, aufgezeichnet. Alle Abbildungen der Abtastvorgangänge sind wie folgt aufgebaut: Das Koordinatensystem liegt in der Ebene der Bildvorlage. Die Bildvorlage ist gestrichelt dargestellt. Der punktierte Kreis symbolisiert den Sensorkreis auf dem Startpunkt des Erkennungsvorganges. Die durchgezogene Linie gibt den Abtastweg wieder. Auf diesem symbolisieren Kreuze konstante Zeitintervalle. Die Erkennungszeit ist mit T_r bezeichnet.

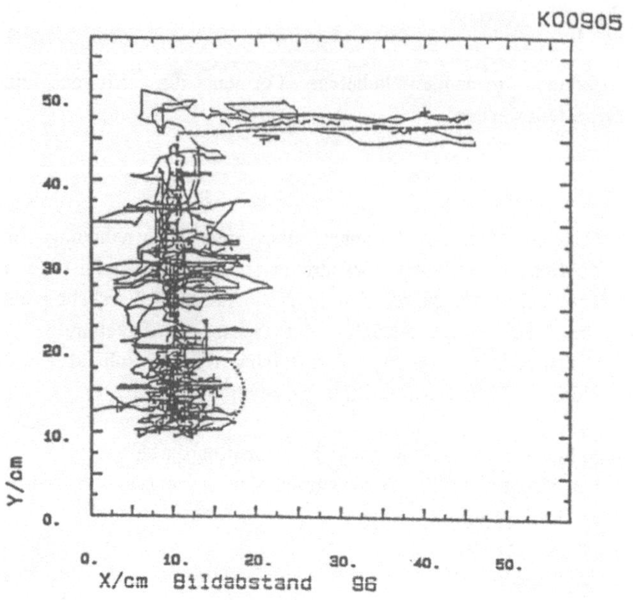

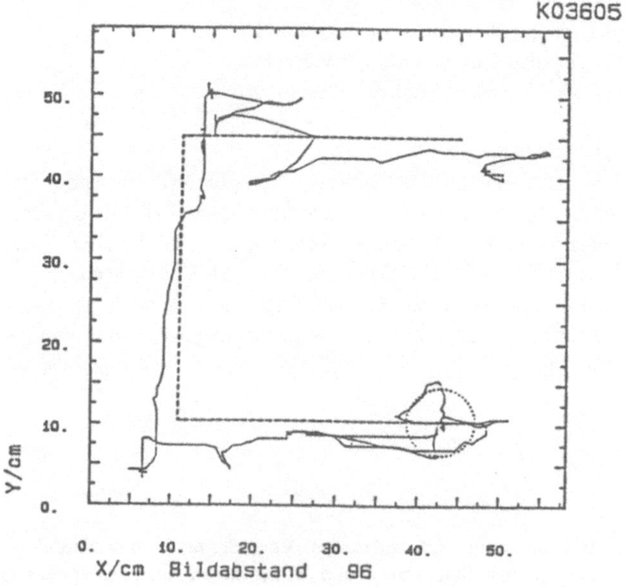

Abbildung 4 Beispiele für die primäre sensomotorische Koordination bei der Konturfolge an rechtwinklig angeordneten Geraden; oben: erster Versuch T_r = 178 s, unten: nach mehreren Stunden Übung T_r = 23 s.

Ein Beispiel für die Zusammenfassung von Kontursegmenten zur Einheit einer geometrischen Figur gemäß S_1 zeigt Abbildung 5. Dabei ist ebenfalls der Lernfortschritt im Laufe der Entwicklung dieses Schemas deutlich.

Um einen definierten Kontext im Erfahrungsspeicher zu schaffen, wurde der in Abbildung 6 links dargestellte Satz kombinierter Figuren durch vollständige Konturfolge erlernt, wofür rechts Beispiele wiedergegeben sind. Nachdem die Erkennung durch vollständige Konturfolge optimal erlernt war, wurde angestrebt, die Figuren unter Nutzung des Kontextwissens mit möglichst wenig Informationsaufnahme, also ohne vollständiges Umfahren der Konturen, zu erkennen. Typische Ergebnisse dazu zeigen die Abbildungen 7 und 8. Die zur Erkennung benötigten Konturlängen sind gegenüber Abbildung 6 drastisch reduziert; die Erkennungszeiten wurden etwa auf die Hälfte (Abb. 7) bzw. auf ein Drittel (Abb. 8) verkürzt. Dabei sind zwei unterschiedliche Strategien erkennbar. Die 'partielle Konturfolge Strategie' in Abbildung 7 kann als eine Verkürzung der ursprünglichen vollständigen Konturfolge betrachtet werden. Die 'Sakkaden Strategie' gemäß Abbildung 8 weicht von der Konturfolge wesentlich ab. Hierbei wird nur noch an wenigen Orten Konturinformation aufgenommen. Die Hypothesenbildung erfolgt wesentlich schneller und flexibler. In beiden Fällen jedoch wird bedeutend weniger Information zur Erkennung benötigt als in Abbildung 6. Das Fehlende wird aus dem bekannten Kontext gemäß der Modellvorstellung ergänzt.

6. Aspekte der Raumwahrnehmung blinder Menschen

Das Modell diente bisher dem Ziel, die Formerkennung mit dem KONWA-System zu erklären. Die Allgemeinheit des zugrundeliegenden psychologischen Grundkonzeptes und die Allgemeinheit der Modellformulierung sollte jedoch auch eine Anwendung auf beliebige kognitive Leistungen - also auch auf die Raumwahrnehmung - ermöglichen. Die Raumwahrnehmung von Blinden wird hier unter dem praktisch wichtigen Gesichtspunkt der **Orientierung** und **Mobilität** im Raum betrachtet. Die Aufgabe sei also, sich von einem Punkt des Raumes (z.B. Wohnung) zu einem anderen (z.B. Arbeitsplatz) zu bewegen.

Dazu seien zwei Begriffe der Raumrepräsentation aus der Psychologie genannt, die im Laufe der individuellen kognitiven Entwicklung des Menschen von Bedeutung sind. Diese sind die 'Routenrepräsentation' und die 'räumliche Gesamtrepräsentation'.[11)] Die Routenrepräsentation ist durch eine topologische Raumrelation gekennzeichnet. Das bedeutet, daß zwei Punkte im Raum nur durch die Relation der 'Nachbarschaft' (benachbart / nicht benachbart) miteinander in Beziehung stehen. Ein Weg in der Routenrepräsentation ist also nur durch markante Punkte (Orientierungspunkte) und die Tatsache, daß bestimmte Orientierungspunkte benachbart sind, beschrieben. Die Repräsentation eines Weges entspricht dann einer Kette oder einer Anweisungsliste.

In dieser Routenrepräsentation werden Verbindungen zwischen benachbarten Orientierungspunkten nicht als Vektoren aufgefaßt, sie können nicht in Komponenten zerlegt werden. Eine Umwegplanung oder auch die Umkehr einer gelernten Kette ist nicht möglich. Diese Art der Raumrepräsentation erlernen Kinder nach Piaget 1975c im Alter bis zu 4 Jahren. Danach (bis zum Alter von etwa 7 Jahren; die Zeitangaben sind umstritten) entwickelt sich die räumliche Gesamtrepräsentation. Dieser liegt eine 'euklidische Raumrelation' zugrunde. Die Verbindung zwischen zwei Punkten hat nun den

---

[11)] Diese Darstellung stützt sich im wesentlichen auf die Untersuchungen von A. Gerken 1986 und U. Gerkens 1987. Dort sind weitere Literaturangaben zu finden.

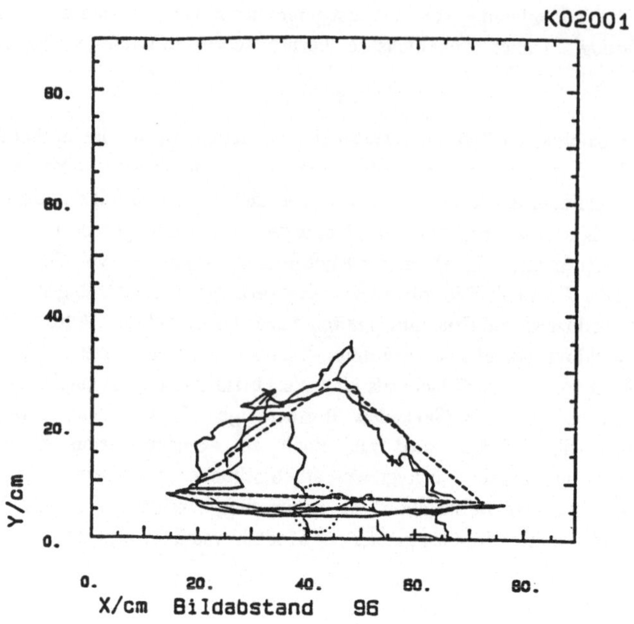

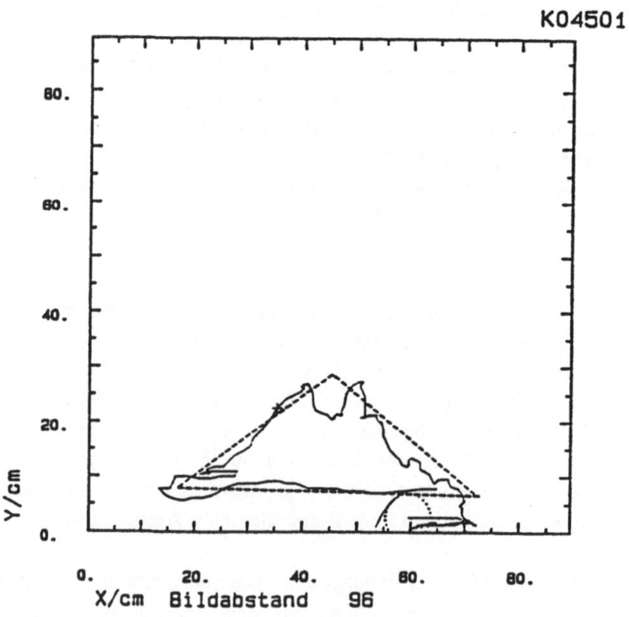

Abbildung 5 Beispiele für die Erkennung von Dreiecken; oben: erster Versuch T_r = 29 s, unten: die Figur wurde genau einmal umfahren und erkannt T_r = 14 s.

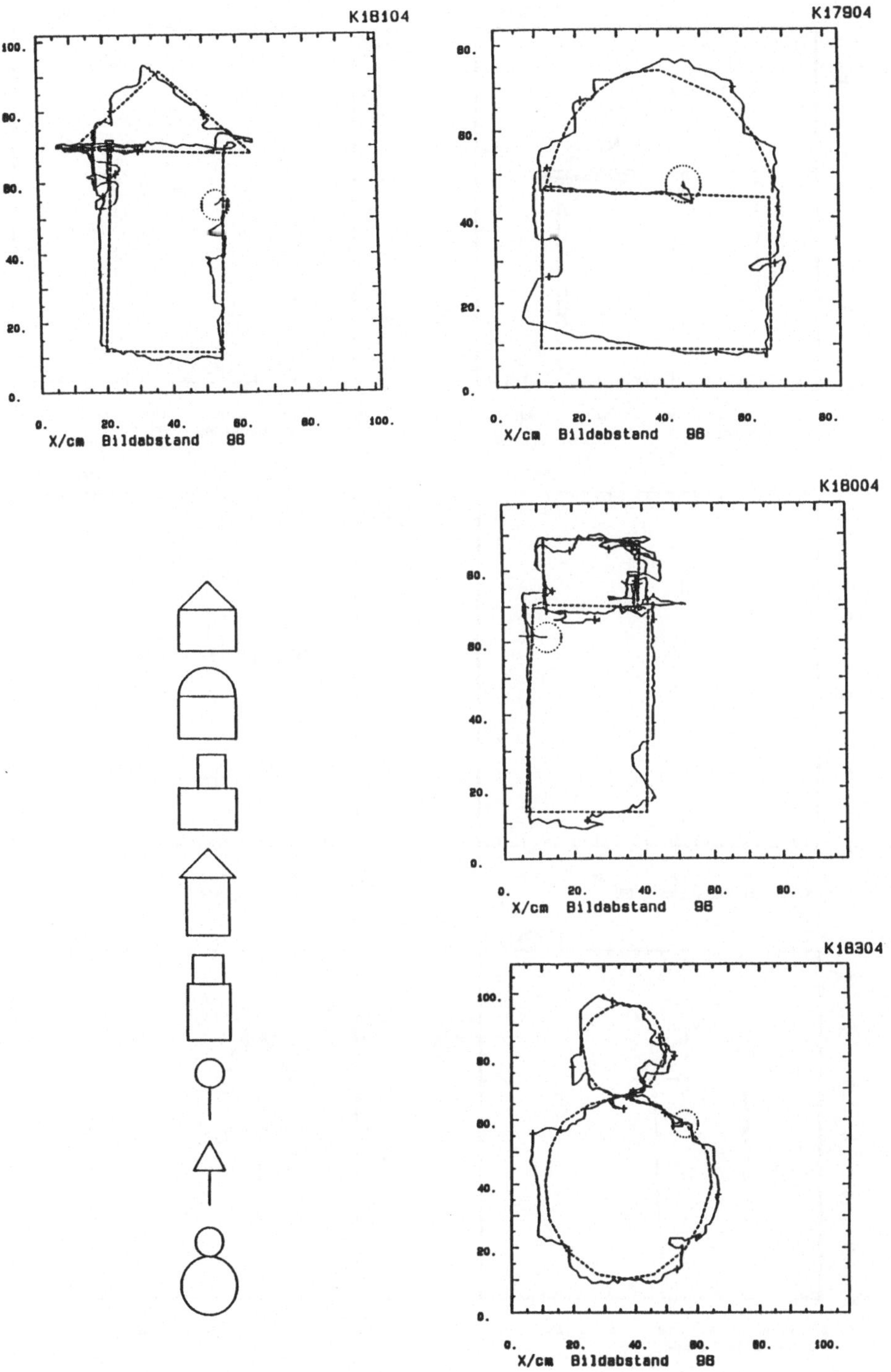

Abbildung 6 Darstellung des mittels vollständiger Konturfolge erlernten Kontextwissens als Voraussetzung für die Entwicklung effektiver Abtaststrategien. Links ist der komplette Bildsatz skizziert; rechts sind charakteristische Beispiele für den Erkennungsvorgang dargestellt. Die Erkennungszeiten liegen zwischen 20 und 50 Sekunden.

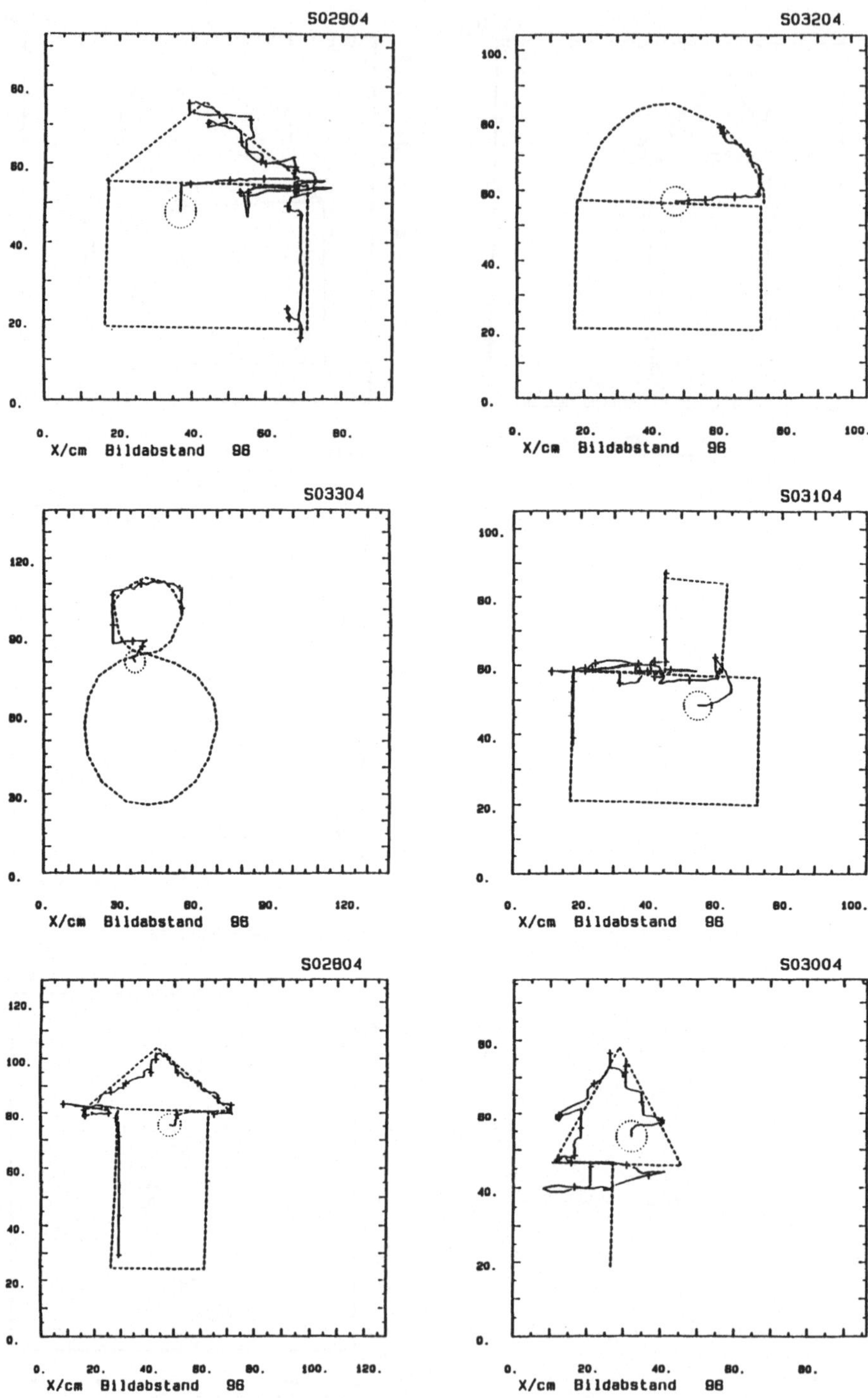

Abbildung 7 Beispiele für die Formerkennung trotz bruchstückhafter Konturfolge ('partielle Konturfolge Strategie'). Die Erkennungszeiten sind gegenüber Abbildung 6 etwa halbiert.

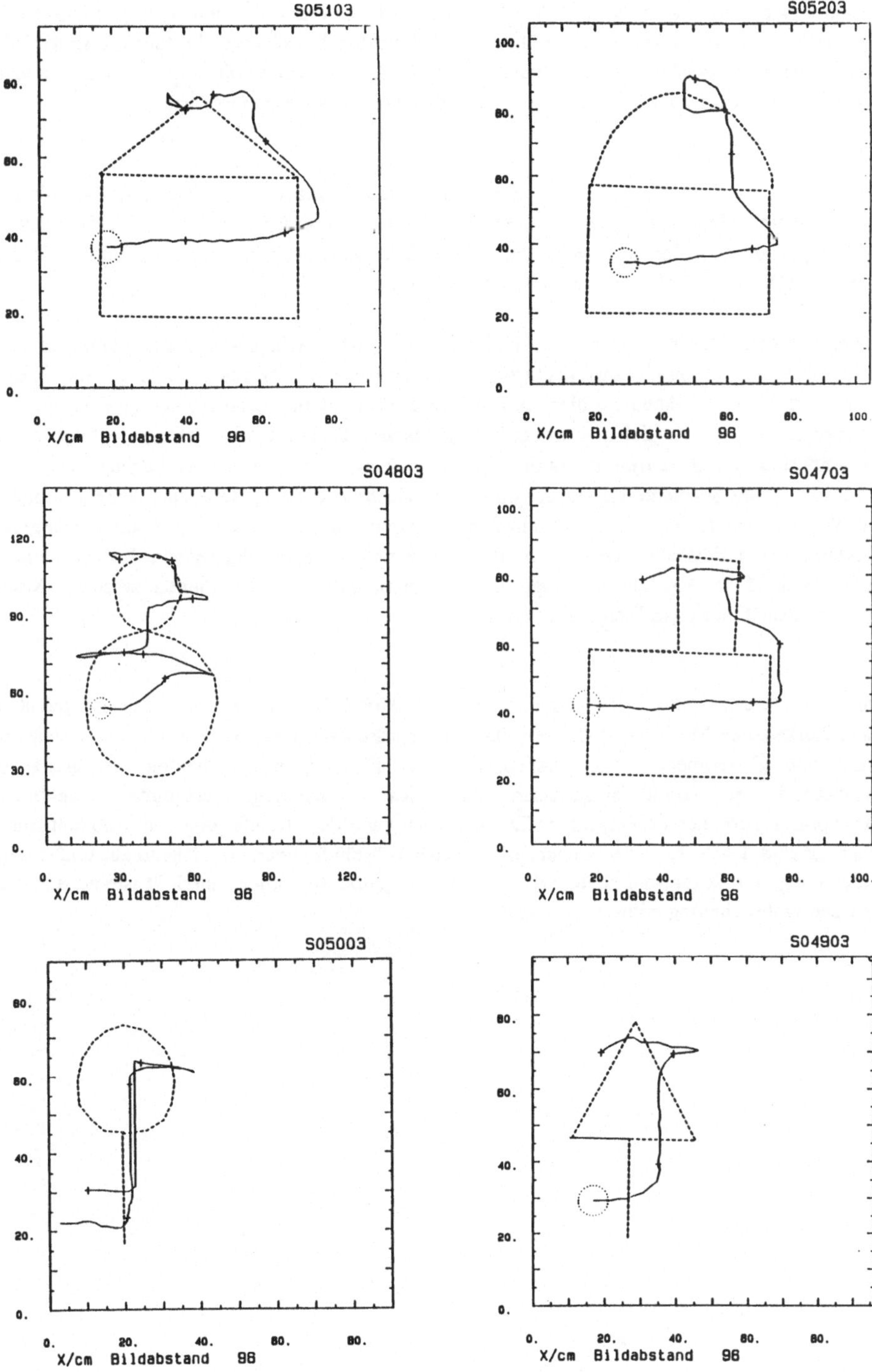

Abbildung 8 Beispiele für die Formerkennung mittels sprunghafter Suchbewegungen und extrem reduzierter Konturfolge ('Sakkaden Strategie'). Die Erkennungszeiten betragen etwa ein Drittel der Zeiten gemäß Abbildung 6.

Charakter eines Vektors und kann in Komponenten zerlegt werden.[12)] Die ursprüngliche Kette wird zu einem Netz, in dem zwischen allen Orientierungspunkten Beziehungen bestehen. Damit wird die Realisierung eines noch nie beschrittenen Weges (z.B. eine Umwegplanung) möglich. In diesem Zustand kann von einer inneren Landkarte (cognitive map) gesprochen werden.

Offensichtlich ist die Repräsentation der Wahrnehmungsinhalte im SCHEMA, das Wort aus Merkmalen und Handlungen, geeignet, sowohl die Routenrepräsentation als auch die räumliche Gesamtrepräsentation darzustellen. Dabei bilden Orientierungspunkte die Merkmale, und deren Relationen (Nachbarschaft bzw. Vektor) sind die Handlungen.

Werden in diesem Zusammenhang die Abbildungen 6 bis 8 betrachtet, zeigen sich Parallelen zu den beschriebenen Repräsentationsarten, obwohl die Experimente mit ebenen Bildvorlagen durchgeführt wurden und der Figurerkennung dienten. Die Konturfolge entsprechend Abbildung 6 kann mit der Routenrepräsentation verglichen werden. Eine gefundene Richtung wird solange verfolgt, bis sich eine Änderung im Schnittpunkt zweier Segmente ergibt. Von dort aus beginnt die weitere Konturfolge. Zwei Segmente stehen nur durch ihre Nachbarschaft in Beziehung. Eine Abweichung vom Weg der Konturfolge ist nicht möglich. Dagegen wird in Abbildung 7 und besonders in Abbildung 8 vom Festhalten an den vollständig bekannten Wegen abgewichen. Insbesondere der Handlungsablauf in Abbildung 8 zeigt den Vektorcharakter der Relationen zwischen Kontursegmenten gemäß der euklidischen Raumrelation.

Unter dem Gesichtspunkt der Orientierung und Mobilität blinder Menschen ist damit die Anwendbarkeit der Modellvorstellungen auf die Repräsentation räumlichen Wissens gezeigt und anhand von Experimenten, die ursprünglich der Formerkennung dienten, veranschaulicht. Abschließend sei darauf hingewiesen, daß diese Darstellung bestimmte Aspekte der Raumrepräsentation hervorhebt, die im Zusammenhang mit der Orientierung und Mobilität Blinder bedeutsam sind. Diese Aspekte sind sicherlich weder vollständig noch hinreichend zur umfassenden Beschreibung der Raumvorstellung, die für Blinde ganz wesentlich durch Tasteindrücke und akustische Wahrnehmung mitbestimmt wird.

---

12) Damit muß auch ein Bezugssystem entwickelt sein, was für die Routenrepräsentation nicht der Fall ist.

Gesamtliteraturverzeichnis
Repräsentation und Verarbeitung räumlichen Wissens

Autor des Systems: Kai Zimmermann
Literaturzusammenstellung: Petra Bräunling

Die Literatureinträge auf den folgenden Seiten sind alphabetisch sortiert und durch ein Diagramm in der oberen rechten Ecke des Eintrágs bezüglich ihrer Zugehörigkeit zu verschiedenen wissenschaftlichen Disziplinen klassifiziert. Das Diagramm hat folgende Semantik:

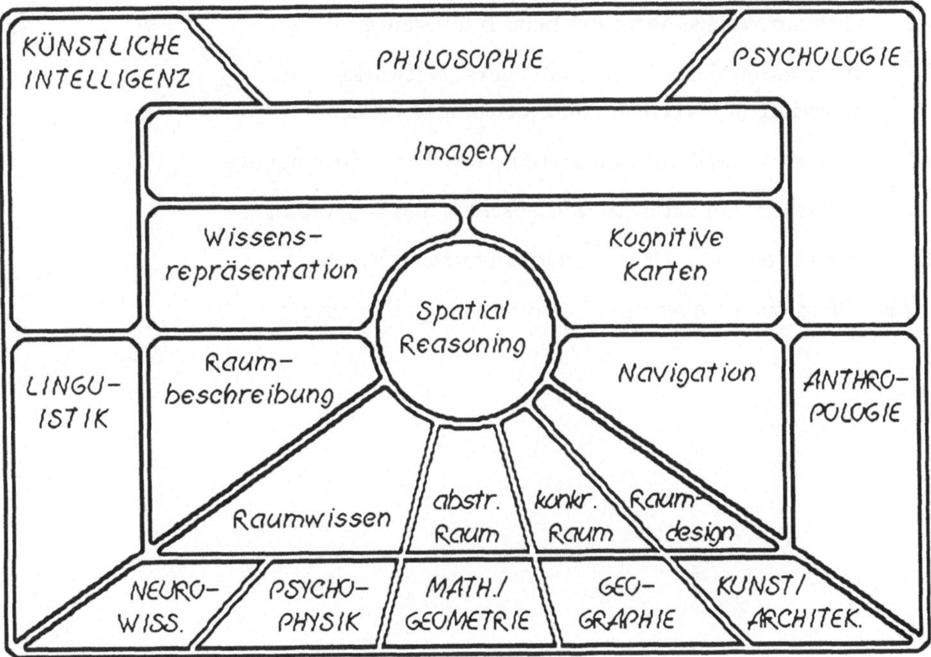

Das Literaturverzeichnis ist als BibTeX-File über Electronic Mail und als Hypercardstack für den Macintoshcomputer auf Diskette (beidseitig formatierte Leerdiskette und Rückporto beilegen) erhältlich. Interessenten wenden sich für

- **BibTeX** an fki@lan.informatik.tu-muenchen.dbp.de
- **Hypercardstack** an Petra Bräunling oder Kai Zimmermann
  Institut für Informatik
  Technische Universität München
  Arcisstr. 21
  D-8000 München 2.

Abkürzungsverzeichnis:

AAAI	National Conference of the American Association for Artificial Intelligence
ACL	Proceedings of the Annual Meeting of the Association of Computational Linguistics
AJCL	American Journal of Computational Linguistics
CACM	Communications of the Association for Computing Machinery
Coling	International Conference on Computational Linguistics
EACL	European Chapter of the ACL
ECAI	European Conference on Artificial Intelligence
GWAI	German Workshop on Artificial Intelligence
IEEE	International Conference on Neural Networks, Institiute of Electrical and Electronics Engineers
IJCAI	International Joint Conference on Artificial Intelligence
LiLi	Zeitschrift für Literaturwissenschaft und Linguistik
SPIE	Society of Photo-Optical Instrumentation Engineers
TINLAP	Theoretical Issues in Natural Language Processing

1

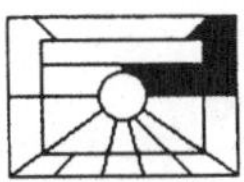

Acredolo, L.P. 1977

Developmental changes in the ability to coordinate perspectives of a large-scale space.

Developmental Psychology
Vol. 13 pp. 1-8

2

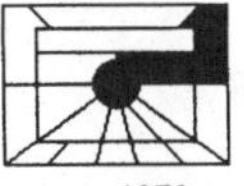

Acredolo, L.P. 1978

Development of spatial orientation in infancy.

Developmental Psychology
Vol. 14 pp. 224-234

3

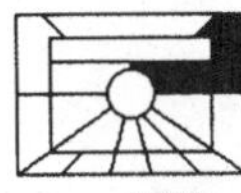

Acredolo, L.P. 1983

Coordinating perspectives on infant spatial orientation.

Cohen, R.C. (ed.)
The Development of Spatial Cognition.

Lawrence Erlbaum
Hillsdale/ NJ

4

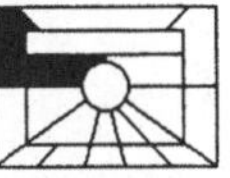

Adorni, G. / A. Boccalatte / M. DiManzo 1981
Object representation and spatial knowledge: an insight into the problem of men-robots communication.

Proc. of the 7th Conf. of the Canadian Man-Computer Com. Soc.
pp. 37-45

Waterloo, Ontario

5

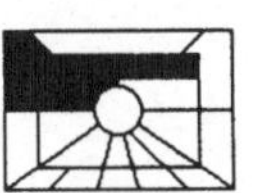

Adorni, G. / M. Di Manzo 1983

Top-down approaches to scene interpretation.

Proc. CIL 83

6

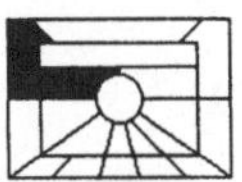

Adorni, M. / M. DiManzo / F. Giunchiglia 1983
Some basic mechanisms for common sense reasoning about stories environments.

Proc. of the 8th IJCAI

pp. 72-74

7

Aggarwal, J.K. / L.S. Davis / W.N. Martin / J.W. Roach 1981
Survey: Representation methods for three-dimensional objects.

Kanal, L.H. / A. Rosenfeld (eds.)
Progress in Pattern Recognition.

pp. 371-391
North-Holland
Amsterdam

8

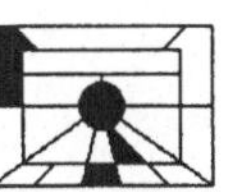

Aggarwal, J.K. / N. Nadhakumar 1988

On the computation of motion from sequences of images - a review.

Proc. IEEE, Vol. 76 No. 8

pp. 917-935

9

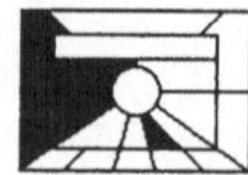

Akin, O. / R. Reddy 1977

Knowledge acquisition for image understanding research.

Computer Graphics and Image Processing.
Vol. 6 pp. 307-334

10

Akita, K. 1984

Image sequence analysis of real world human motion.

Pattern Recognition
Vol. 17 *# 1* pp. 73-83

11

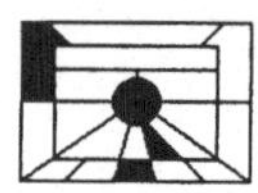

Aliomonos, J. 1988

Visual shape computation.

Proc. IEEE, Vol. 76 No. 8

pp. 899-916

12

Allen, G.L. / A.W. Siegel / R.R. Rosinski 1978

The role of perceptual context in structuring spatial knowledge.

Journal of Experimental Psychology
Vol. 4 pp. 617-630

13

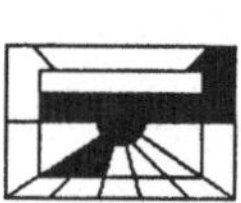

Allen, G.L. / K.C. Kirasic 1985

Effects of the cognitive organization of route knowledge on judgements of macrospatial distance.
Memory and Cognition
Vol. 13 *# 3* pp. 218

14

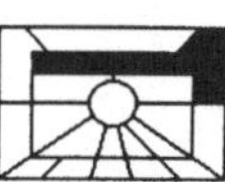

Allport, G.W. 1924

Eidetic imagery.

British Journal of Psychology
Vol. 15 pp. 100-120

15

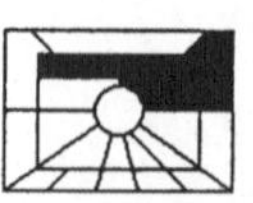

Anderson, J.R. 1978

Arguments concerning representation for mental imagery.

Psychological Review
Vol. 85 *# 4* pp.249-277

16

Anderson, H.L. 1987

Edge Detection for Object Recognition in Aerial Photographs.

TR MS-CIS-87-14
Grasp Lab 96, Dep. of Computer and Inform. Sci.
University of Pennsylvania

17

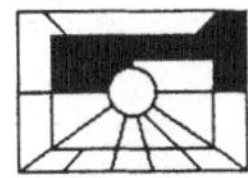

Anderson, J.R. 1988

Kognitive Psychologie.

Spektrum der Wiss. Verlagsges. mbH & Co.
Heidelberg

18

Anderson, H.L. / R. Bajcsy / M. Mintz 1988

Adaptive Image Segmentation.

TR MS-CIS-88-26
Grasp Lab 138, Dep. of Computer and Inf. Sci.
University of Pennsylvania

19

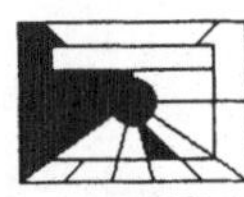

André, E. / G. Bosch / G. Herzog / T. Rist 1985
CITYTOUR - ein natürlichsprachliches System zur Evaluierung räumlicher Präpositionen.

Abschlußbericht FOPRA, Fachber. Informatik,
Universität des Saarlandes

20

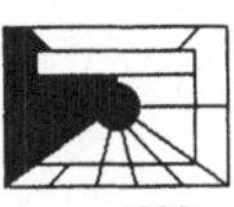

André, E. / G. Bosch / G. Herzog / T. Rist 1986
Characterizing trajectories of moving objects using natural language path descriptions.

Proc. of the 7th ECAI

pp. 1-8

Brighton

21

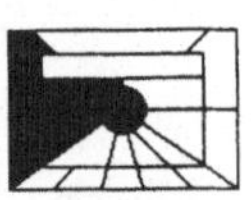

André, E. / G. Bosch / G. Herzog / T. Rist 1987
Coping with the intrinsic and deictic uses of spatial prepositions.

Jorrand, P. / V. Sgurev (eds.)
Artificial Intelligence II. Methodology, Systems, Applications.
pp. 375-382
North Holland
Amsterdam

22

André, E. 1988

Generierung natürlichsprachlicher Außerungen zur simultanen Beschreibung von zeitveränderlichen Szenen: Das System SOCCER.
Memo 26
Universität des Saarlandes, Projekt VITRA
Sonderforschungsbereich 314

23

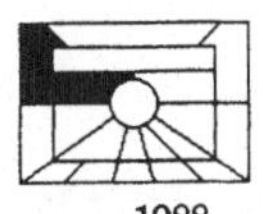

André, E. / G. Herzog / T. Rist 1988

On the simultaneous interpretation of real world image sequences and their natural language description: the system SOCCER.
Kodratoff, Y. (ed.)
Proc. of the 8th ECAI

pp. 449-454
Pitman
London

24

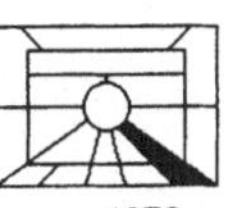

Appleyard, D. 1976

Planning a Pluralistic City.

MIT Press
Cambridge/ Mass.

25

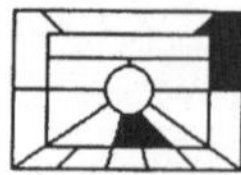

Attneave, F. 1954

Some informational aspects of visual perception.

Psychological Review
Vol. 61 pp.183-193

26

Attneave, F. 1972

Representation of physical space.

Melton, A.W. / E. Martin (eds.)
Coding Processes in Human Memory.

pp.283-306
Winston
Washington

27

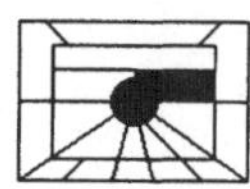

Attneave, F. 1983

Concerning cognitive maps: Discussion of Baird and Kuipers.

Pick, H.L.Jr. / L.P. Acredolo (eds.)
Spatial Orientation: Theory, Research, and Application.
pp. 361-366
Plenum Press
New York

28

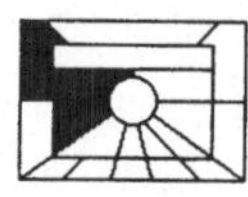

Badler, N.I. 1975

Temporal Scene Analysis: Conceptual Description of Object Movements

TR 80
Computer Science Department
University of Toronto

29

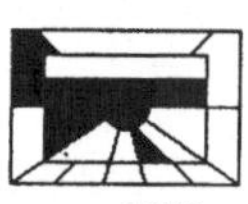

Badler, N.I. / R. Bajcsy 1978

Three-dimensional representation for computer graphics and computer vision.

Computer Graphics
Vol. 12 pp. 153-160

30

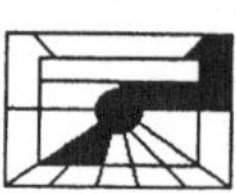

Bahrick, H.P. 1983

The cognitive map of a city: Fifty years of learning and memory.

Brower, G.H. (ed.)
The Psychology of Learning and Motivation.

Academic Press
New York

31

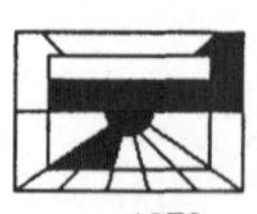

Baird, J. 1979

Studies of cognitive representation of spatial relations.

Journal of Experimental Psychology: General
Vol. 7 pp. 120

32

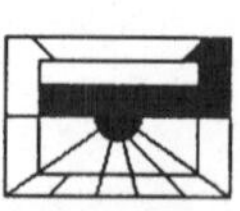

Baird, J.C. / M. Wagner 1983

Modelling the creation of cognitive maps.

Pick, H.L.Jr. / L.P. Acredolo (eds.)
Spatial Orientation: Theory, Research, and Application.
pp. 321-344
Plenum Press
New York

33

Bajcsy, R. / A.K. Joshi 1978

The problem of naming shapes: Vision-language interface.

Proc. TINLAP-2

pp. 157-161

Urbana

34

Bajcsy, R. (ed.) 1979

Proc. of the Workshop on the Representation of Three-Dimensional Objects.

Philadelphia

35

Bajcsy, R.K. 1982

Three-dimensional object representation.

Kittler,J. / K.S. Fu / L.F. Pau (eds.)
Pattern Recognition Theory and Application.

pp. 283-295
Reidel Publishing Company
Dordrecht

36

Bajcsy, R. / A. Joshi / E. Krotkov / A. Zwarico 1985
LandScan: A natural language and computer vision systm for analyzing aerial images.

Proc. of the 9th IJCAI

pp. 919-921

37

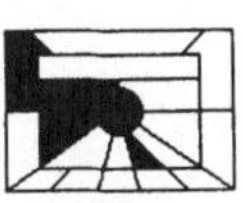

Bajcsy, R. / F. Solina 1987

Three dimensional object representation revisited.

Proc. of the 1st International Conference on Computer Vision
pp. 231-240

London

38

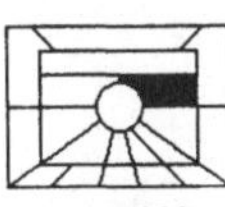

Baker, R.R. 1980

Goal orientation by blindfolded humans after long-distance displacements.

Science
Vol. 210 pp. 555-557

39

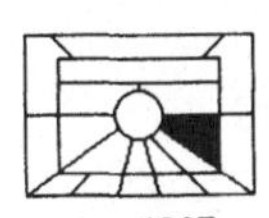

Baker, R.R. 1987

Human navigation and magnetoreception: The Manchester experiments do replicate.

Animal Behavior
Vol. 35 pp. 691-704

40

Ballard, D.H. / D.M. Brown 1982

Computer Vision.

Prentice-Hall

41

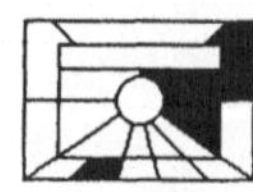

Barlow, J.S. 1985

Inertial navigation and animal navigation.

New England Journal of Medicine
Vol. 273 pp. 1090-1092

42

Barr, A.H. 1981

Superquadrics and angle-preserving transformations.

IEEE Computer Graphics & Applications
Vol. 1 *# 1* pp. 11-23

43

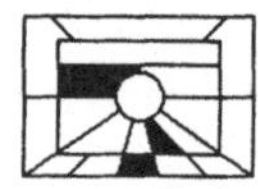

Barr, A.H. 1984

Global and local deformations of solid primitives.

Computer Graphics
Vol. 18 *# 3* pp. 21-30

44

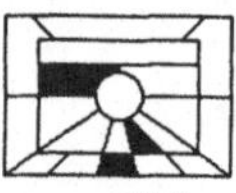

Barrow, H.G. / R.J. Popplestone 1971

Relational descriptions in picture processing.

Machine Intelligence
Vol. 6 pp. 377-396

45

Barrow, H.G. / A.P. Ambler / R.M. Burstall 1972

Some techniques for recognizing structures in pictures.

Watanabe, S. (ed.)
Frontiers in Pattern Recognition.

pp. 1-29
Academic Press
New York

46

Barrow, H.G. / J.M. Tenenbaum 1975

Representation and Use of Knowledge in Vision.

Techn. Note 108
SRI International, AI Center

47

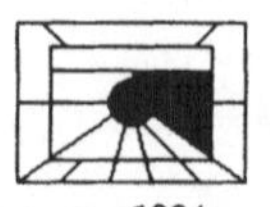

Bartram, D. / P. Smith 1984

Everyday memory for everyday places.

Harris, J.E. / P.E. Morris (eds.)
Everyday Memory, Action, and Absent-Mindedness.

Academic Press
New York

48

Barwise, J. / J. Perry 1983

Situations and Attitudes.

MIT Press
Cambridge/Mass.

49

Baumgart, B.G. 1974

Geometric Modeling for Computer Vision.

Memo AIM 249
Stanford AI-Lab.

50

Baykan, C.A. / M.S. Fox 1987

An investigation of opportunistic constraint satisfaction in space planning.

Proc. of the 10th IJCAI

pp. 1035-1038

Milan

51

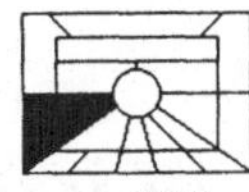

Bennett, D.C. 1975

Spatial and Temporal Uses of English Prepositions. An Essay in Stratificational Semantics.
Longman
London

52

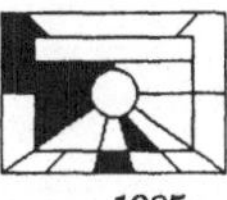

Besl, P.J. / R.C. Jain 1985

Three-dimensional object recognition.

Computing Surveys
Vol. 17 *# 1* pp. 75-145

53

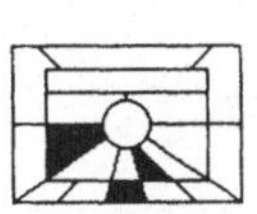

Besl, P.J. / R.C. Jain 1986

Invariant surface characteristics for 3D object recognition in range images.

Comp. Vision, Graphics, and Image
Vol. 33 pp. 33-80

54

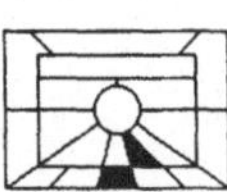

Besl, P.J. 1988

Geometric modeling and computer vision.

Proc. IEEE, Vol. 76 No. 8

pp. 936-958

55

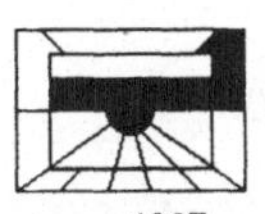

Bialystok, E. / D.R. Olson 1987

Spatial categories: The perception and conceptualization of spatial relations.

Harnad, S. (ed.)
Categorial Perception: The Groundwork of Cognition.

Cambridge University Press
Cambridge

56

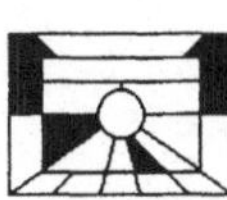

Biederman, I. / R.J. Mezzanotte / J. C. Rabinowitz 1982
Scene perception: Detecting and judging objects undergoing relational violations.

Cognitive Psychology
Vol. 14 pp. 143-177

57

Biederman, I. 1985

Human image understanding: Recent research and a theory.

Comp. Vision, Graphics, and Image
Vol. 32 pp. 29-73

58

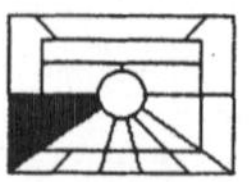

Bierwisch, M. / E. Lang (Hrsg.) 1987

Grammatische und konzeptuelle Aspekte von Dimensionsadjektiven.

Akademie-Verlag
Berlin

59

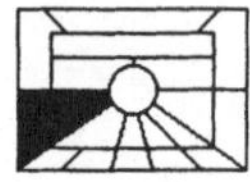

Bierwisch, M. 1988

On the grammar of local prepositions.

Bierwisch / Motsch/ Zimmermann (Hrsg.)
Syntax, Semantik und Lexikon.

pp.1-65 Studia Grammatica 29
Akademie-Verlag
Berlin

60

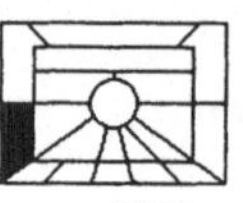

Bierwisch, M. / E. Lang (eds.) 1989

Dimensional Adjectives.

Springer
Berlin

61

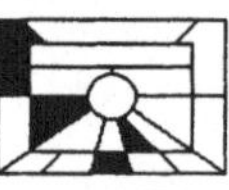

Binford, T. 1971

Visual perception by computer.

Invited Paper at IEEE Conf.
on Systems Science and Cybernetics, Miami

(availabel only from the author)

62

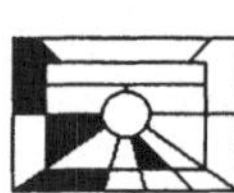

Binford, T.O. / J.M. Tenenbaum 1973

Computer vision.

Computer, May 1973
pp. 19-24

63

Binford, T.O. 1979

Spatial representation.

Proc. DARPA Image Understanding Workshop
pp. 140-144

64

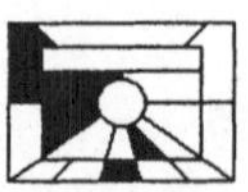

Binford, T.O. 1982

Survey of model-based image analysis systems

International Journal of Robotics Research
Vol. 1 *# 1* pp. 18-64

65

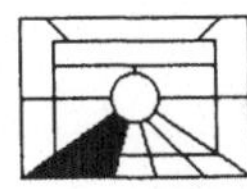

Bisiach, E. / C. Luzzatti 1978

Unilateral neglect of representational space.

Cortex
Vol. 14 pp. 129-133

66

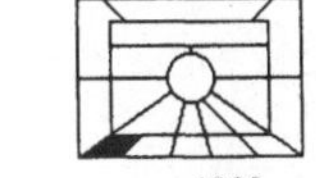

Bisiach, E. / G. Vallar 1988

Hemineglect in humans.

Boller, F. / J. Grafman (eds.)
Handbook of Neuropsychology. Vol 1

pp. 195-222
Elsevier
Amsterdam

67

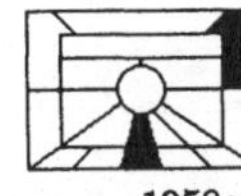

Blank, A. 1958a

Axiomatics of binocular vision: The foundations of metric geometry in relation to space perception.
Journal of the Optical Society of America
Vol. 48 pp.328-333

68

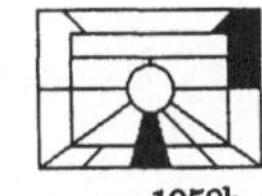

Blank, A. 1958b

Analysis of experiments in binocular space perception.

Journal of the Optical Society of America.
Vol. 48 pp. 911-925

69

Block, N. 1974

Why do mirrors reverse left/right and not up/down ?

The Journal of Philosophy
Vol. 71 # 9

70

Block, H. (ed.) 1981

Imagery.

MIT Press
Cambridge/Mass.

71

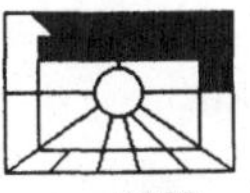

Block, N. 1983a

Mental pictures and cognitive science.

The Philosophical Review
XCII # 4

72

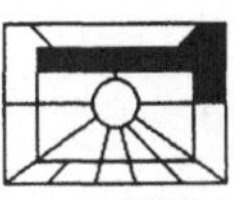

Block, N. 1983b

The photographic fallacy in the debate about mental imagery.

Nous
Vol. 17 pp.651-661

73

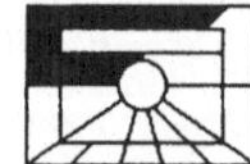

Bobrow, D.G. 1975

Dimensions of representation.

Bobrow, D.G. / A. Collins (eds.)
Representation and Understanding - Studies in Cognitive Science.
pp. 1-34
Academic Press
New York

74

Böök, A. / T. Gärling 1978a

Localization of invisible reference points during locomotion: Effects of locomotion distance and location of reference points.
Umea Psychol. Reports
Vol. 139 pp. 1-40

75

Böök, A. / T. Gärling 1978b

Localization of invisible reference points during body rotation: Effects of fody rotation angle and direction of reference.
Umea Psychol. Reports
Vol. 140 pp. 1-15

76

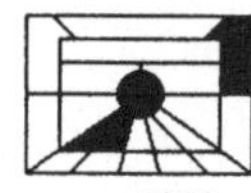

Böök, A. / T. Gärling 1980a

Processing of information about location during locomotion: Effects of a concurrent task and locomotion patterns.
Scandinavian Journal of Psychology
Vol. 21 pp. 185-192

77

Böök, A. / T. Gärling 1980b

Processing of information about location during locomotion: Effects of amount of visual information about the locomotor patterns.
Perceptual and motor skills
Vol. 51 pp. 231-238

78

Böök, A. / T. Gärling 1981

Maintenance of orientation during locomotion in unfamiliar environments.

Journal of Experimental Psychology
Vol. 7 pp. 995-1006

79

Boff, K.R. / L. Kaufmann / J.P. Thomas (eds.) 1986
Handbook of Perception and Human Performance Vol. I and II.

John Wiley & Sons
Chichester

80

Boggess, L.C. 1978

Computational Interpretation of English Spatial Prepositions.

T-75
Coord. Science Lab., Univ. of Illinois
Urbana

81

Bookstein, F.L. 1978

The Measurement of Biological Shape and Shape Change.

Springer
Berlin
Lecture Notes in Biomathematics 24

82

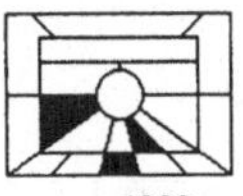

Bookstein, F.L. 1982

Foundations of morphometrics.

Ann. Rev. Ecol. Syst.
Vol. 13 pp. 451-470

83

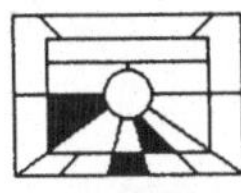

Bookstein, F.L. 1985

From medical images to the biometrics of form.

Proc. 9th Int. Conf. on IPMI, Washington

Martinus Nijhoff
Dordrecht

84

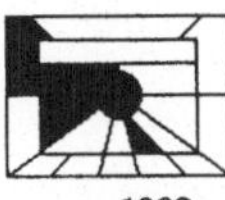

Brady, M. 1983

Criteria for representations of shape.

Beck, J. / B. Hope / A. Rosenfeld (eds.)
Human and Machine Vision.

pp. 39-84
Academic Press
New York

85

Brady, M. / J. Ponce / A. Yuille / H. Asada 1985

Describing surfaces.

Comp. Vision, Graphics, and Image
Vol. 32 pp. 1-28

86

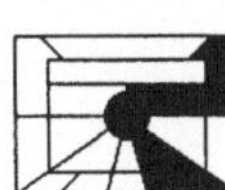

Briggs, R. 1973

Urban cognitive distance.

Downs, R.M. / Stea, D. (eds.)
Image and Environment: Cognitive Mapping and Spatial Behaviour.

Aldine
Chicago

87

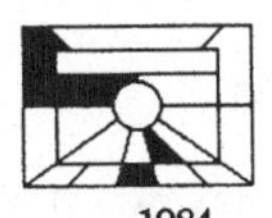

Brinkley, J.F. 1984

Ultrasonic Three-Dimensional Organ Modelling.

STAN-CS-84-1001
Stanford University

88

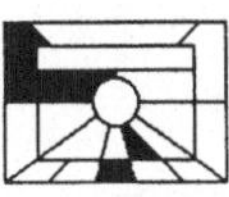

Brinkley, J.F. 1985

Knowledge-driven ultrasonic three-dimensional organ modeling.

IEEE-Transactions, PAMI
Vol. 7 *# 4* pp. 431-441

89

Brooks, R.A. / R.O. Binford 1981

Geometric modeling in vision for manufacturing.

Proc. of the Society of Photo-Optical Instrumentation Engineers. Vol. 281
pp. 141-159

90

Brooks, R. 1982

Solving the find-path problem by good representation of free space.

AAAI - Proceedings of the National Conference on Artificial Intelligence.
pp. 381-386

91

Brooks, R.A. 1983

Model-based three-dimensional interpretations of two-dimensional images.

IEEE-Transactions, PAMI
Vol. 5 *# 2* pp. 140-150

92

Brooks, R.A. 1984

Model-Based Computer Vision.

UMI Research Press

93

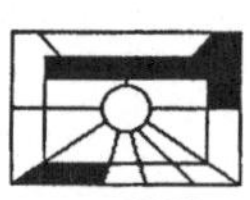

Bruce, V. / P. Green 1985

Visual Perception - Physiology, Psychology and Ecology.

Lawrence Erlbaum
Hillsdale/NJ

94

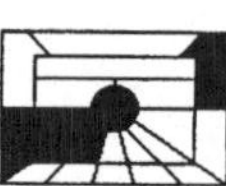

Brugman, C.M. 1983

Story of Over.

Paper A 102
Linguistic Agency at the University of Trier
Master Thesis

95

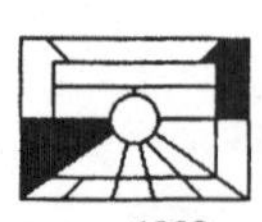

Bühler, K. 1982

The deictic field of language and deictic words.

Jarvella, R.J. / W. Klein (eds.)
Speech, Place, and Action. Studies in Deixis and Related Topics.
pp. 9-30
Wiley
Chichester

96

Bürkle, B. / H. Nirmaier / T. Herrmann 1986

"Von dir aus ..." Zur hörerbezogenen lokalen Referenz.

Bericht 10
Heidelberg/Mannheim
Forschergruppe Sprechen und Sprachverstehen im sozialen Kontext

97

Bunke, H. 1985

Modellgesteuerte Bildanalyse: Dargestellt anhand eines Systems zur automatischen Auswertung von Sequenzszintigrammen.
Teubner

98

Bunke, H. 1986

Knowledge based systems and computer vision.

Proc. of the SEAS Spring Meeting on Expert Systems, Heidelberg
pp. 473-488

99

Burroughs, W.J. / E.K. Sadalla 1979

Asymmetries in distance cognition.

Geographical Analysis
Vol. 11 *# 4* pp. 414-154

100

Byrne, R.W. 1979

Memory for urban geography.

Quarterly Journal of Experimental Psychology
Vol. 31 pp. 147-154

101

Canter, D. / S.K. Tagg 1975

Distance estimation in cities.

Environment and Behavior
Vol. 7 pp. 59-80

102

Carius, W. 1933

Der Richtungssinn der Naturvölker als geopsychische Erscheinung.

Die Naturwissenschaften
Vol. 21 pp. 226-227

103

Carpenter, P.A. / M.A. Just 1975

Sentence comprehension: a psycholinguistic processing model of verification.

Psychological Review
Vol. 82 pp. 45-73

104

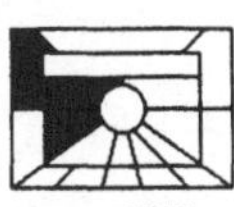

Carsten, I. / T. Janson 1985

Verfahren zur Evaluierung räumlicher Präpositionen anhand geometrischer Szenenbeschreibungen.
Fachbereich für Informatik, Univ. Hamburg
Diplomarbeit

105

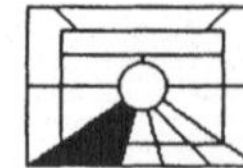

Cartwright, B.A. / T.S. Collett 1987

Landmark maps for honeybees.

Biological Cybernetics
Vol. 57 pp. 85-93

106

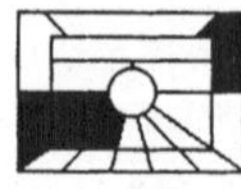

Charney, R. 1979

The comprehension of "here" and "there".

Journal of Child Language
Vol. 6 pp. 69-80

107

Chase, W.G. / M.T.H. Chi 1981

Cognitive skill: Implications for spatial skill in large-scale environments.

Harvey, J. (ed.)
Cognition, Social Behaviour and the Environment.

Lawrence Erlbaum
Hillsdale/NJ

108

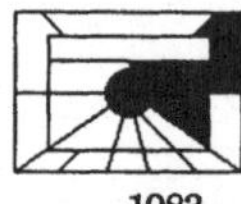

Chase, W.G. 1983

Spatial representations fo taxi drivers.

Rogers, D.R. / J.A. Sloboda (eds.)
Acquisition of Symbolic Skills.

Plenum Press
New York

109

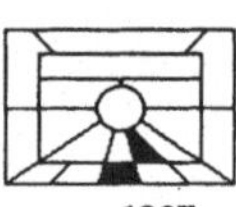

Chazelle, B. 1987

Approximation and decomposition of shape.

Schwartz, J.T. / C. Yap (eds.)
Algorithmic and Geometric Aspects of Robotics
Vol. 1.
pp. 145-185
Lawrence Erlbaum
Hillsdale/NJ

110

Cheng, J.K. / T.S. Huang 1980

Algorithms for Matching Relational Structures and their Applications to Image Processing.

TR-EE 80-53 Technical Report
Purdue Univ., School of Electical Engineering

111

Clark, H. / W.G. Chase 1972

On the process of comparing sentences against pictures.

Cognitive Psychology
Vol. 3 pp. 472-517

112

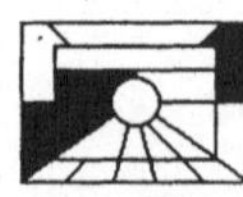

Clark, H. 1973

Space, time, semantics, and the child.

Moore, T.E. (ed.)
Cognitive Development and the Acquisition of Language.

Academic Press
New York

113

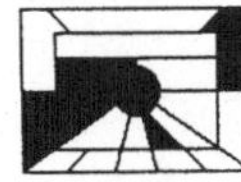

Clark, H. / W.G. Chase 1974

Perceptual coding strategies in the formation and verification of descriptions.

Memory & Cognition
Vol. 2 pp. 101-111

114

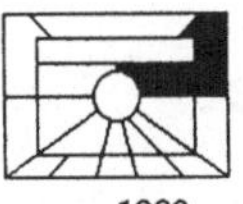

Cohen, R. / T. Schuepfer 1980

The representation of landmarks and routes.

Child Development
Vol. 51 pp.1065-1071

115

Cohen, R. 1983

The Development of Spatial Cognition.

Lawrence Erlbaum
Hillsdale/NJ

116

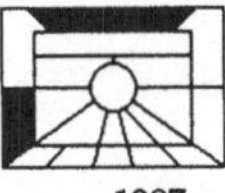

Colban, E. / J.E. Fenstad 1987

Situations and prepositional phrases.

Proc. of the 3rd Conference of the EACL

Copenhagen

117

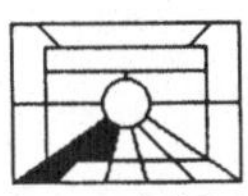

Collett, T.S. 1987

Insect maps.

TINS
Vol. 10 pp. 139-141

118

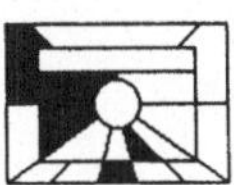

Connell, J.H. / M. Brady 1987

Generating and generalizing models of visual objects.

Artificial Intelligence
Vol. 31 *# 2* pp. 159-183

119

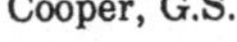

Cooper, G.S. 1968

A Semantic Analysis of English Locative Prepositions.

BBN 1587
Clearinghouse for Fed. Sci. and Techn. Inform
Springfield

120

Corballis, M.C. / Roldan, C.E. 1975

Detection of symmetry as a function of angular orientation.

Journal of Experimental Psychology
Vol. 1 *# 3* pp. 221-230

121

Craik, K.H. 1970

Environmental psychology.

Craik, K.H. et al. (eds.)
New directions in psychology.

Holt, Rinehart & Winston
New York

122

Cresswell, M.J. 1978

Prepositions and points of view.

Linguistics and Philosophy
Vol. 2 *# 1* pp. 1-41

123

Davis, E. 1983

The MERCATOR representation of spatial knowledge.

Bundy, A. (ed.)
Proc. of the 8th IJCAI

pp. 295-301
Kaufmann Inc.
Los Altos

124

Davis, L.S. / S.S.V. Hwang 1985

The SIGMA image understanding system.

Proc. 3rd Workshop on Computer Vision: Representation and Control, Bellaire / USA

125

Davis, E. 1986

Representing and Acquiring Geographic Knowledge.

Pitman
London

126

Denis, M. / J. Engelkamp / J.T.E. Richardson (eds.) 1988
Cognitive and Neuropsychological Approaches to Mental Imagery

Martinus Nijhoff
Dordrecht

127

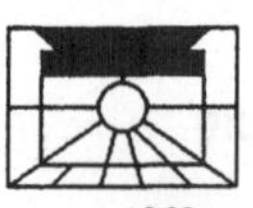

Dennett, D. 1969

The nature of images and the introspecitve trap.

Dennett, D. (ed.)
Content and Consciousness.

pp.132-141
Routledge & Kegan Paul
London

128

Denny, J.P. 1985

Was ist universal am raumdeiktischen Lexikon?

Schweizer, Harro (Hrsg.)
Sprache und Raum.

pp. 11-129
J.B. Metzlersche Verlagsbuchhandlung
Stuttgart

129

Denofsky, M.E. 1976

How Near is Near: A Near Specialist.

Memo 344
Artificial Intelligence Laboratory, MIT
Cambridge/ MA

130

Deutsch, W. 1976

Sprachliche Redundanz und Objektidentifikation.

Naturwissenschaftliche Fakultät
Philippsuniversität Marburg/Lahn

131

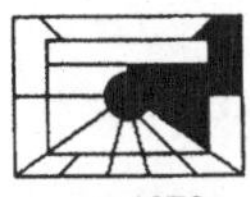

Devlin, A. 1976

The small town cognitive map: Adjusting to a new environment.

Moore, G.T. / R.G. Golledge (eds.)
Environmental Knowing.

pp. 72-87
Dowden, Hutchinson & Ross
Stroudsburg/PA

132

DiManzo, M. / G. Adorni / F. Giunchiglia 1986

Reasoning about scene descriptions.

Proc. of the IEEE 74

133

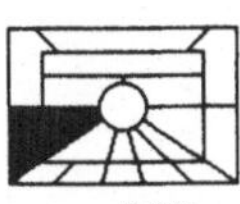

Dirven, R. 1981

Spatial relations in English.

Radden, G. / R. Dirven (Hrsg.)
Kasusgrammatik und Fremdsprachendidaktik.
pp. 103-132
Wissenschaftlicher Verlag
Trier

134

Downs, R.M. / D. Stea 1973a

Image and Environment: Cognitive Mapping and Spatial Behaviour.

Aldine
Chicago

135

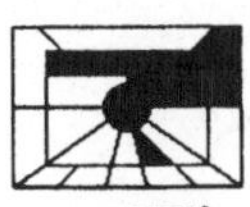

Downs, R.M. / D. Stea 1973b

Cognitive maps and spatial behavior: Process and products.

Downs, R.M. / D. Stea (eds.)
Image and Environment: Cognitive Mapping and Spatial Behavior.

Aldine
Chicago

136

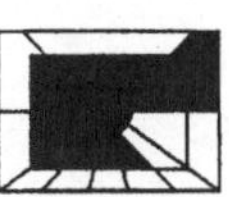

Downs, R.M. / Stea, D. 1977

Maps in Minds: Reflections on Cognitive Mapping.

Harper & Row
New York

137

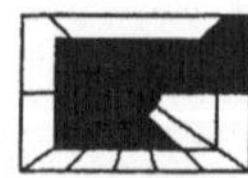

Downs, R. / D. Stea 1982

Kognitive Karten: Die Welt in unseren Köpfen.

UTB-Harper&Row

138

Downs, R.M. / D. Stea 1985

Kognitive Karten und Verhalten im Raum - Verfahren und Resultate der kognitiven Kartographie.
Schweizer, H. (Hrsg.)
Sprache und Raum.

pp. 18-43
J.B. Metzlersche Verlagsbuchhandlung
Stuttgart

139

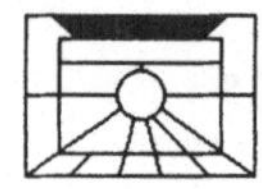

Dretske, F.I. 1969

Seeing and Knowing.

University of Chicago Press
Chicago
repr. 1988

140

Durrant-Whyte, H.F. 1988

Uncertain geometry in robotics.

IEEE Journal of Robotics and Automation
Vol. 4 *# 1* pp. 23-31

141

Dyer, C.R. / A. Rosenfeld / H. Samet 1980

Region representation: Boundary codes from quadtrees.

CACM
Vol. 23 *# 3* pp. 171-179

142

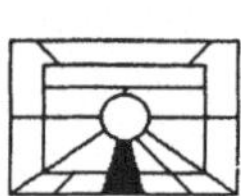

Edelsbrunner, H. 1987

Algorithms in Combinatorial Geometry.

Springer
Berlin

143

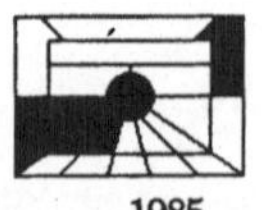

Ehrich, V. 1985

Zur Linguistik und Psycholinguistik der sekundären Raumdeixis.

Schweizer, H. (Hrsg.)
Sprache und Raum.

pp. 130-161
J.B. Metzlersche Verlagsbuchhandlung
Stuttgart

144

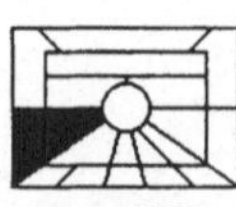

Ehrich, V. 1989

Die temporale Festlegung lokaler Referenz.

Habel, C. / M. Herweg / K. Rehkämper (Hrsg.)
Raumkonzepte in Verstehensprozessen - Interdisziplinäre Beiträge zu Sprache und Raum.

Niemeyer
Tübingen

145

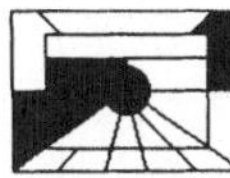

Ehrlich, K. / P.N. Johnson-Laird 1982

Spatial descriptions and referential continuity.

J. of Verbal Learning and Verbal Behavior.
Vol. 21 pp. 296-306

146

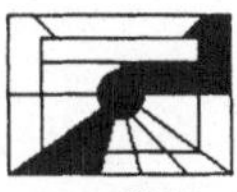

Ellen, P. / C. Thinus-Blanc 1987

Cognitive Processes and Spatial Orientation in Animal and Man.

Martinus Nijhoff
Dordrecht
Vol. 2 Neurophysiology and Developmental Aspects. NATO ASI Series

147

Elliot, R.J. / M.E. Lesk 1982

Route finding in street maps by computers and people.

Proc. of the 2nd AAAI Symposium

pp. 258-261

Pittsburg

148

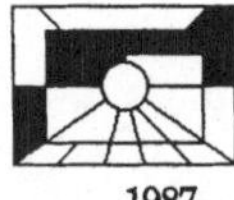

Engelkamp, J. 1987

Modalitätsspezifische Gedächtnissysteme im Kontext sprachlicher Informationen.

Zeitschrift für Psychologie
Vol. 195 pp. 385-399

149

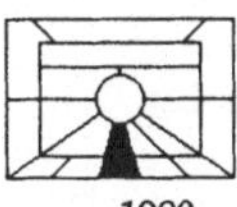

Euklid 1980

Die Elemente.

Wissenschaftliche Buchgesellschaft
Darmstadt

150

Evans, G.W. 1980

Environmental cognition.

Psychological Bulletin
Vol. 88 *# 2* pp. 259-287

151

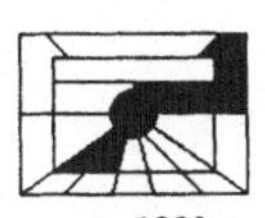

Evans, G.W. / K. Pezdek 1980

Cognitive mapping: Knowledge of real world distance and location information.

Journal of Experimental Psychology
Vol. 6 pp. 13-24

152

Evans, G.W. / D.G. Marrero / P. A. Buttler 1981

Environmental learning and cognitive mapping.
Environment and Behaviour
Vol. 13 *# 1* pp. 83-104

153

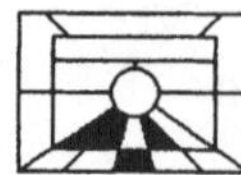

Fechner, G.T. 1849

Über die mathematische Behandlung organischer Gestalten und Prozesse.

Berichte über die Verhandlung der Kgl. Sächs. Gesellsch. der Wissenschaften zu Leipzig
pp. 440-445 Mathem.-Physik. Classe

154

Feldman, J.A. 1985

Four frames suffice: A provisional model of vision and space.

Behavioral and Brain Sciences
Vol. 8 pp. 265-289

155

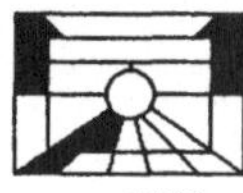

Feldman, J.A. 1988

Time, Space and Form in Vision.

TR 244 Technical Report
University of Rochester
Computer Science Department

156

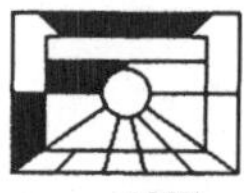

Fenstad, J.E. et al. 1987

Situations, Language, and Logic.

Reidel Publishing Company
Dordrecht

157

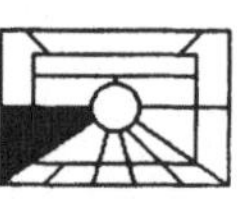

Fillmore, C.J. 1972

Ansätze zu einer Theorie der Deixis.

Kiefer, F. (Hrsg.)
Semantik und generative Grammatik.

Athenäum
Frankfurt

158

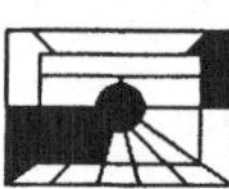

Fillmore, C.J. 1982

Towards a descriptive framework for spatial deixis.

Jarvella, R.J. / W. Klein (eds.)
Speech, Place, and Action. Studies in Deixis and Related Topics.
pp. 31-59
Wiley
Chichester

159

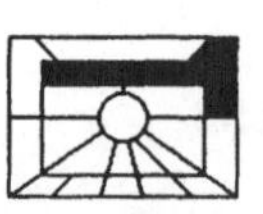

Finke, R.A. 1980

Levels of equivalence in imagery and perception.

Psychological Review
Vol. 87 pp.113-132

160

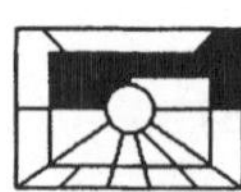

Finke, R.A. 1985

Theories relating mental imagery to perception

Psychological Bulletin
Vol. 98 pp. 236-259

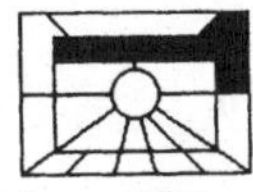

161

Finke, R.A. / S. Pinker / M.J. Farah 1989

Reinterpreting visual patterns in mental imagery.

Cognitive Science
Vol. 13 pp. 51-78

162

Fischler, M.A. / R.A. Elschlager 1973

The representation and matching of pictorial structures.

IEEE-Transactions, Computers
Vol. 22 *# 1* pp. 67-92

163

Fisher, R.B. 1987

Representing 3-D structures.

AI Review
Vol. 1 *# 3* pp. 183-200

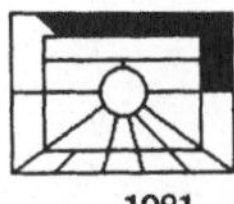

164

Fodor, J.A. / Z.W. Pylyshyn 1981

How direct is visual perception? Some reflections on Gibson´s "Ecological Approach".

Cognition
Vol. 9 pp. 139-196

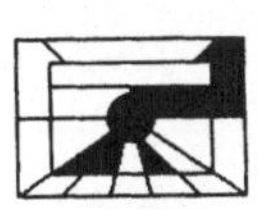

165

Foley, J.E. / A. J. Cohen 1984

Working mental representations of the environment.

Environment and Behaviour
Vol. 16 pp. 713

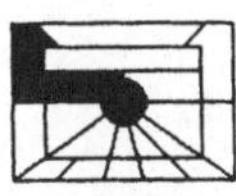

166

Forbus, K.D. 1980

Spatial and qualitative aspects of reasoning about motion.

Proc. of AAAI-80

pp. 170-173

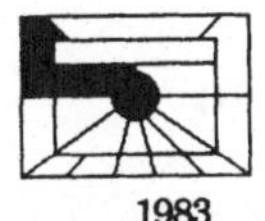

167

Forbus, K.D. 1983

Qualitative reasoning about space and motion.

Gentner, D. / A.L. Stevens (eds.)
Mental Models.

pp. 53-73
Lawrence Erlbaum
Hillsdale/ NJ

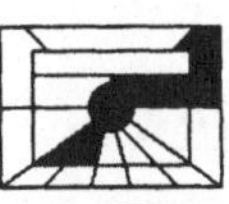

168

Foreman, N. / M. Arber / J. Savage 1984

Spatial memory in preschool infants.

Developmental Psychology
Vol. 17 pp. 129-137

169

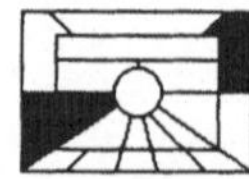

Forschergruppe Kohärenz 1987

"n Gebilde oder was" - Daten zum Diskurs über Modellwelten.

Arbeitsbericht 2 KoLiBri
Universität Bielefeld
Fakultät für Linguistik und Literaturwiss.

170

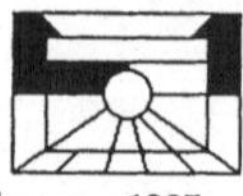

Freksa, C. / U. Furbach / G. Dirlich 1985

Cognition and representation: An overview of knowledge representation issues in Cognitive Science.
Laubsch, J. (Hrsg.)
GWAI-84.

pp. 119-144 Informatik-Fachberichte
Springer
Berlin

171

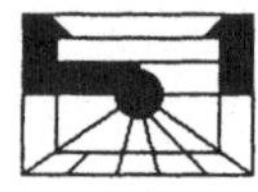

Freksa, C. 1988

Intrinsische vs. extrinsische Repräsentation zum Aufgabenlösen oder die Verwandlung von Wasser in Wein.
Heyer, G. / J. Krems/ G. Görz (Hrsg.)
Wissensarten und ihre Darstellung.

Springer
Berlin

172

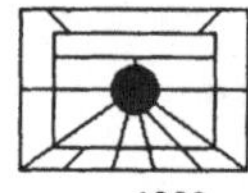

Freksa, C. / C. Habel 1990

Warum interessiert sich die Kognitionsforschung für die Darstellung räumlichen Wissens?
Freksa, C. / C. Habel (Hrsg.)
Repräsentation und Verarbeitung räumlichen Wissens.

Springer
Berlin

173

Friederici, A.D. / W.J.M. Levelt 1986

Cognitive processes in spatial coordinate assignment: On weighting perceptual cues.

Naturwissenschaften
Vol. 73 pp. 455-458

174

Friederici, A. 1987

Wahrnehmung und Vorstellung von Raum.

Spektrum der Wissenschaft.
Vol. 2 pp. 38ff.

175

Friederici, A. 1989

Raumreferenz unter extremen perzeptuellen Bedingungen: Perzeption, Repräsentation und sprachliche Abbildung.
Habel, C. / M. Herweg / K. Rehkämper (Hrsg.)
Raumkonzepte in Verstehensprozessen - Interdisziplinäre Beiträge zu Sprache und Raum.

Niemeyer
Tübingen

176

Fürnsinn, M. / M. Khenkhar / B. Ruschkowski 1984
GEOSYS - Ein Frage-Antwort-System mit räumlichem Vorstellungsvermögen.

Rollinger, C.R. (Hrsg.)
Probleme des (Text-)Verstehens.

pp. 172-184
Niemeyer
Tübingen

177

Funt, B.V. 1977

WHISPER: A problem solving system utilizing diagrams.

Proc. of the IJCAI

pp. 459

178

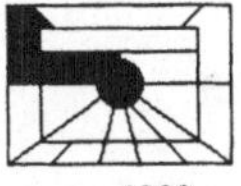

Funt, B.V. 1980

Problem solving with diagrammatic representations.

Artificial Intelligence
Vol. 13 pp. 201-230

179

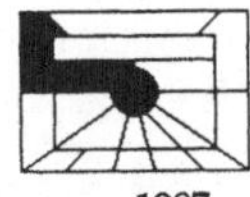

Funt, B. 1987

Analogical modes of reasoning and process modelling.

Cercone, N. / G. McCalla (eds.)
The Knowledge Frontier.

pp. 414-428
Springer
New York

180

Gärling, T. / A. Böök / E. Lindberg / T. Nilsson 1981

Memory for the spatial layout of the everyday physical environment: Factors affecting the rate of acquisition.

Journal of Experimental Psychology
Vol. 1 pp. 263-272

181

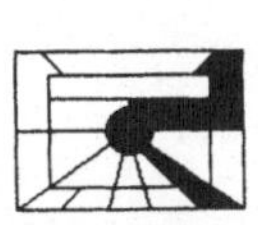

Gärling, T. / A. Böök / T. Mantyla 1983

Orientation in buildings: Effects of familiarity, visual access and orientation aids.

Journal of Applied Psychology
Vol. 6 *# 1* pp. 177-186

182

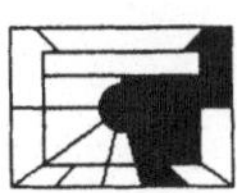

Gärling, T. / A. Böök / E. Lindberg 1984

Cognitive mapping of large-scale environments: The interrelationship of action plans, acquisition and orientation.

Environment and Behavior
Vol. 16 *# 1* pp. 3-34

183

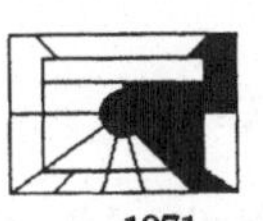

Garbrecht, D. 1971

Pedestrian paths through a uniform environment.

Town Planning Review
Vol. 42 pp. 71-84

184

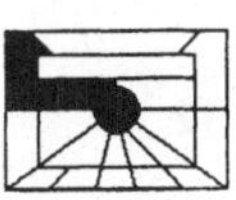

Gardin, F. / B. Meltzer 1989

Analogical representation of naive physics.

Artificial Intelligence
Vol. 38 pp.139-159

185

Garrod, S. C. / A. J. Sanford 1988

Discourse models as interfaces between language and the spatial world.

Journal of Semantics
Vol. 6 pp. 147-160

186

Gehrken, A. 1986

Die Entwicklung des Raumkonzepts bei Sehgeschädigten und dessen Bedeutung für das Orientierungs- und Mobilitätstraining.
Institut für Behindertenpädagogik, Hamburg
Examensarbeit

187

Gerkens, U. 1987

Übersichtsdarstellung zur Entwicklung der Wahrnehmung bei Blinden und Sehbehinderten.
Interner Bericht
Institut für Elektrische Informationstechnik, Clausthal-Zellerfeld

188

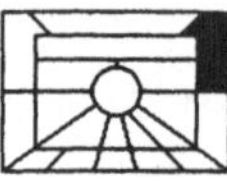

Gibson, J.J. 1979

The Ecological Approach to Visual Perception.

Houghton Mifflin
Boston

189

Gladwin, T. 1970

East is a Big Bird. Navigation and Logic on Puluwat Atoll.

Harvard University Press
Cambridge/Mass.

190

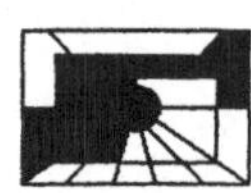

Glass, A.L. / D.R. Millen / L.G. Beck 1985

Representation of images in sentence verification.

Journal of Memory and Language
Vol. 24 pp. 442-465

191

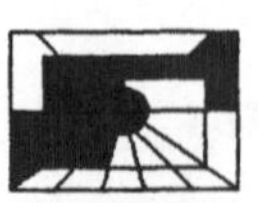

Glushko, R.J. / L.A. Cooper 1978

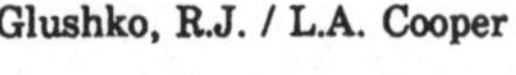

Spatial comprehension and comparison processes in verification tasks.

Cognitive Psychology
Vol. 10 pp. 391-421

192

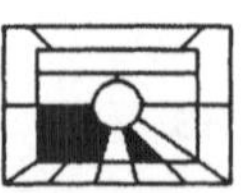

Goethe, J.W. von 1820a

Erster Entwurf einer allgemeinen Einleitung in die vergleichende Anatomie, ausgehend von der Osteologie.

Goethes Sämtliche Werke, Band XVI. Zur Morphologie ersten Bandes zweites Heft.
pp. 398-434
Insel-Verlag

193

Goethe, J.W. von 1820b

Uber den Zwischenkiefer des Menschen und der Tiere.

Goethes Sämtliche Werke, Band XVI. Zur Morphologie Ersten Bandes zweites Heft.
pp. 453-498
Insel-Verlag

194

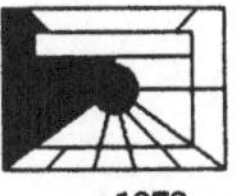

Goguen, N. 1973

A Procedural Description of Spatial Prepositions.

Univ. of Pennsylvania, Dept. of Computer and Information Science
(Master Thesis)

195

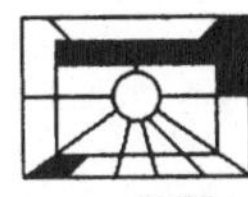

Goldenberg, G. 1987

Neurologische Grundlagen bildhafter Vorstellungen.

Springer
Wien

196

Golledge, R.G. 1978

Learning about a new environment.

Carlstein, D. / D. Parker / N. Thrift (eds.)
Timing Space and Spacing Time. (1)

Edward Arnold
London

197

Golledge, R. G. / A.N. Spector 1978

Comprehending urban environment: Theory and practice.

Geographical Analysis
Vol. 10 pp. 403-426

198

Golledge, R.G. / T.R. Smith / J.W. Pellegrino et al. 1985
A conceptual model and empirical analysis of children's acquisition of spatial knowledge.

Journal of Experimental Psychology
Vol. 5 pp. 125-152

199

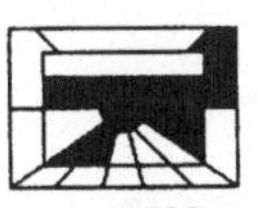

Golledge, R.G. 1986

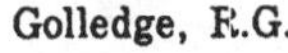

Environmental cognition.

Stokols, D. / F. Altman (eds.)
Handbook of Environmental Psychology.

Wiley
New York

200

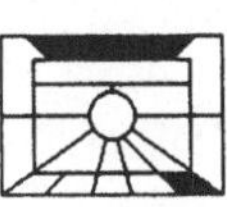

Goodman, N. 1968

Languages of Art.

Bobbs-Merrill
New York

201

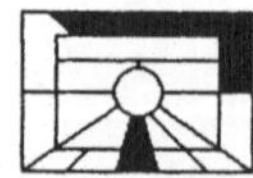

Gosztoni, A. 1976

Der Raum: Geschichte seiner Probleme in Philosophie und Wissenschaft.

Alber (2 Bde.)
Freiburg, München

202

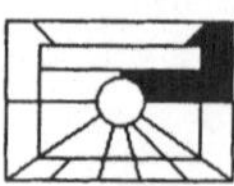

Gould, P. / R. White 1974

Mental Maps.

Penguin
New York

203

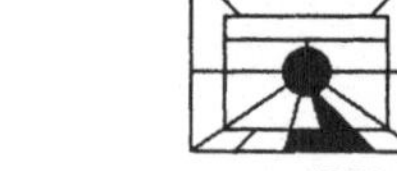

Greenhood, D. 1964

Mapping.

The University of Chicago Press
Chicago

204

Grossberg, S. 1980

Studies of Mind and Brain - Neural Principles of Learning, Perception, Development, Cognition and Motor Control.
Reidel Publishing Company
Dordrecht
Boston Studies in the Philosophy of Science
Vol. 70

205

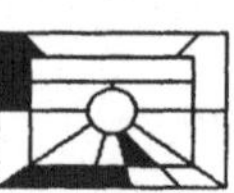

Grossberg, S. 1983

The quantized geometry of visual space: The coherent computation of depth, form, and lightness.
Behavioral and Brain Sciences
Vol. 6 pp. 625-692

206

Grossberg, S. 1987

Cortical dynamics of three-dimensional form, color, and brightness perception: I. Monocular Theory; II. Binocular Theory.
Perception & Psychophysics
Vol. 41 *# 2* pp. 87-158

207

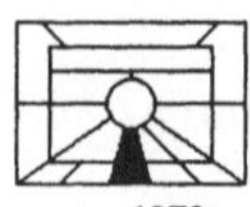

Grünbaum, B. 1972

Arrangements and Spreads.

AMS Regional Conf. Series in Mathematics 10
Providence RI

208

Habel, C. 1986

Prinzipien der Referenzialität.

Springer
Berlin

209

Habel, C. 1988a

Prozedurale Aspekte der Wegplanung und Wegbeschreibung.

Schnelle, H. / G. Rickheit (Hrsg.)
Sprache in Mensch und Computer.

pp.107-133
Westdeutscher Verlag
Wiesbaden

210

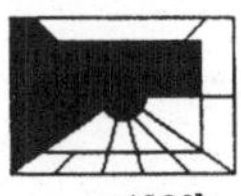

Habel, C. 1988b

Repräsentation räumlichen Wissens.

Rahmstorf, G. (Hrsg.)
Wissensrepräsentation in Expertensystemen.

Springer
Berlin

211

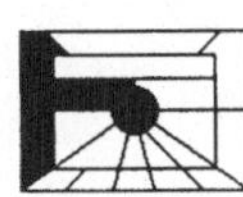

Habel, C. 1988c

Cognitive Linguistics: The Processing of Spatial Concepts.

LILOG-Report # 45
IBM Deutschland GmbH

212

Habel, C. / S. Pribbenow 1988

Gebietskonstituierende Prozesse.

LILOG-Report # 18
IBM Deutschland GmbH

213

Habel, C. 1989a

"zwischen"-Bericht.

Habel, C. / M. Herweg / K. Rehkämper (Hrsg.)
Raumkonzepte in Verstehensprozessen.

pp.37-69
Niemeyer
Tübingen

214

Habel, C. 1989b

Propositional and Depictorial Representations of Spatial Knowledge: The Case of Path Concepts.
Mitteilung 171
Univ. Hamburg. Fachbereich Informatik

215

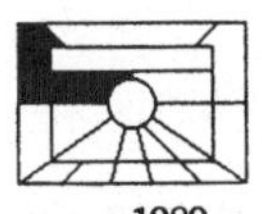

Habel, C. / S. Pribbenow 1989

Zum Verstehen räumlicher Ausdrücke des Deutschen - Transitivität räumlicher Relationen.
IWBS-Report 79
IBM Stuttgart

216

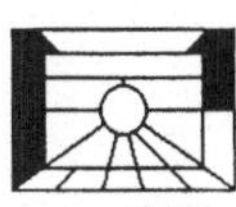

Habel, C. / M. Herweg / K. Rehkämper (Hrsg.) 1989

Raumkonzepte in Verstehensprozessen.

Niemeyer
Tübingen

217

Haber, R.N. 1983

Stimulus information and processing mechanisms in visual space perception.

Beck, J. / B. Hope / A. Rosenfeld (eds.)
Human and Machine Vision.

Academic Press
New York

218

Hagert, G. 1984

Modelling mental models: Experiments in cognitive modelling of spatial reasoning.

Proc. of the ECAI-84

219

Hagert, G. 1985

What's in an mental model? On conceptual models of reasoning with spatial descriptions.

Proc. of the 9th IJCAI

pp. 274-277

Los Angeles/CA

220

Hanley, G. L. / M. Levine 1983

Spatial problem solving: The integration of independently learned cognitive maps.

Memory and Cognition
Vol. 11 *# 4* pp. 415

221

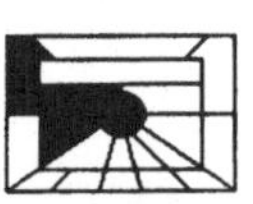

Hanßmann, K.-J. 1980

Sprachliche Bildinterpretation für ein Frage-Antwort-System.

Bericht 74
Fachbereich für Informatik, Univ. Hamburg

222

Hart, R.A. / G.T. Moore 1973

The development of spatial cognition: A review.

Downs, R.M. / D. Stea (eds.)
Image and Environment: Cognitive Mapping and Spatial Behaviour.

Aldine
Chicago

223

Hartl, A. 1990

Kognitive Karten und kognitives Kartieren.

Freksa, C. / C. Habel (Hrsg.)
Repräsentation und Verarbeitung räumlichen Wissens.

Springer
Berlin

224

Hartmann, D. 1989

Stadtbeschreibungen. Zur Konzeptualisierung von Makroräumen und städtischer Identität.

Habel, C. / M. Herweg / K. Rehkämper (Hrsg.)
Raumkonzepte in Verstehensprozessen.

Niemeyer
Tübingen

225

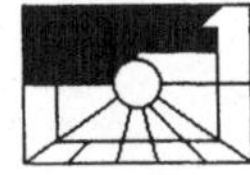

Haugeland, J. 1981

Artificial Intelligence - The Very Idea.

MIT-Press
Cambridge/MA

226

Havens, W. / A. Mackworth 1983

Representing knowledge of the visual world.

Computer, Oct. 1983
pp. 90-96

227

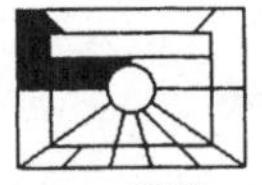

Havens, W. / A. Mackworth 1987

Representing and using knowledge of the visual world.

Cercone, N. / G. McCalla (eds.)
The Knowledge Frontier.

pp.429-450
Springer
New York

228

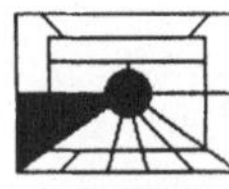

Hawkins, B.W. 1985

The Semantics of English Spatial Prepositions.

Paper A 142
Linguistic Agency at the University of Trier

229

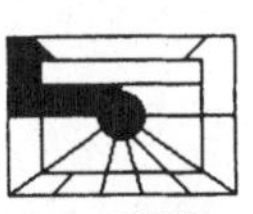

Hayes, P. 1985

The second naive physics manifesto.

Hobbs, J.R. / R.C. Moore (eds.)
Formal Theories of the Commonsense World.

pp.1-36
Ablex
Norwood/NJ

230

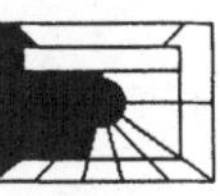

Hays, E. 1987

A Computational Treatment of Locative Relations in Natural Language.

MS-CIS-87-31 LINC LAB 58
University of Pennsylvania
Department of Computer and Information Sci.

231

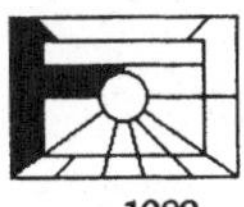

Hays, E. 1989

Two views of motion: On representing move events in a language-vision system.

Metzing, D. (Hrsg.)
GWAI-89

pp. 312-317
Springer
Berlin

232

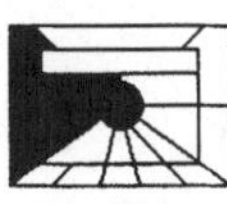

Hays, E. 1990

On defining motion verbs and spatial prepositions.

Freksa, C. / C. Habel (Hrsg.)
Repräsentation und Verarbeitung räumlichen Wissens.

Springer
Berlin

233

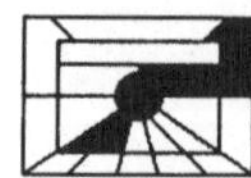

Hazen, N.L. 1983

Spatial orientation: A comparative approach.

Pick, H.L.Jr. / L.P. Acredolo (eds.)
Spatial Orientation: Theory, Research, and Application.
pp. 3-37
Plenum Press
New York

234

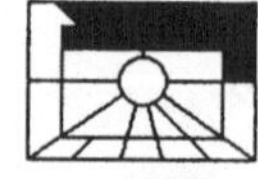

Heelan, P.A. 1983

Space-Perception and the Philosophy of Science.

University of California Press
Berkeley

235

Heft, H. 1983

Way-finding as the perception of information over time.

Popul. Environment
Vol. 6 pp. 133

236

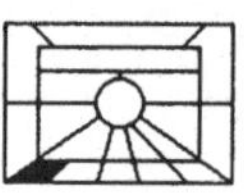

Heilman, K.M. / E. Valenstein / R.T. Watson 1985
The neglect syndrome.

Frederiks, J.A.M. (ed.)
Handbook of Clinical Neurology. Vol 45

pp. 153-183
Elsevier
Amsterdam

237

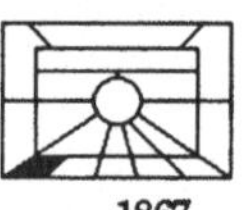

Helmholtz, H. 1867

Handbuch der physiologischen Optik.

Voss
Leipzig

238

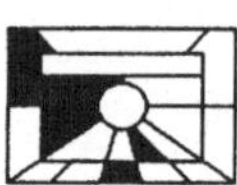

Henderson, T.C. 1983

Efficient 3-D object representations for industrial vision systems.

IEEE-Transactions, PAMI
Vol. 5 *# 6* pp. 609-618

239

Henderson, T.C. / B. Bhanu 1985

Intrinsic characteristics as the interface between CAD and machine vision systems.

Pattern Recognition Letters
Vol. 3 pp. 425-430

240

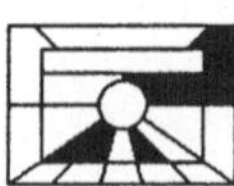

Herman, J.F. / A. W. Siegel 1978

The development of spatial representations of large-scale environments.

Journal of Experimental Child Psychology
Vol. 26 pp. 389-406

241

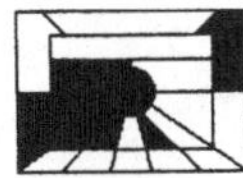

Herrmann, T. / B. Bürkle / H. Nirmaier / R. Mangold 1986
VOHILIRE: Untersuchungen zur hörerbezogenen Objektlokalisation.

Bericht # 7
Heidelberg/Mannheim
Forschergruppe Sprechen und Sprachverstehen im sozialen Kontext

242

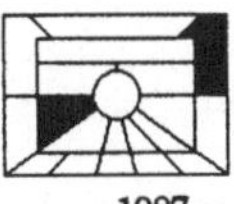

Herrmann, T. 1987

Sprachpsychologische Beiträge zur Partnerbezogenheit des Sprechens.

Bericht # 37
Universität Mannheim, Lehrstuhl Psychologie
Forschergruppe Sprechen und Sprachverstehen

243

Herrmann, T. / B. Bürkle / H. Nirmaier 1987
Zur hörerbezogenen Raumreferenz: Hörerposition und Lokalisationsaufwand.

Bericht # 12
Heidelberg/Mannheim
Forschergruppe Sprechen und Sprachverstehen im sozialen Kontext

244

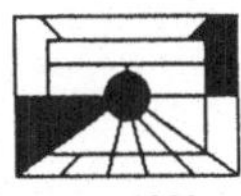

Herrmann, T. / R. Mangold 1988

Objektbenennung und Raumreferenz im Lichte wahrheitsbezogener Aussagenbewertung.
Bericht # 16
Heidelberg/Mannheim
Forschergruppe Sprechen und Sprachverstehen

245

Herskovits, A. 1980

On the spatial uses of prepositions.

Proc. of the 18th Annual Meeting of the ACL

pp. 1-5

246

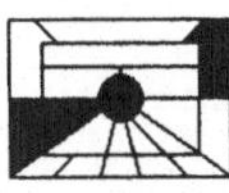

Herskovits, A. 1985a

Semantics and pragmatics of locative expressions.

Cognitive Science
Vol. 9 pp. 341-378

247

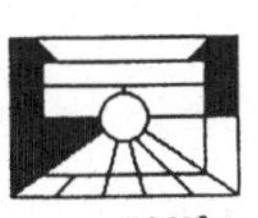

Herskovits, A. 1985b

Space and the Prepositions in English: Regularities and Irregularities in a Complex Domain.
Cambridge University Press
Cambridge

248

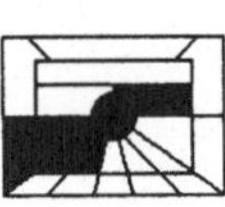

Herskovits, A. 1986

Language and spatial cognition. An Interdisciplinary Study of the Prepositions in English.
Cambridge University Press
Cambridge

249

Herskovits, A. 1989

The Linguistic Expression of Spatial Knowledge.

Paper A 248
Linguistic Agency at the Univ. of Duisburg

250

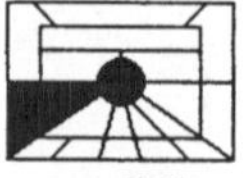

Herweg, M. 1988

Zur Semantik einiger lokaler Präpositionen des Deutschen.

LILOG-Report # 21
IBM Deutschland GmbH

251

Herweg, M. / M. Khenkhar / S. Pribbenow / K. Rehkämper 1988
Elsaß-Wanderungen für Linguisten. Exemplarische Analyse und Repräsentation eines Satzes aus einer Reisebeschreibung.
LILOG-Memo # 8
IBM Deutschland GmbH
Stuttgart

252

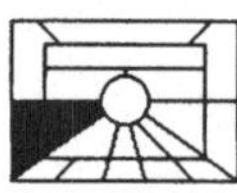

Herweg, M. 1989

Ansätze zu einer semantischen Beschreibung topologischer Präpositionen.

Habel, C. / M. Herweg / K. Rehkämper (Hrsg.)
Raumkonzepte in Verstehensprozessen.

Niemeyer
Tübingen

253

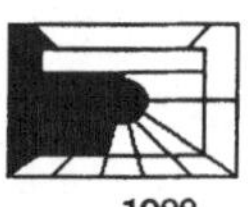

Herzog, G. / T. Rist 1988

Simultane Interpretation und natürlichsprachliche Beschreibung zeitveränderlicher Szenen: Das System SOCCER.
Memo # 25
Universität des Saarlandes, Proj. VITRA
Sonderforschungsbereich 314, KI-Labor

254

Herzog, G. / T. Rist / E. André 1990

Sprache und Raum: Natürlichspachlicher Zugang zu visuellen Daten.

Freksa, C. / C. Habel (Hrsg.)
Repräsentation und Verarbeitung räumlichen Wissens.

Springer
Berlin

255

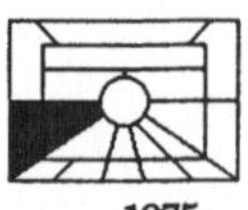

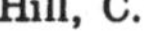

Hill, C. 1975

Variation in the use of "Front" and "Back" in bilingual speakers.

Proc. of the 1st Annual Meeting of the Berkeley Linguistic Society

Berkeley

256

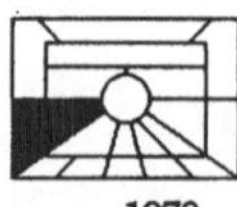

Hill, C. A. 1978

Linguistic representation of spatial and temporal orientation.

Proc. of the Fourth Annual Meeting of the Berkeley Linguistics Society
pp. 18-20

257

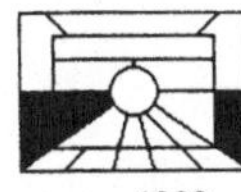

Hill, C. 1982

Up/down, front/back, left/right. A contrastive study of Hausa and English.

Weissenborn, J. / W. Klein (eds.)
Here and There. Cross-Linguistic Studies on Deixis and Demonstration.

John Benjamins
Amsterdam

258

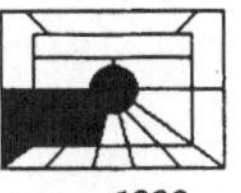

Hinrichs, E.W. 1986

A compositional semantics for directional modifiers - locative case reopened.

Proc. of COLING 1986

Bonn

259

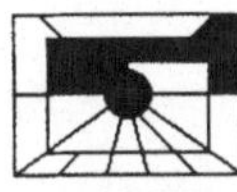

Hinton, G.H. 1979

Some demonstrations of the effects of structural descriptions in mental imagery.

Cognitive Sciences
Vol. 3 *# 3* pp. 231-250

260

Hintzman, D.L. / C.S. O'Dell / D.R. Arndt 1981

Orientation on cognitive maps.

Cognitive Psychology
Vol. 13 pp.149

261

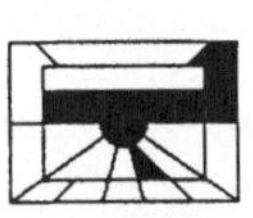

Hirtle, S. C. / J. Jonides 1985

Evidence of hierarchies in cognitive maps.

Memory & Cognition
Vol. 13 *# 3* pp. 208-217

262

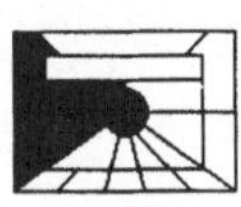

Hoeppner, W. / M. Carstensen / U. Rhein 1990

Wegauskünfte: Die Interdependenz von Such- und Beschreibungsprozessen.

Freksa, C. / C. Habel (Hrsg.)
Repräsentation und Verarbeitung räumlichen Wissens.

Springer
Berlin

263

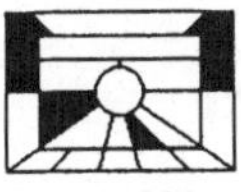

Hoffman, D.D. / W.A. Richards 1984

Parts-of recognition.

Cognition
Vol. 18 pp. 65-96

264

Hogg, D. 1983

Model-based vision: A program to see a walking person.

Image and Vision Computing
Vol. 1 *# 1* pp. 5-20

265

Holohan, C. J. / P.E. Sorensen 1985

The role of figural organisation in city imageability: An information processing analysis.
Journal of Environmental Psychology
Vol. 5 *# 3* pp. 279-286

266

Holohan, C.J. 1986

Environmental psychology.

Annual Review of Psychology
Vol. 37 pp. 381-407

267

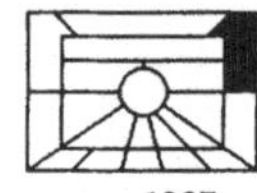

Holyoak, K.J. / W.A. Mah 1985

Cognitive reference points in judgement of symbolic magnitude.

Cognitive Psychology
Vol. 14 pp. 328

268

Horn, B.K.P. 1983

Extended Gaussian Images.

No. 740 AI Memo
MIT, AI Laboratory

269

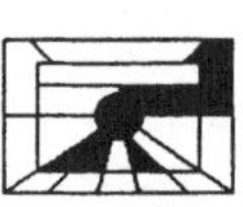

Howard, I.P. / W.B. Templeton 1966

Human Spatial Orientation.

Wiley
London

270

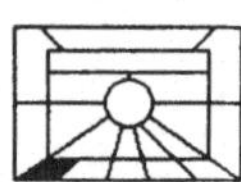

Hughes, A. 1977

The topography of vision in mammals of contrasting life style: Comparative optics and retinal organisation.
Crescitelli, F. (ed.)
Handbook of Sensory Physiology. Vol. VII/5

pp. 613-756
Springer
Berlin

271

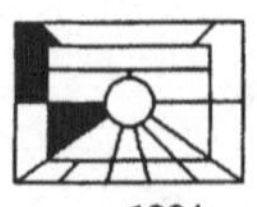

Hußmann, M. / P. Schefe 1984

The design of SWYSS, a dialogue system for scene analysis.

Bolc, L. (ed.)
Natural Language Communication with Pictorial Information Systems.
pp. 143-201
Hanser/McMillan
München

272

Hutchins, E. 1983

Understanding Micronesian navigation.

Gentner, D. / A.L. Stevens (eds.)
Mental Models.

pp. 191-225
Lawrence Erlbaum
Hillsdale/NJ

273

Huttenlocher, J. / C.C. Presson 1979

The coding and transformation of spatial information.

Cognitive Psychology
Vol. 11 pp. 375-394

274

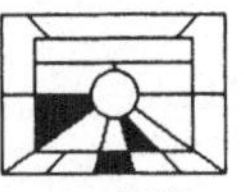

Ishizaka (ed.) 1985

Proc. First International Symposium for Science on Form, University of Tsukube.

Institute of Biological Sciences, Japan

275

Jackendoff, R. 1983

Semantics and Cognition.

MIT Press
Cambridge/MA

276

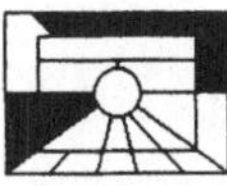

Jackendoff, R. 1987a

Consciousness and the Computational Mind.

MIT Press
Cambridge/MA

277

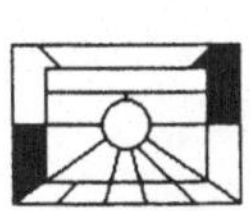

Jackendoff, R. 1987b

On beyond zebra: The relation of linguistic and visual information.

Cognition
Vol. 26 pp. 89-114

278

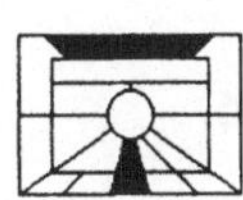

Jammer, M. 1980

Das Problem des Raumes - Die Entwicklung der Raumtheorien.

Wissenschaftliche Buchgesellschaft
Darmstadt

279

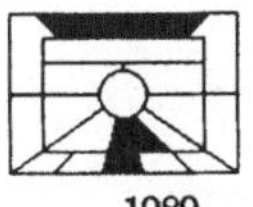

Janich, P. 1989

Euklids Erbe.

Beck
München

280

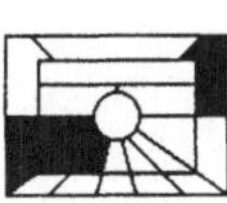

Jarvella, R.J. / W. Klein (eds.) 1982

Speech, Place, and Action. Studies in Deixis and Related Topics.

Wiley
Chichester

281

Jasse, A. 1984

Lokale Deixis in Wetterberichten.

Rollinger, C.-R. (Hrsg.)
Probleme des (Text-)Verstehens. Ansätze der Künstlichen Intelligenz.

Niemeyer
Tübingen

282

Jewesbury, E. 1969

Parietal lobe syndromes.

Vinken, P.J. / G.W. Bruyn (eds.)
Handbook of Clinical Neurology. Vol. 2

pp. 681-699
North-Holland
Amsterdam

283

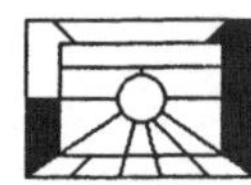

Johnston, J. / D. Slobin 1979

The development of locative expressions in English, Italian, Serbo-Coratian, and Turkish.

Journal of Child Language
Vol. 16 pp. 529-545

284

Johnson-Laird, P.N. 1983

Mental Models - Towards a Cognitive Science of Language, Inference, and Consciousness.

Cambridge University Press
Cambridge

285

Just, M.A. / P.A. Carpenter 1975

The semantics of locative information in pictures and mental images.

British Journal of Psychology
Vol. 66 pp. 427-441

286

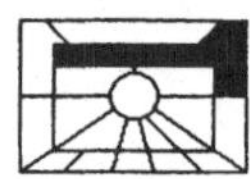

Just, M.A. / P.A. Carpenter 1985

Cognitive coordinate systems: accounts of mental rotation and individual differences in spatial ability.
Psychological Review
Vol. 93 pp. 137

287

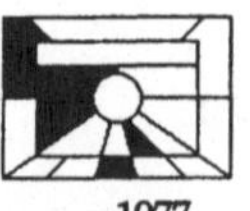

Kanade, T. 1977

Model representation and control structurs in image understanding.

Proc. of the 5th IJCAI, Cambridge/Mass.

pp. 1074-1082

288

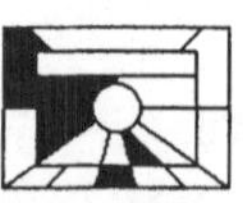

Kanade, T. 1978

Region segmentation: Signal vs. semantics.

Proc. of the International Joint Conference on Pattern Recognition, Kyoto/Japan
pp. 95-105

289

Kanade, T. 1983

Representation and control in vision.

Haralick, R.M. (ed.)
Pictorial Data Analysis.

pp. 171-197
Springer

290

Kaplan, S. 1973

Cognitive maps in perception and thought.

Downs, R.M. / D. Stea (eds.)
Image and Environment: Cognitive Mapping and Spatial Behaviour.

Aldine
Chicago

291

Kapur, D. / J.L. Mundy (eds.) 1988

Artificial Intelligence - Special Volume on Geometric Reasoning.

Vol. 37 #1-3
North-Holland
Amsterdam

292

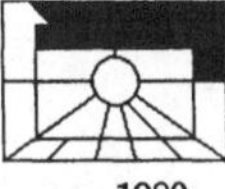

Kaufmann, G. 1980

Imagery, Language, and Cognition - Toward a Theory of Symbolic activity in Human Problem Solving.
Universitetsforlaget
Bergen, Oslo, Tromso

293

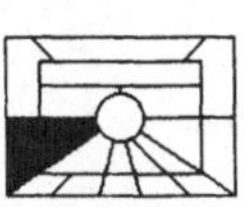

Kaufmann, I. 1989

Direktionale Präpositionen.

Habel, C. / M. Herweg / K. Rehkämper (Hrsg.)
Raumkonzepte in Verstehensprozessen.

Niemeyer
Tübingen

294

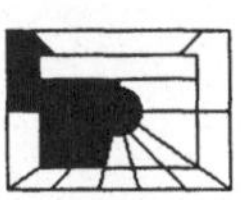

Kautz, H.A. 1985

Formalizing spatial concepts and spatial language.

Hobbs, J.R. et al. (eds.)
Commonsense Summer: Final Report. No. CSLI-85-35.

CSLI, Ventura Hall, Stanford Univ.

295

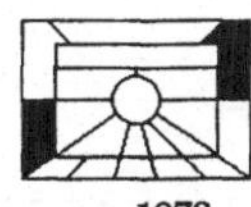

Kegel, G. / G. Saite 1973

Sprachliche Korrelate des Raumkonzepts.

Linguistische Berichte
Vol. 28 pp. 23-35

296

Kehl, W. 1986

GEOTEX: Ein System zur Verbalisierung geometrischer Konstruktionen.

Institut für Informatik, Universität Stuttgart
Diplomarbeit 458

297

Kempf, K.G. 1983

Artificial Intelligence applications in Robotics - A tutorial.

Ritchie, G. / G. Albers (eds.)
IJCAI-83 Tutorial on Artificial Intelligence.

Part 5 of Tutorial Notes.
Gesellschaft for Informatik e.V.
St. Augustin

298

Khenkhar, M. 1988

Vorüberlegungen zur depiktionalen Repräsentation räumlichen Wissens.

LILOG-Report # 19
IBM Deutschland GmbH, Stuttgart

299

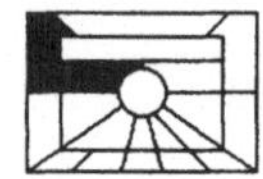

Khenkhar, M. 1989

DEPIC-2D: Eine Komponente zur depiktionalen Repräsentation und Verarbeitung räumlichen Wissens.
Metzing, D. (Hrsg.)
GWAI-89

pp. 318-322
Springer
Berlin

300

Khenkhar, M. 1990

Eine objektorientierte Darstellung von Depiktionen auf der Grundlage von Zellmatrizen.
Freksa, C. / C. Habel (Hrsg.)
Repräsentation und Verarbeitung räumlichen Wissens.

Springer
Berlin

301

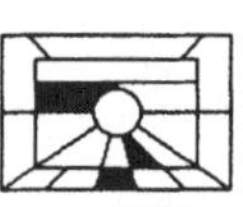

Kirby, R.L. 1983

Iterative Parallel Labeling for Pattern Recognition.

CAR-TR-39 Report
University of Maryland
Center for Automation Research

302

Kirschvink, J. / D. Jones / B. MacFadden (eds.) 1985
Magnetic Biomineralization and Magnetoreception in Organisms.

Plenum Press
New York

303

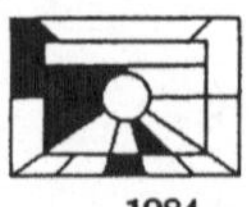

Kitchen, L. / A. Rosenfeld 1984

Scene analysis using region-based constraint filtering.

Pattern Recognition
Vol. 17 *# 2* pp. 189-203

304

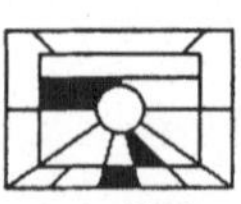

Kittler, J. / J. Illingworth 1985

Relaxation labeling algorithms - a review.

Image and Vision Computing.
Vol. 3 *# 4* pp. 206-216

305

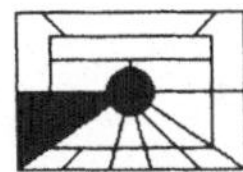

Klein, W. 1978

Wo ist hier: Präliminarien zu einer Untersuchung der lokalen Deixis.

Linguistische Berichte
Vol. 58 pp. 18-40

306

Klein, W. 1979

Wegauskünfte.

LiLi
Vol. 33 pp. 9-57

307

Klein, W. 1982

Local deixis in route directions.

Jarvella, R.J. / W. Klein (eds.)
Speech, Place, and Action. Studies in Deixis and Related Topics.

Wiley
Chichester

308

Klein, W. 1983

Deixis and spatial orientation in route directions.

Pick, H.L.Jr. / L.P. Acredolo (eds.)
Spatial Orientation: Theory, Research, and Application.

Plenum Press
New York

309

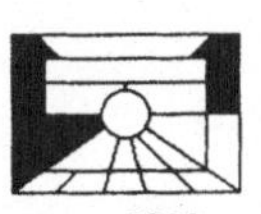

Klöck, E. 1988

Utterance Generation without Choice.

Hoeppner, W. (Hrsg.)
GWAI-88

pp. 140-151
Springer
Berlin

310

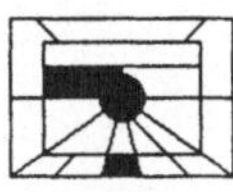

Koczy, L.T. 1988

On the description of relative position of fuzzy patterns.

Pattern Recognition Letters 8.
pp. 21-28

311

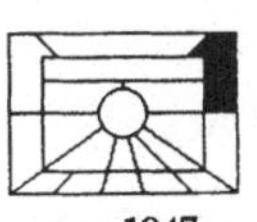

Köhler, W. 1947

Gestalt Psychology: An Introduction to New Concepts in Modern Psychology.

Liveright Publ. Corp.
New York

312

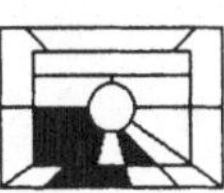

Koenderinck, J. / A. van Doorn 1982

The shape of smooth objects and the way contours end.

Perception
Vol. 11 pp. 129-137

313

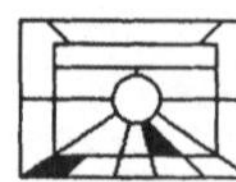

Koenderink, J.J. 1986

Optic flow.

Vision Res.
Vol. 26 pp. 161-180

314

Koenderink, J.J. / A.J. van Doorn 1987

Facts on optic flow.

Biological Cybernetics
Vol. 56 pp. 247-254

315

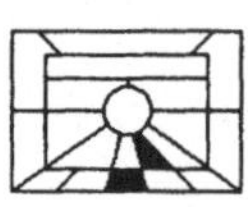

Koenderink, J.J. 1989

Solid Shape.

MIT Press
Cambridge/MA

316

Koffka, K. 1935

Principles of Gestalt Psychology.

Harcourt Brace
New York

317

Kolers, P.A. / D.N. Perkins 1975

Spatial and ordinal components of form perception and literacy.

Cognitive Psychology
Vol. 7 pp. 228-267

318

Korn, A. 1982

Bildverarbeitung durch das visuelle System.

Springer
Berlin

319

Kosslyn, S.M. / H.L. Pick / G.R. Fariello 1974

Cognitive maps in children and men.

Child Development
Vol. 45 pp. 707-716

320

Kosslyn, S.M. 1975a

Information representation in visual images.

Cognitive Psychology
Vol. 7 pp. 341-370

321

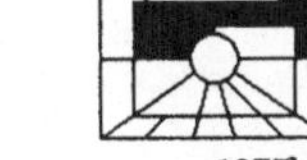

Kosslyn, S.M. 1975b

On retrieving information from visual images.

TINLAP-I

pp. 160-164

322

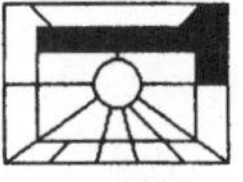

Kosslyn, S.M. / J.R. Pomerantz 1977

Imagery, propositions and the form of internal representations.

Cognitive Psychology
Vol. 9 pp. 52-76

323

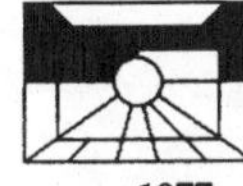

Kosslyn, S.M. / Schwartz, S.P. 1977

A simulation of visual imagery.

Cognitive Science
Vol. 1 pp. 265-295

324

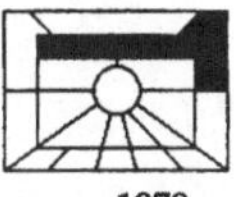

Kosslyn, S.M. 1978

Imagery and internal representation.

Rosch, E. / B. Lloyd (eds.)
Cognition and Categrization.

pp.217-257
Lawrence Erlbaum
Hillsdale/NJ

325

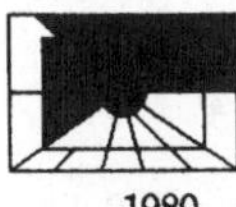

Kosslyn, S.M. 1980

Image and Mind.

Harvard University Press
Cambridge/MA

326

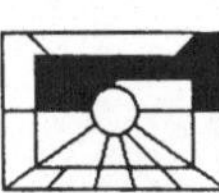

Kosslyn, S.M. 1981

The medium and the message in mental imagery: A theory.

Psychological Review
Vol. 88 pp. 46

327

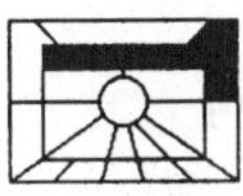

Kosslyn, S. 1983

Ghosts in the Mind's Machine.

Norton
New York

328

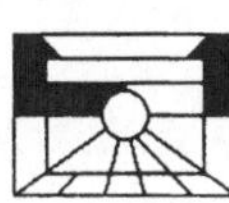

Koy-Oberthür, R. 1987

Ein Kontur-Wahrnehmungs-System für Blinde.

VDI-Verlag
Düsseldorf

329

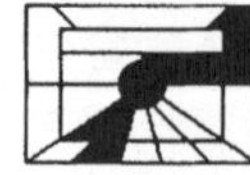

Koy-Oberthür, R. 1990

Ein Modell kognitiver Prozesse in biologischen Systemen.

Freksa, C. / C. Habel (Hrsg.)
Repräsentation und Verarbeitung räumlichen Wissens.

Springer
Berlin

330

Kozlowski, L.T. / K.J. Bryant 1977

Sense of direction, spatial orientation, and cognitive maps.

Journal of Experimental Psychology
Vol. 3 pp. 590-598

331

Kriechbaum, W. 1990

Raumvorstellungen und biologische Intelligenz: Anmerkungen aus der Sicht eines Neurobiologen.
Freksa, C. / C. Habel (Hrsg.)
Repräsentation und Verarbeitung räumlichen Wissens.

Springer
Berlin

332

Kuipers, B.J. 1977

Representing Knowledge of Large-Scale Space.

AI-TR 418
AI Laboratory, MIT
Cambridge/MA

333

Kuipers, B.J. 1978

Modelling spatial knowledge.

Cognitive Science
Vol. 2 pp. 129-153

334

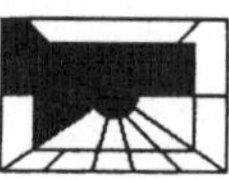

Kuipers, B.J. 1979a

On representing commonsense knowledge.

Findler, N.V. (eds.)
Associative Networks. Representation and Use of Knowledge by Computers.
pp. 393-408
Academic Press
New York

335

Kuipers, B.J. 1979b

Commonsense knowledge of space: Learning from experience.

Proc. of the 6th IJCAI

Stanford, CA

336

Kuipers, B.J. 1982

The "Map in the Head" metaphor.

Environment and Behavior
Vol. 14 *# 2* pp. 202-220

337

Kuipers, B.J. 1983a

Modeling human knowledge of routes: Partial knowledge and individual variation.

Proc. of AAAI-83

pp. 216-219

338

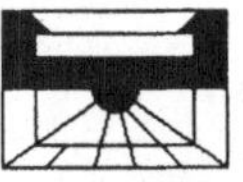

Kuipers, B.J. 1983b

The cognitive map: Could it have been any other way?

Pick, H.L. / L.P. Acredolo (eds.)
Spatial Orientation: Theory, Research, and Application.
pp. 345-360
Plenum Press
New York

339

Kuipers, B. / T. Levitt 1988

Navigation and mapping in large-scale space.

AI Magazine
pp. 25-43

340

Lakoff, G. / M. Johnson 1980

Metaphors We Live By.

University of Chicago Press
Chicago

341

Lakoff, G. 1987

Women, Fire, and Dangerous Things. What Categories Reveal about the Mind.

University of Chicago Press
Chicago

342

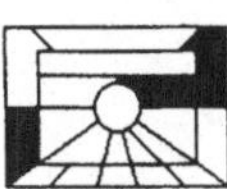

Landau, B. / L. Gleitmann 1985

Language and Experience.

Harvard University Press
Cambridge/MA

343

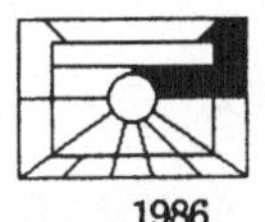

Landau, B. 1986

Early map use as an unlearned ability.

Cognition
Vol. 22 pp. 201-223

344

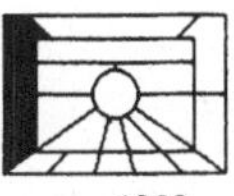

Lang, E. / K.-U. Carstensen 1989

OSKAR: Ein PROLOG-Programm zur Modellierung der Struktur und der Verarbeitung räumlichen Wissens.
Metzing, D. (Hrsg.)
GWAI-89

pp.234-243
Springer
Berlin

345

Lang, E. 1987

Semantik der Dimensionsauszeichnung räumlicher Objekte.

Bierwisch, M. / E. Lang (Hrsg.)
Grammatische und konzeptuelle Aspekte von Dimensionsadjektiven.

Akademie-Verlag
Berlin

346

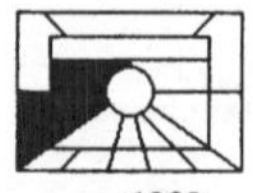

Lang, E. 1989

Primärer Orientierungsraum und inhärentes Proportionsschema.

Habel, C. / M. Herweg / K. Rehkämper (Hrsg.)
Raumkonzepte in Verstehensprozessen.

Niemeyer
Tübingen

347

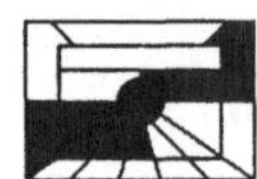

Langacker, R.W. 1989

Subjectification.

Paper A 262
Linguistic Agency at the Univ. of Duisburg

348

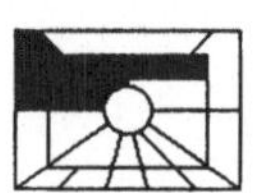

Larkin, J.H. / H. A. Simon 1987

Why a diagram is (sometimes) worth ten thousand words.

Cognitive Science
Vol. 11 pp. 65-99

349

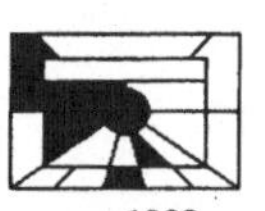

Latombe, J.C. / A. Lux 1983

Basic notions in knowledge representation and control for computer vision.

Faugeras, O. (ed.)
Fundamentals in Computer Vision.

pp. 325-371
Cambridge University Press
Cambridge

350

Lee, T.R. 1970

Perceived distance as a function of direction in the city.

Environment and Behavior
Vol. 2 pp. 40-51

351

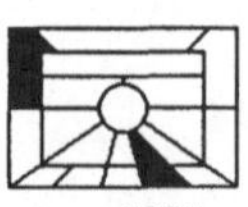

Lemmer, J.F. / B. T. Mitchell 1984

Interactive aids for the development of computer vision rule bases.

Proc. 9th PECORA Symposium. Sioux Falls

pp. 249-257

352

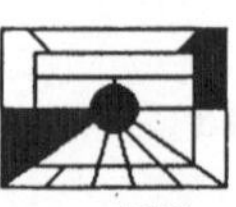

Levelt, W.J. / R. Schreuder / E. Hoenkamp 1978

Structure and use of verbs of motion.

Campbell, R.N. / P.T. Smith (eds.)
Recent Advances in the Psychology of Language.
pp. 137-162
Plenum Press
London

353

Levelt, W.J.M. 1981

The speaker's linearization problem.

Phil. Trans. R. Soc. London, Series B
Vol. 295 pp. 305-315

354

Levelt, W.J.M. 1982a

Linearization in describing spatial networks.

Peters, S. / Saarinen, E. (eds.)
Processes, Beliefs, and Questions.

pp. 199-220
Reidel Publishing Company
Dordrecht

355

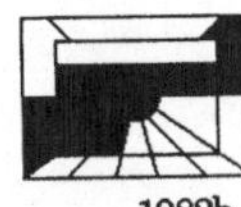

Levelt, W.J.M. 1982b

Cognitive styles in the use of spatial direction terms.

Jarvella, R.J. / W. Klein (eds.)
Speech, Place, and Action. Studies in Deixis and Related Topics.

Wiley
Chichester

356

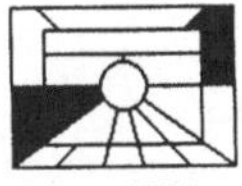

Levelt, W.J.M. 1986

Zur sprachlichen Abbildung des Raumes: Deiktische und intrinsische Perspektive.

Bosshardt, H.-G. (Hrsg.)
Perspektiven auf Sprache..

de Gruyter
Berlin

357

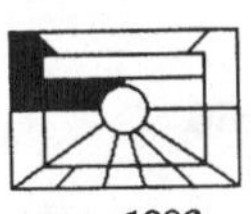

Levesque, H.J. 1986

Making believers out of computers.

Artificial Intelligence
Vol. 30 pp. 81-108

358

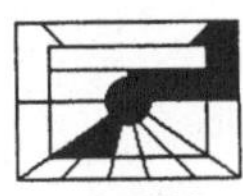

Levine, M.D. 1982

You-Are-Here maps.
Psychological considerations.

Environment and Behavior
Vol. 14 *# 2* pp. 221-237

359

Levine, M.D. / I.N. Jankovic / M. Palij 1982

Principles of spatial problem solving.

Journal of Experimental Psychology: General
Vol. 111 *# 2* pp. 157-175

360

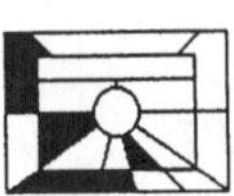

Levine, M.D. 1985

Vision in Man and Machine.

McGraw-Hill

361

Levitt, T. et al. 1987a

Qualitative navigation.

Proc. Image Understanding Workshop (DARPA)

Morgan Kaufmann
Los Altos/CA

362

Levitt, T. et al. 1987b

Visual memory structure for a mobile robot.

Proc. Spatial Reasoning and Multi-Sensor Fusion Workshop (AAAI)

Morgan Kaufmann
Los Altos/CA

363

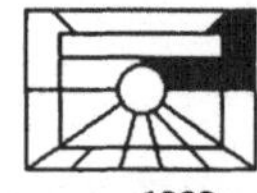

Lindberg, E. / T. Gärling 1983

Acquisition of different types of locomotional information in cognitive maps.

Psychol. Res.
Vol. 45 pp. 19-38

364

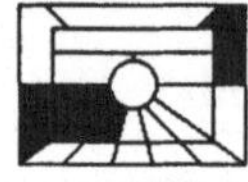

Linde, C. 1974

The Linguistic Encoding of Spatial Knowledge.

Columbia University
Ph.D. Thesis

365

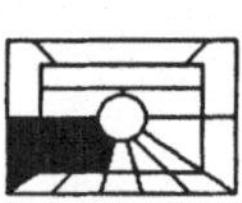

Linde, C. / W. Labov 1975

Spatial networks as a site for the study of language and thought.

Language
Vol. 51 pp. 925-939

366

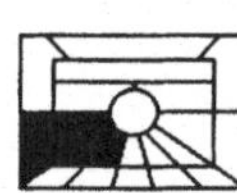

Linde, C. / W. Labov 1985

Die Erforschung von Sprache und Denken anhand von Raumkonfigurationen.

Schweizer, Harro (eds.)
Sprache und Raum.

pp. 44-65
J.B. Metzlersche Verlagsbuchhandlung
Stuttgart

367

Lindsay, R.K. 1988

Images and inference.

Cognition
Vol. 29 pp. 229-250

368

Lison, E. 1988

Wissen und Sehen.

Heyer, G. / J. Krems / G. Görz (Hrsg.)
Wissensarten und ihre Darstellung.

pp. 194-213 IFB 169
Springer
Berlin

369

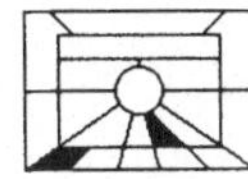

Longuet-Higgins, H.C. / K. Prazdny 1980

The interpretation of a moving retinal image.

Proc. Royal Society London. B208

pp. 385-397

370

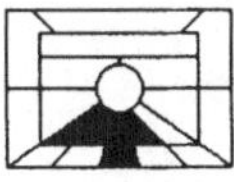

Lord, E.A. / C.B. Wilson 1984

The Mathematical Description of Shape and Form.

Ellis Horwood

371

Lowe, D.G. 1984

Perceptual Organization and Visual Recognition.

STAN-CS-84-1020 Report
Stanford University
Department of Computer Science

372

Lowe, D.G. 1986

Three-dimensional object recognition from single two-dimensional images.

Artificial Intelligence
Vol. 31 pp. 355-395

373

Lowrey, R.A. 1973

A method for analyzing distance concepts of urban residents.

Downs, R.M. / D. Stea (eds.)
Image and environment: Cognitive mapping and spatial behaviour.

Aldine
Chicago

374

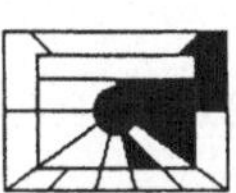

Lund, R. 1930

Physical asymmetries and disorientation.

American Journal of Psychology
Vol. 42 pp. 51-62

375

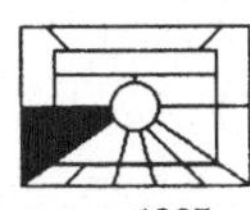

Lutzeier, P.R. 1985

Sprachliche Vemittler von Räumlichkeit - Zur Syntax und Semantik lokaler Präpositionen.

Schweizer, Harro (Hrsg.)
Sprache und Raum.

pp. 90-110
J.B. Metzlersche Verlagsbuchhandlung
Stuttgart

376

Lynch, K. 1960

The Image of the City.

MIT Press
Cambridge/MA

377

Mackworth, A.K. 1988

Adequacy criteria for visual knowledge representation.

Pylyshyn, Z.N. (ed.)
Computational Processes in Human Vision: An Interdisciplinary Perspective.
pp. 462-474
Ablex Publ. Corp.

378

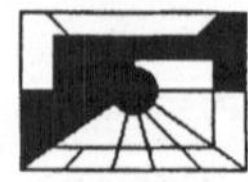

MacLeod, C.M. / E.B. Hunt / N.N. Mathews 1978
Individual differences in the verification of sentence-picture relationships.

Journal of Verbal Learning and Verbal
Vol. 17 pp. 493-507

379

Macrae, A.J. 1976

Movement and location in the acquisition of deictic verbs.

Journal of Child Language
Vol. 3 pp. 191-204

380

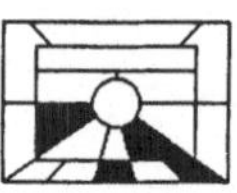

Magnenat-Thalmann, N. / D. Thalmann 1985a

Computer Animation - Theory and Practice.

Springer

381

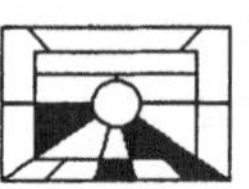

Magnenat-Thalmann, N. / D. Thalmann 1985b
Computer-Generated Images - The State of the Art.

Springer

382

Maki, R.H. / W.S. Maki / L.G. Marsh 1977

Processing locational and orientational information.

Memory & Cognition
Vol. 5 pp. 602

383

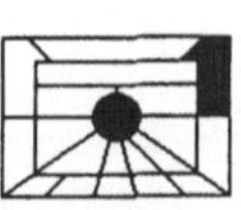

Maki, R.H. / C.A. Grandy / G. Hauge 1979

Why is telling left from right more difficult than telling above from below?

Journal of Experimental Psychology
Vol. 5 pp. 52

384

Malik, J. / T.O. Binford 1983

Reasoning in Time and Space.

Proc. of the 8th IJCAI

pp. 343-345

Karlsruhe

385

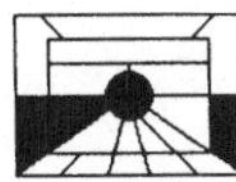

Malotki, E. 1979

Hopi-Raum. Eine sprachwissenschaftliche Analyse der Raumvorstellungen in der Hopi-Sprache.
Gunter Narr
Tübingen

386

Mandler, J.M. / D. Seegmiller / J. Day 1977

On the coding of spatial information.

Memory & Cognition
Vol. 5 pp. 10-16

387

Mani, K. / P.N. Johnson-Laird 1982

The mental representation of spatial descriptions.

Memory & Cognition
Vol. 10 *# 2* pp. 181-187

388

Marble, D.F. 1984

Geographic information system: An overview.

Proc. 9th PECORA Symposium on Spatial Information Thechnologies
pp. 18-24

Sioux Falls

389

Marburger, H. / B. Neumann / H.-J. Novak 1981

Natural language dialogue about moving objects in an automatically analyzed traffic scene.

Proc. of the 7th IJCAI, Vancouver

pp. 49-51

390

Marburger, H. / W. Wahlster 1983

Case role filling as a side effect of visual search.

Proc. of the 1st EACL Conference, Pisa

pp. 188-195

391

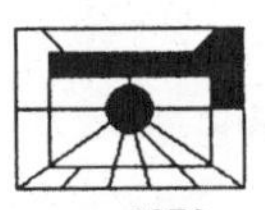

Marmor, G. S. / L.A. Zaback 1976

Mental rotation by the blind: Does mental rotation depend on visual imagery?.

Journal of Experimental Psychology
Vol. 2 *# 4* pp. 515-521

392

Marr, D. / K.H. Nishihara 1978

Representation and recognition of the spatial organization of three-dimensional shapes.

Proc. of the Royal Society, Vol. B 200

pp. 269-294

393

Marr, D. / L. Vaina 1980

Representation and Recognition of the Movement of Shapes.

No. 597 AI Memo
MIT, AI Laboratory
Cambridge/MA

394

Marr, D. 1982

Vision. A Computational Investigation into the Human Representation of Visual Information.

Freeman
New York

395

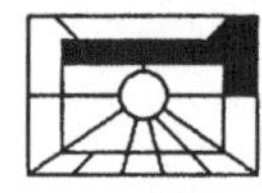

Marschark, M. 1988

The functional role of imagery in cognition.

Denis / Engelkamp / Richardson (eds.)
Cognitive and Neuropsychological Approaches to Mental Imagery.

Martinus Nijhoff
Dordrecht

396

Massone, L. / P. Morasso 1986

Analogical and propositional knowledge in intelligent path planning.

Proc. of ECAI-86

Brighton

397

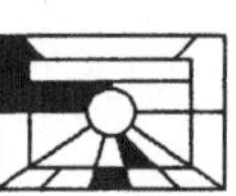

Matsuyama, T. 1984

Knowledge organization and control structure in image understanding.

Proc. 7th International Conference on Pattern Recognition.
pp. 1118-1127

Montreal

398

Matsuyama, T. / V. Hwang 1985

SIGMA: A framework for image understanding - intergration of bottom-up and top-down analysis.

Proc. 9th IJCAI, Los Angeles

pp. 908-915

399

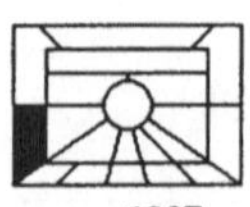

Mayer, R. 1987

Bewegung und Kohärenz.

FNS-Bericht 87-21
Universität Tübingen
Forschungsstelle f. natürlichsprachl. Systeme

400

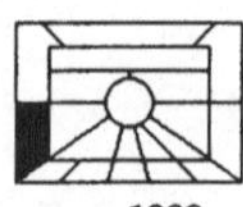

Mayer, R. 1988

Spatial Coherence.

SNS-Bericht 88-31
Universität Tübingen
Seminar für natürlichsprachliche Systeme

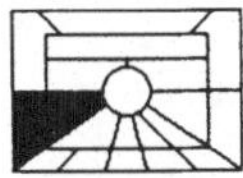

401

Mayer, R. 1989

Wegkonnexionen.

Habel, C. / M. Herweg / K. Rehkämper (Hrsg.)
Raumkonzepte in Verstehensprozessen.

Niemeyer
Tübingen

402

McCloskey, M. 1983

Irrwege der Intuition in der Physik.

Spektrum der Wissenschaft
Vol. 6 pp. 88-99

403

McDermott, D. 1980

Spatial Inferences with Ground, Metric Formulas on Simple Objects.

Research Rep. 173
Yale University, Department of Computer
New Haven/CT

404

McDermott, D. / E. Davis 1984

Planning routes through uncertain territory.

Artificial Intelligence
Vol. 22 pp. 107-156

405

McDermott, D. 1987

Spatial reasoning.

Shapiro, S.C. (ed.)
Encyclopedia of Artificial Intelligence.

pp. 863-870
Wiley
New York

406

McKeown, D.M.Jr. 1983

MAPS: The Organization of a Spatial Database System Using Imagery, Terrain, and Map Data.

DARPA IUS Workshop (IEEE Conference), Crystal City

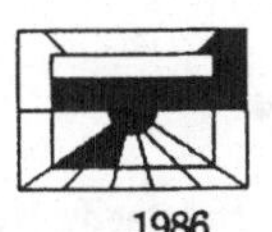

407

McNamara, T.P. 1986

Mental representations of spatial relations.

Cognitive Psychology
Vol. 18 *# 1* pp. 87-121

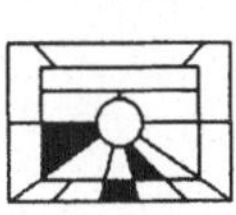

408

Meagher, D.J.R. 1979

Computer Analysis of Shape: A Literature Survey.

IPL-TR-79-001 Technical Report
Rensselaer Ploytechnic Institute
Image Processing Laboratory

409

Meehan, J.R. 1980

Maps and blueprints.

Meehan, J.R.
The Metanovel. Writing stories by Computer.

pp. 100-109
Garland

410

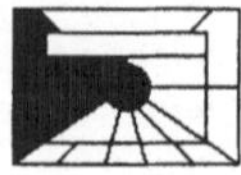

Meier, J. et al. 1988

Generierung von Wegbeschreibungen.

Bericht # 9 KoLiBri
Universität Bielefeld
Fakultät für Linguistik und Literaturwiss.

411

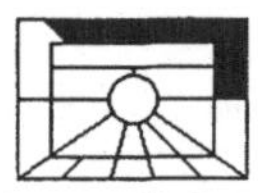

Merleau-Ponty, M. 1966

Phänomenologie der Wahrnehmung.

de Gruyter
Berlin

412

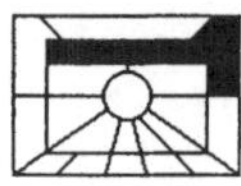

Metzler, J. / R. Shepard 1974

Transformational studies of the internal representation of three-dimensional objects.

Solso, R. (ed.)
Theories in Cognitive Psychology.

Lawrence Erlbaum
Hillsdale/NJ

413

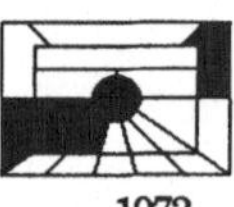

Miller, G.A. 1972

English verbs of motion: A case study in semantics and lexical memory.

Melton, A.W. / E. Martin (eds.)
Coding Processes in Human Memory.

pp. 335-372

414

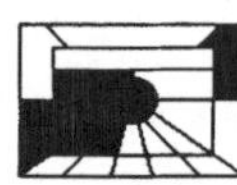

Miller, G.A. / P.N. Johnson-Laird 1976

Language and Perception.

Cambridge University Press
Cambridge

415

Mittelstaedt, H. / Mittelstaedt, M.-L. 1982

Homing by path integration.

Papi / Wallraff (eds.)
Avian Navigation.

Springer
Berlin

416

Mittelstaedt, H. 1990

Einführung in die Kybernetik des Verhaltens am Beispiel der Orientierung im Raum.

Freksa, C. / C. Habel (Hrsg.)
Repräsentation und Verarbeitung räumlichen Wissens.

Springer
Berlin

417

Moar, I. / L.R. Carleton 1982

Memory for routes.

Quarterly Journal of Experimental Psychology
Vol. 34A pp. 381-394

418

Moar, I. / G.H. Bower 1983

Inconsistency in spatial knowledge.

Memory & Cognition
Vol. 11 pp. 107

419

Mohnhaupt, M. 1987

On modelling events with an "Analogical" Representation.

Morik, K. (Hrsg.)
GWAI-87

pp. 31-40
Springer
Berlin

420

Mohnhaupt, M. / D. Fleet 1988

Raum-zeitliche Filter für eine top-down Steuerung der Bewegungsanalyse.

Hoeppner, W. (Hrsg.)
Künstliche Intelligenz- GWAI-88

IFB 181
Springer
Berlin

421

Mohnhaupt, M. / B. Neumann 1989

Some aspects of learning and reorganisation in an analogical representation.

Morik, K. (ed.)
Proc. Int. Workshop on Knowledge Representation & (Re)organization in Machine
pp. 50-64
Springer
Berlin

422

Mohnhaupt, M. 1990

Eine hybride Repräsentation von Objektbewegungen: Von analogen zu propositionalen Beschreibungen.
Freksa, C. / C. Habel (Hrsg.)
Repräsentation und Verarbeitung räumlichen Wissens.

Springer
Berlin

423

Mohnhaupt, M. / B. Neumann 1990

Understanding object motion: Recognition, learning and spatio-temporal reasoning.

Journal on Robotics

North-Holland
Amsterdam

424

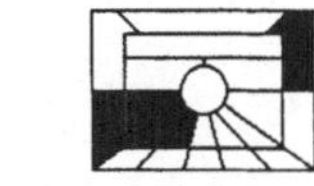

Moilanen, M. 1974

Zur pragmatischen Funktion der Demonstrativadverbien "hier", "da" und "dort

Weydt, H. (Hrsg.)
Die Partikel der deutschen Sprache.

de Gruyter
Berlin

425

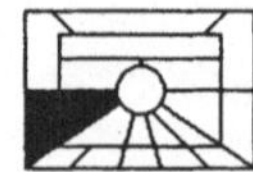

Moilanen, M. 1979

Statische lokative Präpositionen im heutigen Deutsch. Wahrheits- und Gebrauchsbedingungen.
Niemeyer
Tübingen

426

Morris, R.G.M. 1981

Spatial localization does not require the presence of local cues.

Learning and Motivation
Vol. 12 pp. 239-260

427

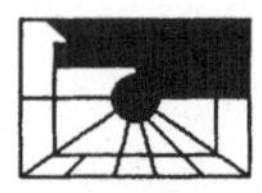

Morris, P.E. / P.J. Hampson 1983

Imagery and Consciousness.

Academic Press
New York

428

Mortenson, M.E. 1985

Geometric Modeling.

John Wiley & Sons
Chichester

429

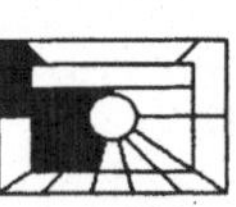

Müller, S. 1988

CITYGUIDE - Wegauskünfte vom Computer.

Memo 36 Diplomarbeit
Universität des Saarlandes, SFB 314 (VITRA)

430

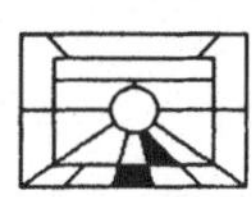

Nackman, L.R. 1982

Three-Dimensional Shape Description Using the Symetric Axis Transform.

University of North Carolina at Chapel Hill
Ph. D. Thesis
Department of Computer Science

431

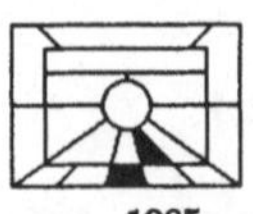

Nackman, L.R. / S. M Pizer 1985

Three-dimensional shape description using the symmetric axis transform - I: Theory.

IEEE-Transactions, PAMI
Vol. 7 *# 2* pp. 187-202

432

Nagel, H.H. 1979

Uber die Repräsentation von Wissen zur Auswertung von Bildern.

Foith, J.P. (Hrsg.)
Angewandte Szenenanalyse.

pp. 3-21 Informatik Fachberichte
Springer
Berlin

433

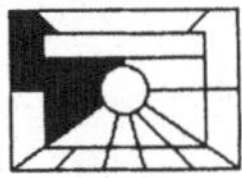

Nagel, H.-H. 1988

From image sequences towards conceptual descriptions.

Image and Vision Computing
Vol. 6 *# 2* pp. 59-74

434

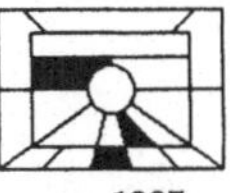

Nagy, G. 1985

Image database.

Image and Vision Computing.
Vol. 3 *# 3* pp. 111-117

435

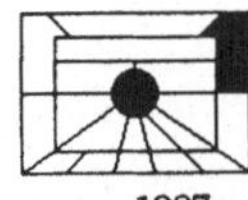

Navon, D. 1987

Why do we blame the mirror for reversing left and right?

Cognition
Vol. 27

436

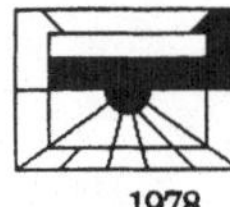

Neisser, U. 1978

Visuelles Vorstellen und Wahrnehmen.

Steiner, G. (Hrsg.)
Die Psychologie des 20. Jh. - Piaget und die Folgen.

Kindler
Zürich

437

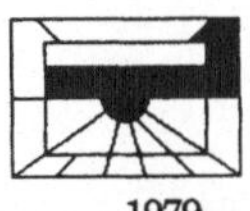

Neisser, U. 1979

Kognition und Wirklichkeit.

Klett-Cotta
Stuttgart

Originalausgabe: Cognition and Reality.
Freeman, San Fancisco 1976

438

Neumann, B. 1982a

Knowledge sources for understanding and describing image sequences.

Wahlster, W. (Hrsg.)
GWAI-82

pp. 1-21
Springer
Berlin

439

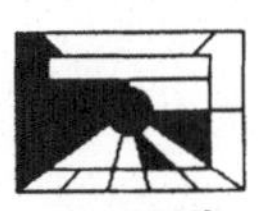

Neumann, B. 1982b

Towards natural language description of real-world image sequences.

Nehmer, J. (Hrsg.)
GI - 12. Jahrestagung

pp. 349-358
Springer
Berlin

440

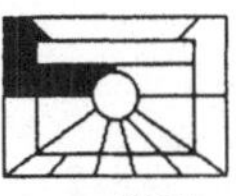

Neumann, B. / H.-J. Novak 1983

Event models for recognition and natural-language description of events in real-world image sequences.

Proc. of the 8th IJCAI

pp. 724-726

441

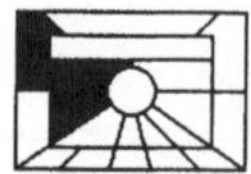

Neumann, B. 1984

Natural Language Description of Time-Varying Scenes.

Report 105
Fachbereich Informatik, Universität Hamburg

442

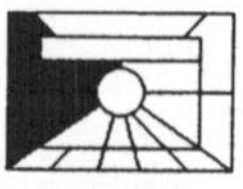

Neumann, B. / H.-J. Novak 1986

NAOS: Ein System zur natürlichsprachlichen Beschreibung zeitveränderlicher Szenen.

Informatik Forschung und Entwicklung
Vol. 1 pp. 83-92

443

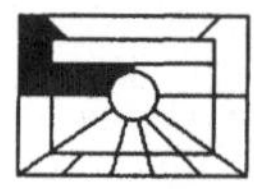

Neumann, B. 1988

Propositionale und analoge Repräsentation von Ereignissen.

Rahmstorf, G. (Hrsg.)
Wissensrepräsentation in Expertensystemen.

pp. 132-145
Springer
Berlin

444

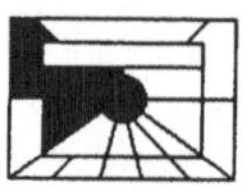

Neumann, B. / M. Mohnhaupt 1988

Propositionale und analoge Repräsentation von Bewegungsverläufen.

KI
Vol. 1 pp. 4-10

445

Newell, A. 1982

The knowledge level.

Artificial Intelligence
Vol. 18 pp. 87-127

446

Niemann, H. / H. Bunke 1987

Künstliche Intelligenz in Bild- und Sprachanalyse.

Teubner

447

Nirenburg, S. / V. Raskin 1987

Dealing with space in natural language processing.

Kak, A. / S.-S. Chen (eds.)
Spatial Reasoning and Multi-Sensor Fusion. Proc. of the 1987 Workshop
pp. 361-370
Morgan Kaufmann
Los Altos

448

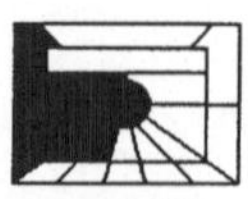

Novak, H.-J. 1987

Textgenerierung auf der Grundlage visueller Daten: Beschreibungen von Straßenszenen.

Springer
Berlin

449

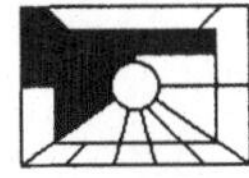

Novak, H.-J. 1988

What has imagery to do with natural language generation?

Proc. of the 4th International Workshop on Natural Language Generation

Santa Catalina/CA

450

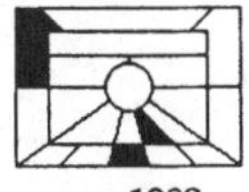

Nudel, B. 1983

Consistent-labeling problems and their algorithms: Expected complexities and theory-based heuristics.
Artificial Intelligence
Vol. 21 pp. 135-178

451

Okada, N. 1979

SUPP: understanding moving picture patterns based on linguistic knowledge.

Proc. of the 6th IJCAI

pp. 690-692

452

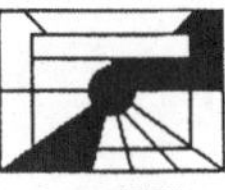

O'Keefe, J. / L. Nadel 1978

The Hippocampus as a Cognitive Map.

Clarendon Press

453

Olson, G.M. / K. Laxar 1973

Asymmetries in processing the terms "right" and "left".

Journal of Experimental Psychology
Vol. 100 pp. 282-290

454

Olson, D.R. / E. Bialystok 1983

Spatial Cognition - The Structure and Development of Mental Representations of Spatial Relations.
Lawrence Erlbaum
Hillsdale/NJ

455

Paivio, A. 1971

Imagery and Verbal Processes.

Holt Rinehart & Winston
New York

456

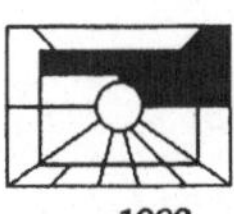

Paivio, A. 1983

The empirical case for dual coding.

Yuille, J. (ed.)
Imagery, Memory, and Cognition.

pp. 307-332
Lawrence Erlbaum
Hillsdale/NJ

457

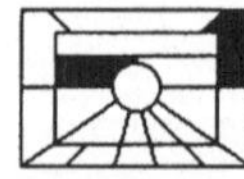

Palmer, S. 1975a

The nature of perceptual representation: An examination of the analog / propositional controversy.
Schank, R. / B.L. Nash-Webber (eds.)
TINLAP 1

pp. 165-173

458

Palmer, S.E. 1975b

The effects of contextual scenes on the identification of objects.

Memory and Cognition
Vol. 3 *# 5* pp. 519-526

459

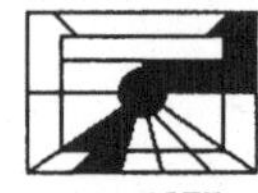

Palmer, S.E. 1975c

Visual perception and world knowledge: Notes on an model of sensory-cognitive interaction.

Norman, D.A. / Rumelhart, D.E. (eds.)
Explorations in Cognition.

W.H. Freeman
San Francisco

460

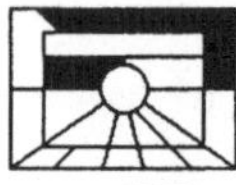

Palmer, S.E. 1978

Fundamental aspects of cognitive representation.

Rosch, E. / B. B. Lloyd (eds.)
Cognition and Categorization.

Lawrence Erlbaum
Hillsdale/NJ

461

Pavlidis, T. 1981

Shape description.

Simon, J.C. / R. M. Haralick (eds.)
Digital Image Processing.

pp. 289-310
Reidel Publishing Company
Dordrecht

462

Pavlidis, T. 1982

Algorithms for Graphics and Image Processing.

Springer

463

Pavlidis, T. (Guest ed.) 1986

Shape analysis.

IEEE-Transactions, PAMI
Vol. 8 *# 1*

464

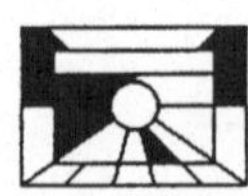

Pentland, A.P. 1985

Perceptual organization and the representation of natural form.

Artificial Intelligence
Vol. 28 *# 2* pp. 293-331

465

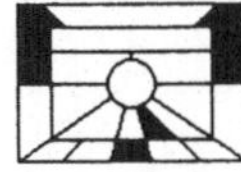

Pentland, A. 1987

Recognition by parts.

Proc. 1st International Conference on Computer Vision, London.
pp. 612-620

466

Perricone, B.T. 1983

Spatial Representation and Reasoning - A Critical Survey and Proposal.

TR-1275
University of Maryland

467

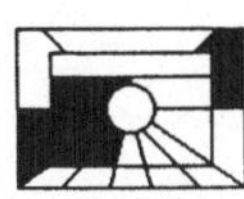

Perrig, W. / W. Kintsch 1985

Propositional and situational representations of text.

Journal of Memory and Language
Vol. 24 pp. 503-518

468

Pezdek, K. / G.W. Evans 1978

Visual and verbal memory for objects and their spatial locations.

Journal of Experimental Psychology
Vol. 5 pp. 360-373

469

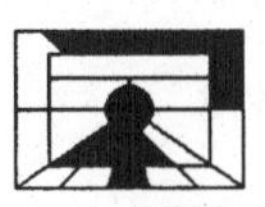

Piaget, J. / B. Inhelder / A. Szeminska 1960

The Child's Conception of Geometry.

Basic Books
New York

470

Piaget, J. 1970

The Child's Conception of Movement and Speed.

Ballantine Books
New York

471

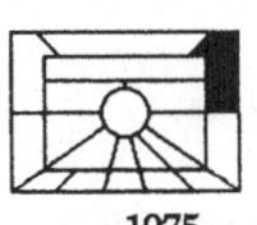

Piaget, J. 1975

Der Aufbau der Wirklichkeit beim Kinde.
Band 2 der gesammelten Werke.

Klett
Stuttgart

472

Piaget, J. / B. Inhelder 1975

Die Entwicklung des räumlichen Denkens beim Kinde.
Band 6 der gesammelten Werke
Klett
Stuttgart

473

Piaget, J. / B. Inhelder / A. Szeminska 1975

Die natürliche Geometrie des Kindes. Band 7 der gesammelten Werke.

Klett
Stuttgart

474

Piaget, J. / B. Inhelder 1978

Die Entwicklung des inneren Bildes beim Kind.

Suhrkamp
Frankfurt/M.

475

Pick, H.L. / L.P. Acredolo 1983

Spatial Orientation: Theory, Research and Application.

Plenum Press
New York

476

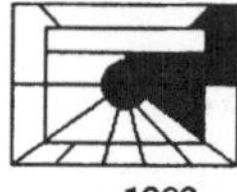

Pick, H.L.Jr. / J.J. Lockman 1983

Map reading and spatial cognition: Discussion.

Pick, H.L.Jr. / L.P. Acredolo (eds.)
Spatial Orientation: Theory, Research, and Application.

Plenum Press
New York

477

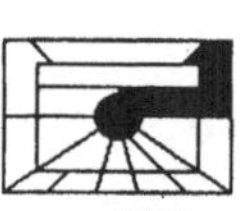

Pick, H.L.Jr. 1983

Comparative and developmental approaches to spatial cognition.

Pick, H.L.Jr. / L.P. Acredolo (eds.)
Spatial Orientation: Theory, Research, and Application.

Plenum Press
New York

478

Pinker, S. 1980a

Mental imagery and the visual world.

MIT Center for Cognitive Science:
Occasional Paper # 4

479

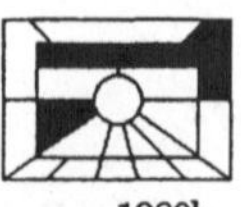

Pinker, S. 1980b

Mental imagery and the third dimension.

Journal of Experimental Psychology, General
Vol. 109 pp. 354-371

480

Pinker, S. 1984

Visual cognition: An introduction.

Cognition
Vol. 18 pp. 1-63

481

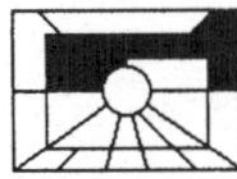

Pinker, S. 1988

A computational theory of the mental imagery medium.

Denis / Engelkamp / Richardson (eds.)
Cognitive and Neuropsychological Approaches to Mental Imagery.

Martinus Nijhoff
Dordrecht

482

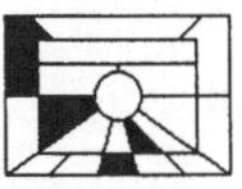

Pizer, S.M. / W.R. Oliver / J.M. Gauch / S.H. Bloomberg 1986
Hierarchical Figure-Based Shape Description for Medical Imaging.

TR-86-026 Technical Report
University of North Carolina at Chapel Hill
Department of Computer Science

483

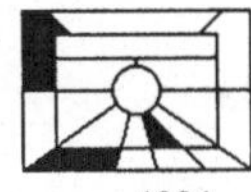

Poggio, T. 1984

Vision by man and machine: How the brain processes visual information may be suggested by studies in computer vision.
Scientific American, April
pp. 68-78

484

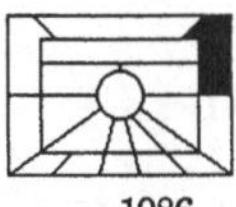

Pomerantz, J.R. / M. Kubovy 1986

Theoretical approaches to perceptual organization: Simplicity and likelihood principles.
Boff, K. R. / L. Kaufman / J. P. Thomas (eds.)
Handbook of Perception and Human Performance.

Simon and Schuster

485

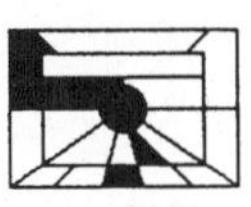

Posdamer, J.L. 1981

Computer geometric modeling for machine perception of three-dimensional solids.

Proc. of the Society of Photo-Optical Instrumentation Engineers. Vol. 283
pp. 7-14

486

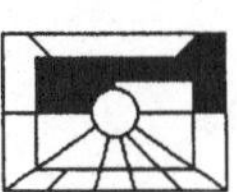

Posner, M.I. / S. J. Boies / W.H. Eichelman / R.L. Taylor 1969
Retention of visual and name codes of single letters.

Journal of Experimental Psychology
Vol. 79

487

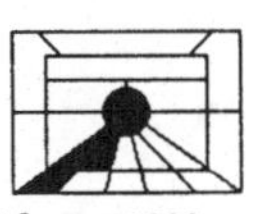

Posner, M.I. / Y. Cohen / R.D. Rafal 1982

Neural systems control of spatial orienting.

Phil. Trans. R. Soc. London
Vol. 298 pp. 187-198

488

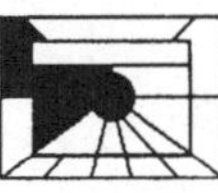

Praßler, E. 1987

Repräsentation räumlichen Wissens.

Interner Arbeitsbericht
Institut für Informatik
Technische Universität München

489 

Praßler, E. / A. Hartl / C. Freksa 1988

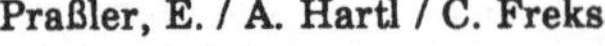

Representing Spatial Knowledge and Modelling Route-finding in an Urban Environment.

Forschungsgruppe KI/Kognition
Technische Universität München

490 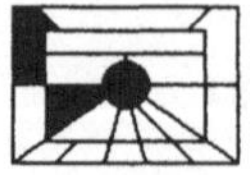

Pribbenow, S. 1988

Verträglichkeitsprüfungen für die Verarbeitung räumlichen Wissens.

Hoeppner, W. (Hrsg.)
Künstliche Intelligenz, GWAI-88

pp. 226-235
Springer
Berlin

491 

Pribbenow, S. 1989

Regelbasierte Interpretation lokaler Präpositionen am Beispiel von IN und BEI.

Habel, C. / M. Herweg / K. Rehkämper (Hrsg.)
Raumkonzepte in Verstehensprozessen.

Niemeyer
Tübingen

492 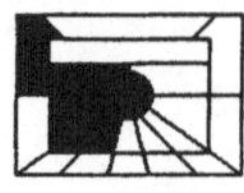

Pribbenow, S. 1990

Interaktion von propositionalen und bildhaften Repräsentationen.

Freksa, C. / C. Habel (Hrsg.)
Repräsentation und Verarbeitung räumlichen Wissens.

Springer
Berlin

493 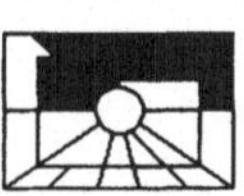

Pylyshyn, Z.W. 1973

What the mind's eye tells the mind's brain.

Psychological Bulletin
Vol. 80 *# 1* pp. 1-24

494 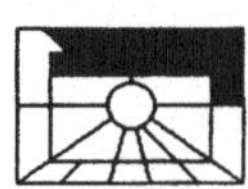

Pylyshyn, Z. 1981

The imagery debate: Analogue media versus tacit knowledge.

Psychological Review
Vol. 88 pp. 16-45

495 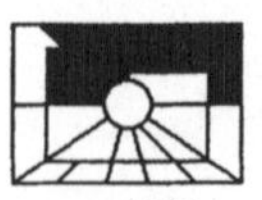

Pylyshyn, Z.W. 1984

Computation and Cognition.

MIT-Press
Cambridge/MA pb. 1986

496 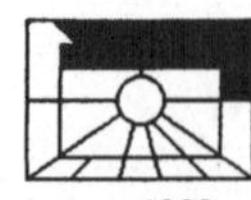

Pylyshyn, Z. 1989

The role of location indexes in spatial perception: A sketch of the FINST spatial-index model.
Cognition
Vol. 32 pp. 65-97

497

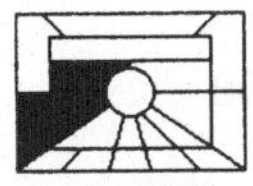

Radden, G. 1989

Das Bewegungskonzept: 'to come' und 'to go'.

Habel, C. / M. Herweg / K. Rehkämper (Hrsg.)
Raumkonzepte in Verstehensprozessen.

Niemeyer
Tübingen

498

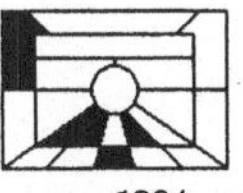

Radig, B. 1984

Image sequence analysis using relational structures.

Pattern Recognition
Vol. 17 *# 1* pp. 161-167

499

Rau, A. / M. Schweitzer 1987

Untersuchungen zur Verwendung scriptartiger Wissensrepräsent. und Story Grammars bei der Generierung von Wegbeschreibungen.
Paper B 158
Linguistic Agency at the Univ. of Duisburg

500

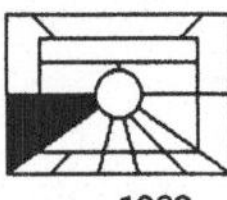

Rauh, G. (ed.) 1983

Essays on Deixis.

Gunter Narr
Tübingen

501

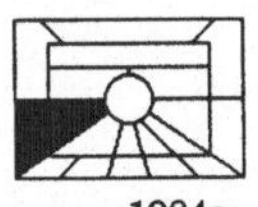

Rauh, G. 1984a

Aspekte der Deixis I: Deiktische Determinanten.

Paper A 122
Linguistic Agency at the Univ. of Duisburg

502

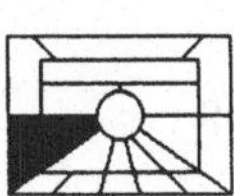

Rauh, G. 1984b

Aspekte der Deixis II: Deiktische Dimensionen und die Verwendung deiktischer Ausdrücke.

Paper A 123
Linguistic Agency at the Univ. of Duisburg

503

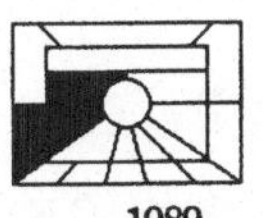

Rauh, G. 1989

Präpositionsgesteuerte Metaphorik.

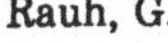

Habel, C. / M. Herweg / K. Rekämper (Hrsg.)
Raumkonzepte in Verstehensprozessen.

Niemeyer
Tübingen

504

Rehkämper, K. 1987

Mentale Bilder und Wegbedeutungen.

Morik, K (Hrsg.)
GWAI-87

Springer
Berlin

505

Rehkämper, K. 1990

Mentale Bilder - Analoge Repräsentationen.

Freksa, C. / C. Habel (eds.)
Repräsentation und Verarbeitung räumlichen Wissens.

Springer
Berlin

506

Reisberg, D. / D. Chambers 1986

Neither pictures nor propositions: the intensionality of mental imagery.

Poc. of the 8th International Conference of the Cognitive Science Society

507

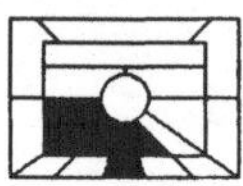

Requicha, A.A.G. 1980

Representation for rigid solids: Theory, methods, and systems.

Computing Surveys
Vol. 12 *# 4* pp. 437-464

508

Requicha, A.A.G. / H.B. Voelcker 1982

Solid modeling: A historical summary and contemporary assessment.

IEEE Computer Graphics & Applications.

pp. 9-24

509

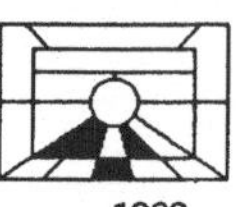

Requicha, A.A.G. / H.B. Voelcker 1983

Solid modeling: Current status and research directions.

IEEE Computer Graphics and Applications.

pp. 25-37

510

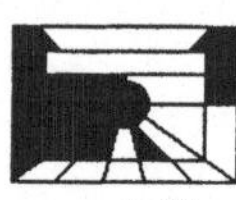

Retz-Schmidt, G. 1987

Deictic and intrinsic use of spatial prepositions: A multidisciplinary comparison.

Kak, A. / S.-S. Chen (eds.)
Spatial Reasoning and Multi-Sensor Fusion.
Proc. of the 1987 Workshop
pp. 371-380
Morgan Kaufmann
Los Altos/CA

511

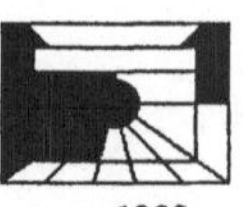

Retz-Schmidt, G. 1988

Various views on spatial prepositions.

AI Magazine
Vol. 9 *# 2* pp. 95-105

512

Riesbeck, C.K. 1980

"You can't miss it!": Judging the clarity of directions.

Cognitive Science
Vol. 4 pp. 285-303

513

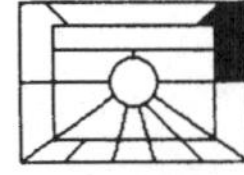

Rieser, J.J. / M.L. Heiman 1982

Spatial self-reference systems and shortest route behavior in toddlers.

Child Development
Vol. 53 pp. 524-533

514

Riseman, E.M. / A.R. Hanson 1985

A methodology for the development of general knowledge-based vision systems.

Brauer, W. / B. Radig (Hrsg.)
Wissensbasierte Systeme (GI-Kongreß 1985)

pp. 257-288 IFB
Spinger
Berlin

515

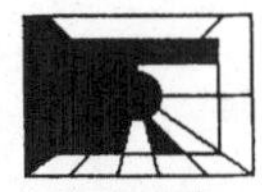

Rist, T. / G. Herzog / E. André 1987

Ereignismodellierung zur inkrementellen High-level Bildfolgenanalyse.

Buchberger, E. / J. Retti (Hrsg.)
3. Osterreichische Artificial-Intelligence-Tagung. Proceedings.

Springer
Berlin

516

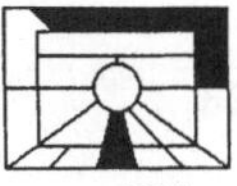

Roberts, F.S. / P. Suppes 1967

Some problems in the geometry of visual perception.

Synthese
Vol. 17 pp. 173-201

517

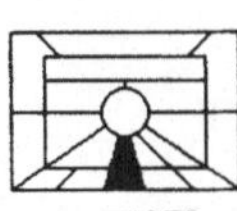

Roberts, F.S. 1973

Tolerance geometry.

Notre Dame Journal of Formal Logic
Vol. 14 pp. 68-76

518

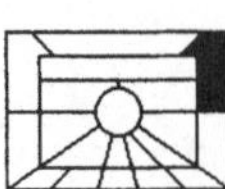

Rock, I. 1983

The Logic of Perception.

MIT-Press
Cambridge/MA

519

Rosch, E. 1975

Cognitive representations of semantic categories.

Journal of Experimental Psychology
Vol. 140

520

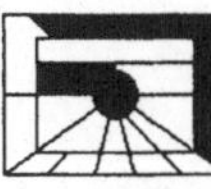

Rosch, E. 1977

Human categorization.

Warren, N. (ed.)
Studies in Cross-Cultural Psychology Vol. 1.

pp. 1-49
Academic Press
New York

521

Rosch, E. 1978

Principles of categorization.

Rosch, E. / B.B. Lloyd (eds.)
Cognition and Categorization.

pp. 27-48
Lawrence Erlbaum
Hillsdale/NJ

522

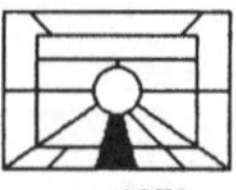

Rosenfeld, A. 1979

Digital topology.

American Mathematical Monthly
Vol. 86 pp. 621-630

523

Rosenfeld, A. 1984

Axial Representations of Shape.

CAR-TR-102 Technical Report
University of Maryland
Center for Automation Research

524

Ruhrberg, P. / H. Rutz 1990

Räumliches Wissen und Semantik im Kontext der Generierung von Wegbeschreibungen.

Freksa, C. / C. Habel (Hrsg.)
Repräsentation und Verarbeitung räumlichen Wissens.

Springer
Berlin

525

Russell, J.A. / L.M. Ward 1982

Environmental Psychology.

Annual Review of Psychology
Vol. 33 pp. 651-687

526

Sadalla, E.K. / S.G. Magel 1980

The perception of traversed distance.

Environment and Behaviour
Vol. 12 pp. 65-79

527

Sadalla, E.K. / L.J. Staplin 1980a

An information storage model for distance cognition.

Environment and Behaviour
Vol. 12 pp. 183-193

528

Sadalla, E.K. / L.J. Staplin 1980b

The perception of traversed distance: Intersections.

Environment and Behavior
Vol. 12 pp. 167-182

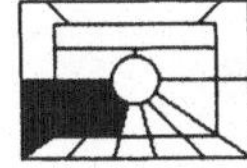

529

Saile, G. 1984

Sprache und Handlung.

Braunschweig

530

Samet, H. 1984

The quadtree and related hierarchical data structures.

Computing Surveys
Vol. 16 #2 pp. 187-260

531

Scharnweber, H. 1987

Modelling and representation principles for three-dimensional natural objects.

Lemke, H.U. / M.L. Rhodes et al. (eds.)
Computer Assisted Radiology.

Springer

532

Schenker, P.S. 1981

Toward the robot eye: Isomorphic representation for machine vision.

Proc. of the Society of Photo-Optical Instrumentation Engineers. Vol. 283
pp. 30-47

533

Schepping, M.-T. 1989

Bewegung und Wahrnehmung.

Habel, C. / M. Herweg / K. Rehkämper (Hrsg.)
Raumkonzepte in Verstehensprozessen.

Niemeyer
Tübingen

534

Schirra, J.R. / G. Bosch / 1987
C.K. Sung / G. Zimmermann
From image sequences to natural language: A first step toward automatic perception and description of motions.
Applied Artificial Intelligence
Vol. 1 pp. 287-305

535

Schirra, J.R. 1989

Ein erster Blick auf ANTLIMA: Visualisierung statischer räumlicher Relationen.
Metzing, D. (Hrsg.)
GWAI-89

pp. 301-311
Springer
Berlin

536

Schirra, J. 1990

Einige Uberlegungen zu Bildvorstellungen in kognitiven Systemen.

Freksa, C. / C. Habel (Hrsg.)
Repräsentation und Verarbeitung räumlichen Wissens.

Springer
Berlin

537

Schlieder, J. 1990

Anordnung - Eine Fallstudie zur Semantik bildhafter Repräsentation.

Freksa, C. / C. Habel (Hrsg.)
Repräsentation und Verarbeitung räumlichen Wissens.

Springer
Berlin

538

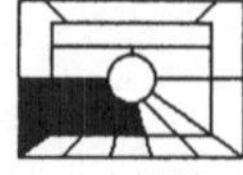

Schröder, J. 1976

Bemerkungen zu einer Semantik deutscher Präpositionen im lokalen Bereich.

Deutsch als Fremdsprache
Vol. 13 pp. 336-341

539

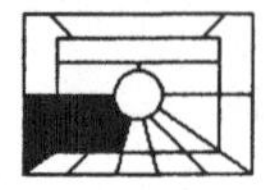

Schröder, J. 1978

Zum Zusammenhang von Lokativität und Direktionalität bei einigen wichtigen deutschen Präpositionen.
Deutsch als Fremdsprache
Vol. 15 pp. 9-15

540

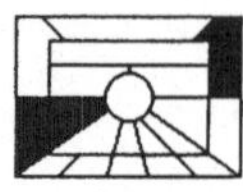

Schulze, R. 1987

The perception of space and the function of prepositions in English: A contribution to cognitive grammar.
Lörscher, W. / R. Schulze (eds.)
Perspectives on Language in Performance.

Gunter Narr
Tübingen

541

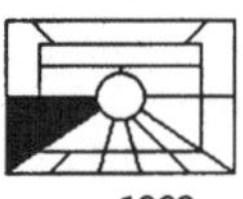

Schwarze, C. 1989

Polysemie als Prozedur, am Beispiel von frz. a travers' und 'chez'.

Habel, C. / M. Herweg / K. Rehkämper (Hrsg.)
Raumkonzepte in Verstehensprozessen.

Niemeyer
Tübingen

542

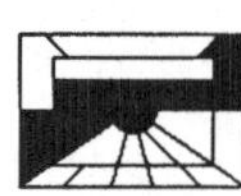

Schweizer, H. (Hrsg.) 1985

Sprache und Raum. Psychologische und linguistische Aspekte der Aneignung und Verarbeitung von Räumlichkeit.
J.B. Metzlersche Verlagsbuchhandlung
Stuttgart

543

Seel, N.M. / P. Strittmatter 1984

Strategien zum Erwerb geographischen Wissens und bildhafter räumlicher Vorstellungen.
Unterrichtswissenschaft
Vol. 1 pp. 32-47

544

Sennholz, K. 1985

Grundzüge der Deixis.

Brockmeyer
Bochum

545

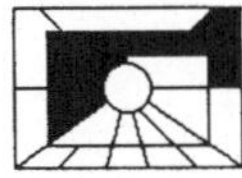

Seymour, P.H. 1974

Pictorial codings of verbal descriptions.

Quarterly Journal of Experimental Psychology
Vol. 26 pp. 39-51

546

Shafer, S.A. 1983

Shadow Geometry and Occluding Contours of Generalized Cylinders.

CMU-CS-83-131 Report
Carnegie Mellon University
Computer Science Department

547

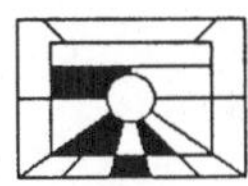

Shafer, S.A. / T. Kanade 1983

The theory of straight homogeneous generalized cylinders.

Proc. DARPA Image Understanding Workshop, Arlington
pp. 210-218

548

Shani, U. 1980

Understanding Three-Dimensional Images: Recognition of Abdominal Anatomy from CAT Scans.
UMI Research Press

549

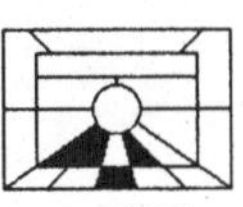

Shapiro, L.G. 1981

Structural shape description for two-dimensional and three-dimensional shapes.

Simon, J.C. / R. M. Haralick (eds.)
Digital Image Processing.

pp. 311-326
Reidel Publishing Company
Dordrecht

550

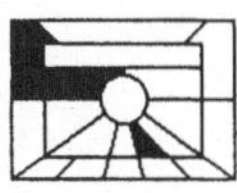

Shapiro, L.G. 1983

Computer vision systems: Past, presence, and future.

Haralick, R.M. (ed.)
Pictorial Data Analysis.

pp. 199-237
Springer
Berlin

551

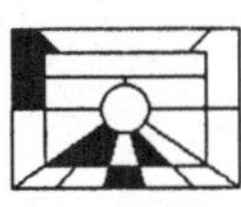

Shapiro, L.G. 1984

Relational matching - problems, techniques, and applications.

Kropatsch, W. (Hrsg.)
Mustererkennung 1984.

pp. 24-41 Informatik-Fachberichte 87
Springer
Berlin

552

Shapiro, L.G. / J.D. Moriarty / R.M. Haralick / P.G. Mulgaonkar 1984
Matching three-dimensional objects using a relational paradigm.

Pattern Recognition
Vol. 17 *# 4* pp. 385-405

553

Shapiro, L.G. 1985

Recent progress in shape decomposition and analysis.

Kanal, L.N. / A. Rosenfeld (ed.)
Progress in Pattern Recognition Vol. 2.

pp. 113-123
Elsevier Science Publishers

554

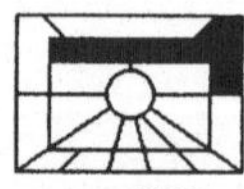

Sheikh, A.A. (ed.) 1983

Imagery - Current Theory, Research, and Application.

J. Wiley & Sons
Chichester

555

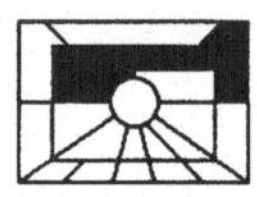

Shepard, R.N. / S. Chipman 1970

Second-order isomorphism of internal representations: Shapes of states.

Cognitive Psychology
Vol. 1 pp. 1-17

556

Shepard, R.N. / J. Metzler 1971

Mental rotation of three-dimensional objects.

Science
Vol. 171 pp. 701-703

557

Shepard, R.N. 1978

The mental image.

Americal Psychologist
Vol. 33 pp. 125-137

558

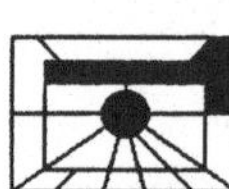

Shepard, R. / J. Cooper 1982

Mantal Images and Their Transformations.

MIT-Press
Cambridge/MA

559

Shirai, Y. 1985

Robot vision.

Future Generations Computer Systems.
Vol. 1 *# 5* pp. 325-352

560

Shirai, Y. 1987

Three-Dimensional Computer Vision.

Springer

561

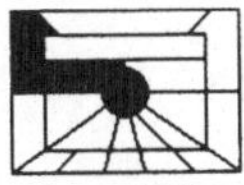

Shoham, Y. 1985

Naive Kinematics: Two Aspects of Shape.

CSLI-85-35. 4-1.-4-25.
CSLI
Stanford Cal.
Hobbs, J. et al.: Commonsense summer: Final report.

562

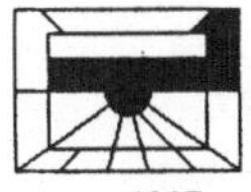

Sholl, M.J. 1987

Cognitive maps as orienting schemata.

Journal of Experimental Psychology
Vol. 13 *# 4* pp. 615-628

563

Sichelschmidt, L. 1989

Wo 'hier' 'dort' ist - primär und sekundärdeiktische Raumreferenz.

Habel, C. / M. Herweg / K. Rehkämper (Hrsg.)
Raumkonzepte in Verstehensprozessen.

Niemeyer
Tübingen

564

Siegel, A.W. / S.H. White 1975

The development of spatial representations of large-scale environments.

Reese, H.W. (ed.)
Advances in Child Development and Behavior. Vol 10.

Academic Press
New York

565

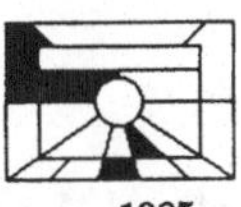

Silberberg, T.M. 1985

A Survey on Object Representation and Recognition Techniques.

CAR-TR-107
University of Maryland
Center for Automation Research

566

Simutis, Z.M. / H.F. Barsam 1983

Terrain visualization and map reading.

Pick, H.L.Jr. / L.P. Acredolo (eds.)
Spatial Orientation: Theory, Research, and Application.

Plenum Press
New York

567

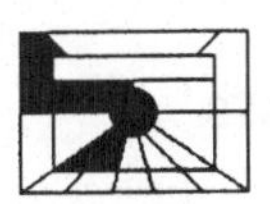

Slack, M. / D. Miller 1987

Path planning through time and space in dynamic domains.

Proc. of the 10th IJCAI

pp. 1067-1070

568

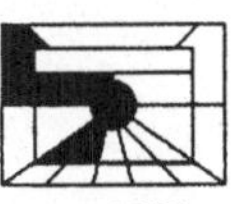

Slack, M. 1988

Planning paths through a spatial hierarchy: Eliminating stair-stepping effects.

Proc. of the SPIE 7th Conference on Sensor Fusion.

569

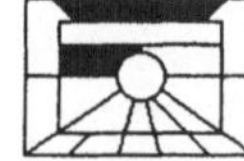

Sloman, A. 1975

Afterthoughts on analogical representations.

Proc. TINLAP

pp. 164-168

Cambridge/MA

570

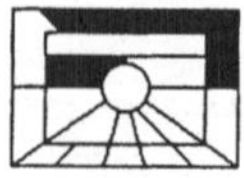

Smith, E.E. / D. L. Medin 1981

Categories and Concepts.

Harvard University Press
Cambridge/MA

571

Smith, T.R. / J.Q. Pellegrino / R. G. Golledge 1982
Computational process models of spatial cognition and behaviour.

Geographical Analysis
Vol. 14 pp. 305-325

572

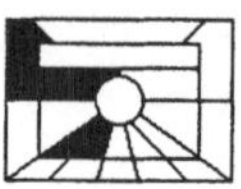

Smith, R. / M. Self / P. Cheeseman 1987

A stochastic map for uncertain spatial relationships.

Workshop on Spatial Reasoning and Multisensor Fusion.

573

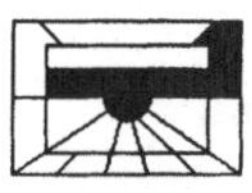

Smyth, M.M. / J.E. Kennedy 1982

Orientation and spatial representation within multiple frames of reference.

British Journal of Psychology
Vol. 73 pp. 527-535

574

Smyth, M.M. / P.E. Morris / P. Levy / A.W. Ellis 1986
Arriving in a new city: Acquiring and using spatial knowledge.

Smyth, M.M. / P.E. Morris et al. (eds.)
Cognition in Action.

Lawrence Erlbaum
Hillsdale/NJ

575

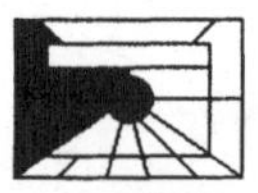

Sondheimer, N.K. 1974a

English as a Basis for Command Languages for Machines and some Problems of Spatial Reference.
Report # 205
University of Wisconsin
Department of Computer Science

576

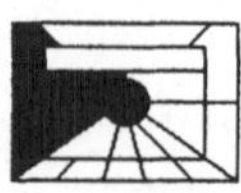

Sondheimer, N.K. 1974b

English as a command language for machines and the semantice of "Left" and "Right".

Milwaukee Symposium on Automatic Control (and Autonomous Comp.)

Milwaukee, Wisconsin

577

Sondheimer, N.K. 1976

Spatial reference and natural-language machine control.

International Journal of Man-Machine Studies
Vol. 8 pp. 329-336

578

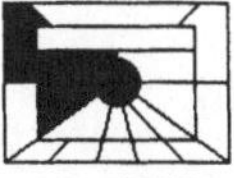

Sondheimer, N.K. 1977a

Spatial reference and semantic nets.

AJCL Microfiche
Vol. 71

579

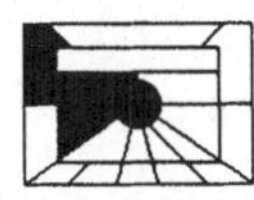

Sondheimer, N.K. 1977b

Towards a combined representation for spatial and temporal reference.

Proc. of the 5th IJCAI

pp. 281-282

580

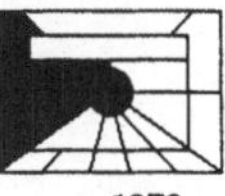

Sondheimer, N.K. 1978

A semantic analysis of reference to spatial properties.

Linguistics and Philosophy
Vol. 2 pp. 235-280

581

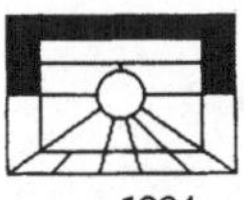

Sowa, J.F. 1984

Conceptual Structures: Information Processing in Mind and Machine.

Addison-Wesley

582

Springinsfeld, G. 1975

Visuelles Vorstellen und räumliche Perspektive beim Textlernen.

Universität Freiburg (Schweiz)
Dissertation

583

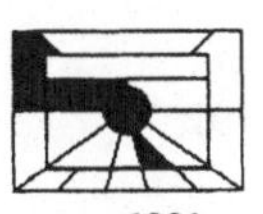

Srihari, S.N. 1981

Representation of three-dimensional digital images.

Computing Surveys
Vol. 13 *# 4* pp. 399-424

584

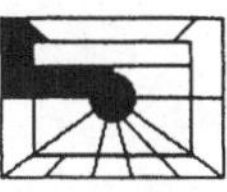

Stanfill, G. / D. Waltz 1986

Toward memory-based reasoning

CACM
Vol. 29 pp. 1213-1228

585

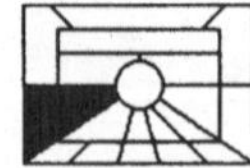

Stechow, A. von 1982

Three local deictics.

Jarvelle, R.J. / W. Klein (eds.)
Speech, Place, and Action. Studies in Deixis and Related Topics.

Wiley
Chichester

586

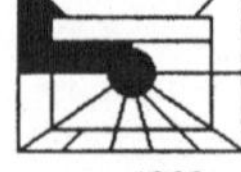

Steels, L. 1988

Steps towards common sense.

Proc. ECAI-88

pp. 49-54

587

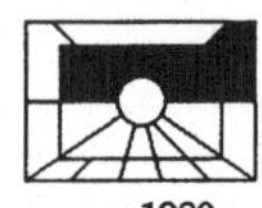

Steiner, G. 1980

Visuelle Vorstellungen beim Lösen von elementaren Problemen.

Klett-Cotta
Stuttgart

588

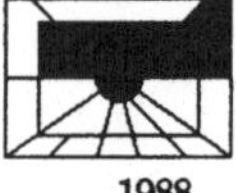

Steiner, G. 1988

Analoge Repräsentationen.

Mandl, H. / H. Spada (Hrsg.)
Wissenspsychologie.

PSU
München-Weinheim

589

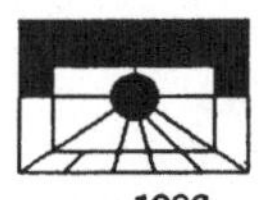

Sterelny, K. 1986

The imagery debate.

Philosophy of Science
Vol. 53 pp. 560-583

590

Stevens, A. / P. Coupe 1978

Distortions in judged spatial relations.

Cognitive Psychology
Vol. 10 pp. 422-437

591

Stiehl, H.S. 1987

On Spatial Image Sequence Understanding.

Fachbereich Informatik
Technische Universität Berlin
Habilitation Monograph

592

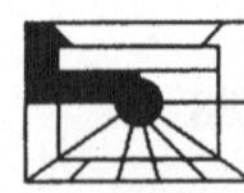

Stiehl, H.S. / D. Jackél 1987

On a framework for processing and visualizing spatial images.

Lemke, H.U. / M.L. Thodes et al. (eds.)
Computer Assisted Radiology.

pp. 665-670
Springer

593

Stiehl, S. 1990

Issues of spatial representation in computational vision.

Freksa, C. / C. Habel (Hrsg.)
Repräsentation und Verarbeitung räumlichen Wissens.

Springer
Berlin

594

Stiles-Davis, J. / M. Kritchesvsky / U. Bellugi (eds.) 1988
Spatial Cognition - Brain Bases and Development.

Lawrence Erlbaum
Hillsdale/NJ

595

Sung, C.K. 1988

Extraktion von typischen und komplexen Vorgängen aus einer langen Bildfolge einer Verkehrsszene.
Bunke, H. / O. Kübler / P. Stucki (Hrsg.)
Mustererkennung 1988.

Springer
Berlin

596

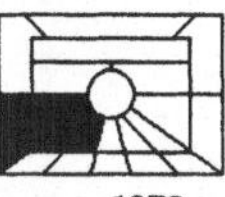

Talmy, L. 1978

Figure and ground in complex sentences.

Greenberg, J./C. Ferguson/E. Moravcsik (eds.)
Universals of Human Language.

Stanford University Press
Stanford/CA

597

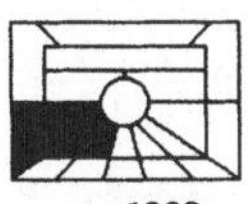

Talmy, L. 1983

How language structures space.

Pick, H.L.Jr. / L.P. Acredolo (eds.)
Spatial Orientation: Theory, Research, and Application.

Plenum Press
New York

598

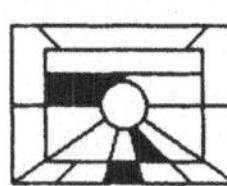

Tamura, H. / N. Yokoya 1984

Image database systems: A survey.

Pattern Recognition
Vol. 17 *# 1* pp. 29-43

599

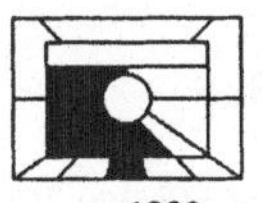

Tanimoto, S.L. 1980

Image data structures.

Tanimoto, S.L. / A. Klinger (eds.)
Structured Computer Vision.

pp. 31-56
Academic Press
New York

600

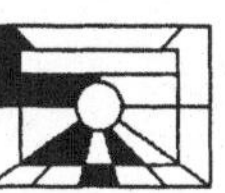

Tenenbaum, J.M. / H.G. Barrow 1976

IGS: A paradigm for integrating image segmentation and interpretation.

Chen, C.H. (ed.)
Pattern Recognition and Artificial Intelligence.
pp. 472-507
Academic Press
New York

601

Tenenbaum, J.M. / M.A. Fischler / H.G. Barrow 1980
Scene modeling: A structural basis for image description.

Computer Graphics and Image Processing
Vol. 12 pp. 407-425

602

Thiel, T. 1985

Räumliches Denken und das Verständnis von Lokativen beim Spracherwerb.

Schweizer, H. (Hrsg.)
Sprache und Raum.

J.B. Metzlersche Verlagsbuchhandlung
Stuttgart

603

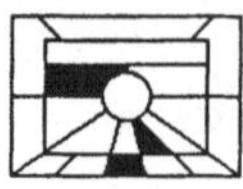

Thomason, M.G. / R.C. Gonzalez 1981

Database representations in hierarchical scene analysis.

Kanal, L.N. / A. Rosenfeld (eds.)
Progess in Pattern Recognition Vol. 1

pp. 57-91
North-Holland
Amsterdam

604

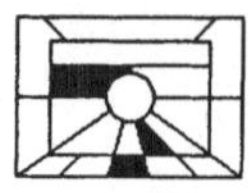

Thomason, M.G. / R.C. Gonzalez 1985

Data structures and data bases in digital scene analysis.

Tou, J.T. (ed.)
Advances in Information Systems Science.

pp. 1-47
Plenum Press
New York

605

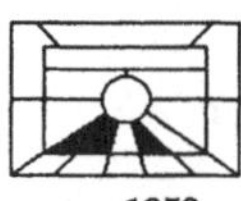

Thompson, D´Arcy W. 1959

On Growth and Form, Vol. I.

Cambridge University Press
Cambridge
(2nd edition, reprinted; 1st edition publ. 1917)

606

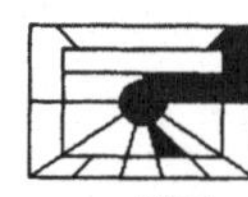

Thorndyke, P.W. 1979

Heuristics for knowledge acquisition from maps.

Proc. of the 6th IJCAI

pp. 880-884

607

Thorndyke, P.W. 1980

Spatial cognition and reasoning.

Harvey, H. (ed.)
Cognition, Social Behaviour, and the Environment.
pp. 137-149
Lawrence Erlbaum
Hillsdale/NJ

608

Thorndyke, P.W. / B. Hayes-Roth 1982

Differences in spatial knowledge acquired from maps and navigation.

Cognitive Psychology
Vol. 14 pp. 560-589

609

Thorndyke, P.W. / S.E. Goldin 1983

Spatial learning and reasoning skill.

Pick, H.L.Jr. / L.P. Acredolo (eds.)
Spatial Orientation: Theory, Research, and Application.

Plenum Press
New York

610

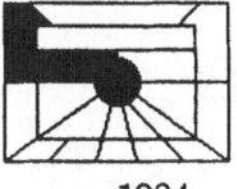

Thorpe, C. 1984

Path relaxation: Path planning for a mobile robot.

AAAI - Proc. of the National Conference on Artificial Intelligence.
pp. 318-321

611

Tischer, B. 1989

Die verbale Steuerung von Handlungen auf den Dimensionen der sekundären Raumdeixis.
Kegel, G. / T. Arnold et al. (Hrsg.)
Sprechwissenschaft & Psycholinguistik 3.

Opladen

612

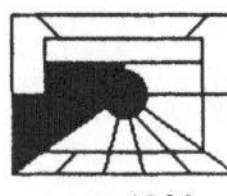

Tischer, B. 1990

Das Erkennen richtungsräumlicher Objektrelationen auf der Grundlage verbaler und bildlicher Informationen.
Freksa, C. / C. Habel (Hrsg.)
Repräsentation und Verarbeitung räumlichen Wissens.

Springer
Berlin

613

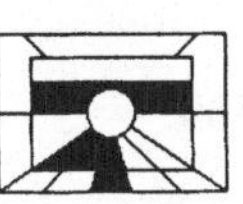

Tobler, W. 1975

The geometry of mental maps.

Golledge, R.G. / Rushton, G. (eds.)
Spatial Choice and Spatial Behavior.

Ohio State Univ. Press
Columbus

614

Tolman, E.C. 1948

Cognitive maps in rats and men.

Psychological Review
Vol. 55 pp. 189-208

615

Trowbridge, C.C. 1913

On fundamental methods of orientation in 'imaginary maps'.

Science
Vol. 38 pp. 990ff.

616

Tsotsos, J.K. / J. Myopoulos / H.D. Covvey / S.W. Zucker 1980

A framework for visual motion understanding.

IEEE-T PAMI
Vol. 2 *# 6* pp. 563-573

617

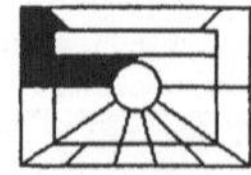

Tsotsos, J.K. 1981

Temporal event recognition: An application to left ventricular performance.

Proc. of the 7th IJCAI

pp. 900-907

618

Tulp, E. / L. Siklossy 1988

TRAINS, an active time-table searcher.

Proc. of the 8th ECAI

pp. 170-175

619

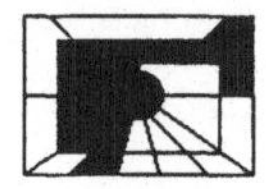

Tversky, B. 1969

Pictorial and verbal encoding in a short-term memory task.

Perception & Psychophysics
Vol. 6 pp. 225-233

620

Tversky, B. 1975

Pictorial encoding of sentences in sentence-picture comparison.

Quarterly Journal of Experimental Psychology
Vol. 27 pp. 405-410

621

Tversky, A. 1981

Distortions in memory for maps, environments, and forms.

Cognitive Psychology
Vol. 13 pp. 407-433

622

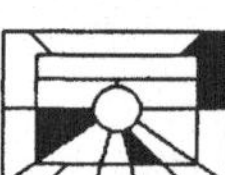

Tversky, B. / K. Hemenway 1984

Objects, parts, and categories.

Journal of Experimental Psychology
Vol. 113 *# 2* pp. 169-193

623

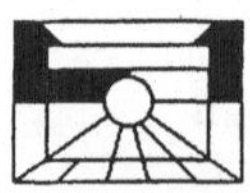

Ullman, S. 1985

Visual routines.

Pinker, S. (ed.)
Visual Cognition.

MIT Press
Cambridge/MA

624

Ullmer-Ehrich, V. 1979

Wohnraumbeschreibungen.

LiLi
Vol. 9 *# 33* pp. 58-83

625

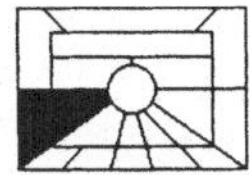

Ullmer-Ehrich, V. / C. Koster 1981

Discourse Organisation and Sentence Form: The Structure of Static Arrangement Descriptions.

MPI für Psycholinguistik, Nijmegen

626

Ullmer-Ehrich, V. 1982a

The structure of living space descriptions.

Jarvella, R.J. / W. Klein (eds.)
Speech, Place, and Action. Studies in Deixis and Related Topics.

Wiley
Chichester

627

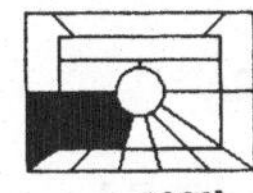

Ullmer-Ehrich, V. 1982b

'Da' and the system of spatial deixis in German.

Weissenborn, J. / W. Klein (eds.)
Here and There. Cross-Linguistic Studies on Deixis and Demonstration.

John Benjamins
Amsterdam

628

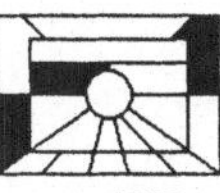

van Dijk, T.A. / W. Kintsch 1983

Strategies of Discourse Comprehension.

New York

629

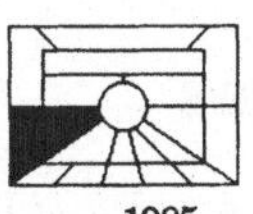

Vandeloise, C. 1985

Description of Space in French.

Paper A 150
Linguistic Agency at the Univ. of Duisburg

630

Veraart, C. / M.C. Wanet-Defalque 1987

Representation of locomotor space by blind.

Perception & Psychophysics
Vol. 42 pp. 132-139

631

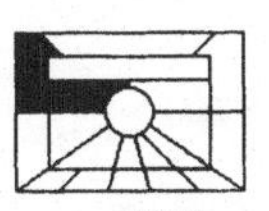

Wachsmuth, I. 1987

On Structuring Domain-Specific Knowledge.

LILOG-Report 12
IBM Deutschland GmbH, LILOG

632

Wahlster, W. / A. Jameson / W. Hoeppner 1978

Glancing, referring and explaining in the dialogue-system HAM-RPM.

AJCL Microfiche
Vol. 77 pp. 53-67

633

Wahlster, W. / H. Marburger / A. Jameson/ S. Busemann 1983

Over-answering Yes-No questions: extended responses in a NL interface to a vision system.

Proc. of the 8th IJCAI

pp. 643-646

634

Wahlster, W. 1988

One Word Says More Than a Thousand Pictures. On the Automatic Verbalization of the Results of Image Sequence Analysis Systems.
Bericht # 25
Universität des Saarlandes, Projekt VITRA
Sonderforschungsbereich 314

635

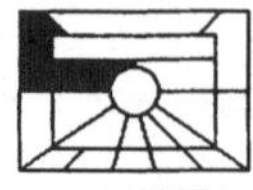

Walter, I. 1987

EPEX: Bildfolgendeutung auf Episodenebene.

Morik, K. (Hrsg.)
GWAI-87

pp. 21-30
Springer
Berlin

636

Waltz, D.L. 1975

Understanding line drawings of scenes with shadows.

Winston, P.H. (ed.)
The Psychology of Computer Vision.

pp. 19-91
McGraw-Hill

637

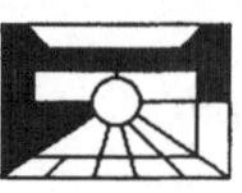

Waltz, D. 1979

Relating Images, Concepts, and Words.

No. 23 Working Paper
University of Illionois
Coordinated Science Laboratory

638

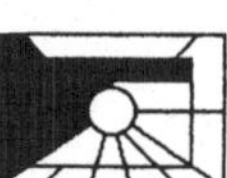

Waltz, D.L. / L. Boggess 1979

Visual analog representations for natural language understanding.

Proc. of the 6th IJCAI

pp. 926-934

639

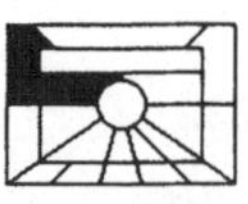

Waltz, D.L. 1981a

Generating and understanding scene descriptions.

Joshi, A.K. /B. Webber / I. Sag (eds.)
Elements of Discourse Understanding.

pp. 266-282
Cambridge University Press
Cambridge

640

Waltz, D.L. 1981b

Toward a detailed model of processing for language describing the physical world.

Proc. of the 7th IJCAI

pp. 1-6

641

Wanet, M.C. / C. Veraart 1985

Processing of auditory information by the blind in spatial localization tasks.

Perception & Psychophysics
Vol. 38 pp. 91-96

642

Wasserman, K. / M. Lebowitz 1983

Representing complex physical objects.

Cognition and Brain Theory
Vol. 6 *# 3* pp. 333-352

643

Wehner, R. / S. Wehner 1986

Path integration in desert ants. Approaching a long-standing puzzle in insect navigation.

Monitore zool. ital. (N.S.)
Vol. 20 pp. 309-331

644

Weissenborn, J. 1980

Children's route directions.

LSA Summer Meeting, University of New Mexico.

Albuquerque, New Mexico

645
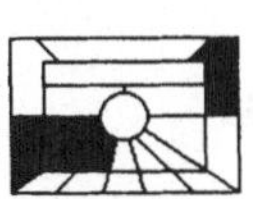

Weissenborn, J. / W. Klein (eds.) 1982

Here and There. Cross-Linguistic Studies on Deixis and Demonstration.

John Benjamins
Amsterdam

646
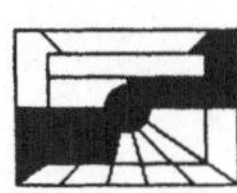

Weissenborn, J. 1985

"Ich weiß ja nicht von hier aus, wie weit es von dahinten aus ist" - Makroräume in der kognitiven und sprachl. Entwicklung des
Schweizer, Harro (Hrsg.)
Sprache und Raum.

J.B. Metzlersche Verlagsbuchhandlung
Stuttgart

647
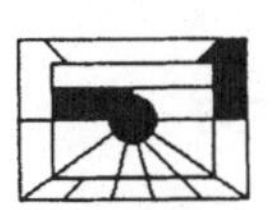

Wender, K.F. / M. Wagener / B. Wittmann 1986
Mental representation of spatial information: A production system model for priming and verification.

Proc. of the 8th Annual Conference of the Cognitive Science Society.

Amherst/MA

648
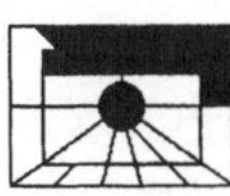

Wertheimer, M. 1938

Principles of perceptual organisation.

Ellis, W.H.
Source Book of Gestalt Psychology.

London

649

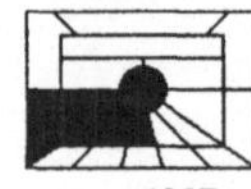

Wesche, B. 1987

At Ease with "at".

LILOG-Report # 23
IBM Deutschland GmbH

650

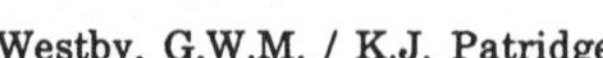

Westby, G.W.M. / K.J. Patridge 1986

Human homing: Still no evidence despite geomagnetic controls.

Journal of Experimental Biology
Vol. 120 pp. 325-331

651

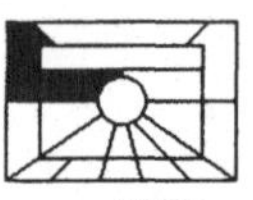

Weszka, J. 1979

Final Report on Workshop on Control Structures and Knowledge Representation for Image and Speech Understanding.
University of Maryland
Computer Science Center

652

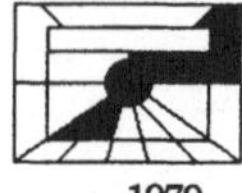

Wimmer, H. / J. Perner 1979

Planen von Ortsveränderungen mittels kognitiver Karten.

Wimmer, H. / J. Perner (Hrsg.)
Kognitionspsychologie. Eine Einführung.

pp. 229-249
Kohlhammer
Stuttgart

653

Winston, P.H. 1975

Learning structural descriptions form examples.

Winston, P.H. (ed.)
The Psychology of Computer Vision.

pp. 157-209
McGraw-Hill

654

Witkin, A.P. / J.M. Tenenbaum 1986

On perceptual organization.

Pentland, A. (ed.)
From Pixels to Predicates: Recent Advances in Computational and Robotic Vision.
pp. 149-169
Ablex Publ. Corp.

655

Woodham, R. 1987

Shape analysis.

Shapiro, S. (ed.)
Encyclopedia of Artificial Intelligence.

pp. 1039-1048
John Wiley and Sons
Chichester

656

Wunderlich, D. 1978

Wie analysiert man Gespräche? Beispiel Wegauskünfte.

Linguistische Berichte
Vol. 58 pp. 41-76

657

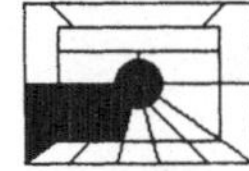

Wunderlich, D. 1982

Sprache und Raum.

Studium Linguistik
Vol. 12 pp. 1-19

658

Wunderlich, D. / R. Reinelt 1982

How to get there from here.

Jarvella, R.J. / W. Klein (eds.)
Speech, Place, and Action. Studies in Deixis and Related Topics.
pp. 183-201
Wiley
Chichester

659

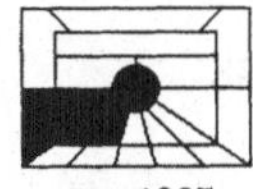

Wunderlich, D. 1985a

Raum, Zeit und das Lexikon.

Schweizer, H. (Hrsg.)
Sprache und Raum.

pp. 66-89
J.B. Metzlersche Verlagsbuchhandlung
Stuttgart

660

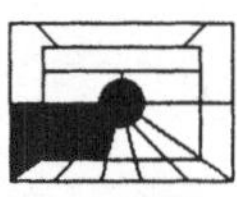

Wunderlich, D. 1985b

Raumkonzepte. Zur Semantik der lokalen Präpositionen.

Ballmer, T.T. / R. Posner (Hrsg.)
Nach-Chomskysche Linguistik. Neuere Arbeiten von Berliner Linguisten.
pp. 340-351
de Gruyter
Berlin

661

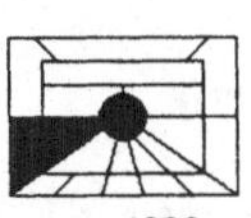

Wunderlich, D. 1986

Raum und die Struktur des Lexikons.

Bosshardt, H.-G. (Hrsg.)
Perspektiven auf Sprache.

de Gruyter
Berlin

662

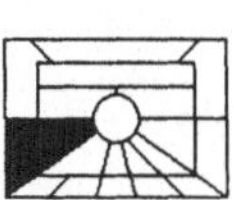

Wunderlich, D. / M. Herweg 1989

Lokale und Direktionale.

Stechow, A. von / D. Wunderlich (Hrsg.)
Handbuch der Semantik.

Athenäum
Königstein/Ts.

663

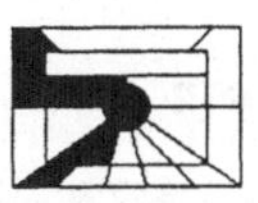

Xiang, Z. / S.N. Srihari / S.C. Shapiro / J.G. Chutkow 1984
Analogical and propositional representation of structure in neurological diagnosis.

Proc. 1st Conf. on Artificial Intelligence Applications
pp. 127-132

Denver

664

Xiang, Z. / S.N. Srihari 1985

Spatial structure and function representation in diagnostic experts systems.

Proc. 5th Int. Workshop on Expert Systems and Their Applications
pp. 191-206

Avignon

665

Yamada, A. / T. Nishida / S. Doshita 1988

Figuring out most plausible interpretation from spatial descriptions.

Coling-88

pp. 764-769

666

Yeap, W. 1988

Towards a computational theory of cognitive maps.

Artificial Intelligence
Vol. 34 pp. 297-360

667

Yong, C. 1990

Untersuchung zu depiktionalen Darstellungen der Himmelsrichtungen.

Freksa, C. / C. Habel (Hrsg.)
Repräsentation und Verarbeitung räumlichen Wissens.

Springer
Berlin

668

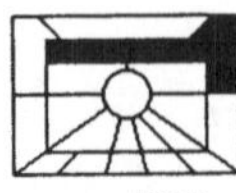

Yuille, J. (ed.) 1983a

Imagery, Memory, and Cognition - Essays in Honor of Allan Paivio.

Lawrence Erlbaum
Hillsdale/NJ

669

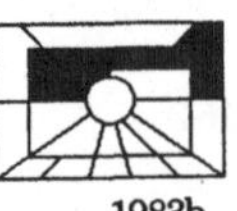

Yuille, J.C. 1983b

The crisis in theories of mental imagery.

Yuille, J.C. (ed.)
Imagery, Memory, and Cognition - Essays in Honor of Allan Paivio.
pp. 263-284
Lawrence Erlbaum
Hillsdale/NJ

670

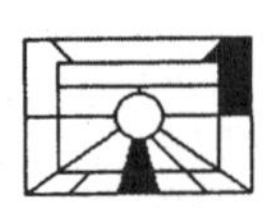

Zeeman, E.C. 1962

The topology of the brain and visual perception.

Fort, M.K. (ed.)
The Topology of 3-Manifolds.

pp. 240-256
Prentice-Hall
Englewood Cliffs/NJ

671

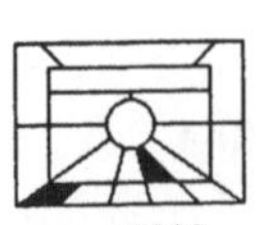

Zeil, J. 1986

The territorial flight of male houseflies.

Behav. Ecol. Sociobiol.
Vol. 19 pp. 213-219

672

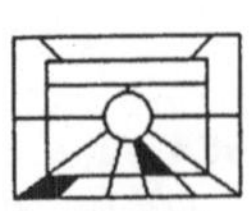

Zeil, J. / G. Nalbach / H.-O. Nalbach 1986

Eyes, eye stalks and the visual world of semi-terrestrial crabs.

Journal of Computational Physiology
Vol A159 pp. 801-811

673

Zernik, U. / B.J. Vivier 1988

How near is too far? Talking about visual images.

Proc. of the 10th Annual Conference of the Cognitive Science Society

Montreal

674

Zimmer, H.D. 1987

Argumente für ein motorisches Gedächtnissystem.

Engelkamp, J. / K. Lorenz / B. Sandig (Hrsg.)
Wissensrepräsentation und Wissensaustausch.

W.J. Röhrig Verlag
St. Ingbert

675

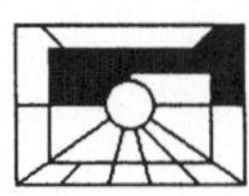

Zimmer, H.D. / J. Engelkamp 1988

Informationsverarbeitung zwischen Modalitätsspezifität und propositionalem Einheitssystem.
Heyer, G. / J. Krems / G. Görz (Hrsg.)
Wissensarten und ihre Darstellung.

Springer
Berlin

Band 214: W. Görke, H. Sörensen (Hrsg.), Fehlertolerierende Rechensysteme / Fault-Tolerant Computing Systems. 4. Internationale GI/ITG/GMA-Fachtagung, Baden-Baden, September 1989. Proceedings. XI, 390 Seiten. 1989.

Band 215: M. Bidjan-Irani, Qualität und Testbarkeit hochintegrierter Schaltungen. IX, 169 Seiten. 1989.

Band 216: D. Metzing (Hrsg.), GWAI-89. 13th German Workshop on Artificial Intelligence. Eringerfeld, September 1989. Proceedings. XII, 485 Seiten. 1989.

Band 217: M. Zieher, Kopplung von Rechnernetzen. XII, 218 Seiten. 1989.

Band 218: G. Stiege, J. S. Lie (Hrsg.), Messung, Modellierung und Bewertung von Rechensystemen und Netzen. 5. GI/ITG-Fachtagung, Braunschweig, September 1989. Proceedings. IX, 342 Seiten. 1989.

Band 219: H. Burkhardt, K. H. Höhne, B. Neumann (Hrsg.), Mustererkennung 1989. 11. DAGM-Symposium, Hamburg, Oktober 1989. Proceedings. XIX, 575 Seiten. 1989

Band 220: F. Stetter, W. Brauer (Hrsg.), Informatik und Schule 1989: Zukunftsperspektiven der Informatik für Schule und Ausbildung. GI-Fachtagung, München, November 1989. Proceedings. XI, 359 Seiten. 1989.

Band 221: H. Schelhowe (Hrsg.), Frauenwelt – Computerräume. GI-Fachtagung, Bremen, September 1989. Proceedings. XV, 284 Seiten. 1989.

Band 222: M. Paul (Hrsg.), GI – 19. Jahrestagung I. München, Oktober 1989. Proceedings. XVI, 717 Seiten. 1989.

Band 223: M. Paul (Hrsg.), GI – 19. Jahrestagung II. München, Oktober 1989. Proceedings. XVI, 719 Seiten. 1989.

Band 224: U. Voges, Software-Diversität und ihre Modellierung. VIII, 211 Seiten. 1989

Band 225: W. Stoll, Test von OSI-Protokollen. IX, 205 Seiten. 1989.

Band 226: F. Mattern, Verteilte Basisalgorithmen. IX, 285 Seiten. 1989.

Band 227: W. Brauer, C. Freksa (Hrsg.), Wissensbasierte Systeme. 3. Internationaler GI-Kongreß, München, Oktober 1989. Proceedings. X, 544 Seiten. 1989.

Band 228: A. Jaeschke, W. Geiger, B. Page (Hrsg.), Informatik im Umweltschutz. 4. Symposium, Karlsruhe, November 1989. Proceedings. XII, 452 Seiten. 1989.

Band 229: W. Coy, L. Bonsiepen, Erfahrung und Berechnung. Kritik der Expertensystemtechnik. VII, 209 Seiten. 1989.

Band 230: A. Bode, R. Dierstein, M. Göbel, A. Jaeschke (Hrsg.), Visualisierung von Umweltdaten in Supercomputersystemen. Karlsruhe, November 1989. Proceedings. XII, 116 Seiten. 1990.

Band 231: R. Henn, K. Stieger (Hrsg.), PEARL 89 – Workshop über Realzeitsysteme. 10. Fachtagung, Boppard, Dezember 1989. Proceedings. X, 243 Seiten. 1989.

Band 232: R. Loogen, Parallele Implementierung funktionaler Programmiersprachen. IX, 385 Seiten. 1990.

Band 233: S. Jablonski, Datenverwaltung in verteilten Systemen. XIII, 336 Seiten. 1990.

Band 234: A. Pfitzmann, Diensteintegrierende Kommunikationsnetze mit teilnehmerüberprüfbarem Datenschutz. XII, 343 Seiten. 1990.

Band 235: C. Feder, Ausnahmebehandlung in objektorientierten Programmiersprachen. IX, 250 Seiten. 1990.

Band 236: J. Stoll, Fehlertoleranz in verteilten Realzeitsystemen. IX, 200 Seiten. 1990.

Band 237: R. Grebe (Hrsg.), Parallele Datenverarbeitung mit dem Transputer. Aachen, September 1989. Proceedings. VIII, 241 Seiten. 1990.

Band 238: B. Endres-Niggemeyer, T. Hermann, A. Kobsa, D. Rösner (Hrsg.), Interaktion und Kommunikation mit dem Computer. Ulm, März 1989. Proceedings. VIII, 175 Seiten. 1990.

Band 239: K. Kansy, P. Wißkirchen (Hrsg.), Graphik und KI. Königswinter, April 1990. Proceedings. VII, 125 Seiten. 1990.

Band 240: D. Tavangarian, Flagorientierte Assoziativspeicher und -prozessoren. XII. 193 Seiten. 1990.

Band 241: A. Schill, Migrationssteuerung und Konfigurationsverwaltung für verteilte objektorientierte Anwendungen. IX, 174 Seiten. 1990.

Band 242: D. Wybranietz, Multicast-Kommunikation in verteilten Systemen. VIII, 191 Seiten. 1990.

Band 243: U. Hahn, Lexikalisch verteiltes Text-Parsing. X, 263 Seiten. 1990.

Band 244: B. R. Kämmerer, Sprecherunabhängigkeit und Sprecheradaption. VIII, 110 Seiten. 1990.

Band 245: C. Freksa, C. Habel (Hrsg.), Repräsentation und Verarbeitung räumlichen Wissens. VIII, 353 Seiten. 1990.

Band 246: Th. Bräunl, Massiv parallele Programmierung mit dem Parallaxis-Modell. XII, 168 Seiten. 1990

Band 247: H. Krumm, Funktionelle Analyse von Kommunikationsprotokollen. IX, 122 Seiten. 1990.

Band 248: G. Moerkotte, Inkonsistenzen in deduktiven Datenbanken. VIII, 141 Seiten. 1990.

Band 249: P. A. Gloor, N. A. Streitz (Hrsg.), Hypertext und Hypermedia. IX, 302 Seiten. 1990.

Band 250: H. W. Meuer (Hrsg.), SUPERCOMPUTER '90. Mannheim, Juni 1990. Proceedings. VIII, 209 Seiten. 1990.

Band 251: H. Marburger (Hrsg.), GWAI-90. 14th German Workshop on Artificial Intelligence. Eringerfeld, September 1990. Proceedings. X, 333 Seiten. 1990.

Band 252: G. Dorffner (Hrsg.), Konnektionismus in Artificial Intelligence und Kognitionsforschung. 6. Österreichische Artificial-Intelligence-Tagung (KONNAI), Salzburg, September 1990. Proceedings. VIII, 246 Seiten. 1990.

Band 253: W. Ameling (Hrsg.), ASST '90. 7. Aachener Symposium für Signaltheorie. Aachen, September 1990. Proceedings. XI, 332 Seiten. 1990.

Band 254: R. E. Großkopf (Hrsg.), Mustererkennung 1990. 12. DAGM-Symposium, Oberkochen-Aalen, September 1990. Proceedings. XXI, 686 Seiten. 1990.

Band 255: B. Reusch, (Hrsg.), Rechnergestützter Entwurf und Architektur mikroelektronischer Systeme. GME/GI/ITG-Fachtagung, Dortmund, Oktober 1990. Proceedings. X, 298 Seiten. 1990.

Band 256: W. Pillmann, A. Jaeschke (Hrsg.), Informatik für den Umweltschutz. 5. Symposium, Wien, September 1990. Proceedings. XV, 864 Seiten. 1990.

Band 257: A. Reuter (Hrsg.), GI – 20. Jahrestagung I. Stuttgart, Oktober 1990. Proceedings. XVIII, 602 Seiten. 1990.

Band 258: A. Reuter (Hrsg.), GI – 20. Jahrestagung II. Stuttgart, Oktober 1990. Proceedings. XVIII, 602 Seiten. 1990.

Band 259: H.-J. Friemel, G. Müller-Schönberger, A. Schütt (Hrsg.), Forum '90 Wissenschaft und Technik. Trier, Oktober 1990. Proceedings. XI, 532 Seiten. 1990.

Band 260: B. J. Frommherz, Ein Roboteraktionsplanungssystem. XI, 134 Seiten. 1990.